Wissenschaftliche Untersuchungen
zum Neuen Testament

Herausgegeben von
Jörg Frey, Martin Hengel, Otfried Hofius

152

Hans-Josef Klauck

Religion und Gesellschaft im frühen Christentum

Neutestamentliche Studien

Mohr Siebeck

HANS-JOSEF KLAUCK, geboren 1946; 1966–67 Noviziat im Franziskanerorden; 1967–72 Studium der Philosophic und Theologie an Ordenshochschulen und Universitäten in Mönchengladbach, Münster und Bonn; 1972 Priesterweihe, anschließend Seelsorgertätigkeit; 1975–81 Assistent in München, dort Promotion und Habilitation im Fach Neutestamentliche Exegese; 1981–82 Professor in Bonn; 1982–97 Professor in Würzburg; 1997–2001 Professor in München; seit Juli 2001 Professor of New Testament and Early Christian Literature an der Divinity School der University of Chigaco/USA.

ISBN 3-16-147899-1
ISSN 0512-1604 (Wissenschaftliche Untersuchungen zum Neuen Testament)

Die Deutsche Bibliothek verzeichnet diese Publikation in der Deutschen Nationalbibliographie; detaillierte bibliographische Daten sind im Internet über *http://dnb.ddb.de* abrufbar.

© 2003 J. C. B. Mohr (Paul Siebeck) Tübingen.

Das Buch wurde von Gulde-Druck in Tübingen aus der Times-Antiqua gesetzt, auf alterungsbeständiges Werkdruckpapier gedruckt und von der Großbuchbinderei Heinr. Koch in Tübingen gebunden.

Meiner Mutter

Anna Maria Klauck, geb. Maier

zum 80. Geburtstag

Vorwort

Die Studien, die hiermit gesammelt vorgelegt werden, sind ausnahmslos noch in Deutschland entstanden, vor meinem Weggang nach Chicago, obwohl sich dieser Wechsel bereits verschiedentlich andeutet (vgl. bes. die Nr. 11). Sie sind von der Methodik her mehrheitlich religions- und sozialgeschichtlich ausgerichtet, was ihre Zusammenstellung in einem Band rechtfertigen mag. Manches war zudem unveröffentlicht, zumindest in der jetzigen Form, oder ist an schwer zugänglichen Orten erschienen (z. B. die Nr. 12 und die Nr. 14). Einige Beiträge halten mehr den Ertrag langjähriger Vorarbeiten fest (vgl. z. B. Nr. 5 und Nr. 6, teils auch Nr. 10 – 12), andere versuchen, die Fragestellung in neue Richtungen hinein voranzutreiben (s. bes. Nr. 1 – 4 oder, an Hand eines Einzelbeispiels, Nr. 9). Die drei an letzter Stelle stehenden Arbeiten (Nr. 14 – 16) mögen zeigen, dass Exegese, mit wissenschaftlichem Anspruch und in akademischem Kontext betrieben (und neuerdings zudem noch in einer Institution ohne jegliche konfessionelle Bindung), theologische und kirchliche Verantwortung keineswegs ausschließt, sondern im Gegenteil zu teils kritischer Begleitung inspirieren kann. Völlig neu verfasst wurde für diesen Band die einleitende Betrachtung. Sie setzt sich nicht etwa die thematische Bündelung der folgenden Einzelstudien zum Ziel, sondern will eher den Gesamthorizont, vor dem sie zu sehen sind, mittels einiger Streiflichter ausleuchten.

Dafür, dass dieser Band zustande kommen konnte, danke ich zunächst den Herausgebern der angesehenen Reihe der „Wissenschaftlichen Untersuchungen zum Neuen Testament", insbesondere Jörg Frey, der die Federführung im Herausgeberkreis übernommen hat und den ich noch für einige Semester an der Münchener Universität zwar nicht als Fakultäts-, wohl aber als Fachkollegen erleben durfte, aber auch Martin Hengel, der meinen Weg seit meiner Promotion aus der Ferne überaus wohlwollend und freundlich begleitet hat.

Ich widme diesen Band meiner Mutter zum 80. Geburtstag, den sie demnächst, wie die ganze Familie hofft, in voller Rüstigkeit und Frische im heimatlichen Trier begehen kann.

Chicago, im Juli 2002   Hans-Josef Klauck

Inhaltsverzeichnis

I. Einleitung

„Pantheisten, Polytheisten, Monotheisten" – eine Reflexion zur griechisch-römischen und biblischen Theologie

θᾶττον γὰρ ἂν εἰς ἄνθρωπον θεὸν
ἢ εἰς θεὸν ἄνθρωπον μεταβαλεῖν
Denn eher könnte sich Gott in einen Menschen
denn ein Mensch in Gott verwandeln

Philo von Alexandrien,
Legatio ad Gaium 118.

I. Eine Annäherung auf Umwegen

1. Die titelgebende Trias

Unter Johann Wolfgang von Goethes nachgelassenen schriftlichen Notizen[1] findet sich der Ausspruch: „Wir sind naturforschend Pantheisten, dichtend Polytheisten, sittlich Monotheisten"[2]. Zu Lebzeiten Goethes wurde dieses Diktum in dieser Form zwar nie veröffentlicht, aber der Gedankengang selbst findet sich breiter ausgeführt in einem Brief an Friedrich Heinrich Jacobi vom 6. Januar 1813, was sowohl die Authentizität wie auch das ungefähre Entstehungsdatum des Aphorismus absichert[3]. Joseph von Eichendorff hat Goethe

---

[1] Früher hätte man gesagt: in Goethes „Maximen und Reflexionen", aber mittlerweile hat die germanistische Forschung gezeigt, dass es ein Werk Goethes mit diesem Titel nie gab, nicht einmal im Planungszustand, sondern dass es sich dabei um ein Phänomen der Editionsgeschichte handelt (vergleichbar mit Nietzsches „Der Wille zur Macht"); s. dazu die in der folgenden Anmerkung genannte Neuausgabe dieser Textgruppe durch H. Fricke.

[2] Bei H. FRICKE (Hrsg.), Johann Wolfgang Goethe: Sprüche in Prosa. Sämtliche Maximen und Reflexionen (Sämtliche Werke. I. Abtl., Bd. 13 = Bibliothek deutscher Klassiker 102), Frankfurt a. M. 1993, S. 64 als Aphorismus Nr. 1.422; die frühere Zählung (in der Hamburger Ausgabe z. B.) war: Maximen und Reflexionen Nr. 49 (Goethes Werke. Bd. 12, Hamburg 1953, 372).

[3] S. bei Fricke im Kommentar, S. 582. Zwei der drei Größen werden auch im sogenannten „Ältesten Systemprogramm des deutschen Idealismus" von 1795/96 benannt: „Monotheismus der Vernunft und des Herzens, Polytheismus der Einbildungskraft und der Kunst, dies ists, was wir bedürfen!"; Text bei R. BUBNER (Hrsg.), Das älteste Systemprogramm. Studien zur Frühgeschichte des deutschen Idealismus (Hegel-Studien. Beiheft 9), Bonn 1973, 264 (= *verso* Z. 14f.,

wegen dieser und ähnlicher Äußerungen den Vorwurf gemacht, er sei „ein entschiedener Heide" gewesen[4], wahrscheinlich ohne genau zu wissen, dass Goethe sich selbst – halb spielerisch, halb ernst – verschiedentlich als solchen bezeichnete, z. B. zur Zeit der Entstehung seiner besonders christentumsfeindli-
chen Venezianischen Epigramme[5]. Doch führt uns das schon zu weit in die
Goetheforschung hinein, was hier nicht unser Ziel sein kann. Es lohnt sich aber
auch für unsere Zwecke, ein wenig bei dieser Trias von Theismen zu verweilen,
weil sie uns bereits mit den eigentlichen Sachfragen konfrontiert.

„Naturforschend Pantheisten" – von der Neigung der deutschen Klassik
und des deutschen Idealismus zu einem Pantheismus, der seinen zündenden
Funken aus dem Denken des jüdischen Religionsphilosophen Baruch Spinoza
bezog, hat Heinrich Heine bemerkt: „Denn Deutschland ist der gedeihlichste
Boden des Pantheismus; dieser ist die Religion unserer größten Denker, unserer besten Künstler … Man sagt es nicht, aber jeder weiß es; der Pantheismus
ist das öffentliche Geheimnis in Deutschland."[6] Es ist auch kein Zufall, dass bei
Goethe, der sich nicht zuletzt als Naturwissenschaftler sah und die Farbenlehre
bekanntlich für sein bedeutendstes Werk hielt, der Pantheismus mit der Rolle
des Naturforschers korreliert. Pantheismus besagt im Kern, dass das Göttliche
vom Betrachter mit der Welt selbst identifiziert wird. Es besteht kein Grund
mehr dafür, über den Horizont der Welt hinauszugehen und nach einem personalen, transzendenten Gott zu fragen[7]. In der Antike ist der Pantheismus in der

---

in modifizierter Orthographie); zu vgl. ist auch die aus zweiter Hand (Dorothea von Schlegel,
1817) überlieferte Selbstcharakterisierung Goethes als Atheist in Naturkunde und Philosophie, Heide in der Kunst und Christ dem Gefühl nach, s. H. D. Betz, Antiquity and Christianity,
in: Ders., Antike und Christentum. Gesammelte Aufsätze IV, Tübingen 1998, 267–290, hier
284f.
    [4] Vgl. J. von Eichendorff, Zur Geschichte des Dramas, in: Ders., Werke. Bd. 3: Schriften
zur Literatur, München 1976, 379–527, hier 493; s. auch 471: „… sind Goethe und Schiller, trotz
der überkünstlichen Gegenversicherungen ihrer frommen Freunde, keine Christen"; zu Eichendorffs eigener, entschiedener, katholisch geprägter Christlichkeit vgl. durchgehend das
ebenso umfangreiche wie bedeutungsschwere Werk von O. Eberhardt, Eichendorffs *Tauge-
nichts*. Quellen und Bedeutungshintergrund. Untersuchungen zum poetischen Verfahren Eichendorffs, Würzburg 2000.
    [5] Vgl. dazu jetzt das Kapitel: „Der Heide unter Christen: Capriccio Veneziano" bei N. Mil-
ler, Der Wanderer. Goethe in Italien, München 2002, 554–572.
    [6] H. Heine, Zur Geschichte der Religion und Philosophie in Deutschland, in: Ders., Säku-
larausgabe: Werke, Briefwechsel, Lebenszeugnisse. Bd. 8, hrsg. von R. Francke, Berlin/Paris
1972, 125–230, hier 175; vgl. 176: „Der Pantheismus ist die verborgene Religion Deutschlands
…"; vgl. dazu das glänzende Kapitel über „Das Wort ‚Liebe' und die deutsche Gegenreligion"
bei P. von Matt, Liebesverrat. Die Treulosen in der Literatur (dtv 4566), München ²1994, 210–
226.
    [7] Zum Pantheismus, der oft zu Unrecht als eine Form von Atheismus angesehen wird, lie-
gen auch aus religionswissenschaftlicher und -philosophischer Sicht kaum Arbeiten vor; eine
willkommene Ausnahme macht M. P. Levine, Pantheism. A Non-theistic Concept of Deity,
London-New York 1994.

Naturphilosophie zu Hause, insbesondere im Denken der Stoa, die aber dennoch keine Mühe damit hatte, gleichzeitig am traditionellen Götterpantheon festzuhalten. Der Weg dazu führte über die allegorische Gleichsetzung von Naturphänomenen und Göttergestalten, was einer teils unabhängig davon bestehenden Tendenz, die Natur selbst zu vergöttlichen und z. B. die Sonne, die Sterne und die Elementargewalten als Götter anzusehen, entgegenkam (neuerdings wird dafür auch die Bezeichnung „Kosmotheismus" vorgeschlagen).

„Dichtend Polytheisten" – damit dürfte zunächst darauf angespielt sein, dass die Dichter der deutschen Klassik in ihren Werken gerne auf Themen aus der antiken Mythologie zurückgriffen. Sie ließen den blitzschleudernden Zeus oder den himmlischen Mundschenk Ganymed oder Diana auf der Jagd wieder auftreten. Sie liehen dem Rebellen Prometheus ihre Stimme und empfanden den Schmerz um Iphigenies Opferung nach[8]. Auch in der Antike war die Darstellung der vielgestaltigen Götterwelt – und eben dies besagt „Polytheismus", eine Wortbildung, die sich im Grunde schon bei Philo von Alexandrien belegen lässt[9], aber dann anscheinend im 16. oder 17. Jahrhundert wieder neu aufkam – in der Hauptsache Aufgabe der Kunst, bevorzugt der Dichtkunst, angefangen bei den Epen Homers, der Bibel der Griechen, die entscheidend auf die Ausbildung der Göttervorstellungen einwirkten, dann aber auch der bildenden Kunst, die den öffentlichen und privaten Raum mit Götterbildern und Götterstatuen füllte. Wahrscheinlich reflektiert das Wort vom „dichtenden Polytheisten" darüber hinaus das Emanzipationsstreben des Dichters, der sich für den Bereich seiner Kunst den vermeintlichen oder tatsächlichen Einschränkungen, die ein monotheistisches Gottesbild ihr setzen würde, entziehen will.

„Sittlich Monotheisten" – hier ist zunächst bemerkenswert, dass Goethe diesen Begriff bereits mit Selbstverständlichkeit verwendet, denn er lässt sich bisher zum ersten Mal überhaupt bei dem englischen Philosophen Henry More um 1660 nachweisen und fand erst im Verlauf des 19. Jahrhunderts weitere Verbreitung[10]. Was das Moment des Sittlichen angeht, können wir zunächst festhalten, dass sich die Götter der griechischen Mythenwelt nicht durch allzu strenge moralische Maßstäbe auszeichneten. Berühmt und berüchtigt sind die außerehelichen Liebesabenteuer, auf die sich der höchste Zeus unter verschiedenen Gestalten einließ, aber auch Hermes als jugendlicher Rinderdieb und folglich als Schutzgott der Diebe sei nicht vergessen (erinnert werden darf an Xenophanes, FVS 21 B 11: „Homer und Hesiod haben die Götter mit allem belastet,

---

[8] Darüber informiert umfassend V. RIEDEL, Antikerezeption in der deutschen Literatur vom Renaissance-Humanismus bis zur Gegenwart. Eine Einführung, Stuttgart 2000, hier bes. 132–187.

[9] Vgl. πολυθεία und πολύθεον nebeneinander in Mut Nom 205.

[10] Vgl. B. LANG, Art. Monotheismus, in: HRWG 4 (1998) 148–165, hier 150; F. STOLZ, Einführung in den biblischen Monotheismus (Die Theologie), Darmstadt 1996, 4f.; D. SABBATUCCI, Monoteismo (Chi siamo 30), Rom 2001, 9.

was bei den Menschen übelgenommen und getadelt wird: stehlen und ehebre-
chen und einander betrügen"). Unbestritten gilt auch, dass sich in der Antike
das Judentum, das nur einen Gott verehrte, durch höhere ethische Standards
auf verschiedenen Gebieten wie Ehe, Sozialfürsorge und Kindererziehung vor-
teilhaft von seiner Umwelt abhob. Es scheint ein Zusammenhang zu bestehen
zwischen dem Gottesbild und dem Niveau der Sittlichkeit, und hier wiederum
scheint der Eingottglaube den Menschen am stärksten in die Verantwortung zu
nehmen (was ihm allerdings bei Friedrich Nietzsche – man denke nur an sein
böses Wort vom „Monotono-Theismus"[11] – und im postmodernen kulturellen
Diskurs[12] zum Nachteil gereicht: Er erziehe zur Intoleranz, behindere die spie-
lerische Entfaltung schöpferischer Kräfte, habe historisch gesehen Absolutis-
mus und Imperialismus gefördert, besitze ein besonders hohes Gewaltpotenti-
al, und anders mehr).

2. Eine Quelle?

Ob Goethe die antike Theorie von der *theologia tripertita* kannte? Sie unterscheidet, wie ihr Name sagt, drei Quellen der Gotteserkenntnis oder drei Zugangswege zu ihr und drei Wege ihrer Entfaltung: die Dichtung, die Philosophie
und die Staatskunst[13]. Als Textbeispiel kann eine Stelle aus Plutarchs Dialog
Amatorius dienen (18 [763C]):

Was bei uns zur Vorstellung wird, hat, abgesehen von der sinnlichen Erfahrung, vom
Ursprung her als Beglaubigung den *Mythos*, das *Gesetz* und den *Logos*. Für unsere Anschauung über die Götter sind uns somit in jeder Hinsicht zu Führern und Lehrern ge-

---

[11] Vgl. F. NIETZSCHE, Der Antichrist. Fluch auf das Christentum, in: G. COLLI / M. MONTINA-
RI (Hrsg.), Friedrich Nietzsche: Sämtliche Werke (Kritische Studienausgabe. Bd. 6), München
1988, 165–254, hier 185.

[12] Hier erwartet der Kenner der Diskussion die Namen von Odo Marquard und Jan Assmann; zu Marquard verweise ich nur auf A. HALBMAYR, Lob der Vielheit. Zur Kritik Odo
Marquards am Monotheismus (Salzburger Theologische Studien 13), Innsbruck 2000 (m. E.
eine sehr gute Arbeit); zu J. ASSMANN, Moses the Egyptian. The Memory of Egypt in Western
Monotheism, Cambridge, MA 1997 (dt. als: Moses der Ägypter. Entzifferung einer Gedächt-
nisspur, München 1998) vgl. die ausgewogenen Repliken von E. ZENGER, Was ist der Preis des
Monotheismus? Die heilsame Provokation von Jan Assmann, in: HerKorr 55 (2001) 168–191;
K. KOCH, Monotheismus als Sündenbock?, in: ThLZ 124 (1999) 873–884; G. KAISER, War der
Exodus der Sündenfall?, in: ZThK 98 (2001) 1–24; vgl. jetzt auch J. ASSMANN, Monotheismus
und Ikonoklasmus als politische Theologie, in: E. OTTO (Hrsg.), Mose. Ägypten und das Alte
Testament (SBS 189), Stuttgart 2000, 121–139. Nicht einschlägig für unser spezielles Thema ist
trotz des Titels R. STARK, One True God. Historical Consequences of Monotheism, Princeton
2001.

[13] Vgl. dazu G. LIEBERG, Die theologia tripertita in Forschung und Bezeugung, in: ANRW I/
4 (1973) 63–115; A. DIHLE, Die Theologia tripertita bei Augustin, in: Geschichte – Tradition –
Reflexion (FS M. Hengel), Bd. 2: Griechische und Römische Religion, Tübingen 1996, 183–
202; Y. LEHMANN, Varron théologien et philosophe romain (CollLat 237), Brüssel 1997, 193–
225: La *Theologia tripertita* de Varron: sources et signification.

worden die *Dichter*, die *Gesetzgeber* und drittens die *Philosophen*. Dass es Götter gibt, das halten sie gemeinsam fest. Über ihre Zahl aber und ihre Ordnung, ihr Wesen und ihre Macht gehen ihre Meinungen weit auseinander.

Als Vertreter der drei Gruppen nennt Plutarch für die Dichter Hesiod, für die Gesetzgeber Solon und für die Philosophen Platon.

Nur aufgrund der einen Stelle lässt sich die Frage, ob Goethe mit diesem Modell vertraut war oder nicht, nicht mit Sicherheit beantworten. In der Sache sind jedenfalls Querverbindungen gegeben. „Naturforschend Pantheisten" erinnert an die antike Philosophie, die Physik und Metaphysik (und damit auch Kosmologie und Theologie) einschloss, während „dichtend Polytheisten" sowieso die Poeten in den Blick nimmt, die in der Tat auch nach antiker Anschauung einen entscheidenden Beitrag zur imaginativen Ausformung der Götterwelt lieferten (vgl. Herodot, Hist II 53,2: „Hesiod und Homer ... haben den Stammbaum der Götter in Griechenland aufgestellt und ihnen ihre Beinamen gegeben, die Ämter und Ehren unter sie verteilt und ihre Gestalt klargemacht"). Das Bestreben nach Sittlichkeit kann mit einigen Abstrichen der *theologia civilis* zugeordnet werden, die Dion von Prusa z. B. mit den Gesetzgebern zusammenbringt (in Or 12,40; dazu gleich mehr).

Eine Differenz ist allerdings festzuhalten: Das antike Modell kam ohne die verschiedenen Kategorien von Theismen aus, deren sich Goethe bediente. Ihre Benennung in dieser Form wurde, wie gesagt, erst in der Neuzeit üblich, wo sie zudem das Christentum als Widerlager haben. Projiziert man sie auf antike Sachverhalte zurück, führt das zu manchen Randunschärfen und Irritationen, unter denen die heutige Diskussion wiederum leidet. Dazu sollen im Folgenden einige Momentaufnahmen, die teils auf eigene Vorarbeiten zurückgreifen können, geboten werden.

II. Momentaufnahmen aus der griechisch-römischen Theologie

1. Dion von Prusa

a) Der Ausgangspunkt: die angeborene Idee

Im Jahre 97 oder 101 n. Chr. hielt der berühmteste Redner der damaligen Zeit, Dion von Prusa, später auch Chrysostomos, d. h. der „Goldmund", genannt, in Olympia aus Anlass der Olympischen Spiele eine Rede (Or 12)[14], in der es primär um die Gottesvorstellung der Menschen ging. Der verdiente Dionforscher

---

[14] Vgl. zum folgenden Abschnitt durchgehend H. J. KLAUCK / B. BÄBLER, Dion von Prusa: Olympische Rede oder Über die erste Erkenntnis Gottes (TzF. SAPERE 2), Darmstadt ²2002; zur Situierung und Datierung der Olympischen Rede (auch 89 n. Chr. wurde vorgeschlagen, aber auch 105 n. Chr.) vgl. 25–27.

Hans von Arnim zählt sie „zu den wichtigsten Denkmälern der antiken Religionsgeschichte"[15]. Den Anstoß dazu gab die berühmte, überlebensgroße, mit Gold und Elfenbein überzogene Statue des Zeus, die der athenische Meisterbildhauer Pheidias für den Zeustempel in Olympia angefertigt hatte. Dion nennt sie in der Einleitung ein „wahrhaft beseligendes Bild", „von allen Standbildern, die es auf Erden gibt, das schönste und dem Gott liebste" (§ 25). Er geht dann zu seiner zentralen These über, die auf eine allen Menschen angeborene Idee des Göttlichen, aber auch auf deren Ausbildung und Entwicklung abzielt. Im Einzelnen führt er dazu aus (§ 27):

Vom Wesen der Götter im Allgemeinen und von dem des Lenkers des Alls im Besonderen gibt es als erstes und vor allem eine Vorstellung und eine Idee, die dem gesamten Menschengeschlecht, Griechen und Barbaren gleichermaßen, gemeinsam ist. Notwendig ist sie jedem vernunftbegabten Wesen von Natur aus eingepflanzt; ohne Dazwischentreten eines sterblichen Lehrers oder eines Mysterienpriesters und somit auch ohne Täuschung hat sie sich durchgesetzt[16]. Sie resultiert aus der Verwandtschaft von Menschen und Göttern und aus den vielen wahrheitsgetreuen Zeugnissen, die es nicht zuließen, dass die allerersten und -ältesten Generationen in dieser Hinsicht schläfrig oder unaufmerksam wurden.

Was mit den „wahrheitsgetreuen Zeugnissen" des näheren gemeint ist, verdeutlicht der nächste Paragraph: Die Menschen des Anfangs waren „allseits umstrahlt von göttlichen und großartigen Erscheinungen am Himmel, von Sternen, von Sonne und Mond, auf deren vielfarbigen, abwechslungsreichen Gestalten sie bei Tag und bei Nacht stießen" (§ 28). Zu diesen „unbeschreiblichen Schauspielen", die sie sahen, hörten sie auch „die unterschiedlichsten Stimmen von Wind und Wäldern, von Flüssen und Meer, dazu noch von zahmen und wilden Tieren". Selbst mit Sprache begabt, belegten sie, „was in ihre Sinneswahrnehmung Eingang fand", mit einem sprachlichen Zeichen, und formten so mühelos „von unzähligen Dingen eine Erinnerung und eine Idee". Die Frage drängt sich auf: „Wie also hätten sie da unwissend bleiben und keine Spur von dem entdeckt haben sollen, der sie säte und pflanzte, der sie bewahrt und nährt?" (§ 29).

b) Die Fortschreibung: Interaktion mit der Erfahrung

Die Eingangsbehauptung, eine Gottesvorstellung sei allen Menschen angeboren, wird durch Dions eigene Ausführungen demnach in eine etwas andere Richtung gelenkt: „Angeboren" ist so zu verstehen, dass aus den ursprünglichen, eindringlichen Erfahrungen, die der Mensch mit der Natur macht, die

---

[15] H. VON ARNIM, Leben und Werke des Dio von Prusa. Mit einer Einleitung: Sophistik, Rhetorik, Philosophie in ihrem Kampf um die Jugendbildung, Berlin 1898, 477.
[16] Eine Anspielung auf den Verdacht, die Religion gehe auf einen geschickten Betrug durch Kultfunktionäre zurück.

Erkenntnis eines Gottes, der dies alles verantwortet und leitet, zwingend hervorgeht. Im Ansatz könnte man das sogar leicht pantheistisch nennen (und wir haben, wie wir sehen werden, für diesen Verdacht allen Grund). In religionsgeschichtlicher Hinsicht würde man im Übrigen von primären religiösen Erfahrungen sprechen, wie Menschen sie mit der sie umgebenden Welt und mit ihrem eigenen Leben machen. Ihre Umsetzung in mythische Sprache und Rituale bleibt schlechthin prägend für Volks- und Stammesreligionen. Von den großen Stifterreligionen werden sie zwar zurückgedrängt und mit Misstrauen oder unverhohlener Ablehnung betrachtet. Das ändert aber nichts daran, dass sie unterschwellig immer präsent bleiben und die religiöse Praxis begleiten.

Auffällig ist auch folgendes: In der Eingangszeile (in § 27) sprach Dion zunächst noch von den Göttern allgemein in der Mehrzahl, stellt daneben aber schon den einen Lenker des Alls im Besonderen, und von da ab sind alle Aussagen über die Gottheit in der Einzahl oder im Neutrum gehalten. Das entspricht einer Tendenz der Zeit (sie liegt aber streng genommen bereits bei Xenophanes, FVS 21 B 34, vor: „Ein einziger Gott ist unter Göttern und Menschen der Größte, weder dem Körper noch der Einsicht nach den sterblichen Menschen gleich"), für die man das Kunstwort „Henotheismus" geprägt hat[17]. Das will sagen, dass sich der Blick mehr und mehr auf einen einzigen, überlegenen Gott konzentriert, ohne dass deswegen die Existenz zahlreicher weiterer Götter geleugnet würde; sie verlieren aber an Stellenwert.

c) Die Entfaltung: der Beitrag der bildenden Kunst

Die weitere Entfaltung dieser frühen Gottesvorstellung geht nach Dion auf verschiedene Weise vor sich (und hier kommt seine Adaptation und Variation der *theologia tripertita* zum Vorschein): Maßgeblich daran beteiligt sind (1) die Dichter mit ihren farbigen Erzählungen aus der Götterwelt, (2) die Staatsmänner, die das Göttliche zur Autorisierung ihrer Gesetzgebung heranziehen, (3) die Philosophen, die über das Wesen der Gottheit nachdenken, und nicht zuletzt, womit wir bei der Ausgangssituation angelangt sind, (4) die bildenden Künstler, die Bildhauer und Maler, die Statuen und Abbildungen von Göttern schaffen (so die Summierung der sonst in wechselnden Zuordnungen auftretenden Größen in § 47).

Aus der Erweiterung des Dreierschemas durch die bildenden Künste ergibt sich für Dion vor allem die Frage, warum auch letztere nach dem Beispiel der Dichtung die Götter bevorzugt menschengestaltig, anthropomorph, darstellen. Dazu inszeniert Dion mit Hilfe des rhetorischen Mittels der Prosopopoiie[18]

---

[17] Vgl. C. AUFFARTH, Art. Henotheismus, in: HRWG 3 (1993) 104f.
[18] Zur korrekten inhaltlichen Füllung dieses Terminus vgl. vor allem L. PERNOT, La rhétorique de l'éloge dans le monde gréco-romain (Collection des Études Augustiniennes. Série Antiquité 137/38), Paris 1993, 399–403.

eine fiktive Gerichtsverhandlung, in der Pheidias selbst als Angeklagter auftritt und sich verteidigt. Zunächst greift „Pheidias" zu einem eher abstrakt wirkenden Argument, das aber immerhin noch Gelegenheit für einen Seitenhieb gegen den „barbarischen" Tierkult (wohl primär in Ägypten zu suchen[19]) gibt (§ 59):

Verstand und Denkvermögen direkt und an sich vermag nämlich kein Bildhauer oder Maler abzubilden, sind doch alle Menschen völlig außerstande, derartiges zu sehen oder zu erforschen. Das Wesen aber, in dem dies (nämlich Verstand und Denkvermögen) realisiert ist, erahnen wir nicht nur, sondern kennen es (es ist der Mensch) und nehmen folglich zu ihm unsere Zuflucht. Wir schreiben Gott also einen menschlichen Leib zu, den wir als eine Art Gefäß für Denkvermögen und Vernunft auffassen. Aus purer Not und in Ermangelung eines besseren Beispiels versuchen wir so, mit Hilfe des Sichtbaren und Darstellbaren das Nichtdarstellbare und Unsichtbare zu gestalten, wobei wir uns der Evokationskraft des Symbols bedienen. Damit fahren wir besser als einige von den Barbaren, die dem Vernehmen nach das Göttliche den Tieren angleichen, auf der Basis von trivialen und absurden Beobachtungen.

Die an sich naheliegende Möglichkeit, auf Götterbilder grundsätzlich zu verzichten[20], die nicht nur theoretisch denkbar war, sondern für die auch praktische Beispiele angeführt werden konnten[21], wird von „Pheidias" zwar kurz in Erwägung gezogen, aber dann doch verworfen (in § 60). Er greift stattdessen zu einem anrührenden Vergleich (§ 61):

Es verhält sich damit ganz genau so wie mit kleinen Kindern, die man Vater und Mutter entrissen hat. Aus schrecklicher Sehnsucht und schmerzlichen Verlangen strecken sie oft im Traum die Hände nach den Eltern, die gar nicht zugegen sind, aus. Ähnlich also die Menschen: Sie lieben die Götter zu Recht wegen ihrer Wohltaten und der Verwandt-

---

[19] Aufschlussreich ist dazu die Diskussion zwischen Apollonios von Tyana und dem Ägypter Thespesion bei Flavius Philostratos, Vit Ap 6,19.

[20] Vgl. Plinius d. Ä., Nat Hist 2,14: „Ich halte es deshalb für ein Zeichen menschlicher Schwäche, nach dem Bild und der Gestalt der Gottheit zu suchen ... Die gebrechlichen und mühebeladenen Sterblichen haben, ihrer Schwäche bewusst, die Gottheit in Teile zerlegt, damit jeder in seinem Anteil das verehre, dessen er am meisten bedarf"; in eigenartiger Inkonsequenz verteidigt er aber wenig später, in 2,18f., den römischen Kaiserkult und lässt dabei die euhemeristische Erklärung des Götterkults als Ableger der Verehrung von menschlichen Wohltätern anklingen: „Für einen Menschen ist der ein Gott, der einem Menschen hilft, und dies ist der Weg zum ewigen Ruhm. Ihn gingen die vornehmsten Römer, auf ihm wandelt jetzt göttlichen Schrittes zusammen mit seinen Kindern der größte Herrscher aller Zeiten, Vespasianus Augustus, der verschlafften Welt zu Hilfe kommend. Dies ist die älteste Sitte, hochverdienten Männern sich dankbar zu erweisen, dass man solche Helfer unter die Götter versetzt. Denn auch anderer Götter Namen und die oben erwähnten Namen von Gestirnen sind aus verdienstvollen Taten von Menschen entstanden"; Text und Übers. bei G. Winkler / R. König, C. Plinius Secundus d. Ä.: Naturkunde II (TuscBü), Düsseldorf-Zürich ²1997, 22–25.

[21] Auch ohne gleich das Judentum zu bemühen; man vgl. z. B., was Herodot I 131,1f. über die Perser schreibt und Plutarch, Numa 8,13f., über die Frühzeit der Römer. Auch der stoischen Gründerfigur Zenon wird eine Ablehnung von Heiligtümern für die Götter zugeschrieben, vgl. SVF I 146.

schaft mit ihnen. Auf jede nur mögliche Weise wollen sie mit ihnen zusammensein und sich mit ihnen unterreden. Viele von den Barbaren haben deshalb, aus Not und aus Mangel an künstlerischen Gestaltungsmitteln, Berge als Götter bezeichnet, auch nicht kultivierte Bäume und unbehauene Steine, die, was ihre Gestalt angeht, doch in keiner Weise dem Göttlichen auch nur entfernt angemessen sind.

Auch hier fällt auf, welch gerütteltes Maß an Kritik an Verdinglichungen des Götterglaubens – bei den „Barbaren", versteht sich, nicht im eigenen Haus – selbst innerhalb eines nicht grundsätzlich bestrittenen polytheistischen Bezugsrahmens möglich ist. Außerdem trägt das emotionale Pathos dieses Arguments dazu bei, eine ihm inhärente Konsequenz, die auf der Ebene des Logos bestehen bleibt, leicht zu übersehen. Das Bedürfnis nach Statuen der Götter wird darin nämlich als „infantiles" Verhalten und als träumerische Anwandlung eingestuft. Die Absicht des Hauptredners Dion – nicht die des fiktiven Redners Pheidias – zielt keineswegs, wie oft unterstellt wird, darauf ab, die Berechtigung von Götterstatuen prinzipiell zu verteidigen. Ihre Notwendigkeit wird lediglich konzediert, im Sinne einer Akkomodation der eigenen, philosophisch begründeten Haltung an den überlieferten und praktizierten Volksglauben und als Tribut an die mangelnde Aufnahmefähigkeit der Menge[22]. Dazu passt, dass „Pheidias" aus der Selbstinterpretation seines Kunstwerks alle mythischen Schroffheiten, die vor Ort in Olympia sehr wohl zu sehen waren[23], ausblendet (§ 78) und allein philosophisch kompatible, sozial nützliche Attribute übrig lässt: Fürsorglichkeit und Sanftmut, Gesetz und Gemeinwohl, Gastfreundschaft, Menschenliebe und Güte (§ 75f.). Dieser Gott wird vor allem als Wohltäter der Menschen gesehen. Neben die „physiomorphe" Rückführung der Gottesvorstellung auf Erfahrungen mit der Natur tritt unterschwellig eine zweite, „soziomorphe", die auf sozialen Gegebenheiten aufruht: Wo Hilfe und Rettung erfahren wird, glaubt man das Göttliche nahe[24].

Diese ungewohnte Sicht von Dions eigentlicher Zielsetzung findet eine weitere Bestätigung, wenn wir von hier aus den Blick noch einmal zurückschweifen lassen zum oben schon zitierten § 59: *„Aus purer Not und in Ermangelung eines besseren Beispiels* versuchen wir so, mit Hilfe des Sichtbaren und Darstell-

---

[22] Vgl. auch, was dazu wenig später und in Kenntnis von Dions Rede der (Mittel-)Platoniker Maximos von Tyros in Or 2,2 bemerkt: „Für sich betrachtet, bedarf die Natur des Göttlichen keiner Weihestatuen oder Standbilder. Aber das Menschengeschlecht, das ganz schwach ist und vom Göttlichen so weit entfernt wie der Himmel von der Erde, fertigt sich diese Symbole an, mit deren Hilfe es die Namen der Götter und die Kunde von ihnen festhält"; griech. Text und engl. Übers. seiner Reden bei M. B. Trapp, Maximus Tyrius: Dissertationes (BSGRT), Stuttgart 1994; Ders., Maximus of Tyre: The Philosophical Orations, Oxford 1997.

[23] Vgl. B. Bäbler, in: Olympische Rede (s. Anm. 14) 222f.233.

[24] Näheres bei H. J. Klauck, in: Olympische Rede (s. Anm. 14) 214–216; vgl. auch den Abschnitt zu „Zeus als gütiger Weltenherrscher" (mit Behandlung Dions) bei F. Jung, ΣΩΤΗΡ. Studien zur Rezeption eines hellenistischen Ehrentitels im Neuen Testament (NTA NF 39), Münster 2002, 105–111.

baren das Nichtdarstellbare und Unsichtbare zu gestalten". Notlösungen sollten besser nicht als Ideallösungen missverstanden werden.

d) Der Rahmen: die stoische Philosophie

Eine andere, naheliegende Fehldeutung von Dions Olympischer Rede interpretiert die darin thematisierte anfängliche Gotteserkenntnis im Rahmen eines theistischen Paradigmas und versteht die angesprochene Gottheit als tran-
szendente, von der Natur geschiedene Größe. Dann aber hätte Dion für diese
Rede die stoische Philosophie, der er sonst folgt, aufgegeben. Dafür aber fehlen
alle Hinweise.

Dass Dion sich die stoische Philosophie samt der ihr eigenen Theologie und
Kosmologie[25] zu eigen gemacht hat, geht besonders deutlich aus der Borysthenitischen Rede (Or 36), die er in seiner Heimatstadt Prusa vorträgt, hervor.
Dion referiert darin in § 32–60 einen langen kosmologischen Mythos, den er
von persischen Magiern gehört haben will. Der Mythos handelt vom Sonnen-
wagen mit seinen vier Pferden und mit dem obersten Gott als Lenker. Streift
man den exotischen Aufputz ab, nimmt man zunächst massive Anleihen bei
Platons *Phaidros* wahr[26]. Aber inhaltlich unternimmt Dion eine stoische Rein-
terpretation des Mythos. Als Sachaussage lässt sich in § 51–53 der stoische Weltenbrand (Ekpyrosis) identifizieren, bei dem alles Bestehende wieder von dem
Feuer, aus dem es einst entstand, verschlungen wird. Der reine Geist oder Verstand (νοῦς), der übrig bleibt, kann mit dem schaffenden Feuer (πῦρ τεχνικόν)
gleichgesetzt werden, und man kann ihm in mythischer Sprache den Namen
„Zeus" beilegen. Gleichfalls in mythischer Sprache schildert Dion in § 56–60
die Entstehung einer neuen Welt in ursprünglicher Frische und Schönheit als
Folge der Liebesvereinigung von Zeus und Hera, abstrakt gesprochen von Feuer und Luft, in die sich das schaffende Feuer nach der Katastrophe als erstes
verwandelt. Im übrigen sind in der stoischen Theologie alle anderen Götter
außer Zeus zwar – im Unterschied zum Menschen – unsterblich, aber nicht
ewig. Das klingt paradox, besagt aber nur, dass sie gleichfalls den Weltenbrand
nicht überdauern, sondern mit ein- und umgeschmolzen werden.

Aufschlussreich für die Verhältnisbestimmung von Philosophie und Dichtkunst in Relation zur drei- oder viergeteilten Theologie ist in derselben
Borysthenitischen Rede der Vergleich der Dichter, näherhin Homers und He-
siods, mit Kultpersonal, das während der Mysterienfeier draußen vor der Tür

---

[25] Vgl. zum Folgenden D. J. FURLEY, Cosmology III: The Early Stoics, in: The Cambridge
History of Hellenistic Philosophy, Cambridge 1999, 432–451; D. SEDLEY, The Origins of Stoic
God, in: D. FREDE / A. LAKS (Hrsg.), Traditions of Theology. Studies in Hellenistic Theology, Its
Background and Aftermath (PhAnt 89), Leiden 2002, 41–83; D. FREDE, Theodicy and Provi-
dential Care in Stoicism, ebd. 85–117.

[26] Nachweise bei M. B. TRAPP, Plato's *Phaedrus* in Second-Century Greek Literature, in: D.
A. RUSSELL (Hrsg.), Antonine Literature, Oxford 1990, 141–173, hier 148–155.

zum innersten Heiligtum steht und dort nur „einen Hauch göttlichen Wesens und göttlicher Wahrheit" mitbekommt, der durch die Türe dringt, „wie aus dem Dunkel ein Strahl des Feuers" bricht (Or 36,33f.). Dichtung und Philosophie stehen mit anderen Worten gar nicht gleichrangig nebeneinander. In den Mythen der Dichter kann man die ein oder andere Andeutung von Wahrheiten finden, die demjenigen, der sich in die Philosophie vertieft, in vollem Umfang zugänglich sind. Dem entspricht, dass Dion auch in der Olympischen Rede den Philosophen im Vergleich zu Dichtern, Gesetzgebern und Künstlern als den „vielleicht verlässlichsten und vollkommensten Ausleger und Verkünder der unsterblichen Natur" bezeichnet (Or 12,47), ohne das in diesem Rahmen weiter zu erläutern.

Insgesamt gewinnt die stoische Gotteslehre so einen eigentümlich schwebenden, fast metaphorischen Charakter, so entschieden andererseits die Stoa an der Existenz von Göttern festgehalten hat und so wenig sie sich dem öffentlichen Kult zu widersetzen suchte. Mit den Worten von David J. Furley: „But we must not forget that this picture is to a considerable extent metaphorical in the Stoic system. God is not transcendent, but immanent. The providence of God is another way of describing the course of nature itself"[27].

e) Das Ergebnis: der offene Gottesbegriff der Olympischen Rede

In der Olympischen Rede verwendet Dion den Plural „Götter" (θεοί) fast ebenso oft wie den Singular „Gott" (θεός) und kann gelegentlich auch von „Halbgöttern" (ἡμίθεοι; gemeint sind Heroen) sprechen (§ 78)[28]. Eine Sonderstellung aber nimmt eindeutig Zeus ein, der etwas vermag, was die Kräfte der anderen Götter übersteigt, nämlich aus den vier Elementen diese Welt zu erschaffen (§ 81). Hier wird die mythische Sprache durchlässig für die philosophische Kosmologie. Hinzu kommt, dass Dion bevorzugt auf die neutrischen Formen τὸ θεῖον bzw. τὰ θεῖα und τὸ δαιμόνιον zurückgreift, also nicht von Gott und Göttern, sondern von „dem Göttlichen" spricht, wo er sich verstärkt der philosophischen Reflexion zuwendet (vgl. z. B. § 28, § 36, § 39, § 60).

Die stoische Grundhaltung Dions auch in seiner Olympischen Rede ließe sich noch mit weiteren Vergleichen und Überlegungen absichern (z. B. durch die Beobachtung, dass Dions „Gottesbeweise" im 2. Buch von Ciceros *De Natura Deorum* vom Stoiker Balbus vorgetragen werden, vgl. zum Rückschluss aus dem geordneten Ablauf des Weltgeschehens Nat Deor 2,4 und aus dem *consensus omnium* Nat Deor 2,12f.)[29]. Es bleibt als sicheres Resultat, dass Dions Gottesbegriff auf einer pantheistischen Grundlage aufruht, von da aus aber

---

[27] Cosmology (s. Anm. 25) 449.

[28] Einzelbelege bei H. J. KLAUCK, in: Olympische Rede (s. Anm. 14) 197–200.

[29] Vgl. P. BOYANCÉ, Les preuves stoïcienne de l'existence des Dieux d'après Ciceron, in: Hermes 90 (1962) 45–71; M. L. COLISH, The Stoic Tradition from Antiquity to the Early Middle Ages. Bd. 1: Stoicism in Classical Latin Literature, Leiden ²1990, 109–120.

die ganze polytheistische Götterwelt des Mythos allegorisch (als Naturerschei-
nungen) interpretieren und sich deshalb problemlos mit ihr arrangieren kann,
zugleich aber durch die Vorrangstellung, die für Zeus reklamiert wird, einen
Zug ins Henotheistische, um nicht zu sagen Monotheistische enthält[30]. Das wiederum hat zur Folge, dass sich unsere so einleuchtend scheinende Trias von
Pantheismus, Polytheismus und Monotheismus für die Anwendung auf den
Einzelfall als nahezu unbrauchbar, weil zu ungenau erweist, wenn man die drei
Größen als alternative, einander ausschließende Konzepte versteht[31]. Allen-
falls eine Tendenzanzeige scheint mit ihrer Hilfe dann möglich zu sein.

Eine Erkenntnis wird allerdings auch durch Dions Ausführungen partiell
bestätigt, dass nämlich die griechischen Götter nichts anderes sind „als Grund-
gestalten der Wirklichkeit"; sie, diese Wirklichkeit, aber „ist vielgestaltig und
tritt an den Menschen heran mit den verschiedensten Seinsansprüchen", von
daher „der Plural θεοί, der Polytheismus"[32]. Die Einschränkung „partiell" bezieht sich in dem Zusammenhang zum einen darauf, dass diese Vielgestaltigkeit
in der Stoa doch wieder umfangen wird von einem einheitlichen Weltentwurf
mit monistischen und materialistischen Zügen, zum anderen darauf, dass Dion
in den Zeus-Epiklesen in § 75f. bewusst alle Härten und Schroffheiten des Mythos, die er sehr wohl kennt (vgl. ihre Auflistung in § 78), ausblendet. Damit
aber gibt er auch einen Teil der Wirklichkeit, die im Göttermythos verarbeitet
ist, preis. Das passt zwar zur stoischen Option, dem Göttlichen als vornehmste
Aufgabe die Vorsehung und Fürsorge zuzuweisen, die immer nur das Beste will
und auf das Gelingen des Gesamtplans abzielt, hat aber eine Marginalisierung
der Theodizeefrage zur Folge. Auf die Herkunft des Übels und des Bösen geht
Dion in der Olympischen Rede gar nicht erst ein, und wo er es andernorts tut,

---

[30] Vgl. M. FREDE, Monotheism and Pagan Philosophy in Later Antiquity, in: P. ATHANASSIA-
DI / M. FREDE (Hrsg.), Pagan Monotheism in Late Antiquity, Oxford 1999, 41–67, hier 52: „this
clearly means that only Zeus satisfies the criterion for being a god fully … it is only in this
diminished sense that things other than Zeus can be called ‚god'."

[31] Die Konsequenzen daraus zieht S. PRICE, Religions of the Ancient Greeks (Key Themes
in Ancient History), Cambridge 1999, 11: „In fact the categories ‚monotheism' and ‚polytheism' do not promote historical understanding … The terms ‚polytheism' and ‚monotheism' are
best abandoned to the theologians"; Price geht beim Verteilen seiner Kritik aber unparteiisch
vor; zur vielberufenen Toleranz und Offenheit des polytheistischen Systems schreibt er: „This
romantic view of Greek religious liberalism has little to commend it. The absence of dogmas
did not entail that anything was permitted, nor was the pluralism of gods open-ended" (ebd.
67); der Umgang mit dem Hermenfrevel, mit der Profanierung der Mysterien und mit Sokrates „refute the common modern view that democratic Athens was basically liberal and open-
minded in relation to deviant actions and opinions" (ebd. 82).

[32] So in einem immer noch lesenswerten Beitrag H. KLEINKNECHT, Art. θεός κτλ., A. Der
griechische Gottesbegriff, in: ThWNT 3 (1938) 65–79, Zit. 68 (im Orig. gesperrt); in einer viel-
gerühmten neueren Einführung in die griechische Religion begegnet die vergleichbare Formulierung: „The gods, however, despite their anthropomorphic appearance, were not persons
so much as powers", s. L. BRUIT ZAIDMAN / P. SCHMITT PANTEL / P. CARTLEDGE (Übers.), Religion
in the Ancient Greek City, Cambridge 1992, 177.

macht er, gut stoisch, menschliches Versagen dafür verantwortlich (vgl. Or 32,15: „Das Schlechte aber hat einen anderen Ursprung, als stammte es aus einer anderen Quelle, einer in unserer Nähe").

2. *Plutarch von Chaironeia*

Ein direkter Zeitgenosse Dions ist Plutarch von Chaironeia (ca. 45–120 n. Chr.), der sich aber in philosophischer Hinsicht nicht an der Stoa, sondern am Mittelplatonismus orientiert (vgl. seine Aufforderung in Ser Num Vind 549E: „Lasst uns also ... beginnen bei der Behutsamkeit der *Philosophen der Akademie* gegenüber dem Göttlichen")[33]. Dennoch sind in der Behandlung religiöser Phänomene weitreichende Parallelen zwischen beiden Autoren zu konstatieren. Das gilt vor allem für ein Früh- oder Jugendwerk Plutarchs, auf das wir uns im Folgenden als erstes konzentrieren wollen, seine Schrift „Über den Aberglauben"[34].

a) *Über den Aberglauben*

Der griechische Titel dieses Traktats, Περὶ δεισιδαιμονίας, greift insofern schon etwas zu kurz, als es darin nicht nur um die δεισιδαιμονία geht, sondern ebenso sehr um ihr Gegenstück, die ἀθεότης, womit wir zugleich unsere Sammlung von Theismen um eine weitere Größe, den Atheismus, bereichert hätten. Aber auch die gängige Wiedergabe von Περὶ δεισιδαιμονίας mit *De superstitione* im Lateinischen[35] und „Über den Aberglauben" im Deutschen verkürzt erneut, da δεισιδαιμονία auch für die fromme Scheu vor dem Göttlichen gebraucht wer-

---

[33] Vgl. dazu C. FROIDEFOND, Plutarque et le platonisme, in: ANRW II/36.1 (1987) 184–233; F. FERRARI, Plutarch: Platonismus und Tradition, in: M. ERLER / A. GRAESER (Hrsg.), Philosophen des Altertums. Vom Hellenismus bis zur Spätantike. Ein Einführung, Darmstadt 2000, 109–127.

[34] Übers. bei H. J. KLAUCK, Plutarch von Chaironeia: Moralphilosophische Schriften (Reclams Universal-Bibliothek 2976), Stuttgart 1997, 58–81; dort auch Angaben zu den Einleitungsfragen und Literaturverweise; hier seien nur genannt: H. MOELLERING, Plutarch on Superstition: Plutarch's *De Superstitione*, Its Place in the Changing Meaning of Deisidaimonia and in the Context of His Theological Writings, Boston ²1963; G. LOZZA, Plutarco: De Superstitione, Mailand ²1989; M. THEOBALD, Angstfreie Religiosität. Röm 8,15 und 1 Joh 4,17f. im Licht der Schrift Plutarchs über den Aberglauben (1992), in: DERS., Studien zum Römerbrief (WUNT 136), Tübingen 2001, 432–441; H. J. KLAUCK, Religion without Fear: Plutarch on Superstition and Early Christian Literature, in: Skrif en Kerk 18 (1997) 111–126.

[35] Dass *superstitio* und *religio* anfangs auch synonym gebraucht werden konnten, betont D. HARMENING, Superstitio. Überlieferungs- und theoriegeschichtliche Untersuchungen zur kirchlich-theologischen Aberglaubensliteratur des Mittelalters, Berlin 1979, 14–42; mit einer strengeren Unterscheidung hingegen arbeiten M. BEARD / J. NORTH / S. PRICE, Religions of Rome. Bd. 1: A History, Cambridge 1998, 215–227.

den kann[36]. In unserem Fall liegt die negative Verwendungsweise zwar auf der Hand, aber es ist im Grunde mehr damit gemeint als nur „Aberglaube". Auch „Dämonenfurcht" trifft die Sache nicht. Eher wäre „religiös verursachte pathologische Angstzustände" oder „falscher Götterglaube als Zwangsneurose und Zwangsritual" angemessen. Auch in Theophrasts Charakterbildern wird der Abergläubische durch stark ausgeprägte religiöse Skrupel als solcher kenntlich gemacht (Char 16)[37].

Formal gesehen führt Plutarch eine Synkrisis, einen rhetorischen Vergleich zwischen Aberglaube – um mangels einer besseren Alternative bei dieser Kurzformel zu bleiben – und Atheismus durch, wobei der Atheismus deutlich besser wegkommt und, gäbe es nur diese beiden Größen, den Sieg davontragen müsste. Doch rückt Plutarch zum Schluss Aberglaube und Atheismus in Äquidistanz zum goldenen Mittelweg, der in der echten Frömmigkeit (εὐσέβεια) besteht[38].

Für unsere Zwecke sind vor allem die Aussagen über die Gottheit(en) und die Formen ihrer Verehrung von Interesse. Den Atheismus charakterisiert Plutarch als „Unkenntnis gegenüber dem Göttlichen" (nebeneinander in 165B neutrisch: ἀπιστία τοῦ θείου; im Plural: μὴ νομίζειν θεούς, und dann wieder neutrisch: πρὸς τὸ θεῖον). Beim Aberglauben liegt auch eine Art von Unkenntnis vor, zu der erschwerend noch Pathos, d. h. Emotion, Empfinden und Leiden hinzutritt: Der Abergläubische „glaubt zwar, dass Götter existieren (εἶναι θεούς), dass sie aber Schmerz und Verderben zufügen". So werden Angstzustände produziert, die bis in den Schlaf hineinreichen und die Seele daran hindern, „sich von ihren bitteren und belastenden Vorstellungen über Gott (περὶ τοῦ θεοῦ δόξας) freizumachen" (165E). Widerwärtige Rituale sollen Abhilfe schaffen, die von „Barbaren" abgeschaut sind wie „Beschmieren mit Lehm, Wälzen im Schlamm, Feiern des Sabbats[39], Niederfallen aufs Gesicht ... " (166A). Der Abergläubische zittert, kurz gesagt, „aus Angst vor denen, von welchen wir er-

---

[36] Vgl. P. J. KOETS, Δεισιδαιμονία. A Contribution to the Knowledge of the Religious Terminology in Greek, Purmerend 1929, bes. 68–82; A. PÉREZ JIMÉNEZ, ΔΕΙΣΙΔΑΙΜΟΝΙΑ: El Miedo a los Dioses en Plutarco, in: L. VAN DER STOCKT (Hrsg.), Plutarchea Lovaniensia. A Miscellany of Essays on Plutarch (StHell 32), Löwen 1996, 195–225.

[37] Vgl. H. BOLKESTEIN, Theophrastos' Charakter der Deisidaimonia als religionsgeschichtliche Urkunde (RVV 21,2), Gießen 1929.

[38] Vgl. E. BERARDI, Plutarco e la religione, l'εὐσέβεια come giusto mezzo fra δεισιδαιμονία e ἀθεότης, in: CClCr 11 (1990) 141–170.

[39] Statt σαββατισμούς, das eindeutig auf jüdische Bräuche Bezug nimmt, wurde die Konjektur βαπτισμούς, „Tauchbäder" im Meer (kurz zuvor erwähnt), vorgeschlagen, aber auch das ließe sich mit dem Judentum in Verbindung bringen. Außerdem wird in der Reihe negativer Exempla in § 8 zum Schluss der jüdische Sabbat als „ethnologisches" Beispiel ausdrücklich genannt (169C), und andernorts – in Quaest Conv IV 4,4–6,2 (669C–672B) – geht Plutarch ausführlich auf weitere, in seinen Augen „abergläubische" jüdische Rituale ein; vgl. M. STERN, Greek and Latin Authors on Jews and Judaism. Bd. 1: From Herodotus to Plutarch (IASH), Jerusalem ²1976, 550–562.

bitten: Reichtum, Wohlergehen, Frieden, Eintracht und Erfolg für unsere besten Unternehmungen in Wort und Tat" (166E). Gemeint sind die rettenden Gottheiten (166D: τοὺς σωτῆρας), die Plutarch in erster Linie als Garanten für das irdische Wohlergehen in Anspruch nimmt, während der Abergläubische „ihre Freundlichkeit für furchterregend, ihre väterliche Obhut für tyrannisch, ihre liebende Fürsorge für schädlich, ihren Verzicht auf Zorn für grausam und brutal" hält (167D).

Plutarch liefert über Seiten hin bemerkenswerte psychologische Analysen von religiös motivierten Phobien und daraus resultierenden zwanghaften Verhaltensweisen, denen nicht zuletzt eine tiefreichende Ambivalenz innewohnt: „Abergläubische fürchten die Götter (τοὺς θεούς) und nehmen ihre Zuflucht zu ihnen, schmeicheln ihnen und beschimpfen sie, beten zu ihnen und überhäufen sie mit Vorwürfen" (167E). Dabei tauchen auch Elemente der *theologia tripertita* wieder auf, wenn von den Abergläubischen gesagt wird (167D-E):

Sie lassen sich überzeugen von Kupferschmieden und Steinmetzen und Wachsbildnerinnen, welche den Göttern ein menschengestaltiges Aussehen (ἀνθρωπόμορφα τῶν θεῶν τὰ εἴδη) geben ... Auf Philosophen und Staatsmänner blicken sie verächtlich herab, wenn die ihnen beweisen wollen, dass Gottes Erhabenheit (τὴν τοῦ θεοῦ σεμνότητα) sehr wohl zusammengeht mit Güte, Großmut, Milde und Fürsorge.

Das impliziert eine gewisse Kritik an der mythischen Theologie, die von den bildenden Künstlern vertreten wird (allerdings offenbar nicht von erstklassigen Künstlern wie Pheidias, sondern eher von Devotionalienhändlern). Die philosophische Theologie hingegen stellt im Verein mit der politischen erneut, wie bei Dion, die sozial verträglichen Züge des Gottesbildes in den Vordergrund. Dass in dem einen Fall der Plural θεοί, in dem anderen der Singular θεός gebraucht wird, darf man jedoch nicht überbewerten[40]. Ein schlüssiges System lässt sich im Gebrauch der unterschiedlichen Formen und weiterer Begriffe (z. B. 168B: ῥεῦμα δαιμόνιον ἄτης, „ein gottgewirkter Strom des Unheils"; 168C: πληγαὶ θεοῦ καὶ προσβολαὶ δαίμονος, „Schläge Gottes und Attacken eines Daimons"; θεοῖς καὶ δαίμοσι μεμισημένον, „den Göttern und den Himmelsmächten verhasst"; 168D: τὸ δαιμόνιον als „Schutzmacht", „Genius") bei Plutarch schwerlich erkennen, mit Ausnahme vielleicht von εἴδωλον, einem Wort, das seit Homer die Konnotation von „Schattenbild", „Trugbild" besitzt und das wohl nicht zufällig bei Plutarch in einer Schilderung von Unterweltstrafen vorkommt, wie sie nur der Aberglaube zu imaginieren versteht (167A):

Die tiefen Pforten der Unterwelt öffnen sich, Ströme von Feuer mischen sich mit den Nebenarmen des Styx, Finsternis wird angefüllt mit vielgestaltigen, bizarren Gespenstern (πολυφαντάστων εἰδώλων τινῶν), die scheußliche Fratzen und erbärmliches Geheul

---

[40] Anders C. H. Dodd, The Bible and the Greeks, London 1935, 5f.: ὁ θεός sei generell monotheistisch zu verstehen, zu οἱ θεοί sei dem Sinn nach λεγόμενοι zu ergänzen: es sind nur „sogenannte" Götter.

beisteuern, dazu noch Richter, Folterknechte, Abgründe und tiefe Schlünde, angefüllt mit Abertausenden von Qualen.

Zwar hält Plutarch auf der einen Seite daran fest, dass nichts für die Menschen angenehmer sei „als Festtage und Opfermähler in den Heiligtümern, Einweihungsfeiern und heilige Riten, Gebete zu den Göttern und ihre Verehrung" (169D), stößt aber auf der anderen Seite mehr und mehr zu förmlicher Religionskritik vor. Er kritisiert Beschwörungsformeln und rituelle Epiklesen der Artemis in düsteren Zeremonien (170B) und bezeichnet die Überzeugung, die Göttin Leto habe tatsächlich, wie im Mythos berichtet, wegen einer Beleidigung sechs Töchter und sechs Söhne der Niobe mit dem Pfeil getötet, rundweg als lästerlich (170D-C).

Einen ersten Höhepunkt erreicht diese religionskritische Linie in § 12, wo der Aberglaube direkt für die Entstehung des Atheismus verantwortlich gemacht wird. An der Naturbeobachtung kann es nämlich nicht liegen, wie Plutarch mit Rückgriff auf das „kosmotheologische" Modell ausführt: „Denn es ist nicht so, dass jene Leute (die Atheisten) am Himmel etwas Tadelnswertes entdeckt hätten, etwas Unharmonisches und Ungeordnetes an den Sternen, an den Jahreszeiten, an den Umläufen des Mondes oder den Bewegungen der Sonne um die Erde … und daraus auf die Abwesenheit von Göttern im Weltall geschlossen hätten" (171A). Nein, Schuld an ihrem Unglauben sind allein „die überaus lächerlichen Aktionen und Emotionen des Aberglaubens", für die Plutarch dann zum wiederholten Mal Beispiele bringt („Gaukeleien und Zaubereien", „Herumlaufen im Kreis und Schlagen der Pauke", „barbarische Formen von Strafen", etc.), um mit der Folgerung zu schließen: „all das kann Anlass geben zu der These, es solle besser keine Götter geben als solche, die diese Formen von Verehrung freudig akzeptieren, die so tyrannisch, so kleinlich und so reizbar sind" (171B).

Für den zweiten Höhepunkt und zugleich als Schlusseffekt hat sich Plutarch besonders schweres Geschütz aufgespart, eine pervertierte (oder besonders konsequente?) Form des Opferkults: Menschenopfer und, schlimmer noch, Kinderopfer, wie man sie bei den Karthagern vermutete. Wichtiger noch als deren detaillierte, ebenso farbige wie grausige Schilderung in § 13 ist für uns die Tatsache, dass dabei von den Göttern unterschiedene transhumane Mächte genannt werden, die an solchen Opfern ihre Freude gehabt hätten, nicht etwa böse Dämonen, die wir erwarten würden, sondern „Typhone und Giganten" (171D). Deren Angriff auf die Götter in grauer Vorzeit wurde aber glücklicherweise zurückgeschlagen, so dass sie für Plutarch anscheinend als Mächte nicht mehr existieren, keine Bedrohung für den Menschen mehr darstellen und als Adressaten für solche abergläubischen Opferriten nicht in Betracht kommen.

Auf diese Weise gelangt Plutarch im Endresultat zur Empfehlung des goldenen Mittelwegs, der mit dem wohltemperierten, harmonischen Gottesbild korrespondiert, das Plutarch allein noch gelten lassen will. Dabei übersieht er aber ganze Bereiche der vielgestaltigen Wirklichkeit; er ignoriert die Abgründe des Lebens, die in den düsteren Mythen zumindest reflektiert und bearbeitet werden, wenn auch auf unzureichende Weise. Es ist kein Zufall, dass Plutarch in späteren Werken, spätestens seit der Übernahme des Amtes eines Oberpriesters in Delphi (zwischen 95 und 100 n. Chr.), von manchen der hier bezogenen Positionen wieder etwas abrückt und sich um differenziertere Stellungnahmen bemüht[41].

b) Über Isis und Osiris

Wegen dieses partiellen Positionswechsels wurde in der Forschung die Authentizität von *De superstitione* verschiedentlich angezweifelt. Insofern mag der Hinweis dienlich sein, dass daneben auch beachtliche Konstanten zu beobachten sind, die sich wie eine Klammer um das Gesamtwerk legen. Die Definition echter Frömmigkeit als goldene Mitte zwischen den Polen Aberglaube und Atheismus kehrt mit leichten sprachlichen Abänderungen, aber in der Sache unverändert auch in Plutarchs Lebensbeschreibung des Camillus[42] und in seinem religionsphilosophischem Hauptwerk *De Iside et Osiride* wieder[43], das aus seinen letzten Lebensjahren stammen dürfte[44].

In diesem ungemein reichhaltigen Werk erzählt Plutarch zunächst in § 12 – 20 den ägyptischen Mythos von Isis und Osiris nach (und liefert damit ganz nebenbei die einzige geschlossene Fassung dieses Mythos, die wir besitzen). Sodann geht er verschiedene Typen von Deutungen durch. Es sind der Reihe nach:

---

[41] Vgl. im Einzelnen die gründlichen Untersuchungen von F. E. Brenk, In Mist Apparelled. Religious Themes in Plutarch's Moralia and Lives (Mn.S 48), Leiden 1977; Ders., An Imperial Heritage: The Religious Spirit of Plutarch of Chaironeia, in: ANRW II/36.1 (1987) 248–349; weiteres Material findet sich in dem Sammelband von M. García Valdés (Hrsg.), Estudios sobre Plutarco: ideas religiosas, Madrid 1994.

[42] Camill 6,4: „Aber in solchen Dingen sind Leichtgläubigkeit und völliger Unglaube gleich bedenklich wegen der menschlichen Schwachheit, die keine Grenzen kennt und sich nicht selbst beherrscht, sondern sich das eine Mal zu Aberglauben (δεισιδαιμονία) und blinder Verängstigung, ein anderes Mal wieder zur Missachtung des Göttlichen und zur Überheblichkeit hinreißen lässt. Behutsamkeit und Meiden des Übermaßes ist das Beste."

[43] Is et Os 355D: „... dann wirst du dem Aberglauben (δεισιδαιμονία) entgehen, der kein geringeres Übel ist als der Atheismus (ἀθεότης)"; 378A: „Denn einige wichen gänzlich vom Wege ab und verfielen dem Aberglauben (δεισιδαιμονία), während andere, die vor dem Aberglauben flohen wie vor einem Sumpf, wieder unvermerkt wie in einen Abgrund in den Unglauben (ἀθεότης) stürzten".

[44] Zum Folgenden vgl. vor allem T. Hopfner, Plutarch: Über Isis und Osiris. Bd. 1: Die Sage; Bd. 2: Die Deutungen der Sage (MOU IX/1.2), Prag 1940/41; J. Gwyn Griffiths, Plutarch: De Iside et Osiride, Cardiff 1970; J. Hani, La religion égyptienne dans la pensée de Plutarque (Collection d'études mythologiques), Paris 1976; P. R. Hardie, Plutarch and the Interpretation of Myth, in: ANRW II/33.6 (1992) 4743–4787; J. Dillon, Plutarch and God: Theodicy and Cosmogony in the Thought of Plutarch, in: D. Frede / A. Laks, Traditions of Theology (s. Anm. 25) 223–237.

1. die euhemeristische Deutung in § 22–24: der Mythos berichtet über Könige und Machthaber; Osiris war ein berühmter Feldherr.
2. die daimonologische Deutung in § 23–31: Isis und Osiris waren große Daimones, Wesen auf einer Zwischenstufe zwischen Göttern und Menschen.
3. die physikalische Deutung in § 32–40: die Figuren des Mythos werden allegorisch als Gegebenheiten der Natur aufgelöst; Osiris steht für den Nil, Isis für die Erde, etc.
4. die astronomische Deutung in § 41–44: Typhon repräsentiert die Sonne, Osiris den Mond.
5. die dualistische Deutung in § 45–48: Osiris und Typhon werden als zwei gleichursprüngliche Schöpfungsgottheiten verstanden, von denen der eine für das Gute, der andere für das Schlechte verantwortlich zeichnet.
6. die platonische Deutung in § 49–64: Osiris wird unter anderem zur schöpferischen Vernunft, zum Logos, der aus Isis als Stoff den sinnlich wahrnehmbaren Kosmos hervorbringt.
7. die agrarische Deutung in § 65–71: Osiris wird als Korn ausgesät und kehrt als Pflanze wieder.

Anhangweise geht Plutarch in § 71–81 noch auf den Tierkult der Ägypter ein, den er ausnahmsweise nicht verurteilt, sondern durch allegorisch-symbolische Erklärung zu rechtfertigen sucht. Von den Deutungen lehnt er die erste und die siebte entschieden ab, favorisiert, wie man schon an der Länge erkennt, die platonische (Nr. 6), vermag aber auch den übrigen einiges abzugewinnen. Wir greifen aus diesem weiten Feld nur noch die folgenden vier Punkte heraus:

Erstens: Interessant ist die dualistische Deutung, für die Plutarch persische Mythologie und Götterlehre bemüht (es fallen Namen wie Zoroastres, Horomazes, Areimanios und Mithras). Entgegen der stoischen Lehre darf man als anfängliches Prinzip „nicht nur *eine* Vernunft (λόγον) und *eine* Vorsehung (πρόνοιαν), die über alles Herr wird und alles beherrscht, annehmen" (369A), denn dann könnte unmöglich Böses in der Welt vorhanden sein. Der Dualismus steht im Dienst der Theodizeeproblematik. Osiris ist nur für das Gute verantwortlich, Typhon für alles Verderbliche und Schlechte, das in der Natur vorhanden ist.

Zweitens: Auch die daimonologische Deutung birgt weiterführende Aspekte in sich. Für Plutarch stellt „Daimones" zunächst noch eine neutrale Größe dar, die sich in böse Dämonen (hier finden Giganten und Titanen ihren Platz, 360F) und gute Geister ausdifferenziert. Osiris und Isis waren gute Daimones, die sich zu Göttern wandelten (362E). Damit aber wird eine Durchlässigkeit erzielt, die es erlaubt, dass selbst Menschen wie der fähige Wundarzt Asklepios und der Kraftmeier Herakles über die Zwischenstufen Heros und Daimon in die Götterwelt Eingang fanden. Die Gegenbewegung, dass also Gottheiten zeitweise in menschlicher Gestalt, die sie als Verkleidung anlegen, erscheinen, korrespondiert zwar damit, hat im System aber einen geringeren Stellenwert. Auf diese beiden Möglichkeiten spielt Philo in seinem eingangs zitierten Ausspruch „Denn eher könnte sich Gott in einen Menschen denn ein Mensch in Gott verwandeln" (Leg Gai 118) an.

Drittens: In der Einleitung zu *De Iside et Osiride* zitiert Plutarch in § 9 eine Inschrift, die sich auf der Basis einer Statue der Göttin Athena – bei den Ägyptern Isis – in Saïs befunden habe; sie lautet: „Ich bin alles, was geworden ist und was ist und was sein wird, und mein Gewand hat kein Sterblicher je gelüftet" (354B). Notieren wir nur im Vorbeigehen die deutliche sexuelle Anspielung im Schlussteil und die Nähe der ersten Hälfte zur Dreizeitenformel in der Johannesoffenbarung[45]. Wichtiger ist für uns, dass man diese Reduzierung des Göttlichen auf ein „Ein und Alles" im pantheistischen Sinn verstehen kann, was Plutarch als Platoniker offensichtlich nicht getan hat, was aber in der neuzeitlichen Aufklärung sehr wohl geschah[46].

Viertens: Die Gleichsetzung von Athena und Isis, die Plutarch hier stillschweigend vornimmt, ist Bestandteil einer Methodik, die er bis zum Überdruss anwendet und auch theoretisch reflektiert. Die Gottheiten der Ägypter und anderer Fremdvölker werden mit besser bekannten griechischen Göttern gleichgesetzt, weil es sich letztlich nur um unterschiedliche Namen für ein- und dieselben göttlichen Mächte handele[47]. Die Begründung dafür findet sich in § 67 (377F–378A):

Und zwar unterscheiden wir nicht andere Götter bei anderen Völkern, auch nicht ungriechische und griechische oder südliche und nördliche. Sondern, wie Sonne und Mond, Himmel, Erde und Meer allen Menschen gemeinsam sind, von jedem aber anders benannt werden, so gibt es auch nur eine einzige göttliche Vernunft, die dies in Ordnung brachte, nur eine einzige waltende Vorsehung und Dienste leistende, über alles gesetzte Mächte; ihnen wurden aber bei den verschiedenen Völkern, dem Brauchtum entsprechend, verschiedene Ehren und Benennungen zuteil und man verwendete geheiligte Symbole, die bald nur dunkel, bald klarer, das Denken auf das Göttliche hinwenden, freilich nicht ohne Gefahr …

Hier folgt die oben schon zitierte Warnung vor den Gefahren des Aberglaubens und der Gottlosigkeit, womit sich für uns ein Kreis schließt. Fügen wir nur noch an, dass diese Vielnamigkeit besonders der Göttin Isis zukommt, die nicht zu Unrecht die „Tausendnamige" (372E: μυριώνυμος) genannt wird.

---

[45] Vgl. D. E. AUNE, Revelation. Bd. 1 (WBC 52A), Dallas, TX 1997, 30–33.

[46] Sehr interessante Einzelnachweise bei J. ASSMANN, Mose the Egyptian (s. Anm. 12) 86–88.118–122.

[47] J. GWYN GRIFFITHS, De Iside et Osiride (s. Anm. 44) 572–578, hat ein umfangreiches Lexikon solcher Gleichsetzungen erstellt.

3. Apuleius von Madaura

Von hier aus fällt der Blick wie von selbst auf das Isisbuch, mit dem Apuleius von Madaura, der im 2. Jahrhundert n. Chr. wirkte, seinen vergnüglichen Sittenroman „Metamorphosen", auch „Der Goldene Esel" genannt, beschließt[48]. Der Ich-Erzähler und Haupheld Lucius (der seine Abstammung mütterlicherseits in Met I 2,1 auf den „berühmten Plutarch" zurückführt!) richtet zu Beginn des 11. und letzten Buches, immer noch in seiner Eselsgestalt, in die er im 3. Buch zur Strafe für seine Neugier und seine Experimentierlust in Sachen Magie verwandelt wurde, ein bewegendes Gebet an eine Göttin (der Name Isis fällt erst später in § 5), das unsere Aufmerksamkeit vor allem wegen seines Umgangs mit den vielen Namen dieser Göttin verdient (Met XI 2,1–7):

Himmelskönigin (*regina caeli*)! Seiest du Ceres, die mütterliche Erstspenderin der Kornfrüchte: im Glück über die wiedergefundene Tochter verbanntest du urzeitlich-tierisches Eichelfressen und wiesest milde Nahrung, waltest jetzt auf eleusinischer Scholle; – seiest du die himmlische Venus: beim Urbeginn der Welt eintest du die getrennten Geschlechter durch Amors Geburt und pflanztest die Menschheit in ewigem Nachwuchs fort, wirst jetzt im meerumschlossenen Heiligtum zu Paphos (auf Cypern) verehrt; – seiest du Phöbus' Schwester (d. h. Diana): kreißende Schwangere stärktest du mit Linderungsmitteln und zogst Völkerscharen heran, wirst jetzt in den herrlichen Tempelhallen zu Ephesus angebetet; – seiest du mit furchtbarem Nachtgeheul Proserpina: dein Dreigesicht hält Gespenstergewalt im Zügel und hütet die Erdenriegel, überall schweifst du durch Wälder und wirst unter mancherlei Riten angerufen; – mit deinem fraulichen Licht jede Statt erhellend und mit Feuertau reiche Saat ernährend und nach dem Sonnenlauf deinen wechselnden Strahl regelnd; – mit welchem Namen immer, nach welchem Brauch immer, unter welcher Gestalt immer man dich rufen muss: du hilf mir jetzt in meiner höchsten Not, du richte mein Glück aus Trümmern auf, du gib nach überstandenen grausamen Leiden Rast und Ruhe! Genug der Beschwernisse, genug der Fährnisse! Wirf von mir die grässliche Tiergestalt, lass mich die Meinen wiedersehen, lass mich wieder Lucius sein! Und lastet der unerbittliche Zorn irgendeiner beleidigten Gottheit auf mir, so will ich wenigstens sterben dürfen, wenn ich nicht leben darf!

Griechische Leser konnten unschwer ihre eigenen Göttinnen eintragen: Demeter für Ceres, Aphrodite für Venus, Artemis für Diana und Persephone oder Hekate für Proserpina. Die eingangs apostrophierte Himmelskönigin wäre im Übrigen bei den Römern Juno, bei den Griechen Hera.

Lucius fällt nach seinem Gebet in tiefen Schlaf, die Göttin erscheint ihm im Traum in kosmischer Gestalt, mit Sternen, Mond und Früchten als Attributen (Met XI 4,1). Sie zählt noch weitere Namen auf, unter denen sie verehrt wird,

---

[48] Text und Übers. bei E. BRANDT / W. EHLERS, Apuleius: Der Goldene Esel. Metamorphosen (TuscBü), München-Zürich ⁴1989; R. HELM, Apuleius: Metamorphosen oder Der Goldene Esel (SQAW 1), Berlin ⁷1978; zur Erklärung bes. J. GWYN GRIFFITHS, Apuleius of Madauros: The Isis-Book (Metamorphoses, Book XI) (EPRO 39), Leiden 1975, 114–167; zur literaturgeschichtlichen Verortung M. VON ALBRECHT, Geschichte der römischen Literatur von Andronicus bis Boëthius. Bd. 2 (dtv 4618), München ²1994, 1150–1164 (Lit.).

und beschließt die Liste mit den Worten: „... die Ägypter, ausgezeichnet durch uralte Weisheit, verehren mich mit den eigentlichen Bräuchen und nennen mich mit meinem wahren Namen Königin Isis" (XI 5,3). Ferner verheißt sie Lucius, dass er sie nach seinem Lebensende als Herrscherin der Unterwelt wiederfinden wird, dass sie auch dort seine Gönnerin bleiben und dass sie ihm Zugang zu den elysischen Gefilden verschaffen wird (XI 6,5f.).

Apuleius liefert mit dieser eindrücklichen, doppelt ausgeführten Litanei beides zugleich: die Grundlage für eine Ökumene der Religionen und die Erklärung für die Vorzugsstellung der Ägypter (und der Äthiopier, die im gleichen Atemzug genannt werden)[49]. Unter verschiedenen Namen verehren die verschiedenen Völker letztlich ein und dieselbe religiöse Macht, die sich in der Natur und durch die Natur manifestiert, also Grundgestalt der Wirklichkeit bleibt. Das ermöglicht einen interkulturellen Austausch in allen religiösen Fragen. Zum anderen ist eine Abstufung festzustellen, vergleichbar den Weihestufen in einem Mysterienritual. Der eine, wahre Name der Gottheit wurde nur einem auserwählten Volk mitgeteilt. Hier kommt Offenbarung ins Spiel, die allerdings nicht auf Exklusivität pocht und die Übersetzbarkeit der vielen Namen nicht in Zweifel zieht. Eigens sollte festgehalten werden, dass die Expansion und Konzentration, die hier vorliegt, auf eine weibliche Gottheit als Hauptgestalt abzielt.

III. Exemplarisches aus dem Alten Testament

1. Von der Monolatrie zum Monotheismus: der Gesamtrahmen

Eine „mosaische Unterscheidung" – um den von Jan Assmann eingeführten Terminus aufzugreifen, aber ein wenig anders zu verwenden –, die sich angesichts dieses Befundes aufdrängt, wäre die zwischen Schöpfer und Geschöpf, zwischen Gott und Welt, die eine kosmotheologische Divinisierung der Weltwirklichkeit und ihrer einzelnen Bestandteile unmöglich macht. Aber der Schöpfungsglaube gehört, wie wir inzwischen wissen, nicht zu den ältesten Bestandteilen der Hebräischen Bibel, und das gilt auch, selbst wenn diese Einsicht anfangs überraschend und provozierend wirkte, für den Monotheismus. Das erste Gebot sagt es bei genauer Lektüre an sich deutlich genug: „Ich bin der Herr, dein Gott, der dich aus dem Lande Ägypten, dem Sklavenhaus, herausgeführt hat; du sollst keine anderen Götter neben mir haben" (Ex 20,2f.; Dtn 5,6f.; vgl. Dtn 6,4), und in der Fortführung des zweiten Gebots heißt es von den Götterbildern: „Du sollst sie nicht anbeten und ihnen nicht dienen; denn ich, der Herr, dein Gott, bin ein eifersüchtiger Gott" (Ex 20,5; Dtn 5,9). Gefordert wird

---

[49] Vgl. J. Assmann, Mose the Egyptian (s. Anm. 12) 47–49.

von Israel zunächst nur, es solle Jahwe für sich selbst als einzigen Gott wählen und ihn allein verehren; dass andere Völker andere Götter haben und ihnen legitimerweise dienen, wird damit nicht bestritten. Nur so macht auch die Eifersucht des Gottes Israels Sinn. Noch – vermutlich – nachexilisch sagt Mi 4,5: „Wenn auch alle Völker im Namen ihres je eigenen Gottes wandeln, wir aber wollen wandeln im Namen des Herrn, unseres Gottes, immer und ewig", und im gleichfalls nachexilischen Jonabuch rufen die Schiffsleute in Seenot „ein jeder zu seinem Gott" (Jon 1,5)[50].

Die Forschung mit ihrem Drang zur differenzierten Erfassung und Benennung der Phänomene hat dafür den Begriff „Monolatrie", „Allein*verehrung*" Jahwes als Israels Gott, geprägt. Selbst diese Monolatrie hat sich erst eingestellt als Ergebnis einer Konzentration oder „Konvergenz"[51], in deren Verlauf andere, auch in Israel verehrte Gottheiten nach und nach ausgeblendet und der Gottesdienst auf „Jahwe allein" ausgerichtet wurde. Erst in der Exilszeit schließlich scheint sich die Wandlung von der Monolatrie zu einem grundsätzlichen Monotheismus, der die Existenz anderer Götter bestreitet und den Alleinherrschaftsanspruch Jahwes proklamiert, vollzogen zu haben[52]. Einen wesentlichen Beitrag dazu leistete der anonyme Exilsprophet, den wir als Deuterojesaja kennen: „... und es ist keiner sonst, kein Gott außer mir, ein wahrhaftiger, rettender Gott ist nicht neben mir!" (Jes 45,21).

Irgendwo mussten die entthronten Götter der anderen Völker bleiben; sie wurden zwar verdrängt, aber deshalb nicht einfach inexistent, sie tauchten ab in den Untergrund. Erst jetzt ist auf einmal von „bösen Geistern" die Rede: „Sie opferten Geistern (LXX: δαιμονίοις), die nicht Gott sind, Göttern, die sie nicht gekannt, neuen, die aus der Nähe gekommen waren, von denen eure Väter nichts wussten" (Dtn 32,17). Erst jetzt wird von „Götzen" gesprochen (εἴδωλα in der LXX) und gegen sie polemisiert: „Die Götzen der Völker sind nur Silber und Gold, ein Machwerk von Menschenhand" (Ps 115,4). Es ist auch kein Zufall, dass die Engelwelt nach und nach eine enorme Ausdifferenzierung erfährt[53], dass neben guten Engeln auch böse, gefallene Engel (besonders im Anschluss an die „Göttersöhne" und ihren Fall in Gen 6,1–4) in Erscheinung tre-

---

[50] Vgl. R. KESSLER, Die Ägyptenbilder der Hebräischen Bibel. Ein Beitrag zur neueren Monotheismusdebatte (SBS 197), Stuttgart 2002, 9; zum Ganzen F. STOLZ, Einführung (s. Anm. 10) 84–203; H. P. MÜLLER, Art. Monotheismus und Polytheismus. II. Altes Testament, in: RGG⁴ 5 (2002) 1459–1462.

[51] M. S. SMITH, The Early History of God. Yahweh and the Other Deities in Ancient Israel, San Francisco 1990, 21–23.154–156 u. ö., favorisiert den Terminus „convergence"; vgl. auch R. K. GNUSE, No Other Gods: Emergent Monotheism in Israel (JSOT.SS 241), Sheffield 1997.

[52] F. STOLZ, Einführung (s. Anm. 10) 184: „Insgesamt erweist sich das Exil als die Zeit der Entstehung des eigentlichen Monotheismus."

[53] Den inneren Zusammenhang zeigt auf K. KOCH, Monotheismus und Angelologie, in: W. DIETRICH / M. A. KLOPFENSTEIN (Hrsg.), Ein Gott allein? IHWH-Verehrung und biblischer Monotheismus im Kontext der israelitischen und altorientalischen Religionsgeschichte (OBO 139), Freiburg (Schweiz)/Göttingen 1994, 565–581.

ten und dass am Rande der Satan auftaucht (in Sach 3,1f. und im Prolog zum Buch Hiob), dem noch eine große Karriere bevorsteht[54]. Diesem Vorgang sucht man durch die Unterscheidung zwischen „exklusivem Monotheismus" und „inklusivem Monotheismus" gerecht zu werden[55].

All diese verwickelten Prozesse und ihre Vorgeschichte haben in der Hebräischen Bibel ihre sprachlichen Spuren hinterlassen (anders könnten wir sie kaum noch rekonstruieren). Wir greifen zwei Einzelfälle heraus, die wegen ihrer Rezeption im Neuen Testament besonderes Gewicht haben: Psalm 82 (vgl. das Zitat aus Ps 82,6 in Joh 10,34) und Dan 7 mit der Gestalt des Menschensohns.

2. Götterdämmerung: Psalm 82

Psalm 82 gehört zur Gruppe der Asafpsalmen (Ps 50; Ps 73–83) und dürfte mit den anderen Texten dieser Reihe die zeitliche Ansetzung in die frühe nachexilische Zeit gemeinsam haben[56]. Der Eingangsvers evoziert die wohlbekannte mythische Vorstellung des himmlischen Thronrats (1 Kön 22,19; Ps 89,6–8). Die Götter (*elohim*) versammeln sich und beratschlagen; der höchste Gott (*el eljon*) führt dabei den Vorsitz. In äußerster Knappheit entwirft der auktorial erzählende V. 1 diese Szenerie:

> Gott (*elohim*) steht auf in der Versammlung Gottes (*el*),
> > inmitten der Götter (*elohim*) hält er Gericht.

Zunächst ist zu beachten, dass *elohim* nicht nur als Plural („Götter"), sondern auch im generischen Singular („ein Gott") verwendet werden kann. Der eingangs genannte *elohim* ist nun nicht, wie in der Auslegung oft unterstellt wird[57], mit dem *el* identisch, der streng genommen den Vorsitz bei der Versammlung

---

[54] Instruktiv dazu: N. FORSYTH, The Old Enemy: Satan and the Combat Myth, Princeton, NJ 1987.

[55] Vgl. M. MACH, Concepts of Jewish Monotheism in the Hellenistic Period, in: C. C. NEWMAN U.A. (Hrsg.), The Jewish Roots of Christological Monotheism. Papers from the St. Andrews Conference on the Historical Origins of the Worship of Jesus (JSJ.S 63), Leiden 1999, 21–42.

[56] Für Übers. und Erklärung orientiere ich mich vor allem an der Auslegung Erich Zengers, in: F. L. HOSSFELD / E. ZENGER, Psalmen 51–100 (HThKAT), Freiburg i. Br. 2000, 479–492; vgl. auch die Kurzfassung: F. L. HOSSFELD / E. ZENGER, Die Psalmen II. Psalm 51–100 (NEBAT), Würzburg 2002, 461–464; ausführlicher E. ZENGER, Psalm 82 im Kontext der Asaf-Sammlung. Religionsgeschichtliche Implikationen, in: B. JANOWSKI / M. KÖCKERT (Hrsg.), Religionsgeschichte Israels. Formale und materiale Aspekte (VWGTh 15), Gütersloh 1999, 272–292; s. daneben auch H. W. JÜNGLING, Der Tod der Götter. Eine Untersuchung zu Psalm 82 (SBS 38), Stuttgart 1969; S. B. PARKER, The Beginning of the Reign of God. Psalm 82 as Myth and Liturgy, in: RB 102 (1995) 532–559.

[57] Vgl. K. SEYBOLD, Die Psalmen (HAT I/15), Tübingen 1996, 325: „Er (d. h. Jahwe) ist der Vorgesetzte … Er führt die Aufsicht über die Götter und leitet eine Untersuchung ein"; ähnlich H. J. KRAUS, Psalmen. 2. Teilband: Psalmen 60–150 (BKAT XV/2), Neukirchen-Vluyn ⁵1978, 736f.; dagegen die in der vorigen Anm. genannten Autoren.

führen müsste – in sitzender Position, nicht stehend! – und auf den auch der Ausdruck „Söhne des Höchsten (*eljon*)" in V. 6b anspielt. Da dieser oberste *el* ansonsten nicht mehr in Erscheinung tritt, bleibt seine Rolle im Grunde unbesetzt, aber als Nullstelle spürbar.

Aus der Reihe der anderen *elohim* tritt nun einer hervor, der sich als der Gott Israels erweist. Es liegt nahe, in den anderen Göttern die Götter anderer Völker zu erblicken, analog zu der Vorstellung, die in Resten noch erhalten ist in Dtn 38,8: „Als der Höchste den Völkern ihr Erbe gab, als er die Menschenkinder schied, da setzte er fest die Gebiete der Völker nach der Zahl der Engel Gottes" (letzteres nach der LXX: ἀγγέλων θεοῦ, wohl für ein ursprüngliches „Söhne des höchsten Gottes"), und in der Fortsetzung in Dtn 38,9: „Aber der Anteil des Herrn ist sein Volk, Jakob das Los seines Eigentums" (der „Herr" in V. 9 ist als Gott Israels anfänglich noch zu unterscheiden von dem „Höchsten" in V. 8, der allen Göttern die Rollen zuteilt[58]). Im Danielbuch ist diese Konzeption der Zuordnung von Volk und Gottheit ebenfalls belegt, nur sind die Götter dort bereits zu Völkerengeln herabgestuft (Dan 10,13.20f.; 12,1).

Der Gott Israels nun stellt sich in die Mitte der versammelten Götterschar und schwingt sich zum Richter über sie auf. Dazu schleudert er ihnen in V. 2 in Frageform eine heftige Anklage entgegen und lässt in V. 3f. eine letzte Verwarnung und Mahnung folgen:

> „Wie lange noch wollt ihr ungerecht richten
> und das Angesicht der Frevler erheben?
> Rettet den Geringen und die Waise,
> dem Armen und dem Bedürftigen schafft Gerechtigkeit!
> Befreit den Geringen und den Elenden,
> aus der Hand der Frevler reißt ihn heraus!"

---

[58] Dies ist die *particula veri* des Buches von M. BARKER, The Great Angel. A Study of Israel's Second God, London 1992. Sie bestreitet, dass es in Israel je einen allgemein akzeptierten Monotheismus gegeben habe, auch nicht in nachexilischer Zeit. Im Volk sei trotz der deuteronomistischen Reformbemühungen immer die Überzeugung lebendig geblieben, es gebe zwei Götter, nämlich den höchsten Gott El und seinen Sohn Jahwe, auch „Herr" genannt. Letzterer sei auch als Engel angesehen worden (auf der Basis von Ex 23,21) und stehe hinter anderen Mittlergestalten im biblischen und nachbiblischen Judentum, z. B. hinter Philos Logos (s.u.). Die Jesusanhänger hätten ihren auferstandenen und erhöhten „Herrn" einfach mit Jahwe gleichsetzen können, ohne die Position des höchsten Gottes El im geringsten zu gefährden. Meines Erachtens stellt diese atemberaubende Konstruktion letztlich eine unzulässige Vereinfachung von sehr viel komplexeren Sachverhalten dar. Eine fundierte Auseinandersetzung mit der hier und zuvor schon durch J. E. FOSSUM, The Name of God and the Angel of the Lord. Samaritan and Jewish Concepts of Intermediation and the Origin of Gnosticism (WUNT 36), Tübingen 1985, angebahnten, wieder sehr populären Engelchristologie (vgl. zuletzt C. A. GIESCHEN, Angelomorphic Christology. Antecedents and Early Evidence [AGJU 42], Leiden 1998 [aus der Schule von J. E. Fossum]; D. D. HANNAH, Michael and Christ: Michael Traditions and Angel Christology in Early Christianity [WUNT II/109], Tübingen 1999) leistet jetzt S. VOLLENWEIDER, Zwischen Monotheismus und Engelchristologie. Überlegungen zur Frühgeschichte des Christusglaubens, in: ZThK 99 (2002) 21–44.

Die Götter hätten eine bestimmte Aufgabe bei den ihnen anvertrauten Völkern zu erfüllen gehabt, und dabei ging es nicht etwa um Kriege, Handelsabkommen und internationale Politik, sondern vielmehr um elementare Gerechtigkeit, um gerechtes, unparteiisches Richten und um soziale Fürsorge für die Schwachen und Marginalisierten. Dies sind die primären Forderungen, die auch an die Richter und Könige in Israel gestellt werden: sich der Waisen und Witwen anzunehmen, für die Armen zu sorgen, das Recht nicht zu beugen zugunsten der Starken und den Benachteiligten zu ihrem Recht zu verhelfen[59]. Prophetische Sozialkritik wird nicht müde, das einzufordern und gegenteiliges Verhalten anzuprangern (vgl. nur Jes 3,13–26).

Die Götter der Völker sind ihrer Aufgabe bisher nicht nachgekommen, sondern haben im Gegenteil zur Zersetzung des sozialen Gefüges beigetragen, und auch die ultimative Verwarnung durch Jahwe kann sie nicht zur Änderung ihres Verhaltens bewegen. Das konstatiert der dazwischen geschaltete Kommentar in V. 5, der wieder zum Erzählgerüst gehört:

> Sie erkannten nicht, und sie sehen nicht ein,
> in Finsternis wandeln sie umher,
> so geraten alle Grundfesten der Erde ins Wanken.

Die Uneinsichtigkeit und der mangelnde Umkehrwille der Götter wird als Wandeln in der Finsternis beschrieben (vgl. als Gegenbild Ps 119,105: „Dein Wort ist meinem Fuß eine Leuchte, ein Licht für meine Pfade"), und die Verwerfungen innerhalb der Gesellschaft nehmen geradezu kosmische Dimensionen an. Die Schöpfungsordnung selbst scheint gefährdet, die Krise der Religionen wird zu einer Krise der Weltordnung[60]. Deshalb schreitet Gott in V. 6–7 zur Tat:

> „Ich erkläre hiermit[61]: Götter seid ihr zwar
> und Söhne des Höchsten ihr allesamt.
> Jedoch: Wie ein Mensch werdet ihr sterben,
> und wie einer der Fürsten werdet ihr fallen!"

Das Gottsein dieser Götter und ihre Zugehörigkeit zum himmlischen Thronrat wird in V. 6 in der Gottesrede ausdrücklich festgeschrieben und durch den Vergleich dieser Wesenheiten mit einem Menschen oder einem Fürsten in V. 7 noch unterstrichen. Dennoch wurde gerade V. 7 gegen die Deutung des Psalms auf andere Götter ins Feld geführt: Können Götter denn sterben wie ein

---

[59] Vgl. B. Janowski, Der barmherzige Richter. Zur Einheit von Gerechtigkeit und Barmherzigkeit im Gottesbild des Alten Orients und des Alten Testaments, in: R. Scoralick (Hrsg.), Das Drama der Barmherzigkeit Gottes. Studien zur biblischen Gottesrede und ihrer Wirkungsgeschichte im Judentum und Christentum (SBS 183), Stuttgart 2000, 33–91, hier 58–64 (zu Ps 82).

[60] So K. Seybold, Psalmen (s. Anm. 57) 326.

[61] Zur Deutung dieser schwierigen Wendung s. E. Zenger, Psalmen (s. Anm. 56) 488f.

Mensch? Offenbar schon, und zwar dann, wenn sie sich den Zorn des Gottes Israel zuziehen. Außerdem würde es schon genügen, dass sie zur Bedeutungslosigkeit verurteilt werden und keine Sphäre mehr haben, in der sie wirken können. Ob eher realistisch oder teils metaphorisch, hier wird nichts geringeres angesagt als der Tod aller anderen Götter. Der Gott Israels steigt dadurch nicht zum Vorsitzenden des Pantheon auf, denn ein solches existiert nicht mehr, sondern er wird zum alleinigen Gott für die ganze Erde und alle Menschen. Auf diesen Sachverhalt, der in der geschichtlichen Erfahrung bisher nicht zu erkennen war, richtet sich der abschließende Appell, den die Beter des Psalms in liturgischem Kontext an Jahwe richten (V. 8):

> Steh auf, Gott, regiere doch du die Erde,
> ja du, du sollst dein Erbe übernehmen bei allen Völkern.

Der dramatische Ablauf dieses Psalms beschreibt nichts Geringeres als die Überwindung des Polytheismus auf der Grundlage des Polytheismus und unter seinen Bedingungen. Gewalt wird dabei nicht angewendet, denn die anderen Götter fallen letztlich aufgrund ihrer eigenen Unfähigkeit aus ihrer Stellung heraus. Kriterium für das Gottsein ist die Sorge um soziale Gerechtigkeit unter den Menschen. Hier wäre der Monotheismus also durchaus mit der Frage der Sittlichkeit in Verbindung zu bringen[62]. Schließlich muss man die Lage Israels bedenken, das diesen Psalm kurz nach dem Exil betet. Anscheinend haben die Götter der anderen Völker triumphiert, und der Gott Israels scheint völlig ins Hintertreffen geraten zu sein (vgl. Ps 79,10: „Warum sollen die Völker sagen: Wo ist denn ihr Gott?"). Hier ergeht nun der dringende Appell an den eigenen Gott, sich endlich auch faktisch als der Überlegene, der er doch ist, zu erweisen. Vor dem Abgleiten in reine Projektion und bloße Wunschvorstellung bewahrt die Rückbindung an das Bemühen um sozialen Ausgleich, dem sich die Generation der Heimkehrer und der Exulanten sehr konkret verpflichtet weiß.

Man sollte, wie aus diesem Beispiel erkennbar wird, den Monotheismus und auch den Polytheismus nicht abstrakt beurteilen, sondern immer in Rückbindung an die konkreten Machtverhältnisse. Je nachdem, wie sie verteilt sind, kann ein und dieselbe Aussage einen sehr unterschiedlichen Stellenwert erhalten und sehr unterschiedliche Wirkungen hervorrufen. Wo es um tatsächliche oder angebliche Gewaltpotentiale geht[63], dürfte die Machtverteilung wichtiger sein als das Etikett Monotheismus oder Polytheismus[64].

---

[62] Vom „sittlichen Ernst" und den „sittlichen Forderungen" spricht denn auch A. WEISER, Die Psalmen. Zweiter Teil: Psalm 61–150 (ATD 15), Göttingen ⁸1973, 381, bei seiner Auslegung von Ps 82.

[63] Vgl. J. ASSMANN, Monotheismus (s. Anm. 12) 138f.: „Die Gewalt ihres Gottes gegen die anderen Götter gibt ihnen das Recht, Gewalt gegen Menschen zu üben, die in ihren Augen anderen Göttern anhängen … Wenn man die monotheistische Idee retten will, dann muß man sie ihrer inhärenten Gewalttätigkeit entkleiden" – was prinzipiell hier keinesfalls bestritten werden soll.

[64] So richtig R. KESSLER, Ägyptenbilder (s. Anm. 50) 154–157.

Ein Wort noch zur Interpretationsgeschichte[65]: Die Septuaginta weicht für Psalm 82 nicht auf die beliebte Umdeutung der Götter auf Engelwesen aus, die dem Polytheismus seine Spitze nimmt, sondern behält die Götterversammlung in V. 1 (im Plural: συναγωγὴ θεῶν) und „Götter seid ihr" in V. 6 bei. Vermutlich wird hier schon eine implizite Auseinandersetzung mit dem Olympischen Pantheon der griechischen Welt geführt[66].

In 11Q13,II,10–12 wird V. 1 zitiert und auf Melchisedek bezogen, der die Funktion des anklagenden und verurteilenden *elohim* in der Götterversammlung übernimmt, während der Vorwurf des ungerechten Richtens aus dem gleichfalls wörtlich gebotenen V. 2 Belial und seine Schar trifft[67]. Möglicherweise wird Melchisedek hier stillschweigend mit dem Engelfürsten Michael gleichgesetzt, dem man eher zutrauen würde, dass er das Prädikat *elohim* auf sich zieht. Dass in II,18 auch die messianische Stelle Dan 9,25 angeführt wird, kann ebenso wie die Erwähnung Michaels eine Brücke zu unserem nächsten exemplarischen Text bilden.

Eine rabbinische Auslegungstradition sieht in V. 6f. das Volk Israel am Berg Sinai angesprochen. „Ihr seid Götter" bedeutet soviel wie nicht sterben zu müssen, vom Tod verschont zu bleiben. Das hätte für das Volk nach dem Empfang der Tora gegolten, aber noch vor dem „Sündenfall", der Verehrung des Goldenen Kalbs. Durch diesen Fehltritt hat Israel sich sein Privileg wieder verscherzt und verfällt dem Verdikt: „Wie Menschen sollt ihr sterben"[68].

Auf die Rezeption von Ps 82 im Johannesevangelium, für die diese Vorinformationen wichtig sind, müssen wir noch zurückkommen. Ansonsten halten sich bis in die Neuzeit hinein zwei Gegenstrategien durch: (a) der Psalm spreche von Engeln und nicht von Göttern; (b) der Psalm meine menschlich-irdische Richter, die er nur metaphorisch als „Götter" anrede, so ähnlich wie Gott zu Moses sagen kann, er mache ihn zu einem „Gott" für Aaron (Ex 4,16) und für den Pharao (Ex 7,1).

---

[65] Skizziert bei H. W. JÜNGLING, Der Tod der Götter (s. Anm. 56) 11–37.

[66] Vgl. E. ZENGER, Psalmen (s. Anm. 56) 491.

[67] Text und engl. Übers. bei F. GARCÍA MARTÍNEZ / E. J. C. TIGCHELAAR / A. S. VAN DER WOUDE, Qumran Cave 11. II: 11Q2–18, 11Q20–31 (DJD 23), Oxford 1998, 221–241; Text und dt. Übers. bei A. STEUDEL, Die Texte aus Qumran II, Darmstadt 2001, 175–185; aus der Literatur vgl. F. MANZI, Melchisedek e l'angelologia nell'Epistola agli Ebrei e a Qumran (AnBib 136), Rom 1997, 51–96; J. ZIMMERMANN, Messianische Texte aus Qumran. Königliche, priesterliche und prophetische Messiasvorstellungen in den Schriftfunden von Qumran (WUNT II/104), Tübingen 1998, 389–412.

[68] So unter anderem MekEx zu 20,19, bei J. Z. LAUTERBACH, Mekilta de-Rabbi Ishmael. Bd. 2 (The JPS Library of Jewish Classics), Philadelphia 1976, 272f.; vgl. Bill. II,543.

3. Regierungswechsel: Daniel 7

Die Endredaktion des Danielbuches, der einzigen Apokalypse im Kanon der Hebräischen Bibel, können wir ziemlich genau auf die Zeit zwischen 168 und 165 v. Chr. ansetzen. Es handelt sich um die letzten Jahre der Herrschaft des Syrerkönigs Antiochos IV. Epiphanes, und sein Religionsedikt, das, nicht zuletzt wegen des Mitwirkens „aufgeklärter" jüdischer Kreise Jerusalems, tiefe Eingriffe in die jüdische Frömmigkeitspraxis und schwere soziale Verwerfungen mit sich brachte, ist noch in Kraft (in diesem Fall erwies sich der praktizierte Polytheismus der syrischen Eroberer nicht als sonderlich tolerant gegenüber den Unterlegenen[69]). Die Auseinandersetzung mit nichtjüdischen Religionsformen ist dem Danielbuch somit von seiner Entstehungssituation her mit auf den Weg gegeben, wird aber in den verschiedenen Teilen des Buches, die unterschiedliches Alter aufweisen und in drei Sprachen abgefasst sind, unterschiedlich angegangen.

In den Hoflegenden in Dan 1–6, ab 2,4 in aramäischer Sprache gehalten, fehlt es zwar nicht an religiös motivierten Konflikten, die für die jüdischen Protagonisten bedrohliche Formen annehmen. Drei Freunde Daniels weigern sich, das riesengroße Standbild, das König Nebukadnezar (von sich?) hat anfertigen lassen, zu verehren, und werden in den Feuerofen geworfen (Dan 3). Gegen Daniel wird eine Hofintrige angezettelt, die von vornherein seine exklusive Gottesverehrung einplant und ihn in den Löwenkäfig bringt (Dan 6). Aber Gott rettet seine Diener, und „(a)m Ende steht die Integration der Judäer in den heidnischen Staat, in dem sie hohe Ämter bekleiden, und das Bekenntnis der heidnischen Könige zum Gott Daniels"[70]. Auch die nur griechisch erhaltenen Zusätze, die als Dan 14 gezählt werden, mit den Burlesken um die betrügerischen Priester des Gottes Bel und den gefräßigen Drachen sind in eine ähnliche Atmosphäre getaucht[71].

Anders sieht es mit den hebräisch abgefassten Visionsberichten in Dan 8–12 aus. Die Aufhebung des Gottesdienstes, die Profanierung des Heiligtums und der „Greuel der Verwüstung" an heiliger Stätte (Dan 9,27; 11,31 u.ö.) – viel-

---

[69] Wer diese Thematik weiter verfolgen will, muss zu den Makkabäerbüchern greifen, besonders zum Vierten Makkabäerbuch. Dort wird Antiochos IV. Epiphanes als Vertreter einer stoisch inspirierten Aufklärung geschildert, die es einfach nicht vertragen kann, dass das Judentum auf seiner selbstgewählten Bindung beharrt, und mit brutalen Zwangsmaßnahmen reagiert; vgl. H. J. KLAUCK, 4. Makkabäerbuch (JSHRZ III/6), Gütersloh 1989; H. J. LUNDAGER JENSEN, Die Pervertierung der Küche und die Dialektik der Aufklärung. Eine strukturell-exegetische Meditation über das Martyrium der Juden im 2. und 4. Makkabäerbuch, in: Tem. 24 (1988) 39–54, mit Anspielung auf M. HORKHEIMER / T. W. ADORNO, Dialektik der Aufklärung. Philosophische Fragmente (Fischer Taschenbuch), Frankfurt a. M. 1971, wo ein Kapitel den bezeichnenden Titel trägt: „Elemente des Antisemitismus. Grenzen der Aufklärung" (151–186).

[70] D. BAUER, Das Buch Daniel (NSKAT 22), Stuttgart 1996, 23.

[71] Vgl. A. WYSNY, Die Erzählungen von Bel und dem Drachen. Untersuchungen zu Dan 14 (SBB 33), Stuttgart 1996.

leicht eine steinerne Massebe, jedenfalls eine Art Aufsatz auf dem Brandopfer-
altar im Tempel –, reflektieren reale religionspolitische Unterdrückungsmaß-
nahmen, die der Verfasser mit Gebet und nicht mit Gegengewalt beantworten
will (die militärischen Aktionen der Makkabäer charakterisiert er in 11,34 als
„kleine Hilfe").

Dennoch macht er, und das ist für uns das eigentlich Bemerkenswerte, für
die visionäre Darstellung seiner eigenen Zukunftshoffnung weitreichende Anleihen beim nichtjüdischen Mythos[72]. Das geschieht in Dan 7, einem Kapitel,
das noch in Aramäisch verfasst ist wie Kapitel 1–6, von der Gattung her aber
schon zu den hebräischen Visionsschilderungen in Kapitel 8–12 gehört und dadurch ein Scharnierfunktion zwischen den beiden Hauptteilen ausübt.

Im Zentrum von Dan 7 steht eine erneute Szene im himmlischen Thronrat,
die diesmal als erstes den Vorsitzenden auftreten lässt. In 7,9 werden Throne
(im Plural) aufgestellt (für ihn und andere Götter bzw. für ihn und seinen Nachfolger?). Als „Hochbetagter" mit einem Gewand, „weiß wie Schnee", und mit
Haupthaar, „rein wie Wolle", lässt er sich auf einem Thron aus loderndem Feuer nieder. Als Hofstaat umringen ihn in 7,10 Tausende und Abertausende von
himmlischen Wesen. Die Gerichtsverhandlung mit dem „Alten der Tage" als
Präsidenten kann beginnen. Aber die Vision Daniels ist damit noch nicht zu
Ende, ein weiterer Akt schließt sich an (7,13f.):

> Ich schaute in den Nachgesichten, und siehe, mit den Wolken des Himmels kam einer wie
> ein Menschensohn und gelangte bis zu dem Hochbetagten, und er wurde vor ihn geführt.
> Ihm wurde Macht verliehen und Ehre und Reich, dass die Völker aller Nationen und
> Zungen ihm dienten. Seine Macht ist eine ewige Macht, die niemals vergeht, und nimmer
> wird sein Reich zerstört.

Dieser Menschsohn ist fraglos ein Himmelswesen, das aber aussieht wie ein
Mensch und somit einen denkbar scharfen Kontrast bildet zu den schreckli-
chen Tieren, die zuvor in Dan 7,1–8 auftraten und zwischenzeitlich gerichtet
wurden (Dan 7,11f.). Seine Relation zum Hochbetagten aber verweist auf eine
ähnliche Konstellation in der kananäischen Mythologie, wo der alte Gott El
Herrschaftsfunktionen auf den jüngeren Gott Baal, der als „Wolkenreiter" vor
ihm erscheint, überträgt und Baal schließlich zum Haupt im Pantheon auf-
steigt[73].

---

[72] Vgl. zum Folgenden bes. J. J. COLLINS, Daniel: A Commentary on the Book of Daniel
(Hermeneia), Minneapolis 1993; ferner D. BAUER, Daniel (s. Anm. 70); K. MÜLLER, Der Menschensohn im Danielzyklus (1975), in: DERS., Studien zur frühjüdischen Apokalyptik (SBAB
11), Stuttgart 1991, 229–278.

[73] Vgl. J. J. COLLINS, Daniel (s. Anm. 72) 289–293. Direkt von „Duotheismus" spricht in
dem Zusammenhang B. LANG, Der monarchische Monotheismus und die Konstellation zweier
Götter im Frühjudentum: Ein neuer Versuch über Menschensohn, Sophia und Christologie, in:
W. DIETRICH / M. A. KLOPFENSTEIN, Ein Gott allein? (s. Anm. 53) 559–564, hier 561; s. auch
DERS., Art. Monotheismus, in: NBL 2 (1995) 834–844.

Dass diese Affinität so nicht einfach stehen bleiben kann, sondern der theologischen Bearbeitung bedarf, liegt auf der Hand. Sie geschieht im weiteren Verlauf dadurch, dass der Menschensohnähnliche und die Engel Gabriel und Michael einander angenähert werden[74]. Gabriel ist für Daniel anzusehen „wie ein Mensch" (Dan 8,15LXX; vgl. 9,21; 10,5), und Michael wird später als Völkerengel Israels eingeführt (Dan 10,13.21; 12,1). Die jüdische Rezeption des kananäischen Mythos mit seiner Mehrzahl von Göttern geschieht so, dass der Menschensohnähnliche zum Obersten der Engel erklärt wird, den Gott zunächst mit der Herrschaft über seinen ganzen Hofstaat betraut.

Dem widerspricht nicht, dass in Dan 7,18.22 das Reich und die Macht den „Heiligen des Höchsten" übergeben wird, denn das zielt gleichfalls auf die Engel, an deren Spitze der Menschensohnähnliche steht, und nicht unmittelbar auf das Volk Israel[75]. Man kommt mit dieser Deutung auch für 7,25 durch, wo einer der feindlichen Könige „die Heiligen des Höchsten quälen wird", denn in 8,10 wird von dem kleinen Horn, das einen König vertritt, gesagt: „Und es (das Horn) hob sich bis an das Heer des Himmels heran, und es warf etliche von dem Heer (sc. der Engel) und den Sternen zur Erde hinab und zertrat sie". Hier werden Engel gequält, nicht Menschen. Den Ausdruck „das Volk der Heiligen des Höchsten" in 7,27 schließlich, wo nun eindeutig Israel gemeint ist, muss man nicht unbedingt epexegetisch auflösen als „Volk, das aus den Heiligen des Höchsten besteht", sondern man kann den Genitiv auch possessiv verstehen: Israel als „das Volk, das den Heiligen des Höchsten gehört", das unter dem besonderen Schutz der Engel Gottes steht.

Für die Folgezeit ist festzuhalten, dass hier die Position eines Sachwalters Gottes geschaffen wird, der im Mythos den alten Gott sogar ablöste, im Glauben Israels immerhin in großer Nähe zu ihm steht. Bedeutsam dürfte ferner sein, dass dieses Himmelswesen, ein hoher Engel in geläufiger Terminologie, die Züge eines Menschen trägt. Das Rettende naht in menschlicher Gestalt.

IV. Die Fortschreibung im hellenistischen Judentum

1. Gottes Weisheit: die Sapientia Salomonis

Ein hervorragendes Zeugnis für die geistige Welt des hellenistischen Diasporajudentums stellt das Buch der Weisheit Salomos dar, in griechischer Sprache geschrieben, in der Stadt Alexandrien mit ihrem hohen jüdischen Bevölkerungsanteil entstanden und in die frühe Kaiserzeit, genauer in die Jahrzehnte nach 30 v. Chr., zu datieren (der Begriff κράτησις, „Machtübernahme", in Weish

---

[74] Vgl. J. J. COLLINS, Daniel (s. Anm. 72) 304–310; K. KOCH, Monotheismus und Angelologie (s. Anm. 53) 569–574.

[75] Vgl. J. J. COLLINS, Daniel (s. Anm. 72) 313–318.

6,3 dürfte auf die römische Machtübernahme in Ägypten durch Augustus im Jahr 30 v. Chr.[76] anspielen)[77]. Monotheismus und Polytheismus werden darin in doppelter Weise zum Thema gemacht: ausdrücklich durch Abgrenzung und stillschweigend durch Vereinnahmung.

a) Die Abgrenzung

Für die Auseinandersetzung mit nichtjüdischen Religionsformen bot sich der dritte Buchteil an (Weish 11–19), wo der Verfasser sowieso in sieben Durchgängen die ägyptischen Plagen als Strafen für Israels Feinde mit analogen Wohltaten Gottes für sein Volk vergleicht (in eigenwilliger Anwendung des rhetorischen Verfahrens der Synkrisis). Nach manchen Seitenhieben, die er *en passant* austeilt (z. B. in 11,15; 12,4–6), schiebt er in Kapitel 13–15 eine zusammenhängende Reflexion ein, die nicht nur Religionskritik, sondern fast schon Religionstheorie und -begründung treibt und die eine klare dreiteilige Struktur aufweist[78].

Den Anfang bildet in 13,1–9 ein kürzerer Abschnitt, der sich, wenn wir uns am Schema der *theologia tripertita* orientieren, mit der Theologie der Naturphilosophen auseinandersetzt und durchaus Berührungspunkte mit den Passagen über die angeborene und durch Erfahrung ausgebildete Gottesidee bei Dion aufweist. Wir hören darin unter anderem (13,2–5):

> Das Feuer, den Wind, die behende Luft, den Kreislauf der Sterne, das gewaltige Wasser oder die Leuchten des Himmels hielten sie als weltbeherrschende Kräfte für Götter. Wenn sie diese, an ihrer Schönheit sich erfreuend, für Götter hielten, hätten sie doch erkennen müssen, um wieviel größer als diese ihr Herrscher ist, denn der Urgrund der Schönheit hat sie geschaffen … Denn aus der Größe und Schönheit der Geschöpfe wird *per analogiam* (ἀναλόγως) ihr Urheber geschaut.

Der Vergleich mit Dion, wie gesagt, drängt sich förmlich auf, aber auch Dion fungiert hier gleichsam nur als die Spitze des Eisbergs. Der Analogieschluss von der geschaffenen Welt auf die schaffende Gottheit ließe sich aus platoni-

---

[76] W. Huss, Ägypten in hellenistischer Zeit. 332–30 v. Chr., München 2001, 750: „Die Geschichte des ptolemäischen Ägypten war an ihr Ende gekommen. Seit dem 1. Thoth des Jahres 30 datierte man in Ägypten ,nach der Machtübernahme Caesars'."

[77] So übereinstimmend H. Engel, Das Buch der Weisheit (Neuer Stuttgarter Kommentar AT 16), Stuttgart 1998, 33, und H. Hübner, Die Weisheit Salomons (ATD. Apokryphen 4), Göttingen 1999, 17, beide im Anschluss an G. Scarpat, Libro della Sapienza. Bd. 1–3 (Biblica. Testi e Studi 1, 3, 6), Brescia 1989–1999, hier I,16; zu Kommentaren vgl. außerdem noch C. Larcher, Le Livre de la Sagesse ou la Sagesse de Salomon. Bd. 1–3 (EtB.NS 1), Paris 1982–1985; A. Schmitt, Das Buch der Weisheit. Ein Kommentar, Würzburg 1986; D. Winston, The Wisdom of Solomon (AncB 43), Garden City, NY ²1981; s. auch G. Hentschel / E. Zenger (Hrsg.), Lehrerin der Gerechtigkeit. Studien zum Buch der Weisheit (EThS 19), Leipzig 1991.

[78] Vgl. dazu M. Gilbert, La critique des dieux dans le Livre de la Sagesse (Sg 13–15) (AnBib 53), Rom 1973; G. Scarpat, L'idolatria nell'antichità classica e nel libro della Sapienza, in: Paideia 52 (1997) 307–353.

schen und stoischen Texten der frühen Kaiserzeit breit belegen[79]. Die Kritik an
dieser Gruppe durch den Autor des Weisheitsbuches bleibt im Ton sehr gemäßigt, geradezu milde, selbst wenn es in V. 8f. dann doch heißt, diese Denker
seien „andererseits auch nicht zu entschuldigen", weil sie nicht zu „dem Herrn
aller Dinge" fanden. Auf die naheliegende Frage, ob denn natürliche Gotteserkenntnis möglich sei, geht unser Autor allerdings nicht mehr ein. Das kann damit zusammenhängen, dass er als Adressaten seines λόγος προτρεπτικός, seiner
Werbeschrift für das Judentum, jüdische Mitbürger vor Augen hat, für die sich
dieses Problem gar nicht erst stellt, die aber in anderer Weise Gefährdungen
durch die überlegen scheinende hellenistische Kultur ausgesetzt waren.

Der Tonfall ändert sich rapide im langen Mittelteil, der von 13,10 bis 15,13
reicht. Hauptthema ist jetzt der Beitrag der bildenden Künste (eine weitere
Reminiszenz an den Ablauf der Argumentation bei Dion). Das Beispiel eines
Handwerkers, das der Autor in 13,11–19 als erstes bringt, hat satirische und
parodistische Kraft: Ein Holzschnitzer hat aus einem Baumstamm einen hand-
lichen Klotz herausgesägt und fertigt daraus Geräte für den täglichen Gebrauch. Die Abfälle verwendet er als Brennmaterial zum Kochen. Nur ein ganz
krummes und unbrauchbares Stück nimmt er her und schnitzt in seiner Freizeit
daran herum, bis es die Gestalt eines Menschen oder eines Tiers angenommen
hat. Es folgt die Bemalung mit grellroter Farbe und die Konstruktion einer Art
Kultnische, die an der Wand befestigt wird und das Bild aufnimmt. Fertig ist die
Hausgottheit, an die der Handwerker fortan seine Bittgebete adressiert. Das ist
zwar weitgehend aus Jes 44,13–17 entnommen, aber auch Horaz z. B. lässt sich
zu vergleichbarem Spott hinreißen, wenn er schreibt: „Ein Stamm vom Feigen-
baum war ich dereinst, wertloses Holz. Ob eine Bank, ob ein Priapus aus mir
werden sollte, schwankte erst der Zimmermann. Dann macht er mich lieber
zum Gott"[80].

Dem Holzschnitzer zu Beginn korrespondiert gegen Ende dieses Abschnitts
der gewinngierige Töpfer in 15,6–13, der im Unterschied zum Holzschnitzer
genau weiß, was er tut. Er erweist sich als echter Zyniker, der bewusst die Ver-
quickung von Religion und Geschäft zum eigenen Vorteil betreibt. Zwischen
diesen beiden Eckpunkten werden weitere Fälle erörtert, bei denen das Bildnis
ebenfalls eine besondere Rolle spielt: Seefahrer vertrauen zu ihrem Unglück
auf die Galionsfigur an ihrem Schiff (14,1). Ein gramgebeugter Vater lässt ein
Bild seines früh verstorbenen Kindes anfertigen und „stiftet Mysterien und
Weihen" (14,15f.). Könige, die in der Ferne weilen, sind durch ihr Standbild
präsent und können so von den Menschen vor Ort verehrt werden (14,17–20).

---

[79] Weiteres Material bei F. RICKEN, Gab es eine hellenistische Vorlage für Weish 13–15?, in:
Bib. 49 (1968) 54–86; C. LARCHER, Études sur le livre de la Sagesse (EtB), Paris 1969, 201–223
u.ö.
[80] Sat I 8,1–3, in: H. FÄRBER / W. SCHÖNE: Horaz: Sämtliche Werke (TuscBü), München-
Zürich [10]1985, 314f.

Insbesondere das Beispiel des Vaters enthält ätiologische Elemente, die das Zustandekommen von Totenkult, darauf basierenden Mysterienritualen und auch des Herrscherkults verständlicher machen. Mit einem Lasterkatolog in 14,25f., der sich auf den sozialen Bereich konzentriert, belegt der Verfasser seine These, dass die „kultische Verehrung anonymer Götzen jeden Übels Anfang und Ursache und Ende" sei (14,27) – eine Art auf den Kopf gestellter *theologia civilis*, wenn man so will.

Als dritter Teil des Großabschnitts Weish 13–15 folgt in 15,14–19 noch die obligate Attacke auf den ägyptischen Tierkult, die nach der Grundsatzerörterung in diesen drei Kapiteln wieder zu den Exempla, zu der Reihe der ägyptischen Plagen, zurückleitet: „Deshalb wurden sie verdientermaßen durch ähnliche Tiere gezüchtigt und durch eine Menge von Ungeziefer gequält" (16,1). Angesichts des Tierkults setzt das „hermeneutische" Bemühen unserer Autors endgültig aus. Philo wird später noch überlegen, ob nicht wenigstens ein Teil dieser Tiere wegen ihrer Nützlichkeit für den Menschen mit Verehrung bedacht wurde (Decal 77).

b) Die Vereinnahmung

Lenken wir von den Schlusskapiteln zum Mittelteil des ganzen Buches zurück, zum Enkomion auf die Weisheit in 6,22 – 11,1. Hier müssten wir an sich noch früher ansetzen, bei Spr 8, wo die Weisheit sich in V. 22 mit den Worten vorstellt: „Der Herr schuf mich als Erstling seines Waltens, als Anfang seiner Werke, vorlängst", und bei Sir 24. Schon dort stehen wir vor der Frage: Handelt es sich bei dieser Frau Weisheit „noch" um poetische Personifikation oder „schon" um mythische Hypostasierung? Über die Begriffe mag man streiten, die damit angezeigte Sache ist nicht ganz unwichtig, weil sie die Monotheismuskonzeption berührt. Eine Entscheidung fällt deswegen schwer, weil die Weisheit in diesen Texten schillernden Charakter trägt und sich immer wieder dem Zugriff entzieht. Den Ausgangspunkt bildet sicher die Kommunikationsabsicht, der Mitteilungswille auf Seiten Gottes, für den die Weisheit nun als Medium zur Verfügung steht. Dennoch wird kaum ein Weg an dem Urteil vorbeiführen, dass diese Frau Weisheit sich mehr als einmal auch verselbständigt. Als Hypostasierung von Eigenschaften und Handlungsfeldern Gottes gewinnt sie Eigenleben, wird sie mit personalen Zügen ausgestattet und tritt sie vermittelnd zwischen Gott und Welt, schon bei der Schöpfung, und zwischen Gott und die Menschen. Hinzu kommt noch, dass schon in den älteren Weisheitsschriften die ägyptische Weisheitsgöttin Maat offenkundig Patin stand bei der Ausformung der Gestalt der Weisheit.

Dies alles wiederholt sich unter veränderten Bedingungen im Mittelteil des Weisheitsbuches. Der Nachweis wurde längst erbracht, dass die Weisheit, die hier in pseudepigrapher Stilisierung vom weisen König Salomon geschildert und erbeten wird, viele ihrer Züge mit der Göttin Isis gemeinsam hat[81]. Auch die sprachliche Form erinnert mehr als einmal an die bekannten Isis-Aretalogien. Zugleich aber sind Anleihen bei philosophischem Vokabular meist stoischer, teils auch platonischer Provenienz auszumachen[82]. Vor allem geschieht das in der langen Reihe von 21, d. h. 3x7 Eigenschaften des Geistes (in) der Weisheit und der anschließenden Bestimmung des Verhältnisses der Weisheit zu Gott mit Hilfe von fünf Doppelmetaphern oder -attributen, je ein Attribut auf der Seite der Weisheit und eines auf der Seite Gottes. Nur diese Passage sei als Textbeispiel geboten (Weish 7,22–26):

> Denn in ihr ist ein Geist, (1) intelligent, (2) heilig,
> (3) einzig, (4) vielfältig, (5) subtil,
> (6) behende, (7) durchdringend, (8) ungetrübt,
> (9) klar, (10) unverletzlich, (11) das Gute liebend, (12) scharf,
> (13) unabhängig, (14) wohltätig, (15) menschenfreundlich,
> (16) fest, (17) sicher, (18) ohne Sorgen,
> (19) alles vermögend, (20) alles beaufsichtigend
> und (21) durch alle Geister hindurchdringend,
> die intelligenten, die reinen, die subtilsten …

> Denn sie ist das *Fluidum* der **Kraft** Gottes
> und ein lauterer *Ausfluss* der Herrlichkeit des **Allherrschers.**
> Deswegen dringt nichts, was befleckt ist, in sie ein.
> Denn sie ist ein *Widerschein* des ewigen **Lichts,**
> ein fleckenloser *Spiegel* der **Wirkkraft** Gottes
> und ein *Abbild* seiner **Güte.**

Insgesamt kann man das, was hier abläuft, als Beleg für eine erstaunliche kulturelle Adaptationsfähigkeit des Jahweglaubens werten, der angesichts der Herausforderung durch fremde Kulturen ein beträchtliches Stück Inkulturationsarbeit zu leisten bereit war[83]. Aber die Adaptation der fremden Stoffe hatte weniger eine Überfremdung des Jahweglaubens zur Folge als vielmehr eine

---

[81] Vgl. im Einzelnen J. S. Kloppenborg, Isis and Sophia in the Book of Wisdom, in: HThR 75 (1982) 57–84; B. L. Mack, Logos und Sophia. Untersuchungen zur Weisheitstheologie im hellenistischen Judentum (StUNT 10), Göttingen 1973, 34–42.65–72 u.ö.

[82] Einzelnachweise für beides (Isis-Aretalogien und Philosophie) in den Kommentaren (s. Anm. 77), z. B. in dem für religionsgeschichtliche Fragen besonders sensiblen Kommentar von H. Engel, Weish 123–125 (Isis-Aretalogie von Maroneia, nach Y. Grandjean, Une nouvelle arétalogie d'Isis à Maronée [EPRO 49], Leiden 1975); 132 (Hinweis auf die Isis-Litanei POxy 1380); 133f. (SVF I 557 und Isis-Hymnus I des Isodoros); 138–141 (Isis-Aretalogie von Kyme und Isis-Hymnus III des Isidoros); 146f. (SVF I 537: Zeus-Hymnus des Kleanthes); zum Ganzen auch L. Vidman, Sylloge inscriptionum religionis Isiacae et Sarapiacae (RVV 28), Berlin 1969; M. Totti, Ausgewählte Texte der Isis- und Sarapisreligion (SubEpi 21), Hildesheim 1985.

[83] Das Folgende z. T. nach H. J. Klauck, „Christus, Gottes Kraft und Gottes Weisheit" (1 Kor 1,24). Jüdische Weisheitsüberlieferungen im Neuen Testament, in: Ders., Alte Welt und neuer Glaube. Beiträge zur Religionsgeschichte, Forschungsgeschichte und Theologie des Neuen Testaments (NTOA 29), Freiburg (Schweiz)/Göttingen 1994, 251–275, hier 267f.

Domestizierung dieser Stoffe selbst. Indem man sie teilweise zum Zug kommen ließ und ihnen einen bestimmten Stellenwert einräumte, hat man sie gleichzeitig in ihrer Brisanz entschärft. Man hat auf diese Weise zu einem Preis, der noch akzeptabel schien, das Judentum angesichts des Propagandafeldzugs der Isis-Religion z. B. konkurrenzfähig gehalten. Zumindest gegenüber gefährdeten Mitgliedern der eigenen Gemeinde konnte diese Taktik aufgehen. Das eigene Gottesbild gerät dadurch zwar nicht ins Schwimmen, aber doch in Bewegung. Es verliert alles Monolithische und Starre (wenn ihm das denn je angehaftet haben sollte) und öffnet sich für Beziehungen. Monotheismus allgemein schließt Relation nicht notwendig aus, sondern gegebenenfalls auch ein.

2. Gottes Logos: Philo von Alexandrien

a) Die Fremdreligionen

Wenn unsere zeitliche Ansetzung des Weisheitsbuches stimmt, könnten sich die Wege seines Autors, der vielleicht als Lehrer an einer der vielen alexandrinischen Synagogen(schulen) tätig war, und Philos von Alexandrien (zwischen 20 v. Chr. und 50 n. Chr.), der durch seine begüterte Familie zur kleinen jüdischen Führungselite der Stadt gehörte[84], theoretisch sogar gekreuzt haben. In der Auseinandersetzung mit den Fremdreligionen kehren viele von den Motiven, denen wir im Weisheitsbuch begegnet sind, bei Philo wieder, nur jetzt, angesichts eines Gesamtwerks mit Dutzenden von Bänden, gleichsam ins Großformatige projiziert[85]. Eine Passage in *De Decalogo* (Decal 52–81) weist sogar die gleiche Struktur auf wie Weish 13–15: Naturphilosophie und -verehrung (§ 53–66a), Bildhauerkunst und Malerei (§ 66b–75), die Ägypter mit ihrem besonders verwerflichen Tierkult (§ 76–81), so dass hier traditionsgeschichtliche Zusammenhänge bestehen müssen.

Auch die dialektische Bewegung von Abgrenzung und Vereinnahmung liegt bei Philo vor, wenn er z. B. heftig gegen pagane Mysterienkulte polemisiert, gleichzeitig aber reichen Gebrauch von Mysterienvokabular bei der Darlegung eigener Gedankengänge macht. Das bezeugt nicht, wie Josef Pascher meinte, praktizierte Mysterienrituale im alexandrinischen Judentum[86], vielmehr wird

---

[84] Eine gute Orientierung zu Philo bietet P. BORGEN, Philo of Alexandria: an Exegete for His Time (NT.S 86), Leiden 1997; zu unserer speziellen Thematik bei Philo vgl. bes. B. L. MACK, Logos und Sophia (s. Anm. 81) 108–195; W. E. HELLEMAN, Philo of Alexandreia on Deification and Assimilation to God, in: StPhiloAnn 2 (1990) 51–71, und das Philo-Kapitel bei A. F. SEGAL, Two Powers in Heaven. Early Rabbinic Reports about Christianity and Gnosticism (SJLA 25), Leiden 1977, 159–181.

[85] Vgl. zu dieser Thematik bei Philo K. G. SANDELIN, The Danger of Idolatry According to Philo of Alexandria, in: Tem. 27 (1991) 109–150.

[86] J. PASCHER, Η ΒΑΣΙΛΙΚΗ ΟΔΟΣ. Der Königsweg zu Wiedergeburt und Vergottung bei Philon von Alexandreia (SGKA XVII/3.4), Paderborn 1931.

die Mysteriensprache hier in der Nachfolge Platons metaphorisch zur Einkleidung der eigenen Botschaft gebraucht[87]. Damit ist auch schon angedeutet, dass Philo in reichem Maße Konzepte aus der Philosophie, vornehmlich aus der stoischen und platonischen, übernimmt[88].

All das ließe sich sehr viel breiter entfalten, was hier nicht mehr geschehen kann. Wir sollten aber wenigstens noch festhalten, dass Philo dennoch eine Art „Toleranzgebot" gegenüber den Fremdreligionen kennt: „... mit Bildsäulen von Holz und Stein und ähnlichen Werken ist die Welt angefüllt, und ihrer Beschimpfung muss man sich enthalten, damit keiner der Jünger des Moses sich gewöhne, überhaupt die Benennung ‚Gott' gering zu achten"[89], wie es auch Flavius Josephus bezeugt (Ant 4,207; Apion 2,237). Beide konnten sich dafür auf die pluralische Lesart der Septuaginta in Ex 22,27 bzw. 22,28 stützen („Du sollst die Götter nicht schmähen")[90], und für beide mochte es sich um ein Gebot politischer Klugheit handeln, angesichts der Situation ihrer Volksgruppe als Minderheit in einer andersgläubigen Umwelt. Aber die Begründung bei Philo reicht über diese reine Nützlichkeitserwägung hinaus, wenn er eine Beeinträchtigung der Würde des offenen Namens „Gott" befürchtet, den auch die anderen Wesenheiten tragen.

b) Der Logos

Noch etwas nachgehen müssen wir der für das Gottesbild wichtigeren Frage von Mittlergestalten bei Philo[91]. Er kennt zwar auch die Sophia (in Leg All 2,86 ist sie Gottes „höchste und erste" Kraft), aber die zentralere Rolle übernimmt bei ihm dennoch der Logos, den er mit der Sophia gleichsetzen kann (in Leg All 1,65; vgl. im übrigen Weish 18,15) und den er an einer berühmten Stelle in *De somniis* „Gott" (ohne Artikel) nennt. Den Ausgangspunkt bildet, wie so oft bei ihm, ein exegetisches Problem. In Gen 31,13 sagt Gott zu Jakob: „Ich bin der Gott, der dir zu Bethel erschienen ist". Philo liest anscheinend in seinem Text, überwörtlich, nicht den Ortsnamen „Bethel", sondern dessen Übersetzung als

---

[87] Vgl. C. Riedweg, Mysterienterminologie bei Platon, Philon und Klemens von Alexandrien (UaLG 26), Berlin 1987, 70–115.

[88] Vgl. beispielhalber D. T. Runia, Philo of Alexandria and the *Timaeus* of Plato (PhAnt 44), Leiden 1986; Ders., The Beginnings of the End: Philo of Alexandria and Hellenistic Theology, in: D. Frede / A. Laks, Traditions of Theology (s. Anm. 25), 281–316.

[89] Vit Mos 2,205 (Übers. B. Badt, Werke I,345); ähnlich Spec Leg 1,53: es ist verboten, „die Götter, an welche andere glauben, mit frechem Munde und zügelloser Zunge zu lästern" (I. Heinemann, Werke II,25).

[90] Vgl. P. W. van der Horst, „Thou shalt not Revile the Gods": the LXX Translation of Ex. 22:28 (27), its Backgrund and Influence, in: StPhiloAnn 5 (1993) 1–8; auch in: Ders., Hellenism – Judaism – Christianity. Essays on Their Interaction (Contributions to Biblical Exegesis and Theology 8), Kampen 1994, 112–121.

[91] Vgl. zum Folgenden G. Sellin, Gotteserkenntnis und Gotteserfahrung bei Philo von Alexandrien, in: H. J. Klauck (Hrsg.), Monotheimus und Christologie. Zur Gottesfrage im hellenistischen Judentum und im Urchristentum (QD 138), Freiburg i. Br. 1992, 17–40.

„Haus Gottes". Das hat zur Folge, dass Gott zunächst von sich in der ersten Person sagt „Ich bin der Gott", um dann, immer noch in direkter Rede, fortzufahren „der dir an dem Ort Gottes erschienen ist", so, als spreche er auf einmal von einem anderen, einem Gott neben ihm. Das nimmt Philo zum Anlass für die folgende Reflexion[92]:

> Gehe an dem, was hier gesagt wird, nicht vorüber, sondern untersuche genau, ob tatsächlich von zwei Göttern die Rede ist; denn es heißt: „Ich bin der Gott, der von dir gesehen wurde", nicht an meinem Orte, sondern „am Orte Gottes", wie wenn es sich um einen anderen handelte. Was soll man nun sagen? Der wahrhafte Gott ist nur einer; die Götter aber, von denen man in uneigentlicher Redeweise spricht, sind mehrere. Deshalb hat auch die heilige Schrift an der vorliegenden Stelle den in Wahrheit existierenden Gott durch [das Wort „Gott" mit] Artikel bezeichnet und gesagt: „Ich bin *der* Gott", den in uneigentlichem Sprachgebrauch aber [Gott genannten durch das Wort „Gott"] ohne Artikel mit den Worten: „der von dir gesehen wurde an dem Orte", jetzt nicht *des* Gottes, sondern nur „Gottes". Sie [die heilige Schrift] nennt aber „Gott" [ohne Artikel] hier seinen [Gottes] ältesten Logos, ohne sich abergläubisch mit dem Gebrauch von Wörtern in acht zu nehmen, sondern nur das eine Ziel verfolgend, den Sachverhalt auszudrücken.

Dass es sich um gewagte Sprache und eine gewagte Exegese handelt, weiß Philo selbst, sonst würde er nicht verteidigend hinzusetzen, dass die Schrift uns hier belehre, beim Gebrauch von Wörtern keine abergläubische Furcht walten zu lassen. Von Gottes ältestem Logos zu sprechen, fällt aber anscheinend auch innerhalb eines monotheistischen, biblisch-jüdischen Diskurses noch nicht unter das Verdikt „abergläubisch", ebenso wenig der elastische Gebrauch des Begriffs „Gott", wobei der Artikelgebrauch für die nötige *differentia specifica* sorgt. Die Bezeichnung des Logos als δεύτερος θεός, „zweiter Gott" (in Quaest in Gen 2,62), fügt dem in der Sache nicht mehr viel hinzu, unterstreicht aber noch die sprachliche Kühnheit dieser Theologie. An anderen Stellen nennt Philo den Logos Gottes, der sowieso „vielnamig" ist (Conf 146), Gottes „Abbild" (Spec Leg 1,81) oder seinen „erstgezeugten Sohn" (Agric 51; vgl. Fug 109: sein Vater ist Gott, seine Mutter die Weisheit). Außerdem ist er „der Älteste unter den Engeln" (Conf 146). Wir sehen, wie die Linien von den verschiedensten Seiten her zusammenlaufen.

Anscheinend unterhalb der Ebene des Logos – die Zuordnungen werden nicht immer völlig klar – siedelt Philo zwei weitere oberste, auf die Welt hingeordnete Kräfte (δυνάμεις) Gottes an, die schöpferische und die regierende Kraft. Auf sie verteilt Philo zwei Gottesbezeichnungen der Septuaginta, denn die schöpferische (auch wohltuende) Kraft heißt nach ihm gleichfalls θεός, „Gott", und die regierende (auch strafende) Kraft κύριος, „Herr" (z. B. Abr 121f.).

Verlief die Bewegung bisher von Gott aus über seine wirkenden Kräfte auf Welt und Mensch hin, also von oben nach unten, begegnet bei Philo verhalte-

---

[92] Somn 1,229f. (Übers. M. ADLER, Werke VI,219).

ner auch die andere Möglichkeit eines Aufstiegs von unten nach oben. Besonders begnadete Menschen können durch Inspiration oder Ekstase dem Logos
angeglichen werden[93]. Paradigmatisch geschieht das mit Moses, nicht nur wegen Ex 7,1 (dazu relativierend Det 161). Der Aufstieg zum Berge Sinai bedeutet für Moses, hineingenommen zu werden in ein Mysterium der Verwandlung,
das ihn selbst zu einer göttlichen Gestalt macht (Quaest in Ex 2,29.40.46). Eine
erhebliche Dynamisierung des Gottesbildes ist dadurch auch bei Philo erreicht.

c) Epiphanie und Apotheose

Hier können und müssen wir zurückkommen auf das vorangestellte Motto aus
Leg Gai 118: „Denn eher könnte sich Gott in einen Menschen denn ein Mensch
in Gott verwandeln". Diese Worte fallen in einem Kontext, in dem Philo heftig
gegen Caligulas Interpretation des Kaiserkults polemisiert[94]. Caligula spielt die
Rolle zunächst von Halbgöttern und dann von olympischen Gottheiten und
erwartet, dass man ihm göttliche Ehrungen zollt, dass man also, wie er gegenüber der jüdischen Gesandtschaft spitzfindig bemerkt, nicht *für ihn* opfert, sondern *ihm selbst* das Opfer darbringt (Leg Gai 357).

Philo formuliert vor diesem Hintergrund sicher rhetorisch überspitzt und
polemisch, fängt aber doch religionsgeschichtlich belegbare Sachverhalte, die
ihm bekannt gewesen sind, ein. Die Verwandlung Gottes in einen Menschen
spielt auf die Epiphanien an, bei denen Gottheiten für eine bestimmte Zeit die
menschliche Gestalt als Verkleidung wählen und so unter den Menschen weilen. Sie ist das bekanntere, häufigere Phänomen. Der Aufstieg vom Mensch
zum Gott kam seltener vor, war aber, wie wir schon gesehen haben, über Zwischenstufen möglich und wurde regelmäßig bei der Apotheose der Kaiser nach
ihrem Tod inszeniert. Vom jüdischen Standpunkt aus erschien das als noch ver-
werflicher und als noch schlimmerer Verstoß gegen die Einzigkeit und Welt-
überlegenheit Gottes als das Epiphaniemodell.

Dennoch hat Philo beide Bewegungsrichtungen anfanghaft in sein eigenes
Gottesbild integriert, die Bewegung von Gott aus auf den Menschen hin durch
die Personifizierung und Hypostasierung von göttlichen Kräften, die Bewe-

---

[93] Vgl. des Näheren G. Sellin, Gotteserkenntnis (s. Anm. 91) 29–34, und den Abschnitt
„Vergöttlichung" (in Quaest in Ex 2,29) bei C. Noack, Gottesbewußtsein. Exegetische Studien
zur Soteriologie und Mystik bei Philo von Alexandrien (WUNT II/116), Tübingen 2000, 154–
157.

[94] Vgl. W. A. Meeks, The Divine Agent and His Counterfeit in Philo and the Fourth Gospel,
in: E. Schüssler Fiorenza (Hrsg.), Aspects of Religious Propaganda in Judaism and Early
Christianity, Notre Dame 1976, 43–67, hier 49–54: „The Counterfeit God" (i.e. Caligula); P.
Borgen, Philo (s. Anm. 84) 176–205; Ders., Emperor Worship and Persecution in Philo's *In
Flaccum* and *De Legatione ad Gaium* and the Revelation of John, in: Geschichte – Tradition –
Reflexion (FS M. Hengel), Bd. 3: Frühes Christentum, Tübingen 1996, 493–509; zum Kontrast-
bild in derselben Schrift vgl. G. Delling, Philons Enkomion auf Augustus (1972), in: Ders.,
Studien zum Frühjudentum. Gesammelte Aufsätze 1971–1987, Göttingen 2000, 340–363.

gung vom Menschen aus auf Gott zu durch die Transformierung des Charisma-
tikers zu einem logosähnlichen Geschöpf („Der philonische Logos füllt die
Leerstelle aus, indem er Epiphanien – d.h. die Distanz überspringende Anwe-
senheiten Gottes bei den Menschen – ermöglicht. Und das geschieht gerade
durch besondere Menschen"[95]). Vielleicht fällt Philos Polemik in Leg Gai 118
auch deswegen so schroff aus, weil er selbst auf keinen Fall noch weiter gehen
will und alle unangebrachten Vergleiche im Ansatz schon unterbinden möchte.
Wie auch immer, bestimmte Bahnen sind vorgespurt, die dann von der christologischen Bekenntnisbildung besetzt werden konnten.

V. Ein neues Konfliktfeld: das Neue Testament

1. „Nur einer ist gut": zum Gottesbild der Jesusüberlieferung

Wollten wir uns im Neuen Testament auf einen alten Grundbestand von Jesus-
worten beschränken, könnten wir die Akten zu unserer Fragestellung rasch
schließen. Jesus teilt mit seiner jüdischen Umwelt und Zeit das inzwischen eindeutig gewordene Bekenntnis zu dem einen und einzigen Gott Israels[96]. Auf die
Frage eines Schriftgelehrten nach dem größten Gebot antwortet er mit den
Worten aus Dtn 6,4: „Das erste ist: Höre, Israel, der Herr, unser Gott, ist der
einzige Herr" (Mk 12,29). Im Streitgespräch mit den Sadduzäern über die Auferstehung der Toten argumentiert er mit Ex 3,2.6: „Dass aber die Toten auferstehen, habt ihr das nicht im Buch des Mose gelesen, in der Geschichte vom
Dornbusch, in der Gott zu Mose spricht: ‚Ich bin der Gott Abrahams, der Gott
Isaaks und der Gott Jakobs?' Er ist also nicht ein Gott von Toten, sondern von
Lebenden" (Mk 12,26f.). Mit diesem Gott stellt Jesus sich nicht auf eine Stufe,
sondern markiert die Distanz, wenn er einen Fragesteller bescheidet: „Wieso
nennst du mich gut? Niemand ist gut außer Gott, dem Einen" (Mk 10,18). An
diesen Gott glaubt Jesus selbst. Dem Vater des epileptischen Knaben, der ihn
bittet: „Doch wenn du kannst, hilf uns, habe Mitleid mit uns!" gibt er zurück:
„Wenn du kannst? Alles kann, wer glaubt!" (Mk 9,22f.). Auch das paradoxe
Wort vom Glauben, der Berge versetzen kann (Mk 11,23), gilt vorab von ihm
selbst; aus diesem Glauben schöpft er seine Kraft zum Vollbringen von Wundern.

Mit seiner Zeit teilt Jesus auch die fest etablierte Überzeugung, dass Zwi-
schenwesen existieren, gute und böse. Gute Geister kommen vor in einem Wort

---

[95] G. SELLIN, Gotteserkenntnis (s. Anm. 91) 35.

[96] Vgl. H. MERKLEIN, Die Einzigkeit Gottes als die sachliche Grundlage der Botschaft Jesu
(1987), in: DERS., Studien zu Jesus und Paulus II (WUNT 105), Tübingen 1998, 154–173; J.
SCHLOSSER, Le Dieu de Jésus. Étude exégétique (LeDiv 129), Paris 1987; P. HOFFMANN, Jesu
einfache und konkrete Rede von Gott (1981), in: DERS., Studien zur Frühgeschichte der Jesus-
Bewegung (SBAB 17), Stuttgart 1994, 15–40.

wie: „Doch jenen Tag und jene Stunde kennt niemand, auch nicht die Engel im Himmel, nicht einmal der Sohn, sondern nur der Vater" (Mk 13,32). Von bösen Geistern wissen wir schon aus seinen Dämonenaustreibungen. Den tragenden Grund für diese erfolgreichen Aktionen und zugleich eine Motivationsebene für die Verkündigung des Anbruchs der Herrschaft Gottes verrät uns Lk 10,18: „Ich sah den Satan wie einen Blitz vom Himmel fallen". Infolge einer visionären Erfahrung war Jesus zu der Erkenntnis gelangt, dass der Widersacher Gottes bereits gestürzt und entmachtet ist. Es sind nur noch Nachhutgefechte zu führen.

Gottheiten fremder Religionen scheinen für Jesus kein Thema gewesen zu sein, und auch die nachösterliche Jesustradition verhält sich diesbezüglich zunächst sehr schweigsam. So fehlt z. B. in dem Lasterkatalog in Mk 7,21f. die sonst fast immer vertretene Idolatrie[97]. Schwieriger ist die Frage zu beantworten, inwiefern Jesus bereits von Mittlergestalten wie dem Menschensohn oder dem Messias sprach und ob er sich selbst mit einer von ihnen identifizierte. Dieser Aspekt schiebt sich im Verlauf der synoptischen Jesusüberlieferung mit ihren je eigenen Akzenten[98] stärker in den Vordergrund, und hier artikuliert sich auch erster Widerstand, der sich innerhalb der Erzählung in dem von Jesu Gegnern geäußerten Vorwurf der Blasphemie niederschlägt (Mk 2,6f.; 14,64).

Unsere Suche ist aber in erster Linie deshalb hier noch nicht an ihr Ende gekommen, weil beide Themenkomplexe außerhalb der synoptischen Evangelien sehr viel deutlicher fassbar werden. Ein Missionar wie Paulus konnte auf Dauer der Auseinandersetzung mit dem Polytheismus, mit dem er sich bei seinem Wirken in den Städten Kleinasiens und Griechenlands konfrontiert sah, nicht ausweichen. Daneben eröffnet sich aber, nur auf den ersten Blick überraschend, eine ganz neue Front. Der auferstandene Herr wurde im Glaubensbewusstsein seiner Anhänger immer näher an den Gott Israels herangerückt, bis er in das Bild von Gott mit einging. Das provozierte auf jüdischer Seite die kritische Rückfrage, ob die Christen nicht doch das monotheistische Gottesbild wieder aufgeben und eine Zwei-Götter-Lehre vertreten. Darauf geht mit besonderer Intensität das Johannesevangelium ein. Paulus und Johannes, so lauten daher die letzten beiden Stationen unserer Reise[99].

---

[97] Vgl. immerhin K. G. SANDELIN, The Jesus-tradition and Idolatry, in: NTS 42 (1996) 412–420.

[98] Vgl. J. GNILKA, Zum Gottesgedanken in der Jesusüberlieferung, in: H. J. KLAUCK, Monotheismus und Christologie (s. Anm. 91) 144–162.

[99] Für die Apostelgeschichte und die Johannesoffenbarung, die ausgespart bleiben, darf verwiesen werden auf die Beiträge Nr. 10 und Nr. 11 in diesem Band.

2. Die vielen Götter und der eine Herr: Paulus[100]

a) Exegetische Fallstudie: 1 Kor 8,4 – 6

Neben anderen Stellen, die für unser Thema einschlägig wären (z.B. 1 Thess 1,9; Gal 4,8f.; 1 Kor 12,2 oder vor allem Röm 1,18–32, wo Elemente einer Religionstheorie greifbar werden[101]), verdient wegen einer vermeintlichen oder tatsächlichen Inkonsequenz des Paulus 1 Kor 8,4–6 besondere Aufmerksamkeit[102]:

4a Über den Verzehr nun der den Götzen geopferten (Speisen),
 b wir wissen: „(Es gibt) keinen Götzen (εἴδωλον) in der Welt",
 c und: „(Es gibt) keinen Gott außer einem".
5a Und wenn anders es ja sogenannte Götter gibt,
 b ob im Himmel, ob auf Erden
 c – wie (es ja tatsächlich) viele Götter und Herren gibt –,
6a so (gilt) doch für uns:
 b Ein Gott, der Vater,
 c   aus dem das alles und wir auf ihn hin,
 d und ein Herr, Jesus Christus,
 e   durch den das alles und wir durch ihn.

Mit „Es gibt keinen Götzen in der Welt" in V. 4b und „Es gibt keinen Gott außer einem" in V. 4c greift Paulus vermutlich Slogans auf, die in der korinthischen Gemeinde in Umlauf waren. Der Ausspruch über den einen Gott gibt seine Herkunft aus dem jüdischen Glaubensbekenntnis in Dtn 6,4 noch deutlich zu erkennen, und die Absage an die Götzen wendet diesen jüdischen Monotheismus auf das Leben in einer polytheistischen Umgebung an. Das alles stimmt zwar, aber es wird, so Paulus in V. 5, in seinem ersten, auf die Götzen

---

[100] Vgl. insgesamt zu Paulus jetzt die schöne Studie von W. SCHRAGE, Unterwegs zur Einheit und Einzigkeit Gottes. Zum „Monotheismus" des Paulus und seiner alttestamentlich-frühjüdischen Tradition (BThSt 48), Neukirchen-Vluyn 2002; ferner P. G. KLUMBIES, Die Rede von Gott bei Paulus in ihrem zeitgeschichtlichen Kontext (FRLANT 155), Göttingen 1992; N. RICHARDSON, Paul's Language about God (JSNT.SS 99), Sheffield 1994.

[101] Dazu H. D. BETZ, Christianity as Religion: Paul's Attempt at Definition in Romans (1991), in: DERS., Paulinische Studien. Gesammelte Aufsätze III, Tübingen 1994, 206–239. Im Einzelnen: Die Diskussion um die Erkennbarkeit Gottes aus der Schöpfung in Röm 1,19f. schließt über hellenistisch-jüdische Traditionen, wie sie im Weisheitsbuch Verwendung finden, an die auch bei Dion vorliegende platonische und stoische Argumentation an; in aller Knappheit geht 1,23 doch die anthropomorphen Götterbilder und auf den (ägyptischen) Tierkult ein; ein sozialer Lasterkatalog in 1,29–31 schildert die gesellschaftlichen Folgen, wie in der *theologia civilis*, nur mit umgekehrtem Vorzeichen, und der „vernunftgemäße Gottesdienst" in Röm 12,1 grenzt die eigene Praxis von jeder Form von Aberglauben (und Atheismus) ab (s. o. zu Plutarch).

[102] Zur Auslegung s. bes. H. MERKLEIN, Der erste Brief an die Korinther. Kapitel 5,1 - 11,1 (ÖTBK 7/2), Gütersloh/Würzburg 2000; A. C. THISELTON, The First Epistle to the Corinthians (NIGTC), Grand Rapids 2000; dort auch weitere Lit.

bezogenen Teil, der Realität des religiösen und sozialen Diskurses in der nicht-jüdischen Welt noch nicht völlig gerecht (und bedarf in seinem zweiten Teil, wie sich in V. 6 zeigen wird, noch einer Fortsetzung). Aus der Sicht des Paulus enthält V. 5 weder eine Selbstkorrektur noch eine Inkonsequenz, nimmt auch nicht mit der einen Hand zurück, was in V. 4 mit der anderen gegeben wurde, sondern bringt eine unverzichtbare Präzisierung ein.

Inwieweit Paulus in V. 5 Differenzierungen im Auge hat, ob z. B. „im Himmel" und „auf Erden" in V. 5b auf olympische Götter einerseits und Heroen oder gar Unterweltsgottheiten andererseits zielt, ob „Götter und Herren" in V. 5c ein originär griechisches mit einem aus dem Osten kommenden Prädikat verknüpft (auch die alttestamentlichen Göttersöhne und Völkerengel wurden bemüht) und ob der Kaiserkult direkt anvisiert ist, dürfte strittig bleiben. Fest steht, dass Paulus mit dem Merismus „Himmel und Erde" die Gesamtheit religiöser Phänomene außerhalb des Judentums einfangen und mit „Göttern und Herren" sicher auch das Neben- und Nacheinander von „ein Gott, der Vater" in V. 6b und „ein Herr, Jesus Christus" in V. 6d vorbereiten will.

In V. 5a könnte man „sogenannte Götter" in dem Sinn verstehen, dass ihnen die Bezeichnung „Gott" nur zu Unrecht beigelegt wird (vgl. Gal 4,8: „Götter, die von Natur aus keine sind"), aber vor allem die Parenthese in 5c widerstrebt einer solchen rein nominalistischen Auflösung. Der Satz kann auch besagen, dass diese Götter „genannt" und „benannt" werden, dass man Namen für sie hat. Durch die Mythen, die von ihnen erzählen, und durch den Kult, den man für sie ausübt, stellen sie zumindest eine im Alltag erfahrene Realität dar. Sie bilden einen festen Bestandteil der gesellschaftlichen Konstruktion der Wirklichkeit[103].

Aber selbst diese doch schon realitätsnahe Wahrnehmung des Polytheismus scheint für Paulus noch immer nicht zu genügen. In 1 Kor 10,19 stellt er nämlich mit dem Vokabular aus 8,4 zunächst die Frage: „Was behaupte ich damit? Etwas dass das den Götzen Geopferte etwas ist? Oder dass ein Götze (εἴδωλον) etwas ist?", um danach in 10,20 in ein anderes Sprachspiel zu wechseln: „Vielmehr, was sie opfern, opfern sie Dämonen (δαιμονίοις) und nicht Gott. Ich will aber nicht, das ihr Teilhaber der Dämonen werdet", was 10,21 dann weiter illustriert mit Hilfe der plastischen Opposition von Becher und Tisch des Herrn einerseits und Becher und Tisch der Dämonen andererseits.

Man könnte versucht sein, in 10,20 zu übersetzen: „… opfern sie Dämonen und nicht einem Gott", aber Paulus denkt hier an den Gott Israels, da er vermutlich in 10,18 erneut auf die in 10,7 schon erwähnte Verehrung des Goldenen Kalbes durch das Volk (Ex 32,1–6) anspielt. Im Hintergrund von 10,20 steht offenbar Dtn 32,17: „Sie opferten Geistern (LXX: δαιμονίοις), die nicht Gott

---

[103] Vgl. den Klassiker von P. L. BERGER / T. LUCKMANN, Die gesellschaftliche Konstruktion der Wirklichkeit. Eine Theorie der Wissenssoziologie (Conditio humana), Frankfurt a. M. ⁴1974.

sind, Göttern, die sie nicht gekannt ...". Paulus schwenkt mit anderen Worten auf die religionskritische Linie der Septuaginta und des hellenistischen Judentums ein, und die Stellung, die er den Dämonen einräumt, ist zusätzlich von apokalyptischen Denkmustern beeinflusst (vgl. den noch pointierteren Ausdruck „der Gott dieses Äons" in 2 Kor 4,4). Das heißt nun allerdings nicht, dass die Götter und Herren aus 8,5 einfach mit dem Dämonen aus 10,20f. identisch wären, sondern die Dämonen inszenieren nach Paulus das, was als polytheistisches Ritual in der Praxis sichtbar ist[104]. Das bedeutet aber auch, dass letztlich zu ihrer Beute wird, wer sich leichtfertig auf diese Praxis einlässt.

b) Die Grundsatzfrage: der eine Gott und der eine Herr

Verwundern mag, mit welcher Leichtigkeit Paulus in 1 Kor 8,6 nach der religionskritischen Wertung des Polytheismus neben dem einen Gott einen weiteren, wenn auch einzigen Herrn einführt. Zwei Überlegungen helfen weiter.

(1) Hier kommt zum Zuge, was wir oben als vorgespurte Bahnen bezeichnet haben, innerhalb derer sich die christologische Bekenntnisbildung vollziehen konnte. Paulus konnte sich aus der Palette der jüdischen Modelle, in denen eine Mittlerfigur in die Nähe Gottes rückt[105], die passende Konstellation aussuchen. Das dürfte von der Struktur her auch für jüdische Glaubensbrüder noch unanstößig gewesen sein. Der etwas elastische, inklusive Monotheismus, der sich herausgebildet hatte, ließ das an und für sich zu. Der Skandal begann erst mit der Konkretisierung; er begann da, wo diese Rolle ausgerechnet mit Jesus von Nazareth besetzt wurde, dem scheinbar am Kreuz gescheiterten Messiasprätendenten[106].

(2) Ein „theologischer" Vorsprung bleibt auch in 1 Kor 8,6 gewahrt, wie der Gebrauch der Präpositionen belegt. Vom Herrn Jesus Christus heißt es zweimal „durch", was ihm die Rolle des Mittlers bei Schöpfung (*durch* den das *alles*") und Erlösung („*wir durch* ihn") zuweist. Was von Gott, dem Vater, mit Hilfe von „aus" und „auf ... hin" ausgesagt wird, umgreift das Wirken des Herrn in beiden Richtungen, zurück in die Geschichte Israels bis zur Schöpfung („*aus* dem das *alles*") und nach vorn in die eschatologische Zukunft hinein („*wir auf* ihn *hin*"). Denn dann, beim Endgeschehen, wird sich, mit einem anderen Pauluswort, auch der Sohn „unterwerfen", „damit Gott alles in allem sei"

---

[104] So zu Recht H. MERKLEIN, 1 Kor (s. Anm. 102) 266.

[105] Ein Überblick bei A. CHESTER, Jewish Messianic Expectations and Mediatorial Figures and Pauline Christology, in: M. HENGEL / U. HECKEL (Hrsg.), Paulus und das antike Judentum (WUNT 58), Tübingen 1991, 17–89.

[106] In dieser Richtung auch W. SCHRAGE, Unterwegs (s. Anm. 100) 134f.; vgl. ebenda 158–167 auch die Kritik an L. W. HURTADO, One God, One Lord. Early Christian Devotion and Ancient Jewish Monotheism, Edinburgh ²1998, der den Unterschied an der gottesdienstlichen Praxis festmachen will; weitere Diskussion dazu in dem Sammelband von C. C. NEWMAN U.A., Jewish Roots (s. Anm. 55).

(1 Kor 15,28). Der exklusive Monotheismus ist für Paulus noch im Werden begriffen, Einheit und Einzigkeit Gottes sind ein eschatologisches Projekt[107].

3. Götter, Gott und Gottessohn: Johannes

a) Die Rahmenvorgabe: der Verdacht des „Di-Theismus"

Mit der für Paulus getroffenen Unterscheidung zwischen der strukturellen Position des Gottesprädikats und seiner konkreten inhaltlichen Füllung kommen wir vielleicht auch für das Johannesevangelium ein Stück weiter[108]. Direkt wird die Bezeichnung „Gott" für Jesus nur an den äußeren Rändern der Erzählung verwendet, im metanarrativen Prolog in Joh 1,1 und 1,18 (nach der wahrscheinlichsten Lesart) und im Bekenntnis oder Gebetsruf des Thomas „Mein Herr und mein Gott" in 20,28 (vgl. Ps 35,23). Vor allem die klare Unterscheidung im Artikelgebrauch in 1,1 hat die Exegeten immer schon an Philo erinnert[109]: Nach V. 1b war der Logos „bei dem Gott" oder besser „zu dem Gott hin(gewandt)", im Griechischen πρὸς τὸν θεόν (mit Artikel, gemeint ist der Schöpfer- und Vatergott); nach V. 1c war auch der Logos (mit Artikel, daher Subjekt) in bestimmter Weise „Gott" (θεός ohne Artikel ist Prädikativum). Eine einfache Gleichsetzung des Logos mit dem Vatergott wird hier gerade nicht vorgenommen, auch wenn sich die dabei entstehenden Nuancen sprachlich kaum adäquat einfangen lassen (die grammatikalisch mögliche Übersetzung von V. 1c mit „auch der Logos war ein Gott" wäre ebenfalls irreführend, weil sie sicher nicht intendierte polytheistische Assoziationen wecken würde). Der Evangelist signalisiert damit jedenfalls, dass er der Überzeugung ist, sich weiterhin im monotheistischen Sprachspiel der biblisch-jüdischen Tradition zu bewegen.

Ein Problem ergibt sich im Evangelium aber offenbar dadurch, dass die Rolle des Logos, der mit Recht auch „Gott" genannt werden darf, ausgerechnet mit der Person des Zeitgenossen Jesus von Nazareth besetzt wird. Schon Philipp bringt in Joh 1,46 das Erstaunen darüber zum Ausdruck: „Es ist Jesus, der Sohn Josefs, aus Nazareth", und Nathanael sekundiert in 1,47 mit der Rückfrage: „Kann denn aus Nazareth etwas Gutes kommen?" Dem Anspruch Jesu, das vom Himmel herabkommende Brot zu verkörpern, halten seine Gegner in 6,42 entgegen: „Ist dies nicht Jesus, der Sohn Josefs? Kennen wir nicht seinen Vater und seine Mutter?" Ähnlich fällt der Widerspruch gegen die Zuerkennung des Messiasprädikats in 7,27 aus: „Von diesem wissen wir, woher er ist".

---

[107] So wiederum W. SCHRAGE schon im Titel seiner neuen Studie: „Unterwegs zur Einheit und Einzigkeit Gottes ..."; s. auch R. SCROGGS, The Theocentrism of Paul, in: DERS., The Text and the Times. New Testament Essays for Today, Minneapolis, MN 1993, 184–191.

[108] Eine ausführlichere Behandlung unserer Thematik findet sich bei M. THEOBALD, Gott, Logos und Pneuma. „Trinitarische" Rede von Gott im Johannesevangelium, in: H. J. KLAUCK, Monotheismus und Christologie (s. Anm. 91) 41–87.

[109] Vgl. nur M. THEOBALD, ebd. 45f.83.

Aus dieser Diskrepanz erst gewinnt der Vorwurf seine ganze Schärfe, der verschiedentlich laut wird, Jesus würde als bloßer Mensch, der er ist, sich Gott gleich machen (5,18) und dadurch in blasphemischer Weise (10,33) die Einzigkeit Gottes in Zweifel ziehen, was den Tod verdient (19,7[110]). Dieses ἴσον ἑαυτὸν ποιῶν τῷ θεῷ (so 5,18 im Erzählreferat) bzw. das σὺ ἄνθρωπος ὢν ποιεῖς σεαυτὸν θεόν (so 10,33 in Figurenrede) reflektiert Angriffe jüdischerseits, denen sich der Evangelist und die johanneische Gemeinde aufgrund ihrer „hohen" Christologie ausgesetzt sahen[111]. Die feinen Nuancen gingen im Eifer des Gefechtes unter. Sie konnten nicht vermittelt und nicht plausibel gemacht werden.

b) Exegetische Fallstudie: erneut Psalm 82

An einer der einschlägigen Stellen, nämlich im Anschluss an 10,33, wird die Verteidigung gegen den Polytheismusverdacht im Rückgriff auf ein Zitat aus Psalm 82 geführt, mit dem wir uns oben schon eingehender beschäftigt haben. Diese Argumentation, die 10,34–36 umfasst, wollen wir uns etwas näher ansehen.

Zum Kontext nur soviel: Die größere Einheit 10,22–39 setzt in 10,22f. mit einer Zeit- und Ortsangabe ein: in Jerusalem, in der Säulenhalle Salomos im Tempelareal, während des Tempelweihfests, das im Winter am 25. Kislew begangen wurde, zur Erinnerung an die Wiedereinweihung des von den Syrern profanierten Tempels, die 165 oder 164 v. Chr. durch Judas Makkabäus vorgenommen wurde. Die Frage nach dem wahren Ort der Anwesenheit Gottes und der rechten Form des Gottesdienstes (und seiner in der Vergangenheit erlebten polytheistischen Gefährdung) ist damit gestellt[112]. Die beiden anschließenden Gesprächsgänge, die jeweils mit einer feindseligen Aktion der jüdischen Seite enden (Versuch der Steinigung Jesu in V. 31; Versuch, ihn zu ergreifen, in V. 39), nehmen mit der Messiasfrage (V. 24) und dem Blasphemievorwurf (V. 33) Elemente aus dem Synhedrialprozess in Mk 14,53–65 auf, den der Johannesevangelist in seiner Passionsgeschichte übergeht. Die erste Jesusrede mündet in V.

---

[110] In 19,7 wird allerdings der Gottessohntitel gebraucht, der, wie wir noch sehen werden, von der Bezeichnung als „Gott" und der Gleichstellung mit „Gott" zu unterscheiden ist. Doch könnte hier eine traditionsgeschichtliche Beeinflussung durch den Synhedrialprozess einwirken, der bei Johannes fehlt (s.u.) und in dem der Gottessohntitel den Blasphemievorwurf provoziert.

[111] A. F. SEGAL, Two Powers (s. Anm. 84) 262: „One heretical candidate was sure. The christological statements in Johannine literature are clearly heretical because the fourth gospel represents the Jews as opposing Jesus when he equates himself with God. Johannine Christians, if not Jesus himself, were charged with the crime"; kritisch dazu allerdings wegen der zeitlichen Ansetzung J. F. MCGRATH, John's Apologetic Christology. Legitimation and Development in Johannine Christology (MSSNTS 111), Cambridge 2001, 71–79.

[112] Diesen Zusammenhang, der selten gesehen wird, stellt auch heraus J. F. MCGRATH, Christology (s. Anm. 111) 120f.

30 in den christologischen Spitzensatz ein: „Ich und der Vater sind eins". Ohne die Bedeutung dieser Einhcitsaussage herunterspielen zu wollen, darf doch darauf hingewiesen werden, dass der Kontext, der von den Werken Jesu handelt, diese Einheit besonders im Wirken realisiert sicht und dass es „wir sind eins (ἕν)" heißt, nicht aber „wir sind einer (εἷς)", also nicht an ein Einswerden im Sinne einer Verschmelzung gedacht ist. Der Abschluss der zweiten Jesusrede transformiert die Einheitsaussage in das verwandte, jedoch nicht völlig identische Sprachmuster der Immanenz: „... und erkennt, dass in mir der Vater (ist) und ich im Vater (bin)"[113]. Doch wird an diesen weit vorangetriebenen Aussagen auch erkennbar, worauf der Blasphemieverdacht beruht.

Damit können wir uns den Versen 34–36 zuwenden[114]:

34a   Es antwortete ihnen Jesus:
  b   „Ist nicht geschrieben in eurem Gesetz:
  c   ,Ich habe gesagt:
  d   Götter seid ihr'?
35a   Wenn es (das Gesetz; oder: er, Gott?) jene Götter nennt,
  b   an die das Wort Gottes ergangen ist
  c   – und die Schrift kann nicht außer Kraft gesetzt werden –,
36a   den der Vater geheiligt hat
  b   und gesandt hat in die Welt,
  c   (wieso) sagt ihr (von ihm):
  d   ,Du lästerst'
  e   weil ich sagte:
  f   ,Gottes Sohn bin ich'?"

In der Zitateinleitung in V. 34b fallen zwei Dinge auf: die distanzierte Ausdrucksweise „in *eurem* Gesetz", die aber für den Umgang des Johannesevangeliums mit dem Judentum und den jüdischen Festen (vgl. schon 2,13: „nahe war das Pascha der Juden") typisch ist[115], und die Tatsache, dass ein Psalmzitat „im

---

[113] Dazu K. Scholtissek, In ihm sein und bleiben. Die Sprache der Immanenz in den johanneischen Schriften (Herders Biblische Studien 21), Freiburg i. Br. 2000, hier 322–327.

[114] Vgl. zum Folgenden bes. die überzeugende Exegese von M. J. J. Menken, The Use of the Septuagint in Three Quotations in John. Jn 10,34; 12,38; 19,24, in: C. M. Tuckett (Hrsg.), The Scriptures in the Gospels (BEThL 131), Löwen 1997, 367–393, hier 370–382; vgl. ferner (mit teils weniger plausiblen Lösungsvorschlägen) S. Pancaro, The Law in the Fourth Gospel. The Torah and the Gospel, Moses and Jesus, Judaism and Christianity According to John (NT.S 42), Leiden 1975, 175–192; A. T. Hanson, The Prophetic Gospel: A Study of John and the Old Testament, Edinburgh 1991, 144–149; A. Obermann, Die christologische Erfüllung der Schrift im Johannesevangelium. Eine Untersuchung zur johanneischen Hermeneutik anhand der Schriftzitate (WUNT II/83), Tübingen 1996, 168–185; M. Daly-Denton, David in the Fourth Gospel. The Johannine Reception of the Psalms (AGJU 47), Leiden 2000, 164–176; J. H. Neyrey, „I Said: You Are Gods": Ps 82:6 and John 10, in: JBL 108 (1989) 647–663; J. F. McGrath, Christology (s. Anm. 111) 117–130.

[115] Das kann man zwar noch nicht als Anti-Judaismus bezeichnen, und der Anti-Judaismus im Johannesevangelium ist auch nicht unser Thema, aber da wir hier doch in seine Nähe gera-

Gesetz" verortet wird, doch wird dabei lediglich „der Psalter klar als Teil der kanonischen Schrift (νόμος als Gesamtbezeichnung für die ‚Schrift') verstanden"[116].

Zitiert wird sodann nur die erste Hälfte von Ps 82,6; die zweite Hälfte „ihr alle seid Söhne des Höchsten" fehlt. Man soll sie auch nicht, wie oft gesagt wird, einfach mithören oder wenn doch, dann nur als leere Stelle, denn die Bezeichnung „Söhne des Höchsten" bleibt hier bewusst ausgespart, weil Jesus sich in V. 36f. als „Sohn Gottes" bezeichnen und damit von den Adressaten des Zitats abheben wird, in welcher Weise, wird noch zu überlegen sein.

Wen aber redet Gott nun eigentlich in der Sicht unseres Textes als „Götter" an? Die Antwort gibt V. 35b: Es sind diejenigen, „an die das Wort Gottes ergangen ist". Als erstes ist klarzustellen, dass sich „Wort Gottes" nicht etwa selbstreferentiell bzw. tautologisch auf die zitierte Gottesrede aus Ps 82,6 in V. 34 bezieht[117], sondern Verlautbarungen Gottes bei anderen Gelegenheiten meint. Man würde dann, wenn man die oben kurz skizzierte Interpretationsgeschichte mit ihren verschiedenen Modellen heranzieht, als erstes an Israel am Sinai und an die Übergabe des Gesetzes denken[118], aber die Formulierung „an die das Wort Gottes ergangen ist" ist in anderer Weise festgelegt. Sie nimmt die prophetische Wortereignisformel auf: „Das Wort (λόγος wie hier oder ῥῆμα) des Herrn erging an …". Zwar ist κυρίου durch θεοῦ ersetzt (so auch Jer 1,2LXX; Lk 3,2), aber das erklärt sich als Eingriff des Evangelisten, der „Kyrios" bevorzugt für Jesus verwendet und ein Missverständnis vermeiden will. Die Liste der biblischen Personen, für die diese Formel gebraucht wird, ist eindrucksvoll. Sie umfasst z. B. „Abraham (Gen 15,1), Samuel (1 Sam 15,10), Nathan (2 Sam 7,4), Solomon (1 Kings 6,11), Elijah (1 Kings 17,2), Isaiah (2 Kings 20,4; Isa 38,4), Hosea (Hos 1,1), Jonah (Jonah 1,1; 3,1), Zechariah (Zech 1,1.7) … Jeremiah (e.g., Jer 1,4.11.13; Dan 9,2) and Ezekiel (e.g., Ezek 1,3; 3,16; 6,1)"[119].

Dass man überhaupt auf die Idee kam, prophetische Gestalten durch Ps 82,6 angesprochen zu sehen, dürfte mit der Versammlung Gottes in 82,2 zu tun haben. Echte Propheten hatten teils Zugang zu diesem Thronrat: „Höre das Wort des Herrn! Ich sah den Herrn auf seinem Throne sitzen und das ganze Heer des Himmels neben ihm zur Rechten und zur Linken stehen. Und der Herr sprach …" (1 Kön 22,19f.; vgl. Jer 23,18.22; Dan 7,16). Die Bewegung verläuft von unten nach oben: Charismatische Menschen werden in Visionen und Ekstasen in

---

ten, sei auf einen vorzüglichen neuen Sammelband hingewiesen: R. Bieringer / D. Pollefeyt / F. Vandecasteele-Vanneuville (Hrsg.), Anti-Judaism and the Fourth Gospel. Papers of the Leuven Colloquium, 2000 (Jewish and Christian Heritage Series 1), Assen 2001, 612 S.

[116] E. Zenger, Psalmen (s. Anm. 56) 491.

[117] So aber R. Bultmann, Das Evangelium des Johannes (KEK 2), Göttingen ¹⁹1968, 297 Anm. 2.

[118] Diesen Deutungstyp favorisieren zwei der ausführlichsten Analysen zu unserem Text: J. H. Neyrey, „I Said …" (s. Anm. 114) 654–659; J. F. McGrath, Christology (s. Anm. 111) 122f.

[119] M. J. J. Menken, Use (s. Anm. 114) 372.

den Himmel entrückt und bei der Gelegenheit als „Götter" angeredet. Bezogen auf das Spektrum der sonstigen Interpretationen von Ps 82 liegt hier eine sehr eigenständige Variante vor, die am ehesten in 11Q13 eine Parallele hat (falls man Melchisedek ursprünglich als Menschen versteht und nicht als Engel, der nur zeitweilig als Mensch erschien). Ein anderes Beispiel für die Aufwärtsbewegung[120], nur ohne Verwendung dieses Psalms, wäre Moses bei Philo.

Die Parenthese in V. 35c insistiert darauf, dass diesem Psalm und seiner Verwendung der Anrede „Götter" volles Gewicht beizumessen ist. Niemand soll sich durch Relativierung oder anderslautende Erklärung aus der Verantwortung stehlen können. Der Ernst, der darin zum Ausdruck kommt, spricht auch gegen die Vermutung, das Ganze sei lediglich „als eine Persiflage der jüdischen Schrifttheologie"[121] gedacht.

In V. 36 erfolgt die Anwendung, die in der Hauptsache *a minore ad maius*, vom Geringeren zum Größeren verläuft. Jesus führt sich in V. 36ab selbst ein als der, „den der Vater geheiligt hat und gesandt hat in die Welt". Die Sendung Jesu durch den Vater bringt einen häufig belegtes Grunddatum johanneischer Theologie und Christologie ein und verändert die Perspektive, denn jetzt verläuft die Bewegung von oben, aus dem vorzeitlichen und vorweltlichen Sein bei Gott, nach unten auf die Welt zu (obwohl es in Joh 1,6 auch vom Täufer heißt, er sei „von Gott gesandt" worden). Die Heiligung nimmt kontextbezogen das Thema der Einweihung des Tempels auf[122], den Jesus schon in 2,16 als "Haus meines Vaters" bezeichnete und in 2,19–21 sogar durch seinen Leib ersetzt wissen wollte. Man kann die Argumentation so weit etwa wie folgt paraphrasieren: Wenn die Schrift Israels bezeugt, dass Gott selbst Menschen als Götter bezeichnet hat, Propheten zwar, die in der Entrückung Zugang zum Thronsaal hatten und dort Gottes Wort vernahmen, aber doch nur Menschen, und wenn dieses Schriftwort wie die Schrift überhaupt ernst genommen werden will, wieso gibt es dann solche Probleme mit dem Selbstanspruch Jesu, der doch von Gott autorisiert ist, Probleme sogar, die sich bis zum Vorwurf der Lästerung und dem damit verbundenen Tötungswunsch steigern?

Etwas bleibt bei dieser Paraphrase noch offen, wie nämlich das, was absichtlich vage mit „Selbstanspruch Jesu" umschrieben wurde, genauer zu verstehen ist. Darauf gibt V. 36ef Antwort: „weil ich sagte: ‚Gottes Sohn bin ich'". Nun hat Jesus das streng genommen genau so bisher nicht gesagt, aber man kann es aus seinem Gebrauch des Vatertitels für Gott und seinen sonstigen Selbstaussagen

---

[120] Auch das nützliche Vergleichsmaterial, das bei U. SCHNELLE (Hrsg.), Neuer Wettstein. Texte zum Neuen Testament aus Griechentum und Hellenismus. Bd. I/2: Texte zum Johannesevangelium, Berlin 2001, 554–565, zu Joh 10,34 ausgebreitet wird, behandelt mehrheitlich die Divinisierung von Menschen.

[121] So R. BULTMANN, Joh (s. Anm. 117) 297, mit der Fortsetzung: „diese Art des Scharfsinnes findet immer nur, was ihr paßt; und sie ist mit ihren eigenen Waffen leicht zu schlagen".

[122] Vgl. F. J. MOLONEY, The Gospel of John (Sacra Pagina 4), Collegeville, MN 1998, 317.

folgern (bes. aus 5,25 und 3,18: „Sohn Gottes" in direkter Rede, aber nicht mit „ich bin" o.ä. eingeführt), und hier und jetzt wird es eben auch direkt ausformuliert, wenn auch im Selbstzitat. Aber noch wichtiger ist, dass es hier heißt „Gottes *Sohn* bin ich" und nicht etwa „Ich bin selbst *Gott*". Der Titel „Sohn Gottes" sagt neben der Relation auch eine bleibende Differenz aus und ist nicht einfach mit dem Gottesprädikat gleichzusetzen. Damit kommt aber eine zweite, untergeordnete Argumentationslinie zum Tragen, die vom Größeren zum Geringeren verläuft, und es wird klar, warum die zweite Hälfte von Ps 82,6 im Zitat fehlt: Wenn schon Propheten und vergleichbare Gestalten nicht nur „Söhne Gottes", sondern direkt „Götter" genannt wurden, um wieviel mehr ist dann Jesus berechtigt, sich selbst nicht etwa „Gott", sondern lediglich „Sohn Gottes" zu nennen[123].

Die aufsteigende und die absteigende Linie sind wie bei Philo vorhanden, werden aber dialektisch miteinander verschlungen und auf eine Person konzentriert. Wenn wir oben den Duktus von Psalm 82 als Überwindung des Polytheismus auf der Grundlage des Polytheismus und unter seinen Bedingungen bezeichnet haben, dann können wir mit Bezug auf seine Zitierung in Joh 10,34 – 36 sagen, dass hier die Einpassung der Christologie ins monotheistische Gottesbild angesichts des Vorwurfs, damit einen Rückfall in den Polytheismus zu begehen, und unter den Bedingungen dieses Vorwurfs geschieht. Der Eindruck ist nicht von der Hand zu weisen, dass dieser Stelle bei Johannes in der Auslegung selten das Gewicht eingeräumt wird, das ihr zukommt.

VI. Ausblick

Wie könnte es, wie müsste es von hier aus weitergehen? Nicht nur zeitlich, sondern auch sachlich schließen sich an das, was wir bisher bedacht haben, die trinitarischen und christologischen Debatten und Kontroversen der Väterzeit und der frühen Konzilien an. Das würde uns mit einer Fülle neuer *termini technici* konfrontieren: Monarchianismus[124], Modalismus, Subordinatianismus, Doketismus, Arianismus, Sabellianismus ... Was dem allen zugrunde liegt, ist der immer wieder neu unternommene Versuch, den biblischen Monotheismus zu retten und gleichzeitig Platz zu schaffen für zwei bzw., unter Hinzunahme des Heiligen Geistes, drei göttliche Personen.

Das gemeinsame Grundanliegen tritt umso deutlicher hervor, je mehr es gelingt, die spätere Entwicklung an den biblischen und religionsgeschichtlichen Befund zurückzubinden. So hat Joh 10,30: „Ich und der Vater sind eins" in der

---

[123] Deutsche Wiedergabe der Zusammenfassung bei M. J. J. MENKEN, Use (s. Anm. 114) 381.

[124] Wichtig dazu: R. M. HÜBNER, Der paradoxe Eine. Antignostischer Monarchianismus im zweiten Jahrhundert. Mit einem Beitrag von M. Vinzent (SVigChr 50), Leiden 1999.

Väterzeit eine beachtliche Rolle gespielt. Hippolyt hob gegen Noët hervor, dass es „wir sind" heißt und nicht „ich bin", und Tertullian betonte gegen Praxeas, dass nicht von „einer" (personal), sondern von „eins" (neutrisch) gesprochen wird[125]. Der Besuch Gottes „zu dritt" bei Abraham in Gen 18 konnte, zumal in seiner Brechung durch die nahezu doketistische Exegese dieses Textes bei Philo, einer Engelchristologie neuen Auftrieb geben. Überhaupt ist festzuhalten, dass der Name Philos in dem Zusammenhang immer wieder fällt, so etwa, wenn die subordinatianistische Christologie des Arius behandelt wird[126].

Darüber aber sollte eine zweite Linie nicht in Vergessenheit geraten. Auch die Väter, und hier besonders die Apologeten unter ihnen, haben sich weiterhin mit dem Polytheismus der griechisch-römischen Welt und mit paganen Formen der Götterverehrung auseinandersetzen müssen[127]. Die große Kunst bestünde nun darin, die verborgenen Querverbindungen aufzuspüren und herauszustellen, was die beiden Diskurse miteinander verbindet. Das könnte unter Umständen zu neuen Aufschlüssen auch hinsichtlich des trinitarischen Monotheismuskonzepts führen. Diese Aufgabe ist, wenn ich richtig sehe, bisher allenfalls im Ansatz erkannt und in Angriff genommen worden[128].

Die religionsgeschichtliche Betrachtungsweise erklärt sicher nicht alles, aber sie kann meines Erachtens zu allen Erklärungsversuchen einen beachtlichen Beitrag leisten, und wo sie völlig ignoriert wird, leiden darunter Geltungsbereich und Kommunikabilität des jeweiligen Erklärungsmodells. Im vorstehenden Beitrag wurde versucht, anhand einer Grundsatzfrage die Fruchtbarkeit und die Notwendigkeit der religionsgeschichtlichen Arbeitsweise zu verdeutlichen[129]. Das macht auch seine Funktion als Einleitung zum vorliegenden Band mit gesammelten religions- und sozialgeschichtlichen Studien aus.

---

[125] Vgl. T. E. POLLARD, The Exegesis of John X.30 in the Early Trinitarian Controversies, in: NTS 3 (1956/57) 334–349, hier 335f.

[126] Z. B. bei A. GRILLMEIER, Jesus der Christus im Glauben der Kirche. Bd. 1: Von der Apostolischen Zeit bis zum Konzil von Chalcedon, Freiburg i. Br. 1979, 363f. u.ö.; Hinweise auch bei D. T. RUNIA, Philo in Early Christian Literature. A Survey (CRI III/3), Assen 1993, bes. 189–194.

[127] Vgl. J. C. FREDOUILLE, Art. Götzendienst, in: RAC 11 (1981) 828–895, hier 869–892; M. FÉDOU, Christianisme et religions païennes dans le Contre Celse d'Origène (ThH 81), Paris 1988.

[128] Ansätze finden sich bei R. GRANT, Gods and the One God (LEC 1), Philadelphia, PA 1986; vgl. seine zusammenfassende Bemerkung auf S. 158: „This is to say that in beginning to develop the doctrine of the Trinity Christians made use of the methods already worked out among Platonists and Pythagoreans for explaining their own philosophical theology, in harmonious accord with pagan polytheism" und die Doppelfrage auf S. 170 (die als solche nicht bejaht wird): „Does this mean that early Christian theology was ‚nothing but' paganism with a biblical accent? Or, to paraphrase Numenius, was Christianity no more than Plato with a faint Palestinian accent?"

[129] Zu ihrer Geschichte und ihrer Handhabung vgl. jetzt die aus der Arbeit am „Neuen Wettstein" entstandene Dissertation von G. SEELIG, Religionsgeschichtliche Methode in Vergangenheit und Gegenwart. Studien zur Geschichte und Methode des religionsgeschichtli-

Zum Schluss sei eine kühne, um nicht zu sagen „ketzerische" Frage gestattet. Der christliche trinitarische Monotheimus sieht sich derzeit von zwei Fronten her angegriffen. Vertreter der beiden anderen großen monotheistischen Religionen ziehen seinen monotheistischen Charakter in Zweifel und unterstellen im Extremfall Vielgötterei. Postmoderne Kritiker machen ihn des ungeachtet für alle Übel mitverantwortlich, die ihrer Meinung nach vom uniformen, intoleranten Monotheismus verursacht wurden. Der christliche Monotheismus scheint zwischen alle Stühle zu geraten. Aber manchmal ist der Platz zwischen den Stühlen nicht der schlechteste Platz. Könnte es sich vielleicht auch so verhalten, dass es dem christlichen Monotheismus im Idealfall gelingen kann, einerseits der Zersplitterung des Polytheismus zu entgehen und andererseits die Starrheit eines reinen Monismus zu vermeiden, und zwar eben dadurch, dass die Beziehung selbst auch für das Gottesbild zu einem leitenden Thema gemacht wird[130]? Mit seiner „Ontologie der Relation" würde er dann ein Integrationsmodell darstellen, das zukunftsfähig ist, weil seine Potenzen noch längst nicht alle ausgeschöpft worden sind.

---

chen Vergleichs in der neutestamentlichen Wissenschaft (Arbeiten zur Bibel und ihrer Geschichte 7), Leipzig 2001.

[130] Vgl. dazu die hilfreichen Überlegungen bei A. HALBMAYR, Lob der Vielheit (s. Anm. 12) 387–430.

II. Sünde und Vergebung

1. Die kleinasiatischen Beichtinschriften und das Neue Testament

Eigenständige Beiträge zur Epigraphie liegen jenseits der Arbeitsroutine und der Fachkompetenz des Neutestamentlers. Aber bei gelegentlichen Ausflügen in ein faszinierendes, fremdes Gebiet begegnet ihm manches, von dem er meint, es sei in seinem eigenen Fach zu wenig bekannt und nicht nur deshalb mitteilenswert. In diesem Sinn sei der folgende Versuch gewagt. Er mag auch nicht ganz deplaziert erscheinen in der Festschrift für einen Gelehrten, der wie kaum ein anderer die antiken Quellen kennt und der verschiedentlich betont hat, dass (geistes)wissenschaftliche Forschung zu einem wesentlichen Teil in der kontinuierlichen Lektüre von Primärtexten besteht.

I. Zur Forschungsgeschichte

In einer Münchener Dissertation von 1913[1] hatte Franz Seraph Steinleitner die sogenannten Beicht- oder Sühneinschriften aus Kleinasien, die bis dahin nur verstreut in Reiseberichten, Museumsannalen, Denkschriften u.ä. publiziert worden waren, erstmals zu einem Korpus vereinigt und mit einem immer noch lesenswerten Kommentar versehen. Ihm folgten mit einem kürzen Beitrag W.H. Buckler[2] und mit einer ausführlichen, kommentierten Textübersicht Josef Zingerle[3], und die Texte wurden zum Teil in den Sammelwerken *Supplementum*

---

[1] Veröffentlicht als: F. Steinleitner, Die Beicht im Zusammenhange mit der sakralen Rechtspflege in der Antike. Ein Beitrag zur näheren Kenntnis kleinasiatisch-orientalischer Kulte der Kaiserzeit, Leipzig 1913. – Die Abkürzungen, auch für die Inschriftenkorpora, richten sich im Folgenden nach S. Schwertner, Internationales Abkürzungsverzeichnis für Theologie und Grenzgebiete, Berlin ²1992; zusätzlich finden drei Sigel Verwendung, die bei Schwertner noch nicht besetzt sind: CMRDM = E. N. Lane, Corpus Monumentorum Religionis Dei Menis. Bd. I-IV (EPRO 19/1–4), Leiden 1971–1978; TAM = P. Herrmann, Tituli Asiae Minoris V/1, Wien 1981; BWK = G. Petzl, Die Beichtinschriften Westkleinasiens (Epigraphica Anatolica 22), Bonn 1994.

[2] W. H. Buckler, Some Lydian Propitiatory Inscriptions, in: ABSA 21 (1914–16) 169–183.

[3] J. Zingerle, Heiliges Recht, in: JÖAI 23 (1926) Beiblatt 5–72; Ders., Paralipomena, in: JÖAI 24 (1928) Beiblatt 107–124; Ders., Phrygisches Griechisch, in: AAWW.PH 60 (1923) 47–67.

Epigraphicum Graecum und *Monumenta Asiae Minoris Antiqua* neu ediert[4], ehe ihnen Raffaele Pettazzoni in seinem großen Werk über „Das Bekenntnis der Sünden" eine der bis heute ausführlichsten Behandlungen angedeihen ließ[5]. Seitdem reißt der Strom der Veröffentlichungen nicht mehr ab. Aus den sechziger Jahren ist die vorläufige Bestandsaufnahme von Peter Herrmann zu nennen[6], die später in den von ihm besorgten Band der *Tituli Asiae Minoris* einging[7], und in den siebziger Jahren[8] hat Eugene N. Lane die Zeugnisse, die den kleinasiatischen Mondgott Men betreffen, in mehreren Bänden zusammengetragen und besprochen[9]. Da ein Teil der Beicht- und Sühneinschriften den Gott Men erwähnt, ergeben sich beträchtliche Überschneidungen. Neue Funde werden fortlaufend in Festschriften und Zeitschriften veröffentlicht[10], namentlich in den *Epigraphica Anatolica*[11], und in der Folgezeit teils in das SEG aufgenommen[12]. Ein Wunsch, der bereits an die Epigraphiker gerichtet

---

[4] Vgl. SEG IV Nr. 647–652 (1929); VI Nr. 248–258 (1932); MAMA IV Nr. 279–290 (1933).

[5] R. PETTAZZONI, La confessione dei peccati. Bd. I-III (StorRel 8.11.12), Bologna 1929–1936, hier III, 54–162.

[6] P. HERRMANN, Ergebnisse einer Reise in Nordostlydien (DAWW.Ph 80), Wien 1962.

[7] TAM V/1 (s. Anm. 1); inzwischen liegt, von ihm ediert, auch TAM V/2, Wien 1989, vor, wo sich aber zu unserem Thema nichts mehr findet.

[8] Vgl. aus diesem Zeitraum auch H. W. PLEKET, New Inscriptions from Lydia, in: Talanta 10/11 (1978/79) 74–91.

[9] CMRDM (s. Anm. 1); die Inschriften zumeist in Bd. I.

[10] Vgl. G. PETZL, Vier Inschriften aus Lydien, in: Studien zur Religion und Kultur Kleinasiens (FS F. K. Dörner) (EPRO 66), Leiden 1978, Bd. II, 745–761 (nur am Rande einschlägig); T. DREW-BEAR, Local Cults in Graeco-Roman Phrygia, in: GRBS 17 (1976) 247–268, hier 260f.; G. PETZL, Inschriften aus der Umgebung von Saittai, in: ZPE 30 (1978) 249–276, hier 250–258; I. DIAKONOFF, Artemidi Anaeiti anestesen. The Anaeitis-Dedications in the Rijksmuseum von Oudheden at Leyden and Related Material from Eastern Lydia. A Reconsideration, in: BVAB 54 (1979) 139–175; P. HERRMANN, Sühn- und Grabinschriften aus der Katakekaumene im archäologischen Museum von Izmir, in: AÖAW.PH 122 (1985) 249–261; G. PETZL / H. MALAY, A New Confession-Inscription from the Katakekaumene, in: GRBS 28 (1987) 459–472; M. L. CREMER / J. NOLLÉ, Lydische Steindenkmäler, in: Chiron 18 (1988) 199–214.

[11] E. VARINLIOGLU, Zeus Orkamaneites and the Expiatory Inscriptions, in: Epigraphica Anatolica 1 (1983) 75–87; C. NAOUR, Nouvelle inscriptions du Moyen Hermos, ebd. 2 (1983) 107–141 (nur Dedikationen); P. HERRMANN / E. VARINLIOGLU, Theoi Pereudenoi. Eine Gruppe von Weihungen und Sühninschriften aus der Katakekaumene, ebd. 3 (1984) 1–18; H. MALAY / G. PETZL, Neue Inschriften aus den Museen Manisa, Izmir und Bergama, ebd. 6 (1985) 55–69; H. MALAY, The Sanctuary of Meter Phileis near Philadelphia, ebd. 6 (1985) 111–126; J. NOLLÉ, Epigraphische und numismatische Notizen, ebd. 10 (1987) 101–106; H. MALAY, New Confession-Inscriptions in the Manisa and Bergama Museums, ebd. 12 (1988) 147–152; E. VARINLIOGLU, Eine Gruppe von Sühneinschriften aus dem Museum von Usak, ebd. 13 (1989) 37–50; A. CHANIOTIS, Drei kleinasiatische Inschriften zur griechischen Religion, ebd. 15 (1990) 127–134; E. VARINLIOGLU, Vier Inschriften aus Lydien, ebd. 18 (1991) 91–95.

[12] Vgl. etwa SEG (ab 1976) XXVI Nr. 1376.1386; XXVIII Nr. 910.913f.; XXIX Nr. 1155.1174. 1414; XXXI Nr. 1119; XXXIII Nr. 1012f.1019f.; XXXIV Nr. 1210–1213.1217–1218; XXXV Nr. 1157f.1164.1267.1269; XXXVII Nr. 1000f.1737; XXXVIII Nr. 1229f.1233–1237; XXXIX Nr. 1276–1279.

worden war, nämlich die gesamten derzeit bekannten Texte doch in einem Korpus zu vereinigen und mit Übersetzung und Kommentar zu versehen[13], wurde inzwischen durch die umfassende Neuedition von Georg Petzl zu unser aller Freude eingelöst[14].

In den Altertumswissenschaften sind von Anfang an[15] bis in die jüngsten Publikationen hinein[16] Querverbindungen zum frühen Christentum gesucht worden. Rühmend hervorzuheben ist in dem Zusammenhang ein Beitrag von Hildebrecht Hommel über das Bekenntnis in religionsgeschichtlicher Sicht[17]; darauf kommen wir zurück. Zögerlicher verlief die Rezeption auf Seiten der Exegese. Erwartungsgemäß erwähnt Adolf Deißmann in seinem Pionierwerk auch „die Beichtworte lydischer und phrygischer Sühneinschriften", weist auf Steinleitners Buch hin und bildet einen dem Gott Men geweihten Stein mit der Vokabel λύτρον ab[18]. Die einschlägigen Lexika gehen teils auf das Material ein und vermitteln es so an die Exegeten weiter[19], auch wenn sie den neueren Stand der Editionen selten berücksichtigen[20]. Gelegentliche Versuche einer direkten

---

[13] Vgl. H. S. VERSNEL, Beyond Cursing: The Appeal to Justice in Judicial Prayer, in: C. A. FARAONE / D. OBBINK (Hrsg.), Magika Hiera. Ancient Greek Magic and Religion, New York-Oxford 1991, 60–106, hier 100 Anm. 77: „A new edition with commentary of all the material is a pressing need"; ähnlich in seiner knappen, aber inhaltsreichen Darstellung S. MITCHELL, Anatolia. Land, Men, and Gods in Asia Minor. Bd. I-II, Oxford 1993, I, 191–195, hier 191 Anm. 225: „When the flood of new discoveries abates, a corpus of this material would be invaluable."

[14] G. PETZL, BWK (s. Anm. 1), XXI u. 177 S., Nr. 1–124 (mit zahlreichen Photographien).

[15] Vgl. F. STEINLEITNER, Die Beicht (s. Anm. 1) 38: „Wenn diese gegebene Deutung vorliegender Sühneinschrift richtig ist, so haben wir in ihr eine Parallele zum paulinischen Begriffe der Erlösung als einer Loskaufung aus der Knechtschaft, in die der Mensch durch die Sünde, das Gesetz und den Götzendienst vor Gott geraten ist ..."

[16] Vgl. H. S. VERSNEL, Beyond Cursing (s. Anm. 13) 79: λύτρον „is commonplace in the New Testament, particularly in Pauline discourse, which the otherwise purely pagan confession inscriptions recall in many respects".

[17] H. HOMMEL, Antike Bußformulare. Eine religionsgeschichtliche Interpretation der ovidischen Midas-Erzählung, in: DERS., Sebasmata. Studien zur antiken Religionsgeschichte und zum frühen Christentum. Bd. I (WUNT 31), Tübingen 1963, 351–370; er zieht 358f. drei Beichtinschriften heran (jetzt: BWK Nr. 110; 112; 120), und er beschäftigt sich 360–364 mit dem Neuen Testament. Vgl. zuvor schon R. REITZENSTEIN, Die hellenistischen Mysterienreligionen nach ihren Grundgedanken und Wirkungen, Leipzig ³1927, Repr. Darmstadt 1977, 137–145.158–161.

[18] A. DEISSMANN, Licht vom Osten. Das Neue Testament und die neuentdeckten Texte der hellenistisch-römischen Welt, Tübingen ⁴1923, 158.243.278f.340; der abgebildete Text jetzt als CMRDM Nr. 90.

[19] Vgl. u.a. G. STÄHLIN / W. GRUNDMANN, Art. ἁμαρτάνω κτλ. D, in: ThWNT I, 295–305, hier 304f.; F. BÜCHSEL, Art. λύτρον, in: ThWNT IV, 341–351, hier 341 Anm. 7; O. MICHEL, Art. ὁμολογέω κτλ., in: ThWNT V, 199–220, hier 201.

[20] Noch in der letzten Auflage von 1988 nennen BAUER-ALAND, Wb 979 s.v. λύτρον lediglich „Inschr. bei K. Buresch, Aus Lydien 1898 p. 197" und s.v. λυτρόω 2 „hdn. Inschr. bei Ramsay, Phrygia I 2,566f." (von 1897), während 1152 s.v. ὁμολογέω 3b immerhin „FSteinleitner, Die Beicht '13,109" vorkommt. Dass der Neusatz der 6. Aufl. von 1988 nicht dazu benutzt wurde, wenigstens die Quellenangaben zu überprüfen und zu aktualisieren, bleibt einfach unverständlich.

Auswertung der Sühneinschriften für die Erklärung neutestamentlicher Stellen[21] konnten nicht unbedingt überzeugen, und generell dürfte ihr Bekanntheitsgrad unter Neutestamentlern trotz Petzls vorzüglicher Edition von 1994 (noch) nicht sehr hoch sein. Das könnte sich aber ändern, seit sie in dem höchst verdienstvollen australischen Sammelwerk *New Documents Illustrating Early Christianity* (ab 1981) in größerem Umfang herangezogen und verglichen werden[22]. Unter ausdrücklichem Hinweis darauf seien im Folgenden – nach weiteren einführenden Bemerkungen zu Fundorten, Datierung und Inhalt – einige Topoi und Themen zusammengestellt und mit Seitenblick auf das Neue Testament erörtert, wobei Vollständigkeit selbstverständlich nicht angestrebt ist, sondern die Belege nur in Auswahl präsentiert werden.

II. Beschreibung

1. Fundorte

Fast alle einschlägigen Inschriften stammen aus einem relativ geschlossenen und überschaubaren geographischen Gebiet im Nordosten Lydiens in der Nähe des Hermonflusses, im Einzugsbereich der antiken Städte Mäonia und Kula, und im südwestlichen Phrygien, in der Talebene des Flusses Mäander, nahe der Grenze zu Karien, wo ein Heiligtum des Gottes Apollo Lairbenos lag. Auf der Landkarte findet sich diese Region östlich einer gedachten Linie von Pergamon über Smyrna nach Ephesus, um deren Mittelachse herum. Sprachlich macht sich die Herkunft bemerkbar durch ein teils sehr eigentümliches Griechisch mit zahlreichen Dialektformen und einer manchmal kaum zu entwirrenden Syntax[23].

2. Zwei Grundtypen

Vom Inhalt her können wir zwei Typen von Inschriften unterscheiden. Im Typ Nr. 1 bekennt ein Sünder seine eigenen Verfehlungen, meist unter dem Druck

---

[21] Vgl. W. CARR, Two Notes on Colossians, in: JThS NS 24 (1973) 492–500.

[22] Vgl. NDIEC I, 32f.; II, 86.90; bes. III, 20–31 (aus Anlass von CMRDM). 72–75 (zu λύτρον). 85 (zu συνείδησις); V, 143 (Literaturnachträge). 191f.208f. (Reg. s.v. CMRDM; TAM); VI, 192.207f.; ein späterer Band wird sicher auch BWK auswerten.

[23] Die Sprache der phrygischen Inschriften hat analysiert: C. BRIXHE, La langue comme critère d'acculturation: l'exemple du grec d'un district phrygien, in: E. LEBRUN (Hrsg.), Hethitica VIII: Acta Anatolica E. Laroche oblata (BCILL 37), Louvain-Paris 1987, 45–80; er konstatiert eine gründliche Hellenisierung und warnt davor, diese Sprache einfach als barbarisch zu bezeichnen; zu vielen der Auffälligkeiten, die uns begegnen werden – z.B. ἐξονπλάριον für *exemplarium*, ἐτόνμετον für αὐτόματον – finden sich bei ihm Erklärungen; vgl. DERS., Essai sur le grec anatolien au début de notre ère (Travaux et mémoires: études anciennes 1), Nancy ²1987, 24 (zu MAMA IV Nr. 283 / BWK Nr. 110).

eines Unglücks, das ihn zur Strafe getroffen hat. Die Macht der Gottheit wird gebührend hervorgehoben, und oft darf auch der glückliche Ausgang inschriftlich festgehalten werden. Diesen Grundtyp kann man im folgenden kurzen Inschriftenfragment gut erkennen[24]:

[ ]ν Ἀριστ[ ]	
[ ]θεὶς καὶ ἁμ[αρ-]	… und nach meiner Versün-
[τήσας κα]ταπίπτω εἰς ἀ[σ-]	digung verfalle ich in Krank-
[θένειαν] καὶ ὁμολογῶ τ[ὸ]	heit, und ich gestehe die
[ἁμάρτημ]α Μηνὶ Ἀξιο[τ-]	Verfehlung dem Men Axiot-
[τηνῷ καὶ στη]λογρ[αφῶ].	tenos, und ich schreibe die Stele.

Das „Beschreiben der Inschriftensäule" in der Schlusszeile will sagen, dass der gesamte Vorfall hiermit auf Stein schriftlich festgehalten wird, von wem eigentlich, aus welchen Gründen und zu welchem Zweck, wird noch zu überlegen sein. Die Konstellation von Sündenbekenntnis nach voraufgegangenem Schicksalsschlag lässt sich in der Literatur über Plutarch und Juvenal bis zu Ovid und Tibull und somit wenigstens bis ins 1. Jahrhundert v. Chr. zurückverfolgen (s. u.).

Der zweite Grundtyp sieht etwas anders aus. Jemand hat ein Unrecht erlitten, das ungesühnt blieb. Er oder häufig auch sie appelliert daraufhin an eine Gottheit, sie möge ihm oder ihr wieder Recht verschaffen[25]. Der Übeltäter wird daraufhin bestraft, zum Eingeständnis seines Vergehens gezwungen und gegebenenfalls auch zur Wiedergutmachung verpflichtet. Dieser Typ sei mit folgendem Text illustriert[26]:

Μηνὶ Ἀξιοττηνῷ. Ἐπὶ	Für Men Axiottenos. Da
Ἑρμογένης Γλύκωνος	Hermogenes, Sohn des Glykon,
καὶ Νιτωνις Φιλοξένου	und Nitonis, Tochter des Philoxenos,
ἐλοιδόρησαν Ἀρτεμί-	gelästert hatten Artemi-
δωρον περὶ οἴνου, Ἀρτε-	doros wegen des Weines, hat Arte-
μίδωρος πιττάκιον ἔ-	midoros ein Täfelchen ge-
δωκεν. Ὁ θεὸς ἐκολά-	geben. Der Gott bestraf-
σετο τὸν Ἑρμογένην,	te den Hermogenes,
καὶ εἰλάσετο τὸν θε-	und der versöhnte den Gott,
ὸν καὶ ἀπὸ νῦν εὐδο-	und von jetzt an gibt er (ihm) die
ξεῖ.	Ehre.

---

[24] CMRDM Nr. 77 / BWK Nr. 100; wer mein Interesse an den Beichtinschriften biographisch zurückverfolgen möchte, sei verwiesen auf die Zitation von Z. 2–4 (noch nach Steinleitner Nr. 20) bei H. J. KLAUCK, Die Frage der Sündenvergebung in der Perikope von der Heilung des Gelähmten, in: BZ NF 25 (1981) 223–248; jetzt in: DERS., Gemeinde – Amt – Sakrament. Neutestamentliche Perspektiven, Würzburg 1989, 286–312, hier 299 Anm. 42.

[25] Dafür z. B. ἱκανοποιέω, „Genugtuung verschaffen", in BWK Nr. 47,6 u. Nr. 59,8.

[26] CMRDM Nr. 58 / TAM Nr. 251 / BWK Nr. 60; vgl. aus der Lit. neben Versnel (s. Anm. 13) noch K. LATTE, Heiliges Recht. Untersuchungen zur Geschichte der sakralen Rechtsformen in Griechenland, Tübingen 1920, Repr. Aalen 1964, 82f.; O. EGER, Eid und Fluch in den maioni-

Der ungerechtfertigte Vorwurf περὶ οἴνου kann sich z.B. auf Weindiebstahl, auf verbotenes Trinken, auf Trunksucht oder auf Betrug bei der Weinlieferung beziehen. Auf dem πιττάκιον, das im Heiligtum deponiert wurde[27], war die Klage über den Vorfall enthalten. Bei anderen Gelegenheiten wird stattdessen ein σκῆπτρον, d.h. ein Richterstab als Zeichen der juridischen Gewalt, im Heiligtum aufgestellt[28]. Ganz ähnlich funktioniert ein Teil der sogenannten Fluchtafeln[29], z.B. die aus Knidos an der Südwest-Spitze Kleinasiens, die bei Steinleitner deshalb mitbesprochen werden. Es handelt sich bei diesen *tabellae defixionum* um Bleitäfelchen, die mit Flüchen und Verwünschungen beschrieben sind. Da wir auf diese Textgruppe nicht mehr werden zurückkommen können, sei hier als Beispiel wenigstens aus einem der knidischen Täfelchen zitiert[30]:

> Ich übergebe der Demeter und der Kore den, der mich beschuldigt, dass ich für meinen Mann tödliches Gift bereitet habe. Vom Fieber geschlagen, soll er mit all seinen Angehörigen zu Demeter (hingehen und vor ihr) bekennen[31]. Und er möge Demeter und Kore und die Götter bei Demeter nicht barmherzig finden ...

Die knidischen Fluchtafeln sind, und das genügt für unsere Zwecke schon vollkommen, ins 2. und 1. Jahrhundert v. Chr. zu datieren. Ihre Verwandtschaft mit dem zweiten Grundtyp der Sühneinschriften auch im terminologischen Bereich lässt sich nicht verkennen. Dass die beiden Typen von Inschriften wiederum in manchen Punkten übereinkommen, so etwa im (erzwungenen) Bekenntnis, in der Strafe und im Gnädigstimmen der Gottheit, was ihre gemeinsame Behandlung rechtfertigt, dürfte ebenfalls deutlich geworden sein.

---

schen und phrygischen Sühne-Inschriften, in: Festschrift P. Koschaker, Weimar 1939, Bd. III, 281–293.

[27] Vgl. auch das πινακίδιον in TAM Nr. 362 (s. BWK S. IX): „Apollonios überantwortet der göttlichen Gerichtsbarkeit denjenigen, der das *Täfelchen* hingeworfen und entfernt hat und Mitwisser des Verlustes ist"; s. auch G. Björck, Der Fluch des Christen Sabinus. Papyrus Upsaliensis 8 (AVEU 47), Uppsala 1938, 122–125.

[28] Vgl. CMRDM Nr. 43–44 / TAM Nr. 317–18 / BWK Nr. 68–69; CMRDM Nr. 69 / TAM Nr. 159 / BWK Nr. 3; öfter auch in Grabinschriften, als Abwehrmaßnahme gegen Grabräuber und -schänder, s. J. H. M. Strubbe, „Cursed be he that moves my bones", in: C. A. Faraone / D. Obbink, Magika Hiera (s. Anm. 13) 33–59, hier 44f. mit Anm. 123–138.

[29] Vgl. als bequem zugängliche Textsammlung J. G. Gager (Hrsg.), Curse Tablets and Binding Spells from the Ancient World, New York-Oxford 1992, bes. 176f.; Kurzinformation (mit Lit.) bei H. J. Klauck, Die religiöse Umwelt des Urchristentums. Bd. I: Haus- und Stadtreligion, Mysterienkulte, Volksglaube (KStTh 9/1), Stuttgart 1995, 179–181.

[30] Text u.a. SIG³ 1180,1–6 oder in der grundlegenden Sammlung von A. M. H. Audollent, Defixionum tabellae quotquot innotuerunt tam in Graecis orientis quam in totius occidentis partibus praeter Atticas in *Corpore Inscriptionum Atticarum* editas ..., Paris 1904, als Nr. 4A; andere knidische Tafeln kennen auch das für die Beichtinschriften so typische κολάζω (s.u.) bzw. κόλασις, s. bei Audollent Nr. 3A u. Nr. 8; zum Vergleich auch G. Björck, Fluch (s. Anm. 27) 112–138.

[31] Hier wie auch sonst öfter ἐξαγορεύω; s. aber auch ἐξομολογέω in Nr. 1 bei Audollent.

3. Datierung

Eine ganze Reihe der Inschriften weist in den Eingangs- oder Schlusszeilen eine präzise Datumsangabe nach sullanischer Ära auf, so z.B. BWK 24 in Z. 1: Ἔτ(ους) σνη΄, μη(νὸς) Αὐδναίου ιβ΄, „Im Jahre 258, am 12. des Monats Audnaios", was uns nach unserer Zeitrechnung ins Jahr 173/74 n. Chr. bringt. Bisher hat man die Inschriften mit Beginn des zweiten Jahrhunderts n. Chr. einsetzen lassen[32], aber nach dem letzten Stand der Dinge kann man damit sogar bis ins erste Jahrhundert n. Chr. heruntergehen. Das derzeit früheste datierbare Exemplar stammt aus dem Jahr 57/58 n. Chr.[33], ein anderes aus dem Jahr 81/82 n. Chr.[34]. Der Großteil erstreckt sich über die Jahrzehnte vor und nach 200 n. Chr. (vgl. BWK Nr. 4: 200/201 n.Chr.), und die späteste Datumsnennung führt uns ins Jahr 263/64 n. Chr. (BWK Nr. 11).

Verhindert dieser chronologische Rahmen nicht einen Vergleich mit dem Neuen Testament, das um einiges früher zum Abschluss kam? Nicht unbedingt. Für die Grundfiguren des Bekennens und der Rechtssuche wird durch Dichterzeugnisse und Fluchtafeln ein noch höheres Alter erwiesen[35], und die Frage ist immer, auf was man hinaus will. Ich beabsichtige keineswegs, bestimmte neutestamentliche Gegebenheiten aus den heidnischen Inschriften genetisch „abzuleiten". Aber auch unterhalb jener Schwelle bleibt noch genug zu tun, angefangen mit der einfachen Illustrierung frühchristlichen Vokabulars aus zeitlich benachbarten Quellen. Ein möglicher Rezeptionshorizont für die christliche Botschaft kann aufgewiesen werden; strukturell verwandte Phänomene sind unabhängig von der zeitlichen Zuordnung auf Ähnlichkeiten und Unterschiede hin zu befragen. Auch die Beobachtungen zur Gattungsfrage, auf die wir am Schluss zu sprechen kommen, reichen als Erkenntnisziel schon aus.

Festzuhalten bleibt auch, dass christliche Beeinflussung in der Inschriftengruppe mit ihrem Götterpantheon ganz sicher nicht vorliegt. Allenfalls kann man an wenigen Stellen Berührungspunkte mit dem Judentum ausmachen[36], die sich aber, sofern sie nicht sowieso in einen breiteren gemeinsamen Horizont verweisen, in der punktuellen Übernahme von Einzelbegriffen ohne tieferen Sinntransfer erschöpfen[37].

---

[32] CMRDM Nr. 43 / TAM Nr. 317 / BWK Nr. 68: 144/15 v.Chr.; CMRDM Nr. 57 / TAM Nr. 460 / BWK Nr. 57: 118/19 n. Chr.

[33] BWK Nr. 56; vgl. die Men-Inschrift CMRDM Nr. 56 / TAM Nr. 577: 66/67 n. Chr., doch gehört sie nicht zur Gattung der Beichtinschriften.

[34] TAM Nr. 501 / BWK Nr. 41.

[35] H. S. VERSNEL, Beyond Cursing (s. Anm. 13) 76, bemerkt zu den knidischen Fluchtafeln: „There is, to be sure, a time difference of at least one – and most likely two or three – centuries, but the dated confession inscriptions themselves prove precisely how persistently a religious practice can be maintained over two centuries, even to details of wording."

[36] Sehr zögernd F. STEINLEITNER, Die Beicht (s. Anm. 1) 94f.

[37] So für ἄγγελος A. R. R. SHEPPARD, Pagan Cults of Angels in Roman Asia Minor, in: Talanta 12/13 (1980/81) 77–100, hier 77: „borrowed from the Hellenistic Jewish communities of

III. Aufbaumomente

1. Die Gottheiten und ihre Verehrer

a) Götter

In den lydischen Inschriften nimmt der schon genannte kleinasiatische Mond-gott Men eine dominierende Position ein. Ihm werden verschiedene Attribute beigegeben. Oft erscheint er als Men Axiottenos[38], aber auch als Men Tyrannos, Men Labanas, Men Artemidoru, Men Tiamu u.a.m. (ca. 10 Epitheta nur in den Beichtinschriften; mehr als das Doppelte, wenn man die anderen Men-Inschrif-ten hinzunimmt). Was bereits Τυράννος (BWK Nr. 53,6) anzudeuten scheint, bestätigt sich an anderen Stellen, wo es von Men heißt, dass er als König herr-sche über einen bestimmten Ort[39] oder eine Gegend als Besitz „niederhalte"[40]. Der betreffende Tempel übte offenbar über eine beträchtliche Einflusssphäre Verfügungsgewalt aus[41]. Ob man mit einer direkten tempelstaatlichen Organi-sation rechnen muss, mag offen bleiben. Neben Men – und der „Mutter, die Men geboren hat"[42] – bzw. oft auch vor ihm wird als Göttin Anaitis genannt[43], die man als Äquivalent zu Artemis aus der griechischen Götterwelt empfand, was sich auch in einer Doppelbezeichnung niederschlägt[44]. In Phrygien über-

---

the area without any real understanding of their original monotheistic background"; 87: „unin-formed borrowing of Jewish terms by pagans"; 94: „half-understood Jewish terms"; s.u. Anm. 143; ferner J. C. NIEUWLAND / H. S. VERSNEL, Een Kleinaziatisch Staphorst: de religieuze cultuur van de biechtinscripties, in: Lampas 23 (1990) 165–186.

[38] Vgl. P. HERRMANN, Men, Herr von Axiotta, in: Studien zur Religion und Kultur Kleinasi-ens (FS F. K. Dörner) (EPRO 66), Leiden 1978, Bd. I, 415–423.

[39] CMRDM Nr. 69 / TAM Nr. 159 / BWK Nr. 3,1f.: Μέγας Μεὶς Ἀξιοττηνὸς Ταρσι βασι-λεύων; BWK Nr. 6,2–5: Μηνὶ Ἀξιοττηνῷ Περκον βασιλεύοντα. – Μείς im ersten Textstück ist die sprachlich korrekte Nominativform zu Μηνί im zweiten und wird in den Beichtinschriften bevorzugt, während ansonsten auch der Nominativ Μήν vorkommt, s. weiter u. die Akklamati-on aus TAM Nr. 75.

[40] CMRDM Nr. 47 / TAM Nr. 460 / BWK Nr. 57,9f.: Μῆνα Ἀρτεμιδώρου Ἀξιοττηνὸν Κορε-σα κατέχοντα; BWK Nr. 55,4f.: Ἀξιοττα κατέχων.

[41] Vgl. die öfter zitierte, mehr beiläufige Bemerkung zum gleich zu erwähnenden „Ver-wandten" des Men bei F. BÖMER, Untersuchungen über die Religion der Sklaven in Griechen-land und Rom. Bd. II: Die sogenannte sakrale Freilassung in Griechenland und die (δοῦλοι) ἱεροί (AAWLM.G 1960/1), Mainz 1960, 110: „Apollon Lairbenos herrscht wie ein orientali-scher Fürst über seine Gläubigen, die seine δοῦλοι sind, wenn sie auch bürgerlich als Freie gelten"; ausführlicher zu Men DERS., Untersuchungen ... Bd. III: Die wichtigsten Kulte der griechischen Welt (FASk XIV/3), Stuttgart ²1990, 195–214.290–300.

[42] BWK 55,1f: Μήτηρ Μηνὸς Τεκοῦσα.

[43] CMRDM Nr. 35 / TAM Nr. 322 / BWK Nr. 70,1: Θεᾷ Αναειτι καὶ Μηνὶ Τιαμου; CMRDM Nr. 43 / TAM Nr. 317 / BWK Nr. 68,1f.: Μεγάλη Μήτηρ Ανειτις Αζιτα κατέχουσα.

[44] CMRDM Nr. 44 / TAM Nr. 318 / BWK Nr. 69,2f.: Ἄρτεμις Αναειτις καὶ Μὶς Τιαμου; BWK Nr. 99,1: Ἀρτέμιδι Αναειτ[ι]. Vgl. I. DIAKONOFF, Artemidi (s. Anm. 10).

nimmt Apollo mit dem ungriechischen Beinamen Lairbenos[45], teils neben „Helios"[46] o.ä., die Führungsrolle, dem eine Muttergottheit namens Leto an die Seite tritt (BWK Nr. 122). Aber auch Zeus kommt vor, u.a. als Zeus Sabazios, als Zeus Ogmenos und als Zeus „von den Zwillingseichen"[47].

Die zahlreichen Attribute einzeln zu diskutieren kann hier nicht unsere Aufgabe sein. Es genügt die summarische Feststellung, dass sich darin verbergen können (a) Namen von Orten, Gegenden und Ethnien, (b) landessprachliche Attribute alter Lokalgottheiten und (c) besonders bei Genitivverbindungen die Namen von Stiftern eines Kults (vgl. den „Gott der Väter" im Alten Testament).

b) Menschen

Die Verehrer dieser Götter, Männer und Frauen, nennen meist ihren Namen, so dass sich aus dem Gesamtkorpus der Inschriften eine beachtliche Prosopographie erstellen lässt[48], zumal öfter auch Familienmitglieder in Erscheinung treten. So melden sich zu Wort ein „Artemidoros, Sohn des Diodotos, und Amias mit ihren Verwandten"[49] oder ein „Alexander, Sohn der Thalouse, mit Julius und seiner Schwester"[50]. Wie wir noch sehen werden, sind Familienangehörige von den Abläufen häufig unmittelbar betroffen, indem sie stellvertretend Strafe leiden oder für die Sühnung sorgen. Öfter als aus den Texten direkt hervorgeht, wenn auch nicht ausschließlich dürften diese Männer und Frauen im zeitweiligen Dienst eines Tempels gestanden haben, was die Häufigkeit ritueller Verfehlungen erklären hilft[51].

c) Kommunikationsformen

Da die Aktionen seitens der Verehrer des Öfteren auf ausdrücklichen Befehl der Gottheit erfolgen[52] und man sie auch befragen kann[53], muss es Formen der

---

[45] Vgl. K. M. MILLER, Apollo Lairbenos, in: Numen 32 (1985) 46–70, bes. 60–64. Zur Tempelanlage auch A. STROBEL, Das heilige Land der Montanisten. Eine religionsgeographische Untersuchung (RVV 37), Berlin 1980, 208–218 (mit weiterer Lit.).

[46] MAMA IV Nr. 280 / BWK Nr. 107,2f.: Ἡλίῳ Ἀπόλωνι Λαβηνῳ.

[47] TAM Nr. 264 / BWK Nr. 50,1f.: Διεὶ Σαβαζίῳ καὶ Μητρεὶ Εἴπτα; CMRDM Nr. 61 / TAM Nr. 255 / BWK Nr. 53,5–7: Μηνὶ Τυράννῳ καὶ Διὶ Ὀγμηνῷ καὶ τοῖς σὺν αὐτῷ θεοῖς; TAM Nr. 179a / BWK Nr. 9,1f.: Μέγας Ζεὺς ἐκ Διδύμων Δρυῶν; vgl. zu den kleinasiatischen Gottheiten insgesamt S. MITCHELL, Anatolia (s. Anm. 13) II, 19–31.

[48] S. das umfangreiche Verzeichnis der Personennamen in BWK S. 145–148.

[49] CMRDM Nr. 61 / TAM Nr. 255 / BWK Nr. 53,1–3; wohl nicht „mit sechs Verwandten", so noch Steinleitner Nr. 11, aber es ist nicht ἕξ, sondern ἐξ zu lesen.

[50] CMRDM Nr. 66 / TAM Nr. 254 / BWK Nr. 51,2–4.

[51] Diese Vermutung bei R. PETTAZZONI, La confessione (s. Anm. 5) 58f.

[52] Vgl. BWK Nr. 71,5f.: Ἐκέλευσεν αὐτοῦ τοῖς ἰδίοις; CMRDM Nr. 61 / TAM Nr. 255 / BWK Nr. 53,5: κατὰ ἐπιταγήν; BWK Nr. 15,4f.: ἐπεζήτησαν οἱ θεοί.

[53] BWK Nr. 75,1.8: Γλυκία ... ἐπιζητήσασα; Nr. 17,13f.: Δὶς ἠρώτησα τοὺς θεούς; Nr. 38,1; Nr. 97,2f.

Kommunikation zwischen Göttern und Menschen geben. In Frage kommen, keineswegs immer alternativ: ein Erscheinen der Gottheit[54], eine Vermittlung durch das Kultpersonal, die Erteilung einer Orakelantwort, eine Traumweisung und eine Engelsbotschaft. Die beiden letztgenannten Medien werden nicht nur in der Vorgeschichte des Matthäusevangeliums (Mt 1–2) kombiniert eingesetzt, sondern auch je für sich unseren Inschriften: „Und durch Träume befahl er (der Gott) mir ...[55]; „Der Gott nun befahl durch einen Engel ...“[56] Was sich dabei tatsächlich abspielte, bleibt dunkel. Am ehesten wird man doch eine Form von Orakelauskunft vermuten.

2. Die Verfehlung

a) Rituelle Vergehen

Das Sündenvokabular im Neuen Testament wird trotz mannigfacher interner Differenzierung rein quantitativ vom Wortstamm ἁμαρτ– beherrscht. Auch die Sühneinschriften gebrauchen das Substantiv ἁμαρτία[57] und das Verb ἁμαρτάνω[58], wenn sie allgemein vom Sündigen reden. Im Einzelnen ist damit eine bunte Fülle von Verfehlungen verbunden, von denen wir als erste große Gruppe die rituellen herausheben: Eutycheis, eine Frau, hat in unreinem Zustand (ἄναγνα) den Platz, wohl eine Art Tempelsiedlung, durchschritten[59]. Antonius wollte, obwohl er dazu herbeizitiert war (καλούμενον), nicht kommen und seine Aufgabe bei der Mysterienfeier (τῷ μυστηρίῳ) nicht übernehmen[60]. Eine Frau aus Motella hat Soldaten zur Abwehr eines persönlichen Feindes verbotenerweise ins Heiligtum gerufen[61]. Apellas möchte bei seiner Frau bleiben, d.h.

---

[54] BWK Nr. 59,11f.: οὕτως τε ἐπιφανεὶς ὁ θεός ...

[55] MAMA IV Nr. 279 / BWK Nr. 106,11: [κ]αὶ ὀνείροις μοι παρεστάθη; BWK Nr. 11,5–7: ὑπὸ ὀνείρου ... ἀπητήθην.

[56] CMRDM Nr. 69 / TAM Nr. 159 / BWK Nr. 3,8f.: Ὁ θεὸς οὖν ἐκέλευσε δι᾽ ἀγγέλου; BWK Nr. 38,4–7: καθὼς ἡμῖν ἐδηλώθη ὑπὸ ἀγγέλου τοῦ θεοῦ Μηνὸς Πετραεί τοῦ Ἀξετηνοῦ; s. A.R.R. SHEPPARD, Angels (s. Anm. 37) 92f.

[57] CMRDM Nr. 42 / TAM Nr. 461 / BWK Nr. 40,8f.: τὴν γεγόνουσαν ἁμαρτίαν; TAM Nr. 261 / BWK Nr. 95,4f.: δὶ ἁμαρτίαν λόγον λαλήσασ[α]; BWK Nr. 11,3f.: ὑπὲρ ἁμαρτείας; Nr. 23,8; fünfmal in Nr. 5,6.10.12.15.21.

[58] TAM Nr. 327 / BWK Nr. 73,2f.: ἐπεὶ ἡμάρτησεν Φοῖβος; MAMA IV Nr. 285 / BWK Nr. 112,2f.: δι τὸ ἡμαρτηκένε; BWK Nr. 66,3–5: εὐχὴν ὑπὲρ ὧν ἁμαρτοῦσα ἐπέτυχεν; eine *figura etymologica* in BWK Nr. 24,7–9: ὑπὲρ ἁμαρτίας, ἧς ἥμαρτεν ὁ πατήρ μου.

[59] MAMA IV Nr. 285 / BWK Nr. 112,4f.

[60] MAMA IV Nr. 281 / BWK Nr. 108,3–5. Ein ähnlicher Fall auch CMRDM Nr. 47 / TAM Nr. 460 / BWK Nr. 57: Trophime wird vom Gott in den Dienst gerufen (κληθεῖσα ὑπὸ τοῦ θεοῦ ἰς ὑπηρεσίας); sie will nicht und reagiert nicht sofort.

[61] MAMA IV Nr. 287 / BWK Nr. 114,1–5.

wohl trotz Tempeldienstes Geschlechtsverkehr ausüben[62]. Fleisch wird gegessen, das ἄθυτον war, noch nicht geopfert oder nicht zum Opfer geeignet[63].

Generell ist also eine große Scheu vor ritueller Befleckung zu verspüren[64]. Ein Sünder, der nach dem Grund für seine Bestrafung fragt, bekommt direkt die Antwort: Μεμολυμένος εἶ „Du bist befleckt"[65]. Ein andermal beklagt sich der Gott Men, weil Elpis sich ungewaschen (ἀκατάλουστος) mit seinen Gerätschaften befasste: „Mein Podium hat sie besudelt"[66]. Bereits Schmutzflecken (σπίλους) auf einem Gewand (oder doch auf der Person?) bei einem sechsjährigen Kind kann später für den Erwachsenen Folgen haben[67].

Das hat im Neuen Testament so kein Äquivalent, doch kann dort die Sprache der Befleckung metaphorisch zur Beschreibung eines sündigen Zustands eingesetzt werden[68], und für das ideale Gegenbild müssen oft Negationen herhalten: unbefleckt, makellos, schmutzfrei …[69] Treffend bemerkt Paul Ricoeur: „Der Aufbau eines Vokabulars des Reinen und Unreinen, das alle Ausdrucksmöglichkeiten der Fleckensymbolik einfängt, ist mithin die erste linguistische und semantische Schicht des ‚Schuldgefühls' und zuvor des ‚Sündenbekenntnisses' … Hauptintention ist, die Entbundenheit vom Unreinen auszudrücken: die Nicht-Mischung, die Nicht-Beschmutztheit, die Nicht-Finsternis, die Nicht-Verwirrung"[70].

b) Soziale Vergehen

Dass Gelübde ihnen gegenüber nicht eingelöst werden, gefällt den Göttern verständlicherweise gar nicht[71]. Am Übergang zu den sozialen Vergehen, für die wir zum Teil die neutestamentlichen Lasterkataloge vergleichen könnten, steht der Meineid oder der gebrochene Eid: Den Göttern wird anheimgestellt,

---

[62] MAMA IV Nr. 284 / BWK Nr. 111,4f.; ähnliche Fälle in BWK Nr. 5 und MAMA IV Nr. 283 / BWK Nr. 110; umstritten ist in dieser Hinsicht BWK Nr. 117, vgl. Petzls Kommentar.

[63] BWK Nr. 1,3; Nr. 123,4.

[64] Zur Grundhaltung vgl. R. PARKER, Miasma. Pollution and Purification in Early Greek Religion, Oxford 1983.

[65] BWK Nr. 98,6f.; in MAMA IV Nr. 280 ändert BWK Nr. 107,9 sicher zurecht μόλυμον in μολυσμόν.

[66] BWK Nr. 36,12: καταιμόλυνέ μου τὸ βῆμα.

[67] So BWK Nr. 55,7–9: παιδίον ὂν ἐτῶν ἕξ ἐπενδύτιον ἐνδύσετο σπίλους ἔχων.

[68] Vgl. μολυσμός 2 Kor 7,1; μολύνω 1 Kor 8,7; μίασμα und μιασμός 2 Petr 2,10.20; σπίλος 2 Petr 2,13; Eph 5,27; μῶμος 2 Petr 2,13.

[69] Vgl. ἄσπιλος und ἀμίαντος Jak 1,27; ἄμωμος und ἄμεμπτος Phil 2,15; ἀμώμητος 2 Petr 3,14.

[70] P. RICOEUR, Symbolik des Bösen. Phänomenologie der Schuld II (La Symbolique du Mal, Paris 1960, dt. von M. Otto), Freiburg i.Br.-München 1971, 46f.

[71] TAM Nr. 509 / BWK Nr. 45 (Gelübde für ein krankes Rind); CMRDM Nr. 50 / TAM 453 / BWK Nr. 61 (ein Handel mit dem Gott: eine Stele statt des versprochenen Stiers); BWK Nr. 62 (Gelübde für die Gesundheit des Sohnes); Nr. 65 (Kinderwunsch); CMRDM Nr. 80 / BWK Nr. 101 (Gelübde für den Fall, dass der unzuverlässige Bittsteller eine Ehefrau findet); MAMA IV Nr. 286 / BWK Nr. 113.

dafür zu sorgen, dass den Geschädigten dennoch Recht geschieht[72]. Ansonsten werden Diebstähle begangen, teils im Heiligtum[73]. Drei Ferkel, die sich verlaufen haben, werden einfach einbehalten[74], geliehene Geldsummen nicht zurückgezahlt[75]. Waisenkindern entwendet man Dokumente[76]. Ein Trophimus missachtet seine Schwiegermutter Annia[77], ein Glykon misshandelt seine Pflegemutter Theodote[78], und eine Tatias schließlich trifft der Verdacht, ihren Schwiegersohn durch Vergiftung um den Verstand gebracht zu haben[79]. Besonders viel lässt sich, um nur diesen Text noch zu zitieren, ein gewisser Νεικ… zuschulden kommen: Er hat in Bezug auf (heilige?) Tauben falsch geschworen, ist in heiliges Gebiet eingedrungen, hat aus dem Bestand des Demetrios ein Stück Kleinvieh gestohlen und wahrscheinlich als Sklave auf Druck seines Herrn hin diesem die Freilassungsurkunde, die ihn in den Dienst des Gottes gestellt hätte, wieder ausgehändigt (andere Möglichkeit: als Herr einem Sklaven die Freilassung versprochen, ohne dies einzuhalten)[80].

c) Unwissentliche Sünden

Bemerkenswerterweise kann man auch unwissentlich sündigen: Hermogenes schwört falsch, aber ohne den wahren Sachverhalt zu kennen[81]. Aurelius Stratonikos fällt „aus Unwissenheit" Bäume im heiligen Hain[82]. „Versehentlich" hat Metrodoros als Kind eine kleine Stele der Göttin zerbrochen und muss Ersatz leisten[83]. Die syntaktisch außerordentlich sperrige Wendung ἐξ εἰδότων καὶ μὴ

---

[72] Vgl. BWK Nr. 15; TAM Nr. 465 / BWK Nr. 27; BWK Nr. 52; CMRDM Nr. 51 / TAM Nr. 440 / BWK Nr. 54 (wegen eines Geldbetrags von 40 Denaren); BWK Nr. 58 („Lösung" des Meineids einer Minderjährigen); Nr. 102; Nr. 103 („tat einen Meineid, welcher Kleinvieh betraf"); Nr. 105; 107; 120.
[73] CMRDM Nr. 69 / TAM 159 / BWK Nr. 3 (ein Hemd wird aus dem Badehaus entwendet); TAM Nr. 180 / BWK Nr. 13 (Geräte oder Waffen); BWK Nr. 22; Nr. 64 (Tierhäute).
[74] CMRDM Nr. 43 /TAM Nr. 317 / BWK Nr. 68.
[75] CMRDM Nr. 51 / TAM Nr. 440 / BWK Nr. 54; BWK Nr. 79; auch BWK Nr. 63: geborgter Weizen.
[76] CMRDM Nr. 62 / TAM Nr. 231 / BWK Nr. 35.
[77] BWK Nr. 21.
[78] TAM 492 / BWK Nr. 44.
[79] CMRDM Nr. 44 / TAM Nr. 318 / BWK Nr. 69.
[80] MAMA IV Nr. 279 / BWK Nr. 106; zu den verschiedenen Interpretationen des schwierigen Mittelstücks vgl. die Anmerkungen z.St. und A. CAMERON, Inscriptions Relating to Sacral Manumission and Confession, in: HThR 32 (1939) 144–179, hier 155–178; F. BÖMER, Untersuchungen (s. Anm. 41) 109f.
[81] TAM Nr. 464 / BWK Nr. 34,6: ἀγνοήσας; vgl. TAM Nr. 179b / BWK Nr. 10,3: διὰ τὸ ἀγνοεῖν; doch ist nicht ganz sicher, ob nicht auch ein schuldhaftes Nichtinformiertsein über die göttlichen Verhaltensmaßregeln darin stecken kann.
[82] TAM 592 / BWK Nr. 76,2–4: ἐπειδὴ κατὰ ἄγνοιαν ἐκ τοῦ ἄλσου ἔκοψα δένδρα θεῶν ...; ebenso BWK Nr. 11,4f.
[83] TAM Nr. 596 / BWK Nr. 78,2f.: ἀκουσίως.

εἰδότων auf zwei Inschriften[84] kann kaum anders gedeutet werden denn auf bewusste und nichtbewusste Sünden[85]. Wenn verschiedentlich von συνείδησις die Rede ist[86], braucht man das nicht im Sinne des christlichen Gewissensbegriffs zu überfrachten. Es genügt, darunter das – vorhandene oder fehlende – Mitwissen um die eigene Schuld, das Schuldbewusstsein zu verstehen.

d) „Unverzeihliche" Sünden

Hier dürfen wir aus gegebenen Anlass etwas weiter ausgreifen und eine Inschrift aus Attika mitberücksichtigen, die den Kult eines Men-Tempels in Sounion regelt[87]. Dort verhält es sich so, dass jeder, der sich am Eigentum des Gottes vergreift, eine Sünde gegen Men Tyrannos begeht, die nicht mehr gesühnt werden kann (Z. 15f: ἁμαρτία ὀφειλέτω Μηνὶ Τυράννωι, ἣν οὐ μὴ δύναται ἐξειλάσασθαι). Wer will es Steinleitner verdenken, wenn er aus diesem Anlass unwillkürlich auf die unvergebbare Sünde in der Jesusüberlieferung (Mk 3,29f.) zu sprechen kommt[88], auch wenn die Inhalte sicher weit auseinander liegen.

3. Die Strafe

In unserem Beispiel für Grundtyp I (oben unter II/2) bestand die Strafe darin, dass der Sünder von ἀσθένεια, von Schwäche oder Krankheit also, getroffen wurde. An dieser Stelle stehen in den Inschriften ansonsten stereotyp Formen des Verbs κολάζω, züchtigen, peinigen, strafen, mit Gott als Subjekt[89] oder in passivischen Umschreibungen[90] oder auch substantivisch als κόλασις[91] (vgl. Mt 25,46). Der Wortindex in BWK S. 158f. hat dafür, wenn ich richtig zähle, fast 70 Belege (bei 124 Texten). Wo κολάζω einmal fehlt, wird korrespondierend dazu ausdrücklich hervorgehoben, dass eine Frau „von selbst", „freiwillig", ohne vorherige Strafe ihr Sündenbekenntnis ablegt[92].

---

[84] CMRDM Nr. 66 / TAM Nr. 254 / BWK Nr. 51,5f.; CMRDM Nr. 61 / TAM Nr. 255 / BWK Nr. 53,3f.

[85] Vgl. die Diskussion bei E. N. LANE, CMRDM III, 22f.; eine andere Vermutung trug seinerzeit J. ZINGERLE, Heiliges Recht (s. Anm. 3) 28–30 Anm., vor: unter den „Wissenden" seien die in einen Mysterienkult eingeweihten, unter den „Nichtwissenden" die uneingeweihten Familienmitglieder zu verstehen.

[86] CMRDM Nr. 44 / TAM Nr. 318 / BWK Nr. 69,13: ἐν συνειδήσει τοιαύτῃ; TAM Nr. 261 / BWK Nr. 95,8f.: ἐπὶ μὴ ἰδίᾳ συνδει[δήσει]; MAMA IV Nr. 280 / BWK Nr. 107,7f.

[87] Der Text neben CMRDM Nr. 13 u.a. auch SIG³ Nr. 1042 und bei F. SOKOLOWSKI, Lois sacrées des cités grecques (Ecoles Française d'Athène. Travaux et Mémoires ... 18), Paris 1969, Nr. 55.

[88] F. STEINLEITNER, Die Beicht (s. Anm. 1) 83f. mit Anm. 2.

[89] CMRDM Nr. 58 / TAM Nr. 251 / BWK Nr. 60,7f.: Ὁ θεὸς ἐκολάσετο, etc.

[90] MAMA IV Nr. 281 / BWK Nr. 108,1–3: κολασθεὶς ὑπὸ τοῦ θεοῦ πολλάκις καὶ πολλοῖς χρόνοις.

[91] CMRDM Nr. 44 / TAM Nr. 318 / BWK Nr. 69,14f.: οἱ θεοὶ αὐτὴν ἐποίησαν ἐν κολάσει, ἣν οὐ διέφυγεν.

[92] MAMA IV Nr. 285 / BWK Nr. 112,10: ἐτόνμετον (für αὐτόματον).

Die Strafe kann in diversen Unglücksfällen bestehen, aber wir werden nicht fehlgehen, wenn wir dahinter in erster Linie körperliche Erkrankungen vermuten. Das findet seine Bestätigung in zahlreichen Texten. Theodoros wird „an den Augen gestraft", mit anderen Worten „geblendet"[93]. Während sich die Erblindung häufiger ereignet[94], kommt es anscheinend nur in einem Fall zu einem Verstummen[95]. Die Frau, die ihren Tempeldienst nicht tun will, verfällt in Wahnsinn[96]. Inwieweit die bildliche Darstellung von Körperteilen, von Augen[97] oder Füßen[98] etwa, im Relief auf Erkrankungen des betreffenden Gliedes zu beziehen sind, wird von Fall zu Fall zu prüfen sein[99].

Auch die Höchststrafe, der Tod, wird gar nicht selten verhängt[100] und trifft oft Unbeteiligte, stellvertretend für den Übeltäter: Hermogenes, der unabsichtlich meineidig wurde, verliert zunächst einen Ochsen und einen Esel, dann, als er weiter halsstarrig bleibt, sogar seine Tochter[101]. Dem Apollonios tötet der Gott wegen Ungehorsams den Sohn Julius und die Enkelin Marcia[102]. Zwar finden in anderen Fällen der Urheber[103] oder einer der Urheber[104] der strafwürdigen Tat selbst den Tod, aber man kann verstehen, dass eine Frau, selbst bestraft und wohl auch schuldig, ihre Inschriftensäule für die eigene Rettung und die ihrer Kinder weiht[105]. Doch gibt es auch Vorstufen zum Tod, krankheitsähnliche Zustände, die die Bezeichnung ἰσοθάνατος, „todesähnlich", tragen[106].

---

[93] BWK Nr. 5,5: ἐκολασόμην τὸ ὅματα. 19: κατὰ τὰ πυήματα πεπηρώκιν.

[94] BWK Nr. 16,6f.; TAM Nr. 466 / BWK Nr. 28,7: ἐξετύφλω[σε]; TAM Nr. 509 / BWK Nr. 45,5f.; TAM Nr. 459 / BWK Nr. 49,4f. u.ö.

[95] BWK Nr. 1,4f.; s.u. Anm. 107.

[96] CMRDM Nr. 47 / TAM Nr. 460 / BWK Nr. 57,6f.: ἐκολάσετο αὐτὴν καὶ μανῆναι ἐποίησεν.

[97] Vgl. BWK Nr. 50: oben ein Augenpaar, im Text Strafe an den Augen.

[98] BWK Nr. 70: rechtes Bein und Brüste; BWK Nr. 75; Nr. 83.

[99] Allgemein dazu F. T. van Straten, Gifts for the Gods, in: H. S. Versnel (Hrsg.), Faith, Hope and Worship. Aspects of Religious Mentality in the Ancient World (SGRR 2), Leiden 1981, 65–151, mit Katalog und Bildanhang; speziell zu den Beichtinschriften bes. 135–139 und I. Diakonoff, Artemidi (s. Anm. 10).

[100] CMRDM Nr. 51 / TAM Nr. 440 / BWK Nr. 54,12–15: (κολασθέντος) ὑπὸ τῶν θεῶν ἰς θανάτου λόγον μετὰ τὴν τ[ε]λευτὴν αὐτοῦ...; den wohl allzu rationalistischen Verdacht, die Priesterschaft habe sich nicht gescheut, gegebenenfalls mit „irdischen Mitteln nachzuhelfen" (unter Verweis auf die „Häufigkeit des Giftmordes") äußert J. Zingerle, Heiliges Recht (s. Anm. 3) 46.

[101] TAM Nr. 464 / BWK Nr. 34,10–13: (ὁ θεὸς) ζημίας αὐτῷ ἐπόησεν ἀποκτίνας αὐτῷ τὰ κτήνη βοῦν κὲ ὄνον· ἀπιθοῦντες δὲ τοῦ Ἑρμογένου ἀπέκτινεν τὴν θυγατέραν; zum Vieh auch MAMA IV Nr. 286 / BWK Nr. 113,2f.: ὑπὲρ τοῦ κολ[ασθέ]ντος βοὸς.

[102] BWK Nr. 37,5–7.

[103] TAM Nr. 326 / BWK Nr. 72,8: ἀπετελέσετο αὐτόν.

[104] CMRDM Nr. 43 / TAM Nr 317 / BWK Nr. 68,19f.

[105] TAM Nr. 501 / BWK Nr. 41,4f.: ὑπὲρ τῆς ἰδίας σωτηρίας καὶ τῶν τέκνων ἀνέ{σ}θηκεν.

[106] So BWK Nr. 7,4; TAM Nr. 179b / BWK Nr. 10,8; zum Prinzip der stellvertretenden Bestrafung s. noch TAM Nr. 509 / BWK Nr. 45,4–6: statt des Vaters wird die Tochter „an ihren Augen bestraft"; BWK Nr. 62,10f.: den Vater trifft die Strafe anstelle von Frau und Sohn; BWK Nr. 64.

Weniger drastisch und kausal gedacht als hier, wird ein möglicher Zusammenhang von Krankheit und Sünde auch in verschiedenen neutestamentlichen Heilungswundern problematisiert (Mk 2,1–12; Joh 5,14; 9,2f.), darauf kommen wir zum Schluss noch zurück. Der Gedanke, dass Sünde zum (geistlichen) Tod führt, vereint so weit auseinanderliegende Stellen wie Lk 15,24.32 und 1 Joh 5,16f. Aber auch der physische Tod als sehr reale Strafe für einen Betrugsversuch fehlt nicht, wenn wir an das „klassische" Beispiel von Hananias und Saphira in Apg 5,1–11 denken, ebenso wenig die strafweise Blendung (Apg 9,8; 13,11)[107].

4. Das Bekenntnis

Auf das Bestraftwerden (mit κολάζω) folgt das Bekennen (ἐξομολογέω): Eine Frau, die in einem schmutzigen Gewand heiliges Gelände betrat (oder an einem Reigentanz teilnahm?), sagt von sich: κολασθῖσα δὲ ἐξωμολογησάμην[108]. Neben ἐξομολογοῦμαι in verschiedenen Formen[109] kommt auch ὁμολογέω vor, einmal gleich in der ersten Zeile[110]. Eine Verweigerung des ὁμολογεῖν kann schlimme Folgen haben und zum Tode führen[111].

Unklar bleibt zunächst das Verhältnis von Bekenntnisakt und Inschrift. Die Inschrift dürfte nicht einfach mit dem Bekenntnis selbst identisch sein, sondern das Bekenntnis wurde gesondert vor einem öffentlichen Forum abgelegt und sodann durch die Inschrift dokumentiert. Seine Erwähnung kann auf der Inschrift aber auch wegfallen, so dass der Eindruck einer gewissen Identität entsteht.

Dieser Drang zum Bekennen wird in der Forschung als „durchaus unhellenisch" angesehen[112]. Er widerspreche dem typisch griechischen Insistieren auf

---

[107] An das Schicksal des Zacharias in Lk 1 hingegen fühlt man sich erinnert durch BWK 1: Den Meidon, der im Zeustempel ein Trinkgelage veranstaltete, ließ der Gott „auf drei Monate verstummen und trat zu ihm in seinen Träumen, damit er eine Stele aufstelle und darauf schreibe, was ihm widerfuhr; und danach fing er wieder an zu reden".

[108] TAM Nr. 238 / BWK Nr. 43,5f.; die Alternative Gelände oder Tanz hängt davon ab, wie man in Z. 3f. χορόν versteht; es könnte auch für χωρίον stehen.

[109] CMRDM Nr. 69 / TAM Nr. 159 / BWK Nr. 3,7f.: ἐξωμολογήσατο; MAMA IV Nr. 282 / BWK Nr. 109,10f.: ἐξωμολο[γ]ησάμενος; MAMA IV Nr. 289 / BWK Nr. 116,1f.: ἐξωμ[ο]λογοῦμαι, u.ö.

[110] In MAMA IV Nr. 279 / BWK Nr. 106,1; vgl. auch unser Musterbeispiel oben unter II/2; [εἰς ὁμο]λογίαν bei Steinleitner Nr. 27 wird in BWK Nr. 118,7 angezweifelt; es könnte auch [ἀπο]λογίαν oder [εὐ]λογίαν oder [πρὸς] λογ(ε)ίαν, „zur Kollekte", heißen.

[111] CMRDM Nr. 43 / TAM Nr. 317 / BWK Nr. 68,13f.: οὐκ ὡμολόγησαν. 17: μὴ ὁμολογησάντων. 19f.: τελευτήσαντος.

[112] So K. LATTE, Schuld und Sünde in der griechischen Religion [1920/21], in: DERS., Kleine Schriften zu Religion, Recht, Literatur und Sprache der Griechen und Römer, München 1968, 3–35, hier 32; s. aber auch J. ZINGERLE, Heiliges Recht (s. Anm. 3) 32, der die Herkunft des ὁμολογεῖν aus der Sprache des profanen Rechts betont und vor einer zu frühen sakralen Überfrachtung warnt.

Autarkie, auf Ehre und öffentlichem Ansehen und auf Wahrung des Gesichts; er müsse deshalb auf orientalische Fremdeinflüsse zurückgeführt werden[113]. Richtig ist, dass die literarischen Reflexe des Bekenntnisrituals östliche Religionsformen durchschimmern lassen. Plutarch schreibt in *De Superstitione* 7 (168D), inspiriert von Menander Frag. 754 Koerte, wo dieses Verhalten den Syrern zugeschrieben wird, der Abergläubische rolle nackt im Schlamm „und bekenne (ἐξαγορεύω) diverse seiner Sünden und Vergehen, dass er dies gegessen und jenes getrunken habe oder einen Pfad gegangen sei, den sein Genius ihm nicht erlaubte". In Juvenals sechster Satire wendet sich eine römische Anhängerin des Isiskults, die sich Übertretung der Enthaltsamkeitsvorschriften zuschulden kommen ließ, Hilfe suchend an den Priester. Der bewirkt es, dass „Osiris, bestochen durch eine große Gans und einen feinen Opferkuchen, Vergebung der Schuld nicht verweigert" (Sat 6,535–541). Während Tibull ein Bußritual lediglich imaginiert[114], werden bei Ovid wieder religions- und zeitgeschichtliche Bezüge deutlich, weniger in der mythischen Midas-Episode in Met 11,132–141, dafür aber umso mehr in der Einleitung zu seinem eigenen emphatischen Schuldeingeständnis in den Briefen aus der Verbannung[115]:

> Einen, der eingestand, dass der linnentragenden Isis
> > Willen er habe verletzt, sah ich vor Isis' Altar.
> Einer, des Lichtes der Augen beraubt für ähnlichen Fehltritt,
> > rief auf den Gassen es aus, sagend, er hab' es verdient.
> Himmlische freuen sich, wenn sie ein solches Geständnis vernehmen,
> > weil es durch Zeugen erweist, was ihre Herrschaft vermag,
> geben das Licht der Augen zurück, zu mildern die Strafe,
> > wenn sie nur sehn, dass der Mensch ernstlich die Sünde bereut.

---

[113] Vgl. F. Kudlien, Beichte und Heilung, in: Medizinhistorisches Journal 13 (1978) 1–14, bes. 8f.; H. W. Pleket, Religious History as the History of Mentality: The ‚Believer‘ as Servant of the Deity in the Greek World, in: H. S. Versnel (Hrsg.), Faith (s. Anm. 99) 152–192, hier 156: „a contribution of Oriental religiosity"; vgl. aus der Lit. noch R. Pettazzoni, Confession of Sin and the Classics, in: HThR 30 (1937) 1–14; auch in: Ders., Essays on the History of Religions (SHR 1), Leiden 1954, 55–67; I. Schnitzer, Die Beichte im Lichte der Religionsgeschichte, in: ZVPS 6 (1930) 94–105 (Rez. zu Pettazzoni I); R. Merkelbach, Fragment eines satirischen Romans: Aufforderung zur Beichte, in: ZPE 11 (1973) 89–100; P. Frisch, Über die lydisch-phrygischen Sühneinschriften und die „Confessiones" des Augustinus, in: Epigraphica Anatolica 2 (1983) 41–45; G. Petzl, Lukians Podagra und die Beichtinschriften Kleinasiens, in: Metis 6 (1991 [1994]) 131–145.

[114] Vgl. I 2,81–88: „Habe ich die Majestät der hehren Venus durch etwas, was ich sagte, beleidigt, und muss jetzt meine Lästerzunge dafür büßen? Sagt man von mir, ich hätte mich unrein den Stätten der Götter genähert und Blumenkränze von den heiligen Altären gerissen? Wenn ich gesündigt habe, würde ich mich ohne Zögern vor dem Tempel niederwerfen und die geheiligte Schwelle küssen, ohne zu zögern bittflehend auf den Knien am Boden rutschen und mein erbärmliches Haupt an die heiligen Pfeiler schlagen!"; Übers. bei G. Luck, Properz und Tibull: Liebeselegien (BAW), Zürich-Stuttgart 1964.

[115] Ovid, Ep ex Pont I 1,51–59; Übers. bei W. Willige / N. Holzberg, Publius Ovidius Naso: Briefe aus der Verbannung (TusBü), München 1990.

Oh, ich bereue – wenn nur einem Elenden etwas geglaubt wird –,
    ja, ich bereue: auch mich peinigt es, schuldig zu sein.
Ist die Verbannung auch schmerzlich für mich, noch mehr ist's mein Fehltritt:
    Strafe erdulden ist schlimm, Strafe verdienen ist's mehr.
Stehen die Götter mir bei und Er, sichtbarer als alle,
    kann man die Strafe mir zwar nehmen, die Schuld aber bleibt.
Sicher befreit mich der Tod, wenn er kommt, aus meiner Verbannung;
    doch von dem Fehltritt kann auch nicht der Tod mich befrein.
Drum ist's nicht zu verwundern, wenn nun meine Seele dahinschmilzt
    und nach der Art des vom Schnee rinnenden Wassers vergeht.
Wie der verborgene Wurm ein Schiff zerfrisst und beschädigt,
    wie von des flutenden Meeres Woge der Fels wird gehöhlt,
wie vom Roste das nicht verwendete Eisen benagt wird,
    wie sich der Bücherwurm bohrt durchs geborgene Buch,
so empfindet mein Herz das beständige Nagen des Kummers,
    unaufhörlich verzehrt wird es von Sorge und Pein.

Eine „Krankheitsbeichte" behandelt kritisch, als Anzeichen für einen schwachen Charakter, im 2. Jh.n.Chr. auch Claudius Ptolemäus in seinem berühmten astrologischen Lehrbuch, der *Tetrabiblos,* das er in Alexandrien (!) schrieb: Manche Krankheiten sind durch ärztliche Maßnahmen, die von den Göttern kommen, gut heilbar, „wenn Kronos indes hinzutritt, mit öffentlichen Zurschaustellungen und Bekenntnissen und ähnlichen Dingen ..."[116] Wir nehmen am Rande noch die Erkenntnis mit, dass hier – im Rahmen der sogenannten „Iatromathematik" – auch die Astrologie zu medizinischen Zwecken eingesetzt wird.

Im Neuen Testament gehört das Sündenbekenntnis, durch ἐξομολογεῖσθαι umschrieben, untrennbar zur Täuferüberlieferung hinzu (Mk 1,5: ἐξομολογούμενοι τὰς ἁμαρτίας αὐτῶν). Außerdem findet es sich im Jakobusbrief in Verbindung mit der – hier metaphorisch verstandenen, vergleiche aber auch unmittelbar zuvor Jak 5,14f. – Heilung von Krankheit: „Bekennt nun einander die Sünden und betet füreinander, auf dass ihr geheilt werdet." Das Simplex ὁμολογέω ist normalerweise für das Glaubensbekenntnis reserviert und nimmt nur in 1 Joh 1,9 eine andere Färbung an: ἐὰν ὁμολογοῦμεν τὰς ἁμαρτίας ἡμῶν ...

Hildebrecht Hommel, dem wir eine sorgfältige Nachzeichnung der Traditionsgeschichte antiker Bußformulare verdanken, hat bei aller terminologischen Verwandtschaft einen fundamentalen strukturellen Unterschied zwischen den klassisch-antiken und den christlichen Zeugnissen daran festgemacht, dass im religionsgeschichtlichen Material regelmäßig die Bestrafung bzw. das erlittene Unglück vorausgeht und das Bekenntnis erzwungenermaßen darauf reagiert, dieser Konnex im Neuen Testament jedoch fehle; das Gleichnis vom verlorenen Sohn, das dem Neutestamentler sofort als Gegenbeispiel ein-

---

[116] Tretrabibl III 13,10; bei F. Boll / E. Boer, Ptolemäus III/1: Apotelesmatika (BSGRT), Leipzig 1954, 154,9–11; vgl. F. Kudlien, Beichte (s. Anm. 113) 4.8.

fällt, bestimmt er als vorchristlichen Stoff[117]. Das Thema bedürfte einer breiteren Behandlung, als sie hier geleistet werden kann (s.u. Anm. 165). Ohne Hommel grundsätzlich widersprechen zu wollen, sei doch auch die Konzession festgehalten, zu der er sich genötigt sieht: „Aber wir christlichen Abendländer wollen auch nicht übersehen, dass in der Praxis des Lebens auch bei uns heute noch
das antike Modell überwiegt, indem wir in der Regel erst dann zu Reue und
Buße gestimmt sind, wenn wie bei Midas die Gottheit unserem Treiben einen
schmerzlichen Dämpfer aufgesetzt hat."[118]

5. Die Sühnung

Auch das Verhältnis von Bekenntnis und Sühnung liegt zunächst nicht klar zutage, doch kann als Erstes schon eine terminologische Unterscheidung getroffen werden, denn für den Akt der Sühnung stehen λύω, λύτρον und λυτρόομαι
zur Verfügung und für das Ergebnis (ἐξ–)ἰλάσκομαι.
    Schwüre, Meineide, Gelübde und Flüche werden „gelöst", d.h. aufgehoben
oder eingelöst[119]. Mit verteilten Rollen „löst" Hermogenes selbst seinen falschen Schwur, während seine Frau (?) und deren Kinder die Stele errichten
(nach seinem Tod?)[120], und Eudoxos übernimmt die Auslösung für seine
Frau[121]. Verwandte entrichten gemeinsam dem Men Tyrannos ein λύτρον, etwas
also, mit dem sie sich loskaufen können[122], was unter Verwendung der Verb-
form auch von Geschwistern berichtet wird[123]. Evoziert werden damit, wie bereits Steinleitner und Deißmann richtig erkannten, Konzepte aus dem Bereich
des sakralen und profanen Loskaufs von Sklaven und Kriegsgefangenen[124]. Für
λύτρον (vgl. nur das wichtige Lösegeldwort in Mk 10,45) und λυτρόομαι (z.B. 1
Petr 1,18) im Neuen Testament wird man zwar die alttestamentlich-jüdische
Überlieferung als Traditionshintergrund favorisieren, aber die λύτρον-Wort-

---

[117] H. HOMMEL, Bußformulare (s. Anm. 17) 360–363.
[118] Ebd. 369.
[119] BWK Nr. 52,2f.: ἔλοισα ἐξ ἐπιορκοσύνης; CMRDM Nr. 44 / TAM Nr. 318 / BWK Nr.
69,24–26: ἐπεζήτησαν λυθῆναι τὸ σκῆπτρον καὶ τὰς ἀράς; BWK Nr. 58,2f.: μὴ λυομ[έ]νων ὅρκων
(7-mal in dieser Inschrift).
[120] TAM Nr. 464 / BWK Nr. 34,13–16.
[121] BWK Nr. 58,3f.; vgl. auch TAM Nr. 179a / BWK Nr. 9,8–10: Menophilos macht als Sohn
die Schuld des gleichnamigen Vaters wieder gut; BWK Nr. 24,7–9; Nr. 36,8f.: Erstattung seitens der Erben; Nr. 15: auch an die Ehefrau wird eine Forderung gestellt.
[122] CMRDM Nr. 61 / TAM 255 / BWK Nr. 53,4f.; nicht sicher als Beichtinschrift zu
klassifizieren ist eine weitere Inschrift mit λύτρον, nämlich CMRDM Nr. 57 / TAM Nr. 576.
[123] CMRDM Nr. 66 / TAM Nr. 254 / BWK Nr. 51,4f.: ἐλυτρώσαντα τὸν θεόν; das Verb auch
CMRDM Nr. 57 / TAM Nr. 576.
[124] F. STEINLEITNER, Die Beicht (s. Anm. 1) 37f.; A. DEISSMANN, Licht vom Osten (s. Anm. 18)
279f.; vgl. auch A. CAMERON, Inscriptions (s. Anm. 80); F. BÖMER, Untersuchungen II (s. Anm.
41); weiteres in NDIEC VI, 70–81.

gruppe in den nichtjüdischen Quellen als Indikatoren eines möglichen Rezeptionshorizontes nicht gänzlich aus den Augen verlieren[125].

Manchmal heißt die geforderte Ersatzleistung auch ἱεροποίημα, „heilige Veranstaltung" oder „heilige Gabe"[126]. Dieser viel diskutierte Begriff könnte ein umfassender Ausdruck für Gebet, Gelübde, Bekenntnis einerseits und das Aufrichten der Inschriftensäule andererseits sein und so den Sühnegedanken insgesamt abdecken.

Neben der Inschrift als mögliches λύτρον kommen auch Geldzahlungen, Opfer und rituelle Handlungen dafür in Frage[127]. In einer „Gebührenordnung" wird für das Auslösen von Schwüren ein Preis von 175 Denaren festgesetzt[128]; ein andermal fordern die πάτριοι θεοί, die „altangestammten Götter", 100 Denare[129]. Auf einer Men-Inschrift ohne Beichtcharakter besteht das λύτρον in einem Haaropfer[130]. Mit καθαρμοῖς und θυσίαις, mit Reinigungen und Opfern, wendet sich ein Bittsteller an den Kyrios, damit der „seinen Leib rette"[131]. Auch gilt es hier das eigenartige Phänomen des „Dreiklangs" zu berücksichtigen[132], was nichts anderes meint als eine sühnendes Opfer, das sich im konkreten Fall aus „Maulwurf, Spatz und Tunfischfleisch" zusammensetzt, aus drei Tierarten also, die Erde, Luft und Wasser als Lebensraum haben. Gemeinsam können sie Verfehlungen „hinwegnehmen" und als „Lösungsmittel" göttlichen Zorns dienen[133].

Dank einem dreimaligen Opfer, bestehend aus (1) Schaf, Rebhuhn und Maulwurf, (2) Ferkel und Tunfisch und (3) Huhn, Spatz und Taube, dazu noch Getreide und Wein, gelingt es dem Tempeldiener Theodoros, drei Sünden, die

---

[125] Vgl. das Urteil von W. Kraus, Der Tod Jesu als Heiligtumsweihe. Eine Untersuchung zum Umfeld der Sühnevorstellung in Röm 3,25–26a (WMANT 66), Neukirchen-Vluyn 1991, 179: „Es ist also davon auszugehen, dass sowohl die Exodus-Thematik wie auch die Freilassung aus Sklaverei für Paulus und seine Leser den Hintergrund des Verständnisses von ἀπολύτρωσις abgeben."

[126] CMRDM Nr. 35 / TAM Nr. 322 / BWK Nr. 70,5f.: ποήσαντες τὸ ἱεροπόημα; TAM Nr. 327 / BWK Nr. 73,3–5: ἐπεζήτησεν ἱερο[π]όημα; auch in den Men-Inschriften ohne eindeutigen Sühnecharakter CMRDM Nr. 45 / TAM Nr. 320; CMRDM Nr. 60 / TAM Nr. 321.

[127] Vgl. das Nebeneinander von ἐθυμολύτησε und ἐστηλλογρά[φη]se in BWK 21,4f., das Petzl z.St. übersetzt mit: „Er hat sowohl Beschwichtigungsmittel göttlichen Zornes beigebracht als auch eine beschriftete Stele errichtet", um es dann zu kommentieren: „Einerseits gehört das Aufstellen der den Bericht enthaltenden Stele zur Aussöhnung mit dem Gott; andererseits wird die θυμολοσία, d.h. das Mittel, göttlichen Zorn zu lösen, Sachleistungen miteingeschlossen haben"; s.u. Anm. 133.

[128] BWK Nr. 58,10–12: ὥστε ὁ λύων ὅρκους δαπανήσει δηνάρια ἑκατὸν ἐβδομήκοντα πέντε.

[129] BWK Nr. 38,10f.

[130] CMRDM IV Nr. 127; vgl. NDIEC III, 73.

[131] BWK Nr. 123,2f.: [...τὸν κ]ύριον, ἵνα μυ τὸ ἐμὸν σῶ[μα σώ]σι.

[132] τρίφωνον ohne jede Erläuterung als Terminus technicus in BWK Nr. 55,11.

[133] BWK Nr. 6,11–13: τριφώνῳ ἀπῆρεν, ἀσφάλακι κὲ στρουθῷ κὲ θινίῳ, κὲ τὴν θυμολυσίαν; vgl. das dazugehörige Verb θυμολυτέω in Anm. 127.

zu seiner Erblindung führten, „hinwegzunehmen"[134]. Außerdem kommt es zu einer Art Gerichtsverhandlung, bei der ihm Zeus selbst (vertreten durch einen Priester?) als Anwalt und Fürsprecher zur Seite tritt[135]. Zum Vergleich zieht der gelehrte Kommentator den Parakleten aus 1 Joh 2,1 heran sowie das Hinwegnehmen der Sünden aus Joh 1,29; 1 Joh 3,5 (mit αἴρω)[136], das dort allerdings durch Jesus und nicht durch den Sünder selbst bewirkt wird.

Für das Resultat, dass also die Gottheit gnädig gestimmt wird und die Bittsteller bei ihr Nachsicht finden, verwenden die Inschriften ἱλάσκομαι und ἐξιλάσκομαι. In der soeben angesprochenen Verhandlung sagt Zeus am Schluss: εἴλεος εἶμαι, „Ich bin gnädig" (Z. 22f), denn Theodoros ist es gelungen, die Götter wieder umzustimmen (Z. 20: νῦν δὲ εἰλαζομένου αὐτοῦ τοὺς θεούς)[137]. Teils kann man auch einfach übersetzen mit: der Gott wurde versöhnt bzw. Menschen haben ihn versöhnt[138]. Vom Neuen Testament her wird man dabei nicht nur an das Verb denken (vgl. Hebr 2,17: εἰς τὸ ἱλάσκεσθαι τὰς ἁμαρτίας τοῦ λαοῦ), sondern vor allem auch an ἱλαστήριον in Röm 3,25[139] und ἱλασμός in 1 Joh 2,2, wo kultische Konnotationen, vermittelt jedoch über die Sühnopferpraxis im Alten Bund und deren beginnende Metaphorisierung im jüdischen Schrifttum, schwerlich ganz zu leugnen sind.

6. Der Dank

Ob die Erkrankung, die den ganzen weiteren Ablauf auslöste, wirklich überwunden wurde, steht längst nicht immer fest, auch abgesehen von den echten Todesfällen. Ein erfolgreicher Ausgang liegt mit Sicherheit z.B. da vor, wo eine Frau feststellt, dass sie wieder „ganz" oder „heil" wurde[140], wo die Rettung aus Krankheit ausdrücklich konstatiert wird[141] oder wo einmal auch das Wort „geheilt" fällt[142]. Im Erfolgsfall sind Preis (εὐλογεῖν) und Dank (εὐχαριστεῖν) an-

---

[134] BWK Nr. 5, mit ἀπαίρι in Z. 10.14.16.

[135] Ebd. Z. 18f.: Ἔσχα παράκλητον τὸν Δείαν.

[136] G. PETZL, Sünde, Strafe, Wiedergutmachung, in: Epigraphica Anatolica 12 (1988) 155–166, hier 159.163f.

[137] Vgl. CMRDM Nr. 44 / TAM Nr. 318 / BWK Nr. 69,31f.: κατὰ πάντα ἐξειλασάμενοι τοὺς θεούς; BWK Nr. 6,19f.; Nr. 33,7f. u.ö.

[138] Vgl. TAM Nr. 509 / BWK Nr. 45,7; CMRDM Nr. 51 / TAM Nr. 440 / BWK Nr. 54,16f.; CMRDM Nr. 46 /TAM Nr. 317 / BWK Nr. 68,19: καὶ ἱλάσοντο αὐτὴν (sc. die Göttin); MAMA IV Nr. 285 / BWK Nr. 112,12: εἰλάθη, etc.

[139] ἱλαστήριον in MAMA IV Nr. 286 leider nur in einer Ergänzung; von BWK Nr. 113 im Text nicht übernommen.

[140] TAM Nr. 238 / BWK Nr. 43,7f.: ὅτι ἐγενόμην ὁλόκ[λ]ηρος; vgl. CMRDM Nr. 59 / TAM Nr. 323: [ὑ]πὲρ τῆς ὁλοκληρίας [τῶν] ποδῶν.

[141] CMRDM Nr. 72 / TAM Nr. 442: διὰ τὸ σωθῆναι αὐτὸν ὑπὸ τοῦ θεοῦ ἀσθενοῦντα (nicht in BWK).

[142] BWK Nr. 94,3: θεραπευθῖσα.

gesagt: „Und von jetzt an lobpreise ich (sie, sc. die Götter)"[143]. Unter Lobpreis wird etwas erstattet, ein Gelübde erfüllt bzw. – mit einer Metapher aus dem Finanzwesen – „zurückgezahlt"[144]. Aphias „dankt" der Muttergottheit Leto, weil sie „aus Unmöglichem Mögliches macht"[145] (vgl. Mk 9,23; 14,36). Eine εὐλογία („Lobpreisung") wird geweiht[146] und ein εὐχαριστήριον („Dankesgabe") aufgestellt[147]. Beide Male ist der Stein mit Reliefbild und Text gemeint. In die gleiche Richtung weist der beliebte Abschluss der Inschriften mit στηλογραφέω: Zum Dank wird die Stele mit dem vorliegenden Text beschriftet, mit Abbildungen geschmückt und aufgestellt, so dass der gesamte Vorgang jetzt auch dokumentiert ist[148].

Was gepriesen und was auf der Inschrift notiert wird, sind τὰς δυνάμεις der Gottheit[149]. Das macht uns hellhörig, denn δυνάμεις im Plural, als „Machterweise" und „Krafttaten", dient bei den Synoptikern als bevorzugte Bezeichnung für die Wundertaten Jesu. Auch für die Beichtinschriften genügt angesichts des Plurals ein bloßes „die Macht des Gottes" als Übersetzung nicht. Tatsächlich bedient sich auch Petzl in seiner Edition verschiedener Umschreibungen, darunter „Offenbarungen ihrer (d.h. der Götter) Macht" oder *Manifestationen* seiner (d.h. göttlicher) Macht"[150]. Das aber bringt uns terminologisch doch sehr nahe an die synoptischen Jesuswunder heran.

Lobpreis und Dank können auch in eine Akklamation gefasst werden, die nur selten den Text beschließt[151], sondern meist nach vorn in die Eingangszeile gezogen wird: „Groß sind Artemis Anaitis und Men Tiamu!"[152], „Groß sind die

---

[143] BWK Nr. 20,6f.: καὶ ἀπὸ νῦν εὐλογῶ; ähnlich auch CMRDM Nr. 80 / BWK Nr. 101,8f.; CMRDM Nr. 55 / TAM Nr. 527 / BWK Nr. 80,9f.; BWK Nr. 64,7f.; Nr. 62,13; Nr. 37,9f.: καὶ ἀπὸ νῦν συ εὐλογῶ, u.ö.; für dieses auffällige Hervortreten von εὐλογ- wurde schon Einfluss des kleinasiatischen Judentums vermutet, was selbstverständlich möglich ist, doch äußert sich zurückhaltend nach eingehender Diskussion H. W. PLEKET, Religious History (s. Anm. 113) 184–189; ähnliche Fragen geben ὕψωσε τὸν θεόν in BWK Nr. 59,19 und εὐδοξεῖ in CMRDM Nr. 58 / TAM 251 / BWK Nr. 60,10f. auf.

[144] BWK Nr. 36,13f.: εὐλογοῦντες ἀποδείδομεν.

[145] BWK Nr. 122,3–5: εὐχαριστῶ Μητρὶ Λητώ, ὅτι ἐξ ἀδυνάτων δύνατα ποεῖ; vgl. für εὐχαριστέω (oft auch partizipial) BWK Nr. 11,9; TAM Nr. 327 / BWK Nr. 73,7f. etc. (15 Belege, gegenüber ca. 18 für εὐλογέω).

[146] TAM Nr. 238 / BWK Nr. 43,6f.

[147] TAM Nr. 592 / BWK Nr. 76,6f.

[148] Vgl. aus über 20 Belegen nur BWK Nr. 11,9f.: ἐσστηλογράφησα; Nr. 47,10: στηλλογραφῆσαι; Nr. 57,11f.: στηλλογραφηθῆναι νέμεσιν („von der Bestrafung auf einer Stele zu berichten"); MAMA IV Nr. 288 / BWK Nr. 115,4f.

[149] BWK Nr. 97,5f.: εὐλογῶν σου τὰς δυνάμεις; TAM 159 / BWK Nr. 3,10f.: στηλλογραφῆσαι τὰς δυνάμεις; BWK Nr. 11,7f.: καὶ ἀνέγραψα τὰς δυνάμις τοῦ θεοῦ; BWK Nr. 65,6f.: ἐκέλευσε ἐγγράψαι τὰς δυνάμις τοῦ θεοῦ.

[150] Vgl. z.B. die Übers. bei BWK Nr. 3; 33; 37; 47; s. zum Konzept der δύναμις H. W. PLEKET, Religious History (s. Anm. 113) 178–183.

[151] Das ist der Fall in BWK Nr. 7,8f.: Μεγάλαι Νεμέσις ἐν Περκῳ; eine Anfangs- und Schlussakklamation evtl. in der unten abgebrochenen Stele BWK Nr. 79.

[152] CMRDM Nr. 44 / TAM Nr. 318 / BWK Nr. 69,2f.

Götter, die Neustadt besitzen!"[153]. Eine weitere Men-Inschrift soll hier en passant doch noch festgehalten werden, obwohl sie weder Beicht- noch Sühnecharakter trägt, sondern nur aus einer dreifachen, synkretistisch eingefärbten Akklamation besteht[154]:

Εἷς θεὸς ἐ-	*Ein* Gott (ist)
ν οὐρανοῖς,	in (den) Himmeln,
μέγας Μὴν	*groß* (ist) Men,
Οὐράνιος,	(der) Himmlische,
μεγάλη δύ-	*groß* (ist die)
ναμις τοῦ ἀ-	Macht des un-
θανάτου θε-	sterblichen Got-
οῦ.	tes.

7. Die Mahnung

Die deutliche Erinnerung an die Macht der Götter, die strafend und rettend ins menschliche Geschick eingreifen (vgl. aus dem Alten Testament Hiob 5,18: „Denn er tut weh und er verbindet; er schlägt noch Wunden, doch seine Hand heilt"), gewinnt schließlich auch einen mahnenden Unterton. Das sei zunächst anhand einer übersichtlichen kleinen Stele im Zusammenhang illustriert[155]:

Σώσανδρος Ἱεραπολέ-	Sosondros aus Hierapo-
της ἐπιορκήσας καὶ	lis, meineidig und
ἄναγνος ἰσῆλθα ἰς τὸ	unrein bin ich hineingegangen in den
σύνβωμον· ἐκολάσ-	gemeinsamen Tempel. Ich wurde ge-
θην· παραγγέλλω μη-	straft. Ich verkünde, nie-
δένα καταφρονεῖν	mand solle verachten
τῷ Λαιρμηνῷ, ἐπεὶ ἕξει	den Lairmenos, denn er hat
τὴν ἐμὴν στήλλην ἔξενπλον.	meine Stele als Exemplum.

Eine ganze Reihe von phrygischen Inschriften, aber auch eine lydische enthalten in größerem Kontext den Schlussappell: „Er verkündet allen Menschen, dass man den Gott nicht gering schätzen darf"[156], und auch der zweite Teil der obigen Paränese wird in den phrygischen Texten gern als Fortsetzung verwendet, nur steht dort ein anderes lateinisches Lehnwort, nicht *exemplum,* sondern – in sehr verschiedenen Schreibweisen – ἐξεμπλάριον, *exemplarium*[157]. Der Be-

---

[153] BWK Nr. 47,1: Μεγαλοί θεοὶ Νέαν Κώμην κατέχοντες; ca. 10 weitere Belege.

[154] CMRDM Nr. 83 / TAM Nr. 75.

[155] BWK Nr. 120.

[156] So das lydische Beispiel TAM Nr. 179a / BWK Nr. 9,10–13; in den phrygischen Texten z.B. (in der ersten Person) MAMA IV Nr. 280; 282 / BWK Nr. 107,10–13; 109,12–15; vgl. auch A. Strobel, Land (s. Anm. 45) 124f.

[157] MAMA IV Nr. 284 / BWK Nr. 111,7–9: ἐπὶ ἕξει τὴ[ν σ]τήλην ἐξονπλάριον; MAMA IV Nr. 285 / BWK Nr. 112,9: ἐξοπράρειο[ν]; BWK Nr. 121,5: ἐξενπλάριον. Auch Ignatius von Antiochien kennt dieses Wort, s. Tr 3,2; Eph 2,1; Sm 12,1.

trachter soll sich an dem beschriebenen Vorfall ein Beispiel nehmen und es besser machen[158].

An der Stelle wird unverkennbar der narrative, distanzierte Sprechgestus der Inschriften durchbrochen zugunsten einer direkten Hinwendung zum Publikum. Das lädt dazu ein, noch etwas genauer nach ihrem Zustandekommen und nach ihrer Intention zu fragen. Teils unverwechselbare, individuelle Vorkommnisse werden wiedergegeben, aber im Rückgriff auf bestimmte Muster und auf einen festen Formelvorrat. Vermutlich war an der redaktionellen Gestaltung wie in Epidauros (s.u.) das Tempelpersonal mitbeteiligt, das für die Endfassung sorgte. Auch der manchmal abrupte Wechsel von der ersten zur dritten Person[159] oder die angehängte Gebührenordnung in einem Text[160] könnten Spuren solcher Bearbeitung sein. Was die Intention angeht, so sind persönlicher Dank, Einlösung von in der Not getätigten Gelübden und demütige Verbeugung vor der überlegenen göttlichen Macht noch nicht alles. Die Inschriften üben zugleich eine stabilisierende Wirkung aus, indem sie Identifikationsangebote unterbreiten. Bislang unbetroffene Leser finden Wege, wie sie selbst die Höhen und vor allem die Tiefen ihres Lebens bewältigen können. Der gesellschaftliche Zusammenhalt erfährt durch die indirekte Einschärfung von Grundwerten eine Stärkung. Die Inschriften sind Bestandteil des Kitts des Sozialgefüges jener kleinen ländlichen Welt, aus der sie stammen.

IV. Zur Gattungsfrage

Wir arbeiten implizit ständig schon mit Gattungsbezeichnungen, wenn wir um der besseren Verständigung willen von Beichtinschriften („confession inscriptions") und Sühneinschriften („expiatory inscriptions") sprechen. Zentrale formale und inhaltliche Momente unserer Texte sind damit zweifellos auch richtig eingefangen. Für den Grundtyp Nr. 1 gelingt dank ihrer Rezeption in Philosophie und Dichtung auch eine Anbindung an die literarische Tradition des Bußformulars, und der Grundtyp Nr. 2 weist Affinitäten zu einem Stück Gebrauchsliteratur, zu den Fluchtafeln auf.

Wenig berücksichtigt haben wir bislang die Verwandtschaft unserer Inschriften mit der aretalogischen Wundererzählung[161]. Strukturmerkmale, die in diese

---

[158] Mangelndes Vertrauen einer vier Jahre lang geplagten Frau in die Heilkraft des Gottes kritisiert BWK 12,2f. mit der Wendung: μὴ πιστεύουσα τῷ θεῷ.

[159] In MAMA IV Nr. 285 / BWK Nr. 112 wirkt nach dem kleinen Erzählstück in der ersten Person der Schlussabsatz ab Z. 9 („die vorgenannte Eutycheis") wie ein glossierender Zusatz.

[160] In BWK Nr. 58 ab Z. 9, vgl. den Komm. z.St.

[161] Die Nähe zur Aretalogie wurde gesehen von V. Longo, Aretalogie nel mondo greco. Vol. I: Epigrafi e papiri (Pubblicazioni dell'Istituto di Filologia Classica dell'Università di Genova 19), Genua 1969, der 158–166 auch fünf Sühneinschriften in seine Sammlung aufnimmt,

Richtung weisen, sind: der Unglücksfall selbst und gegebenenfalls auch die Tötung als Endresultat (Strafwunder!), mehr aber die Überwindung von Krankheit und anderen Negativerfahrungen durch göttliches Eingreifen, damit verbunden das Rühmen göttlicher Macht, dokumentiert in Machttaten (δυνάμεις), der Heilerfolg, gegebenenfalls ausdifferenziert in Konstatierung und Demonstration (bildliche Darstellungen!), der Heildank und die Akklamation.

Für dieses Motivgefüge wird man als Erstes nach Epidauros blicken[162], weil dort Heilungsberichte gleichfalls auf Inschriften fixiert wurden[163]. Aber ein Bekenntnis gehört dort zu den großen Ausnahmen[164], und auch Heildank und Akklamation fehlen weithin, im Unterschied zu den Asklepiosinschriften aus Rom (SIG³ 1173). In mancher Hinsicht stehen deshalb die neutestamentlichen δυνάμεις näher, und man sollte die Beicht- und Sühneinschriften stärker als bisher ins Repertoire der formgeschichtlichen Analyse neutestamentlicher Wundererzählungen miteinbeziehen. Das empfiehlt sich nicht zuletzt auch wegen der Motivverwandtschaft, die darin besteht, dass neutestamentliche Wundererzählungen einen möglichen Zusammenhang von Krankheit und Sünde wenigstens kennen. Im gleichen Atemzug wird man einen wichtigen Unterschied nicht leugnen wollen: In den neutestamentlichen Überlieferungen ist eine Stufe der Metaphorisierung erreicht, für die es in den Inschriften kaum Ansatzpunkte gibt. Begünstigt durch den narrativen Großkontext der Evangelien, eröffnet sich die Möglichkeit einer neuen, symbolischen Lektüre des Einzelwunders. Besonders schön lässt sich das zeigen an der Kombination von Bildwort und ἦλθον-Spruch in Mk 2,17, die für die Heilungs- und Vergebungserzählung in Mk 2,1–12, jenen Text also, der den Ausgangspunkt für unsere Beschäftigung mit den Beichtinschriften bildete (s. Anm. 24), den hermeneuti-

---

nämlich BWK 68, 54, 35, 69 und 34; was die vielumstrittene Terminologie angeht, vgl. man TAM Nr. 264 / BWK Nr. 50,7: ἐνέγραψα τὴν ἀρετήν, funktional äquivalent zum Aufzeichnen von τὰς δυνάμεις in den anderen Fällen; s. ferner auch R. MERKELBACH, Novel and Aretology, in: J. TATUM (Hrsg.), The Search for the Ancient Novel, Baltimore 1994, 283–295, hier 284: „Aretalogies can be couched in the form of a confession", mit Bezug auf TAM Nr. 238 / BWK Nr. 43.

[162] Wie es G. BJÖRCK, Fluch (s. Anm. 27) 125, tut: „Die sog. Sühninschriften sind ihrer Funktion nach, vergleichbar den asklepischen Heilungsberichten, eine Huldigung und eine ‚Reklame', die den Triumph des Gottes verkündet"; vgl. aber die Kritik an ihm bei H. W. PLEKET, Religious History (s. Anm. 113) 183f., auch ebd. 181: „Asclepius is very mild and remains far removed from the tough, punishing gods of Asia Minor."

[163] Zur ersten Information vgl. H. J. KLAUCK, Umwelt (s. Anm. 29) 130–139, sowie die sehr hilfreiche Untersuchung von M. WOLTER, Inschriftliche Heilungsberichte und neutestamentliche Wundererzählungen. Überlieferungs- und formgeschichtliche Betrachtungen, in: K. BERGER U.A., Studien und Texte zur Formgeschichte (TANZ 7), Tübingen 1992, 135–175.

[164] Das Eingeständnis eines Betrugs in W 47 bei R. HERZOG, Die Wunderheilungen von Epidauros. Ein Beitrag zur Geschichte der Medizin und der Religion (Ph.S 22/3), Leipzig 1931, 26–38; ὡμολόγησε in den Fragmenten W 54 und W 58 (ebd. 30); vgl. dazu auch F. KUDLIEN, Beichte (s. Anm. 113) 5.

schen Schlüssel abgibt: „Nicht die Gesunden brauchen den Arzt, sondern die Kranken. Ich bin nicht gekommen, Gerechte zu (be-)rufen, sondern Sünder."[165]

Literaturnachtrag:

A. CHANIOTIS, Illness and Cures in the Greek Propitiatory Inscriptions and Dedications of Lydia and Phrygia, in: H. F. J. HORSTMANSHOFF / PH. J. VAN DER EIJK / P. H. SCHRIJVERS (Hrsg.), Ancient Medicine in its Socio-Cultural Context. Vol. II (Clio medica 28), Amsterdam 1995, 323–344.

–, 'Tempeljustiz' im kaiserzeitlichen Kleinasien. Rechtliche Aspekte der Sühneinschriften Lydiens und Phrygiens, in: G. THÜR / J. VÉLISSAROPOULOS-KARAKOSTAS (Hrsg.), Symposion 1995. Vorträge zur griechischen und hellenistischen Rechtsgeschichte (Akten der Gesellschaft für griechische und hellenistische Rechtsgeschichte 11), Köln / Weimar / Wien 1997, 353–384.

M. PAZ DE HOZ, Die lydischen Kulte im Lichte der griechischen Inschriften (Asia Minor Studien 36), Bonn 1999.

G. PETZL, Ländliche Religiosität in Lydien, in: E. SCHWERTHEIMER (Hrsg.), Forschungen in Lydien (Asia Minor Studien 17), Bonn 1995, 37–48.

–, Neue Inschriften aus Lydien, in: Epigraphica Anatolica 26 (1996) 1–28; 27 (1997) 69–79.

–, Die Beichtinschriften im römischen Kleinasien und der Fromme und Gerechte Gott (Nordrhein-Westfälische Akademie der Wissenschaften. Vorträge G 355), Bonn 1995, 37–48.

–, Ein Zeugnis für Sternenglauben in Lydien, in: Chiron 28 (1998) 65–75.

M. RICL, The Appeal to Divine Justice in the Lydian Confession-Inscriptions, in: E. SCHWERTHEIMER (Hrsg.), Forschungen in Lydien (Asia Minor Studien 17), Bonn 1995, 67–76.

R. VIVOLI, ἱλάσκομαι nei testi epigrafi dell'Asia Minore, in: F. VATTIONI (Hrsg.), Sangue e antropologia nella teologie (Atti della VI settimana), Rom 1989, 137–161.

---

[165] Dieser Gedankengang ist weiterentwickelt bei H. J. KLAUCK, Heil ohne Heilung? (s.u. die Nr. 2).

2. Heil ohne Heilung?

Zu Metaphorik und Hermeneutik der Rede
von Sünde und Vergebung im Neuen Testament

„Von der Dogmatik haben wir keine Erschließung des Wesens der Sünde zu erwarten, wie sie die Sprache in meist unsystematischem Zusammenhang durch ihre Metaphorik bald bedacht, bald unwillkürlich immer wieder leistet ... Erst die Metaphorik als hermeneutisches Prinzip der anthropologischen Erkenntnis solcher Phänomene wie der Zeit, der Liebe, des Todes und der Sünde eröffnet uns die Möglichkeit, über die Sprache Wege der Seinserhellung solcher Phänomene zu beschreiten" – dieses teils harte Urteil, das ich mir gar nicht unbedingt zueigen machen möchte bzw. das ich durchaus auch auf die Exegese auszudehnen bereit bin, hat der Literaturwissenschaftler und Mediävist Friedrich Ohly in einer Akademieabhandlung über die Metaphorik von Sündenstufen und Gnadenwirkungen gefällt[1]. Erschließung des Wesens, Seinserhellung, das ist sowieso ein sehr vollmundiges hermeneutisches Programm, von dem ich nicht weiß, inwieweit wir es werden einlösen können. Aber wir sehen uns durch diesen leisen Tadel und durch den souveränen Umgang des Autors mit den mittelalterlichen Quellen doch herausgefordert zu bedenken, ob und wie das Neue Testament metaphorisch von der Sünde und von der vergebenden Gnade redet und ob sich durch die Beachtung der Metaphorik auch ein hermeneutischer Zugewinn erzielen lässt. Das erfordert eingangs eine Minimalverständigung über den metapherntheoretischen Ansatz.

---

[1] F. OHLY, Metaphern für die Sündenstufen und die Gegenwirkungen der Gnade (RhWAW.G 302), Opladen 1990, 7. – Die Abkürzungen im Folgenden richten sich nach S. SCHWERTNER, IATG² (1992); zusätzlich werden drei weitere Siglen verwandt (bei Schwertner nicht besetzt): CMRDM = E. N. LANE, Corpus Monumentorum Religionis Dei Menis. Bd. I-IV (EPRO 19), Leiden 1971–1978; TAM = P. HERRMANN, Tituli Asiae Minoris V/1, Wien 1981; BWK = G. PETZL, Die Beichtinschriften Westkleinasiens (Epigraphica Anatolica 22), Bonn 1994.

I. Zur Metapherntheorie

Die Literatur zur Metapherndiskussion kann man nur mit einer Metapher beschreiben: Sie ist uferlos, und wer sich ohne Not in dieses Gewässer begibt,
braucht sich nicht zu wundern, wenn er sehr rasch darin zu ertrinken droht.
Versuchen wir, wenigstens einige Rettungsanker auszuwerfen und einige feste
Pfähle einzuschlagen, an die wir uns klammern können[2].

1. Zu einer Metapher gehören immer zwei, d.h., erst zwei Größen setzen in
ihrem Zusammenspiel den metaphorischen Prozess in Gang, wie immer man
sie auch nennen mag. Eine kleine Auswahl, in der die Grundstruktur schon
deutlich genug zutage tritt: Bildspender und Bildempfänger, vehicle und tenor
oder topic, frame und focus, Intext und Kontext, eine Stimme, die laut sagt: „Es
ist" – abgedroschenes Beispiel: Achill ist eine Löwe –, und eine zweite Stimme,
die leise wispert: „Es ist nicht"[3], oder schließlich im Rückgriff auf eine lexikali-
sche Definition mit Hilfe des Syntagmas τὰ κέντρα πώλοις μεταφέρειν, „den
Stachelstab des Treibers bald bei dem einen, bald bei dem anderen Ross anwenden" (nach Euripides, Phoen 177f), die beiden Zugtiere eines Gespanns,
die gemeinsam den Wagen mit der Ladung ins Ziel bringen[4].

2. Metaphern gibt es in unterschiedlichen „Aggregatszuständen", von der
toten Metapher, die kein Sprachbenutzer mehr unmittelbar präsent hat, über
die konventionalisierte Metapher, die usuelle Metapher und die abgeblasste
Metapher bis hin zur kreativen, kühnen Metapher. Für die kühne Metapher ist
eine ausgeprägte Spannung charakteristisch, die zwischen den beiden Hälften
des metaphorischen Paars besteht; das wiederum ermöglicht eine zusätzliche
Erkenntnisleistung und eröffnet überraschende neue Einsichten. Tote Metaphern kann man mit Hilfe des Wörterbuchs oft noch als solche entschlüsseln.
Ein auch für mich frappierendes Beispiel: Wer weiß noch, dass unser Wort
„scheitern" von einem Boot herrührt, das an einen Brückenpfeiler stößt und

---

[2] Eine große Hilfe war mir dabei die Aufarbeitung der Metapherndiskussion aus exegetischer Sicht bei O. SCHWANKL, Licht und Finsternis. Ein metaphorisches Paradigma im johanneischen Schrifttum (Herders Biblische Studien 5), Freiburg i.Br. 1995, 8–37 (zuvor Diss. ha-
bil. Würzburg 1994); von den dort benutzten Titeln sei hervorgehoben E. F. KITTAY, Metaphor.
Its Cognitive Force and Linguistic Structure (Clarendon Library of Logic and Philosophy),
Oxford 1987. Ergänzend nenne ich nur noch R. ZYMNER, Ein fremdes Wort. Zur Theorie der
Metapher, in: Poetica 25 (1993) 3–33, dessen linguistisch abgesicherte Definition in ihrer vollen Form lautet: „Eine Metapher ist ein (1) autosemantisches Wort mit einem (2) konven-
tionell bestimmten Bedeutungspotential in einem (3) syntaktisch wohlgeformten Kontext, bei
dem (4) ein Initialsignal als (5) Transfersignal zu einer (6) gelenkten, aber nicht fixierten (7)
Richtungsänderung der Kohärenzbildung auffordert. Das Initialsignal ist (a) ein kotextuelles
Initialsignal oder (b) ein kontextuelles Initialsignal" (31).
[3] Dieses Beispiel verdanke ich V. BRÜMMER, The Model of Love. A Study in Philosophical
Theology, Cambridge 1993, 8f (nach S. MacFague).
[4] Dieses etymologische Modell entwickelt O. SCHWANKL, Licht (s. Anm. 2) 20f.

dabei wieder in einzelne Holzscheite zerfällt[5]? Für den alltäglichen Umgang
mit der Sprache ist es keinesfalls notwendig, sich ständig auf solche metaphorischen Wurzeln zu besinnen. Anders steht es mit der sprachtheoretischen Reflexion und mit der Textauslegung. Hier kann es sich u.U. als hilfreich erweisen,
auch abgeblasste und tote Metaphern wieder zu revitalisieren oder zu
reanimieren.

3. Eine Metapher kommt selten allein[6]. Sie bringt ihrerseits ihr eigenes
Bildfeld mit und drängt schon dadurch zur Expansion, sie kann sich andererseits mit weiteren, benachbarten oder auch fernen Metaphern verbinden, so
dass förmliche metaphorische Cluster entstehen oder metaphorische Netze, die
sich über ein Textkorpus breiten. Freie Assoziationen sind nicht nur in der psychoanalytischen Therapie erlaubt, sondern kommen auch der Funktionsweise
von metaphorischen Feldern entgegen.

4. Vor Beliebigkeit und Willkür wird der Prozess der Metaphernbildung dadurch geschützt, dass er an eine empirische Basis zurückgebunden bleibt, die er
nicht einfach überschreiten kann[7]. Licht und Dunkel, oben und unten, schwer
und leicht sind durch die Erfahrung mit bestimmten Wertungen versehen, die
als Analogon in die Metapher transferiert werden müssen, will man nicht ein
Misslingen der Metapher riskieren, was im Übrigen oft genug vorkommt. Im
Umgang mit der Metaphorik empfiehlt es sich daher, immer auch nach dem
Erfahrungsgehalt und dem Substrat aus der Wirklichkeitswelt zu fragen.

5. Dennoch ist und bleibt die Metapher ein Phänomen der Sprache. Ohne
einen Grundsatzstreit um ontologische und erkenntnistheoretische Prämissen
vom Zaun brechen zu wollen, können wir doch festhalten: Viele der Dinge, mit
denen die Theologie es traditionellerweise zu tun hat, existieren zunächst nur
im Medium der Sprache. Allein die Sprache „transzendiert" – die intransitive
Form von „transportiert", griechisch μεταφέρειν – ins Unfassbare hinein[8].
Nimmt man die spezifische Erkenntnisleistung der Metaphorik mit dem
Angewiesensein der Theologie auf eine metaphorisch geprägte Sprache zusammen, ergibt sich von selbst, dass eine intensive Beschäftigung mit der Metaphorik zugleich auch wesentlicher Bestandteil der hermeneutischen Aufgabe
sein wird. Wo ein Verständnis von Metaphern gelingt, ist das Verstehen insgesamt einen Schritt weiter voran gelangt.

Im Folgenden wird der Versuch unternommen, die Rede von Sünde und Vergebung im Neuen Testament einer Reihe von metaphorischen Paradigmen
zuzuordnen. Wir fragen, soweit möglich, immer auch nach den Erfahrungswer-

---

[5] Das Beispiel ebd. 28.
[6] So fast wörtlich P. Ricoeur, Stellung und Funktion der Metapher in der biblischen Sprache, in: Ders. / E. Jüngel, Metapher. Zur Hermeneutik religiöser Sprache (EvTh Sonderheft),
München 1974, 45–70, hier 64.
[7] Vgl. O. Schwankl, Licht (s. Anm. 2) 35–37.
[8] Ebd. 31f.

ten, die in die Metaphorik eingegangen sind, und nehmen dafür in strenger
Auswahl Material aus antiken Sprachkonventionen und Sprachtraditionen alt-
testamentlich-jüdischer und nichtjüdischer Herkunft zur Hilfe. U.a. ziehen wir
ein Korpus von kleinasiatischen Beicht- und Sühneinschriften heran, die in der
Exegese wenig bekannt, aber für unser Thema unmittelbar relevant sind[9]. Es
bleibt abzuwarten, ob sich auf diesem Weg auch hermeneutische Einsichten
ergeben, ob wir, ganz einfach gesagt, im nachhinein die Rede von Sünde und
Vergebung im Neuen Testament ein wenig besser verstehen[10].

II. Paradigmata

1. Ein medizinisches Paradigma: Krankheit und Sünde

„Nicht die Gesunden brauchen den Arzt, sondern die Kranken" (Mk 2,17b) –
ein Bildwort Jesu aus dem Streitgespräch beim Zöllnergastmahl, dem im Kontext eine Übersetzung in abstraktere Begrifflichkeit beigegeben ist. Es folgt
unmittelbar der traditionsgeschichtlich wohl auf einer späteren Stufe anzusie-
delnde Satz: „Ich bin nicht gekommen, Gerechte zu berufen, sondern Sünder"
(2,17c), und Auslöser für den voranstehenden Vorwurf der Schriftgelehrten in

---

[9] Die Basisbibliographie o. in Anm. 1; u. in Anm. 21f. (s.o. in diesem Band die Nr. 1).

[10] An monographischen Darstellungen zum Gesamtthema oder zu größeren Ausschnitten
daraus vgl. H. WINDISCH, Taufe und Sünde im ältesten Christentum bis auf Origenes. Ein Beitrag zur altchristlichen Dogmengeschichte, Tübingen 1908; A. KIRCHGÄSSNER, Erlösung und
Sünde im Neuen Testament, Freiburg i.Br. 1950; A. DESCAMPS, Le péché dans le Nouveau Testament, in: P. DELHAYE U.A., Théologie du péché (BT.M 7), Tournai 1960, 49–124; A. STROBEL,
Erkenntnis und Bekenntnis der Sünde in neutestamentlicher Zeit (AzTh I/37), Stuttgart 1968;
H. THYEN, Studien zur Sündenvergebung im Neuen Testament und seinen alttestamentlichen
und jüdischen Voraussetzungen (FRLANT 96), Göttingen 1970; H. LEROY, Zur Vergebung der
Sünden. Die Botschaft der Evangelien (SBS 73), Stuttgart 1974; P. FIEDLER, Jesus und die Sünder (BET 3), Frankfurt a.M. 1976; G. RÖHSER, Metaphorik und Personifikation der Sünde.
Antike Sündenvorstellungen und paulinische Hamartia (WUNT II/25), Tübingen 1987; mit
guten tabellarischen Übersichten, aber exegetisch kaum weiterführend C.H. SUNG, Vergebung
der Sünden. Jesu Praxis der Sündenvergebung nach den Synoptikern und ihre Voraussetzungen im Alten Testament und frühen Judentum (WUNT II/57), Tübingen 1993; P. TREVIJANO,
Pecado, conversión e perdón en el Nuevo Testamento, in: ScrVict 41 (1994) 127–170; zum AT,
das in den soeben genannten Arbeiten mehr oder minder ausführlich mitbehandelt wird, vgl.
gezielter J. J. STAMM, Erlösen und Vergeben im Alten Testament. Eine begriffsgeschichtliche
Untersuchung, Bern 1940; R. KNIERIM, Die Hauptbegriffe für Sünde im Alten Testament, Gütersloh ²1967; R. MAYER, Sünde und Gericht in der Bildersprache der vorexilischen Prophetie,
in: BZ NF 8 (1964) 22–44; K. KOCH, Sühne und Sündenvergebung um die Wende von der
exilischen zur nachexilischen Zeit, in: EvTh 26 (1966) 217–239; K. KOENEN, Heil den Gerechten – Unheil den Sündern. Ein Beitrag zur Theologie der Prophetenbücher (BZAW 229), Berlin 1994; zum Judentum wegen seines Materialreichtums, nicht wegen seiner Wertungen immer noch das Buch von E. SJÖBERG, Gott und die Sünder im palästinischen Judentum. Nach
dem Zeugnis der Tannaiten und der apokryphisch-pseudepigraphischen Literatur (BWANT
79), Stuttgart 1938.

2,16 war die Tatsache, dass Jesus mit Zöllnern wie Levi und mit Sündern zusammen aß (2,15). Vergebung der Sünden wird nicht eigens thematisiert. Sie scheint ohne Vorleistung seitens der Menschen schon gegeben zu sein durch den Ruf in die Nachfolge (2,14) und die Einladung zum gemeinsamen Mahl (καλέσαι aus 2,17c kann sowohl „berufen" wie auch „einladen" bedeuten).

Die metaphorischen Gehalte, die hier mitschwingen, werden von den rahmenden Erzählstücken vorbereitet und weitergeführt. In 2,18–20 schließt sich der Streit um das Fasten mit dem Bildwort vom Bräutigam, das ein Hochzeitsmahl impliziert, an, und voraus steht in 2,1–12 die Heilung eines Gelähmten, in die ein Streitgespräch um die Vollmacht zur Sündenvergebung eingebaut wurde. Jesus tut beides, je für sich und untrennbar ineinander verschränkt: Er spricht Vergebung der Sünden durch Gott zu (V. 5c) bzw. er vergibt selbst die Sünden kraft seiner Vollmacht als Menschensohn (V. 10), und er heilt den Kranken durch sein wunderwirkendes Wort (V. 11). Dass die Sündenvergebung eigentlich als das größere Wunder gelten müsste, sagt das eingeschobene Streitgespräch vor allem in V. 9. Das Bildwort vom Arzt der Kranken in 2,17 gewinnt dadurch zusätzliche Resonanz.

Zwar erlaubt die indirekte, bildhafte Sprache es nicht, das Motiv von Jesus als dem „Arzt der Seelen", das kultur- und frömmigkeitsgeschichtlich so bedeutsam wurde[11], unmittelbar im Neuen Testament zu verankern, aber Ansatzpunkte zu seiner Entfaltung liegen fraglos vor. Wenn wir uns weiter im Neuen Testament umsehen, stoßen wir noch auf andere Belege aus unserem Bildfeld. Einen möglichen Konnex von Krankheit und Sünde problematisieren in erklärungsbedürftiger Weise auch Joh 5,14 und 9,2f., jeweils aus Anlass eines Heilungswunders. Einschlägig sind auch 1 Petr 2,24: „.... durch dessen Striemen ihr alle *geheilt* wurdet" und besonders Jak 5,13–15: Ölsalbung und Bittgebet helfen nicht nur bei körperlicher Krankheit, sondern tragen auch zur Vergebung der Sünden des Kranken bei, mit der Fortsetzung in Jak 5,16: Alle Adressaten sollen ihre Sünden bekennen und füreinander beten, damit sie *geheilt* werden[12].

Halten wir nur noch die damit verbundenen Termini fest. Sünde wird gesehen als Krankheit (in Mk 2,17 umschrieben mit κακῶς ἔχειν) und Schwäche (ἀσθένεια). Auf der positiven Seite stehen neben ἰάομαι[13] und ὑγιαίνω[14] auch θεραπεύω (Lk 4,23) und in gewisser Weise σώζειν und σωτήρ. Das theologisch so gewichtige Verb σώζειν ist bei den Synoptikern, obwohl es dort auch von der Sündenvergebung gebraucht wird (Mt 1,21), in erster Linie in Heilungswun-

---

[11] Instruktiv ist dazu M. HERZOG, Christus medicus, apothecarius, samaritanus, balneator. Motive einer medizinisch-pharmazeutischen Soteriologie, in: GuL 67 (1994) 414–434.

[12] Vgl. des Näheren H. FRANKEMÖLLE, Der Brief des Jakobus. Kapitel 2–5 (ÖTBK 17/2), Gütersloh/Würzburg 1994, 705–732.

[13] Vgl. die Übernahme von ἰάσομαι αὐτούς aus Jes 6,10fin in Mt 13,15; Joh 12,40; Apg 28,27, während Mk 4,12 es durch ἀφεθῇ αὐτοῖς ersetzt.

[14] Lk 5,31 bevorzugt ὑγιαίνοντες anstelle von ἰσχύοντες in der Parallele Mk 2,17 / Mt 9,12.

dern zu Hause[15], und σωτήρ diente, wenn wir den Blick an dieser Stelle über das Neue Testament hinaus richten, als stehendes Attribut für den griechischen Heilgott Asklepios[16].

Den neutestamentlichen Tradenten war die Metaphorik durch das Alte Testament vorgegeben[17]. „Denn ich, der Herr, bin dein Arzt", sagt Jahwe von sich selbst in Ex 15,26. Seiner Heilkunst bedarf das ganze Volk Israel, eine kollektive Größe also, und auch der Begriff der Krankheit wird ausgeweitet. Zur leiblichen Krankheit „treten andere Dinge hinzu: gesellschaftliche und wirtschaftliche Störungen, Nöte und Lebensminderungen jeder Art"[18]. Die Vorstellung vom heilenden Gott, der von Krankheiten und Sünden befreit, bleibt in den Psalmen und bei den Propheten lebendig[19]. Sie kann sich auch da noch behaupten, wo in einer späten Schrift der professionelle Arzt und der Apotheker ansonsten mit Diagnostik und Therapie betraut werden. Im Lied vom Arzt in Sir 38,1–15 heißt es in V. 9: „Bete zu Gott, denn er kann dich heilen", und in V. 15: „Wer gegen den sündigt, der ihn gemacht hat, der fällt in die Hände des Arztes."[20]

Einen urtümlichen, fast mythischen Zusammenhang von Krankheit und Sünde kennt auch das nichtjüdische und nichtchristliche antike Denken. Ungebrochen schlägt sich das noch im 2./3. Jh.n.Chr. in den sogenannten Beicht- oder Sühneinschriften aus Kleinasien nieder, drastisch z.B. in der expliziten Formulierung: καὶ ἁμ[αρτήσας κα]ταπίπτω εἰς ἀ[σθένειαν], „Und nachdem ich (oder weil ich) gesündigt hatte, fiel ich in Krankheit"[21]. Die Grundkonstellation

---

[15] Vgl. W. SCHRAGE, Heil und Heilung im Neuen Testament, in: EvTh 46 (1986) 197–214.

[16] Vgl. zu ihm H. J. KLAUCK, Die religiöse Umwelt des Urchristentums. Bd. I: Stadt- und Hausreligion, Mysterienkulte, Volksglaube (KStTh 9/1), Stuttgart 1995, 130–139; s. auch F. KUDLIEN, Der Arzt des Körpers und der Arzt der Seele, in: Clio Medica 3 (1968) 1–20, hier 13.

[17] Zum Fortleben in der Gnosis vgl. M. R. DESJARDINS, Sin in Valentinianism (SBL.DS 108), Atlanta, GA 1990, 57f.: Herakleon, Frag. 40 (bei Origenes, In Joh 13,60), interpretiert die Krankheit des Sohnes des königlichen Beamten in Joh 4,46–53 als Unwissenheit und Sünde; 80f.: Im Evangelium Veritatis NHC I/3 taucht kurz nach der Erwähnung des Sündigens der Vergleich auf: „Denn der Arzt eilt zu dem Ort, wo es Krankheit gibt ..." (35,30f.).

[18] N. LOHFINK, „Ich bin Jahwe, dein Arzt" (Ex 15,26). Gott, Gesellschaft und menschliche Gesundheit in einer nachexilischen Pentateuchbearbeitung (Ex 15,25b.26), in: DERS., Studien zum Pentateuch (SBAB 4), Stuttgart 1988, 91–155, Zit. 127; s. ferner H. NIEHR, IHWH als Arzt. Herkunft und Geschichte einer alttestamentlichen Gottesprädikation, in: BZ NF 35 (1991) 3–17.

[19] Statt der Stellenbelege sei dafür verwiesen auf F. LINDSTRÖM, Suffering and Sin. Interpretations of Illness in the Individual Complaint Psalms (CB.OT 37), Stockholm 1994.

[20] Zum Lied vom Arzt vgl. D. LÜHRMANN, Aber auch dem Arzt gib Raum (Sir 38,1–15), in: WuD 15 (1979) 55–78; M. ADINOLFI, Il medico in Sir 38,1–15, in: Anton. 62 (1987) 172–183; zum Thema allgemein J. MARBÖCK, Sündenvergebung bei Jesus Sirach. Eine Notiz zur Theologie und Frömmigkeit der deuterokanonischen Schriften, in: ZKTh 116 (1994) 480–486.

[21] Schon bei F. STEINLEITNER, Die Beicht im Zusammenhange mit der sakralen Rechtspflege in der Antike. Ein Beitrag zur näheren Kenntnis kleinasiatisch-orientalischer Kulte der Kaiserzeit, Leipzig 1913, 46 als Nr. 20; vgl. jetzt CMRDM Nr. 77 = BWK Nr. 100.

sieht in der Regel so aus[22]: Jemand hat eine Verfehlung begangen, sei sie ritueller Art (Verunreinigung des Heiligtums z.B.[23]), sei sie sozialer Art (neben dem auch rituell bedeutsamen Meineid des Weiteren Diebstahl, üble Nachrede, Vergiftung[24] u.a.m.). Dafür trifft ihn oder nicht selten auch sie ein Unglücksfall, was häufig mit κολασθείς u.ä. umschrieben wird[25]. Erst ein Sündenbekenntnis und eine Votivgabe an die Gottheit, die u.U. sogar mit der Inschrift, die den Vorgang festhält, identisch ist, schaffen Abhilfe. Der Schuldige kann aus seiner Krankheit errettet werden[26].

Auf das Bekenntnis kommen wir noch zurück. Die empirische Basis, die zum Postulat eines Kausalzusammenhangs von Sünde und Krankheit führte, sollte nicht so völlig fremd anmuten in einer Zeit wie der unsrigen, die Sünden vor allem noch als Diätsünden und Alkoholsünden kennt, sich eine Neuentdeckung der psychosomatischen Medizin zugute hält und bereit ist, Jahre in eine psychoanalytische Therapie seelischer Schäden mit teils körperlichen Folgen zu investieren. Auf dieser Erfahrungsgrundlage baut die Metaphorisierung auf, indem sie sich zugleich von ihr distanziert und eine neue, nur sprachlich zugängliche Wirklichkeit schafft. Was gemeint ist, wird klarer, wenn man sieht, dass schon Platon die Sünden als Krankheiten der Seele bezeichnet, die man durch Gesetzgebung heilen müsse (Leg 9,6 [862C/D]). In der moralphilosophischen Unterweisung der Stoiker und der Kyniker stößt man auf Schritt und Tritt auf den Vergleich der philosophischen mit der ärztlichen Tätigkeit, was in der exegetischen Forschung schon dazu führte, das Bildwort aus Mk 2,17 Jesus wegen Nichtbeachtung des Unähnlichkeitskriteriums abzusprechen. Greifen wir als zeitgenössischen Redner nur Dion Chrysostomos heraus, der Diogenes die Meinung äußern lässt, „der verständige Mann müsse gleich einem guten Arzt dort zur Hilfe bereit sein, wo die meisten krank sind, und sich besonders dort aufhalten, wo es die meisten Unverständigen gibt"[27].

Kritisch hinterfragen kann man von hier aus das Sündenverständnis, das sich in der Wahl speziell dieser Metaphorik reflektiert. Wenn Sünde als Krankheit

---

[22] Zur Diskussion der Texte vgl. R. Pettazzoni, La confessione dei peccati. Bd. I-III (StorRel 8.11.12), Bologna 1929–1936, hier III, 54–162; J. Zingerle, Heiliges Recht, in: JÖAI 23 (1926) Beiblatt 5–72; E. N. Lane, CMRDM III, 17–38; NDIEC III, 20–31.

[23] Vgl. MAMA IV Nr. 285 = BWK Nr. 112: „Denn ich bin in den (heiligen) Platz eingedrungen und habe die Tempelsiedlung zweimal in unreinem Zustand durchschritten."

[24] Letzteres in CRMDM Nr. 44 = TAM Nr. 318 = BWK Nr. 69.

[25] So ständig in BWK 5–7.9.11f.22f.33–35.41–43.62–65 etc; wo dieser Mechanismus anscheinend nicht vorlag, setzt eine Inschrift betont hinzu, dass die Sühnung „von selbst" oder „freiwillig" vollzogen wurde (MAMA IV Nr. 285 = BWK 69).

[26] Vgl. CMRDM Nr. 72 = TAM Nr. 442: τὸ σωθῆναι αὐτὸν ὑπὸ τοῦ θεοῦ ἀσθενοῦντα.

[27] Or 8,5; vgl. 3,100; 8,7f; 13,32; 17,2f.6; 27,7; 32,17; 33,6f.44; 44,8.18.26.42; G. Mussies, Dio Chrysostom and the New Testament (SCHNT 2), Leiden 1972, 52. Vgl. im Übrigen, auch zur Arztmetaphorik, P. Cordes, IATROS. Das Bild des Arztes in der griechischen Literatur von Homer bis Aristoteles (Palingenesia 39), Stuttgart 1994, bes. 153–158: Sokrates als Arzt in Platons *Charmides*.

gilt, inwieweit kann der Mensch dafür überhaupt verantwortlich gemacht werden? Kann von seinem schuldhaften Handeln noch die Rede sein? Für stoisches Denken dürfte feststehen, dass die Sünde keine Störung eines wie auch immer definierten Gottesverhältnisses bedeutet und auch keine grundsätzliche Beeinträchtigung des sittlichen Vermögens des Menschen anzeigt. Es wäre ihm – mit leichter Hilfestellung seitens seiner philosophischen Lehrer – in der Tat möglich, aus eigener Kraft sein Denken und damit sein Leben zu ändern. Allerdings steht die Intensität der stoisch-kynischen Strafpredigten, die sich zu regelrechten Publikumsbeschimpfungen steigern, zu dieser theoretischen Vorgabe in einem eigentümlichen Kontrast. Außerdem bedeutet, auf das Neue Testament bezogen, Verwandtschaft in der Metaphorik noch nicht Übernahme eines gesamten Denksystems, und Sünde als Krankheit stellt nur einen Ausschnitt aus dem biblischen Gesamtbefund dar, der einer Korrelierung mit anderen metaphorischen Feldern bedarf. Aber halten wir auch die Vorteile fest, die gerade diese Realisierung der Grundthematik mit sich bringt: Der Mensch wird integral gesehen, als leibseelische Einheit. Heil und Heilung fallen nicht völlig auseinander. Vergebung will beitragen zu einem gelingenden Lebensentwurf. Die biblische Botschaft entfaltet so ihre therapeutische Dimension. Man kann verstehen, dass Jesus bei Origenes und Hieronymus nicht nur zum Arzt, sondern – wörtlich – zum „Chefarzt" (ἀρχίατρος) befördert wird[28] und dass eine Miniatur aus dem 16. Jahrhundert ihn als Apotheker zeigt, der für Adam und Eva ein Rezept ausschreibt[29] – Elemente einer (mit M. Herzog) medizinisch-pharmazeutischen Christologie und Soteriologie.

2. Ein soziales Paradigma: Befreiung aus Sklaverei

Beginnen wir diesmal mit den soeben angesprochenen Sühneinschriften, denn in einer von ihnen aus dem Jahr 142/43 n. Chr. heißt es, dass Artemidor und Amias mit ihren Verwandten, εἰδότων καὶ μὴ εἰδότων, den Göttern auftragsgemäß ein λύτρον erstatteten[30], bzw. in einem anderen Text, dass mehrere Geschwister ἐλυτρώσαντο τὸν θεὸν ἐξ εἰδότων καὶ μὴ εἰδότων[31]. Wissen und Nichtwissen muss es hier mit Sünden zu tun haben, die, ob bewusst oder unbewusst begangen, den Familienverband betreffen, auch die nicht unmittelbar beteiligten Mitglieder. Durch das Lösegeld, worin immer es bestanden haben mag, kaufen sich die Betreffenden von der Sündenstrafe, die sie getroffen hat oder die ihnen noch droht, frei.

---

[28] Belege bei M. HERZOG, Christus medicus (s. Anm. 11) 422 Anm. 28; 427 Anm. 37.

[29] Vgl. W. H. HEIN, Christus als Apotheker (Monographien zur pharmazeutischen Kulturgeschichte 3), Frankfurt a. M. 1974, 19.

[30] CMRDM Nr. 61 = TAM Nr. 255 = BWK 53; auch in NDIEC II, 90.

[31] CMRDM Nr. 66 = TAM Nr. 254 = BWK Nr. 51.

Von den Neutestamentlern ist wohl als erster Adolf Deißmann auf diese Inschriften mit λύτρον aufmerksam geworden[32], und er hat die Verbindungslinien
in zwei Richtungen ausgezogen, einmal zum Neuen Testament hin, was auch
die Althistoriker ihrerseits bis in die jüngste Zeit hinein tun[33], zum andern auch
zur Praxis des sakralen Sklavenfreikaufs in der griechischen Welt hin. Als Alternative wurde auch der Loskauf von Kriegsgefangenen ins Spiel gebracht[34],
aber die Differenz ist nur graduell, da Kriegsgefangene häufig in die Sklaverei
gerieten. Die sakrale Sklavenfreilassung, wie sie in ca. 1000 Inschriften auf der
großen Stützmauer des Apollo-Tempels in Delphi dokumentiert ist, erfreut
sich als Vergleichsgröße inzwischen keiner sonderlich großen Beliebtheit mehr,
seit man deutlicher noch als Deißmann gemerkt hat, dass es sich dabei um eine
besonders subtile Form von Ausbeutung handeln konnte, insofern der Sklave
die Kaufsumme durch Zusatzleistungen selbst zusammenbringen musste[35].
Aber λύτρον kommt auch in profanen Freilassungsurkunden vor[36], und zumindest als einen möglichen Rezeptionshorizont, der es gestattet, die religiöse
Metaphorik an die Erlebniswelt anzubinden, wird man den Loskauf aus Gefangenschaft und Sklaverei für die λύτρον-Wortgruppe nicht aus dem Auge verlieren[37].

Man braucht diese Sichtweise deshalb auch nicht alternativ auszuspielen
gegen eine andere, in der exegetischen Forschung dominierende Position, die
für die neutestamentlichen Tradenten das Alte Testament als Herkunftsbereich

---

[32] Vgl. A. Deissmann, Licht vom Osten. Das Neue Testament und die neuentdeckten Texte
der hellenistisch-römischen Welt, Tübingen ⁴1923, 278f., mit Foto von CMRDM Nr. 90.

[33] Vgl. schon F. Steinleitner, Die Beicht (s. Anm. 21) 38: „eine Parallele zum paulinischen
Begriffe der Erlösung als einer Loskaufung aus der Knechtschaft, in die der Mensch durch die
Sünde, das Gesetz und den Götzendienst vor Gott geraten ist"; neuerdings H.S. Versnel,
Beyond Cursing: The Appeal to Justice in Judicial Prayers, in: C. A. Faraone / D. Obbink
(Hrsg.), Magika Hiera. Ancient Greek Magic and Religion, New York-Oxford 1991, 60–106,
hier 79: „commonplace in the New Testament, particularly in Pauline discourse, which the
otherwise purely pagan confession inscriptions recall in many respects".

[34] Vgl. W. Elert, Redemptio ab hostibus, in: ThLZ 72 (1947) 265–270.

[35] Grundlegend ist F. Bömer, Untersuchungen über die Religion der Sklaven in Griechenland und Rom. Bd. II: Die sogenannte sakrale Freilassung in Griechenland und die
(δοῦλοι) ἱεροί (AAWLM.G 1960/1), Mainz 1960; weitere Bibliographie in NDIEC VI, 73–75;
zusätzlich noch K. Latte, Heiliges Recht. Untersuchungen zur Geschichte der sakralen
Rechtsformen in Griechenland, Tübingen 1920, Repr. Aalen 1964, 101–111.

[36] Vgl. nur λύτρον (bis) in PTurner 19,6f (101 n.Chr.), auch in NDIEC VI, 63–65.

[37] Vgl. auch das Ergebnis bei W. Kraus, Der Tod Jesu als Heiligtumsweihe. Eine Untersuchung zum Umfeld der Sühnevorstellung in Röm 3,25–26a (WMANT 66), Neukirchen-
Vluyn 1991, 179: „Es ist also davon auszugehen, dass sowohl die Exodus-Thematik wie auch
die Freilassung aus Sklaverei für Paulus und seine Leser den Hintergrund des Verständnisses
von ἀπολύτρωσις abgeben", das gewonnen wurde u.a. in Auseinandersetzung mit den Arbeiten von E. Pax, Der Loskauf. Zur Geschichte eines neutestamentlichen Begriffes, in: Anton. 37
(1962) 239–278; W. Haubeck, Loskauf durch Christus. Herkunft, Gestalt und Bedeutung des
paulinischen Loskaufmotivs (TVG 317), Gießen 1985.

der Loskaufmetaphorik favorisiert[38]. Der geschichtliche Prototyp schlechthin für Befreiung aus Gefangenschaft war für Israel der Exodus aus Ägypten, und das λύτρον-Vokabular begegnet in der Septuaginta u.a. auch in diesem Zusammenhang[39]. Aber auch das private Schadensersatzrecht als ursprünglicher Sitz im Leben und die Auslösung des todverfallenen Lebens sind zu beachten[40] sowie für unsere Zwecke vor allem die Befreiung von Sünden in Ps 130 (129),7f.: „Denn beim Herrn ist Erbarmen, bei ihm ist reiche Erlösung (λύτρωσις). Ja, er selbst wird Israel erlösen (λυτρώσεται) von all seinen Gesetzlosigkeiten (ἀνομιῶν)." Man wird schließlich auch nicht an Jesaja vorbeikommen, nicht an Jes 43,3: „Ich gebe Ägypten als Lösegeld für dich"[41], nicht an Jes 52,2f.: „Stehe auf, Jerusalem, du Kriegsgefangene ... ohne Silbergeld sollst du losgekauft werden", und für das bekannteste Lösegeldwort im Neuen Testament auch nicht am leidenden Gottesknecht aus Jes 53,10–12.

Angesprochen haben wir damit Mk 10,45c: Der Menschensohn gibt „sein Leben als Lösegeld für die vielen", das eine hellenisierte Variante (mit ἀντίλυτρον) in 1 Tim 2,6 hat[42]. Hier bleibt eigentümlich unbestimmt, von was losgekauft wird, wem der Kaufpreis, den 1 Petr 1,18f. näher definiert als Christi „kostbares Blut" (vgl. Offb 5,9), eigentlich zu entrichten ist. Das verhält sich bei isolierter Betrachtungsweise nicht anders auch in 1 Kor 6,20: ἠγοράσθητε γὰρ τιμῆς, frei wiederzugeben mit: „Denn ihr seid auf dem Marktplatz erworben worden gegen Bezahlung in bar." Aber diese Lücke lässt sich durch kontextuelle und intertextuelle Verweise schließen. Freigekauft wird in 1 Petr 1,18 von einem „nichtigen Wandel", in Tit 2,14 von „jeglicher Ungerechtigkeit", in Gal 3,13; 4,5 vom Diktat des Gesetzes. Dahinter steht, kurz gesagt, die Macht der Sünde, in deren *Kriegsgefangenschaft* das schwache Ich nach Röm 7,23 gerät (αἰχμαλωτίζοντά με; vgl. auch in Kol 1,14; Eph 1,7 die Näherbestimmung von ἀπολύτρωσις durch „Vergebung der Sünden").

---

[38] Bes. entschieden D. HILL, Greek Works and Hebrew Meanings: Studies in the Semantics of Soteriological Terms (MSSNTS 5), Cambridge 1967, 49–81, doch geben sein Umgang mit dem Material und sein methodisches Vorgehen manche Fragen auf.

[39] Vgl. das Verb in Dtn 7,8; 9,26; 13,6 etc. und im Übrigen die Lexika, bes. C. SPICQ, Notes de lexicographie néo-testamentaire. Supplément (OBO 22/3), Freiburg (Schweiz)/Göttingen 1982, 429–435; auch P. RICOEUR, Symbolik des Bösen. Phänomenologie der Schuld II (La Symbolique du Mal, Paris 1960, dt. von M. Otto), Freiburg-München 1971, 108: „Diese ‚Loskauf‘-Symbolik verdankt viel von ihrer Kraft dem Umstand, dass sie mit der Symbolik des Exodus, des Auszugs aus Ägypten, verkoppelt ist ..."

[40] Mit B. JANOWSKI, Auslösung des verwirkten Lebens. Zur Geschichte und Struktur der biblischen Lösegeldvorstellung, in: ZThK 79 (1982) 25–59; vgl. Ex 21,30; Num 35,31.

[41] Die LXX hat das sinnverwandte ἄλλαγμα, vgl. aber ἐλυτρωσάμην in 43,1 und Mk 8,37 mit Mk 10,45.

[42] Vgl. zur traditionsgeschichtlichen Lage nur J. JEREMIAS, Das Lösegeld für Viele (Mk. 10,45), in: DERS., Abba. Studien zur neutestamentlichen Theologie und Zeitgeschichte, Göttingen 1966, 216–229.

Die Metaphorik vom Lösegeld und vom Kaufpreis impliziert also eine Konzeption der Sünde als eine den Menschen versklavende Macht[43]. Die Übersetzungen begnügen sich im Fall von λύτρωσις (z.B. in Lk 1,68; Hebr 9,12) und ἀπολύτρωσις (z.B. in 1 Kor 1,30; Hebr 9,15) oft mit dem zum Abstraktum gewordenen Begriff „Erlösung", und das nicht ohne Grund. Es ist nicht zu bezweifeln, dass schon im Alten und erst recht im Neuen Testament die Realitätsgehalte der einschlägigen Metaphern zu verblassen beginnen und theologische Fachtermini übrig bleiben. Das trägt sicher zur Präzision bei, nicht aber zur Anschaulichkeit. Eine Rückbesinnung auf die zugrundeliegenden Primärerfahrungen, bei der uns auch die antike Sklavenfreilassung eine Hilfe sein wird, könnte wesentlich zur Auffrischung der theologischen Fachsprache beitragen.

3. Ein finanzielles Paradigma: Nachlass von Geldschulden

Wir bleiben beim Geld und damit zugleich beim Thema. Moralische Schuld und ökonomische Schulden liegen nach unserem Sprachgefühl auch im Deutschen nicht so weit auseinander. In gewisser Weise bleiben wir sogar bei der Sklaverei, denn auch wegen Geldschulden konnte man in der Antike in die Knechtschaft geraten. Trotz dieser Berührungen bietet aber die Terminologie genügend Unterscheidungsmöglichkeiten, denn an die Stelle von λύτρον mit Derivaten treten nun ὀφείλω, ὀφείλημα, ὀφειλέτης, um die sich verschiedene andere Vokabeln aus der Geschäftswelt gruppieren.

Beginnen wir mit etwas Konkretem, mit einer von vielen antiken Schuldurkunden[44]. Ihr Korpus wird in Z. 3 mit ὁμολογῶ eröffnet, hier nicht „ich bekenne", sondern „ich erkenne an", nämlich „dass ich von dir in bar 2000 Silberdrachmen erhalten habe". Die werde ich, so der Sprecher weiter, „zurückzahlen" (Z. 6: ἀποδώσειν), ebenso alles, was „ich dir sonst noch schulde" (Z. 12: ὀφείλω). Das alles wird festgehalten in einem χειρόγραφον (Z. 13; wiederholt in Z. 22), d.h. in einem eigenhändigen Schreiben, das aber nicht offiziell durch Zeugen beglaubigt und archiviert zu werden braucht.

Nehmen wir unsere Spur ins Neue Testament hinein[45] mit der fünften Vaterunserbitte auf, die in Mt 5,12 lautet: „Und vergib uns unsere ὀφειλήματα,

---

[43] Vgl. P. Ricoeur, Symbolik (s. Anm. 39) 110: „Die Gefangenschaft ist, wörtlich genommen, eine soziale, intersubjektive Situation; indem sie zum Symbol der Sünde wurde, hat diese Chiffre den Entfremdungscharakter der Sünde herausgestellt"; G. Röhser, Metaphorik (s. Anm. 10) 65–72.104–115.

[44] Es handelt sich um PUpsFrid 3 aus dem Jahr 122/23 n. Chr., auch in NDIEC VI, 105–107.

[45] Nur im Vorübergehen sei festgehalten, dass die ökonomische Begrifflichkeit z.T. auch in unserer Inschriftengruppe anzutreffen ist, so ἀποδίδει für die Erstattung der geforderten „heiligen Gabe" in TAM Nr. 328 = BWK Nr. 74, in BWK Nr. 16 u.ö. (ca. 20-mal); die Probleme entstehen mehrfach durch das Verleihen von Geld und durch Rückzahlungsforderungen (z.B. TAM Nr. 525 = BWK Nr. 79).

wie auch wir vergeben haben unsern ὀφελέταις." Erst Lukas ersetzt in der Parallele Lk 11,4 ὀφειλήματα, wo man die Geldschuld noch mitheraushören kann (vgl. Lk 16,5.7), durch ἁμαρτίας.

In beiden Vershälften haben wir ἀφίημι mit „vergeben" übersetzt. Im Zusammenhang mit Geldschulden meint das Verb aber auch so viel wie eine Summe nachlassen, auf ihre Rückzahlung verzichten. Von dieser Doppeldeutigkeit lebt im mt Kontext das Sondergutgleichnis vom Schalksknecht in Mt 18,23–35[46]. Auf der Erzählebene bewegen wir uns in der großen und kleinen Finanzwelt; an der Aussageabsicht kann kaum ein Zweifel bestehen, auch ohne die abschließende Deutung in V. 35: „So wird auch mein himmlischer Vater an euch handeln, wenn ihr nicht jeder seinem Bruder von Herzen vergebt (ἀφῆτε)" und ohne die rahmende Petrusanfrage in V. 21: „Wie oft muss ich meinem Bruder vergeben (ἀφήσω), wenn er gegen mich sündigt?" Ein großer und ein kleiner Gläubiger und ein großer und ein kleiner Schuldner treten auf (ὀφειλέτης in V. 24; ὤφειλεν und ὀφείλεις in V. 28; ὀφειλόμενον in V. 34), eine verliehene Geldsumme (δάνειον in V. 27) soll zurückgegeben werden (diverse Formen von ἀποδίδωμι in V. 25bis.26.28.29.30.34), was sich als unmöglich erweist. Schuldknechtschaft und Versklavung der ganzen Familie drohen, bis der große Gläubiger sich rühren lässt und die ganze Schuld erlässt (ἀφῆκεν, vorbereitet durch ἀπέλυσεν in V. 27; ἀφῆκα in V. 32; in V. 33 aufgenommen durch ἐλεῆσαι und ἠλέησα mit verstärkter theologischer Färbung). Wenn die Definition einer literarischen Allegorie als „a twice-told tale"[47] auch nur in etwa zutrifft, dann haben wir in Mt 18,23–35 in der jetzigen Fassung eine solche allegorische Doppelerzählung vor uns, denn die Folie der ersten Geschichte aus der Finanzwelt wird transparent für eine zweite Geschichte, die im Sinn der fünften Vaterunserbitte, nur mit umgekehrtem zeitlichen Gefälle, von Schuld und Vergebung in göttlicher und menschlicher Sphäre erzählt, dies alles nicht zuletzt auf der Folie von alttestamentlichen Erlassbestimmungen.

Durch ihre Kürze möglicherweise noch eindrucksvoller wirkt eine andere Schuldnerepisode, die Lukas in die Erzählung von der Salbung Jesu durch die Sünderin (Lk 7,36–50) eingebaut hat[48]: Ein Geldverleiher (δανειστής) hatte zwei Schuldner (χρεοφειλέτης), die ihm 500 und 50 Denare schuldeten; da sie

---

[46] Vgl. zu diesem Text zuletzt mit neuer Bestimmung des Bildhintergrunds und der Realien B. WEBER, Schulden erstatten – Schulden erlassen. Zum matthäischen Gebrauch einiger juristischer und monetärer Begriffe, in: ZNW 83 (1992) 253–256; DERS., Alltagswelt und Gottesreich. Überlegungen zum Verstehenshintergrund des Gleichnisses vom „Schalksknecht" (Matthäus 18,23–34), in: BZ NF 37 (1993) 161–182; DERS., Vergeltung oder Vergebung!? Matthäus 18,21–35 auf dem Hintergrund des „Erlassjahres", in: ThZ 50 (1994) 124–151.

[47] So E. HONIG, Dark Conceit: The Making of Allegory, Providence ²1972, 12.

[48] Vgl. nur die überzeugende Behandlung bei B. HEININGER, Metaphorik, Erzählstruktur und szenisch-dramatische Gestaltung in den Sondergutgleichnissen bei Lukas (NTA NF 24), Münster 1991, 83–98.

beide nichts zurückzahlen konnten (ἀποδοῦναι), erließ er (ἐχαρίσατο) ihnen
großmütig nicht nur die fälligen Zinsen, sondern gleich die ganze Summe (Lk
7,41f.). Dieser Geldverleiher hat seinen Beruf gründlich verfehlt und steuert
seinem sicheren Ruin entgegen. Das will sagen: Hier liegt eine extreme Ver-
fremdung der Wirklichkeitswelt vor, wie sie für die kühne Metapher kenn-
zeichnend ist. Die entstehende Diskrepanz erlaubt eine innovative Aussage
über Gott, so wie Jesus ihn sieht: Die Menschen empfinden ihn oft als den großen Buchhalter und Gläubiger, aber diese Rolle passt nicht zu ihm, oder anders
gesagt: Diese Rolle nimmt er nur ein, um unbezahlbare Schulden erlassen zu
können.

Das Verb χαρίζομαι aus Lk 7,42, auch anderweitig vom Schuldenerlassen
gebraucht[49], verwendet Kol 2,13 für das Vergeben aller Verfehlungen (παρα-
πτώματα), und wohl nicht zufällig geht es in Kol 2,14 mit finanztechnischer Metaphorik weiter: Er, Gott, hat das χειρόγραφον, d.h. den Schuldschein, der uns
belastet, getilgt und außer Kraft gesetzt, indem er ihn ans Holz des Kreuzes
nagelte – zweifellos wieder eine sehr kühne Metaphorik, die diesmal durch das
Ineinanderschieben des realen Kreuzesgeschehens und der Praxis von Schuld-
verschreibungen zustande kommt. Den zahlreichen exegetischen Einzelpro-
blemen, die dieser Vers sonst noch bereithält, können wir hier nicht weiter
nachgehen[50], brauchen es auch nicht zu tun, weil sich für uns inzwischen der
Kreis geschlossen hat zu dem Geschäftspapyrus, von dem wir ausgegangen sind
und der diese technische Bezeichnung enthält.

Die Metaphorik der Geldschuld und der Schuldentilgung darf nicht dahingehend missverstanden werden, als sollten Sünde und Vergebung dadurch auf
die Ebene des bloßen Tauschgeschäfts hinabgezogen werden. Das könnte den
Ablasshandel unseligen Andenkens wieder beleben. Zum Transfer geeignet
sind aber nur *die* Erfahrungswerte, die Menschen im Umgang mit hartherzigen
Gläubigern, drückender Schuldenlast, überhöhten Zinsen, Zahlungsunfähig-
keit und Angst vor dem drohenden Ruin machen. Aus einer ähnlich aussichts-
losen Situation, so lautet der Zielsatz, hat uns Gott aus eigener Initiative her-
ausgeholt; entsprechend überschwänglich darf das Gefühl der Befreiung sein.

4. Ein forensisches Paradigma: Verurteilung und Begnadigung

„Nun gibt es folglich keine Verurteilung (κατάκριμα) mehr für die, die in Christus Jesus sind", schreibt Paulus in Röm 8,1. Das bringt uns zum forensischen
Paradigma, wo ein Gerichtsverfahren mit einem Gesetz, das vom Angeklagten

---

[49] U.a. bei Philos, Spec Leg 2,39; vgl. K. Berger, EWNT III, 1094.
[50] Dazu neben den Kommentaren auch R. Yates, Colossians 2,14: Metaphor of For-
giveness, in: Bib. 71 (1990) 248–259; dort 255 auch berechtigte Kritik an der zu direkten Verbindung, die W. Carr, Two Notes on Colossians, in: JThS NS 24 (1973) 492–500, zwischen den
kleinasiatischen Beichtinschriften und Kol 2,14 herstellt.

übertreten wurde, mit Richter und Anwalt, mit einem Urteil und mit der Bestrafung des Schuldigen die sinnstiftende Konfiguration bildet. In einfacher Form liegt sie in 1 Tim 5,24 vor: „Mancher Menschen Sünden sind offenbar und gehen ihnen voraus ins Gericht, anderen wiederum folgen sie nach." Gedacht wird dabei vom „Bild einer menschlichen Gerichtsverhandlung, zu deren Beginn der Angeklagte mit seinen Zeugen und Anwälten einzieht", her; die offenkundigen Sünden laufen ihren Tätern, „eifrigen Anklägern gleich, für alle sichtbar" voraus; aber auch die verborgenen Sünden „lassen sich nicht abschütteln, sondern werden unweigerlich mit ihm (dem Täter) zusammen am Gerichtsort ankommen, um dort ebenfalls gegen ihn als anklagende Zeugen aufzutreten"[51].

Das alttestamentlich-jüdische Gesetz als zentrale Lebensordnung des Volkes Israel hatte gerade diesen Vorstellungskomplex schon längst nachhaltig geprägt, Einzelbelege erübrigen sich. Halten wir für das Vokabular lediglich fest, dass manche griechischen Sündentermini diesen forensisch-gesetzlichen Hintergrund noch erkennen lassen, so ἀνομία, die Gesetzlosigkeit, der Verstoß gegen das Gesetz[52], oder ἀδικία, die Ungerechtigkeit[53]. Der erste Johannesbrief definiert geradezu: καὶ ἡ ἁμαρτία ἐστιν ἡ ἀνομία, „und die Sünde ist die Ungesetzlichkeit" (1 Joh 3,4; vgl. Ps 51[50],5LXX: „Denn meine ἀνομία kenne ich sehr wohl, und meine ἁμαρτία steht mir immer vor Augen"), sowie πᾶσα ἀδικία ἁμαρτία ἐστιν, „jegliche Ungerechtigkeit ist Sünde" (1 Joh 5,17; vgl. Ex 34,7LXX, wo alle drei Begriffe beieinander stehen[54]). Die Sünde (ἁμαρτία) erweist sich hier als relationaler, mittlerer Begriff, der einerseits zu ἀνομία als einer extremen Steigerung bis hin zur endzeitlichen Rebellion gegen Gott und andererseits zur ἀδικία als einem Sammelbegriff auch für Verstöße gegen soziale Verpflichtungen in Beziehung gesetzt wird[55]. Von der gesetzlichen Norm her denkt, wie die jeweiligen Kontexte eindeutig belegen, auch eine Umschreibung der Sünde als Übertretung[56], die daneben noch ein weiteres bildhaftes Moment enthält, nämlich das des Abweichens von einem durch Gott gewiesenen Weg (s.u.). Zitiert sei als Bündelung verschiedener Momente noch Jak 2,9: „Wenn ihr aber nach dem Ansehen der Person geht, so tut ihr eine *Sünde* und werdet vom *Gesetz* als *Übertreter* überführt." In dem Fall wird nach Jak 2,13 das *Gericht* unbarmherzig sein.

---

[51] Zitate bei J. ROLOFF, Der erste Brief an Timotheus (EKK XV), Zürich/Neukirchen-Vluyn 1988, 316f.

[52] U.a. Mt 7,23; 13,41; 24,12; Röm 4,7; 6,19; Tit 2,14; Hebr 10,17; auch παρανομία 2 Petr 2,16.

[53] Röm 1,18.29; 2,8; 3,5; 6,13; 1 Joh 1,9 etc.; auch ἄδικος für den Sünder, z.B. Lk 18,11; 1 Kor 6,9.

[54] Vgl. mit weiteren Belegen (14 insgesamt) für diese Trias, die die Totalität des Sündigens einfängt, R. KNIERIM, THAT I, 547.

[55] Zur Begründung im Einzelnen s. H. J. KLAUCK, Der erste Johannesbrief (EKK XXIII/1), Zürich/Neukirchen-Vluyn 1991, 186f.330f.

[56] παραβαίνω Mt 15,2f.; παράβασις Röm 2,23; 4,15; 5,14; Gal 3,19; 1 Tim 2,14; Hebr 2,2; 9,15; παραβάτης Röm 2,25.27; Gal 2,18; Jak 2,9.11; vgl. M. WOLTER, EWNT III, 32–35.

Vergebung von Sünden kann in diesem Paradigma wahlweise als Verzicht auf Bestrafung, als Bewahrung vor dem Gericht (so z.B. Joh 3,18) oder als überraschender Freispruch realisiert werden. Dass damit in einem weiteren Schritt auch die forensischen Implikate der paulinischen Rechtfertigungslehre tangiert sind, liegt auf der Hand. Die unmittelbare Gerichtssituation zeigt sich bei Paulus am deutlichsten noch in den Fragen aus Röm 8,33f.: Wer wird Anklage erheben gegen die Auserwählten Gottes? Wer ist es, der sie verurteilen will?

Im forensischen Bereich wurzelt wenigstens teilweise die Idee einer Vergebung von Sünden durch Gott aufgrund der Fürsprache eines Dritten: „Und wenn einer sündigt, haben wir einen Fürsprecher beim Vater, Jesus Christus, den Gerechten" (1 Joh 2,1; vgl. Röm 8,34). Ein παράκλητος[57] meint dem Wortsinn nach jemanden, der als Beistand vor Gericht herbeigerufen wird, einen *advocatus*. Dem Ausweis unserer Quellen zufolge ist dabei gar nicht einmal so sehr an den berufsmässigen Rechtsanwalt gedacht, der die Verteidigung übernimmt, sondern an alle, die durch ihre bloße Anwesenheit das Verfahren günstig beeinflussen können: die Frau und die Kinder des Angeklagten, die mit ihrem Jammern Mitleid erwecken; eine Gruppe von gekauften Zwischenrufern, die das Gericht einschüchtern; ein begüterter und einflussreicher Patron, der sich nur im Gerichtssaal sehen zu lassen braucht, um eine Atmosphäre entstehen zu lassen, die seinem Klienten Vorteile bringt. Im Umfeld der Sündenvergebung setzt auch Philo von Alexandrien den Parakletentitel ein (Praem 166f.; Vit Mos 2,134). Weniger bekannt dürfte sein, dass sich auf einer der neu entdeckten kleinasiatischen Sühneinschriften der reuige Sünder darüber freut: „Ich gewann Zeus als Parakleten"[58].

5. Ein rituelles Paradigma: Befleckung und Reinigung

„Wasche mich rein von meinen Vergehen (LXX ἀνομίας), und reinige mich von meinen Sünden (LXX ἁμαρτίας)", spricht der Beter in Ps 51,4, und wenig später: „Entsündige mich mit Hysop, dass ich rein werde, und wasche mich, dass ich weißer werde als Schnee" (V. 9). Jer 2,22 formuliert als Gottespruch: „Ja, wenn du dich schon wüschest mit Lauge und noch so viel Seife dir nähmest, der Schmutzfleck deiner Schuld bliebe doch vor mir." Nichts spricht eigentlich dagegen, ganz alltägliche Vorgänge als Ausgangspunkt für diese Metaphorik zu nehmen: die Reinigung des Körpers nach schmutziger Handarbeit, das Wa-

---

[57] Vgl. nur K. GRAYSTON, The Meaning of PARAKLĒTOS, in: JSNT 13 (1981) 67–82; weiteres, auch zum übergreifenden Phänomen der irdischen und himmlischen Fürbitte, bei H. J. KLAUCK, 1 Joh (s. Anm. 55) 100–106.

[58] BWK 5,18f.: Ἔσχα παράκλητον τὸν Δεῖαν, was der Hrsg. übersetzt mit: „Als Rechtsbeistand erhielt ich den Zeus"; vgl. auch den Kommentar dazu von G. PETZL, Sünde, Strafe, Wiedergutmachung, in: Epigraphica Anatolica 12 (1988) 155–166, hier 163f., der prompt 1 Joh 2,1 heranzieht.

schen eines verdreckten Gewandes. Aber im Alten Testament und nicht nur dort wird sie zusätzlich aufgeladen durch den Gegensatz von rein und unrein[59], von dem zunächst die Frage der Kultfähigkeit und -unfähigkeit abhängt[60], der sich aber darüber hinaus zu einem ordnungsstiftenden Faktor von grundsätzlicher Tragweite entwickelt hat[61]. Er erlaubt eine Kategorisierung von Dingen, Handlungen und Menschen.

Tatsächliche Waschungen, die innerhalb und außerhalb des unmittelbaren kultischen Rahmens zum Zweck der Reinigung rituell vollzogen werden, geben somit die Grundlage für die Metaphorik der Befleckung und der Reinigung, bezogen auf die Sünde, ab. Von anderen kultischen Vollzügen lassen sie sich abgrenzen, wenn man dem Vokabular folgt, in dem λούειν und καθαρίζειν die Führung übernehmen. Eine unserer Inschriften formuliert eingangs als Zulassungsbedingung: καὶ [μηθένα] ἀκάρθατον προσάγειν ... λουσαμένους δὲ κατακέφαλα αὐθήμερον εἰσ[πορεύ]εσθαι, „und niemand soll unrein hinzutreten ... wenn sie sich von Kopf bis Fuß gewaschen haben, dürfen sie am gleichen Tag eintreten"[62].

Am deutlichsten artikulieren diesen Gedanken im Neuen Testament Apg 22,16 (Ananias zu Paulus): „Was zögerst du? Steh auf, lass dich taufen und deine Sünden abwaschen (ἀπόλουσαι)" und 1 Kor 6,11: „Ihr habt euch ja abwaschen lassen (ἀπελούσασθε)"[63]. Dass es das Bad der Taufe ist, das ursächlich die Abwaschung des Sündenschmutzes bewirkt, braucht man nicht erst zu vermuten; Apg 22,16 sagt es klar genug (vgl. auch Tit 3,5: „*Bad* der Wiedergeburt"). Wie sofort auch der Kult im engeren Sinn mit hineinspielt, zeigen 1 Joh 1,7: „Das *Blut* Jesu, seines Sohnes, reinigt (καθαρίζει) uns von jeglicher Sünde" und die paradoxe Strapazierung der Bildersprache in Offb 7,14: „Sie haben ihre Gewänder gewaschen und weiß gemacht im Blut des Lammes".

Aufschlussreich sind aber auch die Oppositionsbegriffe, zwischen denen die Reinigung mediatisiert, Bezeichnungen also für das, was vorher war, die Unreinheit, die Befleckung, und für das, was folgt, die Reinheit, um nicht zu

---

[59] Vgl. für Ps 51 H. J. Stoebe, Gott, sei mir Sünder gnädig. Eine Auslegung des 51. Psalms (BSt 20), Neukirchen-Vluyn 1958, 41.

[60] Vgl. für die Griechen R. Parker, Miasma. Pollution and Purification in Early Greek Religion, Oxford 1983; zum Ganzen auch G. Röhser, Metaphorik (s. Anm. 10) 39–48.

[61] Vgl. M. Douglas, Reinheit und Gefährdung. Eine Studie zu den Vorstellungen von Verunreinigung und Tabu (Purity and Danger: An Analysis of Concepts of Pollution and Taboo, London 1966; dt. von B. Luchesi) (stw 712), Frankfurt a.M. 1988.

[62] Text CMRDM 13 = SIG³ 1042 = LSCG 55 = NDIEC III, 20f (die Inschrift stammt aus Sounion in Attika, darf aber, da sie die Stiftung eines Heiligtums für den auch in den Beichtinschriften oft erwähnten Gott Men zum Inhalt hat, am Rande mitherangezogen werden); vgl. zur Unreinheit (ἀναγν-) als möglicher Sündenmaterie MAMA IV Nr. 283.285.287–289 = BWK Nr. 110.112.114–116; evtl. auch (Deutung ungesichert) μόλυμον MAMA IV Nr. 280 = BWK Nr. 107; sicher einschlägig: μεμολυμένος in BWK Nr. 98; auch BWK Nr. 36.

[63] Vgl. noch Offb 1,5 v.l.: „Dem, der uns geliebt und uns *abgewaschen* hat *von* jeder Sünde durch sein Blut" (λούσαντι ἀπό statt λύσαντι ἐκ); zu καθαρίζω vor allem Eph 5,26; Hebr 10,2; Jak 4,8.

sagen Heiligkeit. Einiges sei mit ausgewählten Textbelegen, die insbesondere die Nuance des Sündigen, Lasterhaften bzw. seiner Überwindung herausstellen sollen, im folgenden tabellarisch aufgelistet[64]. Die sprachliche Realisierung erfolgt auffällig oft mit Hilfe einer Negation durch Alpha privativum[65]:

I. Der zu überwindende Mangelzustand:

1. ἀκαθαρσία, Unreinheit: Gal 5,19
   ἀκάθαρτος, unrein: Eph 5,5

2. ἀλίσγημα, Befleckung: Apg 15,20
   ἀλισγέω, beflecken: Mk 9,49 v.l.

3. βδέλυγμα, Greuel: Offb 21,27
   βδελύσσομαι, sich beflecken: Offb 21,8

4. κοινός, gemein, profan: Offb 21,27
   κοινόω, verunreinigen: Hebr 9,13

5. μίασμα, Besudelung: 2 Petr 2,20
   μιασμός, Besudelung: 2 Petr 2,10
   μιαίνω, besudeln: Hebr 12,15

6. μολυσμός, Befleckung: 2 Kor 7,1
   μολύνω, beflecken: Offb 3,4

7. μῶμος, Makel, Schandfleck: 2 Petr 2,13

8. σπίλος, Schmutzfleck: 2 Petr 2,13

II. Der angestrebte Endzustand:

1. ἅγιος, heilig, gottgemäß: Kol 1,22
   ἁγιάζω, heiligen: Hebr 9,13
   ἁγιασμός, Heiligung: Röm 6,19.22
   ἁγιότης, Heiligkeit: 2 Kor 1,12 v.l.

2. ἁγνός, heilig, rein: 1 Tim 5,22
   ἁγνίζω, reinigen: Jak 4,8
   ἁγνεία,, reine Gesinnung, Zucht: 1 Tim 4,12
   ἁγνότης, Lauterkeit: 2 Kor 6,6

3. ἄκακος, arglos: Röm 16,18

4. ἀκέρειος, unverdorben, lauter: Phil 2,15

5. ἄμεμπτος, untadelig: Phil 2,15

6. ἀμίαντος, fleckenlos: Jak 1,27

7. ἄμωμος, untadelig: Phil 2,15

8. ἀνέκλητος, unbescholten: 1 Tim 3,10

9. ἀπεπίλημπτος, unangreifbar: 1 Tim 3,2

10. ἄσπιλος, makellos: Jak 1,27

11. καθαρός, rein: Jak 1,27
    καθαρότης, Reinheit: Hebr 9,13
    καθαρισμός, (vollzogene) Reinigung:
    Hebr 1,3
    ἐκαθαρισμένος, gereinigt: Hebr 10,2

12. λελουμένος, gebadet, rein: Joh 13,10

13. ῥεραντισμένος, reingewaschen: Hebr 10,22

---

[64] In teilweisem Anschluss an J. H. Neyrey, 2 Peter, Jude (AncB 37c), New York 1993, 11f.
[65] Vgl. P. Ricoeur, Symbolik (s. Anm. 39) 47: „Hauptintention ist, die Entbundenheit vom Unreinen auszudrücken: die Nicht-Mischung, die Nicht-Beschmutztheit, die Nicht-Finsternis, die Nicht-Verwirrung; und dieses Nicht spielt auf allen Registern des Wortsinns und des bildlichen Sinns."

Zusammenfassend bemerkt Paul Ricoeur zu diesem Paradigma, das in seinem Entwurf einen hohen Stellenwert hat: „Der Aufbau eines Vokabulars des Reinen und Unreinen, das alle Ausdrucksmöglichkeiten der Fleckensymbolik einfängt, ist mithin die erste linguistische und semantische Schicht des ‚Schuldgefühls' und zuvor des ‚Sündenbekenntnisses'."[66]

6. Ein kultisches Paradigma: Das Sühnopfer

Dass auch Blut reinigen kann (s.o. zu 1 Joh 1,7; Offb 7,14), versteht man eigentlich nur, wenn man die alttestamentliche Sühnopferpraxis kennt und ihre ideologische Grundlage, die Lev 17,11 auf den Punkt bringt: „Denn das Blut ist es, das Sühne erweckt", aufgrund der in ihm wohnenden Lebenskraft. Für das dadurch erreichte Gnädiggestimmtsein der Gottheit setzt die Septuaginta (ἐξ-)ἱλάσκεσθαι und Derivate ein, die auch in den kleinasiatischen Sühneinschriften in ähnlichem Kontext Verwendung finden[67], womit die breitere religionsgeschichtliche Einbettung der alttestamentlichen Praxis wenigstens angedeutet wäre.

Den verwickelten Fragen um die Sühnopferriten im Alten Testament und ihren Bezeichnungen weiter nachzugehen kann, so faszinierend das auch wäre, hier nicht unsere Aufgabe sein[68]. In der Exegese ist, wenn ich mich nicht täusche, die Tendenz zu beobachten, einen möglichen Opferhintergrund für neutestamentliche Texte und Termini nach Kräften zu eliminieren (die Diskussion um ἱλασμός, „Sühnung für unsere Sünden" in 1 Joh 2,2; 4,10 könnte dafür ein Lehrstück sein). Aufgeklärtes Bewusstsein muss an der Idee von stellvertretenden Sühnopfern und an ihrer blutigen Durchführung Anstoß nehmen, insofern ist diese Zurückhaltung verständlich; ob sie auch methodisch und hermeneutisch klug ist, steht auf einem anderen Blatt. Andere Disziplinen haben es inzwischen gelernt, dem Opfer vorurteilsfreier zu begegnen und es historisch, religionsgeschichtlich, sozialpsychologisch und verhaltensbiologisch zu interpretieren. In der Theologie steht dem wahrscheinlich die enge Verflechtung mit der soteriologischen Deutung des Todes Jesu hemmend im Wege.

Es gibt einige Stellen im Neuen Testament, wo jede Abwehrtaktik versagt. Dazu gehört das ἱλαστήριον, der „Sühneort, aufgerichtet in seinem Blut", in

[66] P. Ricoeur, ebd. 46.
[67] 15 Belege im Wortindex von BWK S. 155.157; in CMRDM Nr. 13 (s.o. Anm. 62) heißt es sogar, das jemand, der sich am Eigentum des Gottes vergreift, eine Sünde begeht, „die er sicher nicht mehr sühnen kann (ἣν οὐ μὴ δύναται ἐξειλάσασθαι)".
[68] Eine wahre Fundgrube stellt dazu dar: J. Milgrom, Leviticus 1–16 (AncB 3), New York 1991; einen Überblick gibt A. Schenker, Interprétations récentes et dimensions spécifiques du sacrifice ḥaṭṭāt, in: Bib. 75 (1994) 59–70.

Röm 3,25[69], und dazu gehört zur Gänze der Hebräerbrief[70]. Im Exordium
(Hebr 1,1–4) dieser brieflichen Mahnrede steht das unscheinbare Sätzchen
„Nachdem er (Christus) die Reinigung von den Sünden vollbracht hatte"
(1,3c), das aber aufgrund seiner Stellung zu den Exordialtopoi gehört. Das impliziert, dass Reinigung von den Sünden ein Hauptthema des folgenden Schreibens sein muss[71], und wie es durchgeführt wird, bleibt nicht lange verborgen:
Der Opferkult des Alten Testaments stellt dafür die sprachlichen Mittel bereit.
Der irdische Hohepriester bringt für das Volk und für sich selbst dar „um der
Sünden willen" (5,3), er bewirkt Entsündigung mit Hilfe des „Blutes von Bök-
ken und Stieren" (9,13), das doch in Wirklichkeit „unmöglich Sünden hinwegnehmen kann" (10,4), während Christus nur „ein einziges Opfer für die Sünden" dargebracht hat (10,12) und dadurch eine „ewige Erlösung" schuf (9,12).
Zugleich besteht nicht der geringste Zweifel daran, dass mittels der kultischen
Kategorien eine zutiefst unkultische Aussage gemacht werden soll, denn der
Verbrechertod Jesu am Kreuz, den der Autor vor Augen hat, lässt sich auch mit
bestem Willen nicht zum gültigen Sühnopfer emporstilisieren, und der Verfasser will auch keineswegs neue Kultformen, die von seinen Adressaten einzuhalten wären, begründen, ganz im Gegenteil. Dieser Sachverhalt entspricht aber
im Grunde ganz exakt der Funktionsweise des metaphorischen Prozesses. Eine
erfahrungsgesättigte, religiös bedeutsame Lebenswirklichkeit, der in der Antike bis zu ihrem Ausgang allgemein verbreitete und in Jerusalem bis 70 n.Chr.
geübte Opferkult, zugespitzt auf seinen sündentilgenden Aspekt, dient als Ausgangspunkt, als Bildspender, als das eine Zugtier des metaphorischen Gespanns. An einem punktuellen historischen Ereignis, dem Kreuzestod Jesu,
werden, indem man es als Bildempfänger hinzunimmt bzw. als Leittier hinzu-
spannt, neue Tiefendimensionen aufgedeckt. Die Übertragung geschieht nicht
willkürlich. Das verbindende Moment, das Analogon, das nach Aristoteles eine
gute Metapher aufweisen soll, besteht in der Befreiung der Menschen von der
Sünde und ihren Folgen. Auf diese Weise werden auch grundlegende anthropologische Bedürfnisse, die sich im Opferkult ein Ventil geschaffen hatten,
ernst genommen und aufgehoben im mehrfachen Sinn des Wortes. Erst die
metaphorische Übernahme der Opfervorstellungen erlaubt es, ihre mythische
Fundierung aufzubrechen, ihre kultische Praxis zu überwinden und sie durch
etwas Neues zu ersetzen. Aber diese Transferleistung gelingt nur, wenn man

---

[69] Trotz des Protestes von W. Schenk, ‚Sühnemittel' oder ‚Gnadenort'? Zur ursprünglichen
Codierung von ἱλαστήριον Röm 3,25, in: Nach den Anfängen fragen (FS G. Dautzenberg)
(GSTR 8), Gießen 1994, 553–567; als neuere Untersuchung zum Text vgl. W. Kraus, Tod Jesu
(s. Anm. 37).
[70] Vgl. thematisch H. Löhr, Umkehr und Sünde im Hebräerbrief (BZNW 73), Berlin 1994.
[71] Vgl. E. Grässer, An die Hebräer. 1. Teilband: Hebr 1–6 (EKK XVII/1), Zürich/Neukir-
chen-Vluyn 1990, 64: „Dennoch ist das Sätzchen von der Sündenreinigung der Schlüsselvers
des ganzen Hebr."

auch das schwächere der beiden Zugtiere, den Opferkult, gebührend berücksichtigt und nicht einfach negiert.

7. Ein kommunikatives Paradigma: Das Bekenntnis

Von der anthropologischen Seite her können wir uns auch einem weiteren Phänomen nähern, das die Vergebung der Sünden begleitet, dem Sündenbekenntnis. Es scheint einem psychohygienischen Bedürfnis zu entspringen: Sünden und Sündenfolgen werden erst als abgetan empfunden, wenn die Sünden laut ausgesprochen wurden. Auch eine soziale Komponente spielt mit herein. Die Gemeinschaft, die u.U. von der Sünde mitbetroffen war, bildet auch das Forum für ihre Bewältigung.

Die Beichtinschriften aus Kleinasien haben ihren Namen daher, dass in ihrem Formelvorrat das Bekennen, ausgedrückt durch (ἐξ-)ὁμολογέω, einen festen Platz einnimmt[72]. In der Sekundärliteratur bezeichnet man diesen Drang zum Bekennen als ungriechisch[73] und auch als unchristlich, weil das Bekennen hier nicht aus eigener Einsicht heraus, sondern nur unter dem Druck der äußeren Notlage erfolge[74]. Wir verfügen hier im Übrigen über die Möglichkeit, ein Grundmotiv aus den Beichtinschriften zeitlich weiter nach vorn zu verfolgen, über Plutarch bis zu römischen Dichtern der augusteischen Zeit. Plutarch karikiert in seinem Traktat *De Superstitione* den Angstneurotiker folgendermaßen: „Er wälzt sich nackt im Schlamm und bekennt (ἐξαγορεύσει) diverse von seinen Sünden und Vergehen, wie er zum Beispiel dieses gegessen und jenes getrunken habe und einen Weg gegangen sei, den sein Genius ihm verboten hatte" (7 [168D]). Ovid berichtet in seinen Briefen aus der Verbannung von Bekenntnisritualen, die er in Rom bei den Anhängern orientalischer Fremdkulte gesehen hatte, und bekennt dann selbst seine Schuld, die ihn ins Exil gebracht

---

[72] Vgl. BWK Nr. 3: καὶ ἐξομολογήσατο; MAMA IV Nr. 289 = BWK Nr. 116: ἐξομ[ο]λογοῦμαι; CMRDM Nr. 77 = BWK Nr. 100: καὶ ὁμολογῶ τ[ὸ ἁμάρτημ]α ...

[73] K. Latte, Schuld und Sünde in der griechischen Religion [1920/21], in: Ders., Kleine Schriften zu Religion, Recht, Literatur und Sprache der Griechen und Römer, München 1968, 3–35, hier 32: „durchaus unhellenisch"; zustimmend F. Kudlien, Beichte und Heilung, in: Medizinhistorisches Journal 13 (1978) 1–14, bes. 6.

[74] So H. Hommel, Antike Bußformulare. Eine religionsgeschichtliche Interpretation der ovidischen Midas-Erzählung, in: Ders., Sebasmata. Studien zur antiken Religionsgeschichte und zum frühen Christentum. Bd. I (WUNT 31), Tübingen 1983, 351–370, hier 360–363; das Gleichnis vom verlorenen Sohn, das uns sofort als Gegenbeispiel einfällt, führt er 361 auf außerchristlichen Stoff zurück; man beachte aber auch sein Zugeständnis 369: „Aber wir christlichen Abendländer sollen auch nicht übersehen, dass in der Praxis des Lebens auch bei uns heute noch das antike Modell überwiegt, indem wir in der Regel erst dann zu Reue und Buße gestimmt sind, wenn ... die Gottheit unserem Treiben einen schmerzlichen Dämpfer aufgesetzt hat"; dort auch zum folgenden; vgl. außerdem durchgehend R. Pettazzoni, Confessione (s. Anm. 22) III, 115–131; Ders., Confession of Sins and the Classics, in: HThR 30 (1937) 1–14; auch in: Ders., Essays on the History of Religions (SHR 1), Leiden 1972, 55–67.

hatte, dies in der Hoffnung, Augustus dadurch gnädig zu stimmen, und er schließt mit farbigen Vergleichen für das unablässige Wirken des von der Sünde bewirkten Kummers[75]:

> Einen, der eingestand, dass der linnentragenden Isis
> Willen er habe verletzt, sah ich vor Isis' Altar.
> Einer, des Lichtes der Augen beraubt für ähnlichen Fehltritt,
> rief auf den Gassen es aus, sagend, er hab' es verdient.
> Himmlische freuen sich, wenn sie ein solches Geständnis vernehmen,
> weil es durch Zeugen erweist, was ihre Herrschaft vermag,
> geben das Licht der Augen zurück, zu mildern die Strafe,
> wenn sie nur sehn, dass der Mensch ernstlich die Sünde bereut.
> Oh, ich bereue – wenn nur einem Elenden etwas geglaubt wird –,
> ja, ich bereue: auch mich peinigt es, schuldig zu sein.
> Ist die Verbannung auch schmerzlich für mich, noch mehr ist's mein Fehltritt:
> Strafe erdulden ist schlimm, Strafe verdienen ist's mehr.
> Stehen die Götter mir bei und Er[76], sichtbarer als alle,
> kann man die Strafe mir zwar nehmen, die Schuld aber bleibt.
> Sicher befreit mich der Tod, wenn er kommt, aus meiner Verbannung;
> doch von dem Fehltritt kann auch nicht der Tod mich befrein.
> Drum ist's nicht zu verwundern, wenn nun meine Seele dahinschmilzt
> und nach der Art des vom Schnee rinnenden Wassers vergeht.
> Wie der verborgene Wurm ein Schiff zerfrisst und beschädigt,
> wie von des flutenden Meeres Woge der Fels wird gehöhlt,
> wie vom Roste das nicht verwendete Eisen benagt wird,
> wie sich der Bücherwurm bohrt durchs geborgene Buch,
> so empfindet mein Herz das beständige Nagen des Kummers,
> unaufhörlich verzehrt wird es von Sorge und Pein.

Aus dem Alten Testament können wir als Schilderung von vergleichbarer Dichte am ehesten Ps 32,3–5 daneben stellen: „Denn als ich's verschweigen wollte, verschmachtete mein Gebein ... Da bekannte ich dir meine Sünde, und meine Schuld verbarg ich nicht ... Du aber vergabst mir die Schuld meiner Sünde." Hier zeigt sich auch, dass verbergen, verstecken, verhüllen und aufdecken, offen legen als Verbalmetaphern zu diesem Sinnbezirk des Bekennens gehören.

Ohne uns auf das öffentliche Sündenbekenntnis im Bundesformular in 1QS 1,24 oder auf die Relation von innerem Bekenntnis vor dem Forum des Gewissens und lautem Bekenntnis mit dem Munde bei Philo (Praem 163) näher einzulassen, wechseln wir gleich über zur Täufertradition im Neuen Testament: Die Umkehrwilligen nehmen die Taufe des Johannes in Empfang, indem sie ihre Sünden bekennen (Mk 1,5: ἐξομολογούμενοι), offensichtlich laut vor dem

---

[75] Ovid, Ep ex Pont I 1,51–74; Text und Übers. nach W. WILLIGE / N. HOLZBERG, Publius Ovidius Naso: Briefe aus der Verbannung (TuscBü), München 1990; vgl. Ovid, Met 11,132–141; weiteres aus Juvenal und Tibull bei Hommel und Pettazzoni.

[76] Gemeint ist Kaiser Augustus – ein früher Beleg für seine Vergöttlichung!

Täufer und den Umstehenden, und so ihre Bußbereitschaft demonstrieren. Während ἐξομολογέω auch in Apg 19,18 und Jak 5,16 das Sündenbekenntnis meint, trifft das für das Simplex ὁμολογέω, das sich sonst immer auf das Bekenntnis zu Jesus Christus oder zu einem Glaubenssatz bezieht, nur noch in 1 Joh 1,9 zu: „Wenn wir unsere Sünden bekennen, ist er treu und gerecht, um uns die Sünden nachzulassen und uns von jeglicher Ungerechtigkeit zu reinigen." Als Bildspender dürfte aber schwerlich das öffentliche Glaubensbekenntnis gedient haben. Eher kann man z.T. sogar als gemeinsamen Herkunftsbereich für Glaubens- und Sündenbekenntnis an einen forensischen Akt denken, an ein Gestehen oder auch Bekennen vor Gericht.

Wie kritisch man auch immer die Entwicklung zum Sündenbekenntnis in der Einzel- und Ohrenbeichte beurteilen mag, für die 1 Joh 1,9 weniger in Trient, verstärkt aber bei katholischen Autoren der Neuzeit als Beweis herangezogen wurde[77], *eine* Rückfrage geben die biblischen Texte samt ihrem religionsgeschichtlichen Kontext uns jedenfalls auf: Auch die völlige Privatisierung von Schuld und Vergebung bleibt in gewisser Weise unbefriedigend und vielleicht auch therapeutisch wirkungslos.

8. Ein „fachsprachliches" Paradigma: Sünde und Umkehr

Bewusst ausgespart haben wir bisher den Kernbereich der neutestamentlichen Begriffsbildung. Auf engsten Raum zusammengedrängt hat ihn ein Syntagma aus der Täuferüberlieferung: βάπτισμα μετανοίας εἰς ἄφεσιν ἁμαρτιῶν, „Taufe der *Umkehr* zur *Vergebung* der *Sünden*" (Mk 1,4). Hier scheinen auf den ersten Blick theologische Abstraktbegriffe vorzuliegen, die sich jeder metaphorischen Interpretation widersetzen. Aber aus der Metapherndiskussion ist bekannt, dass sich viele Abstraktbegriffe in unserem Lexikon als abgeblasste oder tote Metaphern „entpuppen", wenn man nur tief genug gräbt, und dass sie sich gegebenenfalls partiell revitalisieren lassen. Für ἄφεσις und ἀφίημι war uns das oben schon ansatzweise im Rahmen des finanziellen Paradigmas gelungen[78], aber wie steht es mit ἁμαρτία, und wie mit μετάνοια? Einfach umgehen können wir diese Fragen nicht, denn ἁμαρτία ist mit 173 Vorkommen im Neuen Testament, dazu noch 43-mal das Verb ἁμαρτάνω, 47-mal ἁμαρτωλός und 4-mal ἁμάρτημα, der Inbegriff des Sündigens schlechthin[79], und auch der korre-

---

[77] Einzelnachweise bei H. J. KLAUCK, 1 Joh (s. Anm. 55) 94f.

[78] Weitere Möglichkeiten bei K. METZLER, Der griechische Begriff des Verzeihens. Untersucht am Wortstamm συγγνώμη von den ersten Belegen bis zum vierten Jahrhundert n. Chr. (WUNT II/44), Tübingen 1991, zu AT und NT 226–250.

[79] Vgl. E. BRANDENBURGER, Das Böse. Eine biblisch-theologische Studie (ThSt 132), Zürich 1986, 85: „Warum die Wörter ἁμαρτάνειν und ἁμαρτία in der biblischen Literatur (LXX!) und vor allem im Neuen Testament eine so dominierende Stellung gewonnen haben, ist eine interessante und bislang noch nicht befriedigend beantwortete Frage"; Antwortversuche bei G. RÖHSER, Metaphorik (s. Anm. 10) 10–15.

spondierende Terminus der Umkehr stellt mit 22 Belegen für das Substantiv und 34 für das Verb eine nicht zu unterschätzende Größe dar.

Beginnen wir mit der Umkehr. Der Wortbildung und auch dem semantischen Gehalt nach hat μετάνοια im Griechischen die Konnotation des „Umdenkens". Die Denkkraft soll in mehr intellektualistischem Sinn umorientiert werden, was gut zu einer sokratisch-stoischen Sündenkonzeption passt, im Neuen Testament aber lediglich randständige Sündentermini wie ἀγνόημα (nur Hebr 9,7) und ἄγνοια (z.B. 1 Petr 1,14) treffen würde. Bei Lukian tritt an zwei Stellen die Metanoia personifiziert als verhärmte Frauengestalt in Erscheinung, die aber nur noch im Nachhinein jammern und klagen kann, ohne noch etwas auszurichten (Merc Cond 42; Calumniae 5). In der Tabula des Cebes, einer moralphilosophischen Schrift aus dem 1. Jh.n.Chr., kommt die Metanoia, gleichfalls personifiziert, etwas besser weg, aber nur, weil sie sich dort mit der rechten Paideia verbündet[80].

Dass dieser semantische Gehalt für die neutestamentlichen Täufer- und Jesusstoffe nicht ausreicht, liegt auf der Hand. Zwar ist immer eine gewisse Vorsicht angebracht, wenn Sinntransfers aus dem Semitischen ins Griechische vorgenommen werden sollen, da sich schon zu viele diesbezügliche Postulate nicht bewährt haben. Aber im Fall von μετάνοια scheint es doch erlaubt, ja geboten, auf die Wurzel *šûb* zu rekurrieren, die eher ein sich Abwenden vom Bisherigen, eine Rückkehr und einen Neuanfang zum Ausdruck bringt[81]. Das wiederum ordnet sich gut in eine Metaphorik des Weges ein: Wer erkennt, dass er sich auf einem falschen Pfad befindet, hält inne, wendet sich um und sucht nach einem besseren Ausgangspunkt für einen neuen Start.

Wohl nur über diese Schiene kommen wir auch mit ἁμαρτία ein kleines Stück weiter. Dass die Vokabel im Griechischen seit langem als Abstraktbegriff eingeführt war, bleibt zunächst einfach zu konstatieren. An einer viel diskutierten Stelle in seiner Poetik gebraucht Aristoteles ἁμαρτία bei der Definition der Tragödie etwa im Sinn von „tragischer Irrtum"[82]. In den Beichtinschriften wird

---

[80] 10,4 und 11,1; bequem zugänglich bei J. T. Fitzgerald / L. M. White, The Tabula of Kebes (SBL.TT 24), Chico, Ca. 1983; vgl. auch L. Alvarez Verdes, μετάνοια – μετανοεῖν en el griego extrabiblico, in: Homenaje a Juan Prado. Miscelanea de estudios biblicos y hebraicos, Madrid 1975, 503–525.

[81] Vgl. H. J. Fabry, Die Wurzel ŠÛB in der Qumran-Literatur. Zur Semantik eines Grundbegriffes (BBB 46), Bonn 1975; H. Merklein, EWNT II, 1022–1031; H. Löhr, Umkehr (s. Anm. 70) 139–162 (mit Lit.).

[82] Poet 13 (1453a 15f.); dazu J. M. Bremer, HAMARTIA. Tragic Error in the *Poetics* of Aristotle and in Greek Tragedy, Amsterdam 1969, und weithin O. Hey, Ἁμαρτία. Zur Bedeutungsgeschichte des Wortes, in: Ph. 83 (1928) 1–17.137–163; allgemeiner J. Dumortier, Le sens du péché chez les Grecs au Vᵉᵐᵉ siècle, in: MSR 16 (1959) 5–20; 17 (1960) 5–39 (eine Serie von Wortstudien); A. Jagu, Les philosophes grecs et le sens du péché, in: P. Delhaye u.a., Théologie (s. Anm. 10) 189–240; E. des Places, La religion Grecque. Dieux, cultes, rites et sentiment religieux dans la Grèce antique, Paris 1969, 289–300; D. V. Stump u.a., *Hamartia. The Concept of Error in the Western Tradition* (TSR 16), New York-Toronto 1983, bes. 97–117; H. G. Apostle, An Aristotelian Essay on Error.

damit rituelles und moralisches Verschulden erfasst[83]. Die etymologische Herkunft scheint nach wie vor ungeklärt zu sein, aber die Grundbedeutung dürfte in die Richtung gehen: ein Ziel verfehlen, daneben treffen. Bei Aristophanes hat ἁμαρτάνω einmal τῆς ὁδοῦ als Objekt (Pl 960f: „Oder haben wir den *Weg* zu ihm wohl ganz und gar *verfehlt*?"). Die Septuaginta übersetzt damit u.a. *ḥāṭā'* und *'awon*, was Paul Ricoeur ebenfalls auf das Verfehlen einer Zielscheibe und auf den krummen Weg zurückführen will, aber gegenüber dieser Suche nach einer „sinnlichen Grundbedeutung" äußert Klaus Koch sich in beiden Fällen sehr skeptisch[84]. Dennoch reichen die Indizien aus, um im Sinne eines Revitalisierungsprogrammes ἁμαρτ- gleichfalls an die Wegmetaphorik anzuschließen. Als Schriftgrundlage kann dabei – neben Lk 1,68–78 – 2 Petr 2,15 helfen: „Sie haben den geraden Weg verlassen und sich verirrt (ἐπλανήθησαν); sie sind dem Weg Bileams gefolgt ...", mit ἀδικία und ἀνομία in der Fortsetzung und ἁμαρτία in V. 14. Wie man in V. 15 erkennen kann, passt sich auch das Verb πλανάω, „in die Irre gehen" oder „in die Irre führen", hier gut ein (vgl. Mk 13,5f.; Hebr 5,2; Jak 5,19). An die Zwei-Wege-Lehre, in der griechischen Literatur seit der Prodikos-Fabel heimisch, mit ihrem neutestamentlichen Reflex in Mt 7,13f und ihrem Nachleben in der Didache und im Hirt des Hermas darf erinnert werden.

Sie strukturiert auch die oben schon herangezogene Tabula des Kebes (s. Anm. 80). Der Text präsentiert sich als Beschreibung eines Bildes in einem Tempel, das u.a. Tugenden und Laster in allegorischer Personifizierung darstellt. Menschenseelen vor ihrem Eintritt ins Leben bekommen von einem Daimon den für sie richtigen und rettenden Weg gewiesen (4,3: δεικνύει δὲ ποίαν δεῖ βαδίζειν, εἰ μέλλουσι σῴζεσθαι ἐν τῷ βίῳ). Es gibt einen schmalen und schwierigen Pfad, der zu einen engen Tür führt (15,2f.). Erwartungsgemäß kommt πλανάω öfter vor (6,3 etc.), denn immer droht die Gefahr des Sich-Verirrens. Es finden sich ausgeführte Lasterkataloge (etwa in 19,5), und der beliebte Arztvergleich fehlt nicht, er weist sogar eine Besonderheit auf, die als Anschlussstelle für das „Säuberungsparadigma" dienen kann: Mit καθαρτικοῖς, d.h. hier mit Abführmitteln, reinigt der Arzt den Körper von allen Giften (19,2), ähnlich muss die Seele „gereinigt" werden. Die Parallelen zur urchristlichen Paränese sind auffällig und haben schon zu der Überlegung Anlass gegeben, ob Jesus die Tabula des Kebes kannte[85]. Ernsthaft wird diese Frage derzeit für den Verfasser des Hirten des Hermas erwogen[86].

Sehr viel ist damit zugegebenermaßen noch nicht gewonnen. Aber auch kleine Schritte können hilfreich sein, wenn es um so große und doch wiederum, was Erfahrungswerte angeht, so abgegriffene, abgenutzte Wörter wie Sünde und

---

[83] Zu ἁμαρτ- u.a. BWK Nr. 5 (5-mal); Nr. 24: ὑπὲρ ἁμαρτίας, ἧς ἥμαρτεν ὁ πατήρ μου, etc. (ca. 20 Belege).

[84] P. RICOEUR, Symbolik (s. Anm. 39) 85; K. KOCH, ThWAT II, 859f; V, 1161.

[85] D. SMITH, Had Our Lord Read the Tablet of Kebes?, in: Exp. VI/3 (1901) 387–397.

[86] Bejahend R. JOLY, Le Tableau de Cébès et la philosophie religieuse (CollLat 61), Brüssel-Berchem 1963; zurückhaltend, aber offen N. BROX, Der Hirt des Hermas (KAV 7), Göttingen 1991, 52–54.

Umkehr geht. Möglichkeiten tun sich auf, wie sich auch für den Leitbegriff ἁ-
μαρτία Kontaktstellen finden lassen und wie er integriert werden kann in ein
Netz von Metaphern, das sich über das ganze Neue Testament spannt.

9. Ein existentielles Paradigma: Tod und Leben

„Mein Sohn war tot und lebt wieder", sagt der Vater im Gleichnis Lk 15,11–32
nach der Rückkehr des jüngeren Sohnes (V. 24.32). Die Tatsache, dass dieser
„nur" aus einem fernen Land wieder heimkehrte und nicht etwa aus der Unterwelt oder aus dem Jenseits – was im Mythos ja ohne weiteres möglich wäre,
aber eben nicht im metaphorischen Gleichnis –, bringt den „metaphorical
twist", den semantischen Dreh[87] in die Worte des Vaters hinein. Totsein und in
der Folge auch Leben müssen noch etwas anderes besagen als im konventio-
nellen Sprachgebrauch, wo der Tod durch das Aussetzen aller biologischen Le-
bensfunktionen definiert wird.

Das Gleichnis vom verlorenen Sohn gilt gemeinhin als das Musterbeispiel
für metaphorisches Reden von Sünde und Vergebung im Neuen Testament, bei
Karl Barth ebenso wie im neuen Katechismus der Katholischen Kirche
(§ 1439)[88], etwas vorschnell möchte ich meinen. Das Wort μετάνοια fällt im Text
nicht, und es fragt sich, wo denn eigentlich die Sünde des jüngeren Sohnes
steckt. Allein in dem Faktum, dass er sich selbständig macht und von zu Hause
weggeht, kann sie auf der Erzählebene, auch bezogen auf den antiken soziokul-
turellen Kontext, kaum bestanden haben[89], das würde einen schwer erträglichen anti-emanzipativen Zug in das Gleichnis hineintragen. Dass er sein ererb-
tes Vermögen durch ein zügelloses Leben verprasst (V. 13), vermutlich mit Dir-
nen, was so genau aber nur der ältere Bruder weiß (V. 30), würde sich zwar
nahtlos in die nichtmetaphorischen Lasterkataloge des Neuen Testaments ein-
fügen, gleichzeitig aber auch eine moralisierende Engführung des Sündenver-
ständnisses zur Folge haben, die wesentlich zu seinem derzeit so oft beklagten
Verfall beigetragen hat. Es dürfte nicht wenige sensible Zeitgenossen geben,
die sich unschwer davon überzeugen ließen, die eigentliche und einzige Sünde
in dieser Erzählung sei die Weigerung des älteren Sohnes, sich mitzufreuen, was
aber den Sachverhalt immer noch nicht trifft.

---

[87] M. C. BEARDSLEY, The Metaphorical Twist, in: PPR 22 (1962) 293–307; auch dt. als „Die
metaphorische Verdrehung", in: A. HAVERKAMP (Hrsg.), Theorie der Metapher (WdF 389),
Darmstadt 1983, 120–141.

[88] Einzelnachweise und Kritik bei P. EICHER, Selbstwerdung und Vaterverlust. Literatur,
Psychoanalyse und Theologie in der Bibelauslegung (Lk 15), in: H. FRANKEMÖLLE (Hrsg.), Die
Bibel. Das bekannte Buch – das fremde Buch, Paderborn 1994, 129–153, hier 134–137.

[89] So auch J. KREMER, Der barmherzige Vater. Die „Parabel vom verlorenen Sohn" (Lk
15,11–32) als Antwort Gottes auf die Frage der Menschen zu „Leid – Schuld – Versöhnung",
in: DERS., Die Bibel beim Wort genommen. Beiträge zu Exegese und Theologie des Neuen
Testaments, Freiburg i.Br. 1995, 84–107, hier 93.

Ein wichtiger Fingerzeig zur Deutung wird dem Text – möglicherweise erst redaktionell, aber das braucht uns jetzt nicht weiter zu stören – in der Figurenrede durch die eingangs zitierten Worte des Vaters mit auf den Weg gegeben. Sie spannen das Geschehen um den jüngeren Sohn und auch um den älteren in die metaphorischen Koordinaten von Tod und Leben ein. Das ermutigt uns zu einer grundsätzlichen Reformulierung der Erzählaussage[90]: Sünde meint hier die Zerstörung der eigenen Lebensgrundlagen, die Absage an die eigene Herkunft, die auch keine Zukunft mehr offen lässt, den Weg in eine tödliche Beziehungslosigkeit, die den menschlichen Umgang mehr und mehr ausblendet und am Schluss nur noch das Animalische, den Hunger und die Schweine, übrig lässt (von dieser Gefahr der Beziehungslosigkeit ist dann gegen Ende der Erzählung hin auch der ältere Sohn bedroht). Diese Erkenntnis aber scheint nicht prospektiv möglich zu sein, beim Antritt eines offenen Lebenswegs, sondern erst retrospektiv, im Rückblick auf ein verfehltes Leben. Und selbst das Insichgehen (V. 17) des jüngeren Sohnes und seine Bereitschaft zum Sündenbekenntnis (V. 18.21) lässt ihn eines immer noch nicht erwarten: die Realität einer im Sinn des Wortes entgegenkommenden und zuvorkommenden Vergebung, die ihn wieder in die Beziehung, ins Leben hineinholt, ehe er mit seinen Sünden überhaupt zu Wort kommt. Leben wird man dabei ähnlich metaphorisch und ähnlich umfassend verstehen wie Tod: als eschatologische Wirklichkeit, aber nicht nur als solche, sondern auch bezogen auf die irdische Existenz des Menschen, dem Leben und Tod immer als Grundfragen seines Daseins aufgegeben sind. „Ich will aufstehen" (ἀναστάς), sagt der jüngere Sohn (V. 18; vgl. V. 20). Es ist das gleiche Verb, das metaphorisch auch für „Auferstehen" gebraucht wird. Das Offenlegen von sündigen Lebenszusammenhängen, die das Leben selbst bedrohen, und ihre Überwindung realisiert immer auch ein kleines Stück Auferstehung im Alltag der Welt.

Für die Sünde ergibt sich im Umkehrschluss: Sie besteht, wie Dietrich Bonhoeffer es formuliert hat, nicht zuletzt auch in einem verzweifelten Zugriff auf das Leben, der selbst herstellen will, was immer schon geschenkt wurde[91]. Dass sich dies erst retrospektiv erschließt und nicht ohne Hilfestellung, die uns in diesem Fall ganz konkret das Gleichnis aus Lk 15 gibt, sichert dem Sündenbegriff seine analytische Kraft. Er benennt nicht einfach vorhandene Negativerfahrungen, sondern deckt Tiefendimensionen menschlicher Existenz überhaupt erst auf. Diese Einsicht lässt sich dann auch verbinden mit einem vielzitierten Diktum von Sören Kierkegaard, demzufolge kein Mensch es vermag, „aus eigenem Vermögen und von sich selber her auszusagen, was Sünde

---

[90] Vgl. zum folgenden H. WEDER, Neutestamentliche Hermeneutik (ZGB), Zürich 1986, 85–87.

[91] Vgl. G. CLASS, Der verzweifelte Zugriff auf das Leben. Dietrich Bonhoeffers Sündenverständnis in „Schöpfung und Fall" (NBST 15), Neukirchen-Vluyn 1994.

ist, eben deshalb, weil er in der Sünde ist"; erst die Offenbarung kläre den Menschen darüber auf, was Sünde sei[92].

Einmal aufmerksam geworden auf das Homologieverhältnis der beiden Oppositionen Tod vs. Leben und Sünde vs. Vergebung, werden wir dafür rasch weitere Beispiele im Neuen Testament aufspüren, angefangen bei den paulinischen Kompositionsmetaphern in Röm 6,23: der Tod als der Sünde Sold, und 1 Kor 15,56: die Sünde als Treiberstachel des Todes. Auch Kol 2,13 bietet sich erneut an: „Und euch, die ihr tot wart durch die Übertretungen ..., hat er zusammen mit ihm lebendig gemacht, indem er uns alle Übertretungen erließ."

Als hermeneutisch sehr viel schwieriger erweist sich die Sachlage allerdings im Epilog des ersten Johannesbriefs, wo der Verfasser in 1 Joh 5,16f. zunächst schreibt: Wenn jemand für seinen christlichen Bruder, der sündigt, betend Fürbitte einlegt, wird er ihm *Leben* verschaffen, aber das gilt nur für die Sünden „nicht zum *Tode*". Liegt eine Sünde zum Tode vor, will der Autor das Fürbittgebet nicht länger empfehlen, es bliebe offenbar wirkungslos. Für die sprachliche Gestaltung wird man zusätzlich zu der übergreifenden Dialektik von Tod und Leben noch auf die todbringenden Sünden im Alten Testament zurückgreifen (z.B. Num 18,22). Für die systematische Besinnung gibt in diesem Fall der sehr zurückhaltende Umgang mit der Sünde zum Tode in der Kirchen- und Theologiegeschichte eine brauchbare Leitlinie ab. Die johanneische Sünde zum Tode wurde, wo man ernsthaft darüber nachdachte, trotz des verführerischen Gleichklangs nicht mit der sogenannten Todsünde oder schweren Sünde gleichgesetzt, sondern seit Augustinus eher als eine Sünde verstanden, die bis zum Tode andauert, d.h. als eine grundsätzliche Abwendung von Gott, die auch in der Sterbestunde konsequent durchgehalten wird[93]. Theoretisch muss man die Möglichkeit, dass so etwas vorkommen kann, auch aus anthropologischen Gründen offenhalten. Vergebung darf nicht aufgedrängt werden, sie darf die freie Entscheidung des Subjekts nicht außer kraft setzen. Da keine menschliche und kirchliche Instanz aber über dieses innerste Geschehen eine verbindliche Aussage machen kann und will, bleibt die Sünde zum Tode für die pastorale Praxis ohne Bedeutung. Sie mag aber hier als Beispiel dafür stehen, dass Metaphern manchmal auch missverständlich, ja gefährlich sind und in schwer auflösbare Aporien führen.

Die gesamte Thematik von Tod und Leben in Bezug zur Sünde kann man außerdem noch vom weisheitlichen Tun-Ergehen-Zusammenhang her weiter aufhellen: Die Sünde hat Folgen, negative Folgen, und diese fallen aufgrund der kommunikativen Verfasstheit der Gesellschaft, die auch Handlungen und Verhaltensweisen untereinander „tauscht", auf Dauer auf den Täter selbst zurück[94]. Sie beeinträchtigen seine Lebensqualität und führen im Extremfall zu

---

[92] S. KIERKEGAARD, Die Krankheit zum Tode (Gesammelte Werke 24/25), Düsseldorf 1954, 94; als Ausgangspunkt z.B. gewählt bei E. JÜNGEL, Zur Lehre vom Bösen und von der Sünde, in: Wissenschaft und Kirche (FS E. Lohse) (TAzB 4), Bielefeld 1989, 177–188.

[93] Eingehender dazu H. J. KLAUCK, 1 Joh (s. Anm. 55) 324–333.

[94] Vgl. zu dieser Neufassung B. JANOWSKI, Die Tat kehrt zum Täter zurück. Offene Fragen im Umkreis des „Tun-Ergehen-Zusammenhangs", in: ZThK 91 (1994) 247–271, der die bekannte „schicksalwirkende Tatsphäre" durch das Prinzip der „konnektiven Gerechtigkeit" im oben angedeuteten Sinn ersetzen möchte.

seinem Tod. Eine Steigerung von Lebensqualität im Angesicht der Sünde scheint nur dann möglich, wenn die Sündenfolgen überwunden werden, nicht durch gegenseitige Aufrechnung, sondern durch freie Vergebung.

Sehr realistische Todesfälle als Sündenfolge und -strafe kennen unsere Beichtinschriften[95]. Noch bemerkenswerter ist, dass auch *todesähnliche* Strafzustände eintreten können[96].

10. Kleinere Paradigmen: Ein Sammelbericht

a) Binden und Lösen

Dass das Logion vom Binden und Lösen im Matthäussondergut (Mt 16,19; 18,18) überhaupt auf Sündenvergebung ausgerichtet ist, legt für 18,18 zwar der Kontext der Gemeinderegel nahe, eindeutig aber ergibt sich das erst in der Traditionsvariante in Joh 20,23, die Binden und Lösen durch das Nachlassen und das Behalten von Sünden ersetzt. Für eine ursprüngliche weitere Ausrichtung des Logions spricht das m.E. ältere, verallgemeinernde ὅσα in Mt 18,18[97].

Was die Herkunft des Bindens und Lösens betrifft, wird man sich in der Tat nicht, wie auch schon vorgeschlagen wurde, für hellenistischen Binde- und Lösezauber oder für jüdische Exorzismustechniken entscheiden, sondern für die rabbinische Schulsprache, die darunter das Verbieten und Erlauben in Gesetzesfragen oder das Verhängen und Aufheben des Synagogenbanns als Disziplinarmaßnahme versteht, zumal Josephus dafür eine zweifelsfreie Parallele in griechischer Sprache hat, wenn er von den Pharisäern sagt, sie hätten unter der Königin Alexandra so viel Macht hinzugewonnen, dass sie ihre Praxis, zu lösen und zu binden, allgemein durchsetzen konnten (Bell 1,111: λύειν τε καὶ δεσμεῖν). Doch hat sich damit die Frage nach dem Zustandekommen dieser doch recht eigentümlichen technischen Sprache noch nicht erledigt. Man wird sie letztlich zurückverfolgen bis zum physischen Akt des Anlegens und Abnehmens von Fesseln, der als Bildspender in unterschiedlichen metaphorischen Prozessen fungiert (vgl. nur Jes 58,6: „... dass du ungerechte Fesseln öffnest, die Stricke des Joches löst"; Hld 7,6: „... ein König liegt gefesselt in den Schlingen [sc. deines Haares]").

---

[95] Vgl. u.a. CMRDM Nr. 51 = TAM Nr. 444 = BWK Nr. 54; BWK Nr. 37; TAM Nr. 326 = BWK Nr. 72.

[96] Vgl. ἰσοθάνατος in BWK Nr. 7 und TAM Nr. 179b = BWK Nr. 10.

[97] Die Lit. bei W. Davies / D. C. Allison, A Critical and Exegetical Commentary on the Gospel According to Saint Matthew. Vol. II (ICC), Edinburgh 1991, 643–647 (dort passim auch zur Auslegung); J. Ernst, LTHK³ II, 463f.; von den Einzelarbeiten ist lehrreich: D.C. Duling, Binding and Loosing, in: Forum 3/4 (1987) 3–31; jetzt auch G. Claudel, Jean 20,23 et ses parallèles matthéens, in: RevSR 69 (1995) 71–86.

b) Die Sündenlast

Ein Allerweltswort eigentlich, nämlich αἴρω, „(auf)heben" oder „(weg)neh-
men" u.ä. (ca. 100-mal im Neuen Testament), kommt in Joh 1,29 zu theologischen Ehren: „Seht, das Lamm Gottes, das hinwegnimmt die Sünde der
Welt", außerdem in 1 Joh 3,5: „Jener ist erschienen, damit er die Sünden hin-
wegnehme"[98]. In Kol 2,14 wird der Schuldschein mit unseren Sünden hinweg-
genommen (ἦρκεν; vgl. auch ἀφαιρέω mit dem Objekt ἁμαρτίας in Hebr 10,4.11
und ἀναφέρειν mit ἁμαρτίας in Hebr 9,28; 1 Petr 2,24). Im Alten Testament korrespondiert damit das Tragen, Wegtragen und Wegnehmen der Sünden als
Last[99]. Trotz möglicher kultischer Konnotationen im Kontext bei Johannes
(Lamm Gottes!) wird man den metaphorischen Gehalt des bloßen Verbs αἴρω
– dessen Kompositum ἀπαίρω für die aktive Beseitigung der Sünden durch ein
Opfer in einer neuen Beichtinschrift steht[100] – von der Opposition schwer vs.
leicht her bestimmen: Die Sünden drücken den Menschen wie eine schwere
Last zu Boden; wird die Last ihm abgenommen und hinweggeschafft, beginnt
er etwas zu ahnen von der – um einen Romantitel zu plagiieren – „Unerträgli-
chen Leichtigkeit des Seins".

c) Der Sündenfall

Zu den im Neuen Testament häufiger verwendeten Sündentermini gehört mit
20 Belegen auch παράπτωμα, das sich nur zum Teil mit dem Bedeu-
tungsspektrum von ἁμαρτία und hier eher mit dem selteneren ἁμάρτημα (nur
viermal im Neuen Testament) deckt[101]. Neben der schon mehrfach herangezo-
genen Stelle Kol 2,13(bis) hat auch die Fortsetzung der fünften Vaterunserbitte
in Mt 6,14f (vgl. Mk 11,25) zweimal παράπτωμα. Das zugrundeliegende Verb
παραπίπτω (nur in Hebr 6,6) verrät uns nicht nur die etymologische Ableitung,
sondern auch den bildhaften Gehalt: Ein Danebenfallen oder Herausfallen aus
einer vorgegebenen Ordnung ist angesagt; deshalb wohl gebraucht Paulus das
Wort bevorzugt für Adams Sündenfall (sechsmal in Röm 5,15–20).

d) Weitere Anschlussmöglichkeiten

Von anderen metaphorischen Feldern, an die sich die Thematik von Sünde und
Vergebung ohne Schwierigkeiten anlagern kann, seien das von Licht und Finsternis (1 Joh 2,9–11), von Sehvermögen und Blindheit (Joh 9,39–41), von Tag

[98] Umfassend dazu M. Hasitschka, Befreiung von Sünde nach dem Johannesevangelium.
Eine bibeltheologische Untersuchung (IThS 27), Innsbruck 1989, 15–173.
[99] Vgl. J. J. Stamm, Erlösen (s. Anm. 10) 67–70; R. Knierim, Hauptbegriffe (s. Anm. 10) 50–
54; allgemein G. Röhser, Metaphorik (s. Anm. 10) 29–39.
[100] Dreimal in BWK Nr. 5; auf Joh 1,29; 1 Joh 3,5 verweist in seinem Kommentar dazu G.
Petzl, Sünde (s. Anm. 58) 159.
[101] Vgl. M. Wolter, EWNT III, 77–79.

und Nacht (Joh 11,9f.) und das von Verlorengehen und Gefundenwerden in Lk 15 notiert. Beide Male spielt von ferne die Wegmetaphorik mit herein: Wo es stockfinster ist und man die Hand nicht vor den Augen sieht, stößt man an jeden Stolperstein (σκάνδαλον) an, der im Wege liegt; wer vom Weg abkommt und in unwegsames Gelände gerät, verirrt sich[102] und geht verloren (Doppeldeutigkeit von ἀπόλλυμι!). Ähnlich wie mit der Blindheit steht es dann auch mit der Taubheit, dem Nichthörenkönnen und -wollen: Sünde ist ein Vorbeihören (παρακοή in Röm 5,19; Hebr 2,2), ist – auch wenn die etymologische Wurzel im Griechischen anders liegt – Ungehorsam (ἀπείθεια z.B. Kol 3,6), ist, da der Glaube vom Hören kommt, in letzter Analyse für Paulus wie für Johannes zutiefst Unglaube.

Eher auf einen Nebengleis neutestamentlicher Sündenmetaphorik dürfte, sofern wir ihn nicht von vornherein dem Paradigma von Licht und Finsternis zuweisen, der Titel der im übrigen sehr beachtenswerten Monographie von Christoph Gestrich führen: „Die Wiederkehr des Glanzes"[103]. Einen Anhalt gibt es dafür in Röm 3,23: der Verlust der Doxa Gottes als Folge des allgemeinen Sündigens, was es umgekehrt erlaubt, die Überwindung der Sündenmacht als Wiederaufleuchten der verlorenen Herrlichkeit darzustellen (vgl. vielleicht Hebr 2,10).

Für eine Metapher wäre auch ἐλλογεῖται (das „Anrechnen" der Sünden) in Röm 5,13 gut[104], ebenso ihr „betrügerisches" Tätigwerden (ἐξαπατάω) in Röm 7,11; 2 Kor 11,3 und ihr „Einwohnen"[105].

e) Ausblick

Dass wir trotz des Materials, das wir damit ausgebreitet haben, von Vollständigkeit immer noch ein Stück weit entfernt sind, braucht kaum eigens betont zu werden. Die Suche nach Metaphern hat es so an sich, dass das Lexikon nach und nach zu leben beginnt und viel mehr bildhafte Konnotationen freigibt, als man zuvor vermuten möchte. Wir mussten uns auch davor hüten, mit unserer Themenstellung unversehens den Zentralbereich neutestamentlicher Soteriologie komplett mit abdecken zu wollen und zu sehr in die Systematik hineinzugeraten. Deshalb wurde z.B. auf die Einbeziehung der Versöhnung verzichtet (καταλλα- in Röm 5,10f.; 2 Kor 5,18–20)[106]. Die Wortgruppe um πονηρός und

---

[102] Mt 18,12 hat im Gleichnis vom verlorenen Schaf πλανάω anstelle von ἀπόλλυμι in Lk 15,4.

[103] C. GESTRICH, Die Wiederkehr des Glanzes in der Welt. Die christliche Lehre von der Sünde und ihrer Vergebung in gegenwärtiger Verantwortung, Tübingen 1989; zur Erklärung des Haupttitels 18–32.

[104] Vgl. G. FRIEDRICH, Ἁμαρτία οὐκ ἐλλογεῖται Röm. 5,13, in: ThLZ 77 (1952) 523–528; G. RÖHSER, Metaphorik (s. Anm. 10) 55f.

[105] Vgl. G. RÖHSER, ebd. 115–128.

[106] Dazu C. BREYTENBACH, Versöhnung. Eine Studie zur paulinischen Soteriologie (WMANT 60), Neukirchen-Vluyn 1989.

κακός blieb ausgespart[107], traditionelle Topoi wie Erbsünde, „Sündenbock", Sündlosigkeit, unvergebbare Sünde und Sünde wider den heiligen Geist (Mk 3,28–30 par) wurden nicht erwähnt.

Eine weitere Aufgabe bestünde darin, das Neue Testament jetzt noch einmal durchzugehen und gezielter nach den Überlagerungen von metaphorischen Feldern an den einzelnen Stellen zu fragen. Beispiele: Das Weißwaschen der Kleider im Blut (Offb 7,14), eine Kombination von ritueller Säuberungs- und kultischer Opfermetaphorik; Jesus als Fürsprecher und Sühnopfer (1 Joh 2,1f.), das Zusammentreffen eines forensischen mit einem kultischen Terminus; das Tragen der Sünden durch Jesus und unser Geheiltwerden durch seine Striemen (2 Petr 2,24), zusammengesetzt aus dem Bild von der Sündenlast und dem impliziten Arztvergleich. Dieser Arbeitsschritt, der erst nach der Konstituierung und durch die Konstituierung der wichtigsten metaphorischen Paradigmen möglich wird, konnte hier nicht mehr geleistet werden.

III. Ein Schlussvergleich

Stattdessen habe ich mir für den Schluss noch eine kleine Überraschung aufgespart. *Initium est salutis notitia peccati,* „Anfang der Rettung ist die Erkenntnis der Sünde", *Virtus est vitium fugere et sapientia prima stultitia caruisse,* „Tugend übt, wer das Laster flieht; Abkehr von Torheit ist der Weisheit Anfang", wer diese Sätze zu verorten sucht, wird vermutlich als erstes an die Weisheitsliteratur denken; er würde sie, wenn sie nicht gerade in Latein abgefasst wären, bei Jesus Sirach, bei Pseudo-Phokylides oder in den Sentenzen des Sextus nachschlagen. Tatsächlich handelt es sich bei dem ersten Satz um ein Epikurzitat, die Nummer 522 in der Fragmentensammlung von H. Usener[108], das Seneca in Ep 28,9 bringt und zustimmend kommentiert: „Du musst dich ertappen, bevor du dich von Fehlern befreist." Der zweite Satz stammt von einem römischen Epikureer, von Horaz (Ep I 1,41f.), und er schließt bei ihm einen kleinen Lasterkatalog ab[109]. Es ist der gleiche Horaz, der selbstironisch von sich sagt: „Willst du einmal herzhaft lachen, so komme zu mir zu Besuch: Mich findest du rund und

---

[107] Vgl. E. BRANDENBURGER, Das Böse (s. Anm. 79).

[108] Vgl. H. USENER, Epicurea (Sammlung wissenschaftlicher Commentare) [1887], Stuttgart 1966, 318.

[109] Ep I 1,33–40: „Es fiebert das Herz vor Habsucht und quälender Gier: hier ist ein Zuspruch, eine Zauberformel; damit kannst du solchen Schmerz dir lindern und viele Plagen der Krankheit von dir tun. Von Ehrgeiz schwillt deine Brust: hier sind heilkräftige Sühnungen; sie können dir aufhelfen, so du dreimal dich reinigst, dreimal die Schrift liesest. Neid, Jähzorn, Trägheit, Trunk und Brunst: sie alle können den Menschen nicht so verwildern, dass er sich nicht veredeln ließe, sofern er pflegender Einwirkung ein williges Ohr leiht"; Übers. nach H. FÄRBER u.a., Horaz: Sämtliche Werke (TuscBü), München-Zürich [10]1985.

behäbig, in wohlgepflegter Leiblichkeit, ein richtiges Schweinchen aus der Herde Epikurs" (Ep I 4,15f.: *Epicuri de grege porcum*).

Das muss erstaunen, und unser Erstaunen wächst noch, wenn wir erfahren, dass es in der Epikurschule die Maxime gab, man müsse dem Meister rückhaltlos die eigenen Fehler und Vergehen bekennen (vgl. Philodemos, De libertate dicendi Frag. 40[110]: χρὴ γάρ αὐτῷ δεικνύειν ἀνυποστόλως τὰς διαμαρτίας; Frag. 49: ἐμήνυεν Ἐπικούρῳ τὰς ἁμαρτίας). Unseren Zustand vor ihm verborgen zu halten wäre so lächerlich, wie wenn sich jemand im Krankheitsfall einem Arzt nicht anvertrauen wollte (Frag. 39). Epikur wird zum personifizierten Gewissen: So, als schaue er uns dabei zu, sollen wir leben, und alles tun, als ob er es sähe (Frag. 210f. Usener; Seneca, Ep 11,9; 25,5). Ein moderner Autor hat Epikur sogar zum Beichtvater stilisiert und von einem regelrechten Beichtbetrieb in seiner Schule gesprochen[111].

Worin, das wird die entscheidende Frage sein, besteht bei Epikur die Sünde? Gemeint sind Verstöße gegen die Prolepsis, d.h. gegen die richtige Wahrnehmung und Einschätzung der Dinge, die einem begegnen[112]. Solchen Verstößen würden notwendig Missgriffe bei der Lebensgestaltung folgen. Dem kann das vertrauensvolle therapeutische Gespräch mit dem geistlichen Berater abhelfen. Dennoch, unser gängiges Bild von den Epikureern wird durch solche Beobachtungen doch etwas verfremdet. Als gewiss sehr allgemeine und offene, aber eben deshalb auch gemeinsame Grundlage des Sündenbegriffs können wir festhalten: das Verfehlen einer Zielvorgabe, die von irgendeiner Instanz – und sei es der autonome Mensch selbst – als wünschenswert und richtig definiert wird.

Ich weiß, was man jetzt von theologischer Seite alles vorbringen kann, um die Unvereinbarkeit der beiden Größen, hier Epikur, dort das Neue Testament, zu betonen. Epikur hat tatsächlich eine Lustlehre vertreten (die man sich allerdings nicht zu vergröbert vorstellen darf), er hat jede eschatologische Hoffnung konsequent abgelehnt, und er hat die Existenz von Göttern zwar nicht geleugnet, wie oft behauptet wurde, er hat die Götter aber in ferne Zwischenwelten verbannt, wo sie ihr glückseliges Leben führen, ohne mit Welt und Menschheit je in Kontakt zu treten. Diskrepanzen aufzuzeigen fällt also leicht.

---

[110] Bei A. Olivieri, Philodemi Περὶ παρρησίας libellus (BSGRT), Leipzig 1914 (ca. 20-mal ἁμαρτ–); vgl. dazu M. Erler, Die Schule Epikurs, in: H. Flashar (Hrsg.), Die Philosophie der Antike. Bd. 4: Die hellenistische Philosophie (Grundriss der Geschichte der Philosophie), Basel 1994, 203–380, hier 321f.357.

[111] S. Sudhaus, Epikur als Beichtvater, in: ARW 14 (1911) 647f; vgl. R. Pettazzoni, Confessione (s. Anm. 22) III, 196–199.

[112] Vgl. die Definition der ἁμαρτία im Hauptwerk Epikurs, De Natura 28 Frag. 9 Arrighetti, in dt. Übers. zugänglich bei F. Jürss / R. Müller / E. G. Schmidt, Griechische Atomisten. Texte und Kommentare zum materialistischen Denken der Antike (Reclam-Bibliothek 409), Leipzig ⁴1991, 261.

Reizvoller scheint mir aber eine andere Aufgabe zu sein, nämlich zu überlegen, wie sich die unverkennbaren strukturellen und metaphorischen Parallelen
erklären und was sie in der Sache bedeuten könnten, meinetwegen vor dem
Hintergrund einer systemischen oder funktionalistischen Religionstheorie. Es
ergibt sich ja unter anderem eine Brücke zu unserem ersten Paradigma, das wir
nicht ohne Absicht an den Anfang gestellt haben, zum Arztvergleich und seiner
therapeutischen Dimension, daneben auch zum kommunikativen Paradigma,
dem Bekennen. Die Sorge um das Humanum, um das Wohl des Menschen, um
ein gelingendes Leben stellt ein gemeinsames Moment dar, und es ist keineswegs belanglos, wenn sich auf diesem Gebiet Ansätze zu einem Sündenbewusstsein auch in einer rein philosophischen, sozusagen säkularen Weltsicht
zeigen. Auf unsere Gegenwart übertragen: Dass das Sündenbewusstsein dem
Vernehmen nach heute aufgelöst werde in Tiefenpsychologie, Systemtheorie,
Soziobiologie und Verhaltensforschung hinein, braucht man nicht unbedingt
nur als Verfallserscheinung zu beklagen. Man kann es auch zum Anlass nehmen, einmal zur notwendigen Selbstbesinnung, sodann aber auch zu einer of-
fensiven, konstruktiven Auseinandersetzung, die von einer gemeinsamen Prä-
misse ausgehen kann: der Sorge um, sagen wir es ruhig so, Heilung und Heil der
Menschen. Am Ende dieses Durchgangs muss unsere Titelfrage umformuliert
werden: Statt „ohne" sollte es „und" heißen, und das Fragezeichen ist durch ein
Ausrufezeichen zu ersetzen: Heil und Heilung! Heilung und Heil!

Literaturnachtrag:

A. CHANIOTIS, Reinheit des Körpers – Reinheit des Sinnes in den griechischen Kultgeset-
zen, in: J. ASSMANN / T. SUNDERMEIER (Hrsg.), Schuld, Gewissen und Person. Studien
zur Geschichte des inneren Menschen (Studien zum Verstehen fremder Religionen
9), Gütersloh 1997, 142 – 179 (verbindet die Darbietung des Materials aus den griechischen Inschriften mit umfassenden Literaturangaben).

B. DEBATIN, Die Rationalität der Metapher. Eine sprachphilosophische und kommunika-
tionstheoretische Untersuchung (Grundlagen der Kommunikation und Kognition),
Berlin 1995.

B. HEININGER, Sündenreinigung (Hebr 1,3). Christologische Anmerkungen zum Exordium des Hebräerbriefs, in: BZ NF 41 (1997) 54 – 68.

H. MERKLEIN, Paulus und die Sünde, in: H. FRANKEMÖLLE (Hrsg.), Sünde und Erlösung im
Neuen Testament (QD 161), Freiburg i. Br. 1996, 123 – 163; auch in: DERS., Studien zu
Jesus und Paulus II (WUNT 105), Tübingen 1998, 316 – 356.

R. METZNER, Das Verständnis der Sünde im Johannesevangelium (WUNT 122), Tübingen 2000.

E. PUSTER, Erfassen und Erzeugen. Die kreative Metapher zwischen Idealismus und
Realismus (Philosophische Untersuchungen 6), Tübingen 1998.

S. RUZER, The Seat of Sin in Early Jewish and Christian Sources, in: J. ASSMANN / G. G.
STROUMSA (Hrsg.), Transformations of the Inner Self in Ancient Religions (SHR 83),
Leiden 1999, 367 – 391.

M. Schumacher, Sündenschmutz und Herzensreinheit. Studien zur Metaphorik der Sünde in lateinischer und deutscher Literatur des Mittelalters (MMAS 73), München 1996 (ungewöhnlich materialreich und methodologisch gut fundiert).

T. Seidl, Levitikus 16 – „Schlußstein" des priesterlichen Systems der Sündenvergebung, in: H. J. Fabry / H. W. Jüngling (Hrsg.), Levitikus als Buch (BBB 119), Berlin u.a. 1999, 219 – 248.

H. Umbach, In Christus getauft – von der Sünde befreit. Die Gemeinde als sündenfreier Raum bei Paulus (FRLANT 181), Göttingen 1999.

III. Ekstastische Rede

3. Von Kassandra bis zur Gnosis

Im Umfeld der früchristlichen Glossolalie[*]

In Jean-Paul Sartres Drama „Die Fliegen", das einen Stoff aus der Orestie verarbeitet, verrät Jupiter eine probate Formel, mit der man die lästigen Fliegen
vertreiben kann. Sie lautet: „Abraxas, galla, galla, tse, tse" und kommt mehrfach in dem Stück vor[1]. Mit einem anderen Befehl, nämlich „Posidon caribu,
lullaby", lässt Jupiter einen großen Steinblock heranrollen[2]. Manche semantischen Assoziationen setzen diese an sich sinnlosen Silbenfolgen frei. Ich erwäh-
ne nur: die Tsetsefliege, die Karibik, den Gott Poseidon und das alte Zauber-
wort Abraxas, um vom Anklang an ein amerikanisches Wiegenlied zu schweigen. Zwar kann es uns nicht darum gehen, diese Sartre-Exegese weiter zu
vertiefen, dennoch erscheint es bemerkenswert, dass ein Dichter der Moderne,
wenn er antikisiert, den Göttern eine eigene, besonders machtvolle, allerdings
auch unverständliche Sprache zugesteht. Hier dürften sich Reste eines Bil-
dungsgutes auswirken, das aus antiken bzw. religionsgeschichtlichen Kontexten
um Phänomene wie Göttersprache, Himmelssprache, ekstatisch-inspirierte
Rede, Glossalie, ῥήσεις βαρβαρικαί und *voces mysticae* stammt.

Wir nehmen das zum Anlass, um an ausgewählten Beispielen von der klassischen Tragödie bis zur Gnosis dieser eigentümlichen Erscheinung nachzugehen. Unverzichtbare Basis bilden die Textanalysen, die wir mit einigen reli-
giongeschichtlichen Überlegungen anreichern.

[*] Dem Aufsatz liegt der Text der Alexander-Böhlig-Gedächtnisvorlesung zugrunde, die
am 2. Februar 1999 an der Universität Tübingen gehalten wurde. Der Katholisch-Theologischen Fakultät der Tübinger Universität danke ich verbindlichst für die ehrenvolle Einladung,
Herrn Kollegen Michael Theobald insbesondere für die vorzügliche Organisation der Veranstaltung.
[1] Vgl. J. P. Sartre, Gesammelte Dramen, Reinbek bei Hamburg 1969, 7 – 65, hier 16.27.40.
[2] Ebd. 34.

I. Der Hintergrund: die Welt der Griechen

1. Momentaufnahme: Kassandra bei Aischylos

Unternehmen wir einen zeitlichen Sprung von der Nachbildung zum Original. 458 v. Chr. errang Aischylos mit seiner Orestie den ersten Preis beim Wettstreit der Tragiker. Im ersten Stück dieser Trilogie, dem Agamemnon, finden sich Passagen, die in der modernen Forschung unter dem Begriff der Glossolalie abgehandelt werden[3], wobei sofort einzuräumen ist, dass sich hinter diesem Sammelnamen, der aus dem paulinischen Sprachgebrauch abgeleitet ist, unterschiedliche Sachverhalte verbergen, die nur in bestimmten Punkten übereinkommen[4]. Neutraler könnte man von „freier Vokalisierung" sprechen[5].

Zum Kontext: Agamemnon hat aus Troja die Seherin Kassandra als Kriegsgefangene mitgebracht. In Kürze wird Klytaimestra, Agamemnons ungetreue Gattin, beide ermorden. Im Dialog mit dem Chor gibt Kassandra ihrem Vorwissen um die kommenden Geschehnisse, aber auch ihrem Wissen um die in diesem Hause in der Vergangenheit geschehenen Verbrechen[6] Ausdruck. Sie bricht in Klagerufe von lautmalerischer Kraft aus, die man, einzeln betrachtet, als Versuche des Dramatikers erklären könnte, wortloses Seufzen und Stöhnen zu verbalisieren[7]. Extrahiert man aber die einzelnen Stellen und ordnet sie zu

---

[3] Zum Folgenden L. J. HEIRMAN, Kassandra's Glossolalia, in: Mn. 28 (1975) 256 – 267; S. CRIPPA, Glossolalia. Il linguaggio di Cassandra, in: Studi italiani di linguistica teorica ed applicata 19 (1990) 487 – 508, sowie als Kommentar zur ganzen Kassandra-Episode (1035 – 1330) E. FRAENKEL, Aischylos: Agamemnon. Bd. 3, Oxford 1950, 487 – 627. Text und Übers. nach: O. WERNER, Aischylos: Tragödien und Fragmente (TuscBü), München ²1969 (die Lesungen in den uns interessierenden Versen sind teils strittig, vgl. nur Fraenkel). Mehr als Überblick vgl. S. L. SCHEIN, The Cassandra Scene in Aeschylus' *Agamemnon*, in: GaR NF 29 (1982) 11 – 16.

[4] Vorab sei nur verwiesen auf den instruktiven Reader von W. E. MILLS (Hrsg.), Speaking in Tongues. A Guide to Reasearch on Glossolalia, Grand Rapids 1986; ergänzende Aspekte bietet das Themenheft von J. J. COURTINE (Hrsg.), Les glossolalies = Langages 91 (1988) 1 – 124; weitere Literatur in Auswahl in den folgenden Anmerkungen; vgl. jetzt auch, insbesondere zu den religionsgeschichtlichen Aspekten, das Kap. über die Glossolalie bei H. C. MEIER, Mystik bei Paulus. Zur Phänomenologie religiöser Erfahrung im Neuen Testament (TANZ 26), Tübingen 1998, 157 – 199.

[5] „Free vocalization", so V. S. POYTHRESS, Linguistic and Sociological Analyses of Modern Tongues-Speaking: Their Contributions and Limitations, in: WThJ 42 (1980) 367 – 388; auch in: W. E. MILLS, Tongues (s. Anm. 4) 469 – 489, hier bes. 471 – 475; s. auch Y. LEBRUN, La glossolalie, in: Communiquer et traduire (FS J. Dierickx), Brüssel 1985, 227 – 239, hier 229: „une manifestation vocale improvisée".

[6] Es handelt sich um die Vorgeschichte der Orestie, d.h. um Agamemnons Vater Atreus, einen Enkel des Tantalos, der seinem Bruder Thyestes aus Rache wegen der Verführung seiner Frau das Fleisch der eigenen Söhne zum Mahl vorsetzte.

[7] Vgl. aber schon E. FRAENKEL, Aischylos (s. Anm. 3) 539: „What we hear are not, of course, crude and formless cries but sounds ennobled by rhythms of Hellenic music: still, they are distinct from articulate languages."

einem Korpus an, wie es Sabina Crippa getan hat[8], drängen sich weiterführende Beobachtungen auf. Zunächst die Übersicht:

1.	ὀτοτοτοτοί πόποι δᾶ	*otototoi popoi dā*	(1072)
2.	ὀτοτοτοτοί πόποι δᾶ	*otototoi popoi dā*	(1076)
3.	ἆ (ποῖ ποτ᾽ ...) / ἆ ἆ	*ā (poi pot᾽) / ā ā*	(1087 / 1090)
4.	ἰὼ πόποι / ἰώ	*iō popoi / iō*	(1100 / 1107)
5.	ἒ ἔ, παπαῖ παπαῖ	*e e, papai papai*	(1114)
6.	ἆ ἆ, ἰδοὺ ἰδού	*ā ā, idou idou*	(1125)
7.	ἰὼ ἰώ, ἰὼ ἰώ	*iō iō, iō iō*	(1136 / 1146)
8.	ἰώ ... ἰώ / ἰώ ... ἰώ	*iō... iō, iō... iō*	(1156f. / 1166f.)
9.	ἰοὺ ἰού, ὢ ὢ κακά	*iou iou, ō ō kaka*	(1214)
10.	παπαῖ / ὀτοτοῖ	*papai / ototoi*	(1256f.)
11.	ἰώ / φεῦ φεῦ / ἰώ	*iō / pheu pheu / iō*	(1305 / 1308 / 1315)

Das Vorherrschen von Vokalen, besonders der langen Vokale ᾱ und ω, teils verbunden mit hellem ι und nur einmal auch mit ε (während η ganz fehlt), fällt sofort auf. Ein weiteres Merkmal dieser „Sprache" sind die kurzen Silben, die durch Zuhilfenahme einiger Konsonanten gebildet werden und die verhältnismäßig monoton wiederkehren; dadurch wird ein unverkennbarer Echoeffekt erzielt. Schließlich sind Interjektionen erkennbar, die im Griechischen auch sonst verwendet werden, um Erstaunen, Schmerz oder Freude auszudrücken, wie ἰώ und παπαῖ oder das äquivalente πόποι; auch ὀτοτοῖ ist in der Tragödienliteratur in unterschiedlichen Konfigurationen noch mehrfach belegt[9]. Das δᾶ wird vom Scholiasten als dorische Form von γῆ, „Erde", gedeutet; dem folgt die Forschung aber nicht, sondern denkt eher daran, dass dieses δᾶ von den Zuhörern als Wort aus einer barbarischen, genauer aus der phrygischen Sprache empfunden werden sollte[10]. Manchmal vollzieht sich über die Lautebene ein bruchloser Übergang von der Sondersprache zur Normalsprache. Das ist etwa bei ποῖ ποτ᾽ in Z. 3 oder bei ἰδοὺ ἰδού in Z. 6, auch bei κακά in Z. 9 der Fall. Außerdem kommt τό für sich genommen als Artikel und τοί als Partikel vor, während δᾶ auch an δή erinnert[11]. Nicht vergessen sei der Rhythmus, der in der abnehmenden Silbenzahl der Wörter in den ersten beiden Zeilen (4 – 2 – 1, zusammen 7) oder in der steigenden Silbenzahl in Z. 5f. vorgebildet ist.

Eine Dominanz von Vokalen, wie sie in keiner natürlichen Sprache nachzuweisen ist, kurze Silben, die eine Vereinfachung der komplexen Strukturen

---

[8] S. Crippa, Glossolalia (s. Anm. 3) 495.

[9] Außer im *Agamemnon* bei Aischylos noch in den *Persern* (268.918) und den *Schutzflehenden* (889.898), bei Sophokles in der *Elektra* (1245) und bei Euripides in den *Troerinnen* (1287.1294), in der *Andromache* (1197.1200), im *Orestes* (1389) und im *Ion* (789), vgl. L. J. Heirman, Kassandra's Glossolalia (s. Anm. 3) 257 – 259; dort auch zu den Besonderheiten im *Agamemnon* gegenüber den anderen Stellen.

[10] Vgl. L. J. Heirman, Kassandra's Glossolalia (s. Anm. 3) 260 Anm. 9; E. Fraenkel, Aischylos (s. Anm. 3) 490: „nothing but an exclamation. Such half-barbaric cries ..."

[11] Vgl. L. J. Heirman, Kassandra's Glossolalia (s. Anm. 3) 263.

natürlicher Sprachen bewirken, verbunden mit deutlichen Echoeffekten[12], der Eindruck, es werde eine Fremdsprache gesprochen, bei gleichzeitiger versteckter Anlehnung an die Muttersprache, ein pulsierender Rhythmus – all das sind, nach allem, was wir wissen und durch Feldforschungen belegen können, Merkmale der Glossolalie. Man braucht sich nur zwei Definitionen von Glossolalie in modernen Standardwerken anzusehen, um manches wiederzuerkennen: „strings of syllables, made up of sounds taken from among all those that the speaker knows, put together more or less haphazardly but which nevertheless emerge as word-like and sentence-like units because of realistic, language-like rhythm and melody";[13] „a vocalization pattern, a speech automatism, that is produced on the substratum of hyperarousal dissociation, reflecting directly, in its segmental and suprasegmental structure, neurophysiologic processes present in this mental state"[14].

Nicht weniger aufschlussreich als die Äußerungen Kassandras selbst sind die Interpretationen, die ihnen von den Beteiligten mitgegeben werden. Nach Meinung des Chores ruft Kassandra mit „entweihendem Laut" den Orakelgott Apollon an (1078: τὸν θεὸν καλεῖ), an den man nicht mit Klagelauten herantreten sollte. Sie aber spricht seinen Namen gleich mehrfach aus (῎Απολλον, ῎Απολλον in 1073 und 1077), so dass in der Tat der Eindruck einer formelhaften *invocatio* des Gottes entsteht (vgl. auch 1257). Der Chor hat vom Seherruhm der Kassandra vernommen (1098: κλέος μαντικόν). Er redet sie als – unerwünschte – Prophetin an (1099) und klagt über die Rätselhaftigkeit ihrer Sprüche (1012f.), die zu deuten er sich nicht imstande sieht (1130), auch wenn er dahinter Unheil vermutet (1131) und den Verdacht hegt, es würde eine Rachegöttin herbeigerufen (1119). Er bezeichnet Kassandra als „sinnesgestört" und „gottheitgetrieben" (1140: θεοφόρητος), vergleicht ihr Reden mit der schluchzenden Klage der Nachtigall[15] und fragt sie: „Welch übel gesinnter Daimon, der voller Wucht sich auf dich stürzt, zwingt dich zum Lied vom Leid, von kläglich-töd-

---

[12] Nach S. Crippa, Glossolalia (s. Anm. 3) 498, sind „ecoismo" und „primitivizzazione" zwei grundlegende Charakteristika jeder Glossolalie.

[13] W. J. Samarin, Tongues of Men and Angels: The Religious Language of Pentecostalism, New York-London 1972, 227 (im Orig. kursiv; eigene Übers.: „Ketten von Silben, gebildet aus Lauten, die ausgewählt wurden unter all denen, die der Redner kennt, mehr oder weniger zufällig zusammengesetzt, woraus aber dennoch wortähnliche und satzähnliche Einheiten resultieren wegen der realistischen, sprachähnlichen Rhythmik und Melodik").

[14] F. D. Goodman, Speaking in Tongues: A Cross-Cultural Study of Glossolalia, Chicago-London 1972, 124 (eigene Übers.: „ein Vokalisierungsmuster, ein Sprachautomatismus, der produziert wird auf der Grundlage einer aus hoher Erregung resultierenden Bewusstseinsspaltung, als direkter Reflex, in seiner ins Einzelne gehenden und seiner übergreifenden Struktur, von neurophysiologischen Prozessen, die in diesem geistigen Zustand ablaufen").

[15] 1142 – 1144: „So wie wenn goldbraun, niemals des Rufes satt, weh, nur Leid, Leid im Sinn, Itys! o Itys! schluchzt klagend die Nachtigall" (eine Anspielung auf die thrakische Königsgattin Prokne, die, in eine Nachtigall verwandelt, nach dem von ihr getöteten und dem Vater als Speise aufgetischten Sohn Itys ruft).

lichem Leid?" (1174–1176). Dass die Verstehenskategorien des Chores aus dem Orakelwesen, aus der delphischen Mantik, genommen sind, gesteht er selbst ein, wenn er auf den Einwand Kassandras, sie spreche doch verständliches Griechisch, zur Antwort gibt: „Auch pythischer Wahrspruch tut's und ist schwerfasslich doch" (1255).

Den Vogelvergleich nimmt Kassandra auf, wenn sie ihrer Mörderin den künftigen Untergang verheißt: „Nicht jammere ich umsonst gleich einem Vogel im Gestrüpp voll Angst; nach meinem Tod bezeugt mir dies mein Wort" (1316f.). Sie stellt die rhetorische Frage, ob sie denn eine Lügenprophetin sei (1195: ψευδόμαντις), und sie schildert auf Drängen des Chores, der neugierig-lüstern nachfragt (1204: „Er war doch nicht – ein Gott! – von Liebesglut erfasst?"), ihre Inspiration durch den Orakelgott Apollon als Liebesakt: „Er warb, ein Ringer, heiß mir Liebe atmend (πνέων!) und Huld" (1206). Mit einem Wortspiel bezeichnet sie ihn in 1080 – 1083 als „Unheilsgott" (ἀπόλλων), der sie zum zweiten Mal „ins Verderben führt" (ἀπώλεσας).

Geben wir noch Kassandras Gegenspielerin Klytemaistra das Wort, die vorab schon die Befürchtung äußert, ob Kassandra „nicht etwa, zwitschernder Schwalbe gleich, bloß unverständlichen Barbarenlaut kennt" (1050f.), dem Chor aber, als er für die Fremde einen Dolmetscher wünscht (1062: ἑρμηνεύς), entgegenhält, Kassandra rase bloß (1064: μαίνεται). Und auch das Schlusswort gehört ihr: Die „Zeichendeuterin" und „Wahrsagerin" (1440f.) hat, so Klytemaistra, „nach Schwanes Art den letzten noch gesungen, ihren Sterbegesang" (1444f.). In allen drei Sprecherperspektiven hält sich der vom Autor favorisierte Vergleich mit dem Vogelgezwitscher durch[16], der von den glossolalen Ausbrüchen Kassandras seinen Ausgang nimmt. Vögel aber sind als Bewohner der Lüfte zwischen Himmel und Erde unterwegs. (Zufall oder nicht, dies nur in Klammern, auch Linguisten greifen heute gelegentlich auf die Vogelsprache zurück, wenn sie die Glossolalie behandeln.[17])

2. Ausweitung: Sprache der Götter und Menschen

Wir haben Kassandras Glossolalie als eindrückliches Beispiel für ein Phänomen ausgewählt, das wir allgemeiner als Versuch einer Kommunikation zwischen Menschen- und Götterwelt, zwischen Unten und Oben, zwischen Erdbewohnern und Himmelsmächten, in strukturalistischer Sicht als Projekt einer

---

[16] Vgl. auch Lykophron, Alexandra 1460: Kassandra als „außer sich geratene Schwalbe"; dort auch Hinweise auf ihre dunkle Sprache (1466), die den Rätseln der Sphinx ähnelt (6); Herodot, Hist II 57,1: Die Dienerinnen des Orakels in Dodona werden von den Einwohnern „Tauben" genannt, „weil sie Nichtgriechinnen waren und ihre Sprache wie eine Vogelsprache anmutete".

[17] F. FABBRO, Prospettive d'interpretazione della glossolalia paolina sotto il profilo della neurolinguistica, in: RivBib 46 (1998) 157 – 178, hier 164.

Mediatisierung zwischen diesen binären Oppositionen, umschreiben können[18]. Für diese Kommunikation bedarf es einer eigenen Sprachgestalt, einer Götter- oder Himmelssprache, die von den transhumanen Wesen selbst verwendet, aber auch von besonders begabten Menschen beherrscht wird. Hier eröffnet sich ein weites Feld[19], für dessen Erforschung wir bei der Göttersprache Homers[20] ansetzen müssten (gemeint ist damit, dass Homer „für einzelne Ausdrücke der Menschensprache das entsprechende Korrelat der Göttersprache mitteilt"[21], vgl. etwa Il 20,74: der Fluss, „Xanthos genannt von den Göttern, von sterblichen Menschen Skamandros"). Auch das Orakelwesen wäre zu besprechen, was uns zu der alten Kontroverse führen würde, ob die Pythien und Sibyllen der antiken Welt in verständlicher oder unverständlicher Sprache, auf Grund von Routine oder in ekstatischer Ergriffenheit prophezeiten. Literarische Reflexe, und darum geht es uns in erster Linie, gibt es für beide Positionen.

Begnügen wir uns, ehe wir zum Judentum übergehen, damit, zwei späte Zusammenfassungen bei einem frühen Kirchenvater und einem jüngeren Neuplatoniker zu zitieren. Clemens von Alexandrien beruft sich in seinen *Teppichen* (in der Sache zu Unrecht) auf Platon, dem er die Meinung unterstellt, auch die Götter hätten ihre eigene Sprache. Gerechtfertigt habe Platon dies „vor allem mittels der Träume und der Orakelsprüche, aber auch mittels der Besessenen, die nicht mehr ihre eigene Stimme und ihre eigene Sprache hervorbrachten, sondern diejenige der in sie eingegangenen göttlichen Mächte"[22].

---

[18] Vgl. die Bestimmung der Funktion von Glossolalie bei S. Crippa, Glossolalia (s. Anm. 3) 488: „ ... di instaurare una comunicazione con il divino e di mostrarne la presenza".

[19] Vgl. dazu immer noch H. Güntert, Von der Sprache der Götter und Geister. Bedeutungsgeschichtliche Untersuchungen zur homerischen und eddischen Göttersprache, Halle 1921, der einen weiten Bogen von Homer über die urchristliche Glossolalie bis zu den Zauberpapyri spannt. Leider spart U. Eco, Die Suche nach der vollkommenen Sprache (La ricerca della lingua perfetta nella cultura europea, Rom-Bari 1993, dt. von B. Kroeber), München 1994, Glossolalie und Xenoglossie bewusst aus (vgl. 17); auch der Abschnitt „Die magische Sprache" (188 – 203) gibt für unsere Zwecke nicht viel her.

[20] Der für Dio Chrys., Or 10,23f., zweisprachig war und wahrscheinlich auch die Sprache der Götter verstand.

[21] A. Heubeck, Die homerische Göttersprache, in: Würzburger Jahrbücher für die Altertumswissenschaft 4 (1949/50) 197 – 218, hier 197; vgl. ferner R. Lazzeroni, Lingua degli dei e lingua degli uomini, in: ASNSP.L 26 (1957) 1 – 25 (bringt das Sprachtabu ins Spiel); J. Clay, The Planktai and Moly: Divine Naming and Knowing in Homer, in: Hermes 100 (1972) 127 – 131; Ders., Demas and Aude: The Nature of Divine Transformation in Homer, in: Hermes 102 (1974) 129 – 136; J. Calderón Felices, Lengua de los dioses / lengua de los hombres, in: Faventia 4 (1982) 5 – 33; F. Bader, Autobiographie et héritage dans la langue des dieux: d'Homère à Hésiode et Pindar, in: REG 103 (1990) 383 – 408; 104 (1991) 330 – 345 (mit Verweisen auf weitere Arbeiten des Autors zum Thema); auf die Spur dieser Titel brachte mich M. García Teijeiro, Langage orgiastique et glossolalie, in: Kernos 5 (1992) 59 – 69 (ich danke dem Autor vielmals dafür, dass er mir Kopien seiner Arbeiten [s. auch Anm. 22.49] zugänglich gemacht hat).

[22] Clemens Alex., Strom I 143,1, bei O. Stählin / L. Früchtel, Clemens Alexandrinus: Stromata Buch I–VI (GCS 52), Berlin ³1960, 88,18 – 22: ὁ Πλάτων δὲ καὶ τοῖς θεοῖς διάλεκτον

Jamblichos gibt in seiner Schrift *Über die Mysterien der Ägypter* auf die Frage, warum wir unverständliche, „barbarische" Wörter den Ausdrücken aus der eigenen Sprache vorziehen, eine „mystische" Antwort: Die Götter selbst haben uns darüber belehrt, dass die „Dialekte" der heiligen Völker, der Assyrer und der Ägypter, für sakrale Vollzüge besonders geeignet seien, und wir sollten die Götter in einer Sprache anreden, die ihnen wesensverwandt erscheint, eben in jenem uralten Idiom[23]. In diese übergreifende Linie ordnen sich auch die ungewöhnlichen Sprachformen ein, die wir als Glossolalie zu bezeichnen gewohnt sind.

II. Der Nahbereich: Altes Testament und Judentum

1. Das Panorama: Die Prophetie

Προφήτας, Prophetin, so wurde Kassandra bei Aischylos vom Chor genannt (1099). Das Äquivalent zur Mantik der Griechen stellt im alttestamentlich-jüdischen Bereich die Prophetie dar[24]. Zwar spricht Gott mit den Propheten in klarer, verständlicher Sprache, und sie richten in deutlichen, wenn auch oft unverstandenen Worten ihre Botschaft aus. Das Phänomen der Glossolalie und ihr Rahmen, eine esoterische Himmelssprache, fehlen. Erinnern darf man aber an ekstatische Momente in der frühen Prophetie[25], wofür 1 Sam 10,1–16 ein gutes Beispiel abgibt: Saul gerät in eine Schar von Propheten, die von der Höhe herabkommen. Vor ihnen her ertönen Harfe, Handpauke, Flöte und Zither, und sie selbst sind in Verzückung geraten (V. 6). Der Geist Gottes ergreift von

---

ἀπομένει τινά, μάλιστα μὲν ἀπὸ τῶν ὀνειράτων τεκμαιρόμενος καὶ τῶν χρησμῶν, ἄλλως δὲ καὶ ἀπὸ τῶν δαιμονώντων, οἳ τὴν αὑτῶν οὐ φθέγγονται φωνὴν οὐδὲ διάλεκτον, ἀλλὰ τὴν τῶν ὑπεισιόντων δαιμόνων. Weitere Stellen aus Clemens Alex. zum „Argot" orphischer Sekten und zu mysteriös klingenden Merkversen für das Alphabet (Strom V 48,4 – 50,3) bei M. GARCÍA TEIJEIRO, Langage (s. Anm. 21) 59f.67f.; zur Entwicklung einer Kunstsprache für Ouranopolis, die „Himmelsstadt" (!), bei Athen. 98D-F vgl. DERS., Una lengua artificial en la Grecia hellenística, in: Revista española de lingüística 11 (1981) 69 – 82.

[23] Iamblichos, Myst Aegypt 7,4, bei E. DES PLACES, Jamblique: Les mystères d'Égypte (CUFr), Paris 1966, 192, 4 – 11: Ἀλλα διὰ τί τῶν σημαντικῶν τὰ βάρβαρα πρὸ τῶν ἑκάστῳ οἰκείων προτιμῶμεν, ἔστι δὲ καὶ τούτου μυστικὸς ὁ λόγος. Διότι γὰρ τῶν ἱερῶν ἐθνῶν, ὥσπερ Ἀσσυρίων τε καὶ Αἰγυπτίων, οἱ θεοὶ τὴν ὅλην διάλεκτον ἱεροπρεπῆ κατέδειξαν, διὰ τοῦτο καὶ τὰς κοινολογίας οἰόμεθα δεῖν τῇ συγγενεῖ πρὸς τοὺς θεοὺς λέξει προσφέρειν, καὶ διότι πρῶτος καὶ παλαιότερός ἐστιν ὁ τοιοῦτος τρόπος τῆς φωνῆς ...

[24] Verbindungslinien zeigt die umfassende Studie von D. E. AUNE, Prophecy in Early Christianity and the Ancient Mediterranean World, Grand Rapids 1983, auf.

[25] Eine gute Übersicht gibt V. SCIPPA, La glossolalia nel Nuovo Testamento. Ricerca esegetica secondo il metodo storico-critico e analitico-strutturale (BTNap), Neapel 1982, 161 – 197; vgl. von den älteren Pionierarbeiten bereits E. LOMBARD, De la glossolalie chez les premiers chrétiens et des phénomènes similaires. Étude d'exégèse et de psychologie, Lausanne 1910, 85 – 90.

Samuel Besitz, sein Herz wandelt sich (V. 9), er wird zu einem anderen Menschen (V. 6), und er reiht sich in ihre Schar ein, so dass die Leute erstaunt fragen: „Ist auch Saul unter den Propheten?" (V. 11), er, den man doch als beson-
nenen und vernünftigen Mann kannte.

Terminologisch wichtig, wenn nicht sogar prägend wurde für die urchristliche Glossolalie Jes 28,11f.: „Durch Leute mit stammelnder Lippe und in fremder Zunge wird er (Gott) zu diesem Volk da reden, ... aber sie wollten nicht
hören" (von Paulus zitiert in 1 Kor 14,21). Oft übersehen wird ein spezifischer
Gebrauch von „Zunge" in der Psalmensprache, wo Preis- und Jubellieder damit assoziiert sind: „Es freute sich mein Herz und es jubelte meine Zunge" (Ps
16,9; zitiert in Apg 2,26); „Als der Herr die Gefangenschaft Zions wendete, da
waren wir wie Träumende. Da war unser Mund voll Lachen und unsere Zunge
voll Jubel" (Ps 126,1f.; vgl. Ps 51,16; 66,17 u.ö.)[26].

2. Der Einzelfall: Die Töchter des Hiob

Damit haben wir die Ingredienzien beisammen, die zur Entstehung einer Passage in einer frühjüdischen Schrift beigetragen haben, die in unserem Zusammenhang immer wieder zitiert wird[27]. Ein Abschnitt aus dem *Testament des
Hiob* nämlich legt den Zusammenhang von Himmels- bzw. Engelssprache und
Zungenrede samt deren Übersetzung in wünschenswerter Deutlichkeit dar[28].

---

[26] Vgl. auch Philo, Vit Mos 2,239: „O Herr, wie könnte Dich jemand preisen, mit welchem
Munde (στόματι), mit welcher Zunge (γλῶττῃ), mit welchem Werkzeug der Sprache (φωνῆς),
mit welcher Macht der Seele (ψυχῆς ἡγεμονικῷ)? Können die Sterne, zu einem Chor vereint,
ein Deiner würdiges Lied singen? Kann der Himmel, ganz in Sprache sich auflösend (εἰς
φωνὴν ἀναλυθείς), auch nur einen Teil Deiner herrlichen Eigenschaften erschöpfend schildern?" (Übers. nach B. BADT, Werke I, 353); ganz parallel dazu verläuft Ovid, Fasti 2,119 – 126
(Übers. nach F. BÖMER, P. Ovidius Naso: Die Fasten [WKLGS]. Bd. 1, Heidelberg 1957, 101):
„Nun wünschte ich, dass tausend Stimmen in mir wären und die Kraft, mit der Homer Achill
besang, wenn ich im Wechselvers die heiligen Nonen preise: Dieses ist die höchste Ehre, die
dem Kalender widerfährt. Mir fehlt die geistige Kraft dazu, und die Last drückt schwerer, als
meine Kräfte tragen können. Dieser Tag verlangt die beste Leistung meines Lieds! Ich Tor,
was wollte ich den Elegien soviel Last zumuten, die nur der Hexameter des Heldenlieds tragen könnte"; gesucht wird, wie aus dem weiteren Textverlauf hervorgeht, nach richtigen Worten, um Augustus, den „Vater des Vaterlandes", der Iuppiters Rolle auf Erden ausübt, angemessen zu rühmen.

[27] So unter anderem schon bei E. MOSIMAN, Das Zungenreden geschichtlich und psychologisch untersucht, Tübingen 1911, 47; H. GÜNTERT, Sprache (s. Anm. 19) 27, der auf Vorgänger
verweist; vgl. sodann bes. G. DAUTZENBERG, Urchristliche Prophetie. Ihre Erforschung, ihre
Voraussetzung im Judentum und ihre Struktur im ersten Korintherbrief (WMANT 104),
Stuttgart 1975, 236f.; DERS., RAC XI, 233f.

[28] Text bei S. P. BROCK, Testamentum Iobi / J. C. PICARD, Apocalypsis Baruchi graece
(PVTG 2), Leiden 1967, 1 – 59; Übers. nach B. SCHALLER, Das Testament Hiobs (JSHRZ III/3),
Gütersloh 1979; dort auch zu den Einleitungsfragen; vgl. noch R. P. SPITTLER, OTP I, 829 – 868;
DERS., AnchBDict III, 869 – 671; M. A. KNIBB / P. W. VAN DER HORST, Studies on the Testament
of Job (MSSNTS 66), Cambridge 1989, darin bes. P. W. VAN DER HORST, Images of Women in the

Datierung und Einordnung dieser Schrift fallen notorisch schwer. Gehört sie in den Umkreis von Philos Therapeuten? Verdanken sich die Anspielungen auf die Glossolalie erst montanistischer und somit relativ später christlicher Interpolation, was das *Testament des Hiob* für uns zwar nicht gänzlich wertlos machen, aber den Erkenntnisgewinn doch merklich einschränken würde? Halten wir lediglich fest, dass die Entstehungszeit nur vage mit 1. Jahrhundert v. Chr. bis 2. Jahrhundert n. Chr. angegeben werden kann, dass aber die These einer montanistischen Überarbeitung selbst bei der Spätdatierung nicht notwendig zu sein scheint[29].

Die erzählerische Rahmung der Schlusskapitel, die im kanonischen Hiobbuch bei Hiob 42,13–15 („Er bekam auch sieben Söhne und drei Töchter, … und ihnen gab ihr Vater ein Erbteil unter ihren Brüdern") ansetzt, sieht so aus: Hiob verteilt, als er seinen Tod herannahen fühlt, sein Vermögen, zunächst an seine sieben Söhne. Die drei Töchter scheinen leer auszugehen und reagieren enttäuscht, aber ihnen hat er drei geheimnisvolle Gürtel[30] aus seiner Schatzkammer zugedacht, „die waren so schön, dass kein Mensch ihr Aussehen beschreiben kann; denn sie stammen nicht von der Erde, sondern vom Himmel. Sie sprühen Funken von Feuer wie die Strahlen der Sonne" (46,7f.). Auf die etwas enttäuscht klingende Rückfrage, was denn diese seltsamen Gürtel nützen würden (47,1), verspricht Hiob seinen Töchtern, die Gürtel würden sie in die höhere, himmlische Welt entführen (47,3). Der Herr selbst hat dem Hiob die Gürtel geschenkt, und als er sie auf Gottes Geheiß anlegte, verschwanden die Würmer aus seinem Leib, und er wurde von allen Plagen geheilt (47,4–8). Anschließend hat Gott ihm das Vergangene und das Zukünftige kundgetan (47,9), ihn also prophetischer Einblicke gewürdigt[31].

Der Reihe nach umgürten sich die drei Töchter, und es geschieht Erstaunliches:

Testament of Job (93 – 116), und die kommentierte Bibliographie, zusammengestellt von Spittler (23 – 32).

[29] Ebenso wenig die deutlich interessegeleitete Anahme einer christlichen Überarbeitung bei C. FORBES, Prophecy and Inspired Speech in Early Christianity and Its Hellenistic Environment, Peabody, Ma. 1997, 182 – 187; er lässt sich bei der Bewertung des Vergleichsmaterials zu sehr von seiner Grundannahme, Glossolalie sei ein Reden in „unlearned human languages", bestimmen.

[30] Zu den verschiedenen Bezeichnungen – χορδή in 46,6 u.ö.; σπάρτη in 47,4; 48,1; περίζωσις in 52,1; gedeutet als φυλακτήριον in 47,11; ausgerechnet ζώνη fehlt – vgl. P. W. VAN DER HORST, Images (s. Anm. 28) 102.

[31] In LAB 20,2f. bekleidet sich Josue, von Gott dazu aufgefordert, mit den „Gewändern der Weisheit", die zuvor Mose getragen hatte, und mit dessen „Gürtel des Wissens"; daraufhin wird „sein Verstand entzündet und sein Geist bewegt", und er beginnt zu reden, allerdings nicht ausdrücklich glossolalisch, wohl aber prophetisch.

48,1: Also stand die erste, Hemera genannt[32], auf und legte sich ihr Band um, wie der Vater gesagt hatte. 2 Und sie bekam ein anderes Herz, so dass sie nicht mehr an irdische Dinge dachte. 3 Sie redete begeistert in engelhafter Sprache (τῇ ἀγγελικῇ διαλέκτῳ) und schickte ein Lied zu Gott empor gleich dem Gesang der Engel (κατὰ τὴν τῶν ἀγγέλων ὑμνολογίαν). Und die Lieder (ὕμνους), die sie begeistert sang, ließ der Geist auf ihrer Säule[33] einprägen.

Die zweite Tochter nimmt die Sprache (διάλεκτον) der Engelsmächte (ἀρχαί) an und lobpreist (ἐδοξολόγησεν) die Schöpfungswerke Gottes (49,2). Die dritte redet in der Sprache der Cherubim (50,2)[34], und wer etwas über die Doxa Gottes erfahren will, kann das in der Sammlung ihrer Gebete (ἐν ταῖς εὐχαῖς) nachlesen (50,3).

Nach Beendigung der Vorstellung hört ein Bruder Hiobs, wie die Töchter einander ihre wunderbaren Reden deuten (51,3: ὑποσημειουμένης), und er schreibt ein Buch, „voll mit sehr vielen Deutungen (σημειώσεων) der Lieder, die ich vernahm von den Töchtern meines Bruders" (51,4).

Als Engel kommen, um Hiobs Seele mit dem Thronwagen, auf dem (vermutlich) der Erzengel Michael sitzt (52,8), zum Himmel zu geleiten, formieren sich die drei Töchter, mit Harfe, Rauchfass und Handpauke versehen, zu einem Empfangskomitee (52,2–5). Nur sie unter allen Umstehenden nehmen das Geschehen wahr (52,9), und wieder „priesen und lobten sie, eine jede in der (ihr) eigenen Sprache" (58,7). Die drei Schwestern haben also verschiedene Idiome der Glossolalie entwickelt, analog zu den unterschiedlichen Sprachen der einzelnen Engelsklassen, und vermitteln in verschiedenen Formen (Hymnen, Gebete) verwandte, aber doch unterschiedlich akzentuierte Inhalte (Schöpfungswerke, Doxa).

Wie eingangs schon bemerkt, knüpft das, was hier geschieht, genetisch gesehen an ekstatische Elemente in der alttestamentlichen Prophetie an, woraus sich für die Glossolalie eine wichtige alttestamentlich-jüdische Traditionslinie ergibt. Wer vom Neuen Testament her kommt, fühlt sich unwillkürlich an die

---

[32] Gräzisierung von „Jemina" („Täubchen") in Hiob 42,14. Die zweite Tochter heißt dort „Kezia" („Wohlgeruch"), woraus im TestHiob „Kasia" wird. Komplizierter verhält es sich mit der dritten Tochter „Kerenhappuch" (wahrscheinlich „Schminktöpfchen"), was im TestHiob zu „Amaltheias Keras" wird. Amalthea war der Name der Ziege, die Zeus auf Kreta säugte und deren Horn als Sternbild an den Himmel versetzt wurde. „Amaltheias Horn" (lat. *cornucopia*) wurde daraufhin zum Sinnbild des Überflusses. In unserem Kontext ist von Bedeutung, dass „Amaltheias Keras" auch als Buchtitel belegt ist, vgl. Aulus Gellius, Noct Att praef. 6; s. zu den Namen der Töchter P.W. VAN DER HORST, Images (s. Anm. 28) 95.

[33] So Schaller, der mit guten Gründen für die Lesart στήλη plädiert. Brock liest statt dessen στολή, Gewand (Versuch einer Erklärung bei G. DAUTZENBERG, Prophetie [s. Anm. 27] 237). Wieder anders M. PHILONENKO, Testament de Job, in: La Bible. Écrits intertestamentaires (Bibliothèque de la Pléiade), Paris 1987, 1605 – 1645, hier 1643, der ἐπιστολή, Brief, konjeziert.

[34] Vgl. zum Erwerb der Engelssprache auch ApcZeph 8,3f. (bei O. S. WINTERMUTE, OTP I, 514; bei Riessler als 13,3): „Ich selbst zog ein Gewand der Engel an. Ich sah all diese Engel beten. Ich betete selbst mit ihnen, denn ich kannte ihre Sprache, die sie mit mir sprachen."

vier Töchter des Evangelisten Philippus, die alle prophetisch begabt sind, in Apg 21,9 erinnert, aber auch an die Frauen in Korinth, die nach 1 Kor 11,5 in der Gemeindeversammlung prophetisch reden und glossolalisch beten[35]. Die Annahme, dass Paulus mit den Korinthern die Glossolalie als Engelssprache wertet und das in 1 Kor 13,1 („Und wenn ich mit den Zungen der Menschen redete und *der Engel* ...") auch andeutet, erfährt von hier aus eine Bestätigung[36]. Auch dass er von γένη γλώσσων, „Arten von Zungen", spricht (1 Kor 12,10.28), womit er wohl glossolale Dialekte meint, versteht man vor diesem Hintergrund etwas besser.

III. Unliebsame Verwandtschaft: die Magie

Das *Testament des Hiob* hat noch in anderer Hinsicht Aufmerksamkeit auf sich gezogen. Von den drei Gürteln heißt es in der Sekundärliteratur verschiedentlich, sie fungierten gleichsam als mit magischen Kräften versehene Zaubermittel[37], und entsprechend erwartet man sich vom *Testament des Hiob* Beiträge zur Neubestimmung der antiken jüdischen Magie[38]. Das kann uns als Anlass dafür dienen, unsere Suche nach glossolalieähnlichen Sprachformen auf die magischen Texte der Antike auszudehnen.

---

[35] Mit einem Übergewicht von Frauen unter den Glossolalen rechnet S. CRIPPA, Glossolalia (s. Anm. 3) 500; noch detaillierter ausgeführt wird diese Vermutung bei L. T. JOHNSON, Glossolalia and the Embarrasments of Experience, in: PSB 18 (1997) 113 – 134, hier 129 – 132; aus der griechischen Überlieferung kann man mit H. J. TSCHIEDEL, Ein Pfingstwunder im Apollonhymnus (*Hymn. Hom. Ap.* 156 – 164 und *Apg.* 2,1 – 13), in: ZRGG 27 (1975) 22 – 39, die delischen *Mädchen* anführen mit ihrer kundigen Mimesis „von aller Menschen Stimmen (oder Sprachen)".

[36] Vgl. bereits. H. GÜNTERT, Sprache (s. Anm. 19) 25f.: „ ... sei es nur gestattet, der Überzeugung Ausdruck zu geben, dass mit γλῶσσαι an den älteren Stellen nichts gemeint sein kann als die Sprachen der Engel, Ausdrücke aus einer ‚anderen', d.h. übermenschlichen, göttlichen Sprache ... Die sinnlosen, stammelnden Worte der Verzückten galten als Reden in einer Geister- oder Engelsprache, der Sprache insbesondere, in welcher die Engel Gott preisen." In diesem Sinne auch G. THEISSEN, Psychologische Aspekte paulinischer Theologie (FRLANT 131), Göttingen 1983, 289 – 291 (im Anschluss an TestHiob). Warum L. T. JOHNSON, Art. Tongues, Gift of, in: AncBD VI, 596 – 600, hier 596, diese Überlegung sogar als eine „rather odd hypothesis" zurückweist, verstehe ich nicht.

[37] B. SCHALLER, Das Testament (s. Anm. 28) 367: „Die ‚Gürtel' haben magische Kräfte"; P. W. VAN DER HORST, Images (s. Anm. 28) 106: „magic belts"; W. SPEYER, RAC XII, 1251: im TestHiob „werden mit dem G(ürtel) auch magisch-mystische Vorstellungen verbunden".

[38] Programmatisch M. A. KNIBB / P. W. VAN DER HORST, Studies (s. Anm. 28) 5f.; zum Rahmen vgl. P. S. ALEXANDER, Incantations and Books of Magic, in: E. SCHÜRER, The History of the Jewish People in the Age of Jesus Christ. Rev. Ed., Bd. III/1, Edinburgh 1986, 342 – 379; P. SCHÄFER, Jewish Magic Literature in Late Antiquity and Early Middle Ages, in: JJS 41 (1990) 75 – 91; M. D. SWARTZ, Scholastic Magic: Ritual and Revelation in Early Jewish Mysticism, Princeton 1996; G. VELTRI, Magie und Halakha: Ansätze zu einem empirischen Wissenschaftsbegriff im spätaniken und frühmittelalterlichen Judentum (TSAJ 62), Tübingen 1997.

Die Fragestellung ist nicht neu. Schon früh wurden die *voces mysticae* der Zauberpapyri in der Glossolalieforschung zum Vergleich herangezogen[39], was bis in die neueste Literatur hinein aber auch entschiedenen Widerspruch findet[40]. Doch lassen sich bestimmte Analogien nicht bezweifeln, und der Widerspruch entspringt vor allem der Sorge um die Originalität und den geistgewirkten Ursprung der urchristlichen Glossolalie.

1. Textgrundlage: voces mysticae

Beispiele für *voces mysticae,* die in den griechischen magischen Texten nach bescheidenen Anfängen vom 1. Jh.n.Chr. an ihren Siegeszug antreten, sind uns auf verschiedenen Wegen überliefert, vereinzelt durch die Literatur, in Überfülle durch die Zauberpapyri samt den Ostraka, wo man kaum eine Seite in den Editionen[41] aufschlagen kann, ohne auf *voces mysticae* zu stoßen. Relevant sind daneben aber auch eher ungewöhnliche Trägermedien wie Täfelchen aus Blei, auf denen die sogenannten Defixiones, magische Fluch- und Bindeformeln, eingeritzt wurden[42], metallene und lederne Amulette[43], magische Schüsseln aus Keramik[44] und Gemmen aus diversen Mineral- und Halbedelsteinen mit ein-

---

[39] Z.B. bei E. MOSIMAN, Zungenreden (s. Anm. 27) 46f.; s. auch H. GÜNTERT, Sprache (s. Anm. 19) 65f.

[40] Besonders drastisch C. FORBES, Prophecy (s. Anm. 29) 153: „The magical papyri may be rapidly dismissed, as having no demonstrable link with early Christian glossolalia whatsoever", der aber von einer zu eingeengten Fragestellung ausgeht und seine Kritik überzieht.

[41] Grundlegend ist K. PREISENDANZ / A. HENRICHS, Papyri Graecae Magicae. Die griechischen Zauberpapyri (Sammlung wissenschaftlicher Commentare). Bd. 1 – 2, Stuttgart ²1973/ 74 (PGrM); Übers. ins Englische und Ergänzungen bei H. D. BETZ (Hrsg.), The Greek Magical Papyri in Translation, Including the Demotic Spells. Bd. 1: Texts, Chicago 1986, ²1992 (PGrMTr); vgl. außerdem R. DANIEL / F. MALTOMINI, Supplementum Magicum I-II (PapyCol XVI/1 – 2), Opladen 1990, 1992 (Suppl. Mag.); R. MERKELBACH / M. TOTTI (Hrsg.), Abrasax. Ausgewählte Papyri religiösen und magischen Inhalts (PapyCol XVII/1 – 4), Opladen, Bd. 1: Gebete, 1990; Bd. 2: Gebete (Fortsetzung), 1991; Bd. 3 (nur noch Merkelbach): Zwei griechisch-ägyptische Weihezeremonien (die Leidener Weltschöpfung, die Pschai-Aion-Liturgie), 1992; Bd. 4: Exorzismen und jüdisch-christlich beeinflusste Texte, 1996; D. WORTMANN, Neue magische Texte, in: BoJ 168 (1968) 56 – 111. Einen außergewöhnlich materialreichen Überblick gibt W. M. BRASHEAR, The Greek Magical Papyri: an Introduction and Survey. Annotated Bibliography (1928 – 1994), in: ANRW II/18.5 (1995) 3380 – 3684; unverzichtbar ist fortan sein „Lexikon" der *voces magicae* ebd. 3576 – 3603, das die bisher vorgetragenen Deutungsversuche auflistet und ergänzt.

[42] Vgl. nur die Textsammlung (in Übers.) von J. G. GAGER (Hrsg.), Curse Tablets and Binding Spells from the Ancient World, New York-Oxford 1992; das Buch ist eine Fundgrube für *voces mysticae,* die sich über das gesamte Material hin gleichmäßig verteilen; als charakteristisches Beispiel vgl. die Nr. 35 (110 – 112).

[43] R. KOTANSKY, Greek Magical Amulets. The Inscribed Gold, Silver, Copper, and Bronze *Lamellae,* Part I: Published Texts of Known Provenance (PapyCol XXII/1), Opladen 1994, mit kaum einem Text ohne *voces mysticae.*

[44] J. NAVEH / S. SHAKED, Amulets and Magic Bowls. Aramaic Incantations of Late Antiquity, Jerusalem 1985.

gravierten Zaubersprüchen[45]. Auf die Heranziehung dieser entlegenen Textträger müssen wir verzichten, obwohl sie überprozentual viele *voces mysticae* enthalten.

Beginnen wir stattdessen mit der Literatur. In seiner Anleitung *De agri cultura* gibt Cato einen Ratschlag, wie man ausgerenkte Glieder wieder richten kann. Ein Schilfrohr wird gespalten und um die verrenkte Stelle zusammengebunden. Dazu sind die beschwörenden Worte zu singen: *motas vatae daries dardaris astataries dissunapiter,* und täglich ist bis zur Heilung zu wiederholen: *huat haut haut istasis tarsis ardannabou dannaustra*[46]. Trotz intensiver Bemühungen ist es bis heute nicht gelungen, diesem Lied einen sprachlichen Sinn zu verleihen. Erklärungen aus dem Etruskischen oder dem Altlateinischen vermögen offensichtlich nicht restlos zu überzeugen[47]. Das heißt aber nicht, dass die Formeln sinnlos seien. Ihren Sinn haben sie als wirkmächtige Worte, die Kraft übermitteln und sie im Kontext des Gesamtrituals sprachlich realisieren. Sie gehören in die größere Gruppe der *incantamenta*, der heilkräftigen Lieder und Sprüche[48], die ihren Effekt nicht zuletzt aus ihrer sozialen Pragmatik beziehen: Sie binden alle Anwesenden und Beteiligten zu einer verschworenen Gemeinschaft zusammen.

Eben diese Funktion darf auch nicht übersehen werden im Umgang mit den Ritualen und Ritualtexten in den Zauberpapyri. Freie Vokalisierung taucht dort in verschiedenen Spielarten auf. So können zunächst einfach die sieben griechischen Grundvokale in stetig sich steigernder Zahl von eins bis sieben nebeneinander gestellt werden[49]: α εε ηηη ιιιι οοοοο υυυυυυ ωωωωωωω, die sich sodann in auf- und absteigenden Pyramiden[50] oder in komplexeren Figu-

---

[45] Vgl. nur D. WORTMANN, Neue magische Gemmen, in: BoJ 175 (1975) 63 – 82; E. ZWIERLEIN-DIEHL, Magische Amulette und andere Gemmen des Instituts für Altertumskunde der Universität zu Köln (PapyCol 20), Opladen 1992 (hier in Nr. 3 *voces mysticae* sogar umlaufend auf dem schmalen Rand; vgl. auch Nr. 9, Nr. 24 – 28).

[46] Cato, Agric 168 (160), bei O. SCHÖNBERGER, Marcus Porcius Cato: Vom Landbau. Fragmente (TuscBü), München 1980, 172f.; dort auch eine konkurrierende Lesart.

[47] Vgl. das kritische Referat bei A. ÖNNERFORS, Magische Formeln im Dienste römischer Medizin, in: ANRW II/37.1 (1993) 157 – 224, hier 159 – 162; ferner F. GRAF, Gottesnähe und Schadenzauber. Die Magie in der griechisch-römischen Antike, München 1996, 43 – 45.

[48] Gesammelt bei R. L. M. HEIM, Incantamenta magica graeca latina, in: Jahrbuch für classische Philologie. Suppl. 19, Leipzig 1892, 465 – 575; s. Önnerfors (vorige Anm.).

[49] Grundlegend ist dazu immer noch F. DORNSEIFF, Das Alphabet in Mystik und Magie (ΣΤΟΙΧΕΙΑ 7), Leipzig ²1925, bes. 35 – 60; jetzt auch D. FRANKFURTER, The Magic of Writing and the Writing of Magic: The Power of the Word in Egyptian and Greek Traditions, in: Helios 21 (1994) 189 – 221, hier 199 – 205: „The Semiotics of Vowels"; M. GARCÍA TEIJEIRO, Recursos fonéticos y recursos gráficos en los textos magicos griegos, in: Revista española de lingüística 19 (1989) 233 – 249; DERS., Sobre el vocabulario de la magia en los papiros griegos, in: Homenatge a Josep Alsina I, Tarragona 1992, 59 – 62.

[50] PGrM I 11 – 19; auch in PGrM IV 1005f.; V 81 – 90; XIII 624f.632f.837 – 841.856 – 871.905 – 911; XXXIII 1 – 25; Suppl. Mag. Nr. 65; eine Schwindform mit 153 Vokalen bei R. KOTANSKY, Amulets (s. Anm. 43) 202 als Nr. 37; eine Reflexion über die Vokale begegnet auch

ren[51] graphisch anordnen lassen. Eine andere Möglichkeit besteht in der gleich-
mäßigen Reihenbildung: die sieben Vokale werden je siebenmal hintereinan-
dergesetzt[52] oder folgen bestimmten anderen Mustern. Hinzunehmen muss
man die Anweisungen zu ihrer Aussprache, die dem Vorgang Dramatik verleihen: „das α mit geöffnetem Mund, wie Wogen rollend; das o kurz, als pneumatische Drohung; das ιαω zur Erde, zur Luft, zum Himmel; das ε nach Pavians-
weise; das o auf gleiche Art, wie oben angegeben; das η freudig, mit Hauchlaut;
das υ nach Hirtenart, lang"[53].

Als nächste Stufe kristallisieren sich jene Bildungen heraus, die, auf den Vokalen aufbauend, allmählich Konsonanten mit hinzunehmen, aber in einer bewusst monotonen Weise, so dass der Eindruck, es werde eine wirkliche Sprache
gesprochen, noch nicht aufkommt. Das hört sich dann so an: αχα αχαχα χαχ
χαρχαρα χαχ[54] oder αλλαλαλα αλλαλαλα σανταλαλα ταλαλα[55] oder schließlich
βωρ φωρ φορβα φορ φορβα ... βωφορ φορβα φοφορ φορβα βωβορβορβα παμφορβα
φωρφωρ φωρβ[56]. Eine Kombination von sieben und drei Silben: χι χι χι χι χι χι χι
τιφ τιφ τιφ wird sogar erklärt: das ist ἐραστικί gesagt, d.h. so spricht ein Falke,
der mit χι die Morgensonne und mit τιφ die Abendsonne begrüßt[57]. Der unmittelbare Kontext enthält weitere Wendungen aus der Vogelsprache (an Kassandra darf erinnert werden!), aus der Affensprache (daher stammt „Abrasax"),
aus dem Hieroglyphischen, dem Ägyptischen, dem Hieratischen und dem
Hebräischen. Die Anwendung der diversen Ausdrücke ist mit folgenden Aktionen zu begleiten: „*Klatsche dreimal* (die Parallelstelle hat noch: τακ, τακ,

---

an einer Stelle, wo man es kaum erwarten würde, nämlich bei Demetrius, De elocutione 71:
„Wenn die Priester in Ägypten (!) Hymnen für die Götter singen, lassen sie die sieben Vokale
der Reihe nach erklingen, und das Ertönen dieser Vokale besitzt einen solchen Wohlklang,
dass man lieber ihnen zuhört als aus der Flöte oder der Lyra" (vgl. D. C. INNES, Demetrius: On
Style [LCL 199], Cambridge, Ma./London 1995, 394f.).

[51] Vgl. die mit Vokalen versehene Zeichnung aus PGrM II bei Preisendanz Tafel I, Abb. 2;
ferner (unter Einbezug von Konsonanten) die versuchte Herzform PGrM IV 409 – 433; die
angedeuteten Flügel PGrM VII 716 – 723; die Eiform PGrM XVIIa; die umgedrehte Pyramide mit Spirale PGrM XVIIIb sowie, bes. ausgedehnt, PGrM XIXa 16 – 48 und Suppl. Mag. Nr.
55.57.

[52] PGrM II 96f.; als Quadrat aus sieben mal sieben Vokalen dargestellt im Amulett Nr. 9
bei R. KOTANSKY, Amulets (s. Anm. 43) 41 – 43; Ähnliches in PGrM IV 610 – 616; XLIV (linke
Spalte). Zur Siebenzahl ist zu beachten, dass die sieben Vokale auch referentiell die sieben
Planeten bezeichnen können, später auch sieben Engel; daneben haben sie Zahlwerte und
musikalische Notenwerte, vgl. D. FRANKFURTER, Magic (wie Anm. 49); H. S. VERSNEL, Die Poetik der Zaubersprüche, in: T. SCHABERT / R. BRAGUE (Hrsg.), Die Macht des Wortes (Eranos NF
4), München 1996, 233 – 297, hier 246.

[53] PGrM V 24 – 30.

[54] PGrM I 146f.

[55] PGrM II 4; vgl. ebd. 1.65 – 67 (mit Schwindform).

[56] PGrM IV 1256 – 1262.

[57] PGrM XIII 85; vgl. in PGrMTr 174 Anm. 22.

τακ), *schnalze laut* (πόππυσον μακρόν, in der englischen Übersetzung: ʻgo <pop, pop, pop> for a long time'), *pfeife* (σύρισον, ʻhiss') *langgezogen*"[58].

Wer sich fragt, was die vielen Laute sollen, bekommt im Großen Pariser Zauberpapyrus wenigsten eine Begründung geboten: Herbeigerufen wird eine Gottheit, deren (geheimer) Name „von der Himmelsfeste bis in die Tiefe der Erde dringt" (IV 1210) und aus hundert Buchstaben besteht. Tatsächlich werden auch drei solcher hundertbuchstabiger Namen gebildet, einer nur aus Vokalen (IV 1222–1226), die anderen beiden aus Konsonanten und Vokalen zusammengesetzt (IV 1213–1217.1385–89). Überhaupt ist bei der Gelegenheit auf die zahlreichen Götternamen in den Zaubertexten hinzuweisen, die durch ihre gesuchte Art und ihre Anhäufung in die Nähe der *voces mysticae* rücken (vgl. PGrM IV 1245–1284).

Eine letzte, große Gruppe von *voces mysticae* umfasst all jene Passagen mit einer weiter vorangetriebenen Wort- und Satzbildung, die durch ihre pseudolinguistische Strukturierung den Eindruck einer echten Sprache erwecken. Wiederum soll uns nur eine Stelle aus dem Pariser Papyrus, die ein dreimal zu sprechendes Gebet um übermenschliche Kräfte abschließt, als Ausgangspunkt dienen. Der Wortlaut wird zunächst im Zusammenhang geboten und sodann der Übersichtlichkeit halber in seine Bestandteile zerlegt (IV 200–208):

ναϊνε βασαναπτατου εαπτου μηνωφαεσμη παπτου μηνωφ αεσιμη τραυαπτι πευχρη τραυαρα πτουμηφ μουραι ανχουχαφαπτα μουρσα αραμει ʼΙάω αθθαραυϊ μηνοκερ βοροπτουμηθ ατ ταυϊ μηνι χαρχαρα πτουμαυ λαλαψα τραυϊ τραυεψε μαμω φορτουχα αεηιο ϊου οηωα εαϊ αεηι ωι ιαω αηι αι ιαω.

1.	ναϊνε	*naine*
2.	βασαναπτατου	*basanaptatou*
3.	εαπτου	*eaptou*
4.	μηνωφαεσμη	*mēnōphaesmē*
5.	παπτου	*paptou*
6.	μηνωφ	*mēnōph*
7.	αεσιμη	*aesimē*
8.	τραυαπτι	*trauapti*
9.	πευχρη	*peuchrē*
10.	τραυαρα	*trauara*
11.	πτουμηφ	*ptoumēph*
12.	μουραι	*mourai*
13.	ανχουχαφαπτα	*anchouchaphapta*
14.	μουρσα	*moursa*
15.	αραμει	*aramei*
16.	ʼΙάω	*Iaō*
17.	αθθαραυϊ	*aththarauï*

<hr>

[58] PGrM XIII 81 – 89; die Parallele in 593 – 602; vgl. auch 941 – 946; ähnliche Ratschläge in VII 765 – 779.

18.	μηνοκερ	*mēnoker*
19.	βοροπτουμηθ	*boroptoumēth*
20.	ατ	*at*
21.	ταϋι	*tauï*
22.	μηνι	*mēni*
23.	χαρχαρα	*charchara*
24.	πτουμαυ	*ptoumau*
25.	λαλαψα	*lalapsa*
26.	τραϋι	*trauï*
27.	τραυεψε	*trauepse*
28.	μαμω	*mamō*
29.	φορτουχα	*phortoucha*
30.	αεηιο	*aeēio*
31.	ϊου	*ïou*
32.	οηωα	*oēōa*
33.	εαϊ	*eaï*
34.	αεηι	*aeēi*
35.	ωι	*ōi*
36.	ιαω	*iaō*
37.	αηι	*aeēi*
38.	αι	*ai*
39.	ιαω	*iaō*

Einige Züge erkennen wir bereits wieder, so die reinen Vokalreihen ab Z. 30, wo sich als ein Schema das allmähliche Schwinden von αεηιο in Z. 30 über αεηι in Z. 34 und αηι in Z. 37 zu αι in Z. 38 herausschält. Der wegfallende o-Laut verselbständigt sich den anderen Zeilen. Zu notieren sind auch die Worte mit gleichklingenden Anlauten: τραυαπτι Z. 8, τραυαρα Z. 10, τραϋι Z. 26, τραυεψε Z. 27, dazu noch τραϋι Z. 21, ferner μηνωφαεσμη Z. 4 und μηνωφ Z. 6. Damit verschränken sich die gleich lautenden Auslaute von βασαναπτατου Z. 2, εαπτου Z. 3 und παπτου Z. 5. Auch χαρχαρα Z. 23 und λαλαψα in Z. 25 dürften nicht umsonst so nah beieinander stehen. Im Übrigen könnte χαρχαρα als Name für einen der Dekane mit dem Sternbild zusammenhängen[59].

Hier stellen sich erste Assoziationen ein. Bei λαλαψα könnte man an griechisch λαῖλαψ, der Sturm, denken. In Z. 15 wird αραμει nichts anders als „auf Aramäisch" heißen, und es ist nur konsequent, wenn man ιαω, das in Z. 36 und Z. 39 nur Vokalwert besitzt, in Z. 16 als Wiedergabe des jüdischen Gottesnamens auffasst. Auch in αθθα- in Z. 17 könnte hebräisch „Du" stecken, und das ganze Wort lässt sich vielleicht lesen als „Du bist mein Vater (*avi*)"[60]. Der Einfluss des Hebräischen als heilige und exotische Sprache ist in den Zauberpapyri unverkennbar. Das beliebte Palindrom αβλαναθαναλβα, das sich vorwärts und rückwärts gleich liest, wird einmal direkt als Ἑβραιστί, „auf Hebräisch", ausge-

---

[59] W.M. BRASHEAR, Papyri (s. Anm. 41) 3602.
[60] Mündlicher Hinweis von Martin Hengel, im Anschluss an den Tübinger Vortrag.

geben[61] und dürfte „Vater *(ab)*, komm zu uns *(lanath)*" bedeuten[62], und an besagter Stelle folgt fünf Zeilen später βαρουχ αδωναι ελωαι αβρααμ, worin unschwer die jüdische Beraka „Gepriesen sei der Herr, der Gott Abrahams" auszumachen ist.

Noch prominenter als das Hebräische ist das Ägyptische, was auch mit der Herkunft unserer Texte zusammenhängt. Wenn man Ägyptisches in griechischen Buchstaben schreibt, wirkt es rasch völlig unverständlich. In unserem Ausschnitt wird μηνοκερ Z. 18 als „gerechtfertigt vor Toth" interpretiert[63], und der Wortanfang μου- in Z. 12 und 14 könnte mit dem ägyptischen Wort für „Löwe" zusammenhängen[64]. Sicher wären in diesem Bereich noch weitere Entdeckungen zu machen, und die Forschung konzentriert sich neuerdings verstärkt auf die ägyptologischen Ableitungen[65]. Aber man darf sich dabei keinen Illusionen hingeben. Alle Übersetzungsversuche werden bestenfalls einen Teil der *voces mysticae* erfassen können, und es ist mehr als zweifelhaft, ob alle ihre Benutzer und erst recht deren Klienten „native speaker" des Ägyptischen waren[66]. Für sie bleibt das Ganze, auch in seinen übersetzbaren Teilen, eine fremde Sprache. Verstärkt wird deren Fremdheit und sakrale Würde noch, um das wenigstens zu erwähnen, durch die gelegentliche Verwendung des Koptischen in den griechischen Papyri und durch die Entwicklung einer eigenen Zauberschrift, den sogenannten „Charakteres"[67].

2. Zur Erklärung: communio loquendi cum deis

Einiges zum Verständnis der Funktion der *voces mysticae* ist schon angeklungen. Sie wirken zunächst rein lautmalerisch durch die Fülle der Vokale, durch Assonanzen, Wiederholungen, Echoeffekte, Rhythmen und Reime und nicht zuletzt durch eine dramatisch-pathetische Aussprachetechnik mit entsprechender Inszenierung. Das kann sich steigern vom leisen, geheimnisvollen Murmeln über unartikulierte Ausbrüche bis zu flüssigem Rezitieren pseudosprachlicher oder fremdsprachlicher längerer Formeln, wie es von der Parade-Hexe Erictho in Lucans *Pharsalia* ausgesagt wird: „Dann murmelt ihre Stimme ... zuerst undeutliche Laute, die anders klingen als menschliche Sprache und mit ihr nichts

---

[61] In PGrM V 475f.; an Vorkommen vgl. etwa PGrM III 63f.79.150.341.362.709; als umgedrehte Pyramide ausgeführt in Suppl. Mag. Nr. 67.

[62] So J. G. GAGER, Tablets (s. Anm. 42) 265; W. M. BRASHEAR, Papyri (s. Anm. 41) 3577.

[63] W. M. BRASHEAR, Papyri (s. Anm. 41) 3592.

[64] Ebd. 3593.

[65] Neue Rückführungen auf das Ägyptische unternehmen besonders R. MERKELBACH / M. TOTTI, Abrasax (s. Anm. 41).

[66] Immerhin besitzt bei Lukian, Philops 31, der Pythagoräer Arignotos viele ägyptischen Zauberbücher und überwältigt in *Korinth* ein Gespenst mit den „schauerlichsten Zauberformeln" unter „ständiger Beschwörung in ägyptischer Sprache".

[67] Zu ihnen nur D. FRANKFURTER, Magic (s. Anm. 49) 205 – 211.

zu tun haben ... Alles andere drückt sie dann deutlich in thessalischen Zaubersprüchen aus[68]. Auch weitere linguistische Kunstgriffe wie der Einsatz von
Palindromen und von Worten mit bestimmten Zahlwerten – der prototypische
Name „Abrasax" oder „Abraxas" für den Zeitgott Aion hat den Zahlwert 365
– tragen das ihre bei.

Das Ziel dieses Vorgehens darf man nicht zu niedrig ansetzen. Wieder kann
uns Lucan helfen: Die Stimme seiner Protagonistin in der Erictho-Szene
„dringt durch ferne himmlische Räume und trägt die zauberkräftigen Worte zu
den widerstrebenden Göttern"[69]. Für die Kommunikation mit den Gottheiten
oben und unten, auf die teils, wie hier angedeutet, sogar Zwang ausgeübt werden soll, bedarf es einer eigenen, neuen Sprache[70]. Etwas freundlicher definiert
Apuleius in seiner Verteidigungsrede, in der er sich gegen den Vorwurf, Magie
zu betreiben, zur Wehr setzt, den Magier: Er ist „nach gewöhnlicher Auffassung
(more vulgari)" jemand, der „vermöge mündlichen Verkehrs mit den unsterblichen Göttern *(communione loquendi cum deis immortalibus)* zu allem, was er
sich wünscht, durch eine geradezu unglaubliche Kraft seiner Zauberformeln
fähig ist"[71].

Die Sehnsucht nach der *communio loquendi cum deis immortalibus* in einer
Sprache, die von den Göttern verstanden wird und die auf Menschen den Eindruck macht, den Austausch mit transhumanen Mächten zu ermöglichen, dürfte eine treibende Kraft hinter der Entwicklung der magischen Sondersprache
sein[72]. Die Unterwelt wird mit einbezogen, und das pragmatische Ziel, sich

---

[68] Lucan, Phars 6,685 – 694, bei G. Luck, Lukan: Der Bürgerkrieg (SQAW 34), Berlin
²1989, 312f.; vgl. L. Baldini Moscadi, „Murmur" nella terminologia magica, in: SIFC 48 (1976)
254 – 262; zur Erictho-Szene überhaupt einführend F. Graf, Gottesnähe (s. Anm. 47) 171 –
183.

[69] 6,445f.; vgl zu Erictho des Näheren L. Baldini Moscadi, Osservazioni sull'episodio ma-
gico del VI libro della „Farsaglia" di Lucano, in: SIFC 48 (1976) 140 – 199; N. Hömke, Ordnung
im Chaos. Macht und Ohnmacht in Lucans Erichtho-Episode, in: Mousopolos Stephanos (FS
H. Görgemanns) (BKAW.NF II/102), Heidelberg 1998, 119 – 137; zu einer weiteren einschlägigen Stelle bei Lucan O. Phillips, Singing Away Snakebite: Lucan's Magical Cures, in: M. W.
Meyer / P. Mirecki (Hrsg.), Ancient Magic and Ritual Power (Religions in the Graeco-Roman World 129), Leiden u.a. 1995, 391 – 400.

[70] Auch Plinius d.Ä., Nat Hist 28,20, überlegt an einer (im Übrigen schwierig zu deutenden) Stelle, ob man nicht doch „fremde und unaussprechliche Worte" brauche und ob die
Verwendung der gewohnten lateinischen Sprache nicht eher überrasche, ja lächerlich erscheine, wenn man „etwas Ungeheuerliches erwartet, was würdig ist, einen Gott zu bewegen oder
gar einer Gottheit zu befehlen".

[71] Apuleius, Apol 26,3; bei R. Helm, Apuleius: Verteidigungsrede. Blütenlese (SQAW 36),
Berlin 1977, 54f.; vgl. A. Abt, Die Apologie des Apuleius von Madaura und die antike Zaube-
rei. Beiträge zur Erläuterung der Schrift de magia (RVV 4,2), Gießen 1908, bes. 44 – 56; F.
Graf, Gottesnähe (s. Anm. 47) 61 – 78; V. Hunink, Apuleius of Madauros: Pro se de magia
(Apologia). Bd. 1 – 2, Amsterdam 1997, bes. II, 90 (zur Stelle, gezählt als 26,6).

[72] Wegweisend für diese Interpretation ist S. J. Tambiah, The Magical Power of Words, in:
Man 3 (1968) 175 – 208; für die *voces mysticae* (vorwiegend in lateinischen *incantamenta*) vor-
bildlich durchgeführt bei H. S. Versnel, Poetik (s. Anm. 52).

Herrschaftswissen anzueignen, wird oft genug zugestanden, aber wenn wir davon abstrahieren, sind wir formal von der Engels- und Himmelsprache der jüdisch-christlichen Überlieferung so weit nicht entfernt. Wenn man das noch einmal funktionalistisch fassen will, besteht der Sinn dieses Vorgehens darin, eine Gegenwelt zu schaffen, die den Alltag transzendiert und der man kreative Kräfte zutraut, die man im Dienst der Lebensbewältigung für sich zu gewinnen hofft[73].

IV. Aus der Nachgeschichte: die Gnosis

„Der Magier arbeitet auf seine eigene Weise mit der *Gnosis*, der höchsten Einsicht in das Rätsel des Göttlichen, nach welcher sich Hermetiker wie Christen sehnten", mit diesen Worten leitet Samuel Eitrem einen Abschnitt ein, in dem er auf den „mystischen Polyglottismus" und den „polyglotten Enthusiasmus" der *voces mysticae* und der Glossolalie zu sprechen kommt[74]. Was sich bei den Gnosisbekämpfern unter den Vätern vereinzelt schon abzeichnete[75] und durch die frühen Funde von koptischen Schriften wie der *Pistis Sophia* eine erste Bestätigung fand[76], wurde durch Schrifttum von Nag Hammadi zur Gewissheit erhoben: Auch die Gnostiker haben sich der *voces mysticae* bedient, insbesondere der freien Vokalisierung und der fremdklingenden Namen[77], rein quantitativ zurückhaltender als die Tradenten der Zauberpapyri, aber in Anlehnung

---

[73] Vgl. H. S. VERSNEL, ebd. 287.

[74] S. EITREM, Orakel und Mysterien am Ausgang der Antike (AlVi NF 5), Zürich 1947, 37 – 47 (Zitate 37.42f.; Hervorheb. im Orig.); zu der von Eitrem angesprochenen Hermetik vgl. CH 1,26, wo sich der Sinn allerdings je nach Lesart verändert: Der innere Mensch im achten Himmel besingt mit den Seienden den Vater und hört über sich andere Kräfte Gott besingen, entweder „mit ihrer eigenen (ἰδίᾳ) Stimme", so W. SCOTT, Hermetica. Bd. 1, Oxford 1924, Repr. London 1968, 128f. („with a voice that is theirs alone"), was sich auf himmlische Dialekte deuten ließe, oder „mit süßer (ἡδείᾳ) Stimme", so A. D. NOCK / A. J. FESTUGIÈRE, Corpus Hermeticum. Bd. 1 (CUFr), Paris 1978, 16; J. HOLZHAUSEN, Das Corpus Hermeticum Deutsch. Bd. 1 (Clavis Pansophiae 7,1), Stuttgart-Bad Cannstatt 1997, 20.

[75] Vgl. Iren., Adv Haer I 13,3, über Markos.

[76] Vgl. Pistis Sophia 136.142 (Jesus spricht als Auferstandener in Anwesenheit der Jünger zum Vater: αεηιουω ϊαω αωϊ ωϊα ψινωθερ ... etc.); Buch des Jeû 5 – 40.45 – 48 usw. (Seite um Seite gefüllt mit *voces mysticae*, „Charakteres" und Figuren); Text: C. SCHMIDT, Gnostische Schriften in koptischer Sprache aus dem Codex Brucianus (TU 8), Leipzig 1892; dt. Übers.: C. SCHMIDT / W. TILL / H. M. SCHENKE, Koptisch-gnostische Schriften. Bd. 1: Die Pistis Sophia. Die beiden Bücher des Jeû. Unbekanntes altgnostisches Werk (TU 45), Berlin ⁴1981; Schmidts Text ist jetzt auch zugänglich in der engl. Übers. von V. MacDERMOT, NHS 9 u. 13, Leiden 1978.

[77] Vgl. OgdEnn NHC VI/6 56,17 – 22; 61,10 – 15 (in Gebeten); Mar NHC X 28,2 – 28; 31,19 – 32,5: *bagadazatha, begedezethe ... dozotho ... bogodozotho ... abebebibob* (mit Reflexion über die Lautwerte der Buchstaben); Allog NHC XI/3 53.36f.: *zza zza zza*; 54,23 – 37 u.ö. (Namen); Protennoia NHC XIII/1 38,29; Zostr NHC VIII/1 118,18 – 22; 127,1 – 5.

an sie[78]. Wir wählen zur Behandlung das *Ägypterevangelium* aus, bei dessen Erschließung Alexander Böhlig Pionierarbeit geleistet hat[79].

Der Text liegt in zwei unterschiedlichen koptischen Versionen vor (ÄgEv NHC III/2 40,12–69,20 par IV/2 50,1–81,2), die über Zwischenstufen auf eine gemeinsame griechische Vorlage zurückgehen. Sein eigentlicher Titel lautet: „Das heilige Buch des großen unsichtbaren Geistes", und sein Verfasser ist der große Seth, der 130 Jahre daran schrieb und es auf einem Berg verbarg, bis das auserwählte Geschlecht der Gnostiker in Erscheinung tritt und sich dieser Offenbarung als würdig erweist. Im ersten, kosmologischen Hauptteil (bis III 55,16a) begegnen wir nicht nur vielen fremden Namen für die verschiedenen Himmelswesen, darunter Domedon Doxomedon („Herr des Hauses, Herr der Herrlichkeit") und, nicht zu vergessen, dem wohlbekannten Abrasax[80], sondern auch schon der ersten ansehnlichen Vokalreihe. Der verborgene Name des Vaters des Lichtes, ein unsichtbares Symbol, ein unaussprechliches Mysterium – er wird dennoch kundgetan, und er lautet (wenn man die Schreibweise in Kolummnen im Originalmanuskript zugunsten einer graphischen Anordnung aufbricht) folgendermaßen (III 44,3–9):

ι	ι	ι	ι	ι	ι	ι	ι	ι	ι	ι	ι	ι	ι	ι	ι	ι	ι	ι	ι	ι	ι
H	H	H	H	H	H	H	H	H	H	H	H	H	H	H	H	H	H	H	H	H	H
O	O	O	O	O	O	O	O	O	O	O	O	O	O	O	O	O	O	O	O	O	O
Y	Y	Y	Y	Y	Y	Y	Y	Y	Y	Y	Y	Y	Y	Y	Y	Y	Y	Y	Y	Y	Y
є	є	є	є	є	є	є	є	є	є	є	є	є	є	є	є	є	є	є	є	є	є
ⲁ	ⲁ	ⲁ	ⲁ	ⲁ	ⲁ	ⲁ	ⲁ	ⲁ	ⲁ	ⲁ	ⲁ	ⲁ	ⲁ	ⲁ	ⲁ	ⲁ	ⲁ	ⲁ	ⲁ	ⲁ	ⲁ
ⲱ	ⲱ	ⲱ	ⲱ	ⲱ	ⲱ	ⲱ	ⲱ	ⲱ	ⲱ	ⲱ	ⲱ	ⲱ	ⲱ	ⲱ	ⲱ	ⲱ	ⲱ	ⲱ	ⲱ	ⲱ	ⲱ

---

[78] Für die *nomina barbara* weist die Abhängigkeitsverhältnisse nach H.M. Jackson, The Origin in Ancient Incantatory *Voces Magicae* of Some Names in the Sethian Gnostic System, in: VigChr 43 (1989) 69 – 79.

[79] A. Böhlig / F. Wisse, Nag Hammadi Codices III,2 and IV,2. The Gospel of the Egyptians (The Holy Book of the Great Invisible Spirit) (NHS 4), Leiden 1975; A. Böhlig, Das Ägypterevangelium von Nag Hammadi (Das heilige Buch des großen unsichtbaren Geistes) (GOF.H 1), Wiesbaden 1974; Ders., Die himmlische Welt nach dem Ägypterevangelium von Nag Hammadi, in: Muséon 80 (1967) 5 – 26.365 – 377; Ders., Christentum und Gnosis im Ägypterevangelium von Nag Hammadi, in: W. Eltester (Hrsg.), Christentum und Gnosis (BZNW 37), Berlin 1969, 1 – 18; Ders., Zum „Pluralismus" in den Schriften von Nag Hammadi. Die Behandlung des Adams in den Drei Stelen des Seth und im Ägypterevangelium [1975], in: Ders., Gnosis und Synkretismus. Gesammelte Aufsätze zur spätantiken Religionsgeschichte. 1. Teil (WUNT 47), Tübingen 1989, 229 – 250; Ders., Das Ägypterevangelium als ein Dokument des mythologischen Gnostizismus [1974], ebd. 341 – 370; die Bezugnahmen auf das ÄgEv in A. Böhlig / C. Markschies, Gnosis und Manichäismus. Forschungen und Studien zu Texten von Valentin und Mani sowie zu den Bibliotheken von Nag Hammadi und Medinet Madi (BZNW 72), Berlin 1994, sind über das Register (295f.) erschlossen. Vgl. zum folgenden auch die engl. Übers. von IV/2 bei B. Layton, The Gnostic Scriptures, Garden City, N.Y. 1987, 101 – 120.

[80] III 52,26; 53,9; später noch in 65,1; vgl. IV 64,21; 65,2; 76,19.

Es finden die sieben Grundvokale Verwendung, die das Koptische mit dem Griechischen teilt, und zwar je zweiundzwanzigmal, was der Zahl der Buchstaben im hebräischen Alphabet entspricht. Diese Technik, die über alles aus den Zauberpapyri Bekannte noch hinausgeht, dient wohl dazu, den Eindruck einer überbordenden Fülle zu erzeugen. Andererseits lassen sich Inhalte nur noch schwer damit verbinden. Aber das dürfte Absicht sein, soll doch so das Unsagbare doch noch ausgesagt werden. Die nahezu unaufhörliche Repetition des Vokalbestandes ist das letzte, was noch bleibt, wenn man nicht völlig ins Schweigen verfallen will. Dazu würde passen, dass es von dem Träger dieses Namens unmittelbar zuvor heißt, dass er „aus dem Schweigen (σιγή) hervorgekommen ist und im Schweigen ruht" (III 43,23f.). Auch sonst wird in dem Traktat auffällig viel vom Schweigen gesprochen[81].

Die Vokale werden abweichend von ihrer Reihenfolge im Alphabet dargeboten. So bilden der erste Buchstabe ⲁ und der letzte Buchstabe ⲱ die beiden Schlusszeilen. Das ermöglicht eine weitere Interpretation, die zur erstgenannten nicht unbedingt in Widerspruch steht. Alexander Böhlig hat vorgeschlagen, die Anfangsbuchstaben der sieben Reihen als Akronym aufzufassen und dies wiederum aufzulösen als Ἰηου ἐ(στιν) Α (καὶ) Ω, „Jeou ist das Alpha und das Omega"[82], Jeou oder Jeû verstanden als Bezeichnung eines Himmelswesens (vgl. das „Buch des Jeû"), aber mit dem Jesusnamen und über Iao auch mit dem Gottesnamen assoziierbar. Für die Annahme eines Akronyms spricht ferner, dass im Buchschluss die Akklamation „Jesus Christus, Sohn Gottes, Soter" erst ausgeschrieben und dann noch einmal mittels der Abkürzung ΙΧΘΥΣ wiederholt wird (III 69,14f.). Auch dieses Spiel mit den verborgenen Möglichkeiten der Deutung und Bedeutung käme gnostischem Denken entgegen. Deutlich ist, dass die freie Vokalisierung bewusster eingesetzt wird als in der spontan ausgeübten Glossolalie und ihren Derivaten[83].

Aus dem zweiten Hauptteil des Traktats mit dem Bericht von Entstehung und Rettung von Seths Geschlecht notieren wir nur Seths vollständige Anrede mit „Telmael Telmael Heli Heli Machar Machar Seth" (III 62,2–4 u.ö.) und die Liste von Heilsbringern mit *nomina barbara*[84]. Der dritte, hymnische Abschnitt (ab III 66,8b)[85] beginnt mit einer Passage, die wir geschlossen hierhersetzen wollen, weil sie zugleich einen passenden Abschluss für unseren Durchgang

---

[81] III 40,17f.; 41,10–12; 42,2.20–23; 44,14.28 u.ö.; jeweils mit par in IV bzw. dort auch an Stellen wie IV 56,18; 58,24f., wo III eine Lücke von mehreren Seiten aufweist.

[82] Ägypterevangelium 56; Gospel 173.

[83] Vgl. aber die etwas verzweifelt klingende Bemerkung bei Böhlig / Wisse zu einer späteren Stelle: „The meaning is very uncertain. Perhaps it is in fact a case of glossolalia" (Gospel 199).

[84] III 64,9–65,26; erläutert in: Gospel 194–197.

[85] Vgl. im ersten Hauptteil noch III 49,6f.; zur Erklärung Ägypterevangelium 78; Gospel 176f.

durch die Texte bietet (die Zeilenzählung wurde intern für unsere Zwecke eingeführt, die Einteilung in Strophen ist von Böhlig übernommen)[86]:

Überschrift:

   1. ῑ͞н ι͞ε͞ʏ͞c
   2. н͞ω͞ ο͞ʏ
   3. н͞ω͞ ω͞ʏ͞ᴀ

1. Strophe:

   4. Wirklich wahrhaftig (ἀληθῶς ἀληθῶς)
   5. Jesseus Mazareus Jessedekeus!
   6. O lebendiges Wasser!
   7. O Kind des Kindes!
   8. O herrlicher Name!

2. Strophe:

   9. Wirklich wahrhaftig (ἀληθῶς ἀληθῶς)
   10. O existierender Äon (αἰών ὁ ὤν)
   11. ῑ̄ ῑ̄ ῑ̄ ῑ̄
   12. н̄ н̄ н̄ н̄
   13. ε̄ ε̄ ε̄ ε̄
   14. ο̄ ο̄ ο̄ ο̄
   15. ʏ̄ ʏ̄ ʏ̄ ʏ̄
   16. ω̄ ω̄ ω̄ ω̄
   17. ᴀ̄ ᴀ̄ ᴀ̄ ᴀ̄   {ᴀ̄}

3. Strophe:

   18. Wirklich wahrhaftig (ἀληθῶς ἀληθῶς)
   19. н̄ῑ̄
   20. ᴀ̄ ᴀ̄ ᴀ̄ ᴀ̄
   21. ω̄ ω̄ ω̄ ω̄
   22. Du Existierender,
   23. der Du die Äonen (αἰών) siehst!

4. Strophe:

   24. Wirklich wahrhaftig (ἀληθῶς ἀληθῶς)
   25. ᴀ̄
   26. ε̄ ε̄
   27. н̄ н̄ н̄
   28. ῑ̄ ῑ̄ ῑ̄ ῑ̄
   29. ʏ̄ ʏ̄ ʏ̄ ʏ̄ ʏ̄
   30. ω̄ ω̄ ω̄ ω̄ ω̄ ω̄ ω̄ ω̄
   31. Du in alle Ewigkeit Existierender!

---

[86] III 66,8b – 22a par IV 7810b – 79,3a; vgl. außerdem noch III 67,14 – 17.

5. Strophe:

32.   Wirklich wahrhaftig (ἀληθῶς ἀληθῶς)
33.   ⲒⲎⲀ ⲀⲒⲰ im Herzen,
34.   der existiert.
35.   Sohn auf immer und ewig (υἱὲ ἀεὶ εἰς ἀεί),
36.   Du bist, was Du bist (εἶ ὁ εἶ),
37.   Du bist, der du bist (εἶ ὅς εἶ).

Strukturiert wird das Gebet durch den fünfmaligen Ausruf „Wirklich wahrhaftig" (Z. 4.9.18.24.32), jeweils zu Strophenbeginn. Inhaltlich dient es der Prädikation des eingangs genannten Jesseus, der mit seinen beiden weiteren Namen bereits in III 64,10 vorkam und auch in anderen Nag Hammadi-Schriften belegt ist. Einen besonderen Akzent trägt seine dauernde Existenz als Äon. Zusätzlich zu dem extravaganten Eigennamen erzeugen auch die griechischen Lehnworte an mehreren Stellen einen lautmalerischen Effekt (Z. 10.35 – 37), der von den Vokalreihen förmlich aufgenommen zu werden scheint. Rein formal fällt auf: In Z. 11 – 17 haben wir sieben reine Viererreihen (das fünfte ⲁ dürfte irrtümlich gesetzt und deshalb zu streichen sein, zumal ein weiteres ⲁ zu Beginn von ἀληθῶς folgt). In Z. 25 – 30 tauchen sechs Vokale auf, diesmal in der Reihenfolge des Alphabets, ohne das ο, und die Zahlwerte steigern sich von eins über zwei, drei und vier zu sechs und acht, was zusammen vierundzwanzig ergibt, die Buchstabenzahl des griechischen Alphabets. Diese Vokalreihe war offenbar dazu bestimmt, als Pyramide geschrieben zu werden[87], womit wir wieder bei den Zauberpapyri angelangt sind.

Möglich ist auch diesmal eine Deutung der Buchstabenreihen als Akronyme. In Z. 1 könnte Jesus und Jesseus stecken. Für Z. 11 – 17 wäre denkbar: Ἰη(σοῦς) ἐ(στιν) ὁ υ(ἱὸς), Ω (καὶ) Α, „Jesus (oder: Jesseus) ist (oder: ε[ἶ], Du bist) der Sohn, das Omega und das Alpha (oder: ὦ α[ἰών], o Äon!)"[88]. Auf ähnliche Weise ließe sich aus der Pyramide in Z. 25 – 30 herauslesen „Das Alpha ist Jesus, Sohn, und das Omega" oder „Ein Äon (bzw. ewig) bist Du, Jesus, Sohn, o"[89]. Dafür muss man zwar das ⲎⲒ als Anfang des Jesusnamens interpretieren, was sich auch für Z. 19 nahe legt. Das geht, wenn man die beiden Buchstaben nicht von links nach rechts, sondern wie in den semitischen Sprachen von rechts nach links liest.

Das transsprachliche Spiel mit dem Koptischen, dem Griechischen und dem Hebräischen verdient es, eigens herausgestellt zu werden. Es ist, wenn man so will, eine besonders kunstvolle, reflektierte Form von Glossolalie, die sogar et-

---

[87] Vgl. die Darstellung bei B. Layton, Scriptures (s. Anm. 79) 118, der überlegt, ob das ο nicht nur versehentlich ausgefallen sei und dann fünfmal gesetzt werden müsste. Sollte man dann nicht konsequenterweise auch noch ein ω streichen, um auf die Siebenzahl zu kommen? Die Vierunzwanzig ginge in beiden Fällen aber verloren.

[88] Ägypterevangelium 146; Gospel 200.

[89] Ägypterevangelium 148; Gospel 201.

was von dem Fremdsprachenwunder aufklingen lässt. Nicht zufällig entstammen unsere letzten Beispiele zudem einem hymnischen Gebet. Der Lobpreis Gottes bzw. allgemeiner einer überweltlichen Macht in einer ihm bzw. ihr angemessen Sprache ist eine treibende Kraft hinter der freien Vokalisierung.

V. Leerstelle und Ausblick

Unsere Überlegungen weisen eine markante Leerstelle auf: Nur umkreist, nicht behandelt wurde die urchristliche Glossolalie. Ihre Erforschung ruht auf drei Säulen: in erster Linie auf den Texten in 1 Kor 12–14 und in der Apostelgeschichte, die der Exegese einige Widerstände entgegensetzen. Hinzu kommen zweitens Rückschlüsse aus der modernen Glossolaliebewegung, die gut dokumentiert ist, bis hin zu Transkriptionen und zu Tonband- und Videoaufnahmen und deren Auswertung unter Heranziehung verschiedener Wissenschaftszweige[90]; der Trend geht dahin, solche Analogieschlüsse, sofern sie in heuristischer Absicht geschehen, für legitim und fruchtbar zu halten[91]. Das gleiche Recht wird man dann aber auch, drittens, dem religionsgeschichtlichen Vergleich zubilligen müssen, der Phänomene aus dem antiken Umfeld heranzieht und untersucht. Transkripte besitzen wir aus der Antike nicht, sowieso nicht aus Neuen Testament oder dem Testament des Hiob, wo die Glossolalie nur referiert und ansatzweise gedeutet wird, aber letztlich auch nicht aus den anderen Quellen, weil das hier Vorgefundene durch das Medium der Literarisierung hindurchgegangen ist und bestenfalls als Imitation ursprünglicher Äußerungen gelten kann. Aber die Ähnlichkeit der Klagerufe Kassandras bei Aischylos und mancher *voces mysticae* mit glossolalen Aufzeichnungen aus unserem Jahrhundert ist verblüffend, gerade in struktureller Hinsicht. Einen gewissen Eindruck davon, wie es in Korinth wohl ausgesehen oder besser sich angehört haben mag, können wir aus unserer Arbeit mitnehmen. Zudem sind wir einem Verständnis der Glossolalie als *communio loquendi cum deis*, als sprachlicher Kommunikation in einer Götter-, Engels- und Himmelssprache, auf die Spur gekommen, die sich als Klammer um teils disparate Erscheinungen legt (auch nach 1 Kor 14,2 spricht der Glossolale „zu Gott"). Viel mehr kann man von einem Vergleich nicht erwarten.

---

[90] Standardwerke sind W. J. SAMARIN, Tongues (s. Anm. 13) (soziolinguistisch); F. D. GOODMAN, Speaking in Tongues (s. Anm. 14) (ethnologisch); J. P. KILDAHL, The Psychology of Speaking in Tongues, London u.a. 1972 (ego-psychologisch); H. N. MALONEY / A. A. LOVEKIN, Glossolalia: Behavioral Science Perspectives on Speaking in Tongues, New York 1985 (psychologisch-behavioristisch); s. auch D. CHRISTIE-MURRAY, Voices from the Gods: Speaking with Tongues, London 1978.

[91] In diesem Sinne z.B. G. THEISSEN, Aspekte (s. Anm. 36) 270f. (in dem Kap. über „Glossolalie – Sprache des Unbewußten?"); vgl. schon die Überschrift von Kap. I bei E. LOMBARD, Glossolalie (s. Anm. 25) 1 – 48: „Le parler en langues d'après les textes de Paul et les analogies modernes".

Auf die Tragödie zu Beginn soll nach antikem Brauch zum Schluss ein Satyr-spiel folgen. Vorausschicken muss ich, dass ich immer auf der Suche nach Zeug-nissen für glossolalieähnliche Phänomene bin. Die Auskunft, die „echte" Glos-solalie sei mit dem Urchristentum erloschen, im Montanismus vielleicht noch einmal kurz aufgeflammt und habe dann geruht, bis sie im späten 19. und 20. Jahrhundert von Pfingstlern in den USA wiederentdeckt wurde, ist ebenso gän-gig wie kurzschlüssig[92] (und beruht nicht zuletzt auf einer willkürlichen Defini-tion des Attributs „echt"). Es scheint im Gegenteil eher so zu sein, dass sich bei genauerem Hinsehen eine zwar dünne, aber doch vorhandene Traditionslinie konstruieren lässt[93], wenn man sich nicht gleich dafür entscheidet, die Glossola-liefähigkeit als eine anthropologische Konstante anzusehen, deren Ausübung von bestimmten religionssoziologischen Gegebenheiten befördert oder behin-dert wird. Dazu wäre auch auf analoge Erscheinungen in Religionsformen au-ßerhalb der christlich-jüdischen Tradition zu verweisen[94]. Und bei aller Diver-genz im Einzelnen darf man doch nicht übersehen, dass auch die Psychiatrie die Glossolalie als Begleiterscheinung meist schizophrener Zustände kennt und dazu eindrückliche Fallberichte vorgelegt hat[95]. Selbst stammesgeschichtli-che Aspekte der Sprachentstehung sollte man nicht ganz ignorieren. Die Voka-lisierung reagiert nämlich ursprünglich rein emotional auf Situationen der Be-drohung und der Freude; diese archaische Funktion hat Spuren im zentralen Nervensystem hinterlassen, und sie kann durch massiven Vokaleinsatz bei Be-darf reaktiviert werden[96].

---

[92] E. LOMBARD, Glossolalie (s. Anm. 25) 83, bezeichnet sie sogar als „singulièrement ha-sardée".

[93] Vgl. die Hinweise bei E. MOSIMAN, Zungenreden (s. Anm. 27) 43 – 63; D. CHRISTIE-MUR-RAY, Voices (s. Anm. 90) 34 – 141; D. B. MARTIN, Tongues of Angels and Other Status Indicators, in: JAAR 59 (1991) 547 – 589, hier 551 – 563; zur Alten Kirche M. PARMENTIER, Das Zungenre-den bei den Kirchenvätern, in: Bijdr. 55 (1994) 376 – 398, der Tertullian, De Anima 9,34, zitiert, wo eine verzückte Gottesdienstteilnehmerin „mit den Engeln redet, zuweilen auch mit dem Herrn"; der Sache nach sei, so Parmentier, die Glossolalie als Lobpreisung bei den Vätern durchaus vorhanden, etwa in der *jubilatio* oder dem *jubilum* bei Augustinus, werde von ihnen aber nicht mit der Zungenrede zusammengebracht, weil sie diese ausschließlich als Fremd-sprachenwunder begriffen.

[94] L.C. MAY, A Survey of Glossolalia and Related Phenomena in Non-Christian Religions, in: American Anthropologist 58 (1956) 75 – 96; auch in: W.E. MILLS, Tongues (s. Anm. 4) 53 – 82.

[95] Zu einer gewissen Berühmtheit brachte es der mehrfach behandelte Fall der Hélène Smith, s. nur M. CIFALI, La fabrication du martien: genèse d'une langue imaginaire, in: Langa-ges 91 (1988) 39 – 60 (mit Lit.); vgl. ferner O. PFISTER, Die psychologische Enträtselung der religiösen Glossolalie und der automatischen Kryptographie, in: Jahrbuch für psychoanalyti-sche und psychopathologische Forschung 3 (1911/12) 427 – 466.730 – 794 (eine Pionierarbeit, aus streng freudianischer Perspektive, mit wenig Sympathie für ihren Gegenstand); H. RUST, Das Zungenreden. Eine Studie zur kritischen Religionspsychologie (Grenzfragen des Ner-ven- und Seelenlebens. Bd. 18 bzw. Heft 118), München 1924 (nicht zu verwechseln mit DERS., Wunder der Bibel. Bd. 2: Das Zungenreden im Neuen Testament [Die Okkulte Welt 103],

In diese Suchbewegung ordnet sich die folgende Momentaufnahme aus dem *frühen* 19. Jahrhundert ein, die zugleich das letztlich ungeklärte Verhältnis von Glossolalie und deren Übersetzung auf ihre Art beleuchtet. 1838/39 veröffentlichte Karl Immermann seinen mehrbändigen Roman *Münchhausen*[97]. Im vierten Buch reist der Titelheld nach Weinsberg, einem seinerzeit für übersinnliche Erfahrungen und ihr Studium berühmten Ort. Dort erlebt der Held Folgendes:

Als wir in den Hof kamen, hörte ich den Knecht zur Magd sagen: „Schnuckli buckli koramsi quitsch, dendrosta perialta bump, firdeisinu mimfeistragon und hauk lauk schnapropäp?" – Die Magd versetzte: „Fressaunidum schlinglausibeest, pimple, timple, simple, feriauke meriaukemau".

Ich hatte Ziegen und Engländer verstanden, aber diese Mundart war mir dunkel. Auf Befragen erfuhr ich, dass es die innere Sprache der Seherin von Prevorst[98] sei, die Ursprache der Menschheit, die sie in ihren Verzückungen gefunden. „Wir bedienen uns ihrer seitdem, wenn wir innig werden über Angelegenheiten, die uns besonders zu Herzen gehen." – „Und was sagte der Knecht zur Magd?" – „Er fragte sie: ,Hast mir Knödel aufgehoben?' und sie versetzte: ,Ja'."

Ich sollte mein Gutachten über diese Sprache abgeben, und erklärte, sie komme mir in manchen Wurzeln verwandt mit derjenigen vor, worin Asmus seine Audienz bei dem Kaiser von Japan gehabt habe[99]. Übrigens scheine sie mir ein wenig weitschweifig zu sein. – „Ja, sie könnt' halt kürzer sein", erwiderte Kernbeißer.

Literaturnachtrag:

S. CRIPPA, Entre vocalité et écriture: Les voix de la Sibylle et les rites vocaux des magiciens, in: C. BATSCH U.A. (Hrsg.), Zwischen Krise und Alltag: Antike Religionen im Mittelmeerraum (Potsdamer altertumswissenschaftliche Beiträge 1), Stuttgart 1999, 95 – 110.

Pfullingen 1925); J. BOBON, Introduction historique à l'étude des néologismes et des glossolalies en psychopathologie, Liège 1952 (zur Definition bes. 62f.; zu Hélène Smith 60 – 82); Y. LEBRUN, La glossolalie (s. Anm. 5) 235 – 239; T. SPOERRI, Ekstatische Rede und Glossolalie, in: DERS. (Hrsg.), Beiträge zur Ekstase (Bibliotheca Psychiatrica et Neurologica 134), Basel 1968, 137 – 152, hier 148f.

[96] Vgl. F. FABBRO, Prospettive (s. Anm. 17) 165; als ritualisierte Formen von Lachen und Weinen interpretiert die Glossolalie R. A. HUTCH, The Personal Ritual of Glossolalia, in: JSSR 19 (1980) 255 – 266; auch in: W. E. MILLS, Tongues (s. Anm. 4) 381 – 395.

[97] K. IMMERMANN, Münchhausen. Eine Geschichte in Arabesken, hrsg. von P. Hasubeck, München 1977, 364f.; zur zeitgeschichtlichen Einordnung vgl. dort den Komm. 847 – 852.

[98] Zu ihr vgl. H. RUST, Zungenreden (s. Anm. 95) 36f.; D. CHRISTIE-MURRAY, Voices (s. Anm. 90) 62f.; E. LOMBARD, Glossolalie (s. Anm. 25) 7.35 – 37.58f.136 – 138.151.173f.186, sowie als Basiswerk, das schon bei Immermann parodiert wird, J. KERNER, Die Seherin von Prevorst: Eröffnungen über das innere Leben des Menschen und über das Hereinragen einer Geisterwelt in die unsere. Bd. 1 – 2, Stuttgart ²1832 (benutzt wurde die Reclam-Ausgabe Leipzig 1938); vgl. jetzt ausführlich B. GRUBER, Die Seherin von Prevorst. Romantischer Okkultismus als Religion – Wissenschaft – Literatur, Paderborn 1999.

[99] Gemeint ist Matthias Claudius, der in einer Art Phantasiejapanisch über eine Audienz beim Kaiser berichtet (P. HASUBECK, a.a.O. 849).

4. Mit Engelszungen?

Vom Charisma der verständlichen Rede in 1 Kor 14 [*]

In jungen Jahren, als Student der Rechte an der Straßburger Universität, hat Johann Wolfgang von Goethe sich auch mit exegetischen Problemen beschäftigt, was schließlich zu der 1773 anonym erschienenen Abhandlung „Zwo wichtige bisher unerörterte biblische Fragen zum erstenmal gründlich beantwortet, von einem Landgeistlichen"[1] führte. Die zweite der beiden Fragen lautet: „Was heißt mit Zungen reden?" Mit erstaunlicher Intuition, die von der Fachexegese erst erheblich später eingeholt wurde, interpretiert Goethe darin das Pfingstwunder Apg 2,1–13 als Beschreibung der frühen Praxis der Zungenrede[2], gegen deren Entartung Paulus sich in 1 Kor 14 bereits zur Wehr setzen müsse. Das Phänomen selbst beschreibt Goethes Landgeistlicher folgendermaßen: „Die Fülle der heiligsten und tiefsten Empfindung drängte für einen Augenblick den Menschen zum überirdischen Wesen, er redete die Sprache der Geister, und aus den Tiefen der Gottheit flammte seine Zunge Leben und Licht."[3] Aber, so Goethes Sprecher weiter, auf dieser Höhe der Empfindung können sterbliche Menschen sich nicht für längere Zeit halten, weshalb das Verschwinden der

---

[*] Gastvorlesung, gehalten an den Evangelisch-theologischen Fakultäten in Mainz und Erlangen und an den Katholisch-theologischen Fakultäten in Passau, Wien und Innsbruck.

[1] In: Goethes Werke (Sophienausgabe). Abtl. I, Bd. 37 (Jugendschriften a), Weimar 1896, 175–190, hier bes. 186–190. Vgl. H. Barner, Zwei „theologische Schriften" Goethes. Ein Beitrag zur Religiosität des jungen Goethe, Leipzig 1930, bes. 37f.146–153; W. Schottroff, Goethe als Bibelwissenschaftler, in: EvTh 44 (1984) 463–485, bes. 479f. (zur zeitlichen Verortung, wie zuvor Barner): „Es sind also mindestens bis in Goethes Straßburger Zeit zurückreichende, zum Teil auf Anregungen Herders beruhende, zum Teil aus dem Umkreis der geplanten juristischen Dissertation Goethes stammende Gedanken und Ansichten, die die Grundlage der beiden anonymen theologischen Schriten des Jahres 1773 bilden"; s. übergreifend auch N. Boyle, Goethe: Der Dichter in seiner Zeit. Band I: 1749–1790 (Goethe – The Poet and the Age. Volume I: The Poetry of Desire [1749–1790], Oxford 1991, dt. von H. Fliessbach), München 1995, hier 171f.

[2] Ihm folgte 1794 Herder, der durch seine Sprachtheorie zunächst die Weichen für Goethes Einsichten gestellt hatte, mit seiner Abhandlung: „Von der Gabe der Sprachen am ersten christlichen Pfingstfest", in: B. Suphan (Hrsg.), Johann Gottfried Herder: Sämtliche Werke. Bd. 19, Berlin 1880, Repr. Hildesheim 1967, 1–59.

[3] A.a.O. 188.

Zungenrede mit fortschreitender Zeit etwas Normales und Begrüßenswertes sei.

„Überirdisches Wesen", „Sprache der Geister" – diese Formulierungen Goethes erinnern an eine Wendung bei Paulus, der in 1 Kor 13,1 sagt: „Wenn ich *mit Zungen* von Menschen rede oder (mit Zungen) *von Engeln* ..."; wir könnten auch übersetzen: „in Sprachen von Menschen oder von Engeln". Jedenfalls zielt Paulus damit auf die Praxis der Zungen- oder Sprachenrede, der Glossolalie, in der korinthischen Gemeinde ab, und mit ihr wiederum setzt er sich in 1 Kor 14 auseinander[4].

Wir werden in einem ersten Schritt das eigenartige Phänomen der Engels- oder Himmelssprache näher klären müssen, ehe wir uns dem 14. Kapitel des ersten Korintherbriefs zuwenden können (einem vernachlässigten Text, der, wenn ich richtig sehe, in der katholischen Liturgie in keiner Leseordnung Berücksichtigung findet, nicht einmal auszugsweise oder am Rande, und der nicht zuletzt deshalb auch in eigener Übersetzung vorgestellt werden soll[5]). Ein Ziel, das wir dabei verfolgen, ist dies: den eigenartigen Gegensatz, den Paulus dort in V. 14–19 zwischen Geist (πνεῦμα) und Vernunft (νοῦς) konstruiert („Ich will mit dem Geist beten, ich will aber auch mit der Vernunft beten ...") etwas besser zu verstehen.

I. Die Engelssprache

Eine Engelssprache erwähnt Paulus nur im Vorbeigehen im Eingangsvers zu seinem „Hohenlied der Liebe" in 1 Kor 13,1, neben der Menschensprache[6], und er gebraucht sie lediglich als Negativfolie für die Liebe, deren Fehlen auch das Reden in Engelszungen wertlos macht. Insofern könnte man fragen, ob die

---

[4] Zur Glossolalie allgemein verweise ich nur auf die hilfreichen Beiträge von G. DAUTZENBERG, RAC XI, 225–246; G. THEISSEN, Psychologische Aspekte paulinischer Theologie (FRLANT 131), Göttingen 1983, 269–340 (mit 82–88); V. SCIPPA, La glossolalia nel Nuovo Testamento. Ricerca esegetica secondo il metodo storico-critico e analitico-strutturale (BT-Nap), Neapel 1982; weiteres in Auswahl im Folgenden (die Kommentare zu 1 Kor und die einschlägigen Lexikonartikel werden vorausgesetzt und nur in Ausnahmefällen zitiert; gesondert hingewiesen sei lediglich auf W. SCHRAGE, Der erste Brief an die Korinther. 3. Teilband: 1Kor 11,17–14,40 [EKK VII/3], Zürich / Neukirchen-Vluyn 1999).

[5] Zur Stellung des Kapitels in evangelischen Agenden bemerkt Schrage ebd. 415: „Auch in Perikopenordnungen hat es erst spät seinen Platz gefunden" und fügt in Anm. 244 hinzu: „1Kor 14,1–3.20–25 ist in der EKD jetzt Predigttext der 4. Reihe für den 2. Sonntag nach Trinitatis."

[6] Beide Syntagmen bezieht auf die Glossolalie V. SCIPPA, Glossolalia (s. Anm. 4) 219f.; dort auch zur Diskussion; anders z.B. W. PRATSCHER, Zum Phänomen der Glossolalie, in: Gott ohne Eigenschaften? (FS G. Fitzer), Wien 1983, 119–132, hier 130f.: Menschensprache als Prophetie und Engelsprache als Glossolalie.

Engelssprache überhaupt etwas mit der Zungenrede zu tun hat[7] oder ob Paulus sie nicht lediglich ad hoc als Kontrastbeispiel einführt. Doch sprechen gegen diesen Einwand, der verschiedentlich erhoben wird[8], eine Reihe von konvergierenden Gründen.

1. Mit „tausend Zungen"

Als Erstes ist die griechische Vokabel γλώσση zu bedenken, die Paulus hier im Plural verwendet und die im selben Kapitel wenig später eindeutig die Zungenrede meint (in 13,8: „... ob Zungen[reden], sie werden aufhören"). Γλώσση bedeutet wörtlich „Zunge" im physiologischen Sinn, sodann in einer ersten Übertragung, die in den semantischen Kernbestand eingegangen ist, auch „Sprache", bei den Literaturtheoretikern ferner „fremdartiger, veralteter Ausdruck"[9], dies alles mit mancherlei Zwischennuancen. Wie die Grundbedeutung in einen schwebenden metaphorischen Zustand transformiert werden kann, zeigt uns das Alte Testament, wo wir in den Psalmen mehrfach hören: „Meine *Zunge* soll deine Gerechtigkeit verkünden, dein Lob alle Tage"[10] und wo es zu den prophetischen Verheißungen gehört, dass „die *Zunge* des Stummen" aufjauchzen wird[11]. Es sind jubelnde Hymnen und jauchzende Lieder[12], neue Psal-

---

[7] Was u.a. angenommen wird von G. DAUTZENBERG, Urchristliche Prophetie. Ihre Erforschung, ihre Voraussetzungen im Judentum und ihre Struktur im ersten Korintherbrief (BWANT 104), Stuttgart 1975, 236f. (mit den Rückverweisen); F. W. HORN, Angeld des Geistes. Studien zur paulinischen Pneumatologie (FRLANT 154), Göttingen 1992, 211–214 („Glossolalie und Göttersprache"); so im Übrigen auch schon E. MOSIMAN, Das Zungenreden geschichtlich und psychologisch untersucht, Tübingen 1911, 47. Für ein „Gebet im Kreis der Engel" optiert jetzt auch (mit weiterem Material) H. C. MEIER, Mystik bei Paulus. Zur Phänomenologie religiöser Erfahrung im Neuen Testament (TANZ 26), Tübingen 1998, 170–179; ähnlich zuletzt W. SCHRAGE, 1 Kor (s. Anm. 4) 284 u.ö. Warum L. T. JOHNSON, Art. Tongues, Gift of, in: AncBD VI, 596–600, hier 596, diese Überlegung sogar als eine „rather odd hypothesis" zurückweist, verstehe ich nicht.

[8] Sehr skeptisch äußert sich z.B. C. FORBES, Prophecy and Inspired Speech in Early Christianity and Its Hellenistic Environment, Peabody, Ma. 1997, 61–63 u.ö., der aber immerhin zugibt, es seien *„perhaps* angelic languages *as well"* unter die Glossolalie zu subsumieren (63).

[9] Aristoteles, Poet 21 (1457b1–6); Quintilian, Inst Orat I 1,35 („protinus enim potest interpretationem linguae secretioris, quas Graeci γλώσσας vocant, dum aliud agitur, ediscere ..."); I 8,15; ferner Plutarch, Is et Os 61 (375E/F); Aud Poet 6 (22C); Pyth Or 24 (407F); Marc Aurel 4,33; s. auch u. Anm. 35; von einer solchen Stelle, nämlich Diodorus Sic. IV 66,6, ging auch Goethe in seinem oben genannten Beitrag aus; ich bin mir allerdings nicht sicher, ob κατὰ γλῶτταν aus dem Diodorzitat bei Goethe und anderen Autoren, die es verwenden, richtig verstanden wird, nämlich als Kennzeichnung eines veralteten Wortes.

[10] Ps 35,28; vgl. Ps 45,2; 51,16; 119,172.

[11] Jes 35,6; vgl. auch Zef 3,9: „Dann werde ich die Zungen der Völker verwandeln in reine Zungen, damit alle den Namen des Herrn anrufen und ihm einträchtig dienen"; Jes 66,18.

[12] S. auch 4 Makk 10,21: Der Tyrann schneidet eine Zunge ab, „die Gott zu Ehren Lieder und Hymnen singt".

men und Lobgesänge[13], die mit der endlich gelösten Zunge[14] vorgetragen werden, zur Ehre Gottes. Sicher nicht ohne Grund zitiert Lukas in Apg 2,26 innerhalb der Pfingstpredigt des Petrus einen Psalmvers, der lautet: „Darum freut sich mein Herz, und es frohlockt meine *Zunge*"[15].

Wenn wir hinzunehmen, dass im Alten Testament der Geist des Herrn die passenden Worte auf die Zunge des Menschen, insbesondere des Psalmensängers und des Propheten, legt[16], sind wir bereits ein ganzes Stück näher an die urchristliche Glossolalie herangekommen, auch wenn wir sie zugestandenermaßen noch nicht restlos eingeholt haben. Die Überzeugung, in einer neuen Zeit zu leben, in der Endzeit, in der Gottes Verheißungen in Erfüllung gegangen sind, ließ nach neuen Sprachformen suchen, die den Dank für seine großen Taten in angemessener Weise zum Ausdruck bringen konnten, nach Sprachformen zudem, die eine direktere Kommunikation mit dem himmlischen Bereich, mit Gott und seinen Mächten, ermöglichte, wähnte man doch den Himmel nicht nur offen, sondern ein Stück weit sogar auf die Erde herabgekommen. Immerhin behauptet Paulus im ersten Korintherbrief nicht nur, dass „wir (Christen)" die Engel richten werden (1 Kor 6,3) – an sich schon erstaunlich genug – und dass auch die Engel dem Schauspiel beiwohnen, das die Apostel mit ihrem Leidensschicksal bieten (1 Kor 4,9), sondern er setzt anscheinend auch ihre Anwesenheit bei der korinthischen Gemeindeversammlung voraus, wenn er in einer für uns schwer verständlichen Argumentation darauf dringt, die Frauen sollten beim Beten und Prophezeien eine Kopfbedeckung tragen „um der Engel willen" (1 Kor 11,10)[17].

---

[13] PsSal 15,3: „Einen neuen Psalm mit Lobgesang in der Freude des Herzens, Frucht der Lippen auf dem wohlgestimmten Instrument der Zunge ..." (S. HOLM-NIELSEN, Die Psalmen Salomos [JSHRZ IV/2], Gütersloh 1977, 92f.).

[14] Vgl. Weish 10,21: „Denn die Weisheit hat den Mund der Stummen geöffnet, und die Zungen der Unmündigen hat sie beredt gemacht".

[15] Ps 16(15),9a; „Zunge" nur in der LXX-Fassung. Zur Nachgeschichte vgl. M. PARMEN-TIER, Das Zungenreden bei den Kirchenvätern, in: Bijdr. 55 (1994) 376–398, hier 391–397: „Die Glossolalie, als wortlose Lobpreisung, nicht wiedererkannt". Der Sache nach ist dieser etwas in Vergessenheit geratene Aspekt der Glossolalie bei den Vätern durchaus vorhanden, z.B. in der *jubilatio* bzw. im *jubilum* bei Augustinus, wird von ihnen aber nicht mit der Zungenrede zusammengebracht, weil sie diese als reines Fremdsprachenwunder auffassen.

[16] Vgl. 2 Samuel 23,2 (von David): „Der Geist des Herrn sprach durch mich, sein Wort war auf meiner Zunge."

[17] Zur Erklärung der vielumrätselten Stelle s. zuletzt nur W. SCHRAGE, Der erste Brief an die Korinther. 2. Teilband: 1 Kor 6,12–11,16 (EKK VII/2), Solothurn / Neukirchen-Vluyn 1995, 515–517; J. D. BEDUHN, „Because of the Angels": Unveiling Paul's Anthropology in 1 Corinthians 11, in: JBL 118 (1999) 295–320; vgl. ferner O. HOFIUS, Gemeinschaft mit den Engeln im Gottesdienst der Kirche. Eine traditionsgeschichtliche Skizze, in: ZThK 89 (1992) 172–196.

Die Glossolalie versucht also auf ihre Weise, das einzuholen, was ein anderer jüdischer Autor der damaligen Zeit, Philo von Alexandrien, in überschwänglichen rhetorischen Fragen als Wunsch formuliert[18]:

O Herr, wie könnte Dich jemand preisen, mit welchem Munde (στόματι), mit welcher Zunge (γλώττῃ), mit welchem Werkzeug der Sprache (φῶνῆς), mit welcher Macht der Seele (ψυχῆς ἡγεμονικῷ)? Können die Sterne, zu einem Chor vereint, ein Deiner würdiges Lied singen? Kann der Himmel, ganz in Sprache sich auflösend (εἰς φωνὴν ἀναλυθείς), auch nur einen Teil Deiner herrlichen Eigenschaften erschöpfend schildern?

2. Ein himmlisches Idiom

Dass man beim Verkehr mit der Gottheit eine eigene, himmlische, deutungsbedürftige Sprache braucht, ist über das bisher Gesagte hinaus ein Gedanke, der in der außerjüdischen Antike unter anderem im Kontext des Orakelwesens auftaucht[19]. So fragt bei Dion von Prusa der Kyniker Diogenes einen Mann, der unterwegs ist nach Delphi, um das Orakel wegen eines entlaufenen Sklaven zu konsultieren: „Glaubst du, dass Apollon attisch oder dorisch spricht? Oder dass Götter und Menschen dieselbe Sprache (διάλεκτον) haben?" (Or 10,23). Es folgen Beispiele aus Homer, wo die Götter, wenn sie reden, Orten auf Erden fremdartige Namen beilegen; daran schließt sich die Bemerkung an: „Daher rührt übrigens auch die Unklarheit der Orakelsprüche, die schon viele auf die falsche Fährte geführt haben" (23). Homer selbst war zweisprachig (24: διγλώττῳ) und verstand die Sprachen (τὰς φωνάς) der Götter – möglicherweise!

Das führt uns zu einer frühjüdischen Schrift aus dem Zeitraum vom 1. Jahrhundert v. Chr. bis zum 2. Jahrhundert n. Chr., dem *Testament des Hiob*, wo der Zusammenhang von Engelssprache und Zungenrede samt deren Übersetzung in wünschenswerter Deutlichkeit dargelegt wird[20]. Die erzählerische Rahmung

---

[18] Vit Mos 2,239 (Übers. nach B. BADT, Werke I, 353); ganz parallel dazu verläuft Ovid, Fasti 2,119–126 (Übers. nach F. BÖMER, P. Ovidius Naso: Die Fasten [WKLGS]. Bd. 1, Heidelberg 1957, 101; vgl. jetzt auch N. HOLZBERG, Publius Ovidius Naso: Fasti. Festkalender [TuscBü], Zürich 1995, 55): „Nun wünschte ich, dass tausend Stimmen in mir wären und die Kraft, mit der Homer Achill besang, wenn ich im Wechselvers die heiligen Nonen preise: Dieses ist die höchste Ehre, die dem Kalender widerfährt. Mir fehlt die geistige Kraft dazu, und die Last drückt schwerer, als meine Kräfte tragen können. Dieser Tag verlangt die beste Leistung meines Lieds! Ich Tor, was wollte ich den Elegien so viel Last zumuten, die nur der Hexameter des Heldenlieds tragen könnte!"

[19] Vgl. außerdem mit weiterem Material M. GARCÍA TEIJEIRO, Langage orgiastique et glossolalie, in: Kernos 5 (1992) 59–69; die Beiträge von Crippa (in Anm. 23) und Tschiedel (in Anm. 29) sowie jetzt auch H. J. KLAUCK, Von Kassandra bis zur Gnosis. Im Umfeld der frühchristlichen Glossolalie, in: ThQ 179 (1999) 289–312 [in diesem Bd. als Nr. 3].

[20] Text bei S. P. BROCK, Testamentum Iobi / J. C. PICARD, Apocalypsis Baruchi graece (PVTG 2), Leiden 1967, 1–59; Übers. nach B. SCHALLER, Das Testament Hiobs (JSHRZ III/3), Gütersloh 1979; dort auch zu den Einleitungsfragen, die für uns weniger wegen der Datierung

sieht so aus: In den Schlusskapiteln dieser Schrift verteilt Hiob, als er seinen
Tod herannahen fühlt, sein Vermögen, zunächst an seine sieben Söhne. Seine
drei Töchter scheinen leer auszugehen und reagieren enttäuscht, aber ihnen
hat er drei geheimnisvolle Gürtel aus seiner Schatzkammer zugedacht, „die
waren so schön, dass kein Mensch ihr Aussehen beschreiben kann; denn sie
stammen nicht von der Erde, sondern vom Himmel. Sie sprühen Funken von
Feuer wie die Strahlen der Sonne" (46,7f.). Der Reihe nach legen die Töchter
ihren Gürtel an, und es geschieht Erstaunliches:

48,1: Also stand die erste, Hemera genannt, auf und legte sich ihr Band um, wie der Vater
gesagt hatte. 2 Und sie bekam ein anderes Herz, so dass sie nicht mehr an irdische Dinge
dachte. 3 Sie redete begeistert in engelhafter Sprache (τῇ ἀγγελικῇ διαλέκτῳ) und schickte ein Lied zu Gott empor gleich dem Gesang der Engel (κατὰ τὴν τῶν ἀγγέλων ὑμνολογίαν). Und die Lieder, die sie begeistert sang, ließ der Geist auf ihrer Säule einprägen.

Die zweite Tochter nimmt die Sprache der Archonten an (49,2), und die dritte
spricht in der Sprache der Cherubim (50,2). Nach Beendigung der Vorstellung
hört ein Bruder Hiobs, wie die Töchter einander ihre wunderbaren Reden deuten (51,3), und er schreibt ein Buch, „voll mit sehr vielen Deutungen der Lieder, die ich vernahm von den Töchtern meines Bruders" (51,4)[21].

Was hier geschieht, knüpft, genetisch gesehen, an ekstatische Elemente in
der alttestamentlichen Prophetie an[22], woraus sich für die Glossolalie überhaupt eine wichtige alttestamentlich-jüdische Traditionslinie ergibt. Wer vom
Neuen Testament her kommt, fühlt sich unwillkürlich an die vier Töchter des
Evangelisten Philippus, die alle prophetisch begabt sind, in Apg 21,9 erinnert,
aber auch, was für uns noch näher liegt, an die Frauen in Korinth, die nach 1
Kor 11,5 in der Gemeindeversammlung prophetisch reden und – evtl. auch
glossolalisch – beten[23]. Das berühmt-berüchtigte Schweigegebot an die Adresse von Frauen in 1 Kor 14,33b–36 (bzw. 14,34–35)[24] steht dem so oder so nicht

---

des TestHiob von Bedeutung sind, da auch eine jüdische Schrift des 2. Jahrhunderts n. Chr.
ältere Traditionen enthalten kann, wohl aber hinsichtlich der Überlegung, ob die betreffende
Passage sich vielleicht erst christlicher (montanistischer?) Interpolation verdankt und dann
als Vergleichsmöglichkeit ausfallen würde. Doch scheint mir diese in ihrer Art radikale Lösung nicht notwendig zu sein (mit Schaller). Vgl. noch R. P. Spittler, OTP I, 829–868; M. A.
Knibb / P. W. van der Horst, Studies on the Testament of Job (MSSNTS 66), Cambridge 1989,
darin bes. P. W. van der Horst, Images of Women in the Testament of Job (93–116).
   [21] Vgl. außerdem noch ApcZeph 8,3f. (bei O. S. Wintermute, OTP I, 514; bei Riessler als
13,3): „Ich selbst zog ein Gewand der Engel an. Ich sah all diese Engel beten. Ich betete selbst
mit ihnen, denn ich kannte ihre Sprache, die sie mit mir sprachen."
   [22] Dargelegt bei V. Scippa, Glossolalia (s. Anm. 4) 161–197.
   [23] Mit einem Übergewicht von Frauen unter den Glossolalen rechnet S. Crippa, Glossolalia. Il linguaggio di Cassandra, in: Studi italiani di linguistica terorica ed applicata 19 (1990)
487–508, hier 500, die im Übrigen eine gründliche linguistische Analyse der literarisch
nachgeahmten glossolalen Äußerung aus dem antiken Orakelwesen bei Aischylos, Ag 1072–
1330, bietet. Noch weiter und geradezu drastisch ausgeführt wird diese Vermutung bei L. T.
Johnson, Glossolalia and the Embarrasments of Experience, in: PSB 18 (1997) 113–134, hier

entgegen, da es auch bei Annahme der Echtheit durch Harmonisierungsversuche mit 11,5 zum Ausgleich gebracht werden muss.

3. Fremdsprache oder Gestammel?

Der gemeinsame Hintergrund, auf den wir damit gestoßen sind, hilft uns auch, in einem Dilemma ein Stück weiterzukommen, das die Forschung bisher nicht restlos austragen konnte. Soll man sich die urchristliche Zungenrede als sinnentleertes, hochekstatisches Gestammel und Geschrei vorstellen, so die Mehrheitsmeinung? Oder handelt es sich vielmehr um nicht beherrschte, aber wunderbarerweise perfekt gesprochene Fremdsprachen, wie Apg 2,4 (dort allerdings ἑτέραις γλώσσαις) und Mk 16,17 (γλώσσαις καιναῖς) nahe legen könnten[25]?

Analoge Erfahrungen mit der heutigen Praxis in Pfingstkirchen und charismatischen Gemeinden scheinen zu zeigen, dass für die Zungenrede kein außergewöhnlicher oder allenfalls ein leicht über das Normalbewusstsein erhöhter Geisteszustand erforderlich ist, den man schwerlich ekstatisch nennen kann[26]. In der Tat wirkt der Sprechduktus bei der Zungenrede oft ganz flüssig, fast normal, nur dass man mit den pseudolinguistischen Äußerungen keine se-

---

129–132; vgl. auch A. ERIKSSON, „Women Tongue Speakers, Be Silent": A Reconstruction through Paul's Rhetoric, in: Biblical Interpretation 6 (1998) 80–104.

[24] Das, wie andernorts ausgeführt, als nachpaulinische Interpolation zu betrachten ist, vgl. H. J. KLAUCK, Vom Reden und Schweigen der Frauen in der Urkirche, in: DERS., Gemeinde - Amt - Sakrament. Neutestamentliche Perspektiven, Würzburg 1989, 232–245; sehr entschieden optiert dafür (bei Eingrenzung der Interpolation auf V. 34–35, was auch aus textkritischen Gründen manches für sich hat) jetzt auch W. SCHRAGE, 1Kor (s. Anm. 4) 479–492 (mit umfassender Lit.); die Gegenposition wieder bei Eriksson (s. die vorige Anm.).

[25] So (im Anschluss an Forbes, s. Anm. 8) wieder E. J. SCHNABEL, Urchristliche Glossolalie. Thesen, in: JETh 12 (1998) 77–99; eine Variante jetzt bei R. ZERHUSEN, The Problem Tongues in 1 Cor 14: A Reexamination, in: BTB 27 (1997) 139–152: In der vielsprachigen Hafenstadt hätten Gemeindemitglieder beim Gottesdienst ihre nichtchristlichen Muttersprachen gebraucht; dass manche sie dennoch verstanden, sei das Besondere an diesem Phänomen gewesen.

[26] In diesem Punkt gibt es in der Glossolalieforschung eine Kontroverse zwischen W. J. SAMARIN, Tongues of Men and Angels: The Religious Language of Pentecostalism, New York-London 1972, der die Notwendigkeit dissoziativer Zustände bestreitet (so mit Nachdruck auch P. BRUNN, Das Charisma der Sprachengabe in der Katholischen Charismatischen Erneuerung. Biblische Grundlegung und gegenwärtige Praxis, Theol. Diplomarbeit, Würzburg 1991), und F. D. GOODMAN, Speaking in Tongues: A Cross-Cultural Study of Glossolalia, Chicago-London 1972, 58–86, die entschieden daran festhält (ihr schließt sich z.B. an: P. E. ESLER, Glossolalia and the Admission of Gentiles into the Early Church, in: BTB 22 [1992] 136–142, auch in: DERS., The First Christians in Their Social World: Social Scientific Approaches to New Testament Interpretation, London 1994, 37–51); vgl. das wertende Referat bei H. N. MALONEY / A. A. LOVEKIN, Glossolalia: Behavioral Science Perspectives on Speaking in Tongues, New York 1985 97–112; die Uneinigkeit wird daraus resultieren, dass in unterschiedlichen Kontexten und Entwicklungsphasen beide Möglichkeiten realisiert werden, dazu noch in Abstufungen; so bereits H. RUST, Das Zungenreden. Eine Studie zur kritischen Religionspsychologie

mantischen Inhalte verbinden kann[27]. Echte Fremdsprachenwunder ließen sich
bis heute nicht nachweisen oder konnten als Täuschung entlarvt werden, wenn
wir hier einmal davon absehen, dass fremdsprachliche Ausdrücke vereinzelt in
die glossolale Äußerung eingeflochten werden können[28] und der Eindruck der
Nachahmung einer fremden Sprache durchaus entstehen kann[29].

Wenn wir das versuchsweise in die urchristliche Situation zurückprojizieren
und mit den anderen Beobachtungen verbinden, ergibt sich: Die Zungenrede
konnte sehr wohl für eine fremde Sprache gehalten und als solche ausgegeben
werden, was sich auch von der Philologie her (γλώσση als Sprache u.ä.) nahe
legt. Aber damit war, anders als es Lukas in der Pfingsterzählung (Apg 2,1–13)
und der sekundäre Markusschluss suggerieren[30], nicht das Postulat echter
Fremdsprachenkompetenz verbunden, denn diese neuen Sprachen wurden auf
Erden gar nicht gesprochen, sondern sie nahmen für sich in Anspruch, Sprache
der Himmelswesen, Sprache der Engel zu sein. Deren Kenntnis wurde den
Gläubigen durch Gottes Gnade, als Charisma, geschenkt.

Außerdem ist zu bedenken, dass Paulus in der Charismenliste in 1 Kor 12,10
und 12,28 nicht einfach die Zungenrede, sondern „Arten von Zungen(reden)"
(γένη γλωσσῶν) aufzählt. Hinter dem zunächst einheitlich wirkenden Phänomen können sich somit unterschiedliche Weisen seiner Realisierung verbergen,

---

(Grenzfragen des Nerven- und Seelenlebens. Bd. 18 bzw. Heft 118), München 1924 (nicht zu
verwechsen mit DERS., Wunder der Bibel. Bd. 2: Das Zungenreden im Neuen Testament [Die
Okkulte Welt 103], Pfullingen 1925), hier 13: „.... die Bewusstseinslage ... schwankt zwischen
völliger Bewusstlosigkeit wie sie im traumlosen Schlaf und in der traumlosen Narkose vorliegt, und nahezu normalem Bewusstsein, dessen Einengung dem Subjekte selbst allerdings
verborgen bleibt" (mit einer zu krassen Umschreibung des erstgenannten Extremfalls).

[27] Vgl. zur Charakterisierung der Glossolalie im Unterschied zu einer „normalen" Sprache
jetzt auch F. FABBRO, Prospettive d'interpretazione della glossolalia paolina sotto il profilo
della neurolinguistica, in: RivBib 46 (1998) 157–178, hier 174: „L'espressione glossolalica non
può essere considerata una lingua umana perché non possiede la componente semantica, e
perché presenta un'alta percentuale di elementi fonemici ripetuti (fonemi e sillabe) che non è
mai stata descritta in nessuna lingua naturale."

[28] Vgl. für die Antike Lukian, Alex 13: „Alexander nun gab unverständliche Worte von
sich (ὁ δὲ φωνάς τινας ἀσήμους φθεγγόμενος), es klang hebräisch oder phönizisch, und er-
schreckte damit Menschen, weil sie außer den Namen Apollon und Asklepios, die er immer
wieder darunter mischte, nichts verstanden." Dazu U. VICTOR, Lukian von Samosata: Alex-
andros oder der Lügenprophet (Religions in the Graeco-Roman World 132), Leiden u.a. 1997,
142: „Diese Einzelheit ist im Christentum als Glossolalie bekannt"; E. LOMBARD, De la glossolalie chez les premiers chrétiens et des phénomènes similaires. Étude d'exégèse et de psychologie, Lausanne 1910, 96f.

[29] Insofern hat der Hinweis von H. J. TSCHIEDEL, Ein Pfingswunder im Apollonhymnus.
(*Hym. Hom. Ap.* 156–164 und *Apg.* 2,1–13), in: ZRGG 27 (1975) 22–39, auf die delischen
Mädchen, die beim Apollonfest singend „aller Menschen Stimmen kundig nachahmen
(μιμεῖσθαι)", durchaus seinen Wert; die Kritik daran bei C. FORBES, Prophecy (s. Anm. 8) 119–
123, rückt zwar einiges zurecht, schießt aber über das Ziel hinaus und geht auf den Berüh-
rungspunkt, der trotz der Destruktion noch bestehen bleibt, nicht näher ein.

[30] Zu beiden Stellen und zu Apg 4,31; 10,44–47; 19,6–8 ausführlich V. SCIPPA, Glossolalia
(s. Anm. 4) 78–157.

die z.B. nach Intensitätsgrad und Außenwirkung zu differenzieren sind. Auch die Glossolalie hat offenbar sehr rasch ihre eigenen, sprecher- und gruppen-spezifischen Dialekte ausgebildet.

II. Eine Gemeindeversammlung in Korinth (1 Kor 14)

Damit sind wir für einen zielgerichteten Durchgang durch 1 Kor 14, der einen Schwerpunkt bei V. 14–19 haben wird, gerüstet. Halten wir als Rahmenbedingung noch fest, dass sich alle Angaben dieses Kapitels auf die Gemeindeversammlung in Korinth beziehen. Wie geht es zu, wie soll es zugehen, wenn die korinthischen Christen, Männer und Frauen, im Haus eines Gemeindemitglieds zum Gottesdienst zusammenkommen[31]?

1. Die Exposition (V. 1–5)

1 Strebt nach der Liebe; wetteifert um die Geistesgaben, besonders aber darum, dass ihr prophetisch redet! 2 Denn wer Zungenrede praktiziert, spricht nicht zu Menschen, sondern zu Gott. Es versteht ihn nämlich keiner. Vom Geist ergriffen, trägt er Geheimnisse vor. 3 Wer aber prophetisch redet, vermittelt anderen Menschen Erbauung, Ermahnung und Tröstung. 4 Wer Zungenrede praktiziert, erbaut sich selbst daran. Wer prophetisch redet, baut Gemeinde auf. 5 Ich möchte, dass ihr alle die Zungenrede beherrscht. Noch lieber wäre mir allerdings, ihr würdet alle prophetisch reden. Wer prophetisch redet, leistet mehr als der, der Zungenrede praktiziert, es sei denn, dieser übersetzt auch, damit die Gemeinde etwas davon hat.

In V. 1–5 kontrastiert Paulus zunächst die Zungerede mit einer anderen charismatischen Redeform, der Prophetie, mit der sie, wir erinnern uns an Hiobs Töchter, in ihren Ursprüngen enger verwandt ist, als es Paulus im Blick auf seine Aussageabsicht eigentlich lieb sein kann. Folgende Antithesen werden im Text explizit oder implizit aufgebaut: Die Zungenrede richtet sich an Gott, die Prophetie an Menschen (V. 2ab). Die Zungenrede enthält Geheimnisse, die geheimnisvoll, weil unverständlich, bleiben (V. 2cd), während die Prophetie erbauend, ermahnend und tröstend wirkt (V. 3). Das hat zur Folge, dass der Zungenredner nur einen individuellen geistlichen Nutzen von seinem Tun hat, in der Sprache des Textes: sich selbst erbaut (V. 4ab), während die Prophetie dem großen Ziel des Gemeindeaufbaus dient (V. 4cd), dem Paulus alles andere unter- und zugeordnet wissen will.

---

[31] Vgl. die veraltete, aber in ihrer Art anschauliche Schilderung von A. Schullerus, Ein Abend im Hause des Titius Justus in Korinth, in: J. Capesius / A. Schullerus, Jerusalem und Korinth. Zwei Vorträge über das ‚apostolische Zeitalter‘, Hermannstadt 1902, 33–66; eine beachtliche Behandlung des ganzen Kapitels 1 Kor 14 bereits bei E. Lombard, Glossolalie (s. Anm. 28) 1–48.

Es gibt aber nach V. 5 eine Möglichkeit, die an sich erstrebenswerte Zungenrede von ihrer individualistischen Engführung zu befreien. Das geschieht
durch ihre Übersetzung oder Auslegung. Sie muss in verständlicher Sprache
„verdolmetscht" werden (so eine Bedeutung des griechischen Wortes διερ-
μηνεύω). Dann bleiben die Geheimnisse nicht länger bloße Geheimnisse, sondern geben ihren Offenbarungsgehalt frei; dann fügt sich auch die übersetzte
Zungenrede in jene Liste von gemeindebezogenen Redeformen ein, mit der sie
V. 6, der bereits dem nächsten kleinen Abschnitt zugehört, zu ihrem Nachteil
konfrontiert: Offenbarung, Erkenntnis, Prophetie und Lehre.

2. Zwei Gleichnisse (V. 6–12)

6 Gesetzt den Fall, Schwestern und Brüder, ich käme zu euch und würde nur in Zungen
reden: Welchen Nutzen würde ich euch damit verschaffen, wenn ich nicht gleichzeitig
anderes verkünde, wie Offenbarung, Erkenntnis, Prophetie oder Lehre?
    7 Betrachten wir die Musikinstrumente, zum Beispiel eine Flöte oder eine Zither.
Wenn sich die Töne nicht deutlich voneinander abheben, wie soll man dann die geblase-
ne oder gezupfte Melodie erkennen?   8 Und wenn die Trompete kein klares Signal
gibt, wer wird sich dann zum Kampf rüsten?   9 Ähnlich verhält es sich in eurem Fall:
Wenn ihr mit der Zunge keine klaren Worte artikuliert, wird euch niemand verstehen.
Ihr sprecht dann in den Wind.
    10 Unzählige verschiedene Sprachen gibt es in der Welt, und alle tragen sie Sprach-
charakter.   11 Wenn ich die andere Sprache aber nicht beherrsche, werde ich dem, der
sie spricht, wie ein Barbar vorkommen, und er wird für mich ein Barbar sein.   12 Ähnlich verhält es sich in eurem Fall: Ihr strebt eifrig nach den Gaben des Geistes, solltet
euch aber vor allem um den Aufbau der Gemeinde bemühen, damit ihr euch hier einen
Mehrwert erwerbt.

Es schließen sich in V. 7–12 zwei kleine Gleichnisse an, erkennbar an der
Übertragung, die in V. 9 und V. 12 jeweils mit „So auch ihr" eingeleitet wird. Das
Erste davon, das zwei eigenständige Bilder umfasst, stammt aus der Musik-
welt[32] und setzt eine Linie fort, die bereits in 13,1 eröffnet wurde, wo Paulus die
Zungenrede ohne Liebe mit einem hallenden Gong und einer klirrenden Zimbel verglich. Hier werden nun als erstes Flöte und Zither zur Instrumentierung
eingesetzt. Es folgt die Signaltrompete, die zum Aufbruch bläst. Die Töne müssen, das ist der Vergleichspunkt, gut artikuliert werden, präzise gezupft und
sauber geblasen, sonst erkennt man die Melodie nicht, und die Wirkung ist dahin[33]. So sollte man sich auch des Instruments der Zunge bedienen, das den

---

[32] Vgl. R. F. Collins, First Corinthians (Sacra Pagina 7), Collegville 1999, 495: „In ap-
pealing to musical instruments Paul makes use of a motif found in the classical rhetorical
treatment of inspiration"; vgl dort auch den ganzen Abschnitt „Musical Interlude" (495–497).
    [33] Zum Bild vgl. L. Wittgenstein, Philosophische Untersuchungen, § 527 (Schriften. Bd. 1,
Frankfurt a.M. 1960, 451f.): „Das Verstehen eines Satzes der Sprache ist dem Verstehen eines
Themas der Musik viel verwandter, als man etwa glaubt."

Luftstrom des Atems in wohlartikulierte, kommunikative Rede umwandeln kann. Auch hier bietet eine Stelle bei Philo eine ebenso schöne wie schlagende Vergleichsmöglichkeit[34]:

Doch auch an der artikulierten Stimme, die allein unter allen Wesen der Mensch erhielt, gibt es Eigenschaften, die wir erkennen, wie zum Beispiel, dass sie von der Vernunft ausgeht, dass sie im Munde artikuliert wird, dass die Zunge, die Luft anschlagend, dem Ton der Stimme die Artikulation einprägt und so die sinnvolle Rede, nicht etwa nur den nackten rohen Laut und den ungegliederten Schall, hervorbringt, dass sie im Verhältnis zu dem dahinter stehenden Sinn die Stelle eines Herolds oder Dolmetschers einnimmt.

Das zweite Gleichnis in V. 10–11 enthält den Ansatz einer Sprachtheorie, wenn es die Übermittlung von Sinn und Bedeutung als Aufgabe der Sprache hinstellt. Ein Gespräch zwischen zwei Partnern, die nur ihre je eigene Muttersprache beherrschen, ist zum Scheitern verurteilt. Sie werden sich gegenseitig als „Barbaren" einstufen – mit einem lautmalerischen Wort im Übrigen, das die Wirkung der fremden Sprache als undeutliches Gestammel, als Murmeln in den eigenen Bart („Rhabarberrhabarber") einfangen will[35]. Das ist kein sehr freundliches Bild für die Zungenrede, und von ihrem Verständnis als Engelssprache, das in Korinth im Umlauf sein mochte, haben wir uns inzwischen weit entfernt.

3. Geist und Verstand (V. 12 – 19)

13 Darum soll, wer Zungenrede praktiziert, darum beten, dass er auch übersetzen kann. 14 Denn wenn ich in der Form der Zungenrede bete, dann betet mein Geist, der Verstand aber bringt keine Frucht. 15 Was folgt nun daraus? Ich tue beides: mit dem Geist beten und mit dem Verstand beten, mit dem Geist lobsingen und mit dem Verstand lobsingen. 16 Wenn du nämlich Gott nur in der Sprache des Geistes preist, wie soll dann derjenige, der (in der Gemeindeversammlung) den Platz des unkundigen Besuchers einnimmt, auf dein Dankgebet mit dem „Amen" antworten? Er weiß doch gar nicht, was du gesagt hast 17 Du hast zwar ein schönes Dankgebet gesprochen, aber erbaulich für den anderen war es nicht.
18 Ich danke Gott, dass ich mehr Zungenrede als ihr alle produzieren kann. 19 Doch in der Gemeindeversammlung will ich lieber fünf Worte mit meinem Verstand reden, damit ich auch andere unterweise, als zehntausend Worte in Zungenrede.

---

[34] Somn 1,29 (Übers. von M. ADLER, Werke VI, 179); vgl. auch Imm 84: „Denn der aus dem Kopf kommende Hauch wird durch die raue Luftröhre vorgestoßen, im Munde von der Zunge wie von einer Künstlerin geformt und nach außen getragen ..."; Mut 56; die von Paulus in V. 7 verwendeten substantivierten Partizipien τὸ αὐλούμενον und τὸ κιθαριζόμενον finden sich in technischem Sinn auch in Ps.-Plutarch, De Musica 36 (Moralia 1144D), wo außerdem zweimal ἑρμηνεία (!) für die Aufführungspraxis verwendet wird.
[35] Vgl. die zweimalige Konnotierung von γλῶττα im Sinn von veralteter Ausdruck mit βαρβαρισμός bei Aristoteles, Poet 22 (1458a 25–31); zum Barbarismus auch Quintilian, Inst Orat I 5,5–17.

Die folgenden Verse werden durch den Gegensatz zwischen Geist (Pneuma) und Verstand (Nous) bestimmt, den Paulus in V. 14 einführt und der unterschwellig bis V. 19 weiterwirkt. Das Beten in Form der Zungenrede schreibt Paulus der Tätigkeit „meines Geistes" zu, unter Ausschaltung des Verstandes, der dabei keinen Beitrag leisten kann, im Bild: keine Frucht erbringt. Was ist hier unter „mein Geist" zu verstehen, und wie sieht die Rolle des Verstandes aus?

„Geist" wird von Paulus manchmal auch als rein anthropologische Kategorie verwendet, aber eher selten, und da wir es hier mit Charismen zu tun haben, mit göttlichen Gnadengaben, würde eine Bestimmung des Geistes als rein innermenschliche Instanz wohl zu kurz greifen. Andererseits scheut man wegen des Possessivpronomens „*mein* Geist" doch davor zurück, den Geist hier exklusiv als Gottes Geist aufzufassen, der dem Menschen ins Herz gesenkt wird. Wir kommen nicht um eine Zwischenlösung herum: Angesprochen ist der menschliche Geist, insofern er vom Geist Gottes ergriffen und in Bewegung gesetzt wird. Der Verstand hingegen, nach gängiger, auf Platon fußender, aber auch von Philo vertretener Theorie der führende Teil der mehrgestuften Seele[36], ist eindeutig nur dem Menschen zuzuordnen. Das Geschehen läuft bei der Zungenrede an ihm vorbei, und eben daran scheint Paulus Anstoß zu nehmen.

Trotz der Kürze der Aussage müssen wir an dieser Stelle ein wenig weiter ausholen, da im Hintergrund eine bestimmte Inspirationstheorie platonischer Färbung aufscheint[37]. Platon selbst hatte im *Timaios* den Sitz der Wahrsage- und Seherkraft in der Leber lokalisiert[38]; doch muss sie menschlichem Unverstand durch einen Gott verliehen werden, und zwar zu einer Zeit, wo Schlaf oder Krankheit die menschliche Vernunft behindern oder sie durch die göttliche Begeisterung, den Enthusiasmus, gänzlich ausgeschaltet wird. Erst die Deutung der Sehersprüche und ihre Anwendung auf Vergangenheit, Gegenwart und Zukunft ist Aufgabe nüchterner Überlegung. Diese anthropologischen Instanzen verteilt Platon sodann auf zwei Gruppen von Rollenträgern im Orakelwesen, auf die Seher (μάντεις) und auf die Propheten (προφῆται). Letztere werden zu „Richtern (κριτάς) über die gottbegeisterten Weissagungen bestellt" und sind „Dolmetscher der rätselvollen Stimme und Erscheinung". Im *Ion* erscheint dieses Modell auch auf die Dichter ausgeweitet:

---

[36] Vgl. nur seine Bezeichnung als „König Nous" bei Philo in Mut 56.

[37] Vgl. dazu bes. D. B. MARTIN, Tongues of Angels and Other Status Indicators, in: JAAR 59 (1991) 547–589, hier 569–576, auch in: DERS., The Corinthian Body, New Haven-London 1995, 87–103, hier 96–102; G. THEISSEN, Aspekte (s. Anm. 4) 282–288.

[38] Zum folgenden Tim 32 (71E–72b); vgl. noch Phaedr 22 (244a/b). Inwieweit Platon sich diese Ansichten, die er von Dialogfiguren vortragen lässt, zu Eigen macht (wohl kaum in vollem Umfang), ist für uns von untergeordneter Bedeutung, da es hier mehr auf ihre von derartigen Zweifeln freie Nachwirkung ankommt; vgl. zu dieser Problematik z.B. E. HEITSCH, Platon: Phaidros (Werke. Übersetzung und Kommentar III/4), Göttingen 1993, 91f.

Ein leichtes Ding nämlich ist der Dichter, beschwingt und heilig, und nicht eher ist er in der Lage, etwas zu schaffen, bevor er in göttliche Begeisterung geraten und von Sinnen ist und der Verstand (νοῦς) nicht mehr in ihm wohnt. Solange er noch an ihm als Besitz festhält, ist kein Mensch imstande, zu dichten und Orakelsprüche zu verkünden.[39]

Auch bei Plutarch, einem Mittelplatoniker, mit dem wir in die Zeit des Apostels Paulus gelangen, sind ähnliche Gedankengänge vor allem im Umkreis der Behandlung des Orakelwesens anzutreffen[40]. Halten wir aus seinen Beiträgen nur fest, dass er sich dabei mehrfach einer Bildersprache bedient, die der Musik entlehnt ist: Die Seele der Pythia in Delphi wird vom göttlichen Pneuma in Bewegung gesetzt wie die Saite einer Zither vom Plektrum[41]. Diese Neigung, im Umkreis der Inspirationstheorie Musikmetaphorik einzusetzen, teilt er mit anderen Autoren seiner Zeit, so mit Philo[42] und, wie wir gesehen haben, mit Paulus.

Philo, der an der Grundfigur, die immer noch erkennbar bleibt, Modifikationen vornimmt, indem er z.B. verstärkt vom Geist (Pneuma) redet und ihm den Vorrang vor dem Verstand (Nous) zuerkennt, beschreibt den Zustand gottbegeisterter Ekstase mit folgenden Worten[43]:

Sobald nämlich das göttliche Licht aufstrahlt, geht das menschliche unter; sobald jenes untergeht, erhebt sich dieses und geht auf. Das aber ist bei den Propheten gewöhnlich der Fall. Es entfernt sich der Verstand (νοῦς [das menschliche Licht]) in uns bei der Ankunft des göttlichen Geistes (πνεῦμα [das göttliche Licht]) und kommt wieder bei dessen Entfernung; denn Sterbliches kann füglich nicht mit Unsterblichem zusammenwohnen. Deshalb führte der „Untergang" [Anspielung auf den „Sonnenuntergang" im auszulegenden Schrifttext Gen 15,12] der Vernunft (λογισμός) und die sie umgebende Dunkelheit eine Ekstase und gottgetragene Verzückung herbei.

Lenken wir wieder zu Paulus zurück. Es fällt auf, dass er der Logik dieses Inspirationsmodells gerade nicht blindlings folgt, sondern teils gegenläufig ar-

---

[39] Ion 5 (534b); vgl. auch die Ausdifferenzierung der dichterischen Äußerungen in Dithyramben, Loblieder, Chorgesänge, Epen und Jamben (534e) und die Verstärkung der Kernaussage durch „Gott raubt ihnen (den Dichtern, den Sehern) den Verstand und benutzt sie als seine Diener" und durch „denen doch der Verstand nicht mehr innewohnt" in 534e/d. Hauptsächlich mit dem *Ion* beschäftigt sich Goethe in seinem polemischen Beitrag „Plato als Mitgenosse einer christlichen Offenbarung" von 1796, in: Goethes Werke (Sophienausgabe), Abtl. I, Bd. 41,2, Weimar 1903, 169–176.

[40] Vgl. J. HOLZHAUSEN, Zur Inspirationslehre Plutarchs in De Pythia Oraculis, in: Ph. 137 (1993) 72–91; zwei weitere Anwendungsfelder sind Dichtkunst und Liebe, vgl. Plutarch, Amat 16 (758E–759D).

[41] Def Or 48 (437E/F); vgl. Pyth Or 21 (404F); 22 (405D); Def Orac 15 (418D); 50 (437D).

[42] S. nur Her 266; Spec Leg 4,49.

[43] Her 264f. (Übers. von J. COHN, Werke 283); vgl. erneut Spec Leg 4,49! Ferner Quaest in Gen 3,9 (zur selben Stelle Gen 15,12).

gumentiert[44]. Anstatt sich darüber zu freuen, dass die Ausschaltung des Verstandes mehr Raum für die pneumatische Eingebung schafft, beklagt er die
Untätigkeit des Verstandes bei der reinen Glossolalie und plädiert für eine
Kooperation, die er anscheinend eher beim Pendant, bei der Prophetie, gegeben sieht, wie aus dem Gesamtduktus des 14. Kapitels noch deutlicher hervorgeht.

Unmittelbar spricht Paulus in V. 15–17 verschiedene Formen religiöser
sprachlicher Äußerungen an: das Beten (προσεύχεσθαι), das Lobsingen
(ψαλλεῖν), das segnende Preisen (εὐλογεῖν), das Danksagen (εὐχαριστία in V.
16; εὐχαριστεῖν in V. 17), und für sie alle verlangt er die Mitwirkung des Verstandes. Leitend ist dabei wiederum die kommunikative Absicht: Verständlichkeit wird eingefordert mit Rücksicht auf die anderen Teilnehmer bei der
Gebetszusammenkunft. Das schließt selbst den unkundigen Besucher mit ein,
den man sich in Verbindung mit V. 23f. als gelegentlich auftauchenden Sympathisanten ohne klares christliches Profil vorstellen kann. Auch er soll die Möglichkeit haben, die Gebete zu verstehen und mit einzustimmen in das responso-
rische „Amen", mit dem die Gemeinde dem Vorgetragenen zustimmt und es
sich zu Eigen macht.

Als rhetorischen Höhepunkt und Abschluss dieses Gedankengangs bringt
Paulus in V. 18–19 seine eigene Person als Exempel ins Spiel. Als Supercharis-
matiker übertrifft er alle korinthischen Christen auch in der Fertigkeit der
Zungenrede, die er vielleicht sogar selbst im Überschwang der Gründungsmis-
sion nach Korinth gebracht hat. Aber lieber als zehntausend – was soviel heißt
wie unzählige – Worte in Zungenrede spricht er fünf verständige Worte[45], die
zur Unterweisung, zur "Katechese" (κατηχήσω im Griechischen), beitragen
können. In dieser gezielten Übertreibung, die in dem Kontrast der kleinen und
der großen Zahl liegt, dokumentiert sich erneut das gemeindebezogene Haupt-
anliegen des Apostels. Ganz ohne Verstand und verständliche Rede wird, so
seine These, Gemeindeaufbau nicht gelingen[46].

---

[44] D. B. MARTIN, Tongues (s. Anm. 44), interpretiert diesen Befund ideologisch als „status-
reversal": Der Niedriggestellte (Verstand) macht dem Höhergestellten (Geist) gerade nicht
Platz, entgegen den üblichen Verhaltensnormen.

[45] Fünf Worte wären z.B., worauf A. STROBEL, Der erste Brief an die Korinther (ZBK.NT
6.1), Zürich 1989, 219, hinweist, Ἰησοῦς Χριστὸς ὁ κύριός μου.

[46] Treffend charakterisiert J. G. HERDER, Von der Gabe (s. Anm. 2) 36, das korrigierende
Eingreifen des Paulus in 1 Kor 14 mit folgenden Worten: „Er thut dies mit so viel Vernunft und
Vorsicht, dass er auch hierinn das Muster eines Reformators, der den Missbrauch heilig-
gehaltener, guter Sachen mit Glimpf abstellet, seyn kann."

4. Schriftzitat und Auslegung (V. 20–22)

20 Schwestern und Brüder, seid nicht wie Kinder, wenn es ums Denken geht. Legt kindliches Gemüt vielmehr der Bosheit gegenüber an den Tag, beim Denken aber verhaltet euch wie Erwachsene!
21 Es steht im Gesetz geschrieben:
   „In fremden Zungen
   und mit den Lippen von Fremden werde ich zu diesem Volke reden;
   aber auch dann *werden sie nicht auf mich hören",*
Spruch des Herrn.
22 Daher dient das Zungenreden als (anstößiges) Zeichen nicht für die Gläubigen, sondern für die Ungläubigen. Die prophetische Botschaft hingegen zielt nicht eigentlich auf die Ungläubigen, sondern auf die Gläubigen.

Sicher nicht zufällig richtet sich der zwischengeschaltete Apell an die Adressaten des Schreibens in V. 20, näherhin an deren Einsichtsfähigkeit und ihr Denkvermögen[47]. In dieser Hinsicht sollten sie sich nicht wie Kinder, sondern wie Erwachsene verhalten, und das besagt im Bild wohl auch: sie sollen vernünftig sein.

Danach greift Paulus in V. 21 auf das Alte Testament zurück, in freier und verkürzter Weise[48]; er setzt dabei aber offenkundig eine gute Kenntnis der alttestamentlichen Grundstelle und ihres Verwendungszusammenhangs in der frühen nachösterlichen Gemeinde voraus, denn anders will ein Verständnis des Zitats aus Jes 28,11–12 in V. 21 und seiner Anwendung in V. 22 kaum gelingen[49].

Die Texteinheit Jes 28,7–13 beginnt in V. 7–8 mit einem Scheltwort des Propheten über Tempelpriester und -propheten, die sich während ihrer Dienstzeit am Wein berauschen, anstatt ordentlich Recht zu sprechen und Gesichte zu deuten. In V. 9–10 setzen sich die derart Angegriffenen zur Wehr. Sie verbitten sich, vom Propheten wie Kinder behandelt zu werden, und äffen ihrerseits seine in der Ekstase getätigten Sehersprüche nach. Für sie hört sich das an wie „Zawlazaw zawlazaw, kawlakaw kawlakaw, hier ein wenig, da ein wenig!", was wahrscheinlich einen Lehrer nachahmt, der im Elementarunterricht Kindern das hebräische Alphabet beibringt und gerade bis zum Sade und zum Kof ge-

---

[47] Zum hier verwendeten Begriff φρήν, der mit φρονεῖν und φρόνημα zusammenhängt, vgl. K. Maly, Mündige Gemeinde. Untersuchungen zur pastoralen Führung des Apostels Paulus im 1. Korintherbrief (SBM 2), Stuttgart 1967, 203–205, der „Urteil und Gesinnung" als Komponenten herausstellt.
[48] Zur Textform des Zitats und ihrer möglichen Herkunft vgl. nur V. Scippa, Glossolalia (s. Anm. 4) 240–266; C. D. Stanley, Paul and the Language of Scripture. Citation Technique in the Pauline Epistles and Contemporary Literature (MSNTS 74), Cambridge 1992, 197–205.
[49] Vgl. dazu den schönen Aufsatz von O. Betz, Zungenreden und süßer Wein. Zur eschatologischen Exegese von Jes 28 in Qumran und im Neuen Testament, in: Ders., Jesus – Der Herr der Kirche. Aufsätze zur biblischen Theologie II (WUNT 52), Tübingen 1990, 49–65.

kommen ist[50]. Gott selbst wird diese Verspottung seines Propheten durch eine analoge Strafmaßnahme rächen, und hier setzt das von Paulus paraphrasierte Textstück ein: „Ja, Gott wird einmal mit unverständlicher Sprache und mit einer fremden Zunge reden zu diesem Volk, er, der zu ihnen gesagt hat: ‚Das ist die Ruhe; schaffet Ruhe den Müden, und das ist die Erquickung!' Aber sie wollten nicht hören" (V. 11–12). Gemeint ist damit die militärische Intervention der Assyrer, die eine „barbarische" Sprache sprechen, aber im Grunde Gottes Handlanger bei der Bestrafung seines widerspenstigen Volkes sind. Gott selbst redet durch ihren Mund in fremden Worten, und darin vollzieht sich das Gericht über das Volk. Das kommt in der Form, die Paulus dem Zitat gibt, noch deutlicher zur Geltung, weil hier Gott selbst in der Ich-Form redet: „Ich werde in fremden Zungen zu diesem Volke reden".

Schon die Septuaginta begnügt sich nicht damit, das sinnlose „Papperlapapp" von V. 10, das in V. 13 wiederholt wird, einfach wiederzugeben, sondern legt, wie die jüdische Auslegungstradition zu dieser Stelle überhaupt, eine etwas mühsame Deutung vor: Der Prophet spreche andauernd von Drangsal und von Hoffnung, was schließlich niemand mehr hören mag, oder, so ein anderer Versuch, er häufe Vorschrift auf Vorschrift und Satzung auf Satzung (falls der Vers nicht sogar zu Aussagen des unwürdigen Tempelpersonals umkodiert wird). Formal gesehen erscheint bemerkenswert, dass das Gestammel des Grundtexts überhaupt durch eine Erklärung ersetzt, um nicht zu sagen übersetzt wird.

Die „fremden Zungen" der Assyrer, in der Septuaginta mit διὰ γλώσσης ἑτέρας wiedergegeben, woraus Paulus ἐν ἑτερογλώσσοις macht, dürften auch den terminologischen Ausgangspunkt für die Prägung des Begriffs der Zungenrede im Griechisch sprechenden Urchristentum gebildet haben. Wie das vor sich ging, kann man an dem Grundbestand der Pfingsterzählung bei Lukas noch ablesen. Als Gottesrede verstanden und eschatologisch interpretiert, diente die Verheißung der fremden Zungen in Jes 28 als Schriftgrundlage für die Legitimierung prophetischer, ekstatischer Phänomene, die in Kreisen der Jesusanhänger kurz nach Ostern aufbrachen. Doch stieß dieser Neuanfang nicht nur auf Zustimmung. Nicht alle jüdischen Zuhörer reagierten auf das Sprachenwunder am Pfingstfest mit Begeisterung. Es gab auch jene, die spöttisch konstatieren: Sie „sind voll des süßen Weines" (Apg 2,13). Für diese Gruppe, die Widerstand leistete, wurde das Reden in fremden Zungen zum Stein des Anstoßes und zum Gericht, wie Jesaja vorhergesagt hatte.

Aus einem solchen traditionsgeschichtlichen Zusammenhang hat Paulus das adaptierte Jesajazitat entnommen. Vor diesem Hintergrund erklärt sich nicht

---

[50] Oder soll evtl. ein Vogelstimmenorakel parodiert werden? So K. BALTZER, Deutero-Jesaja (KAT X/2), Gütersloh 1999, 508 (der mich gesprächsweise bereits auf diese Möglichkeit aufmerksam machte); K. VAN DER TOORN, Echos of Judean Necromancy in Isaiah 28,7–22, in: ZAW 100 (1988) 199–217, hier 209–212.

nur seine besondere sprachliche Gestaltung, z.B. die Voranstellung von „in fremden Zungen" vor „mit den Lippen von Fremden"[51] und insbesondere die Einfügung des οὕτως in der zweiten Zeile, das den Gedanken verstärkt: *Selbst* ein Reden Gottes auf diese auffällige Weise hat gegenüber diesen Hörern keinen Zweck. Auch die sehr schwierige Anwendung des Schriftworts in V. 22 wird transparenter, vor allem wenn man die anschließend in V. 23–25 geschilderte dramatische Szene mit hinzunimmt.

5. Eine dramatische Szene (V. 23–25)

23 Wenn nun die ganze Gemeinde an einem Ort zusammenkommt und alle praktizieren das Reden in Zungen, und es kommen unkundige oder ungläubige Besucher herein – werden sie nicht sagen: „Ihr seid von Sinnen"?
24 Wenn aber alle prophetisch reden, und es kommt ein ungläubiger oder unkundiger Besucher herein, dann wird er von allen seiner Schuld überführt, wird von allen zur Rechenschaft gezogen. 25 Was tief in seinem Herzen verborgen war, wird offen gelegt. Daraufhin wird er auf sein Angesicht fallen, wird Gott anbeten und laut bekennen: „Wahrhaftig, Gott ist mitten unter euch!"

Für gelegentliche nichtchristliche Besucher der Gemeindeversammlung wird die reine, ungedeutete Zungenrede, dazu noch von allen Anwesenden praktiziert, zu einem Stein des Anstoßes. Sie werden, so V. 23, den Eindruck gewinnen: Wir sind in ein Irrenhaus geraten, das wir schleunigst wieder verlassen sollten! Damit reagieren sie ähnlich wie jene skeptische Gruppe in der Pfingsterzählung, die auf Volltrunkenheit am frühen Vormittag (Apg 2,15: um die dritte Stunde) schließt[52]. Die Zungenrede verhindert geradezu, dass sie zum Glauben finden.

Ganz anders sieht nach V. 24–25 die Wirkung der Prophetie auf die Besucher aus[53]. Sie richtet sich zwar keineswegs ausschließlich an den Verstand, sondern wühlt die Herzen der Gäste auf, hat also eine tief emotionale Wirkung, die sie aber deswegen erzielt, weil sie es versteht, sich verständlich zu machen. Auf die Tätigkeit der urchristlichen Propheten in der korinthischen Versammlung wird ein Privileg übertragen, das eigentlich nur Gott oder dem erhöhten Herrn Jesus zusteht und von ihnen erst beim Endgericht ausgeübt wird: die Herzenserkenntnis, die Tiefen- und Innenschau, die auch die verborgenen Abgründe im

---

[51] Etwas zu gewagt ist die Vermutung von O. Betz, Zungenreden (s. Anm. 49) 55, Paulus meine mit ἐν ἑτερογλώσσοις die Menschenzungen und mit ἐν χείλεσιν ἑτέρων die Engelszungen aus 1 Kor 13,1.

[52] Vgl. O. Betz, ebd. 61: „Das in der Septuaginta selten gebrauchte μαίνεσθαι beschreibt sowohl das Verhalten Betrunkener als auch das ekstatische Rasen von Propheten."

[53] Vgl. den materialreichen Beitrag von M. Pesce, La profezia cristiana come anticipazione del giudizio escatologica in 1 Cor. 14,24–25, in: Testimonium Christi (FS J. Dupont), Brescia 1985, 379–438; ferner W. Rebell, Gemeinde als Missionsfaktor im Urchristentum. I Kor 14,24f. als Schlüsselsituation, in: ThZ 44 (1988) 117–134.

Menschen offenlegt und Fehlhaltungen an den Tag bringt, die den Betroffenen selbst vielleicht nur halb oder gar nicht bewusst waren. Solcherart in ihrem Personenkern getroffen, werden die Besucher sich in einem spontanen Akt für den Glauben öffnen und ein erstes Bekenntnis ablegen durch ihre Gestik und ihren Ausruf. Anbetend fallen sie auf die Erde nieder und proklamieren die Anwesenheit Gottes inmitten seiner glaubenden Gemeinde mit Worten, die von Paulus, der diese ganze idealtypische Szene literarisch gestaltet, wiederum der alttestamentlichen Prophetie nachempfunden sind. Erinnern wir – neben 1 Kön 18,39, Jes 45,14 und der vermutlich sogar führenden Stelle Dan 2,46f. – nur an Sach 8,23: „In jenen Tagen werden zehn Männer aus allen Zungen einen Juden beim Rocksaum fassen und sagen: Wir wollen mit euch gehen; denn wir haben gehört, dass Gott mit euch ist." Die Prophetie zeigt sich so ganz auf den Glauben hingeordnet, und auf dem Umweg über das Miterleben dieses Vorgangs, wie Ungläubige durch sie erschüttert werden, wird sie auch zu einer Stärkung für die Glaubenden, was diese zweite Szene, wenn auch nicht ganz ohne Probleme, an V. 22b anbindet: die Prophetie ist für die Gläubigen da[54].

6. Geordnete Versammlung (V. 26–40)

26 Was folgt daraus, Schwestern und Brüder? Wenn ihr euch versammelt, steuert jeder etwas bei: einen Psalm, eine Lehre, eine Offenbarung, ein Stück Zungenrede, eine Auslegung. Alles aber soll auf den Gemeindeaufbau ausgerichtet sein.

27 Wird in Zungen geredet, sollen es nur zwei oder höchstens drei tun, und zwar der Reihe nach, und einer soll übersetzen. 28 Wenn es aber keinen Übersetzter gibt, soll der Betreffende in der Gemeindeversammlung schweigen. Er kann später für sich selbst reden und für Gott.

29 Auch von den Propheten sollen nur zwei oder drei reden, und die anderen sollen das Gesagte beurteilen. 30 Wenn aber einem anderen, der dasitzt, etwas eingegeben wird, soll der erste schweigen. 31 Denn einzeln könnt ihr nacheinander alle prophetisch reden, damit alle etwas lernen und alle getröstet werden. 32 Propheten haben nämlich die Kontrolle über ihre prophetischen Eingebungen. 33 Denn Gott ist kein Befürworter der Unordnung, sondern ein Garant des Friedens.

Wie in allen Gemeinden der Heiligen üblich, 34 sollen die Frauen in der Gemeindeversammlung schweigen, denn es ist ihnen nicht erlaubt zu reden. Sie sollen sich vielmehr unterordnen, wie es auch das Gesetz sagt. 35 Wenn sie aber etwas lernen wollen, sollen sie zuhause die eigenen Männer befragen. Es schickt sich nämlich nicht für eine Frau, in der Gemeindeversammlung zu reden. 36 Oder ist von euch aus das Wort Gottes in die Welt gegangen? Oder ist es zu euch allein gelangt?

---

[54] Auf eine stillschweigende Ergänzung des εἰς σημεῖον aus V. 22a in V. 22b wird dabei verzichtet, so schon J. Weiss, Der erste Korintherbrief (KEK), Göttingen ⁹/²1910, Repr. 1977, 332; zu unserer Auslegung vgl. C. Forbes, Prophecy (s. Anm. 8) 175–181 (mit Lit.), und als einen der letzten Beiträge K. O. Sandnes, Prophecy - A Sign for Believers (1 Cor 14,20–25), in: Bib. 77 (1996) 1–15. Vgl. jetzt aber auch W. Schrage, 1Kor (s. Anm. 4) 406: „Alle Erklärungsversuche haben ihre Probleme und können m.E. nichts daran ändern, dass der Gedankengang des Paulus verunglückt ist."

37 Wenn jemand meint, ein Prophet zu sein oder Gottes Geist zu besitzen, soll er einsehen, dass das, was ich euch schreibe, ein Gebot des Herrn ist. 38 Wenn aber jemand das ignoriert, wird Gott ihn ignorieren.

39 Also, meine Schwestern und Brüder: Wetteifert um die Prophetengabe, behindert aber auch nicht das Reden in Zungen! 40 Alles aber soll anständig und wohl geordnet ablaufen.

Auf den weiteren Verlauf des 14. Kapitels ab V. 26 werfen wir nur einen raschen Blick[55]. Thema ist jetzt in Übereinstimmung mit der Schlussmahnung in V. 40: „Alles aber soll anständig und wohl geordnet ablaufen" die Ordnung im Gemeindegottesdienst, insbesondere der Umgang mit Prophetie und Glossolalie je für sich und in ihrem Nebeneinander. Eine erneute, gleichfalls nicht erschöpfende Auflistung der Vielzahl möglicher Redeformen bietet die Fünfergruppe in V. 26, mit Psalm, Lehre, Offenbarung, Zungenrede und Auslegung.

Mit der Erlaubnis zum Zungenreden verbindet Paulus in V. 27–28 die zwingende Forderung nach einer Übersetzung. Andernfalls bleibt die Zungenrede aus der Gemeindeversammlung verbannt. Sie wird in den privaten Bereich verwiesen, wo sie immerhin die vertikale Kommunikation zwischen dem Beter und Gott befördern kann, aber Paulus zeigt sich zumindest hier, wo er den gemeinschaftlichen Gottesdienst bespricht, sehr viel stärker an der horizontalen Kommunikation zwischen Gemeindemitgliedern und gegebenenfalls auch mit Außenstehenden interessiert.

Zur Prophetie scheinen V. 31 zufolge („Denn einzeln könnt ihr nacheinander alle prophetisch reden") tendenziell alle Gemeinemitglieder in der Lage zu sein[56], sofern sie eine entsprechende Eingebung erreicht, was an den Wunsch des Mose in Num 11,29 erinnert: „Wenn nur das ganze Volk des Herrn zu Propheten würde, wenn nur der Herr seinen Geist auf sie alle legte!" Um so dringender erscheint die Erstellung eines förmlichen „Fahrplans", der alle zu ihrem Recht kommen lässt, und niemand soll es wagen, sich dem unter Hinweis auf den unkalkulierbaren Charakter der prophetischen Inspiration zu widersetzen, so V. 32–33 und auch V. 37. Wer es dennoch tut, läuft Gefahr, sich der Sanktion von V. 38 auszusetzen und von Gott oder der Gemeinde „ignoriert" zu werden.

Dass wir V. 33c–37 mit dem Redeverbot für Frauen als vermutliche nachpaulinische Interpolation für unsere Zwecke in Klammern setzen dürfen, wurde oben bereits angedeutet[57]. Mit den Imperativen von V. 39 versucht Pau-

---

[55] Vgl. dazu G. DAUTZENBERG, Prophetie (s. Anm. 7) 253–300; J. G. DUNN, The Responsible Congregation (1 Co 14,26–40), in: L. DE LORENZI (Hrsg.), Charisma und Agape (1 Ko 12–14) (SMBen.BE 7), Rom 1983, 201–236.

[56] Die unverkennbare Spannung zu 1 Kor 12,29 („sind etwa alle Propheten?") lässt sich durch Beachtung der unterschiedlichen Kontexte (Gemeindestruktur einerseits, aktuelle Gemeindeversammlung andererseits) und der Differenz zwischen Ideal und Wirklichkeit zumindest mildern.

[57] S. Anm. 24; von den neueren Arbeiten vgl. etwa D. G. HORRELL, The Social Ethos of the Corinthian Correspondence. Interests and Ideology from 1 Corinthians to 1 Clement (Studies of the New Testament and Its World), Edinburgh 1996, 184–195, der die Interpolationshypo-

lus, die Gegensätze, die er selbst etabliert hat, abschließend wieder zusammenzubinden: „Wetteifert um die Prophetengabe, behindert aber auch nicht das Reden in Zungen!" Wo seine eigenen Vorlieben liegen, bleibt deutlich genug zu verspüren.

III. Vernünftige und verständliche Kommunikation

Vernünftiges Denken bringt verständliches Reden hervor, und nur dieses ist geeignet für die interpersonale Vermittlung von Glaubensinhalten, auf diese Formel lässt sich der Duktus der Argumentation des Paulus in 1 Kor 14 bringen, und das sollte eigentlich erheblich mehr Erstaunen auslösen, als es gemeinhin tut. Empfunden hat dieses Erstaunen unter den Exegeten Ernst Käsemann, wenn er zu 1 Kor 14 schreibt, im Neuen Testament sei „Recht und Würde und Notwendigkeit der Vernunft nirgends eindrücklicher verteidigt worden" als hier, und sich geneigt fühlt, Kapitel 14 in Analogie zum Hohenlied der Liebe in 1 Kor 13 als ein hohes Lied der Vernunft zu bezeichnen[58]. Rekapitulieren wir, um das Insistieren des Paulus auf Vernünftigkeit und Verständlichkeit besser nachempfinden zu können, die wesentlichen Stationen des Gedankengangs noch einmal unter Berücksichtigung der Partner, die am jeweiligen Kommunikationsvorgang beteiligt sind[59].

Als Erstes können wir die rein vertikale Kommunikation hervorheben, die zwischen dem einzelnen Glaubenden und Gott besteht. Hier und nur hier hat das reine Zungenreden als Reaktion auf das vorgängige Geschenk des göttlichen Geistes seinen legitimen Ort. Im dankenden und preisenden Gebet fließt das Herz des Menschen über und findet zu neuen Ausdrucksformen, die Gott verstehen wird, weil er nach Röm 8,26 selbst das unaussprechliche Seufzen des Geistes in unserem Inneren, das unserem mangelnden Gebetsvermögen zur Hilfe kommt, vernimmt.

Paulus jedoch investiert mehr Mühe in die Ausgestaltung der horizontalen Beziehungen, zunächst zwischen den gläubigen Teilnehmern an einem christlichen Gottesdienst, und er legt dabei erhebliche Kühnheit an den Tag: „Obwohl

these untermauert; Gegenargumente z.B. bei C. WOLFF, Der erste Brief des Paulus an die Korinther (ThHK 7), Berlin 1996, 341–345 (mit Lit.).

[58] E. KÄSEMANN, Der Ruf zur Vernunft: 1. Korinther 14,14–20.29–33, in: Kirchliche Konflikte. Bd. 1, Göttingen 1982, 116–127, hier 120; vgl. aber auch schon G. BORNKAMM, Glaube und Vernunft bei Paulus (1957), in: K. H. RENGSTORF (Hrsg.), Das Paulusbild in der neueren deutschen Forschung (WdF 24), Darmstadt ²1969, 591–612, hier z.B. 609 (zu 1 Kor 14): „Denn nur wenn das Wort Gottes verständig und verständlich ausgerichtet wird, werden die Hörer zugleich mit dem göttlichen Wort auch sich selbst in ihrer Lage vor Gott recht verstehen."

[59] Vgl. dazu R. RECK, Kommunikation und Gemeindeaufbau. Eine Studie zu Entstehung, Leben und Wachstum paulinischer Gemeinden in den Kommunikationsstrukturen der Antike (SBB 22), Stuttgart 1991, hier bes. 228–230.

er den exegetischen Ursprung des Zungenredens genau gekannt und dieses als Gottes Offenbarung anerkannt hat, wagte er die Kritik und erhob die Vernunft zum Richter über den Geist: Wo das inspirierte Wort dunkel bleibt, hat es dem vernunftgeleiteten Reden Raum zu geben, wenn die Gemeinde versammelt ist."[60] Das bringt ihn zu seiner unmissverständlichen Forderung, die Zungenrede nur zu praktizieren, wenn für ihre Übersetzung gesorgt ist, und für diese Übersetzung sieht er eigens das Charisma der „Hermeneia" vor (1 Kor 12,10.30; 14,5.27f.), fast ist man versucht zu sagen: das Charisma der Hermeneutik. Inhalte des glossolalen Betens, die sich etwa aus Gestik, Tonfall, Rhythmus, Lautstärke u.ä. erschließen lassen, werden in verständliche Rede transformiert und damit aus dem Raum ekstatischen Erlebens in „die Reichweite der Vernunft" gebracht[61].

Allein darin besteht auch der Vorrang der Prophetie gegenüber der Glossolalie, den Paulus in 1 Kor 12–14 zu konstruieren versucht: in ihrer Verständlichkeit und ihrem kommunikativen Potential. Das bedeutet, wenn die paulinische Argumentation überhaupt Sinn machen soll, dass prophetisches Reden auf einer ersten Ebene für seine Adressaten unmittelbar zugänglich sein muss, auch wenn es in einem weiteren Schritt einer Beurteilung und evtl. sogar einer vertiefenden Deutung offen steht[62]. Die Prophetie spricht Herz und Verstand der Menschen an und bietet ihnen einsichtige Orientierungshilfen für ihr Leben.

Mit der Prophetie – theoretisch streng genommen auch mit der übersetzten Glossolalie – werden schließlich auch die Grenzen einer rein gruppenspezifischen Kommunikation überstiegen und missionarische Wirkungen erzielt. Von ihr haben auch die nichtchristlichen Besucher etwas, und sei es nur, dass sie sich im Innersten aufgewühlt und zum Überdenken ihres bisherigen Weges gezwungen sehen. Das ginge nicht, wenn sie nicht verstehen würden, was der Prophet ihnen sagt.

Im Kontext werden Vernünftigkeit und Verständlichkeit auf zwei weitere Leitbegriffe bezogen, die einander hierarchisch zugeordnet sind. Das ist innerhalb des Kapitels 14 zum einen die Kategorie des Gemeindeaufbaus, dem alles

---

[60] O. Betz, Zungenreden (s. Anm. 49) 65.

[61] Vgl. H. Weder, Die Gabe der ἑρμηνεία (Kor 12 und 14), in: Ders., Einblicke ins Evangelium. Exegetische Beiträge zur neutestamentlichen Hermeneutik, Göttingen 1992, 31–44, hier 33: „Die Aufgabe der Hermeneutik besteht demnach darin, die Wirkung des göttlichen Geistes in verständliche Sprache zu übersetzen. Anders gesagt: sie besteht darin, die Geisterfahrungen in die Reichweite der Vernunft zu bringen. Die Hermeneutik sorgt dafür, dass der Verstand eben dort ins Spiel kommen kann, wo der Mensch von der Macht religiöser Erfahrungen überwältigt zu werden droht."

[62] Letztere Bemerkung bezieht sich auf die durch G. Dautzenberg, Zum religionsgeschichtlichen Verständnis der διάκρισις πνευμάτων, in: BZ NF 15 (1971) 93–104, ausgelöste Diskussion um das Charisma der sogenannten „Unterscheidung der Geister" (1 Kor 12,10; 14,29), in die wir uns hier nicht weiter hineinzubegeben brauchen.

zu dienen hat. Als konstruktiv bewährt sich hier nur Kommunikation[63], die
auch Kräfte gegen einen destruktiven geistlichen Egoismus und ein nicht weniger gefährliches religiöses Virtuosentum freizusetzen versteht. Getragen aber
wird die aufbauende Tätigkeit zum andern ihrerseits von der Liebe, wie wir
spätestens seit 1 Kor 8,1 wissen: „... die Liebe aber baut auf." Nicht ohne Absicht wird 1 Kor 14 in V. 1a mit der Aufforderung „Strebt nach der Liebe!"
eingeleitet, und dieser Imperativ bindet Kapitel 14 an das Enkomion auf die
Liebe in Kapitel 13 an, das mit der bezeichnenden Relativierung einsetzte: ...
und wenn ich mit Engelszungen redete, hätte aber die Liebe nicht, wäre ich nur
ein sinnlos lärmendes Musikinstrument.

Damit hat sich der Bogen zu unseren Eingangsüberlegungen geschlossen.
Halten wir nur noch fest, um Missverständnissen vorzubeugen, dass die Unter-
ordnung unter die Liebe dafür sorgt, dass auch der Vernunft Grenzen gesetzt
werden. Einer Verabsolutierung der Vernunft, die ihre eigenen spezifischen
Verengungen mit sich brächte[64], soll selbstverständlich nicht das Wort geredet
werden. Aber dass diese Gefahr drohen könnte, hat Paulus in seiner Situation
wohl kaum befürchtet, und ich frage mich, ob das in unserer Zeit, die mit der
Dialektik der Aufklärung umzugehen gelernt hat und reinem Fortschrittsglau-
ben zunehmend skeptisch begegnet, so wesentlich anders aussieht. Vernunft
wird oft mit Kälte assoziiert; Religion gilt als Sache des Gefühls, möglichst des
herzlichen und warmen Gefühls. Mit dem Befund bei Paulus steht das nicht in
Einklang. Im Anschluss an den Apostel wäre vielmehr zu fragen, ob nicht eine
verständliche Form der Verkündigung, die mit vernünftigen Mitteln argumentativ untermauert wird und zugleich prophetische, das heißt aufdeckende, deu-
tende und orientierende Qualitäten besitzt, ihre großen Chancen auch in unserer Zeit hätte. Aber sie ist wohl nur zu haben als Frucht eines besonderen Cha-
rismas.

Vermutlich möchte der Leser gerne noch erfahren, welches andere biblische
Thema der Landgeistliche des jungen Goethe außerdem noch, und zwar als
Erstes, behandelt hat. Es ging dabei um die Frage: „Was stund auf den Tafeln
des Bundes?", auf jenen beiden Steintafeln also, die Mose vom Berge Sinai

[63] Vgl. die Entfaltung dieses Gedankens bei H. J. KLAUCK, Gemeinde zwischen Haus und
Stadt. Kirche bei Paulus, Freiburg i.Br. 1992, 55–59.

[64] Vgl. die eindrückliche soziologische Analyse von S. BREUER, Das Charisma der Ver-
nunft, in: W. GEBHARDT U.A. (Hrsg.), Charisma: Theorie - Religion - Politik (Materiale Soziolo-
gie TB 3), Berlin 1993, 159–184; s. aber auch U. KERN, Zum Charisma der Rationalität. Eine
Problemanzeige, in: ThLZ 112 (1987) 865–882; M. THEOBALD, Glaube und Vernunft. Zur
Argumentation des Paulus im Römerbrief, in: ThQ 169 (1989) 289–301; jetzt auch in: DERS.,
Studien zum Römerbrief (WUNT 136), Tübingen 2001, 417–431.

mitbrachte. Dem noch nachzugehen würde uns leider zu weit abführen[65]. Schließen wir stattdessen mit zwei anderen, späteren, auf vernünftige Wahrnehmung ausgerichteten Worten Goethes, der in seinem Aufsatz „Israel in der Wüste" bemerkt: „Kein Schade geschieht den heiligen Schriften ..., wenn wir sie mit kritischem Sinne behandeln ..."[66], und in einem Aphorismus festhält: „Ich bin überzeugt, dass die Bibel immer schöner wird, je mehr man sie versteht"[67].

Literaturnachtrag:

M. J. CARTLEDGE, The Future of Glossolalia: Fundamentalist or Experientialist?, in: Religion 28 (1998) 233–244.

–, The Nature and Function of New Testament Glossolalia, in: EvQ 72 (2000) 135–150.

R. J. GLADSTONE, Sign Language in the Assembly. How are Tongues a Sign to the Unbeliever in 1 Cor 14:20–25?, in: Asian Journal of Pentecostal Studies 2 (1999) 177–193.

G. HOVENDEN, Speaking in Tongues. The New Testament Evidence in Context (Journal of Pentecostal Theology. Supplement Series 22), Sheffield 2002 (zur Zeit der Drucklegung des Aufsatzbandes erst angekündigt und noch nicht zugänglich).

A. LINDEMANN, Der Erste Korintherbrief (HNT 9/I), Tübingen 2000.

J. E. POWERS, Missionary Tongues?, in: Journal of Pentecostal Theology 17 (2000) 39–55.

A. C. THISELTON, The First Epistle to the Corinthians (NIGTC), Grand Rapids 2000.

M. TURNER, Tongues: An Experience for All in the Pauline Churches?, in: Asian Journal of Pentecostal Studies 1 (1998) 231–253; vgl. auch 2 (1999) 283–308.

---

[65] Vgl. dazu nur W. SCHOTTROFF, Goethe (s. Anm. 1) 469–477.

[66] In: Goethes Werke (Sophienausgabe), Abtl. I, Bd. 7, Weimar 1888, 156–182, hier 181f.

[67] Maximen und Reflexionen über Literatur und Ethik. Aus Wilhelm Meisters Wanderjahren. Aus Makariens Archiv, in: Goethes Werke (Sophienausgabe), Abtl. I, Bd. 41,2, Weimar 1907, 184–206, hier 192; in der Fortsetzung klingt die später erst berühmt gewordene Kategorie des „Sitzes im Leben", auf den konkreten Einzelfall bezogen, an: „d.h. je mehr man einsieht und anschaut, dass jedes Wort, das wir allgemein auffassen und im Besondern auf uns anwenden, nach gewissen Umständen, nach Zeit- und Ortsverhältnissen einen eigenen, besondern, unmittelbar individuellen Bezug gehabt hat."

IV. Mysterienkulte und Herrenmahl

5. Die antiken Mysterienkulte und das Urchristentum –
Anknüpfung und Widerspruch[*]

Manchmal gibt es Fragen, die als längst erledigt gelten, aber sich daran einfach nicht zu stören scheinen, sondern mit schöner Regelmäßigkeit von Zeit zu Zeit wieder auftauchen, teils in leicht veränderter Gestalt. Dazu würde ich die Frage nach dem Verhältnis von Urchristentum und antiken Mysterienkulten (nicht: Mysterienreligionen!) rechnen, die insbesondere auf dem Feld der Sakramententheologie in alter und neuer Zeit für heftige Kontroversen gesorgt hat. Davon wird gleich im ersten Teil unserer Überlegungen zu berichten sein, ehe wir in den weiteren Abschnitten die Fragestellung ins Grundsätzliche (Phänomenologie und Semantik) und Exemplarische (die Gemeinde von Korinth als Beispiel) hinein voranzutreiben suchen.

Überlegen kann man aber hier schon, warum es überhaupt zu solchen Wellenbewegungen kommt. Warum dieses ständige Auf und Ab, warum die weiten Ausschläge des Pendels? Das wird zu einem nicht unerheblichen Teil an den jeweiligen Zeitkontexten liegen, die für selektive Wahrnehmung sorgen und die Suchbewegung steuern. Ein wenig aber mögen auch Fortschritte mitspielen, die in der Forschung gemacht werden, z.B. durch das Bereitstellen von neuen Paradigmen (Inkulturation!) und durch neue Gewichtungen innerhalb der Methodik. Eine Blick in die Problem- und Forschungsgeschichte kann deshalb nie schaden, und damit setzen wir auch ein.

I. Der Blick zurück: Von Justin bis Odo Casel

1. Theologen der frühen Kirche: Justin und Tertullian

Um die Mitte des zweiten Jahrhunderts n.Chr. kommt Justin in seiner Apologie auf die Vergleichbarkeit des christlichen Herrenmahls mit bestimmten Riten in den Mithrasmysterien zu sprechen (Apologie I 66,3f.). Zunächst zitiert er die Abendmahlsüberlieferung in der Fassung:

[*] Für den Druck überarbeitete Fassung eines Vortrags, der innerhalb eines Studientags der Katholischen Akademie in Bayern zum Thema: „Anknüpfung und Widerspruch. Das frühe Christentum in der ‚multireligiösen' Welt der Antike" am 17. März 2001 in München gehalten wurde.

Jesus habe Brot genommen, das Dankgebet gesprochen und gesagt: „Dies tut zu meinem Gedächtnis, das ist mein Leib"; und ebenso habe er den Becher genommen, das Dankgebet gesprochen und gesagt: „Dies ist mein Blut", und er habe nur ihnen (d. h. den Aposteln) davon mitgegeben.

Daran schließt Justin unmittelbar die folgende Überlegung an:

Das haben auch die bösen Dämonen nachgeahmt und in den Mysterien des Mithra zum Vollzug überliefert [παραδιδόναι, ein *terminus technicus* der Traditions- und Kultsprache]. Denn dass dort Brot und ein Becher mit Wasser bei den Weihungen des Initianden gereicht werden mit begleitenden Worten, das wisst ihr oder könnt ihr erfahren.

Dem wird später der Lateiner Tertullian voll und ganz beipflichten: Häresien rühren vom Teufel her,

der sogar die Handlungen der göttlichen Sakramente in seinen Götzenmysterien nachäfft ... und wenn ich an Mithra denke, so bezeichnet er dort [sc. der Teufel in den Mysterien] seine Soldaten auf der Stirn, feiert auch eine Darbringung von Brot, führt eine bildliche Darstellung der Auferstehung vor und nimmt unter dem Schwert den Kranz hinweg (De praescriptione haereticorum 40,2–4).

Tertullian weitet die Fragestellung über das Abendmahl hinaus auf andere Riten und auf die Auferstehungsfrage aus, aber auch Justin hat an anderer Stelle die Taufe miteinbezogen:

Auch von diesem Bad [der Taufe] hatten die Dämonen gehört, da es durch den Propheten [z.B. Jes 1,16–20: „Wascht euch, reinigt euch ..."] vorausgesagt worden war. Darum veranlassten sie, dass auch die sich besprengen, die ihre Heiligtümer betreten ..., ja dass sie sich vollständig baden (Apologie I 62,1).

Justin und Tertullian versuchen hier auf ihre Weise, ein Problem zu lösen, das nie völlig zur Ruhe gekommen ist: Wie erklären sich bestimmte Analogien, die zu konstatieren man einfach nicht umhin kann, zwischen christlichen Sakralhandlungen einerseits und den Riten und Mythen hellenistischer Mysterienkulte andererseits? Justin und Tertullian führen das auf bewusste Nachäffung durch böse Dämonen oder durch den Teufel selbst zurück. Was aber tun, wenn die nichtchristlichen Parallelen nachweisbar älter sind als die christlichen Gegenstücke und die Nachahmungstheorie versagt? Hier arbeitet Justin, der die Schwierigkeit offenbar erkennt, mit dem Konzept der Prophetie. Die alttestamentlichen Propheten deuteten auf die christlichen Sakramente voraus, und das können deshalb im Rückgriff auf sie auch die Dämonen in pervertierter Weise tun. Im Übrigen bricht Justin im zweiten Zitat die Engführung auf die Mysterienkulte hin, die für die Fragestellung typisch ist, doch schon etwas auf, wenn er vom Betreten von Heiligtümern bzw. Tempeln ganz allgemein spricht. Mysterienkulte sind auch für ihn, und das gilt es für das Folgende durchgehend zu beachten, nur ein Sonderfall, sind mit Walter Burkert „eine persönliche Option im Rahmen des allgemeinen polytheistischen Systems – vergleichbar in etwa vielleicht mit einer Pilgerreise nach Santiago di Compostella im Rahmen mittelalterlicher Religiosität"[1].

Dass das Vorgehen von Justin und Tertullian Methode hat und als Vorbild wirkt, bestätigt im 4. Jahrhundert n.Chr. Firmicus Maternus in seiner Streitschrift *De errore profanarum religionum*. Eine Salbung des Halses, die vermutlich im Osiriskult praktiziert wurde, nimmt er zum Anlass für das drastische Wortspiel: *Habet ergo diabolus christos suos*, „Es hat also auch der Teufel seine Christusse", d. h. seine Gesalbten (22,4). Dass wir mit diesem dämonologischen Erklärungsmodell auf Dauer nicht recht glücklich werden können, bedarf eigentlich keines Kommentars.

2. Neuzeitliche Entwicklungen: die Religionsgeschichtliche Schule

Wir machen einen Sprung in die Neuzeit. Wie sieht es hier mit dieser Konfrontation aus? Hat man sie überhaupt empfunden, und wenn ja, wie und wo? Es kommt gleich zu Beginn zu einer Vertauschung der Fronten. Wohl als einer der Ersten unternahm es der Calvinist und klassische Philologe Isaac Casaubon (1559–1614), das Verhältnis von Christentum und Mysterienkulten aufzuhellen. Nach ihm stammt der frühchristliche Sakramentsbegriff nirgends anders her als aus den hellenistischen Mysterien, wo ihn die Kirchenväter aus pädagogischen Gründen entlehnten. Süffisant fügt er hinzu: „Ob dieses Vorgehen, das zum damaligen Zeitpunkt nützlich schien, sich nicht später in einen Nachteil für die Wahrheit verkehrt hat, will ich hier nicht diskutieren"[2]. Die religionshistorische Forschung wird hier schon unverkennbar in den Dienst der konfessionellen Polemik gestellt. Es fehlt ihr unter anderem noch die solide Fundierung aus den Quellen, die in überzeugender Weise erst durch C. A. Lobeck in seinem *Aglaophamus* geschaffen wurde[3].

Ihre eigentliche Zuspitzung erfahren solche Gedankengänge, wie Casaubon sie bereits äußerte, um die Jahrhundertwende in der so genannten Religionsgeschichtlichen Schule[4]. Um 1880–1890 fanden sich in Göttingen einige junge protestantische Exegeten und Theologen zusammen (Hermann Gunkel war einer von ihnen), die zu der Überzeugung gelangt waren, man müsse das Neue

---

[1] W. BURKERT, Antike Mysterien. Funktion und Gehalt, München 1970, 17.

[2] ISACII CASAUBONI De rebus sacris et ecclesiasticis exercitationes XVI ad Cardinalis Baronii Prolegomena in annales et primam eorum partem …, London 1614 und Genf 1655, 380f.: *An hoc consilium pro tempore utile, in damnum veritatis postea verterit, non hic disputo.*

[3] C. A. LOBECK, Aglaophamus sive de theologia mystica Graecorum causis libri tres, Königsberg 1829, Repr. Darmstadt 1961.

[4] Vgl. zum Folgenden G. LÜDEMANN / M. SCHRÖDER, Die Religionsgeschichtliche Schule in Göttingen. Eine Dokumentation, Göttingen 1987; G. LÜDEMANN (Hrsg.), Die „religionsgeschichtliche Schule". Facetten eines theologischen Umbruchs (Studien und Texte zur religionsgeschichtlichen Schule 1), Frankfurt a. M. 1996.

Testament viel stärker als bisher von seinen nichtjüdischen Voraussetzungen
her interpretieren. Man müsse sehen, wie vielen Einflüssen das frühe Christentum, auch in zentralen Punkten, in seiner Entstehungsphase seitens des helleni-
stisch-kaiserzeitlichen Synkretismus ausgesetzt war. Das Urchristentum selbst
wird von ihnen als zutiefst synkretistisches Phänomen definiert. Die Mysterienkulte spielen dabei wieder eine zentrale Rolle. Ihren Einweihungsriten, Waschungen, Salbungen und heiligen Mählern habe das Christentum seine Sakramente entlehnt. Mehr noch, auch der Glaube an Tod und Auferstehung Jesu
Christi sei bereits im Mythos vom Sterben und Wiederaufleben einer Gottheit,
die das Mysteriengeschehen trägt, vorgebildet. Durch Publikationen, Vortrags-
tätigkeit und akademische Lehre gelang es dieser Gruppe verhältnismäßig
rasch, ihre Ideen zu verbreiten. Ein Indiz dafür ist die Existenz der populären
Reihe *Religionsgeschichtliche Volksbücher*, die offenbar ein breites Publikum
fand. Wie sich das von uns angesprochene Themenfeld darin niederschlug, zeigt
ein rascher Blick auf die drei Beiträge von Adolf Jacoby zu den antiken Mysterienreligionen[5], von Martin Brückner zum Sterben und Wiederaufleben der
Gottheit[6] und von dem seinerzeit recht bekannten Neutestamentler Wilhelm
Heitmüller, einem der Lehrer von Rudolf Bultmann, zu den urchristlichen Sakramenten[7].

Bis ca. 1920 blieb diese Schule als eigenständige Bewegung identifizierbar,
danach wurde es stiller um sie. Das hängt nicht zuletzt mit dem Aufkommen
der dialektischen Theologie zusammen, die von Religion nicht viel wissen will,
ja sie, so in extremer Form Karl Barth, als menschliches Werk und als Sündenfall schlechthin brandmarkt. Offenbarung breche ohne jeden Anknüpfungs-
punkt steil von oben in die Menschenwelt herein[8]. Auch davon abgesehen hatten heftige Gegenreaktionen gegen die Religionsgeschichtliche Schule eingesetzt, der man sicher zu Recht manche voreiligen Schlüsse und fehlende
Solidität in der methodologischen Absicherung vorwerfen kann. Im Gegenzug
bestritt man aber nicht nur jegliche Abhängigkeit, sondern auch jede Ähnlichkeit und Vergleichbarkeit. Das Christentum sollte und musste in allem seine
Originalität und Überlegenheit beweisen. Was man als Korrektiv einbrachte,
war das Bemühen, möglichst viel im Neuen Testament aus dem Alten Testament und dem Judentum zu erklären. Dass man dadurch zu einer intensiveren
Erforschung der jüdischen Quellen gezwungen war, ist ein positiver Effekt dieser Kontroverse. Unterschwellig aber hat religionsgeschichtliches Denken
überdauert, wie auch das folgende Beispiel zeigt, und ich wage zu behaupten,
dass sich seine Renaissance in geläuterter Form seit einiger Zeit schon vollzieht.

---

[5] A. Jacoby, Die antiken Mysterienreligionen und das Urchristentum (RV III/12), Tübingen 1910.

[6] M. Brückner, Der sterbende und auferstehende Gottheiland in den orientalischen Religionen und ihr Verhältnis zum Christentum (RV I/16), Tübingen 1908.

[7] W. Heitmüller, Taufe und Abendmahl im Urchristentum (RV III/22.23), Tübingen 1911.

3. Ein einflussreicher Außenseiter: Odo Casel

Odo Casel (1886–1948) war ein Benediktinermönch aus Maria Laach, der bei Hermann Usener in Bonn zum Dr. phil. promoviert wurde mit einer Arbeit über „Das mystische Schweigen bei den griechischen Philosophen"[9], die es inhaltlich mit der Metaphorisierung von Mysterienterminologie zu tun hat. Den theologischen Doktorgrad hatte er zuvor mit einer Dissertation zur Eucharistielehre des eingangs erwähnten Justin erworben[10]. Casel übernimmt den Ansatz der Religionsgeschichtler, stellt ihn aber sozusagen auf den Kopf. Er wertet die antiken Mysterienkulte als eine Vorschule des Christentums. Sie hatten eine providentielle Funktion zu erfüllen, weil sie Denkmodelle und Begriffe bereitstellten, die anderswo nicht zu holen waren, auch nicht im Alten Testament, die aber unbedingt gebraucht wurden für die Entwicklung der christlichen Sakramentenlehre. Dabei übersieht Casel nicht die, wie er es nennt, erlösungsbedürftige Gestalt der heidnischen Kulte, wie ein „blumiges" Zitat verdeutlichen mag[11]:

Dicht neben den edelsten Regungen der Seele sind die finsteren Mächte der Sinnlichkeit und Selbstsucht am Werke und ersticken nur allzu oft das bessere Streben. Es ist wie ein köstlicher Wein, dem ein übler Bodensatz beigemischt ist. Man kommt sich vor wie ein Wanderer in tropischer Landschaft. Ihn erfreut die üppige Fruchtbarkeit, die bunte Pracht der Blumen und Vögel. Aber sein Fuß bricht oft im Moder ein; schwüle Düfte verwirren seine Sinne; im Dickicht lauert das Raubtier und züngelt die Giftschlange.

Casel war ein systematischer Denker, kein Historiker und kein Exeget. Er hat sich um die historische Absicherung seiner Analogieschlüsse wenig gekümmert, darin liegt wohl eine Schwachstelle seines Entwurfs. Aber mit der Theorie von der Mysteriengegenwart, die er entwickelt hat, übte er nachhaltigen Einfluss auf die Sakramententheologie im letzten Jahrhundert aus, bis hin zur Liturgiekonstitution des Zweiten Vatikanischen Konzils, wo der Begriff auftaucht, auch wenn nicht alle Denkvoraussetzungen und -implikate mitübernommen wurden. Mysteriengegenwart definiert Casel dahingehend, dass in „gottesdienstlichen Handlungen ... göttliche Taten und Wirklichkeiten unter Symbol und Ritus gegenwärtig" gesetzt werden[12], und eben dies sei das Charakteristische am „Kulteidos Mysterium", an dem die antiken Mysterienkulte und das Urchristentum gemeinsam partizipieren.

Dieses breite forschungsgeschichtliche Panorama könnten wir jetzt dadurch abrunden, dass wir festhalten, was sich aus heutiger Sicht zu dieser Debatte

---

[8] Treffende Kritik daran übt E. BENZ, Ideen zu einer Theologie der Religionsgeschichte (AAWLM.G 1960,5), Mainz 1960.

[9] O. CASEL, De philosophorum Graecorum silentio mystico (RVV XVI/2), Gießen 1919.

[10] O. CASEL, Die Eucharistielehre des hl. Justinus Martyr, in: Kath. 94 (1914) 153–176.243–263.331–355.414–436.

[11] O. CASEL, Die Liturgie als Mysterienfeier (EcOra 9), Freiburg i. Br. 1922 u.ö., 43f.

[12] O. CASEL, Glaube, Gnosis, Mysterium, Münster 1941, 47.

sagen lässt[13]. Wer nämlich darauf zurückblickt, ohne sich von hitziger Polemik und Apologetik zu sehr beeindrucken zu lassen, wird den ein oder anderen Gesichtspunkt, der wesentlich zur Erklärung beiträgt, vermissen. Wir kommen darauf zurück, aber erst in unserem letzten Paragraphen. Zuvor wollen wir noch zwei andere Dinge tun. Zum einen müssen wir uns wenigstens in groben Zügen vergegenwärtigen, worüber wir eigentlich sprechen, wenn wir die Dinge miteinander vergleichen, was mit anderen Worten Mysterien überhaupt sind. Das tun wir unter phänomenologischem und semantischem Aspekt. Zum anderen wollen wir uns anhand eines konkreten Einzelbeispiels Rechenschaft über Möglichkeiten und Grenzen einer Kontaktnahme zwischen Urchristentum und Mysterienkulten geben.

II. Μυστήρια – eine phänomenologische und semantische Orientierung

1. Zur Terminologie

Wir beginnen mit der Terminologie, weil sie auch in der innertheologischen Auseinandersetzung gegen Odo Casel instrumentalisiert wurde. Wenn wir von Mysterienkulten reden, nehmen wir einen Sprachgebrauch auf, der in der Antike schon üblich war. Auch antike Autoren bezeichneten bestimmte Religionsformen als Mysterien, griechisch μυστήρια, meist im Plural verwendet, was über das lateinische Lehnwort *mysterium* in einige europäische Sprachen einging und dort „Geheimnis" bedeutet (vgl. „mystery" im Englischen, „mystère" im Französischen, „mistero" im Italienischen und „misterio" im Spanischen; im Deutschen „mysteriös"). Über die nicht restlos geklärte Herkunft und Grundbedeutung der Wurzel μυ- (vielleicht lautmalerische von einem „mm" her genommen, das man mit geschlossenen Lippen nur noch hervorbringen kann) brauchen wir uns hier nicht weiter auszulassen, ebenso wenig über die vorherrschenden kultischen Konnotationen des Begriffs bei den Griechen und über seine Metaphorisierung in der Philosophie[14]. Uns interessiert, wie der Terminus μυστήριον auf verschlungenen Wegen auch in das theologische Vokabular von Judentum und Christentum eingedrungen ist. Die Vermittlung führte über die jüdisch-hellenistische Weisheitsliteratur und über die jüdische Apokalyptik.

---

[13] Vgl. z.B. C. Colpe, Mysterienkult und Liturgie. Zum Vergleich heidnischer Rituale und christlicher Sakramente, in: Ders. u.a. (Hrsg.), Spätantike und Christentum. Beiträge zur Religions- und Geistesgeschichte der griechisch-römischen Kultur und Zivilisation der Kaiserzeit, Berlin 1992, 203–228; S. Légasse, Paul et les mystères, in: J. Schlosser (Hrsg.), Paul de Tarse (LeDiv 165), Paris 1996, 223–241.

[14] Sehr schön dargestellt bei C. Riedweg, Mysterienterminologie bei Platon, Philon und Klemens von Alexandrien (UaLG 26), Berlin u.a. 1987; dazu die Rez. von H. J. Klauck, in: WiWei 50 (1987) 217–218.

Der Brückenschlag ist in der späten Weisheitsliteratur erfolgt. Im Buch der Weisheit, in Alexandrien entstanden und nicht früher als im 1. Jahrhundert v. Chr. anzusetzen, finden wir sowohl Polemik gegen die heidnischen Kulte als auch die Adaptation von μυστήριον für die eigene theologische Sprache[15].

Polemisch ausgerichtet ist Weish 14,15: „Da ließ ein Vater, durch vorzeitige Trauer gebeugt, von seinem jäh dahingerafften Kind ein Bild herstellen; den nunmehr toten Menschen verehrte er jetzt wie einen Gott und ordnete für seine Untergebenen geheime Feiern (μυστήρια) und Weihen (τελετάς) an", ebenso Weish 14,23: „Denn entweder feiern sie kindermörderische Weihen (τελετάς) und geheime Feste (μυστήρια) oder tolle Gelage unter absonderlichen Gebräuchen." Mysterien, so wird hier gesagt, entspringen dem finsteren Aberglauben, sie sind typisch für das Heidentum, und sie arten regelmäßig in Orgien aus. Einschlägig ist auch Weish 12,3–5, weil dort der Götzendienst der Kanaanäer, die das Volk Israel bei der Landnahme antraf, mit Mysterienvokabular beschrieben wird:

Zwar hasstest du auch die früheren Bewohner deines heiligen Landes, weil sie die widerwärtigsten Zauberkünste übten und gottlose Mysterienfeiern begingen. Daher beschlossest du, die erbarmungslosen Kindermörder, die bei ihren Schmausereien Menschenfleisch und -blut genossen, und die Geweihten mitten in der Festschar umzubringen.

Die positive Übernahme treffen wir dagegen an folgenden Stellen an: in Weish 2,22, wo gesagt wird, dass die Toren nichts wissen „von den Geheimnissen Gottes" (μυστήρια θεοῦ, hier vielleicht zum ersten Mal als Zusammenfassung der göttlichen Offenbarung), in Weish 6,22: „Was aber die Weisheit ist und wie sie entstand, will ich verkünden, und ich will euch ihre Geheimnisse nicht verbergen, sondern von Uranfang an ihre Spuren aufsuchen, ihre Kenntnis offen darlegen und nicht an der Wahrheit vorbeigehen" (anscheinend in bewusstem Gegensatz zu den Mysterienkulten sollen hier die Geheimnisse der Weisheit offen verkündet werden, sind also kein Geheimwissen für einen esoterischen Zirkel), schließlich noch Weish 8,4: die Weisheit als „Eingeweihte" (μύστις) in das Wissen Gottes.

Diese beiden Linien sind auch für den jüdischen Religionsphilosophen Philo von Alexandrien bestimmend[16], bei dem wir sie viel breiter ausgeführt

---

[15] Vgl. zum Folgenden die Kommentare zum Weisheitsbuch, die derzeit ein förmliches „revival" erleben: A. Schmitt, Das Buch der Weisheit. Ein Kommentar, Würzburg 1986; H. Engel, Das Buch der Weisheit (Neuer Stuttgarter Kommentar AT 16), Stuttgart 1998; H. Hübner, Die Weisheit Salomons (ATD. Apokryphen 4), Göttingen 1999; C. Larcher, Le Livre de la Sagesse ou la Sagesse de Salomon. Bd. 1–3 (EtB.NS 1), Paris 1982–1985; G. Scarpat, Libro della Sapienza. Bd. 1–3 (Biblica. Testi e Studi 1, 3, 6), Brescia 1989–1999.

[16] Vgl. zu ihm jetzt C. Noack, Gottesbewußtsein. Exegetische Studien zur Soteriologie und Mystik bei Philo von Alexandria (WUNT II/116), Tübingen 2000, sowie zu einem wichtigen Einzelaspekt H. J. Klauck, Ein Richter im eigenen Innern. Das Gewissen bei Philo von Alex-

wieder antreffen, teils also scharfe Polemik gegen heidnische Mysterienkulte, verbunden aber mit einer Rezeption des Mysterienvokabulars, das den Stellenwert der Offenbarung und die Dignität des theologischen Erkenntnisvorgangs umschreiben soll. Wahrscheinlich kommen bei Philo auch missionarisch werbende und apologetische Momente hinzu. Philo will sagen: Seht her, was ihr Heiden in euren Mysterien feiert, hat das gläubige jüdische Volk schon immer besessen, und es besitzt es in einer besseren Weise. Die Geheimnisse finden sich in der Schrift, und die Feier besteht im immer tieferen Eindringen in den Sinn der Schrift und in ihrem Umsetzen in die tägliche Lebenspraxis.

Eine besondere inhaltliche Füllung erhält der Mysterienbegriff noch einmal durch die jüdische Apokalyptik. Das Buch Daniel, die einzige apokalyptische Schrift im Kanon des Alten Testaments, ist in hebräischer und streckenweise in aramäischer Sprache abgefasst[17]. Die griechischen Übersetzungen verwenden an den Stellen, wo im Urtext des Öfteren von Geheimnissen die Rede ist (*sod* im Hebräischen, *raz* im Aramäischen), zur Wiedergabe μυστήριον. Man braucht dazu nur als Schlüsselstelle Dan 2,27f. zu vergleichen:

Daniel antwortete dem König und sprach: „Das Geheimnis, nach dem der König fragt [es geht um die Deutung eines unverständlichen Traums], können weder Weise noch Beschwörer, weder Gelehrte noch Sterndeuter dem König kundtun. Aber es ist ein Gott im Himmel, der Geheimnisse enthüllt; der hat dem König Nebukadnezzar zu wissen getan, *was am Ende der Tage geschehen wird'*.“

Dieses Zitat sagt in kürzester Form, was μυστήριον in der Apokalyptik inhaltlich bedeutet. Die Geheimnisse Gottes, die enthüllt werden, beziehen sich auf alles, was die Endzeit angeht, auf ihren Zeitpunkt, auf die dann ablaufenden Ereignisse, auf die Folgen. Geheim sind diese eschatologischen Größen insofern, als sie bei Gott verborgen liegen und nur auserwählten Sehern in Visionen gezeigt und erklärt werden. Dieser gibt sie an einen Kreis von Auserwählten weiter. Das kultische Moment ist in der Apokalyptik aus dem Mysterienbegriff völlig eliminiert, lehrhafte Aspekte überwiegen, und als Besonderheit tritt die eschatologische Füllung hinzu.

Im Neuen Testament kommt nach Ausweis der Statistik μυστήριον, meist im auffälligen Singular, 28mal vor. Wir brauchen uns bei den einzelnen Stellen nicht sonderlich lange aufzuhalten, denn eins steht fest: Das kultische Moment, das im außerbiblischen Bereich vorherrscht, fehlt im Neuen Testament völlig. Allein auf der Begriffsebene lässt sich eine Verbindung zwischen Urchristentum und Mysterienkulten nicht herstellen. Der neutestamentliche Mysterien-

---

andrien, in: Ders., Alte Welt und neuer Glaube. Beiträge zur Religionsgeschichte, Forschungsgeschichte und Theologie des Neuen Testaments (NTOA 29), Freiburg (Schweiz) / Göttingen 1994, 33–58.

[17] Ein guter Kommentar dazu ist D. Bauer, Das Buch Daniel (Neuer Stuttgarter Kommentar AT 22), Stuttgart 1996.

begriff verdankt sich im Grunde der Apokalyptik, mit einer Besonderheit: Das eschatologische Geheimnis hat sich jetzt enthüllt, als sein Inhalt erweist sich das Heilshandeln Gottes in Jesus Christus. In diesem Sinne heißt es in Mk 4,11: „Euch ist das Geheimnis des Gottesreiches gegeben, denen aber, die draußen sind, wird alles in Gleichnissen zuteil." Den eschatologischen Gehalt spürt man z.B. noch sehr stark heraus bei Paulus in Röm 11,25: „Ich will euch nämlich über dieses Geheimnis nicht in Unkenntnis lassen"; es folgt eine Belehrung über das Schicksal Israels in Gegenwart und Endzeit.

Aufgrund dieses recht eindeutigen neutestamentlichen Befunds muss es an sich verwundern, dass später in der Alten Kirche im Griechisch sprechenden Osten ab dem 4. Jahrhundert die Sakramente überhaupt als μυστήρια bezeichnet wurden, und das bis heute. Partiell kommt so die kultische Konnotation, die dem Begriff von seiner Herkunft her anhaftet, doch wieder zum Tragen.

2. Zur Phänomenologie

a) Geheimkulte

In einem weiteren Schritt versuchen wir, uns einige Grundzüge dessen zu vergegenwärtigen, was einen Mysterienkult ausmacht. Mysterien sind zunächst einmal, so einfach es auch klingen mag, Geheimkulte. Das setzt sie in Relation zu etwas anderem, nämlich zum öffentlichen Kult im Stadtstaat, aber auch zum alltäglichen, nicht geheimnisvollen häuslichen Brauchtum. Mysterienkulte scheuen die Öffentlichkeit, sie finden im Verborgenen statt, oft in der Nacht. Sie sind nicht allgemein zugänglich, sondern für eine besondere Gruppe von Eingeweihten reserviert. Dieser Kontrast legt den Schluss nahe, dass es ein Bedürfnis nach Intimität im religiösen Bereich gab, das die Großveranstaltungen nicht befriedigen konnten, ein Bedürfnis auch nach dem Außerordentlichen, das in der Routine des Alltags zu kurz kam. Doch bleiben Mysterien auch als Geheimkulte Formen des Kults und auf ihn bezogen. In ihnen wiederholt sich vieles, was wir sonst an kultischen Möglichkeiten kennen: Opfer, rituelle Mähler, Reinigungsriten, Umzüge, Verehrung von Götterstatuen. Das führt zu verschwimmenden Grenzen mit mannigfachen Überlagerungen.

b) Einweihung (Initiation)

Die Selektion, die für die Konstituierung eines beschränkten Kreises von Mysten notwendig ist, geschieht durch die Einweihung oder Initiation (im Lateinischen lautet das Fachwort für die Mysterienkulte *initia*). Die Einweihung als wesentliches Merkmal jedes Mysterienkults konnte auf einmal erfolgen oder in verschiedenen Abstufungen vor sich gehen, vom niedrigsten bis zum höchsten Weihegrad. In Eleusis waren es drei, im Mithraskult sieben.

c) Ablauf

Was den Ablauf der Feier angeht, unterschied man schon in der Antike drei Bestandteile: Dromena, Deiknymena und Legomena (dies wird für die Antike verschiedentlich bestritten, vgl. jedoch Plutarch, De Iside et Osiride 3 [352C]: „was bezüglich dieser Gottheiten vorgezeigt [δεικνύμενα] und getan [δρώμενα] wird", und 68 [378A]: „alles einzelne von dem, was hier gelehrt [τῶν λεγομένων] und getan [καὶ δρωμένων] wird"[18]). Mit „Dromena" ist also das gemeint, was sich abspielt, der äußere Vollzug, das „Drama", wenn man so will. Die „Deiknymena" sind Gegenstände, Kultobjekte, die vorgezeigt werden, z.B. vom Hierophanten, der seinen Namen daher hat, dass er die heiligen Dinge (τὰ ἱερά) durch Vorzeigen sichtbar macht (φαίνεσθαι). „Legomena" schließlich bezieht sich auf alles, was bei der Handlung gesagt wird, im Sinn von Zurufen und kurzen Deuteworten, nicht im Sinn einer belehrenden Ansprache oder einer längeren Unterweisung. Man hat die Mysterienfeiern unter kommunikationstheoretischen Gesichtspunkten definiert als „kollektive, symbolisch-esoterische Kommunikationshandlungen hauptsächlich analogen Charakters auf der Basis alter (z. T. orientalischer) Mythen"[19].

d) Schweigegebote, Arkandisziplin

Ebenso konstitutiv wie die Einweihung gehört zum Mysterienkult das korrespondierende Schweigegebot, das sich auf das Geschehen bei der Mysterienfeier bezieht. Was man dort erlebte, durfte man auf keinen Fall weitersagen. Es unterlag der Arkandisziplin. Verletzungen der Geheimhaltungspflicht wurden bestraft, gegebenenfalls sogar von Staats wegen mit Verbannung oder Tod. Dennoch entwickelte es sich zu einem regelrechten Sport, mehr oder minder deutlich auf die Mysterien anzuspielen und die Grenzen des Erlaubten zu strapazieren. Ohne Verletzung der Geheimhaltung gab es so viele Einzelheiten zu berichten, dass in der Antike monographische Abhandlungen über Mysterienkulte entstehen konnten.

Man darf auch fragen, ob es überhaupt sehr viel zu verraten gab. Wahrscheinlich vertrug das Erlebnis des Mysten es nicht, dem Licht des Tages ausgesetzt zu werden, weil es dem kritisch analysierenden Blick als Banalität erscheinen musste. Die Geheimhaltungspflicht hätte dann weniger eine inhaltliche als vielmehr eine formale und soziale Funktion. Sie verleiht dem ganzen Unternehmen die Aura des Geheimnisvollen und erhöht dadurch seine Attraktivität:

---

[18] Bei T. HOPFNER, Plutarch über Isis und Osiris. Bd. 1–2 (MOU 9), Prag 1940/41; J. GWYN GRIFFITHS, Plutarch's De Iside et Osiride, University of Wales Press 1970.

[19] R. RECK, Kommunikation und Gemeindeaufbau. Eine Studie zur Entstehung, Leben und Wachstum paulinischer Gemeinden in den Kommunikationsstrukturen der Antike (SBB 22), Stuttgart 1991, 137.

„Das Erfolgsgeheimnis liegt vermutlich im ausgewogenen Verhältnis von Bekanntem und Verborgenem"[20].

e) Mythos und Ritus

Die Frage, was durch den Mysterienvollzug bezweckt werden sollte, was, anders formuliert, die Heilsverheißung der Mysterienkulte war, gehen wir am besten an, indem wir das Verhältnis von Mythos und Ritus zu bestimmen versuchen. Allen Kulten liegt ein je verschiedener Göttermythos zugrunde, der vom Schicksal einer Gottheit erzählt. Meist legt sie einen Leidens- und Irrweg zurück, der am Ende aber oft zum Sieg führt. Der Ritus stellt in verkürzter Form diesen Weg dar und ermöglicht es so, dass der Einzuweihende hineingenommen wird in das Götterschicksal, Anteil gewinnt an ihren Mühen und vor allem an ihrem Sieg. So kommt eine rituelle Partizipation zustande, die in sich die Aussicht auf Gewinn von Heil, σωτηρία, birgt. Die Heilshoffnung kann innerweltlich angelegt sein und sich auf Schutz vor den mannigfachen Bedrängnissen des Lebens wie Krankheit, Armut, Gefahren auf Reisen und Tod richten. Sie kann aber auch ein besseres Schicksal nach dem Tod im Jenseits zum Inhalt haben. Es geht immer um eine Steigerung von Lebenskraft und Lebenserwartung, die durch die Teilhabe am unzerstörbaren Leben einer Gottheit gewährleistet werden soll (wiederum mit Walter Burkert: Mysterien vermitteln „durch Erfahrung des Heiligen einen neuen Status der Bewusstheit"[21]).

Für das Zeitverständnis, das hinter dem Mythos und seiner Aktualisierung im Ritus steht, ist trotz ihrer unverkennbaren neuplatonischen Färbung eine Bemerkung in einer theologischen Schrift aus der Spätantike aufschlussreich. Von Pseudo-Sallustius erfahren wir, dass die im Mythos geschilderten Ereignisse niemals geschehen sind, immer aber da sind. „Und der Verstand sieht sie alle zugleich, die Rede aber sagt die einen zuerst, die anderen danach."[22] Trotz seiner narrativen Oberflächenstruktur berichtet der Mythos also nicht geschichtliche Ereignisse, sondern kündet vom ewigen, unveränderlichen Sein. Nur die Sprache entfaltet in chronologischer Abfolge, was der Verstand als zeitlose Einheit erkennt. Dass der Mythos grundsätzlich nicht am einmaligen geschichtlichen Ereignis haftet, erleichtert die Vorstellung von einer ständigen Wiederholung der Geschehensabfolge und eröffnet damit wiederum dem Einzuweihenden die Chance, sich in diesen zyklischen Ablauf hineinzubegeben.

---

[20] Ebd. 140.
[21] A.a.O. (s. Anm. 1) 18.
[22] Pseudo-Sallustius, De diis et mundo 4,9: Ταῦτα δὲ ἐγένετο μὲν οὐδέποτε, ἔστι δὲ ἀεί· καὶ ὁ μὲν νοῦς ἅμα πάντα ὁρᾷ, ὁ δὲ λόγος τὰ μὲν πρῶτα, τὰ δὲ δεύτερα λέγει. Bei G. ROCHEFORT, Saloustios: Des dieux et du monde (CUFr), Paris 1960.

III. Überprüfung am Einzelfall

Nach Immanuel Kant ist Anschaulichkeit ohne Begriffe zwar blind, aber ebenso gilt, dass Begriffe ohne Anschauung leer bleiben. Theoretische Verhältnisbestimmungen schweben in der Luft, wenn es nicht gelingt, sie durch Rückführung auf ein gleichsam materielles Substrat zu erden. Wir wählen als geeignete Größe für eine Art Probebohrung die korinthische Gemeinde des Apostels Paulus aus.

1. Die Stadt Korinth

a) Literarische Zeugnisse

Verschaffen wir uns als Erstes einen Überblick über das Stadtbild, näherhin über die religiöse Landkarte der Stadt, in die Hinweise auf Mysterienkulte im engeren Sinn eingebettet sind. Ein literarisches Bild vom religiösen Leben Korinths entwirft Pausanias, der ca. 100 Jahre nach Paulus Korinth besucht, im zweiten Buch seiner Beschreibung Griechenlands[23]. Er stößt bei seinen Wanderungen auf Altäre, Heiligtümer und Statuen des Melikertes, eines Lokalheros, dem in römischer Zeit anscheinend ein Mysterienkult gewidmet war (II 1,3)[24], des Poseidon, der ephesinischen Artemis, des Dionysos als Lysios und als Bakchios, der bei den benachbarten Sikyoniern im Mittelpunkt einer Geheimfeier stand (man hat dort in seinem Heiligtum einen Geheimgang ausgegraben, der möglicherweise der Erzielung mysterienhafter Effekte diente). Pausanias erwähnt ferner Zeus Hypsistos, Asklepios und einen Mysterienkult der großen Mutter. Auf dem Weg hinauf nach Akrokorinth liegen zwei Isis- und Sarapisheiligtümer und ein Tempel der eleusinischen Gottheiten Demeter und Kore mit Kultbildern, die man verborgen hält (II 4,7: οὐ φανερὰ ἔχουσι τὰ ἀγάλματα). Auf der Höhe selbst befindet sich ein Aphroditetempel, den man in der Forschung lange Zeit wohl zu Unrecht als Ort sakraler Prostitution verdächtigt hat.

Bei Apuleius im 11. Buch der Metamorphosen finden die Isisprozession, bei der Lucius aus einem Esel wieder zurückverwandelt wird in einen Menschen, und seine anschließende Einweihung in die Isismysterien nirgends anders statt als in Kenchreai, einem der beiden Häfen Korinths. Von Veranstaltungen bei den Isthmischen Spielen, die in der Nähe Korinths ihre Heimstatt haben,

---

[23] Vgl. E. Meyer / F. Eckstein, Pausanias: Reisen in Griechenland. Bd. 1, Bücher 1–4 (BAW), Zürich 1986; vgl. auch J. Wiseman, Corinth and Rome I: 228 B.C.-A.D. 267, in: ANRW II/7.1 (1979) 438–548; J. Murphy-O'Connor, St. Paul's Corinth. Texts and Archaeology (GNT 6), Collegeville 1983.

[24] Vgl. H. Köster, Melikertes at Isthmia: A Roman Mystery Cult, in: D. L. Balch / E. Ferguson / W. Meeks (Hrsg.), Greeks, Romans, and Christians (FS A.J. Malherbe), Minneapolis 1990, 355–366.

schreibt Plutarch, sie hätten des Nachts stattgefunden und eher einer τελετή (Einweihung, Mysterienfeier) geglichen als einem πανηγυρισμός (normales Fest; vgl. Thes 25,4). Zur Rahmung der Spiele zählt das Opfer eines schwarzen Stiers zu Ehren des Heros Palaimon, das Philostrat eine ehrwürdige, geheimnisvolle Sache nennt (Imagines 2,16).

b) Die Archäologie

Manches von dem, was Pausanias und die anderen Autoren beschreiben, können wir durch archäologische Funde sehr schön absichern. Wir übergehen die Agora von Korinth mit ihren zahlreichen Sakralbauten, unter anderem für Poseidon, Herakles und Hermes. Die Tempelanlage des Heilgottes Asklepios liegt an der nördlichen Stadtmauer. Dass man dort zahlreiche Nachbildungen von Körpergliedern entdeckt hat, die als Votivgaben nach erfolgter Heilung dargebracht wurden, sollte uns wenigstens eine Anmerkung wert sein. Interessanter noch ist im Blick auf den ersten Korintherbrief die Tatsache, dass es dort auf einer Ebene unterhalb und seitlich von Tempel, Opferaltar und Abaton, d. h. dem „unzugänglichen Raum", in dem sich die Heilsuchenden für den Inkubationsschlaf aufhielten, noch einen Hof mit angeschlossenen Speiseräumen gibt. Hier verzehrten die Tempelbesucher nach erfolgtem Dankopfer mit Familienangehörigen und Freunden das übrig gebliebene Fleisch der Opfertiere[25].

Ähnlich sieht es im Heiligtum von Demeter und Persephone auf halber Höhe aus. Zu den beiden Göttinnen ist zunächst festzuhalten, dass sie als Mutter und Tochter im Mittelpunkt der Mysterien von Eleusis, dem klassischen Vorbild aller griechischen Mysterienkulte, stehen. In ihrem Tempelareal stoßen wir gleichfalls, wie beim Asklepieion, auf Speiseräume, klein in ihren Ausmaßen, für ca. 10–12 Personen gedacht, dafür in größerer Zahl vorhanden[26].

Für Isis und Sarapis haben die Ausgrabungen in Korinth[27] zumindest eine Weiheinschrift, zu datieren um ca. 50 n. Chr., zutage gefördert (Excav. 8,3 Nr. 57), und die archäologischen Funde im Hafen Kenchreai scheinen, wenn man den Auswertungen Glauben schenken darf, den Apuleiusbericht zu bestätigen[28]. Im Areal der Isthmischen Spiele hat man Lampen eines eigentümlichen Typs gefunden, von denen man annimmt, dass sie Mysterienfeiern zuzuordnen

---

[25] Vgl. M. LANG, Cure and Cult in Ancient Corinth. A Guide to the Asklepieion (American Excavations in Old Corinth. Corinth Notes 1), Princeton 1977.

[26] Vgl. N. BOOKIDIS / R. S. STROUD, Demeter and Persephone in Ancient Corinth (American Excavations in Old Corinth. Corinth Notes 2), Princeton 1987; N. BOOKIDIS, Ritual Dining in the Sanctuary of Demeter and Kore at Corinth: Some Questions, in: O. MURRAY (Hrsg.), Sympotica. A Symposium on the Symposion, Oxford 1980, 86–94.

[27] Vgl. dazu: Corinth. Results of Excavation Conducted by the American School of Classical Studies at Athens. Bd. 1–16 (in mehreren Teilbänden), Cambridge, Ma. / Princeton 1929–1977 (und Fortsetzungen).

[28] Vgl. R. SCRANTON U.A., Kenchreai: Eastern Port of Corinth. I. Topography and Architecture, Leiden 1978, 53–78 (Isisheiligtum).

sind. Außerdem wurden im Theater unterirdische Kammern entdeckt mit steinernen Liegen, Tischen, Kochgeschirr und Herd. Sie haben wahrscheinlich den am Wettkampf beteiligten Künstlervereinen für rituelle Mähler gedient.

2. Die korinthische Korrespondenz

Dass hier ein entsprechendes Umfeld gegeben war, wird man also schwerlich bestreiten können. Wie sieht es nun von der anderen Seite, von der christlichen Gemeinde her aus? Ich stelle im Folgenden einfach einige Daten zusammen, die einschlägig sein könnten und die in der Forschung genannt werden, ohne sie alle abschließend zu bewerten.[29]

a) Einzelmotive

Der größere Teil der Gemeinde hat sich vom Heidentum weg, z.T. mit einer Vermittlung, die über die jüdische Synagoge verlief, dem christlichen Glauben zugewandt. Paulus redet seine Adressaten in 1 Kor 12,2 an: „Ihr wisst doch, als ihr noch Heiden wart, wie ihr da willenlos fortgerissen wurdet zu der Verehrung stummer Götzen." Das enthält auch eine Anspielung auf den ekstatischen Charakter dieser Kulte, wie wir ihn z.B. bei der Dionysosverehrung vermuten dürfen. Dass Paulus in 1,11 „Leute der Chloe" als Überbringer von Nachrichten erwähnt, darf man sicher nicht überbewerten, wie es schon geschehen ist: Chloe, die „Grüne", sei Beiname der Demeter, und Paulus verrate hier Bekanntschaft mit Demetermysten. Eher kann man schon die enge Verbindung von Täufer und Täufling bei den Korinthern, die Paulus in 1 Kor 1,12–18 erstaunt feststellt und die sich bis zur Verleihung des Vatertitels an den, der getauft hat, steigert (4,15), in Analogie zum Verhältnis von Myste und Mystagoge bei Apuleius verstehen. In 1 Kor 13,1 spricht Paulus wegwerfend vom „klingenden Kymbalon", einem klassischen Instrument im Kybele- und Attiskult. Die Verbindung von Begriffen wie μυστήριον und τέλειος („vollkommen" oder „vollendet eingeweiht") in 1 Kor 2–3 und den damit verbundenen Anschein von Esoterik – Paulus verkündet verborgene Weisheit im Geheimnis unter Vollkommenen (2,6f.) – wird man eher mit der Apokalyptik im oben beschriebenen Sinn zusammenbringen, muss sich aber auch überlegen, wie das auf manche Korinther gewirkt haben mag. Wenn Paulus in 2 Kor 12,4 bekennt, bei einer visionären Erfahrung habe er ἄρρητα ῥήματα gehört, „unsagbare Worte, die kein Mensch aussprechen darf", kann er sich dafür nicht mehr auf die Apo-

---

[29] Dazu nenne ich nur die neuesten Kommentare: R. F. COLLINS, First Corinthians (Sacra Pagina 7), Collegeville 1999; H. MERKLEIN, Der erste Brief an die Korinther. Kapitel 5,1 - 11,1 (ÖTBK 7/2), Gütersloh / Würzburg 2000; A. LINDEMANN, Der Erste Korintherbrief (HNT 9/I), Tübingen 2000; A. C. THISELTON, The First Epistle to the Corinthians (NIGTC), Grand Rapids 2000.

kalyptik berufen, sondern macht eindeutig eine Anleihe bei der Sprache der Mysterienkulte mit ihrer Arkandisziplin. Das Bild von der Ernährung mit Milch in 1 Kor 3,2 wiederum ist zu einem solchen Gemeinplatz geworden, dass man dafür nicht unbedingt auf den Verzehr von Milch in den Mysterienkulten zu rekurrieren braucht.

b) Die Taufe

Auffällig ist die korinthische Sitte einer stellvertretenden Taufe für die Verstorbenen, die Paulus sogar als Argument für seine Hoffnung auf eine leibliche Auferstehung einsetzt: „Was tun denn die, die sich für die Toten taufen lassen? Wenn Tote überhaupt nicht auferstehen, weshalb lassen sie sich dann für sie taufen?" (1 Kor 15,29). Hier berufen sich die Ausleger in der Regel auf Parallelen in den Mysterien und erschließen daraus für die Korinther ein nahezu magisches Sakramentsverständnis, letzteres zu Recht, weil es auch im Umkreis des Herrenmahls seine Bestätigung findet. Wir stoßen damit erneut auf das Sakrament der Initiation, auf die Taufe, und das ist sicher einer der neuralgischen Punkte der Diskussion.

In der korinthischen Korrespondenz werden wir diesbezüglich nicht weiter fündig, wohl aber im Römerbrief, den Paulus immerhin in Korinth niederschrieb bzw. dort dem Tertius in die Feder diktierte. In Röm 6,1–11 steht der große Tauftext, innerhalb dessen Paulus von der Taufe sagt, sie nehme uns mit hinein in das Sterben Jesu Christi und mache uns damit gleichförmig, schenke aber auch Hoffnung auf Teilhabe an Jesu Auferstehung. Rein formal gesehen, kann man sich schon an das erinnert fühlen, was Plutarch in *De Iside et Osiride* 27 (361D) über den Inhalt der Isismysterien sagt[30]:

Nach ihrem Sieg über Typhon vergisst Isis nicht ihr Ringen und die Kämpfe, die sie ertragen hat, noch wollte sie, dass ihre Irrfahrten und die vielen Taten ihrer Weisheit und Mannhaftigkeit in Vergessenheit und Schweigen untergingen. Deshalb vermischte sie Bilder, Andeutungen und Nachahmungen (εἰκόνας καὶ ὑπονοίας καὶ μιμήματα) der damaligen Leiden mit den heiligsten Mysterienweihen (τελεταῖς). So schuf sie ein Lehrstück der Frömmigkeit und einen Trost für Männer und Frauen, die sich in ähnlichem Unglück befinden.

Allerdings fehlt dabei die Auferstehung. Auf Isis bezogen, würde das auch keinen Sinn machen. Betroffen wäre ihr Brudergemahl Osiris, den Seth-Typhon zerstückelt hat und dessen Teile Isis zusammensucht. Aber Osiris wird im Endergebnis als Herrscher in der Unterwelt eingesetzt, was im ägyptischen Denkrahmen sehr viel bedeutet, jedoch etwas anderes ist als die neutestamentliche Rede von der Auferstehung. Persephone, Demeters Tochter, kehrt, um ein anderes Beispiel zu wählen, zwar aus der Unterwelt zu ihrer Mutter zurück, aber

---

[30] Vgl. dazu die Monographien von Hopfner und Griffiths oben in Anm. 18.

nur für einen Teil des Jahres. Den Rest verbringt sie bei ihrem Gatten Pluto im Hades. Bei Attis wachsen die Haare weiter, und ein kleiner Finger bewegt sich. Hier muss man schon genau hinsehen, und man wird, wenn man das tut, auch gravierende Unterschiede entdecken.

c) Das Herrenmahl

Wenn wir wieder zum ersten Korintherbrief zurückkehren, steht hier im Vordergrund zweifellos das Herrenmahl, das direkt in 1 Kor 10 und 1 Kor 11 Thema ist und indirekt auch an anderen Stellen angesprochen wird (z.B. im Gleichnis von der Gemeinde als Leib in 1 Kor 12). Allein damit könnte man ein Buch füllen[31]. Wir müssen uns hier beschränken und wählen zum Abschluss dieses Teils nur noch drei weitere Kontaktstellen aus.

– Koinonia

Paulus schreibt in 1 Kor 10,16, dass beim Herrenmahl κοινωνία, auf lateinisch *communio*, entstehe, Gemeinschaft mit Christus, vertreten durch seinen Leib und sein Blut, Gemeinschaft, die in der gemeinsamen Teilhabe am Brot, das gebrochen wird, und am Becher, aus dem getrunken wird, zustande kommt. Das wertet er in V. 20f. dann so aus, dass sich daraus die Unvereinbarkeit einer Teilnahme am Herrenmahl und einer Partizipation am Tisch und am Becher der Dämonen ergibt. Durch letzteres würde man zum κοινωνός, zum Genossen der Dämonen.

Anvisiert sind damit heidnische Opfermähler, vor allem solche vom Kommuniontyp, die also die Herstellung eines Gemeinschaftsverhältnisses betonen. Das können vor allem auch Mysterienmähler gewesen sein. Das Wort κοινωνία kommt in der griechischen Bibel, der Septuaginta, kaum vor, wohl aber begegnet es häufiger in der Sakralsprache paganer Texte. Sarapis, eine graeco-ägyptische Neuschöpfung, war uns oben schon in Korinth begegnet. Von ihm führt 143/44 n. Chr. der Rhetor Aelius Aristides in einem überschwänglichen Lobpreis aus (Oratio 45,17.32.49f.)[32]:

Und ferner feiern die Menschen mit diesem Gott allein in besonderer Weise die Opfergemeinschaft im wahren Sinn des Wortes (κοινωνοῦσιν ... τὴν ἀκριβῆν κοινωνίαν): Sie laden ihn zu ihrem Herd, geben ihm als Tischherr und Gastgeber den besten Platz. Während an den anderen Festmählern bald der, bald jener Gott teilnimmt, bedeutet Sarapis gleicherweise bei allen die ehrende Krone, indem er als Symposiarch waltet inmitten derer, die sich in seinem Namen versammeln ... So ist dieser Gott Spendengeber und

---

[31] Vgl. H. J. KLAUCK, Herrenmahl und hellenistischer Kult. Eine religionsgeschichtliche Untersuchung zum ersten Korintherbrief (NTA NF 15), Münster 1982, ²1986; s. jetzt auch A. B. MACGOWAN, Ascetic Eucharist: Food and Drink in Early Christian Ritual Meals (Oxford Early Christian Studies), Oxford 1999.

[32] Vgl. A. HÖFLER, Der Sarapishymnus des Ailios Aristides (TBAW 27), Stuttgart 1935.

Spendenempfänger in einem, ist zum Jubelfest Kommender und zugleich die Festteil-
nehmer zu sich Ladender.

– Götzenopfermähler

Dazu passt eine weitere Beobachtung. Die Thematisierung des Koinoniage-
dankens steht bei Paulus im Kontext der Frage, wie man als Christ mit Götzen-
opfermählern und Götzenopferfleisch umgehen soll, ob man an der Feier teil-
nehmen und vom Fleisch essen darf oder nicht bzw. welche Bedingungen zu
beachten sind. In diesem Zusammenhang konstruiert Paulus in 1 Kor 8,10 einen realen Fall: „Wenn nun einer dich im Götzentempel (ἐν τῷ εἰδωλείῳ) zu
Tische liegen sieht …“ Der Angesprochene ist ein Christ mit hohem Selbstge-
fühl, der meint, ihn tangiere das alles nicht. Bei dem unbestimmten Beobachter
handelt es sich um einen Christen mit „schwachem Gewissen“, der sich skanda-
lisiert fühlt. Wir denken dabei sofort an die Speiseräume im Asklepieion und
im Heiligtum von Demeter und Kore. Später bespricht Paulus noch die Möglichkeit, dass ein Nichtchrist seinen christlichen Bekannten einlädt (10,27: καλεῖ), wahrscheinlich ins eigene Haus. Was auch die Einladung ins Privathaus
implizieren konnte und wie man sich die Einladung ins Tempelrestaurant vorzustellen hat, illustrieren Einladungsbilletts zu Sarapismählern und ähnlichen
Veranstaltungen. Auch wenn die erhaltenen Zeugnisse aus dem Ägypten des 2.
Jahrhunderts n. Chr. stammen, dürfen wir in heuristischer Absicht einiges davon auch hier heranziehen[33]:

POxy 523:
Es bittet Dich Antonius, Sohn des Ptolemäus,
bei ihm zum (Speise)lager des Herrn
Sarapis, in den (Gebäuden) des Claudius Sarapion,
am 16., von 9 Uhr an.

POxy 110:
Es bittet Dich Chairemon,
zum Speisen zum Lager des Herrn
Sarapis im Sarapistempel morgen,
das ist der 15., ab 9 Uhr.

PFouad 76:
Es bittet dich Sarapous
zum Speisen ins Heilig-
tum der Herrin Isis
im Haus, morgen,
das ist der 29., ab 9 Uhr.

---

[33] Eine Zusammenstellung der Einladungsbillets findet sich bei M. Totti, Ausgewählte
Texte der Isis- und Sarapisreligion (SubEpi 21), Hildesheim 1985.

Auch „in seinem väterlichen Haus" (PYale 85) und „in seinem eigenen Haus"
(POslo 157) kommt vor. Das Gymnasium wird als Ort der Festivität genannt
(POxy 2147), aber auch das Heiligtum der Demeter (POxy 1485) oder das einer sonst wenig bekannten Thoeris, und dorthin lädt der Gott sogar selbst ein,
vertreten wohl durch einen seiner Priester (PKöln 57: „Es lädt Dich ein der
Gott zum Lager, das stattfindet im Heiligtum der Thoeris …"). Bei solchen
Mählern, kann man sich vorstellen, gelten der Gott Sarapis oder auch die Göttin Isis mit den Worten des Aristides wenigstens pro forma als Spendengeber
und Spendenempfänger in einem, als Gastgeber, der einlädt, oder als Gastgeberin, die einlädt, und als Anwesende beim Mahl. Es kommt hinzu, dass Sarapis
wie andere orientalische Gottheiten auch als Kyrios, „Herr", bezeichnet wurde.
Dass manche Neugetauften ein wenig durcheinander kamen mit den verschiedenen Kyrioi und ihrer Präsenz beim Mahl, kann man nachempfinden.

– Kultätiologie

Als Letztes beschäftigen wir uns mit dem Stichwort Kultätiologie. Eine Kultätiologie dient der erzählenden Begründung und Erklärung einer Kulthandlung,
die in einer Gemeinschaft geübt wird, und spiegelt zugleich deren Vollzug wieder. Um was es geht, können wir uns am Beispiel des homerischen Deme-
terhymnus und des Mysterienkultes von Eleusis klar machen. Der Hymnus erzählt: Die Göttin Demeter gelangt bei der Suche nach ihrer Tochter Persephone in den eleusinischen Königspalast. Schweigend und fastend sitzt sie auf
einem fellbedeckten Hocker, wie die Mysten es beim ersten Weihegrad tun.
Wein zu trinken lehnt sie ab, bittet aber um einen Mischtrank, „Kykeon" gehei-
ßen und bestehend aus Gerste, Wasser und Minze; ihn nimmt die Göttin zu sich
„des heiligen Brauches wegen" (Homerischer Hymnus auf Demeter 206–
211)[34]:

> Metaneira aber füllte den Becher und bot ihr
> honigsüßen Wein; doch die Göttin verneinte und sagte,
> roten Wein zu trinken sei ihr nicht gestattet, sie solle
> Gerste und Wasser mit zarter Minze ihr mischen zum Schlürfen.
> Diese rührte wie befohlen den Trank (κυκεῶν) und gab ihn der Göttin.
> Deo nahm ihn des heiligen Brauches wegen (ὁσίης ἕνεκεν) und trank ihn.

Wir können „um des heiligen Brauches willen", ὁσίης ἕνεκεν im Griechischen,
gar nicht mit einem einzigen Satz wirklich wiedergeben, wir können es nur verschieden umschreiben: um den Ritus zu stiften, um ihn zu bewahren und einzuhalten, um ihn vorzuexerzieren und einzuüben. In der mythischen Erzählung
begründet Demeter den Ritus, gleichzeitig agiert sie aber auch schon als Proto-

---

[34] Vgl. A. WEIHER, Homerische Hymnen (TuscBü), München ³1970; N. J. RICHARDSON, The
Homeric Hymn to Demeter, Oxford 1974; H. P. FOLEY (Hrsg.), The Homeric Hymn to Demeter, Princeton 1994.

typ aller künftigen Mysten und vollzieht selbst nach, was sie gestiftet hat. Hier
wird der ätiologische Charakter der mythischen Erzählung an der Textoberfläche sichtbar. Eine solche Stelle erlaubt es, das ganze Erzählgeschehen transparent werden zu lassen auf den Vollzug des Mysterienrituals hin. Ovid hat dieses
Entsprechungsverhältnis folgendermaßen ausformuliert: „Weil bei beginnender Nacht die Göttin ihr Fasten beendet, halten auch heute beim Anblick der
Sterne die Mysten ihr Mahl."[35] Es verwundert daher nicht, wenn etliche Jahrhunderte später Clemens von Alexandrien eine Parole aus den Eleusinischen
Mysterien zitiert, wo der Myste u.a. bekennt: „Ich habe den Mischtrank (Kykeon) getrunken" (Protr 21,2: ἔπιον τὸν κυκεῶνα).

Auch die neutestamentlichen Abendmahlstexte geben, obwohl sie sich ausdrücklich auf das letzte Mahl Jesu mit seinen Jüngern beziehen, indirekt einen
Durchblick frei auf die Gemeindefeier, die in dem Anfangsgeschehen gründet.
Dass wir es mit kultbegründenden, heiligen Texten zu tun haben, sieht man bei
Paulus schon an der Einleitung in 1 Kor 11,23: „Denn ich habe vom Herrn empfangen, was ich euch auch übergeben habe ..." Mit diesen Verben „empfangen" und „übergeben" (λαμβάνειν und παραδιδόναι) wird in der Philosophie
die Weitergabe von Traditionen beschrieben und in der Mysterieninschrift aus
Andania (SIG³ 739) die Weitergabe von heiligen Geräten und Texten[36]. Es gibt
in dieser Hinsicht nicht zu leugnende Analogien zwischen der Ätiologie des
Herrenmahls und den Kulterzählungen der Mysterien.

Vorbehalte sind dann am Platz, wenn mit der Gattungsbestimmung unter
der Hand auch ein negatives historisches Urteil gefällt und der Abendmahlsbericht als mythische Stiftungssage klassifiziert werden soll. Dem steuert im Text
selbst die Formulierung entgegen: „Unser Herr Jesus, in der Nacht, da er ausgeliefert wurde ..." Anders als in der Mythendefinition des Sallustius ist die narrative Struktur nicht bloßes Beiwerk, sondern die rituelle Praxis der Gemeinde
wird auf einen fixierbaren Zeitpunkt der jüngsten Vergangenheit zurückgeführt und damit in der Geschichte verankert.

IV. Zur Auswertung

Was wir jetzt eigentlich tun müssten, wäre ein Doppeltes: Die Auswertung der
Beispiele aus dem ersten Korintherbrief könnte sicher noch wesentlich vertieft
werden. Wir brauchten aber auch eine ganze Serie von solchen Einzelstudien,

---

[35] Ovid, Fasti 4,535f.: *quae quia principio posuit ieiunia noctis tempus habent mystae sidera
visa cibi*; bei N. HOLZBERG, Ovid: Fasti / Festkalender (TuscBü), Zürich 1995.

[36] Eine Übersetzung leider nur von Teilen dieser Inschrift aus dem Jahr 92 v. Chr., die eine
Mysterienprozession in Messenien regelt, bei J. LEIPOLDT / W. GRUNDMANN, Umwelt des Urchristentums. Bd. 2: Texte zum neutestamentlichen Zeitalter, Berlin 1967, 89f.; eine vollständige Übersetzung ins Englische findet sich bei M. W. MEYER, The Ancient Mysteries. A Sourcebook, San Francisco 1987, 51–59.

die es uns allmählich erlauben würden, ein einigermaßen zuverlässiges Gesamtbild zusammenzusetzen. In einem notwendigerweise abgekürzten Verfahren versuchen wir nun, von der Basis des bisher Erarbeiteten aus einige allgemeine, hermeneutisch orientierte Schlüsse zu ziehen.

1. Anthropologie

Machen wir einmal ein Gedankenexperiment. Nehmen wir an, antike Mysterienkulte und frühes Christentum hätten zeitlich und geographisch rein gar nichts miteinander zu tun. Selbst dann wäre immer noch zu fragen, wie sich manche auffällige Verwandtschaften auf dem Gebiet der kultischen Praxis und ihrer Sinngebung erklären. Wir würden dann zu einem anthropologischen Lösungsansatz greifen. Das sähe etwa so aus: Bestimmte Verhaltensweisen und Erlebnisformen sind tief im Menschen, in seiner Psyche verankert, weil bestimmte Grunderfahrungen, die gemacht werden, sich ähneln, Erfahrungen mit Tod und Leben, mit Werden und Vergehen, mit Wachstum und Verfall, auch mit der Suche nach Erfüllung, nach einer Hoffnung, die trägt, und nach Möglichkeiten der Lebensbewältigung. Das Ausdruckspotential, mit dem der Mensch darauf reagieren kann, ist begrenzt. So groß ist der Vorrat an denkbaren Gesten und Handlungen, auf die man verfallen könnte, nicht. Deshalb drängen sich von der Erfahrungsbasis her (die man in modischem Zugriff auch noch soziobiologisch und ethologisch verbreitern kann) als religiöse Ausdrucksweisen immer wieder auf: rituelle Mähler, Waschungen, Salbungen, die Elemente Wasser und Feuer, Symbole wie Licht und Finsternis. Lebensübergänge bedürfen einer eigenen Gestaltung, was die Religionswissenschaft mit dem berühmten Begriff der „rites de passage" einfängt.

Auf dieser Grundlage würden sich sicher zahlreiche Konvergenzen und Parallelen bereits verstehen lassen, und das dürfen wir z. T. auch auf unsere Problemstellung ausweiten. Diese Einsicht ist keineswegs theologisch irrelevant. Es stellt sich dann nämlich die Frage, inwieweit Offenbarung an menschlichen Vorgegebenheiten anknüpft und darauf eingeht, ob sie wirklich immer nur als das ganz Fremde hereinbricht, so die dialektische Theologie, oder ob sie nicht auch Welt- und Lebenswirklichkeit annimmt und transformiert, wie es eine in manchen Zirkeln verpönte *theologia naturalis* sieht. Auch hier wäre also eine echte fundamentaltheologische Aufgabe gestellt.

2. Systemtheorie

Diese Überlegungen wären auch zu übertragen auf einen zweiten, religionssoziologisch inspirierten Ansatz. In der Systemtheorie (mit Niklas Luhmann als einem ihrer Hauptvertreter) wird Religion als soziales Zeichensystem verstanden, mit ganz bestimmten Funktionen innerhalb der Gesellschaft, die nur sie erbringen kann[37]. So trägt sie (a) dazu bei, die erforderliche Reduktion von Handlungsmöglichkeiten mit sinnvollen Begründungen zu versehen. Das will sagen: Der einzelne sieht sich einer theoretisch unendlichen Fülle von Handlungsmöglichkeiten konfrontiert (denken wir nur an die Berufswahl oder die Partnerwahl). Das ruft geradezu Schwindelgefühle hervor, und es könnte sich immer der nagende Verdacht einstellen, dass man das Schlechtere bevorzugt und das Bessere ausgeschlagen hat. Damit das Individuum nicht völlig verzagt, muss die Anzahl der Alternativen auf einen überschaubaren Komplex reduziert werden, und die einmal getroffene Entscheidung bedarf der ständigen Stabilisierung. Hilfe bei Lebensübergängen – die Hochzeitsfeier fällt uns unwillkürlich ein – sind genau hier anzusiedeln.

Religion leistet (b) einen unverzichtbaren Beitrag bei der Bewältigung von Kontingenzerfahrungen. Diese stellen sich da ein, wo es nicht mehr weitergeht, wo Machbarkeit aufhört und Alternativen versiegen. Dazu zählt an prominenter Stelle der Tod, der eigene und der fremde, aber auch Erkrankung, Unglück, Scheitern im Beruf oder in der zwischenmenschlichen Beziehung. Zur Kommunikation über sogenannte letzte Fragen des Lebens baut Religion Symbolwelten auf, die sich aus mythischen Erzählungen, aus ritualisierten Gesten, aus Bildern und Bauwerken, aus Andachtsgegenständen und Gebetstexten zusammensetzen. Solche Symbolwelten tragen kulturspezifischen Charakter. Auch von hier aus braucht man sich nicht über die Ähnlichkeiten in den Bewältigungsstrategien zu wundern, vor allem dann nicht, wenn sich die einzelnen Antworten in einem kulturell relativ homogenen Raum herausgebildet haben.

3. Rezeption

Tatsächlich war es ja nicht so, wie im Gedankenexperiment angenommen. Tatsächlich werden Mysterienkulte und frühes Christentum von einem gemeinsamen kulturellen und zeitlichen Raum umschlossen. Was hier über das bisher Gesagte hinaus noch vor sich ging, kann man für die christliche Seite am besten als Rezeptionsprozesse charakterisieren. Bleiben wir bei den Sakramenten Taufe und Herrenmahl: Die radikale Spitzenthese der Religionsgeschichtler, beide Größen seien direkt aus den Mysterienkulten ausgeborgt, lässt sich in dieser Form nicht halten. Ebenso wenig aber genügt es, auf einen expliziten Stiftungsauftrag Jesu zu verweisen, mit dem wir bei den meisten Sakramenten doch in erhebliche Schwierigkeiten geraten. Die Taufe ist älter als das Christentum. Sie entstammt der jüdischen Täuferbewegung mit Johannes dem Täufer

---

[37] Vgl. nur N. LUHMANN, Funktion der Religion (Theorie), Frankfurt a.M. 1977; DERS., Die Religion der Gesellschaft. Hrsg. von A. Kieserling, Frankfurt a.M. 2000; F. X. KAUFMANN, Religion und Modernität. Sozialwissenschaftliche Perspektiven, Tübingen 1989; sehr geeignet als allgemeine Einführung ist H. WILLKE, Systemtheorie. Bd. 1: Grundlagen (UTB 1161), Stuttgart [6]2000; Bd. 2: Interventionstheorie (UTB 1800), Stuttgart [3]1999; Bd. 3: Steuerungstheorie (UTB 1840), Stuttgart [2]1998.

als ihrem Exponenten und greift auf priesterliche Reinheitsvorschriften und prophetische Endzeitverheißungen im Alten Testament zurück. Für Jesus selbst sind u.a. Zeichenhandlungen und Symbolhandlungen charakteristisch, mit denen er bestimmte Aussagen sinnenfällig zur Darstellung brachte. Als eine solche Zeichenhandlung kann man seine Mahlpraxis ansehen, die im letzten Abendmahl einen markanten Knotenpunkt findet. Diese Ansätze werden in die nachösterliche Situation hinein übermittelt, hier rezipiert und ausgestaltet. Das war dann auch der Ort, sie gegebenenfalls anzureichern mit Ideen, die dem eigenen Verständnishorizont entstammten, was bei den Korinthern prompt eintrat und zu einer regelrechten Überschätzung der christlichen Zeichenhandlungen führte.

Man muss dabei auch noch bedenken, dass Waschungsriten und sakrale Mähler im Judentum zwar vorgegeben waren, dass aber das Judentum seinerseits nie eigentliche Sakramente entwickelt hat, sondern im Gegenteil christlicher Sakramentspraxis bis heute teils sehr kritisch gegenübersteht. Was kam hinzu? Ein Impuls, der von Jesus ausgeht, gewiss, aber doch nicht nur das. Ich wage zu behaupten, dass es ganz ohne die Interaktion mit griechisch-römischem Denken im Verlauf der Rezeptionsvorgänge zur Entstehung der christlichen Sakramentenlehre, wie wir sie kennen, nicht gekommen wäre.

4. Inkulturation

Nun steht uns für das, was hier geschehen ist, seit drei bis vier Jahrzehnten eine Denkfigur zur Verfügung, die wir früher so nicht kannten, nämlich die Kategorie der Inkulturation[38]. Den Sitz im Leben dafür bildet die Missionstheologie. Auch die ältere Missionspraxis kannte die Forderung einer Adaptation oder Akkommodation: Die Missionare sollten sich anpassen an Lebensweise, Sprache, Kleidungssitten der einheimischen Kultur, damit das Evangelium nicht als fremder Importartikel erscheine. Die Forderung nach einer Inkulturation des Evangeliums reicht erklärtermaßen weiter. Die einheimischen Träger der jeweiligen Kultur sollen und wollen ihre eigene Theologie entwickeln, die das Evangelium in den Ausdrucksformen ihrer Umwelt auf allen Ebenen neu formuliert. Damit soll zugleich ein Beitrag geleistet werden zur Umwandlung der eigenen Kultur von innen her. Das verhilft auch dem korrespondierenden Gesichtspunkt einer Evangelisierung der Kulturen zur Geltung. Beides gehört

---

[38] Vgl. dazu nur K. HILPERT, Inkulturation. Anspruch und Legitimation einer theologischen Kategorie, in: DERS. / K. H. OHLIG (Hrsg.), Der eine Gott in vielen Kulturen. Inkulturation der christlichen Gottesvorstellung (FS G. Hasenhüttl), Zürich 1993, 13 – 32; A. SHORTER, Toward a Theology of Inculturation, Maryknoll 1988; M. DHAVAMONY, Christian Theology of Inculturation (Documenta missionalia 24), Rom 1997; oder als exegetische Studie: H. MBACHU, Inculturation Theology of the Jerusalem Council in Acts 15. An Inspiration for the Igbo Church Today (EHS.T 520), Frankfurt a. M. 1995.

untrennbar zusammen, Inkulturation des Evangeliums und Evangelisierung der Kulturen.

Mich verwundert eigentlich etwas, dass der Gesichtspunkt einer Inkulturation des Evangeliums anfänglich so wenig angewendet wurde auf die früheste Phase urchristlicher Theologiegeschichte. Sie vollzog sich nämlich in einem echten Spannungsfeld von alttestamentlich-jüdischem Erbe einerseits und der griechisch-römischen Welt des Mittelmeerraums andererseits. Auch die christliche Botschaft musste sich gleich zu Beginn inkulturieren. Sie musste den Horizont des palästinensischen Judentums überschreiten und Fuß fassen in den Großstädten des westlichen Mittelmeerraums. Manche Ergebnisse dieses Inkulturationsprozesses sind uns selbstverständlich geworden, etwa die Freiheit von jüdischen Speisetabus, der Verzicht auf die Beschneidung, die Ersetzung des Sabbats durch den Sonntag. Damit, einen Vorgang der Inkulturation auch in Bezug auf die Sakramente anzunehmen, tun wir uns erheblich schwerer. Die ältere protestantische Theologie sprach von einer Hellenisierung des Christentums und deutete diese Hellenisierung als Abfall von den reinen Ursprüngen des Evangeliums. In bestimmtem Umfang hat diese Hellenisierung tatsächlich stattgefunden, aber ob sie ein Fluch war oder ein Segen oder einfach eine Notwendigkeit, steht noch längst nicht fest, und man wird das auch von Fall zu Fall kritisch sichten und je für sich beurteilen müssen.

Prinzipiell brauchten wir selbst mit Abhängigkeiten christlichen Glaubensgutes von anderen Gedankensystemen keine unüberwindlichen theologischen Probleme zu haben, wenn eine Überlegung von Karl Rahner, sicher einem unverdächtigen Zeugen, zutrifft, der einmal bemerkte, „daß der christliche Glaube gar kein Interesse daran haben muß und kann, daß seine Inhalte und Aussagen als grundsätzlich und faktisch sonst nirgends vorkommende nachgewiesen werden", denn Ähnlichkeiten, selbst Abhängigkeiten würden nichts anderes beweisen, „als daß der lebendige Gott, der sich in Jesus Christus geoffenbart hat, mit seinem Licht und seiner Gnade auch außerhalb der Zone am Werk ist, die die der Heilsgeschichte im engeren, theologischen Sinn ist"[39].

---

[39] K. RAHNER, Schriften zur Theologie. Bd. 1, Einsiedeln ³1958, 93f.

6. „Leib Christi" – Das Mahl des Herrn in 1 Kor 10 – 12

I. Ein Mahl entziffern

In ihrem Aufsatz „Ein Mahl entziffern"[1] untersucht die englische Anthropologin Mary Douglas die Gestaltung von Mählern, d.h. die Abfolge der einzelnen Gänge, die Bevorzugung bestimmter Speisen und die Tabuisierung anderer, die Verteilung der Mahlzeiten über den Tag, die Woche und das Jahr, die Auswahl der Gäste, den Ort und die Zeit. Sie zeigt auf, dass darin eine interne Logik verborgen liegt, die sich wie eine Art Sprache lesen lässt. Fragt man danach, welche Botschaft diese „Sprache" denn transportiert, so lautet die Antwort: Es sind soziale Gegebenheiten und die damit verbundenen ideologischen Wertungen, die für den wissenden Blick in den Mählern so deutlich wie kaum irgendwo sonst zutage treten. Zur Illustration greift Mary Douglas auf die eigene englische Familie (mit einem köstlichen Seufzer der geplagten Hausfrau zu Beginn), auf ein indisches Dorf mit dreiundzwanzig Kasten[2] und auf die Speisevorschriften des Alten Testaments zurück.

Von hier auf aus das Mahl des Herrn in Korinth zur Zeit des Paulus zu schließen, scheint weit hergeholt, ist es aber nicht, denn die Analogie zwischen dem Geschehen beim rituellen Mahl einerseits und der Einschätzung einer sozialen Größe andererseits schlägt sich im ersten Korintherbrief direkt sprachlich nieder[3]. „Leib Christi" ist hier nämlich doppelt, um nicht zu sagen mehrfach besetzt. „Leib Christi" steht gleichermaßen für die Gabe des Mahls, das gebrochene Brot, das den Leib des Herrn darstellt (1 Kor 11,23: „Das ist mein Leib für euch"), und für die Gemeinde, die sich um diese Gabe formiert (12,27:

---

[1] M. DOUGLAS, Deciphering a Meal, in: DIES., Implicit Meanings. Essays in Anthropology, London 1975, 249–275.

[2] Vgl. A. C. MAYER, Caste and Kinship in Central India: a Village and its Region, London 1960.

[3] Zur Exegese der im Folgenden zu besprechenden Textstellen verweise ich nur summarisch auf die neuesten Kommentare: W. SCHRAGE, Der erste Brief an die Korinther. 2. Teilband: 1 Kor 6,12–11,16 (EKK VII/2), Solothurn / Neukirchen-Vluyn 1995; 3. Teilband: 1 Kor 11,17–14,40 (EKK VII/3), Zürich / Neukirchen-Vluyn 1999; A. LINDEMANN, Der Erste Korintherbrief (HNT 9/I), Tübingen 2000; A. C. THISELTON, The First Epistle to the Corinthians (NIGTC), Grand Rapids 2000; vgl. ferner H. D. BETZ, Gemeinschaft des Glaubens und Herrenmahl. Überlegungen zu 1Kor 11,17–34, in: ZThK 98 (2001) 401–421.

„Ihr aber seid der Leib Christi"). Das führt an einigen Stellen zu schillernden Übergängen, deren Nuancen nur schwer auszuloten sind. So spricht 10,16 eindeutig noch von der Speise: „Ist das Brot, das wir brechen, nicht Teilhabe am Leib Christi?", während der nächste Vers schon auf die Gemeinde abzielt: „Ein Brot ist es. Darum sind wir, die vielen, ein Leib ..." (10,17). Ähnlich verhält es sich mit der Katechese, die sich in 11,27 – 34 an die freie Wiedergabe des Einsetzungsberichtes in 11,23 – 26 anschließt. V. 27 handelt vom Verzehr der Gaben des Mahls: „Wer immer auf unwürdige Weise das Brot isst oder den Kelch des Herrn trinkt, macht sich schuldig am Leib und Blut des Herrn". Doch die Bezeichnung „unwürdig", die als Adverb die gesamte Handlung qualifiziert und nicht etwa den sittlichen Zustand des einzelnen, bahnt den Weg für ein weiterführendes Verständnis, das man spätestens für V. 29 mit veranschlagen wird: „Denn wer (einfach nur) isst und trinkt, der isst und trinkt sich das Gericht, weil er den Leib nicht unterscheidet." Das will nicht nur besagen, dass der Betreffende den im Brot und Wein vergegenwärtigten Kreuzesleib des Herrn missachtet, sondern auch, dass er die zum Mahl versammelte Gemeinde, für die Paulus in 1 Kor 12,12 – 27 den Leib als Gleichnis wählt, mit der Teilnehmerschar bei jeder beliebigen Dinnerparty verwechselt[4].

II. Kontraste

Wie aber konnte es zu solchen Verwechslungen kommen? Worin liegt das mangelnde Unterscheidungsvermögen der Korinther begründet? Dazu müssen wir den Rezeptionshorizont bedenken, auf den die christliche Botschaft in Korinth traf. Die Mehrzahl der Gemeindemitglieder kam aus dem nichtjüdischen Raum, aus der, wie wir es nennen, „heidnischen" Welt, sonst könnte Paulus sie nicht so anreden, wie er es in 1 Kor 12,2 tut: „Als ihr noch Heiden (wörtlich eigentlich ‚Völker', im Unterschied zum Gottesvolk) wart, zog es euch, wie ihr wisst, mit unwiderstehlicher Gewalt hinweg zu den stummen Götzen." Hier wird durch die „unwiderstehliche Gewalt" und das „hinweg gezogen werden" nicht zuletzt auch der ekstatische Charakter mancher dieser Kulte angesprochen, der sich z.B. im Dionysoskult, wo viel Wein mit im Spiel war, auch auf die Mahlfeiern erstreckte.

Deutlicher wird Paulus, was Essen und Trinken angeht, in 1 Kor 8,10, wo er den durchaus möglichen Fall anspricht, dass ein korinthischer Christ dabei beobachtet wird, wie er „im Götzentempel zu Tische liegt" (wir können zur Illustration die Speiseräume im Asklepiostempel an der Nordmauer der Stadt heranziehen, wo im Anschluss an die erfolgte Heilung ein Dankopfermahl ab-

---

[4] Diese doppelte Ausrichtung gesteht für V. 29 auch zu F. Hahn, Das Herrenmahl bei Paulus, in: Paulus, Apostel Jesu Christi (FS G. Klein), Tübingen 1998, 23–33, hier 27.

gehalten wurde, oder die Speiseräume im Heiligtum der eleusinischen Myste-
riengöttinnen Demeter und Kore am Weg hinauf nach Akrokorinth[5]). Erst
recht findet er zu drastischer Sprache in 1 Kor 10,21, wenn er feststellt, dass die
Teilhabe an den Gaben des Herrenmahls eine weitere Partizipation am „Kelch
der Dämonen" und am „Tisch der Dämonen" ausschließt. Dämonen sind die
transhumanen Realitäten, die für ihn hinter den nichtjüdischen Kultformen,
dem so genannten „Götzendienst", stehen. Direkt denkt Paulus beim „Tisch"
an die beliebten Opfermähler und beim „Kelch" an die Libation, die Wein-
spende, die darin bestand, dass man einen Schluck des Getränks für eine Gottheit ausgoss.

III. Ein Mahl feiern: die griechischen Varianten

Mit den Mahlfeiern, die im Anschluss an ein Tempelopfer stattfanden und bei
denen man das geopferte Tier verzehrte, haben wir schon eine Hauptform der
sakral überhöhten Mahlzeit bei den Griechen zur Zeit des Paulus angesprochen. Ihre Wertung fasst Plutarch (ca. 50–120 n. Chr.) an einer Stelle programmatisch mit folgenden Worten zusammen: „Verweilen wir irgendwo lieber als
im Tempel? Unterbrechen wir den Alltag nicht gern durch Festtage? ... Es ist
aber nicht die Menge an Wein oder das gebratene Fleisch so erfreulich an den
Festen, sondern die gute Hoffnung und der Glaube, dass der Gott huldreich
anwesend ist und das, was geschieht, entgegennimmt."[6]

    Aber auch andere Mahlformen verdienen unsere Beachtung[7]. Einer belieb-
ten Veranstaltung im Freundeskreis hat Platon in seinem Dialog *Symposion*
(„Das Gastmahl des Sokrates") ein unvergängliches Denkmal gesetzt: Am späten Nachmittag kam man zusammen zu einer festlichen Mahlzeit. Daran
schloss sich am Abend ein Trinkgelage mit Gesprächen und geselligen Darbie-
tungen an, das sich bis in die Nacht erstreckte. Den Übergang vom Ende des
Mahls zum Beginn des eigentlichen Symposion markieren drei Trankspenden
mit ungemischtem Wein, die man für drei Gottheiten darbrachte, z.B. für den
Agathondaimon (den „guten Geist" des Hauses), für Hygiaia (die personifi-
zierte „Gesundheit") und für Zeus Soter oder Zeus Xenios (Zeus als „Retter"
oder als „Schützer des Gastrechts").

    Zu erwähnen sind auch die Vereinsmähler und die Totengedächtnismähler,
die sich beide vom Ablauf her am Opfermahl orientieren. Zu ihrer Überlage-

---

    [5] Vgl. M. LANG, Cure and Cult in Ancient Corinth. A Guide to the Asklepieion (American
Excavations in Old Corinth. Corinth Notes 1), Princeton 1977; N. BOOKIDIS / R. S. STROUD,
Demeter and Persephone in Ancient Corinth (American Excavations in Old Corinth. Corinth
Notes 2), Princeton 1987.

    [6] Plutarch, Suav Viv Epic 1101E–1102A.

    [7] Vgl. zum folgenden bes. M. KLINGHARDT, Gemeinschaftsmahl und Mahlgemeinschaft.
Soziologie und Liturgie frühchristlicher Mahlfeiern (TANZ 13), Tübingen 1996.

rung konnte es da kommen, wo ein Verein zum Zweck der Gedächtnispflege entstand, wie z.B. im Fall der Epikteta von der Insel Thera, die zum Gedenken an den Gatten, die Söhne und sie selbst einen Verein gründet, einen heiligen Hain als Versammlungsort errichtet, ein Stiftungsvermögen festlegt und genaue Vorschriften hinsichtlich der Gestaltung der periodisch wiederholten Gedächtnismähler erlässt[8]. Es ist vielleicht doch kein Zufall, dass nur Paulus, der sich in griechischen Städten bewegte, den Auftrag „Tut dies zu meinem Gedächtnis" zweimal bringt, beim Brotwort (1 Kor 11,24) und beim Kelchwort (11,25), während Lukas ihn nur einmal, beim Brotwort (Lk 22,19), hat und er bei Markus und Matthäus gänzlich fehlt.

Schließlich kommen wir nicht umhin, auf die Mähler in den viel diskutierten Mysterienkulten kurz einzugehen. Sie weisen insofern eine analoge äußere Struktur auf, als die Mahlgesten bereits dazu tendieren, nur noch in verkürzter und ritualisierter Form eingesetzt zu werden, wie es bei der christlichen Mahlfeier im Endergebnis mit den Handlungen zu Brot und Wein[9] geschieht. Um nur ein Beispiel herauszugreifen: Der Kennspruch, mit dem sich die Mysten des Attis und der Großen Mutter untereinander ausweisen konnten, begann mit den Worten: „Von der Pauke aß ich, aus der Zimbel trank ich ..." (bei Clemens von Alexandrien, Protrepticus 15,3). Die Handpauke und das kleine Bronzebecken dienten als Musikinstrumente bei der kultischen Feier. Welche Speise befand sich auf der Bespannung der Pauke und welches Getränk in der Höhlung des Bronzebeckens? Wenn wir Ovid folgen (Fasti 4,367 – 372), waren es gestoßene Kräuter und reine Milch, als angemessene Speise für Neu- oder Wiedergeborene. Inhaltlich vergleichbar erscheint – allerdings bei unterschiedlichem Zeitverständnis – die Bezugnahme auf das Schicksal einer Gottheit, das im Kult reflektiert wird. So schreibt Plutarch über die Mysterien der Isis, die Göttin habe „Bilder, Andeutungen und Nachahmungen der damaligen Leiden mit den heiligsten Mysterienweihen vermischt. So schuf sie ein Lehrstück der Frömmigkeit und einen Trost für Männer und Frauen, die sich in ähnlichem Unglück befinden" (Is et Os 361D).

IV. Ein Mahl feiern: die jüdischen Varianten

Eine Ritualisierung bestimmter Mahlvollzüge kannte auch schon das Judentum. Zwar war das Opfermahl seit der Kultzentralisation an den Jerusalemer Tempel gebunden, aber ein Höhepunkt des Jahreskreises, das Paschafest, wur-

---

[8] Vgl. die instruktive Arbeit von A. WITTENBURG, Il testamento di Epikteta (Università degli Studi di Trieste. Pubblicazione del departimento di scienze dell'Antichità 4), Triest 1990.

[9] Daran, dass es durchaus auch andere Mahlmaterien bei christlichen Eucharistiefeiern gab, erinnert jetzt zu Recht A. B. MACGOWAN, Ascetic Eucharists: Food and Drink in Early Christian Ritual Meals (Oxford Early Christian Studies), Oxford 1999.

de mit einem Mahl im häuslichen, familiären Rahmen gefeiert. Dieses Paschamahl hob sich durch einige Besonderheiten materialer Art wie Mazzen, Bitterkräuter und Lamm (die in der neutestamentlichen Abendmahlsüberlieferung auffälligerweise alle fehlen) und durch einige formale Eigenschaften, auf deren Ausgestaltung das griechische Symposion seinerseits eingewirkt hat[10], aus der Reihe der sonstigen jüdischen Mähler heraus. Dennoch bleibt es mit ihnen verwandt, denn bei jeder Mahlzeit sprach der Hausvater zu Beginn Segensworte über das Brot, das er brach und austeilte, und jedes Mal, wenn Wein auf den Tisch kam, sprach er zusätzlich ein Dankgebet beim letzten Becher mit Wein.

Noch weiter vorangetrieben ist die Stilisierung bestimmter Speisen und Gesten in literarischen Mahlschilderungen, deren Realitätsgehalt wir nur schwer überprüfen können. Philo entwirft das Idealbild einer Gemeinschaft von jüdischen Frommen, Männern und Frauen, die in der Nähe Alexandriens ein Einsiedlerleben führen. Wenn sie zum festlichen Mahl zusammenkommen, nehmen sie nur Brot, Wasser („kaltes für die meisten, warmes für die älteren, sofern sie üppig [!] leben") und Salz zu sich, „dem bisweilen Hysop als Gewürz beigegeben wird, um den Feinschmeckern (!) unter ihnen zu genügen" (Vit Cont 73f.). Im jüdisch-hellenistischen Bekehrungsroman *Joseph und Aseneth* wird der Ägypterin Aseneth Teilhabe am „Brot des Lebens" und am „Becher des Segens" in Aussicht gestellt, und ein himmlischer Bote reicht ihr ein Stück von einer Honigwabe[11]. In der Gemeinschaftsregel aus Qumran soll beim (endzeitlichen?) Mahl zuerst der priesterliche Messias aus Aaron „den Segen sprechen über dem Erstling des Brotes und des Mostes. Und er soll zuerst seine Hand ausstrecken nach dem Brot, und danach strecke der Gesalbte Israels seine Hand nach dem Brot aus. Und danach sollen sie den Segen sprechen, die ganze Gemeinde der Einung, ein jeder entsprechend seiner Würde."[12]

V. Die Mahlfeier in Korinth: Rekonstruktionsversuche

Wer Umwege macht, lernt die Gegend besser kennen! Doch kehren wir nach diesen Ausflügen in die Nachbarschaft wieder zur korinthischen Christengemeinde zurück. Unsere Hauptquelle für die Rekonstruktion ihrer Mahlfeier bildet der erste Korintherbrief. Fest steht, dass Paulus auf das Herrenmahl nur zu sprechen kommt, weil sich in Korinth bei der Durchführung in seinen Augen

---

[10] Vgl. S. STEIN, The Influence of Symposia Literature on the Literary Form of the Pesah Haggadah: JJS 8 (1957) 13–44; B. M. BOKSER, The Origins of the Seder: the Passover Rite and Early Rabbinic Judaism, Berkeley 1984.

[11] JosAs 8,11; 16,15 u.ö., bei C. BURCHARD, Joseph und Aseneth (JSHRZ II,4), Gütersloh 1983.

[12] 1QSa 2,19–21, bei J. MAIER, Die Qumran-Essener: Die Texte vom Toten Meer. Bd. 1 (UTB 1862), München-Basel 1995, 244 (Übers. verändert).

Missstände eingestellt haben (vgl. 11,20: „Was ihr bei euren Zusammenkünften tut, ist keine Feier des Herrenmahls mehr") und er das Gefühl hat, korrigierend eingreifen zu müssen, und diese Missstände wiederum haben es mit der Verteilung der Speisen und der Getränke zu tun. Darauf deutet 11,21 hin, selbst wenn man in Anschlag bringt, dass Paulus hier vermutlich karikiert und rhetorisch übertreibt: „Denn jeder verzehrt sogleich seine eigenen Speisen, und dann hungert der eine, während der andere schon betrunken ist." Das scheint so verwunderlich nicht: Die Korinther könnten das Mahl teils als fröhliche Opfer- und Festfeier verstanden haben und sich trotz der leisen Kritik bei Plutarch (s.o.) vor allem an der „Menge an Wein und dem gebratenen Fleisch" erfreut haben. Theologisch gesehen wäre das dort denkbar, wo man nur noch die Anwesenheit des erhöhten Herrn im Geist als „Spendenempfänger und Gastgeber in einem" – so der Redner Aelius Aristides in Or 45,27 über den „Herrn Sarapis" und seine populären Mähler – empfand.

Leider geben die interessegeleiteten Ausführungen des Paulus wenig konkrete Details frei, und entsprechend weit divergieren die Beschreibungen der korinthischen Mahlfeier in der Forschung. Manche Erklärer nehmen an, in Korinth habe es beim Herrenmahl überhaupt nur Brot und Wein gegeben, und selbst davon sei nicht genug für alle vorhanden gewesen[13], aber das ist eine wohl zu extreme Position. Mit der Mehrzahl der Ausleger wird man daran festhalten, dass in Korinth die im engeren Sinn „eucharistische" Doppelhandlung über Brot und Wein noch mit einer vollen Sättigungsmahlzeit verbunden war. Aber auch dann stehen zwei gegensätzliche Modelle zur Auswahl. Die eine Möglichkeit wäre, dass, wie im Einsetzungsbericht noch vorgesehen (11,25: „Ebenso nahm er *nach dem Mahl* den Kelch ..."), am Anfang der Mahlzeit das Brot mit begleitenden Worten gebrochen und am Schluss der Bechersegen gesprochen wurde[14]. In dem Fall muss man 11,33: „Wenn ihr also zum Mahl zusammenkommt, meine Brüder, *wartet* aufeinander!" anders wiedergeben, etwa mit „dann nehmt einander (liebevoll) an". Selbst sympathisiere ich nach wie vor mehr mit der anderen Sicht[15], dass nämlich in Analogie zum antiken Symposion ein Teil der wohlhabenderen Korinther am späten Nachmittag mit der Mahlzeit begann, während die Doppelhandlung zu Brot und Wein parallel zu den Trankspenden beim Symposion bereits geschlossen an das Ende der Mahl-

---

[13] So zuletzt wieder J. J. MEGGITT, Paul, Poverty and Survival (Studies of the New Testament and Its World), Edinburgh 1998, 189–193.

[14] Energisch verfochten z.B. von O. HOFIUS, Herrenmahl und Herrenmahlsparadosis. Erwägungen zu 1 Kor 11,23b–25, in: DERS., Paulusstudien (WUNT 51), Tübingen 1989, 203–240; vgl. zum Ganzen die gute Besprechung verschiedener Modelle und den beachtenswerten eigenen Vorschlag bei P. LAMPE, Das korinthische Herrenmahl im Schnittpunkt hellenistisch-römischer Mahlpraxis und paulinischer Theologia Crucis (1 Kor 11,17–34): ZNW 82 (1991) 183–213.

[15] Vgl. H. J. KLAUCK, Der Gottesdienst in der Gemeinde von Korinth, in: DERS., Gemeinde - Amt - Sakrament. Neutestamentliche Perspektiven, Würzburg 1989, 46–58.

zeit gerückt war und zum Folgenden überleitete. Bis zu diesem Zeitpunkt waren auch die letzten Teilnehmer eingetroffen, für die dann allerdings nur noch ein Bissen Brot und ein Schluck Wein übrig war. Das „Hungern" behält dann ebenso seinen Sinn wie das „aufeinander warten". Angeschlossen hätten sich die Wortbestandteile, die wir aus 1 Kor 14 kennen: Prophetie, Zungenrede, Lobpreis, Dankgebet, Amen-Sagen, Psalmen, Lehre, Offenbarungs- und Erkenntnisrede, Katechese, Deutungen. Man versteht dann auch besser, wieso jetzt, nach dem Mahl, auch Unkundige und Ungläubige zur Versammlung hinzustoßen können, wie in 14,24 vorausgesetzt wird. Diese Integration von Mahlfeier und Wortgottesdienst (in dieser Reihenfolge), literarisch gesprochen von 1 Kor 12 und 1 Kor 14, wäre aber auch bei dem anderen Modell mit den Gesten zu Brot und Wein als Rahmenhandlung des Sättigungsmahls möglich, und für beide Rekonstruktionen ist davon auszugehen, dass das Mahl nach Art eines – seit Homers Zeiten bekannten – „Eranos" gestaltet war, d.h., die Teilnehmer brachten, soweit sie dazu in der Lage war, die Speisen zum Mahl selbst mit (vgl. Xenophon, „Erinnerungen an Sokrates" III 14,1: „Wenn von den Teilnehmern an einem gemeinsamen Essen die einen wenig, die anderen viel an Speisen mitbrachten, befahl Sokrates dem Diener, das Wenige entweder in die Gesamtmasse zu geben oder jedem sein Stück zuzuteilen. Die, welche nun das Viele brachten, schämten sich dann ...").

Auch weitere, für uns wichtige Fragen bleiben offen. Wir wissen z.B. nicht, wer beim Herrenmahl in Korinth den Vorsitz übernahm. Die Antwort: „selbstverständlich der Apostel Paulus", führt uns nicht wirklich weiter, denn Paulus war nur selten vor Ort. Die Propheten und Lehrer, die unter den Charismenträgern aufgezählt werden (1 Kor 12,29), kämen in Frage. Wenn man aber berücksichtigt, dass sich die christlichen Gruppen zum Herrenmahl in dem Privathaus eines Mitglieds versammelten und nirgends sonst[16], wäre der erste Kandidat dafür der Hausvater selbst, dem in einer jüdischen Familie auch beim täglichen Mahl der Brotsegen zusteht und der dieses Privileg auch beibehält, wenn Gäste kommen (es sei denn, er tritt es an einen Ehrengast ab). Wir können es zwar nicht zwingend beweisen, aber ebenso wenig völlig ausschließen, dass diese Aufgabe gegebenenfalls auch der Hausmutter zufiel, nämlich überall da, wo sie als Hausherrin und Haupt einer Hausgemeinde bezeichnet wird (vgl. „Nympha und die Gemeinde in ihrem Haus" in Kol 4,15; evtl. auch Lydia in Apg 16,40 und nicht zuletzt Priska und Aquila, u.a. in 1 Kor 16,19).

---

[16] Eine schöne Zusammenfassung der Forschungen zu urchristlichen Hausgemeinde bietet jetzt R. W. GEHRING, Hausgemeinde und Mission. Die Bedeutung antiker Häuser und Hausgemeinschaften – von Jesus bis Paulus (Bibelwissenschaftliche Monographien 9), Gießen 2000.

VI. Theologische Leitlinien

Warum zitiert Paulus in 1 Kor 11 überhaupt den Einsetzungsbericht? Warum meint er, mit dem Rückblick auf das letzte Mahl Jesu den Missständen, die in Korinth eingerissen waren, entgegen steuern zu können? Das ist immer eine Hauptfrage bei der Auslegung von 1 Kor 11 gewesen. Folgende Gesichtspunkte dürften dafür von Belang sein (und dass die darin enthaltenen Anliegen im ersten Korintherbrief auch andernorts wiederkehren, kann als willkommene Bestätigung ihrer Relevanz dienen):

1. Das Brotwort lautet in 1 Kor 11,24: „Das ist mein Leib *für euch.*" Die Lebenshingabe Jesu für die Menschen, die sich in Wort und Gestus verdichtet, nimmt die Adressaten in Pflicht; ein unsoziales Verhalten, wie es sich in Korinth im Umfeld der Mahlfeier abspielt, passt überhaupt nicht zum Inhalt des Deuteworts. Zum Vergleich ist die thematisch verwandte Stelle in 8,11 heranzuziehen: Die Einstellung des aufgeklärten Christen, der ungerührt im „Götzentempel" speist, richtet den schwächeren Bruder zugrunde, „für den doch Christus starb". Gefordert wird stattdessen gegenseitige Rücksichtsnahme im Geist der Liebe, die der Liebe Jesu und der Liebe Gottes zu uns zu entsprechen versucht.

2. Das wird noch verstärkt durch das Leitmotiv beim Becherwort: „Dieser Kelch ist *der neue Bund* in meinem Blut" (11,25). Dieser Bund, der in Jesu Sterben gründet, hat eine vertikale und eine horizontale Dimension. Das impliziert auch ein bundesgemäßes Verhalten zu den Mitchristen. Mit anderen Worten bringt 10,16f. diesen Sachverhalt zum Ausdruck: Die (gemeinsame) Teilhabe an Leib und Blut Christi stellt auch Gemeinschaft untereinander her, so dass die Gemeinde selbst als ein einziger Leib bezeichnet werden kann. Mit dem daran anknüpfenden Leibgleichnis in 12,12 – 27 verfolgt Paulus die Doppelstrategie, den „schwächeren Gliedern" mehr Selbstbewusstsein einzuimpfen und die „stärkeren Glieder" vor Überheblichkeit zu warnen[17].

3. Die Rahmung des Einsetzungsberichts durch „In der Nacht, da er *ausgeliefert wurde,* nahm Jesus, der Herr, Brot ..." in 11,23 und durch „Sooft ihr von diesem Brot esst und aus dem Kelch trinkt, verkündet ihr *den Tod* des Herrn" in 11,26 lässt unmissverständlich die Todesstunde Jesu gegenwärtig werden. Paulus will in Korinth nichts anderes tun als „Christus, den Gekreuzigten," verkünden (1 Kor 1,23). Das richtet sich gegen eine Geschichtsvergessenheit, die sich mit der Präsenz des erhöhten Herrn begnügt, und bringt

---

[17] Vgl. T. SÖDING, „Ihr aber seid der Leib Christi" (1 Kor 12,27). Exegetische Beobachtungen an einem zentralen Motiv paulinischer Ekklesiologie, in: DERS., Das Wort vom Kreuz. Studien zur paulinischen Theologie (WUNT 93), Tübingen 1997, 272–299.

Ernst und Verantwortung in die Feier hinein (deswegen auch die Betonung der Gerichtsthematik in 11,27–32).

4. V. 26 endet mit den Worten: „... ihr verkündet den Tod des Herrn, *bis dass er kommt.*" Die Mahlfeier erweist sich als Sakrament der Zwischenzeit, das den Christen dabei hilft, die Strecke zu überbrücken, die noch zurückzulegen ist bis zur endgültigen Offenbarung des Herrn Jesus am Ende der Tage (vgl. 1 Kor 1,7f.). Die Korinther, denen Paulus in 4,8 entgegen hält: „Ihr seid schon satt, ihr seid schon reich geworden, ohne uns seid ihr zur Herrschaft gelangt", hatten sich bequem in der Gegenwart eingerichtet, aber das genügt nicht. Erst aus der Spannung von Vergangenheit, Gegenwart und Zukunft gewinnt christliche Existenz ihre Dynamik, und von ihr muss auch die Feier des Herrenmahls beseelt sein.

Ein Mahl zu entziffern, hatten wir uns als Aufgabe gestellt. Auch wenn die Spuren leider oft nur spärlich sind und nicht selten im Sande verlaufen, die Fährtensuche bleibt spannend genug, und es steht zu hoffen, dass wir von ihr bereichert in unsere eigene Gegenwart zurückkehren und neue Aspekte und neue Möglichkeiten für unsere eigene Feier des Herrenmahls entdecken.

V. Volk Gottes und Gemeinde

7. Gottesfürchtige im Magnificat?

„Und sein Erbarmen (ist) von Geschlecht zu Geschlecht mit denen, die ihn fürchten (τοῖς φοβουμένοις αὐτόν)", heißt es im vierten Vers des Magnificat in Lk 1,50. Wer vom zweiten Buch des Lukas, der Apostelgeschichte, herkommt, fühlt sich unwillkürlich an den heidnischen Hauptmann Kornelius erinnert, der „Gott fürchtete mit seinem ganzen Haus" (Apg 10,2; vgl. 10,22), ebenso an die Worte des Petrus in Apg 10,34f., die ihm und allen Gleichgesinnten gelten: „In Wahrheit begreife ich, dass es bei Gott keine Bevorzugung der Person gibt, sondern in jedem Volk ist der, der ihn fürchtet und Gerechtigkeit bewirkt, ihm willkommen"[1]. Sollte Lukas diese Gottesfürchtigen im Magnificat schon im Blick haben? Diese Vermutung, die in der Sekundärliteratur kaum je Berücksichtigung findet, verdient es, näher überprüft zu werden.

I. Zur Fragestellung

Stellen wir zunächst klar, um was es im Folgenden nicht geht: Die nach wie vor umstrittene Frage nach dem historischen und sozialen Status der Gottesfürchtigen braucht hier nicht in extenso neu aufgerollt zu werden[2]. Eine gängige Position versteht darunter bekanntlich jene Heiden, die enge Beziehungen zum Judentum, zur Synagogengemeinde und zum jüdischen Gottesglauben aufgebaut hatten, ohne indes den letzten Schritt eines formellen Übertritts als Proselyten durch Beschneidung und Befolgung des ganzen Gesetzes zu tun. Ihre Existenz wurde neuerdings auch bestritten[3], weil der Gebrauch von Begriffen wie „Gottesverehrer" oder „Gottesfürchtige" sich in der Tat nicht terminologisch verfestigt hatte, sondern auch fromme Juden und Proselyten einbeziehen konnte. Man hat die Sondergruppe heidnischer Gottesfürchtiger sogar als Er-

---

[1] Vgl. die Belege mit σεβομένος in Apg 16,14; 17,4.17; 18,7; strittiger sind aus unterschiedlichen Gründen Apg 13,16.26.43.50.

[2] Instruktive Zusammenfassungen bei M. REISER, Hat Paulus Heiden bekehrt?, in: BZ NF 39 (1995) 76–91, hier 83–87; C. K. BARRETT, The Acts of the Apostles. Vol. I (ICC), Edinburgh 1994, 499–501.

[3] Als Vertreter der skeptischen Richtung vgl. nur A. THOMAS KRAABEL, Immigrants, Exiles, Expatriates, and Missionaries, in: Religious Propaganda and Missionary Competition in the New Testament World (FS D. Georgi) (NT.S 74), Leiden 1994, 71–88 (mit Lit.).

findung des Lukas hingestellt, damit aber doch wohl das Kind mit dem Bade ausgeschüttet. Die Inschrift aus Aphrodisias mit ihrer langen Reihe von Namen nichtjüdischer „Gottesverehrer"[4] hat der herkömmlichen Sicht wieder Auftrieb verliehen, ohne jedoch den Disput endgültig entscheiden zu können, da sie relativ spät zu datieren ist und ihr Text nur wenig Verstehenshilfen bietet. Für unser Vorhaben bleibt das alles jedoch weithin belanglos. Die These von der Erfindung der Gottesfürchtigen durch Lukas, die ich keineswegs teile, würde dem im Folgenden zu entwickelnden Gedankengang sogar entgegenkommen, weil sie ein starkes Argument für eine einheitliche Begriffsbestimmung auf der Ebene des Endtexts bereitstellen würde.

Kehren wir zu Lk 1,50 zurück. Die Lukaskommentare, die in großer Zahl konsultiert wurden, schweigen sich fast durchgängig über mögliche Querverbindungen zu den Gottesfürchtigen in der Apostelgeschichte aus, ebenso die Spezialarbeiten zur Kindheitsgeschichte[5] und zum Magnificat[6]. Verwiesen wird auf das Motiv der Gottesfurcht im Alten Testament[7], was sicher nicht falsch ist, aber methodisch gesehen mehr die Ebene der vorlukanischen Tradition betrifft als die der lukanischen Endredaktion des Doppelwerks. In der Verlängerung der alttestamentlichen Vorgaben nimmt man sogar eine Einschränkung vor: Mit V. 50 trage das Magnificat eine Scheidung in das Volk Israel hinein; nur noch die *gottesfürchtigen* Israeliten würden das wahre Volk Gottes repräsentieren und seines Erbarmens teilhaft werden[8]. Universalistische Implikationen scheinen für V. 50 so weit außerhalb des Gesichtsfeldes zu liegen, dass sie nicht einmal angesprochen und zurückgewiesen zu werden brauchen.

---

[4] Vgl. J. REYNOLDS / R. TANNENBAUM, Jews and Godfearers at Aphrodisias. Greek Inscriptions with Commentary (Cambridge Philological Society. Supplementary Volume 12), Cambridge 1987.

[5] Vgl. z. B. die sehr allgemein gehaltenen Ausführungen zu Lk 1,50 bei R. BROWN, The Birth of the Messiah. A Commentary on the Infancy Narratives in the Gospels of Matthew and Luke (The Anchor Bible Reference Library), New Updated Edition, New York u. a. 1993, 337.362, oder bei S. MUÑOZ IGLESIAS, Los Evangelios de la Infancia. Vol. I: Los Cánticos del Evangelio de la Infancia según San Lucas (BAC 508), Madrid ²1990, 140f. Bei H. H. OLIVER, The Lucan Birth Stories and the Purpose of Luke-Acts, in: NTS 10 (1963/64) 202–226, hier 222, stößt man sogar auf die Vermutung: „the absence of the theme of universalism in the Magnificat may be taken as evidence for attributing that hymn to Elizabeth".

[6] Nichts in dieser Hinsicht findet sich u. a. bei P. BEMILE, The Magnificat within the Context and Framework of Lukan Theology. An Exegetical Theological Study of Lk 1:46–55 (RSTh 34), Frankfurt a. M. 1986; S. FARRIS, The Hymns of Luke's Infancy Narratives. Their Origin, Meaning and Significance (JSNT.S 9), Sheffield 1985, der S. 120 lediglich überlegt, ob V. 50b nicht besser zu V. 51 zu ziehen sei; I. H. MARSHALL, The Interpretation of the Magnificat: Luke 1:46–55, in: Der Treue Gottes trauen. Beiträge zum Werk des Lukas (FS G. Schneider), Freiburg i. Br. 1991, 181–196.

[7] So mit Nachdruck A. VALENTINI, Il Magnificat. Genero letterario, struttura, esegesi (SRivBib 16), Bologna 1987, 173f.; vgl. bes. Ps 103,13.17; PsSal 2,33.

[8] In diesem Sinn äußern sich D. P. SECCOMBE, Possessions and the Poor in Luke-Acts (SNTU.B 6), Linz 1982, 82; F. ZEILINGER, Zum Lobpreis seiner Herrlichkeit. Exegetische Erschließung der Neutestamentlichen Cantica im Stundenbuch, Freiburg i. Br. 1988, 25.

Doch gibt es auch rühmliche Ausnahmen. Zwar lässt sich Robert C. Tannehill in seinem narrativen Kommentar, wenn ich richtig sehe, auf V. 50 nicht wirklich ein, sonst hätte er wohl auch dort „Previews of Salvation" entdeckt, wie er sie ansonsten für die Cantica überzeugend herausarbeitet[9]. Aber diese Lücke füllt François Bovon, der zu V. 50 mehr beiläufig, aber treffend bemerkt: „Der Text schaut über die Grenzen des jüdischen Volkes hinaus zu den Heiden, die sich zum Evangelium bekennen werden (vgl. Apg 10,35)"[10].

II. Exegetische Beobachtungen

Lässt sich diese Intuition exegetisch noch besser absichern? Angesichts der extremen Kürze von V. 50b, der nur aus den drei Worten τοῖς φοβουμένοις αὐτόν, besteht, geht das nur über den näheren und weiteren Kontext. Dazu eine Serie von insgesamt sechs Beobachtungen:

(1) „Und sein Erbarmen von Geschlecht zu Geschlecht" in V. 50a steht im Griechischen im Plural: εἰς γενεὰς καὶ γενεάς (vgl. auch πᾶσαι αἱ γενεαί in V. 48). Eine genaue wörtliche Parallele dazu bietet das AT nicht[11], trotz zahlreicher Anklänge in den Psalmen, die sicher als Vorbild dienten. Aber dort heißt es durchgehend im Singular: εἰς γενεὰν καὶ γενεάν, so in ψ 32,11; 48,12; 78,13; 88,2.5; 101,13; 118,90; 134,13; 145,10. Verwandt ist auch, wie oben schon erwähnt, ψ 102,17, der aber αἰών statt γενεά hat: τὸ δὲ ἔλεος τοῦ κυρίου ἀπὸ τοῦ αἰῶνος καὶ ἕως τοῦ αἰῶνος ἐπὶ τοὺς φοβουμένους αὐτόν. Die Übernahme bei gleichzeitiger Variation gibt zu denken: Könnte es sich nicht so verhalten, dass der Plural „auf Geschlechter und Geschlechter hin" anstelle des Singulars und anstelle der bloßen Zeitangabe die Geschlechterfolge über das Volk Israel hinaus öffnen und nachgeborene Generationen außerhalb Israels in das erbarmende Handeln Gottes (und in den Lobpreis von V. 48) einbeziehen will?

(2) In V. 51–53 präludiert das Magnificat ein Thema, das im Evangelium des Öfteren wiederkehrt, nämlich das der Umwälzung bestehender Verhältnisse („status reversal"). Im konkreten Fall werden die Rollen der Machthaber und der Erniedrigten, der Reichen und der Hungernden miteinander vertauscht.

---

[9] Vgl. R. C. Tannehill, The Narrative Unity of Luke-Acts. A Literary Interpretation. Vol. I: The Gospel according to Luke, Philadelphia 1986, 15–44.

[10] F. Bovon, Das Evangelium nach Lukas. 1. Teilband: Lk 1,1–9,50 (EKK III.1), Zürich / Neukirchen-Vluyn 1989, 89; Ansätze in dieser Richtung bietet auch T. Kaut, Befreier und befreites Volk. Traditions- und redaktionsgeschichtliche Untersuchung zu Magnifikat und Benediktus im Kontext der vorlukanischen Kindheitsgeschichte (BBB 77), Frankfurt a.M. 1990, bes. 323f., doch zieht er die Verbindungslinien zur Apg nicht aus, da er vor allem an den Gottesfürchtigen als Tradenten des israelzentrierten vorlukanischen Liedes 1,50b–55 (Magnifikat II) interessiert ist.

[11] Gesehen u. a. bei J. Nolland, Luke 1–9:20 (WBC 35A), Dallas 1989, 71, der nur TLevi 18,8 als Beleg beibringen kann.

Das ist sehr holzschnittartig gezeichnet, aber gerade für eine solche Grobskizze bietet sich als weiteres Beispiel eines Statuswechsels der Übergang der Heilsbotschaft vom jüdischen Volk, das sich ihr in seiner Mehrheit verschließt, zu den heidnischen Völkern, die sie mit Freuden akzeptieren, an[12].

(3) Das Magnificat schließt in V. 55 mit den Worten: „so wie er gesprochen hat zu unseren Vätern, zu Abraham und seinem Samen in Ewigkeit". Abraham dient im Frühjudentum als Vorbild des wahren Proselyten. In Apg 3,25 zitiert Lukas in der Petruspredigt eine Verheißung an Abraham: „Und durch seinen Samen werden gesegnet sein alle ‚Vaterländer' (πατριαί) der Erde"[13], die zwar so nicht im AT steht, aber Vorbilder hat in Gen 12,3 LXX: „Und gesegnet sein werden in dir alle Stämme (φυλαί) der Erde", 22,18 LXX: „Und gesegnet sein werden in deinem Samen alle Völker (ἔθνη) der Erde" und 26,4 LXX (vgl. Sir 44,21). Auch wenn man den „Samen Abrahams" vorwiegend christologisch deuten will, wird durch die Segensverheißung doch der Horizont der Völkerwelt aufgerissen, und im Galaterbrief bezeichnet Paulus auch seine heidenchristlichen Adressaten auf dem Umweg über ihre Zugehörigkeit zu Christus direkt als τοῦ Ἀβραὰμ σπέρμα (Gal 3,29). An der Stelle ergibt sich in der Kommentarliteratur bezeichnenderweise auch ein echter Dissens. Wir vernehmen zu V. 55: „but there is as yet no trace of a universalism embracing the gentiles"[14], aber auch: „dabei denkt Lukas natürlich an die Abraham gegebene Verheißung für alle Völker"[15].

(4) Angesichts des Benedictus in Lk 1,68–79 müssen, sollte man meinen, alle Interpretationskünste versagen. Zu tief scheint es hineingetaucht in eine ausschließlich alttestamentlich-jüdische Geisteswelt, die für die nichtjüdischen Völker und ihr Heil keinen Gedanken übrig hat. Aber haben wir damit schon das ganze Sinnpotential ausgeschöpft, das in der Lichtmetaphorik der beiden Schlussverse angelegt ist[16]? V. 78–79 zufolge wird Gott in seinem liebenden

---

[12] So jedenfalls C. H. TALBERT, Once Again: The Gentile Mission in Luke-Acts, in: Der Treue Gottes trauen (s. Anm. 6) 99–109, hier 106: „This essay will suggest that the Lukan focus on Jewish rejection and Gentile acceptance of the gospel, in spite of the fact that both groups were divided in their response, is yet another part of the general theme of reversal connected with eschatological fulfillment and its inauguration."

[13] Verschiedene Interpretationsvorschläge dazu bei S. G. WILSON, The Gentiles and the Gentile Mission in Luke-Acts (MSSNTS 23), Cambridge 1973, 219–222.

[14] I. H. MARSHALL, The Gospel of Luke. A Commentary on the Greek Text (NIGTC), Exeter 1978, 85.

[15] W. SCHMITHALS, Das Evangelium nach Lukas (ZBK.NT 3.1), Zürich 1980, 31; vgl. auch J. A. FITZMYER, The Gospel According to Luke (I-IX) (AnchB 28), Garden City, N.Y. 1981, 361: „The remnant of Israel is to have a new meaning, for it is to be reconstituted in a way that will extend the promises of old to others not under the Law."

[16] Gutes Material zur Funktion dieses Bildfeldes in der „Missions- und Bekehrungssprache des hellenistischen Diasporajudentums" bei U. KELLERMANN, Jesus – das Licht der Völker. Lk 2,25–33 und die Christologie im Gespräch mit Israel, in: KuI 7 (1992) 10–27, hier 14f.

Erbarmen dafür sorgen, „dass uns besuchen wird das aufgehende Licht aus der Höhe, um denen zu leuchten, die in Finsternis sitzen und im Schatten des Todes". Wenn man das von der Simeonsprophetie in Lk 2,32 (s.u.) her liest, erkennt man, „that the ‚rising' or ‚dawning from on high' is meant to illumine both Jews and Gentiles"[17].

(5) Den nächsten möglichen Ansatzpunkt bieten die Engelsbotschaft in Lk 2,10 und der Gesang des himmlischen Chors in Lk 2,14. In 2,10 verkündet der Engel eine große Freude, die jedem Volk oder besser dem ganzen Volk (παντὶ τῷ λαῷ) widerfahren soll. Eine Ausweitung von λαός dergestalt, dass der Begriff neben Israel auch die Heiden einschließen soll, wird gelegentlich vorgenommen, u.a. mit Verweis auf die für die Missionsverkündigung offenen Termini εὐαγγελίζομαι und σωτήρ in V. 10f.[18], doch dürfte das in der Tat zu weit hergeholt sein. Anders aber steht es mit den „Menschen (seines) Wohlgefallens" im Gloria von V. 14. Wie immer man diese viel diskutierte Wendung, die einen beabsichtigten Kontrast zu παντὶ τῷ λαῷ in V. 10 abgibt, auch interpretiert[19], es dürfte m.E. keinen Zweifel leiden, dass die Gottesfürchtigen, die in jedem Volk Gott angenehm und willkommen sind (Apg 10,35), zu dieser Gruppe von Menschen, auf denen sein Wohlgefallen ruht, hinzugehören.

(6) Auf festem Boden befinden wir uns mit der Weissagung des Simeon in Lk 2,29–32. Seine Augen haben das Heil gesehen (V. 30: σωτήριον), das Gott bereitet hat „vor dem Angesicht aller Völker" (V. 31), „ein Licht zur Offenbarung für die Heidenvölker und zum Ruhm seines Volkes Israel" (V. 32). Ob man „alle Völker" in V. 31, die in Opposition stehen zum Volk Israel in V. 32b, wirklich wie in Apg 4,27 auf die Stämme Israels einschränken soll[20], kann dahingestellt bleiben, ebenso die Suche nach einer vorlukanischen Gestalt von Lk 2,29–32 und ihrem Sitz im Leben, auch wenn der Vorschlag, dafür an das „Dankgebet eines Proselyten nach seiner Aufnahme in die jüdische Gemeinde

---

[17] R. C. TANNEHILL, Narrative Unity (s. Anm. 9) 43; vgl. F. BOVON, Lukas (s. Anm. 10) 110: „Lukas denkt freilich an die christliche Botschaft, die auch die Heiden von der Blindheit zum Sehen und vom Tod zum Leben führt".

[18] Bei K. H. RENGSTORF, Das Evangelium nach Lukas (NTD 3), Göttingen [14]1969, 41, kann ich diese Behauptung allerdings nicht so deutlich entdecken, wie das S. G. WILSON, Gentiles (s. Anm. 13) 34f., der sich kritisch damit auseinander setzt, suggeriert; vgl. aber noch H. H. OLIVER, Birth Stories (s. Anm. 5) 221: „There is a possible reference to the universal appeal of the gospel in the words of the angel to the shepherds".

[19] Vgl. z. B. H. SCHÜRMANN, Das Lukasevangelium. Erster Teil: Kommentar zu Kap. 1,1– 9,50 (HThK III.1), Freiburg i. Br. 1969, 114: „Es ist an die eschatologische Heilsgemeinde zu denken, an das durch Gottes Gnadenwahl gereinigte Gottesvolk"; über das sprachliche Problem orientiert zuverlässig C. SPICQ, Theological Lexicon of the New Testament, Peabody, Ma. 1994, II, 103–106.

[20] Dafür plädiert wieder W. STEGEMANN, „Licht der Völker" bei Lukas, in: Der Treue Gottes trauen (s. Anm. 6) 81–97, hier 88f.; anders z.B. B. J. KOET, Simeons Worte (Lk 2,29–32.34c– 35) und Israels Geschick, in: The Four Gospels 1992 (FS F. Neirynck) (BEThL 100), Löwen 1992, II, 1549–1569, hier 1553f., und U. KELLERMANN, Licht der Völker (s. Anm. 16) 12; bei beiden auch Näheres zu den Jesajastellen im Hintergrund unseres Textes.

oder *eines Gottesfürchtigen vor dem Verlassen der Synagoge*" zu denken[21], zugegebenermaßen sehr verführerisch wirkt und glänzend passen würde. Für unsere Zwecke genügt das „Licht zur Offenbarung für die Völker" aus V. 32a[22], das Lukas aus Jes 42,6 und 49,9 aufnimmt, in ein programmatisches Heilsorakel einbaut[23] und in Apg 13,47 (vgl. 26,23) in nicht minder markanter Position erneut verwendet, wo er Paulus und Barnabas in der jüdischen Synagoge im pisidischen Antiochien ihre Hinwendung zu den Heiden mit den Worten begründen lässt, die der Herr ihnen aufgetragen hat: „Ich habe dich zum Licht für die Völker gemacht, damit du zur Rettung seist bis an die Grenzen der Erde". Die vorwärts gerichteten Implikationen der Simeonsprophetie bedürfen kaum eines Kommentars. Die Frage kann nur sein, ob von ihr aus nicht auch Lk 1–2 einer relecture unterzogen werden sollten. Wenn man das tut, wird man unweigerlich halb verwischte Spuren freilegen, die unverkennbar auf 2,32 hinführen und im Rückblick besser lesbar werden. Das Wort vom „Licht zur Offenbarung für die Völker" bringt nicht einen völlig neuen Gesichtspunkt ein, sondern enthüllt das, was verborgen schon anwesend war, spätestens seit dem Auftreten von Gottesfürchtigen im Magnificat. Es hat also selbst teil an jenem Enthüllungsvorgang, an jenem Prozess der Durchleuchtung und Erhellung, den es prophetisch ansagt.

III. Ergebnis

Unsere These lautet also: Unabhängig von der Aussage der traditionellen Vorlage, mit der er arbeitet, denkt der Autor des lukanischen Doppelwerks bei „denen, die Gott fürchten" und denen Gottes fortwährendes Erbarmen gilt, in Lk 1,50 innerhalb des Magnificat bereits an die Gottesfürchtigen, wie wir sie aus der Apostelgeschichte kennen. Von 1,50 aus spannt sich ein Bogen zur Verheißung des Lichts für die Heidenvölker in der Simeonsprophetie in Lk 2,32, und aus den zwischengelagerten Textstücken lassen sich dafür noch verschiedene weitere Indizien beibringen.

Um Missverständnisse zu vermeiden, sei ausdrücklich betont, dass an der Israelzentriertheit der lukanischen Vorgeschichte damit keineswegs gerüttelt werden soll. Wir können diese Beobachtung im Gegenteil so auswerten, dass

---

[21] U. KELLERMANN, Licht der Völker (s. Anm. 16) 25 Anm. 28 (Hervorhebung hier vorgenommen, H.J.K.).
[22] Vereinzelte Versuche, auch hier eine Ausrichtung auf die Heidenvölker zu bestreiten, werden ablehnend besprochen bei H. H. OLIVER, Birth Stories (s. Anm. 5) 221f.; S. G. WILSON, Gentiles (s. Anm. 13) 36–38.
[23] Vgl. P. GRELOT, Le cantique de Siméon (Luc, ii, 29–32), in: RB 93 (1986) 481–509, hier 505f.: „*Il s'agit d'une composition lucanienne qui annonce une sorte de programme réalisé dans le double ouvrage de Luc*" (Hervorhebung im Original).

auch zu den Heidenvölkern das eschatologische Heil Gottes nur gelangt, wenn Israel als vermittelnde Instanz dazwischen tritt. Angesprochen werden als Erste jene Vertreter der Völker, die sich als Gottesfürchtige dem Judentum bereits geöffnet haben. Das deckt sich mit dem Befund in der Apostelgeschichte, wo meistens irgendein jüdischer Referenzrahmen, und sei er noch so schwach ausgeprägt, gegeben bleibt und die christliche Verkündigung nur in wenigen Fällen, in Lystra z.B. (Apg 14,8–20) und auf Malta (Apg 20,1–6), auf reines, unverstelltes Heidentum trifft. Insofern kann der hier vorgelegte Versuch zum Magnificat auch dazu beitragen, im Einklang mit einem neueren Forschungstrend[24] die Vorgeschichte in Lk 1–2 als wohlgeplanten, organischen, unverzichtbaren Bestandteil des lukanischen Doppelwerks zu erweisen.

Literaturnachtrag:

J. B. Green, The Gospel of Luke (NIC), Grand Rapids, MI/Cambridge, U.K. 1997.

F. Jung, ΣΩΤΗΡ. Studien zur Rezeption eines hellenistischen Ehrentitels im Neuen Testament (NTA NF 39), Münster 2002, 265–272 (weiterführende Beobachtungen zum Magnificat).

S. McKnight, Art. Proselytism and Godfearers, in: Dictionary of New Testament Background, Downers Grove, IL/Leicester 2000, 835–847 (Lit.).

J.W. van Henten, Art. Gottesfürchtige, in: RGG⁴ 3 (2000) 1219.

B. Wander, Gottesfürchtige und Sympathisanten. Studien zum heidnischen Umfeld von Diasporasynagogen (WUNT 104), Tübingen 1998.

---

[24] Vgl. dazu neben und nach Oliver (s. Anm. 5) P. S. Minear, Luke's Use of the Birth Stories, in: Studies in Luke-Acts (FS P. Schubert), Nashville, N.Y. 1966, 111–130, auch deutsch als: Die Funktion der Kindheitsgeschichten im Werk des Lukas, in: G. Braumann (Hrsg.), Das Lukas-Evangelium. Die redaktions- und kompositionsgeschichtliche Forschung (WdF 280), Darmstadt 1974, 204–235; W. B. Tatum, The Epoch of Israel: Luke I-II and the Theological Plan of Luke-Acts, in: NTS 10 (1963/64) 184–195, auch deutsch als: Die Zeit Israels: Lukas 1–2 und die theologischen Intentionen der lukanischen Schriften, in: Das Lukas-Evangelium 317–336; U. Busse, Das „Evangelium" des Lukas. Die Funktion der Vorgeschichte im lukanischen Doppelwerk, in: Der Treue Gottes trauen (s. Anm. 13) 161–179.

8. Gemeinde und Gesellschaft im frühen Christentum – ein Leitbild für die Zukunft?

I. Ein Blick von außen

Für die Selbsterkenntnis ist es manchmal hilfreich, wenn man die Außenperspektive einnimmt und versuchsweise mit den Augen eines neutralen, fremden Beobachters auf die eigene Person oder die eigene Gruppe blickt. Wenn wir dieses Prinzip einmal auf das frühe Christentum anwenden[1], machen wir rasch eine sehr ernüchternde Erfahrung: Für Außenstehende war im 1. Jahrhundert n. Chr. das Christentum praktisch noch inexistent, es wurde gar nicht wahrgenommen. Um die wenigen, beiläufigen Bemerkungen bei römischen Historikern aufzuzählen, braucht man nicht einmal die Finger einer Hand. Es sind im Wesentlichen nur zwei Stellen bei Tacitus und Sueton, wo der Christusname vorkommt, und beide Stellen sind in der Forschung umstritten genug[2].

Diese mangelnde Wahrnehmung hat selbstverständlich auch ihre Gründe. In den ersten zwei, drei Generationen war die Zahl der Christen noch zu gering, als dass sie sonderlich aufgefallen wären. Es gab keine Medien für die

---

[1] Diesen Standort bezieht zum Beispiel in sehr instruktiver Weise R. L. WILKEN, The Christians: As the Romans Saw Them, New Haven 1984; zur ganzen Thematik vgl. die kommentierte Textsammlung von P. GUYOT / R. KLEIN (Hrsg.), Das frühe Christentum bis zum Ende der Verfolgungen. Eine Dokumentation. Bd. 1: Die Christen im heidnischen Staat (TzF 60), Darmstadt 1993; Bd. 2: Die Christen in der heidnischen Gesellschaft (TzF 62), Darmstadt 1994; jetzt auch als Repr. in einem Band, Darmstadt 1997, und den Aufsatzband von R. VON HAEHLING (Hrsg.), Rom und das himmlische Jerusalem. Die frühen Christen zwischen Anpassung und Ablehnung, Darmstadt 2000. Methodisch orientieren sich die folgenden Ausführungen am sozialgeschichtlichen Ansatz innerhalb der Exegese, vgl. dazu nur W. A. MEEKS (Hrsg.), Zur Soziologie des Urchristentums. Ausgewählte Beiträge zum frühchristlichen Gemeinschaftsleben in seiner gesellschaftlichen Umwelt (TB 62), München 1979; G. THEISSEN, Studien zur Soziologie des Urchristentums (WUNT 19), Tübingen ²1983; W. A. MEEKS, The First Urban Christians: The Social World of the Apostle Paul, New Haven 1983; M. EBERTZ, Das Charisma des Gekreuzigten. Zur Soziologie der Jesusbewegung (WUNT 45), Tübingen 1987; P. F. ESLER, The First Christians in Their Social Worlds: Social Scientific Approaches to New Testament Interpretation, London 1994; D. G. HORRELL, The Social Ethos of the Corinthian Correspondence. Interests and Ideology from 1 Corinthians to 1 Clement (Studies in the New Testament and Its World), Edinburgh 1996.

[2] Vgl. zu diesen Texten und dem gesamten Umfeld mit umfassenden Literaturangaben jetzt D. ALVAREZ CINEIRA, Die Religionspolitik des Kaisers Claudius und die paulinische Mission (Herders Biblische Studien 19), Freiburg i. Br. 1999.

Außendarstellung: keine Kirchenbauten im Zentrum der Städte, keine Kreuze am Wegesrand, keine Kirchenzeitungen, keine christlichen Traktate im Buchhandel, keine Inschriften mit christlichen Texten. Der wichtigste Grund aber war sicher, dass die christlichen Gruppen für den neutralen Betrachter lange Zeit unter dem Judentum mitliefen und nicht als eigenständige Größe angesehen wurden. Das Judentum war vor 70 n. Chr. keinesfalls so einheitlich, wie wir oft meinen, und bot Platz für eine Vielzahl von teils miteinander konkurrierenden Strömungen. Auch die neue jesuanisch-messianische Variante, um eine für die christlichen Anfänge korrektere Bezeichnung zu wählen, fiel noch nicht notwendigerweise aus diesem Rahmen heraus.

1. Lukian von Samosata

Das ändert sich erst im 2. Jahrhundert n. Chr., wo das allmähliche Auseinandertreten von Judentum und Christentum sich auch nach außen hin dokumentiert und wo die Christen zahlenmäßig so stark geworden sind, dass man sie nicht mehr übersehen kann. Hier stoßen wir dann auch auf ausführlichere Fremdzeugnisse, und eines davon wollen wir uns näher anschauen. Sein Verfasser ist Lukian von Samosata (in Syrien), ein Satiriker und Zeitkritiker, der etwa 120 bis 180 n. Chr. lebte. Eine seiner Schriften, die sich auf 165 n. Chr. datieren lässt, trägt den Titel „Über das Lebensende des Peregrinus". Darin verspottet er einen Wanderphilosophen dieses Namens, der, so stellt Lukian es dar, verschiedene Schulen durchprobierte und schließlich auch bei den Christen landete. Über die christliche Zeit des Peregrinus bemerkt Lukian[3]:

Zu dieser Zeit erlernte er auch die wunderliche Weisheit der Christen, nachdem er in Palästina mit ihren Priestern und Schriftgelehrten verkehrt hatte. Und was soll ich sagen? In kurzem brachte er es dahin, dass sie wahre Kinder waren gegen ihn, der in einer Person ihr Prophet, Thiasarch (Vereinsvorstand) und Versammlungsleiter war und das alles ganz allein ausführte. Und von ihren Schriften erklärte er und kommentierte er einige, viele verfasste er auch selber, und in ihren Augen war er ein Gott, sie gebrauchten ihn als Gesetzgeber und bezeichneten ihn als ihren Vorsteher. Sie verehren freilich auch noch jenen großen Menschen, der in Palästina gekreuzigt wurde, weil er diesen neuen Kult in die Welt brachte. Damals nun wurde Proteus[4] deswegen sogar verhaftet und ins Gefängnis geworfen, was ihm aber gerade für das weitere Leben nicht geringe Wertschätzung verschaffte ...

Als er im Gefängnis war, hielten das die Christen für ein Unglück und setzten alle Hebel in Bewegung, um ihn loszubekommen. Dann ließ man ihm, da das nicht möglich war, jede mögliche andere Fürsorge nicht beiläufig, sondern mit Eifer angedeihen. Gleich am frühen Morgen konnte man beim Gefängnis alte Mütterchen warten sehen, dazu einige Witwen und Waisenkinder. Die Vorsteher der Christen schliefen sogar drinnen mit ihm, nachdem sie die

---

[3] De morte Peregrini 11–13, nach den Übersetzungen bei K. Mras, Die Hauptwerke des Lukian (TuscBü), München ²1980, 474–477, und P. Guyot / R. Klein, Das frühe Christentum (s. Anm. 1) II, 204–207.

[4] Eine spöttische Bezeichnung für Peregrinus, der seine Position und Rolle so oft wechselt wie der mythische Proteus bei Homer seine Gestalt.

Gefängniswärter bestochen hatten. Dann wurden vielerlei Speisen hineingebracht und heilige Schriften der Christen vorgetragen ... Sogar aus den Städten Kleinasiens kamen einige, von den Christengemeinden gesandt, um zu helfen, seine Sache zu vertreten und den Mann zu trösten. Sie legen eine unglaubliche Schnelligkeit an den Tag, wenn etwas Derartiges die Gemeinde trifft; kurz gesagt, sie kennen da kein Sparen ...

Die Unglückseligen sind ja überzeugt, dass sie überhaupt unsterblich sein und ewig leben werden, im Hinblick worauf sie den Tod verachten und die meisten sich freiwillig opfern. Ferner hat ihr erste Gesetzgeber sie überzeugt, dass sie einander Brüder seien, wenn sie einmal die Vorschriften der (heidnischen) Religion übertreten und die griechischen Götter verleugnet haben, ihren gekreuzigten Sophisten aber verehren und nach seinen Vorschriften leben. Sie verachten auch allen Besitz unterschiedslos und glauben, er gehöre der Allgemeinheit, wobei sie solche Lehren ohne irgendeinen genauen Beweis übernommen haben. Falls nun ein geschickter Gauner, der die Verhältnisse auszunützen imstande ist, zu ihnen kommt, wird er in kurzem sehr reich und lacht den naiven Leuten ins Gesicht.

Das ist ein in mancher Hinsicht sehr aussagekräftiger Text, auch wenn Lukian das Christentum natürlich völlig verzerrt darstellt, teils absichtlich um des karikierenden Effekts willen, teils weil er es einfach nicht besser wusste. Die anfängliche Verwurzelung des Christentums im Judentum wird noch immer greifbar, wenn von Palästina, von Priestern und von Schriftgelehrten die Rede ist. Zwar fällt der Name „Jesus Christus" nicht, aber es wird eindeutig von ihm gesprochen. Er ist jener gekreuzigte „Sophist" (soviel wie Philosoph, Weisheitslehrer, aber mit abschätzigem Klang), jener erste Gesetzgeber und Religionsstifter, der in Palästina gekreuzigt wurde und den die Christen als Gott verehren (das wird man von Peregrinus, von dem Lukian das behauptet, richtiger auf Jesus übertragen dürfen). Was diesen Jesus in Lukians Augen besonders kennzeichnet, was offenbar auch besonders irritiert, ist sein Tod am Kreuz. Wie christlicher Glaube diesen Skandal überwinden konnte, wird zumindest angedeutet, wenn Lukian abfällig über den Unsterblichkeitsglauben der Christen spricht, der sie sogar zum Ertragen des Martyriums befähigt. Dass es dabei nicht einfach um Unsterblichkeit geht, sondern um Auferstehung der Toten, stellt eine Feinheit dar, die Lukian nicht zugänglich war.

Über die christlichen Gemeinden erfahren wir, dass sie bestimmte Ämter kennen: Vorsteher werden genannt, auch der Prophet gehört hierher, während der Vereinsvorstand eine von Lukian eingebrachte Fremdinterpretation darstellt. Die Christen haben ferner heilige Schriften, die vorgelesen, erklärt und kommentiert werden. Dazu gehören sicher Teile dessen, was wir heute als Neues Testament kennen. Für die Zugehörigkeit zur Gemeinde ist die Absage an die griechisch-römische Götterwelt und ihre vielfachen rituellen Vollzüge erforderlich, was mit einer bestimmten neuen Lebensweise Hand in Hand geht. Untereinander versteht man sich als Brüder und Schwestern. In Lukians Feststellung „Sie verachten auch allen Besitz unterschiedslos und glauben, er gehöre der Allgemeinheit" klingt die Forderung Jesu nach Besitzverzicht ebenso an wie das Ideal der Gütergemeinschaft aus der Apostelgeschichte. Witwen und Waisen treten als eigene Gruppe und indirekt auch als Ziel der gemeindlichen Fürsorge in Erscheinung. Besonders gekümmert hat man sich offenkundig um jene Mitchristen, die um ihres Glaubens willen im Gefängnis saßen. Wenn Lukian bei der Gelegenheit das Eintreffen von Gesandten aus Städten Kleinasiens erwähnt, macht er Verbindungslinien sichtbar, durch die eine Lokalgemeinde mit den Gemeinden an anderen Orten zu einem überregionalen Netzwerk verknüpft ist.

Wenn man diese Daten herausdestilliert, entsteht ein viel positiveres Bild, als es zunächst den Anschein hatte. Lukian zeigt sich davon allerdings nicht beeindruckt. Ihm kommen die Christen befremdlich und seltsam vor, und er hält sie vor allem auch für so naiv, dass sie zur leichten Beute für jeden Scharlatan werden. Das korrespondiert mit dem Befund bei anderen Beobachtern im 2. Jahrhundert, etwa bei Plinius, der um 110 n. Chr. als Statthalter in der Provinz Bithynien im Norden Kleinasiens Nachforschungen anstellt und bei den Christen nichts anderes vorfindet „als einen verworrenen, maßlosen Aberglauben"[5], wie er in seinem berühmten Brief an Kaiser Trajan festhält, oder bei dem Philosophen Kelsos bzw. Celsus, der meint, dass Christen „nur einfältige, gewöhnliche und stumpfsinnige Leute sowie Sklaven, wehrlose Frauen und unreife Kinder überzeugen wollen und auch nur dies vermögen"[6].

---

[5] Ep X 96,8; vgl. P. GUYOT / R. KLEIN, Das frühe Christentum (s. Anm. 1) I, 40f.; sehr gut ist dazu immer noch R. FREUDENBERGER, Das Verhalten der römischen Behörden gegen die Christen im 2. Jahrhundert dargestellt am Brief des Plinius an Trajan und den Reskripten Trajans und Hadrians (MBPF 52), München 1967.

[6] Bei Origenes, Cels 3,55; vgl. P. GUYOT / R. KLEIN, Das frühe Christentum (s. Anm. 1) I, 208f.; die ganze, hier einschlägige Stelle lautet im Referat bei Origenes in Auswahl: „Dann führt Celsus im Anschluss daran Äußerungen an, die völlig im Widerspruch zur Lehre Jesu von wenigen sogenannten Christen vorgebracht worden sind, und zwar nicht von besonders verständigen Christen, wie er glaubt, sondern von besonders unwissenden. Er behauptet, es seien ‚folgende Regeln von ihnen aufgestellt worden: Kein Gebildeter solle kommen, kein Weiser, kein Verständiger; denn diese Eigenschaften' würden bei uns ‚für schlecht gehalten; aber wenn einer ein Unwissender, ein Dummkopf, ein Ungebildeter, ein Unmündiger sei, der solle getrost kommen. Indem sie (die Christen) nämlich ohne weitere Umstände darin übereinstimmen, dass diese Leute ihres Gottes würdig sind, zeigen sie ganz offen, dass sie nur einfältige, gewöhnliche und stumpfsinnige Leute sowie Sklaven, wehrlose Frauen und unreife Kinder überzeugen wollen und auch nur dies vermögen.' Und dazu sagen wir ... (44). Da es Celsus Freude macht, uns mit Worten zu schmähen, fügte er noch weitere Punkte hinzu ... Er sagt: ‚Wir sehen nun auch, wie in den Privathäusern Wollarbeiter, Schuster, Walker und die ungebildetsten und tölpelhaftesten Leute in Gegenwart ihrer älteren und verständigeren Meister keinen Ton zu äußern wagen, wie sie jedoch merkwürdige Dinge von sich geben, wenn man sie mit ihren Kindern privat und in Gesellschaft von irgendwelchen unverständigen, ehrlosen Frauen antrifft: Man dürfe seine Aufmerksamkeit nicht auf den (heidnischen!) Vater oder die (heidnischen!) Lehrer richten, sondern müsse ihnen (den Sprechern) gehorchen ... Sie allein wüssten, wie man leben müsse, und wenn ihnen die Kinder gehorchen würden, so würden diese glückselig werden und Glück über das Haus bringen ... Wenn die Kinder aber wollten, müssten sie sich sowohl vom Vater als auch von den Lehrern lösen und mit den ehrlosen Frauen und den Spielkameraden in den Laden eines Tuchhändlers oder in die Schusterwerkstatt oder in die Walkerei gehen, um die Vollkommenheit zu empfangen' (55)".

2. Apuleius von Madaura

Noch bösartiger fällt die Charakterisierung christlichen Lebens an einer anderen Stelle aus dem 2. Jahrhundert n. Chr. aus, wo man die Polemik auf den ersten Blick vielleicht gar nicht erkennt. Ich denke hier an die folgende Passage aus dem an sich vergnüglich zu lesenden Roman „Metamorphosen" oder „Der goldene Esel" des Apuleius von Madaura, der – mit Ausnahme von Buch XI – eine griechische Vorlage verarbeitet[7]:

> Der Müller, der mich (d.h. den Erzähler Lucius, der in einen Esel verwandelt worden war) für sein Geld zu seinem Eigentum gemacht hatte, im Übrigen ein rechtschaffener und überaus bescheidener Mann, hatte sich eine sehr böse und unter allen Frauen bei weitem die schlimmste Gattin erwählt und hatte entsetzliche Qualen in Ehe und Haus zu ertragen, so dass auch ich, beim Hercules, für ihn im Stillen häufig seufzte. Denn auch nicht ein einziges Laster fehlte jener ungemein liederlichen Frau, sondern alle schändlichen Eigenschaften waren, wie in einer schmutzigen Kloake, in ihrem Herzen zusammengeflossen: Sie war hochnäsig und dümmlich, verrückt nach Männern und Wein, zänkisch und trotzig, gierig nach schändlich zusammengerafftem Geld und maßlos im Geldausgeben für schimpfliche Zwecke, sie wusste nichts von Treue und war eine Feindin aller Schamhaftigkeit. Außerdem verachtete und verspottete sie die göttlichen Mächte, und an die Stelle einer sicheren Religion setzte sie die erlogene, frevelhafte Annahme eines Gottes, von dem sie behauptete, er sei der einzige. Während sie mit vorgespielter Einhaltung leerer Gebräuche alle Menschen täuschte und ihren armen Gatten betrog, hatte sie sich schon früh am Morgen dem Wein und ständiger Unzucht hingegeben.

Woran erkennen wir hier überhaupt den christlichen Einschlag? Stutzig macht zunächst das Bekenntnis dieser Frau zu einem einzigen Gott, das so eigentlich nur im Judentum oder im Christentum zu Hause sein kann (manche Autoren denken deshalb auch an eine jüdische Proselytin statt an eine Christin). Hinter dem Geldausgeben für „schimpfliche" Zwecke dürfte sich die christliche Wohltätigkeit verbergen, von der auch Lukian spricht, wenn auch abfällig. Der Weingenuss am frühen Morgen verweist wohl auf die Eucharistiefeier, und gegen den Vorwurf der Unzucht, der aus einem Missverständnis der geschwisterlichen Liebe unter den Christen resultiert, setzen sich bekanntlich auch die Apologeten zur Wehr, mit besonderer Bissigkeit und schneidender Schärfe Tertullian.

Die ausgesprochene Bösartigkeit dieser Karikatur bei Apuleius wird etwas verständlicher, wenn wir die Grundtendenz des ganzen Romans in Betracht ziehen, die durch und durch satirisch und sozialkritisch ist, mit Ausnahme des 11. Buches, wo der Autor geradezu hymnisch von der Göttin Isis spricht. Ansonsten kommen zum Beispiel in einem längeren Abschnitt (Met VIII 24,2 – 30,5) die Bettelpriester der Syrischen Göttin noch erheblich schlechter weg als die christliche Frau, die uns nur an der einen Stelle begegnet.

Das alles sind Überzeichnungen, teils maßlose Überzeichnungen, in denen aber gelegentlich auch ein Körnchen Wahrheit steckt. Die Christen hatten, so

---

[7] Metamorphosen IX 14,1–3; vgl. P. Guyot / R. Klein, Das frühe Christentum (s. Anm. 1) II, 150f.

können wir festhalten, eine schlechte Presse, von dem Moment an, wo sie überhaupt eine Presse hatten. Dass sie tatsächlich mehrheitlich eher in den unteren Schichten anzusiedeln sind und nicht in den mittleren oder gar oberen wird entgegen einem zeitweiligen Trend in Forschung neuerdings wird entschieden herausgestellt (vermutlich sogar etwas zu entschieden)[8]. Um so erstaunlicher sind und bleiben Ausbreitung und Erfolg des Christentums[9]. Wir vermuten fürs Erste, dass dies mit jenen Zügen wie Nächstenliebe und Eindeutigkeit des Bekenntnisses zusammenhängt, die Lukian etwa derart herunterspielt. Und wir können als Zwischenresultat festhalten, dass eine marginalisierte Position innerhalb der Gesellschaft und der Spott der meinungsbildenden Schicht nicht unbedingt als Katastrophe zu werten sind.

II. Ein Blick von innen

Verweilen wir in diesem Zeitraum, im 2./3. Jahrhundert n. Chr., und hören wir uns eine christliche Stimme an, die auf Fragen dieser und ähnlicher Art antworten will. Sie wird in einer stilistisch und rhetorisch glänzend gestalteten Schrift vernehmbar, die mit der Anrede „erlauchter Diognet" beginnt und deshalb meist als „Schrift an Diognet" oder „Diognetbrief" bezeichnet wird. Der Textauszug lautet[10]:

Die Christen nämlich unterscheiden sich weder hinsichtlich ihres Heimatlands noch ihrer Sprachen oder Sitten von den anderen Menschen. Denn nirgendwo bewohnen sie eigene Städte, sie benutzen keine abweichende Sprache und führen auch kein auffallendes Leben ... Sie bewohnen zwar jeder seine Vaterstadt, aber wie Einwohner ohne Bürgerrecht; sie nehmen an allem teil wie Bürger und ertragen alles wie Fremde; jede Fremde ist ihnen eine Heimat, und jede Heimat Fremde. Sie heiraten wie alle Menschen und haben Kinder; aber sie setzen die Neugeborenen nicht aus. Einen gemeinsamen Tisch bieten sie allen an, aber das Bett haben sie nicht gemeinsam ... Auf der Erde verbringen sie ihre Lebenszeit, aber im Himmel sind sie Bürger. Sie gehorchen den bestehenden Gesetzen und übertreffen doch jeder in seiner eigenen Lebensführung die Gesetze. Sie lieben alle Menschen und werden doch von allen verfolgt. Man weiß nichts über sie, und man verurteilt sie doch; man tötet sie und erweckt sie dadurch gerade zum Leben. Sie sind bettelarm und machen doch viele Menschen reich; es fehlt ihnen an allem, und doch haben sie Überfluss an allem ... Von den Juden werden sie wie Andersstämmige bekämpft und von den Griechen verfolgt; aber den Grund für ihre Feindschaft können diejenigen, von denen sie gehasst werden, nicht angeben.

---

[8] So nämlich J. J. MEGGITT, Paul, Poverty and Survival (Studies of the New Testament and Its World), Edinburgh 1998; vgl. die Rez. von H. J. KLAUCK, in: BZ NF 43 (1999) 285–287.

[9] Vgl. die Bemerkung bei G. THEISSEN, Studien (s. Anm. 1) 64: „Dessen (d.h. des Urchristentums) Wandlung aus einer subkulturellen Strömung am Rande der antiken Gesellschaft zum Sozialkitt des spätantiken Zwangsstaates ist zweifellos das Zentralproblem jeder Soziologie des antiken Christentums."

[10] Epistula ad Diognetum 5,1–17; bei K. WENGST, Didache (Apostellehre), Barnabasbrief, Zweiter Klemensbrief, Schrift an Diognet (SUC 2), Darmstadt 1984 318–321, und P. GUYOT / R. KLEIN, Das frühe Christentum (s. Anm. 1) I, 246f. Vgl. jetzt auch H. LONA, An Diognet (Kommentar zu frühchristlichen Apologeten 8), Freiburg i. Br. 2001.

Integration und Distanz oder Integrierung bei gleichzeitiger Distanzierung, auf dieses gegensätzliche Begriffspaar könnte man die Hauptaussage unseres Textes reduzieren. Die Christen sind selbstverständlicher Teil der sie umgebenden Gesellschaft. Sie sprechen die Sprache ihrer Mitbürger, leben in den Städten, nicht in Ghettos oder in der Wüste, sie haben Familie und halten sich an die Gesetze, soweit die Integration. Dennoch gibt es Unterschiede, die sich zum Beispiel im Verhalten äußern: Neugeborene werden nicht ausgesetzt, eine in der Antike leider durchaus gängige Praxis. Die eheliche Treue wird hochgehalten, ebenso die Wohltätigkeit („gemeinsamer Tisch") als Ausdruck der Liebe zu allen Menschen, und dies, obwohl der eigene Lebensstandard nicht sehr hoch ist. Durch all das werden die Christen doch so auffällig, dass man ihnen mit Misstrauen und Ablehnung begegnet. Im Judentum haben sie schon länger keine Heimat mehr, aber auch die nichtjüdische Umwelt begegnet ihnen teils mit Ablehnung.

Unterfangen wird diese Skizze mit Anspielungen auf die Schrift, die zugleich der Deutung und Bewältigung des Erlebten dienen. Dass sich die Christen wie Fremde fühlen, wie Einwohner ohne Bürgerrecht, erinnert an ein Leitmotiv im ersten Petrusbrief[11]. Dieses Schreiben richtet sich nämlich „an die auserwählten Beisassen in der Diaspora" (1 Petr 1,1), und es redet seine Adressaten folgendermaßen an: „Geliebte, ich ermahne euch als Zugezogene und Beisassen, ... euren Wandel unter den Heiden recht zu führen ..." (1 Petr 2,11f.). Das griechische Wort πάρ-οικος, das mit dem veralteten Terminus „Beisasse" wiedergegeben wird, bedeutet eben dies: jemand, der an einem Ort lebt, der nicht seine Heimat ist, wo er nicht das volle Bürgerrecht genießt, und der andere Ausdruck „Zugereiste" versteht sich eigentlich von selbst (im Griechischen παρ-επί-δημος, nebenher zum Staatsvolk hinzukommend). Dass Christen eine Heimat im Himmel haben, sagt auch Paulus in Phil 3,20: „Denn unser πολίτευμα (unser Staatswesen, unsere Bürgerschaft) liegt im Himmel, von wo wir auch als Retter erwarten den Herrn Jesus Christus" (wir merken schon, dies in Klammern, wie hier politisch und gesellschaftlich vorgeprägte Termini, sozusagen Begriffe aus der antiken Soziologie, herangezogen und auf die Christen angewendet werden)[12]. Die Distanzierung, die mit der Verortung der eigentlichen Heimat im Himmel gegeben ist, hebt das gegenläufige Bestreben nach Integration im Üb-

---

[11] Vgl. zum Folgenden die schöne Studie von R. FELDMEIER, Die Christen als Fremde. Die Metapher der Fremde in der antiken Welt, im Urchristentum und im 1. Petrusbrief (WUNT 64), Tübingen 1992; ferner J. H. ELLIOTT, A Home for the Homeless. A Sociological Exegesis of 1 Peter, Its Situation and Strategy, Philadelphia 1982; F. R. PROSTMEIER, Handlungsmodelle im ersten Petrusbrief (FzB 63), Würzburg 1990; H. GIESEN, Lebenszeugnis in der Fremde. Zum Verhalten der Christen in der paganen Gesellschaft, in: SNTU 23 (1998) 113–152.

[12] Zur Stelle und zur Terminologie vgl. W. COTTER, Our Politeuma is in Heaven: The Meaning of Philippians 3.17–21, in: B. H. McLEAN (Hrsg.), Origins and Method. Towards a New Understanding of Judaism and Christianity (FS J. C. Hurd) (JSNT.S 86), Sheffield 1993, 92–104; D. J. DOUGHTY, Citizens of Heaven: Philippians 3.2–21, in: NTS 41 (1995) 102–122.

rigen nicht auf, auch bei Paulus und im ersten Petrusbrief nicht. Im Gegenteil, diesen Spagat zu bewältigen, macht gerade die eigentliche Herausforderung für christliche Gemeindebildung und christliches Gemeindeleben aus; in der Bewältigung dieser unaufhebbaren Spannung besteht seine wesentliche Leistung. Nietzsches Ausruf „Brüder, bleibt der Erde treu!" steht nicht in einem derart krassen Kontrast zu christlichem Selbstverständnis, wie sein Urheber meinte.

III. Das Selbstverständnis: Gottesvolk und Bürgerversammlung

Gerade ist das Stichwort „Selbstverständnis" gefallen, und mit den letzten Zitaten aus dem ersten Petrusbrief und dem Philipperbrief sind wir beim Neuen Testament angelangt. Fragen wir – nach dem Blick von außen und dem Blick von innen – als Nächstes also, wie sich die ersten Gruppen aus der Jesusbewegung nach Ostern selbst verstanden haben und wie sie zur notwendigen eigenen Identitätsbildung fanden. Auch hier bietet der erste Petrusbrief einen guten Ausgangspunkt, weil er seine Adressaten zum Ausgleich für ihre unbefriedigende gesellschaftliche Position mit religiös besetzten Ehrentiteln überhäuft: „Ihr seid ein auserwähltes Geschlecht, eine königliche Priesterschaft, ein heiliger Stamm, ein Volk, das Gott als Eigentum gehört ... Die ihr einst Nicht-Volk wart, seid jetzt Gottes Volk" (1 Petr 2,9f.). Dies sind ausnahmslos Attribute, die im Alten Testament für das Volk Israel reserviert sind und an denen jetzt auch die durch Jesus von Nazareth ausgelöste, innerjüdische Reformbewegung partizipieren möchte.

1. Volk Gottes

Greifen wir aus dieser Liste die in der Sache sicher führende Bezeichnung „Volk Gottes" heraus. Sie kam durch das Zweite Vatikanische Konzil, das von der Kirche als wanderndem Gottesvolk auf irdischer Pilgerschaft spricht, zu neuen Ehren, und die Leistungsfähigkeit dieser theologischen Grundmetapher ist unbestritten. Sie stellt unter anderem klar, dass dieses Gebilde sich als *Volk* auch eine sichtbare Sozialgestalt geben muss, die aber, da es sich ja um das Volk *Gottes* handelt, das Nationalbewusstsein der Völker der Welt transzendiert[13].

Im Neuen Testament kommt „Volk Gottes" als direkter Titel für die christliche Gemeinde erheblich seltener vor, als wir erwarten würden. Paulus etwa

---

[13] Vgl. H. J. KLAUCK, Volk Gottes und Leib Christi, oder: Von der kommunikativen Kraft der Bilder. Neutestamentliche Vorgaben für die Kirche von heute, in: DERS., Alte Welt und neuer Glaube. Beiträge zur Religionsgeschichte, Forschungsgeschichte und Theologie des Neuen Testaments (NTOA 29), Freiburg (Schweiz)/Göttingen 1994, 277–301; W. KRAUS, Das Volk Gottes. Zur Grundlegung der Ekklesiologie bei Paulus (WUNT 85), Tübingen 1996.

verwendet den Begriff nur in alttestamentlichen Zitaten, wo er von Hause aus das Bundesvolk Israel meint. Und genau hierin liegt auch der Grund für die auffällige Zurückhaltung. „Volk Gottes" war schon besetzt als Ehrenname für das Volk Israel, für Gottes erste Liebe, für die das Prophetenwort in Kraft bleibt: „Kann man denn die Frau verstoßen, die man in der Jugend geliebt hat?" (Jes 54,6). Wenn sich die Kirche als Volk Gottes versteht, muss sie immer auch ihr Verhältnis zum Bundesvolk Israel mitbedenken, und das ist keine einfache Aufgabe. Schon innerhalb des Neuen Testaments wurde sie nicht immer zufriedenstellend gelöst. Eine schlichte Substitutionstheorie, derzufolge die Kirche als das neue und wahre Israel das alte Israel abgelöst hätte und es fortan neben der Kirche nur noch ein Volk der ungläubigen Juden gäbe, lässt sich theologisch nicht halten und hat sich historisch unheilvoll ausgewirkt als verstärkender Faktor von Antijudaismus und Antisemitismus. Auf den Spuren dessen, was Paulus in Röm 9–11 über das Geheimnis Israels sagt, bleibt hier für die Zukunft noch viel Arbeit zu leisten, um zu einem befriedigenden Miteinander von Kirche und Israel zu gelangen. Streng genommen kann es ja nur ein einziges Volk Gottes geben, weil Gott ein Einziger ist. Das heißt mit anderen Worten, dass Israel und die Kirche geschichtliche Realisierungsweisen darstellen, die hinter der ganzen Realität des Volkes Gottes ein Stück weit zurückbleiben und gemeinsam unterwegs sind zu seiner endgültigen Realisierung am Ende der Zeit[14].

2. Gemeinde Gottes

Der Gottesvolkgedanke ist auf einem Umweg, wie wir gleich sehen werden, aber doch präsent in der führenden Selbstbezeichnung der christlichen Gruppen im Neuen Testament. Sie lautet im Griechischen ἐκ-κλησία, was im Französischen als „église" und im Spanischen als „iglesia" weiterlebt. Im Deutschen kommen wir für die Übersetzung mit einem Wort gar nicht aus, sondern müssen je nachdem zu „Kirche", zu „Gemeinde" oder zu „Versammlung" greifen. Weil in diesem Begriff wichtige Momente der Identitätsbildung und der gesellschaftlichen Verortung stecken, kommen wir nicht umhin, hier ein wenig weiter auszuholen[15].

---

[14] Vgl. dazu die Problemanzeigen und Lösungsvorschläge bei H. Frankemölle, Jüdische Wurzeln christlicher Theologie. Studien zum biblischen Kontext neutestamentlicher Texte (BBB 116), Bodenheim 1998; Ders. (Hrsg.), Der ungekündigte Bund? Problemanzeigen des Neuen Testaments (QD 172), Freiburg i. Br. 1998.

[15] Zum Folgenden vgl. unter anderem J. Roloff, Die Kirche im Neuen Testament (GNT 10), Göttingen 1993, bes. 82–85.96–99; H. J. Klauck, Gemeinde zwischen Haus und Stadt. Kirche bei Paulus, Freiburg i. Br. 1992; R. Reck, Kommunikation und Gemeindeaufbau. Eine Studie zu Entstehung, Leben und Wachstum paulinischer Gemeinden in den Kommunikationsstrukturen der Antike (SBB 22), Stuttgart 1991, 233–270; H. Merklein, Die Ekklesia Gottes. Der Kirchenbegriff bei Paulus und in Jerusalem, in: Ders., Studien zu Jesus und Paulus

a) „Versammlung des Herrn"

Beginnen wir wieder mit dem Alten Testament. Dort wird öfter, besonders häufig in Exodustraditionen, von der „Versammlung des Herrn" gesprochen. Als Beispiel genüge das Buch der Richter: „Die Häupter des ganzen Volkes, alle Stämme Israels, traten zu einer Versammlung (ἐκκλησία) des Volkes Gottes zusammen, vierhunderttausend Mann zu Fuß, mit Schwertern bewaffnet" (Ri 20,1). Für das hebräische Wort, das zu Grunde liegt, gibt es zwei Übersetzungsmöglichkeiten, die in der griechischen Wiedergabe des Alten Testaments ziemlich unterschiedslos verwendet werden, einmal ἐκκλησία, sodann συναγωγή. Ihre große Nähe zeigt der fast synomyme Gebrauch an einer ansonsten für uns eher belanglosen Stelle: „Fast hätte mich alles Unheil getroffen, in der Versammlung (ἐκκλησία) und in der Gemeinde (συναγωγή)" (Spr 5,14). Durch die spätere Begriffsgeschichte, dies als Zwischenbemerkung, dürfen wir uns also nicht täuschen lassen. Sie führte im Mittelalter zur bildlichen Darstellung, am Portal des Straßburger Münsters etwa, von triumphierender christlicher Ekklesia und blinder jüdischer Synagoge. Am Anfang aber war es nicht so (mit einem Jesuswort). Beide Male ist Israel gemeint.

Der Ausdruck „Versammlung des Herrn" mit seinen kriegerischen Assoziationen wurde, auf Hebräisch und auf Griechisch, im Judentum der Zeitenwende reaktiviert. In der endzeitlich gestimmten Kriegsrolle von Qumran bedeutet Versammlung Gottes (1QM 4,10) soviel wie Gottes letztes Aufgebot, Kerntruppe des neuen Gottesvolkes. Der Ausdruck gewinnt dort durch die Parallelführung mit den „Heiligen seines Volkes" (1QM 6,6) fast den Sinn der neueren Sektenbezeichnung „Heilige der letzten Tage". So ähnlich hat sich anscheinend auch die christliche Urgemeinde verstanden und dies durch die Wahl von „Versammlung Gottes" als Eigenbezeichnung auch nach außen hin an den Tag gelegt. Im Anschluss an Exodustraditionen, mit dem Israel der Wüstenzeit vergleichbar, sah sie sich als Vortrupp oder Stoßtrupp des erneuerten Israel der Endzeit, das Gott bald wieder in der längst verlorenen Vollgestalt seiner zwölf Stämme zusammenführen wird (deshalb unter anderem auch die Zwölfzahl der Apostel[16]).

b) Bürgerversammlung der Stadt

Warum im Griechischen dafür Ekklesia gewählt wurde und nicht Synagoge, ist nicht einmal so leicht zu sagen. Vielleicht waren bestimmte Vorzugsstellen im griechischen Alten Testament oder ein fester Sprachgebrauch in den griechisch sprechenden jüdischen Kreisen Jerusalems dafür maßgebend. Jedenfalls muss-

---

(WUNT 43), Tübingen 1987, 296–318; zu den politischen Grundlagen vgl. unter anderem M.H. Hansen, The Athenian Ecclesia II: A Collection of Articles 1983–89, Kopenhagen 1989.

[16] Vgl. dazu nur H. J. Klauck, Die Auswahl der Zwölf (Mk 3,13–19), in: Ders., Gemeinde - Amt - Sakrament. Neutestamentliche Perspektiven, Würzburg 1989, 131–136.

te auf dieser Grundlage mit dem Übergang in griechisches Kulturgebiet ein Perspektivenwechsel erfolgen. In einer Stadt wie Korinth fühlten sich die neu gewonnenen Christen, wenn sie Ekklesia hörten, an ihr politisches Erbe erinnert, denn für sie bedeutete Ekklesia zunächst die Versammlung der freien, stimmberechtigten Bürger eines Gemeinwesens. Das Wort selbst ist abzuleiten von ἐκ-καλέω, herausrufen, zusammenrufen. Ein Herold tritt auf, ruft mit lauter Stimme die Leute aus ihren Häuser, aus ihren Alltagsbeschäftigungen heraus und fordert sie auf, zur Versammlungsstätte zu gehen. Die Versammlung, die sich dort konstituiert, fungiert als höchstes Organ der Volkssouveränität. Sie verfügt über Legislativ- und Exekutivgewalt und bildet zugleich den obersten Gerichtshof, wo Urteile über Leben und Tod, über Verbannung und Strafzahlungen mit Mehrheitsentscheid fallen. Allerdings steckt in der dürren Angabe „die freien, stimmberechtigten Bürger einer Stadt" schon eine beträchtliche Einschränkung. De facto werden davon etwa 10–15% der Stadtbevölkerung erfasst. Nicht stimmberechtigt sind Frauen, Kinder, Sklaven und Zugewanderte.

In diesem Selbstverständnis der christlichen Gemeinde als Ekklesia, als Volksversammlung Gottes, als Versammlung seiner Bürger und – das ist jetzt immer mitzuhören – seiner Bürgerinnen, ist sehr viel mehr an Zusage, Einladung und Programm enthalten, als die farblosen Übersetzungen verraten. Mit diesem politisch besetzten Terminus gibt die Gemeinde, die zahlenmäßig nur eine winzige Splittergruppe darstellte – wir bewegen uns im Promillebereich, nicht bei Prozenten –, zu erkennen, dass sie sich nicht in eine Randexistenz zurückzieht, sondern Gehör in der ganzen Stadt einfordert. Zugleich stellt sie ihr ein Modell gesellschaftlicher Integration vor Augen, denn in ihren Reihen haben auch Zugereiste, auch sozial Deklassierte, auch Angehörige des benachteiligten Geschlechts Sitz und Stimme. Anders als in der griechischen Ekklesia gilt für sie der Programmsatz aus Gal 3,28: Juden und Griechen, Sklaven und Freie, Männer und Frauen sind eins in Christus[17]. Im Umgang mit der Stadt kann sie sich an das halten, was der Prophet Jeremia von Jerusalem aus an die Verbannten in Babylon schrieb: „Sucht das Wohlergehen (*schalom*) der Stadt, in die ich euch verbannt habe" (Jer 29,7).

---

[17] Das Ideal, das in diesem Satz Ausdruck findet, und seine oft sehr schwierige, teils misslingende Realisierung beschreibt jetzt M. EBNER, Wenn alle ‚ein einziger' sein sollen ... Von schönen theologischen Konzepten und ihren praktischen Problemen: Gal 3,28 und 1 Kor 11,2–16, in: E. KLINGER U.A. (Hrsg.), Der Körper und die Religion. Das Problem der Konstruktion von Geschlechterrollen, Würzburg 2000, 159–183.

3. Zwei Seitenblicke

a) Demokratische Verfassung?

Dazu noch zwei Seitenblicke, wieder nach außen und innen. Beginnen wir diesmal mit der inneren Strukturierung der Gemeinde. Die Ekklesia war in den griechischen Stadtstaaten die Trägerin der demokratischen Verfassung, auf die die Griechen so stolz waren, nicht ganz zu Unrecht, trotz aller Vorbehalte. Herodot, der Vater der Geschichtsschreibung, setzt die Demokratie gegen die Alleinherrschaft ab und singt ihr Loblied mit folgenden Worten (III 80,2 – 6)[18]:

> Mir scheint, ein Einzelner von uns darf nicht Alleinherrscher werden; das ist nicht erfreulich und gut für uns ... Wie kann die Alleinherrschaft eine wohlgeordnete Einrichtung sein, wenn es darin dem König erlaubt ist, ohne Verantwortlichkeit zu tun, was er will? Auch wenn man den Allerbesten zu dieser Stellung erhebt, würde er seiner früheren Gesinnung untreu werden. Selbstüberhebung befällt ihn aus der Fülle von Macht und Reichtum ...
> Wenn dagegen die Menge herrscht, hat dieses Regiment zunächst den allerschönsten Namen: Gleichheit vor dem Gesetz. Außerdem aber ist sie von all den Fehlern frei, die die Alleinherrschaft aufweist. Sie besetzt die Ämter durch das Los, die Verwalter der Ämter sind rechenschaftspflichtig. Alle Beschlüsse werden der Gesamtheit vorgelegt.

Die Kritik Herodots an der Alleinherrschaft, der „Monarchie", erinnert geradezu an ein Jesuswort: „Ihr wisst, dass die, welche als Fürsten der Völker gelten, sie unterjochen, und ihre Machthaber üben Gewalt über sie aus. Bei euch aber soll es nicht so sein ..." (Mk 10,42f.). Wenn man das alles zusammennimmt, erstens die Wahl des Begriffs Ekklesia mit seinen unumgänglichen politischen Assoziationen als Selbstbezeichnung, zweitens die Erweiterung dieser Ekklesia, wie wir schon gesehen haben, um die zuvor entrechteten Gruppen und drittens das eben zitierte, herrschaftskritische Jesuswort, müsste sich daraus nicht ganz selbstverständlich die Folgerung ergeben, dass auch die christliche Ekklesia eine demokratische Verfassung hat?

Vom Neuen Testament aus gesehen, ist das nicht so weit hergeholt und so modernistisch, wie oft behauptet wird[19]. Immerhin gelangt der Apostel Matthias durch Losentscheid in den Zwölferkreis (Apg 1,26). Bei der Bestellung der Sieben in Apg 6,1 – 6 kommt es zu einem Zusammenspiel verschiedener Instanzen, das wir so nicht mehr kennen: Die Zwölf schlagen der Gemeinde vor, zu ihrer Entlastung die Gruppe der Sieben zu bilden. Die Gemeinde wählt die Sieben aus und stellt sie dann den Aposteln vor, die durch Gebet und Handauflegung ihre Zustimmung signalisieren. In 2 Kor 8,16 – 24 sind mit Titus zwei

---

[18] Auf diese eindrucksvolle Stelle wurde ich aufmerksam durch M. EBNER, Strukturen fallen auch in christlichen Gemeinden nicht vom Himmel. Überlegungen zu neutestamentlichen Gemeindemodellen, in: Diakonia 31 (2000) 60–66.99–204, hier 60; sein Aufsatz ist zum ganzen Paragraphen zu vergleichen.
[19] Vgl. dazu die schöne Arbeit von R. NEUBERTH, Demokratie im Volk Gottes? Untersuchungen zur Apostelgeschichte (SBB 46), Stuttgart 2001.

weitere Brüder zum Einsammeln der Kollekte für Jerusalem unterwegs. Paulus bezeichnet sie in 8,23 als „Apostel der Gemeinden", und während er einen der beiden selbst bestimmt hat, sagt er von dem anderen, dass er „von den Gemeinden als unser Reisegefährte für diese Liebesgabe gewählt worden ist" (8,19). Im Griechischen kann man noch erkennen, dass diese Wahl durch Handaufheben erfolgte (χειρο-τονηθείς). Diese Traditionen des Anfangs sind völlig verschüttet gegangen, infolge von teils problematischen Inkulturationsprozessen, die eine Angleichung an imperiale, königliche und kaiserliche Machtstrukturen mit sich brachten. Hier gilt es doch wohl, die Anfänge wieder zu freizulegen, um der Zukunft der Kirche willen.

b) Vereine als Analogie?

Nun könnte jemand einwenden, und das ist unser zweiter Seitenblick: Zur Zeit des Paulus hatte diese griechische Ekklesia ihren Stellenwert doch völlig verloren, weil alle wichtigen Entscheidungen bei den Römern lagen. Einmal stimmt das nur zum Teil. Man „spielte" sozusagen in den Städten Griechenlands und Kleinasiens weiterhin „Ekklesia", auch wenn deren Befugnisse nur noch bescheiden waren. Auch das wissen wir aus dem Neuen Testament. In Apg 19, beim Aufstand der Silberschmiede in Ephesus, kommt die aufgebrachte Volksmenge im Theater zusammen. Lukas bezeichnet diese Versammlung in 19,32 und 19,40 als Ekklesia, und der Stadtschreiber, der für Ruhe und Ordnung zuständig ist, droht in 19,38f. nicht nur mit dem römischen Statthalter, der Gerichtstag halten wird, sondern verweist auch auf die „gesetzmäßige Volksversammlung" (Ekklesia) als geeigneten Ort für die Debatte[20].

Zum anderen hatte die brachliegende politische Energie ein anderes Ventil gefunden, das von den Römern entsprechend misstrauisch beobachtet und kontrolliert wurde, nämlich das Vereinswesen. Eine geläufige Erscheinung der frühen Kaiserzeit, gerade in Griechenland und sicher auch in den Städten, wo Paulus Gemeinden gründete, waren die privaten Vereine, die sich mit irgendeiner religiösen, pseudo-religiösen, beruflichen oder sonstigen Zielsetzung zusammenfanden und ihr Vereinsleben pflegten. In der älteren Forschung kann man dazu lesen: „Der Grieche in der Zeit seiner politischen Ohnmacht ... ist ein Vereinsmeyer erster Güte ... auf den Trümmern der *polis* im größeren Verband der Reihe erwächst der Verein"[21]. Einen Schwerpunkt des Vereinslebens bilde-

---

[20] Zu dieser ganzen Szene vgl. H.J. Klauck, Magic and Paganism in Early Christianity. The World of the Acts of the Apostles, transl. by Brian McNeil, Edinburgh 2000, 97–110.

[21] M. L. Strack, Die Müllerinnung in Alexandrien, in: ZNW 4 (1903) 213–234, hier 223–225. An neueren Beiträgen zum Vereinswesen vgl. J. S. Kloppenborg / S. Wilson (Hrsg.), Voluntary Associations in the Graeco-Roman World, London 1996; O. M. van Nijf, The Civic World of Professional Associations in the Roman East (Dutch Monographs on Ancient History and Archaeology 17), Amsterdam 1997; weiteres bei H. J. Klauck, The Religious Context of Early Christianity: A Guide to Graeco-Roman Religions, transl. by Brian McNeil (Studies of the New Testament and Its World), Edinburgh 2000, 42–54.

ten Opferfeier und Gemeinschaftsmahl. Dazu kam man in Häusern zusammen, wenn genug Geld vorhanden war, in einem eigenen Vereinshaus, sonst im Privathaus des Stifters oder des Vorsitzenden[22]. Es gab eine gemeinsame Kasse, eine regelmäßige Vollversammlung mit Beratung und Abstimmung, und es gab bestimmte Ämter wie Vorsteher, Kassenwart und Sekretär, die durch Wahl auf Zeit besetzt wurden und unter den Mitgliedern rotierten.

Zwei Gesichtspunkte müssen wir noch hinzunehmen[23]. Die Vereine waren *erstens* in ihrer sozialen Zusammensetzung relativ homogen, das heißt, man blieb weithin unter sich. Wir kennen zum Beispiel auch Sklavenvereine, die dann aber nur Sklaven und allenfalls noch Freigelassene umfassten. Viele Vereine waren reine Männergesellschaften, Frauen konnten gelegentlich zu eigenen Vereinen zusammenfinden, gemischte Vereine entstanden eigentlich nur auf Familienbasis, wenn also eine Großfamilie den harten Kern der Vereinigung bildet. Wir kennen *zweitens* eine Reihe von Bezeichnungen für solche Vereine. Obwohl die Vereine Funktionen der klassischen Ekklesia übernommen hatten, blieb Ekklesia aber als Vereinsname oder Bezeichnung für die Mitgliederversammlung, soweit wir sehen, ausgespart. Ekklesia galt offenbar nicht als geeigneter Terminus für einen privaten Verein. Der Ausdruck war zu sehr politisch besetzt und mit Öffentlichkeit konnotiert.

Die frühen Christen in Korinth oder Thessalonich dürften für Außenstehende dem privaten Kultverein einer neuen orientalischen Mysteriengottheit, der in Privathäusern seinem Vereinsleben nachgeht, verblüffend geähnelt haben. Das war eine Form, in der sie ihr Leben entfalten konnten, und manches dürfte hinsichtlich der inneren Strukturierung auch dort abgelesen sein. Wieder bleiben Unterschiede, die es mit dem Namen und mit der sozialen Zusammensetzung zu tun haben. Die Gemeinde versuchte bewusst, sich von solchen Vereinen schon durch ihre Selbstbezeichnung als Ekklesia abzuheben. Dadurch demonstriert sie ihr Bewusstsein der Kontinuität zu Israel und ihren Anspruch auf Öffentlichkeit. Was die Mitglieder angeht, musste sie sich von ihrem Programm her für Menschen aller Schichten öffnen und konnte dadurch die im Vereinswesen vorhandene Engführung vermeiden.

Dazu ein Letztes: Ein Verein konnte sich auch nach seinem Kultheros benennen. „Sarapiasten" etwa sind Anhänger des griechisch-römischen Gottes

---

[22] Die umfangreiche Disskussion, die sich seit ca. zwei Jahrzehnten zu „Haus" und „Hausgemeinde" entwickelt hat, fasst jetzt gut zusammen R. W. GEHRING, Hausgemeinde und Mission. Die Bedeutung antiker Häuser und Hausgemeinschaften – von Jesus bis Paulus (Bibelwissenschaftliche Monographien 9), Gießen 2000.
[23] Zu dem im Folgenden angedeuteten Vergleich zwischen Vereinen und Gemeinden vgl. besonders T. SCHMELLER, Hierarchie und Egalität. Eine sozialgeschichtliche Untersuchung paulinischer Gemeinden und griechisch-römischer Vereine (SBS 162), Stuttgart 1995; G. SCHEUERMANN, Gemeinde im Umbruch. Eine sozialgeschichtliche Studie zum Matthäusevangelium (FzB 77), Würzburg 1996, 15–93: „Teil A. Antike Vereinssatzungen".

Sarapis. Diese Möglichkeit haben die frühen Gemeinden von sich aus nicht gewählt. Wo und wie der Name „Christen", mit dem wir so selbstverständlich umgehen, aufkam, wäre eine eigene Untersuchung wert. Paulus kennt diese Bezeichnung noch nicht. Nach Apg 11,26 kam sie in Antiochien in der Form „Christianer" auf und wurde den Gläubigen von Außenstehenden beigelegt, um sie von anderen jüdischen Gruppen zu unterscheiden.

Im Übrigen ist der Vergleich von hellenistisch-römischen Vereinen und christlichen Gemeinden keine Erfindung der Neuzeit. Tertullian, der scharfzüngige Jurist und blendende Rhetor, hat ihn bereits durchgeführt, wenn er die christlichen Gruppen mit entsprechenden lateinischen Termini belegt und von ihren Pendants im politisch-sozialen Leben der Umwelt abhebt. Es ist ein Text, den wir uns nicht entgehen lassen sollten[24]:

(1) Klarheit will ich nun schaffen über das Tun und Treiben der christlichen *factiones* (‚Klubs‘, ‚Parteien‘), damit ich, nachdem ich ihren (angeblichen) schlechten Charakter widerlegt habe, ihren guten nachweise. Ein *corpus* (‚Körperschaft‘) sind wir durch die innere Verbundenheit im Glauben, durch die Gemeinsamkeit unserer Lehre, durch den Bund unserer Hoffnung. (2) Zusammen kommen wir zum *coetus* (‚Beisammensein‘) und zur *congregatio* (‚Versammlung‘), um Gott gleichsam in geschlossenem Trupp im Gebet mit Bitten zu bestürmen. Solch eine Gewaltsamkeit ist Gott willkommen. Wir beten auch für den Kaiser, für die Beamten, für die Mächtigen, für den Bestand dieser Welt. (3) Zusammen kommen wir zur Verlesung der göttlichen Schriften ... (5) Den Vorsitz führen jeweils Ältere, die sich bewährt haben und diesen Ehrenplatz nicht durch Geld, sondern durch das Zeugnis ihres Lebens erlangten ... Auch wenn es eine Art Kasse gibt, wird sie doch nicht aus Antrittsgeldern zusammengebracht, so, als wäre die Religion käuflich. Ein bescheidenes Scherflein steuert jeder Einzelne bei an einem bestimmte Tag im Monat ... Niemand wird gezwungen, sondern man zahlt aus freien Stücken. (6) Dies sind gewissermaßen Darlehen der Frömmigkeit. Denn davon wird nichts für Schmausereien und Trinkgelage oder unnütze Fresswirtschaft ausgegeben, sondern für den Unterhalt und das Begräbnis Armer, für Knaben und Mädchen, die kein Geld und keine Eltern mehr haben, und für alt gewordene Hausklaven *(domestici)*, ebenso für Schiffbrüchige und für jene, die in Bergwerken oder auf Inseln oder in Gefängnissen zu Pfleglingen des Bekenntnisses werden – vorausgesetzt, sie sind dort wegen ihrer Zugehörigkeit zur Gemeinschaft Gottes. (7) Doch eben solcher Liebe Werk drückt uns in den Augen vieler (Kritiker) ein (Schand-)Mal auf. ‚Seht‘, sagen sie, ‚wie sie sich gegenseitig lieben‘ ... (8) Auch dass wir einander Brüder nennen, macht sie, glaube ich, aus keinem anderen Grunde toll als deshalb, weil bei ihnen selbst jeder Verwandtschaftsname nur geheuchelter Liebe entspringt. ... (11) Denn wir, die wir mit Herz und Seele eins sind, haben keine Bedenken, einander an unserem Vermögen teilhaben zu lassen. Alles ist bei uns allen gemeinsam – außer den Frauen. ... (14) Was also wundert ihr euch, wenn Menschen von solcher Liebe gemeinsam speisen? Denn auch unseren bescheidenen Mahlzeiten werft ihr nicht nur Schändlichkeiten vor, sondern brandmarkt sie auch noch als verschwenderisch. ... (15) Doch den Strohhalm im fremden Auge sieht man eher als den Balken im eigenen. ... Wenn die Salier ein Essen geben wollen, brauchen sie einen Gläubiger. Bei den Opfern und Schlemmereien zu Ehren des Herkules müssen Rechenmeister den Aufwand addieren. Für die Apaturien, die Dionysien, die attischen Mysterien wird eine Musterung von Köchen ausgeschrieben. Das Aufsteigen des Rauches beim Mahl zu Ehren des Sarapis alarmiert die Feuerwehr – einzig und allein aber über die Bankette der Christen regt

---

[24] Apologeticum 39,1–21; zitiert nach C. Becker (Hrsg.), Tertullian: Apologeticum / Verteidigung des Christentums. Lateinisch und Deutsch, München ²1961.

man sich auf. ... (20) Dieses *coitium* (,Zusammenkunft') der Christen wäre sicherlich mit Recht verboten, wenn es mit den verbotenen auf einer Stufe stünde; es wäre mit Recht zu verurteilen, wenn man sich über es aus denselben Gründen beklagen könnte, wie über die (üblichen) *factiones* Klage geführt wird. (21) Aber zu wessen Verderben sind wir je zusammengekommen? ... Wenn anständige, wenn gute Menschen zusammenkommen *(coeunt)*, wenn fromme, wenn keusche sich versammeln *(congregantur)*, kann man nicht mehr von einer *factio* sprechen, sondern nur von einer *curia* (,Senat').

IV. Zwei Modelle: Paulus und Johannes

Auch wenn einiges aus dem Neuen Testament inzwischen schon angeklungen ist, wäre in einem nächsten Schritt der Blick von innen nach außen zu vertiefen. Das bedeutet, wir müssten für die Einzelnen neutestamentlichen Schriften und Schriftengruppen genauer nachfragen, wie sie die Gesellschaft um sie herum wahrnehmen, was sie über das Verhältnis von Gemeinde und Gesellschaft sagen und was das für uns bedeutet. Wir können das nur im Ausschnitt und exemplarisch für zwei Verfasser tun, für Paulus, der schon mehrfach vorkam, und für Johannes, (nicht den Evangelisten, sondern) den Autor der Offenbarung.

1. Aus den Paulusbriefen

Was Paulus von seinen Gemeinden verlangt, ist im Grunde genommen ein ständiger Balanceakt zwischen zwei Polen, deren einer sich mit Toleranz, Offenheit, offensivem missionarischen Bemühen oder mit Proexistenz, Dasein für alle umschreiben lässt, während der andere durch Selbstfindung, Stabilisierung der eigenen Identität, Rückzug auf das Innenleben und Kontrastverhalten bestimmt ist (das Begriffspaar Proexistenz und Kontrastverhalten entnehme ich dem gleichnamigen, schönen Aufsatz des Neutestamentlers und Bischofs der methodistischen Kirche in Deutschland Walter Klaiber[25]). Besser noch denn als Pole würde man beides einander zuordnen als die beiden Brennpunkte einer Ellipse, ohne die es den Spannungsbogen der Ellipse selbst nicht geben kann. Fällt ein Brennpunkt aus, bricht sie in sich zusammen.

Bestätigt wird diese Einsicht durch eine Klarstellung, die Paulus gegenüber den Korinthern vornimmt. Er geht zunächst auf einen früheren Brief an die Gemeinde, den sogenannten Vorbrief, ein: In der Tat, „ich habe euch in dem Brief geschrieben, ihr solltet mit Unzüchtigen keinen Umgang haben" (1 Kor 5,9). Dann aber korrigiert er ein mögliches Missverständnis: Damit habe ich nicht gemeint, ihr dürftet „überhaupt nicht mit den Unzüchtigen dieser Welt oder mit den Habgierigen und Räubern oder Götzendienern" keinen Umgang mehr haben, denn, so Paulus mit einem leisen Schuss Ironie, „dann müsstet ihr

---

[25] W. KLAIBER, Proexistenz und Kontrastverhalten. Beobachtungen zu einer Grundstruktur neutestamentlicher Ekklesiologie, in: JBTh 7 (1992) 125–144.

ja aus der Welt auswandern" (1 Kor 5,10). Seine Forderung bezog sich ausschließlich auf die Darstellung des neuen Lebens im Binnenraum der Gemeinde. Sie impliziert nicht den völligen Rückzug aus der Stadtgesellschaft in ein
selbstgewähltes Getto[26].

Praktische Erläuterungen dazu finden sich im ersten Korintherbrief in größerer Zahl. Ich greife daraus nur noch den Fall heraus, dass der Riss zwischen
Christen und Nichtchristen sogar bis in die Ehe hinein reicht. Wie kann man als
Christ oder als Christin – beides kommt vor – mit einem heidnischen Ehepart-
ner zusammenleben? Paulus versucht in 1 Kor 7,12 – 16 eine Antwort zu geben,
die vom Ideal eines friedlichen Zusammenlebens ohne falschen Bekehrungsei-
fer ausgeht. Eine Trennung sieht er nur als *ultima ratio* vor, wenn alle anderen
Möglichkeiten erschöpft sind.

Aus dem ersten Thessalonicherbrief erfahren wir deutlicher als aus dem ersten Korintherbrief, dass das Wagnis der Präsenz der Gemeinde in der Stadt
auch zur gesellschaftlichen Desintegration führen konnte: Christen werden sozial auffällig und müssen Diskriminierungen in Kauf nehmen (1 Thess 1,6;
2,14)[27]. Sie ertragen das in Glaube, Hoffnung und Liebe (1,3). Bewusst provo-
zieren soll die Gemeinde nach Meinung des Paulus nicht, sie soll vielmehr ein
anständiges Leben führen, gerade um „denen draußen" keinen Grund zur Kritik zu bieten (1 Thess 4,12). Die Gestaltung christlichen Gemeindelebens muss
also mit anderen Worten die Resonanzen und Erschütterungen mitbedenken,
die sie in ihrer nichtchristlichen Umwelt auslöst, und sie in die gewünschte
Richtung zu lenken versuchen. Auch das Wohlergehen der anderen, der
Draußenstehenden, darf der Gemeinde nicht gleichgültig bleiben, sondern gehört zu ihren ureigenen Anliegen: „Strebt vielmehr allezeit nach dem Guten,
sowohl füreinander als auch für alle" (1Thess 5,15).

Manchmal treibt Paulus seine Anpassungsstrategie für unser Empfinden
fast schon zu weit, wenn er im Römerbrief sehr ungeschützt schreibt: „Jeder sei
der Obrigkeit untertan, denn alle Obrigkeit kommt von Gott ..." (Röm 13,1).
Man kann das aus dem zeitgeschichtlichen Kontext heraus erklären und relati-
vieren[28]: Paulus befürchtet gerade in den römischen Gemeinden eine vorrevo-

---

[26] Zu dieser und weiteren Stellen vgl. die neueren Kommentare zum ersten Korintherbrief,
von denen ich nur nenne: W. SCHRAGE, Der erste Brief an die Korinther. 1. Teilband: 1 Kor 1,1–
6,11 (EKK VII/1) (Zürich / Neukirchen-Vluyn 1991; 2. Teilband: 1 Kor 6,12–11,16 (EKK VII/
2), Zürich / Neukirchen-Vluyn 1995; 3. Teilband: 1 Kor 11,17–14,40 (EKK VII/3), Zürich /
Neukirchen-Vluyn 1999; 4. Teilband: 1 Kor 15,1–16,24 (EKK VII/4), Zürich / Neukirchen-
Vluyn 2001; G. BARBAGLIO, La Prima lettera ai Corinzi (Scritti delle origini cristiane 16), Bologna 1995; R. F. COLLINS, First Corinthians (Sacra Pagina 7), Collegeville 1999.

[27] Vgl. C. S. DE VOS, Church and Community Conflicts. The Relationships of the Thessalonian, Corinthian, and Philippian Churches with Their Wider Civic Communities (SBL.DS 168),
Atlanta, GA 1999; T. SÖDING, Widerspruch und Leidensnachfolge. Neutestamentliche Gemeinden im Konflikt mit der paganen Gesellschaft, in: MThZ 41 (1990) 137–155.

[28] Wie das geschieht in den hilfreichen Beiträgen von M. THEOBALD, Römerbrief. Kapitel
12–16 (SKK.NT 6,2), Stuttgart 1993, 80–97; R. HEILIGENTHAL, Strategien konformer Ethik im

lutionäre Stimmung wegen der staatlichen Steuer- und Abgabepolitik und will es nicht zu konkreten Widerstandsaktionen, die der christlichen Glaubenswerbung schaden würden, kommen lassen. Aber ein Unbehagen bleibt, und dieses Unbehagen teilt zumindest ein anderer neutestamentlicher Autor mit uns, dem wir die Johannesoffenbarung verdanken.

2. Aus der Johannesoffenbarung

Der Autor der „Geheimen Offenbarung" stellt sich im ersten Vers seines Werks mit dem Namen „Johannes" vor (Offb 1,1), ohne dass er den Anspruch erheben würde, wie später oft unterstellt, mit dem Apostel Johannes identisch zu sein. Dieser Johannes entwirft besonders in Kap. 12 – 18 seines Buches ein sehr düsteres Bild von der römischen Staatsmacht, das er mit grellen mythologischen Farben ausmalt[29]. Daraus nur wenige Beispiele: Der feuerrote Drache mit den sieben Köpfen führt Krieg gegen die Nachkommen der Frau (Offb 12,17). Aus dem Meer – die Römer kamen bekanntlich übers Meer nach Judäa – steigt sein Spiegelbild empor, ein Tier mit sieben Köpfen, auf denen gotteslästerliche Namen geschrieben stehen (Offb 13,1). Beide werden angebetet von der ganzen Erde (Offb 13,3f.). Die große Dirne Babylon – schon im Judentum ein Deckname für Rom – sitzt auf einem Tier mit sieben Köpfen (Offb 17,3) und „ist trunken vom Blut der Heiligen und vom Blut der Zeugen Jesu". Die Siebenzahl, die uns verfolgt, wird schließlich auch gedeutet: „Die Köpfe sind sieben Berge, auf denen die Frau sitzt" – wir denken sofort an Rom als die Stadt auf den sieben Hügeln – „und sind zugleich sieben Kaiser" (Offb 17,9). Der christlichen Gemeinde gibt ein Engel den Rat: „Zieht hinweg aus ihrer Mitte, mein Volk, damit ihr euch nicht an ihren Sünden beteiligt und damit ihr nicht Anteil an ihren Plagen bekommt" (Offb 18,4). Hier ist also wirklich strikte Distanzierung angesagt.

Was ist der Grund für diese ausgeprägte Feindschaft gegenüber dem römischen Staat? Die Offenbarung wurde vermutlich zur Zeit Kaiser Domitians geschrieben, zwischen 90 und 95 n.Chr., und früher meinte man, zu dieser Zeit habe es eine vom Kaiser angeordnete, heftige Christenverfolgung gegeben, auf die Johannes reagiere. Von diesem Bild müssen wir uns inzwischen verabschie-

---

Neuen Testament am Beispiel von Röm 13,1–7, in: NTS 29 (1983) 55–61; H. MERKLEIN, Sinn und Zweck von Röm 13,1–7. Zur semantischen und pragmatischen Struktur eines umstrittenen Textes, in: DERS., Studien zu Jesus und Paulus II (WUNT 105), Tübingen 1998, 405–437.

[29] Zum Folgenden vgl. H. J. KLAUCK, Das Sendschreiben nach Pergamon und der Kaiserkult in der Johannesoffenbarung, in: Bib. 73 (1992) 153–182; auch in: DERS., Alte Welt und neuer Glaube (s. Anm. 13) 115–143; U. B. MÜLLER, Die Offenbarung des Johannes (ÖTBK 19), Gütersloh/Würzburg ²1995; H. GIESEN, Das Römische Reich im Spiegel der Johannes-Apokalypse, in: ANRW II/26.3 (1996) 2501–2614; H. GIESEN, Die Offenbarung des Johannes (RNT), Regensburg 1997.

den[30]. Eine organisierte Christenverfolgung unter Domitian lässt sich historisch nicht nachweisen, ja sogar ausschließen. Domitian war als Kaiser nicht das Scheusal, als das er später hingestellt wird, und Christen als Christen interessierten ihn kaum.

Wir müssen, wenn wir nach den Ursachen suchen, in die Sendschreiben an sieben Gemeinden in Offb 2 – 3 hineinschauen. Die angesprochenen kleinasiatischen Städte mit Ephesus an der Spitze liegen in paulinischem Missionsgebiet und dürften Gemeinden nachpaulinischer Prägung beherbergt haben. Hier, in Kleinasien, wo aus lokalen Gründen auch der Kaiserkult besonders virulent war, kam es zu einzelnen, örtlich begrenzten Übergriffen gegen Christen, und ihnen fiel bereits Antipas, der „treue Zeuge" in Pergamon (Offb 2,13), zum Opfer. Dennoch gibt es in den Gemeinden tonangebende Gruppen, die nach wie vor auf ein gutes Auskommen mit der städtischen Gesellschaft bedacht sind und sich unauffällig arrangieren wollen. Solche christlichen Kreise greift Johannes heftig an, wenn er die sogenannten Nikolaiten beschimpft (Offb 2,6.15) oder gegen die Prophetin Isebel polemisiert (Offb 2,20 – 23).

Im tiefsten sind es konkurrierende Kirchenbilder, die in einen Konflikt geraten. Johannes verkörpert vom Erscheinungstyp her noch den Typ des Wanderpropheten aus der frühen Jesusbewegung, mit allen Konsequenzen: Bedürfnislosigkeit, Besitzlosigkeit, Gewaltverzicht. Sein rigoroses Ethos ermöglicht ihm eine harte, aber subjektiv glaubwürdige Zeitkritik. Das führte wohl auch zu seiner Verbannung auf die Insel Patmos, von wo aus er sich zu Wort meldet. Sein Gemeindemodell hat eben deswegen aber auch noch geschwisterlich-egalitäre Züge bewahrt. Er möchte nicht mehr sein als „euer Bruder und Mitgenosse" (Offb 1,9). Die Sendschreiben richtet er an den Engel der jeweiligen Gemeinde („dem Engel der Gemeinde in Ephesus schreibe ..."). Die Vermutung hat vieles für sich, dass er damit die real existierenden Gemeindevorsteher, die Presbyter und Episkopen, bewusst brüskieren will.

Die Radikalität der Position des Apokalyptikers vermag ohne Frage auch heute noch zu faszinieren, aber der Preis dafür war hoch. Als kritisches Korrektiv zu einem verbürgerlichten Christentum bleibt seine Unerbittlichkeit nützlich und hilfreich. Antwort auf alle Fragen, die sich aus dem Zusammenspiel von gesellschaftlichen Rahmenbedingungen und christlichem Glaubensleben ergeben, vermag sie nicht zu bieten. Den erforderlichen Ausgleich müssen wir von Fall zu Fall selber finden, das nimmt uns niemand ab.

---

[30] Dazu auch U. RIEMER, Das Tier auf dem Kaiserthron? Eine Untersuchung zur Offenbarung des Johannes als historischer Quelle (Beiträge zur Altertumskunde 114), Stuttgart-Leipzig 1998, die aber meines Erachtens ihre Position in anderer Richtung überzieht; insgesamt weist diese althistorische Dissertation exegetische Schwächen auf.

V. Ausblick

Urchristliche Zustände, und damit kommen wir zum Schluss, lassen sich sowieso nicht einfach unverändert auf die Gegenwart projizieren und in der Gegenwart reproduzieren, dazu ist der zeitliche Abstand, der auch theologisches Gewicht hat, zu groß. Wir würden es auf diesem Weg im schlimmsten Fall zu einer Art Museumsdorf bringen, wo Menschen aus historischem Interesse eine Zeit lang in längst veraltete Kleider schlüpfen und mit vorindustriellen Werkzeugen herumhantieren.

Warum dann aber überhaupt nach den Anfängen fragen? Nun, das Neue Testament ist Urkunde des Glaubens, Ur-kunde durchaus wörtlich genommen, als Kunde vom Ursprung, als anfängliches Wort, das jenen Prozess auslöste, der bis ins Heute reicht. Als ursprüngliche Kunde kann das, was dort niedergelegt wurde, niemals überholt werden, sondern entfaltet, recht verstanden und zu Gehör gebracht, in jeder Zeit aufs Neue seine Dynamik. Und generell gilt: Wer Zukunft gestalten will, sollte seine Vergangenheit kennen, sollte um seine Wurzeln wissen (die psychoanalytische Therapie gibt uns dafür ein hermeneutisches Analogon an die Hand).

Für unsere Gegenwart und Zukunft gewinnen zwei Momente ganz neue Aktualität: Das Neue Testament zeigt uns erstens „keine starke, mächtige, etablierte, selbstsichere, sondern eine kleine, schwache, angefochtene, diskreditierte, aber eben dynamische und faszinierende Kirche", und es sucht zweitens „in einer pluralistischen und synkretistischen Welt der Religionen christliche Identität weder durch Verschmelzung noch durch Rigorismus zu gewinnen, sondern ... durch Dialog und Kritik"[31], obwohl, bei genauerem Hinsehen, beide Gefahren, Verschmelzung und Rigorismus, auch schon drohen, denken wir nur an Johannes, den Apokalyptiker. Aber das bestätigt erneut, dass wir kein Buch mit fertigen Rezepten in der Hand haben, sondern eher eine Bastelanleitung, die uns auffordert, selbst mitzumachen bei Arbeit an einer befriedigenden und befreienden Sozialgestalt christlichen Gemeindelebens.

---

[31] T. SÖDING, Kleine Herde? Salz der Erde? Das Neue Testament und die Suche nach einem neuen Bild der Kirche, in: HK 48 (1994) 25–31, hier 27.

9. Junia Theodora und die Gemeinde von Korinth

I. Einführung

Die Formulierung „die Gemeinde von Korinth" im Titel ist bewusst doppeldeutig angelegt, geht es dabei doch primär um die *politische Gemeinde*, näherhin um eine Bürgerin bzw. Einwohnerin der Stadt Korinth namens Junia Theodora, eine „Römerin", um 50 n. Chr. „wohnhaft in Korinth" (Z. 22f.), von der eine längere Inschrift berichtet. Dass wir als Exegeten des Neuen Testaments sofort an jene andere, christliche Gemeinde denken, die in diesen Jahren in Korinth entsteht und von ihrer Selbstbezeichnung als „Ekklesia" her (der Begriff fällt in der Inschrift in Z. 30f., dort allerdings auf Patara in Kleinasien bezogen) in Konkurrenz zur Bürgerversammlung der Stadt tritt[1], liegt auf der Hand und macht den möglichen Reiz der Themenwahl aus.

Zunächst sind einige Angaben zur Textbasis vonnöten[2]. Es handelt sich um eine längere Inschrift in zwei Kolumnen[3]. Die Marmorplatte mit dem Text befindet sich heute im Museum von Korinth. Gefunden wurde sie 1954 in der Nähe der Stadt in einer Grabanlage aus der späten Kaiserzeit, wo sie, in zwei Stücke zerbrochen, sekundär weiter verwendet worden war. Aus dieser Zweck-

---

[1] Zum Ekklesiabegriff und seinen verschiedenen Horizonten vgl. J. ROLOFF, Art. ἐκκλησία, in: EWNT I, 998–1011; DERS., Die Kirche im Neuen Testament (GNT 10), Göttingen 1993, bes. 96–99, sowie mehrere Beiträge in: DERS., Exegetische Verantwortung in der Kirche. Aufsätze, hrsg. von M. Karrer, Göttingen 1990. Zu den politischen Grundlagen vgl. unter anderem M.H. HANSEN, The Athenian Ecclesia II: A Collection of Articles 1983–89, Kopenhagen 1989.

[2] Erstedition: D.I. PALLAS / S. CHARITONIDIS / J. VENENCIE, Inscriptions Lyciennes trouvées à Solômos près de Corinthe, in: BCH 83 (1959) 496–508; wieder abgedruckt in: SEG XVIII (1962) Nr. 143, S. 51–54 (weitere, kurze Erwähnungen in SEG XXII Nr. 232; XXIII Nr. 176; XXXVI Nr. 307), und bei: H. W. PLEKET, Epigraphica. Vol. II: Texts on the Social History of the Greek World (TMUA 41), Leiden 1969, 20–26.

[3] An Besprechungen des Textes sind mir bekannt geworden: L. ROBERT, Recherches Épigraphiques. VII: Décret de la Confédération Lycienne à Corinthe, in: REA 62 (1960) 324–342; G. KLAFFENBACH, Miscellanea epigraphica, in: Klio 48 (1967) 53–56, hier 54; R. A. KEARSLEY, Women in Public Life in the Roman East: Iunia Theodora, Claudia Metrodora and Phoibe, Benefactress of Paul, in: Ancient Society. Resources for Teachers (Macquarie University) 15 (1985) 124–137 (mit vollständiger englischer Übersetzung); überarbeitete Version (mit dem griech. Text und neuerer Literatur) jetzt in: TynB 50 (1999) 189–211; R. MacMULLEN, Corruption and the Decline of Rome, New Haven 1988, 98–100; DERS., Changes in the Roman Empire: Essays in the Ordinary, Princeton 1990, 167f.

entfremdung resulticrcn auch die Zerstörungen, die uns in der zweiten Kolumne erheblich zu schaffen machen. Der Inhalt besteht aus insgesamt fünf Dokumenten, die sich durch eine Leerzeile im Original und durch die Eingangswendungen leicht identifizieren lassen. Aufgrund des Schriftbildes und der Erwähnung einer Exilierung von Lykiern in Z. 58 wird für sie eine Datierung ins Jahr 43 n. Chr.[4] oder 57 n. Chr.[5] vorgeschlagen. Eine Ansetzung im 1. Jahrhundert n. Chr. scheint jedenfalls gesichert zu sein, und das genügt für unsere Zwecke. Selbstverständlich wurden diese Dokumente, die alle aus Lykien stammen, zunächst nicht auf Stein eingemeißelt, und sie wurden auch nicht in dieser unhandlichen Form nach Korinth gesandt. Die Zusammenfassung der Schreiben, die vermutlich sukzessive über einen nicht zu langen Zeitraum hin eintrafen, zu einer einzigen Ehreninschrift ist nachträglich erfolgt. Den Anlass für diese Endredaktion könnte der Tod der Junia, der in Z. 11 und Z. 64f. schon ins Auge gefasst wird (man beachte auch ihr Testament in Z. 7.59 und die Regelung der Nachfolge in Z. 54), gegeben haben.

Der Text, der vor allem in der englischsprachigen Exegese bereits Beachtung auf sich zog[6], wurde meines Wissens noch nicht ins Deutsche übersetzt. Insofern dürfte eine möglichst wörtliche und zeilenkonkordante deutsche Wiedergabe sinnvoll erscheinen. Die formelhafte Sprache mit der teils über viele Zeilen hinweg reichenden, lockeren Satzkonstruktion erweist sich als schwierig und verstellt oft die Erfassung des Sinns. Als nächster Schritt schließt sich daher eine paraphrasierende Beschreibung an, die auch inhaltliche Fragen aufgreift. In einem weiteren, letzten Punkt benennen wir einige Kontaktstellen mit dem neutestamentlichen Schrifttum. Eine umfassendere Auswertung der Inschrift muss einer anderen Gelegenheit (oder anderen Autoren) vorbehalten bleiben.

---

[4] So die Ersteditoren (s. Anm. 2) 505f. und L. ROBERT, Recherches (s. Anm. 3) 331f., ausgehend von Sueton, Claudius 25,3: Kaiser Claudius „nahm den Lykiern wegen ihrer inneren Streitigkeiten, die geeignet waren, den Untergang herbeizuführen, ihre Freiheit".

[5] So R. A. KEARSLEY, Women (s. Anm. 3) 125, mit Bezug auf Tacitus, Ann XIII 33,3: in diesem Jahr wurde der frühere Prokonsul Titus Clodius Eprius Marcellus, den die Lykier auf Schadenersatz verklagt hatten, freigesprochen, und „einzelne seiner Ankläger wurden mit der Verbannung bestraft, als ob sie einen Unschuldigen vor Gericht gebracht hätten".

[6] Vgl. L. PORTEFAIX, Sisters Rejoice: Paul's Letter to the Philippians and Luke-Acts as Seen by First-Century Philippian Women (CB.NT 20), Stockholm 1988, 51; B. B. BLUE, In Public and in Private: The Role of the House Church in Early Christianity, Diss. phil., Aberdeen 1989, 175; DERS., Acts and the House Church, in: D. W. J. GILL / C. GEMPF (Hrsg.), The Book of Acts in Its Graeco-Roman Setting (The Book of Acts in Its First Century Setting 2), Grand Rapids/Carlisle 1994, 119–222, hier 184; R. A. KEARSLEY, Women in Public Life, in: NDIEC VI (1992) 24–27, hier 24f.; J. J. MEGGITT, Paul, Poverty and Survival (Studies of the New Testament and Its World), Edinburgh 1998, 144.147. Zu italienisch- und deutschsprachigen Stimmen s.u. Anm. 32 und 36.

II. Übersetzung

Kol. I

(Dokument I)

Es gefiel dem Bund der Lykier: Da Junia Theodora, wohnend in Korinth, eine Frau, gut und tüchtig und wohlgesonnen
dem Volk, unaufhörlich[7] unter Beweis stellt den Eifer für das Volk
und Ehrbegierde[8], indem sie sowohl zu jedem Einzelnen der Lykier wie auch zu
allen zusammen mitfühlend
5 sich verhält, und (da) sie zahlreiche Freunde unter den Führenden verschafft hat
dem Volk, indem sie Beistand leistete bei allen (Dingen), die am meisten angehen
alle Lykier, und (da) sie durch das Testament, das sie aufgesetzt hat, bewiesen hat
das gegenüber dem
Volk gefällige Wesen, es sich aber als geziemend herausstellt, dass auch das Volk die
verdien-
ten Zeugnisse ihr wiedergibt, hat es gefallen dem Bund der Lykier, an-
10 zunehmen und zu loben Junia Theodora und ihr einen Kranz, einen goldenen, zu übersenden, wenn sie zu den Göttern gelangt. Kümmern aber wird sich der
Beauf-
tragte von uns, Sextus Julius, (darum), diese Inschrift einschreiben (zu lassen): „Der
Lykier
Bund für Junia Theodora, Römerin, eine Frau, gut und tüchtig und wohlgesonnen dem Volk."

(Dokument II)

15 Der Rat und das Volk der Myrer den Magistraten der Korinther zum Gruß! Viele
von den
unsrigen, gelangt in die Gegenden bei euch, bezeugten Junia, (Tochter des) Leuki-
os (d.h. Lucius), Theodora, eurer Mitbürgerin, das Wohlwollen und den Eifer, den
sie einge-
bracht hat für sie, indem sie sich kümmerte unaufhörlich um die Unsrigen, insbesondere wenn sie ge-
langt waren in eure Stadt. Wir nun, indem wir sie annehmen aufgrund

---

[7] Möglich wäre hier und an den späteren Stellen (Z. 18.48.69) auch „in jeglicher Form"
(διὰ παντός).

[8] φιλοτειμίαν im Griechischen; das kann auch „Freigiebigkeit, Großzügigkeit, nobles Wesen" bedeuten, was sich vom Kontext her hier als Übersetzung evtl. nahe legt. Doch kommt
die Grundbedeutung „Ehrliebe, Ehrgeiz" auch sonst gerade in Ehreninschriften als treiben-
des Motiv der Geehrten immer wieder zur Geltung, vgl. M. WÖRRLE, Vom tugendsamen Jüngling zum ‚gestressten' Euergeten. Überlegungen zum Bürgerbild hellenistischer Ehrendekrete, in: M. WÖRRLE / P. ZANKER (Hrsg.), Stadtbild und Bürgerbild im Hellenismus (Vestigia 47),
München 1995, 241–250, hier 248; vgl. u. Anm. 20.

20 des Wohlwollens, welches sie hegt gegenüber der Stadt, halten (sie) in höchster Wertschätzung, be-
schlossen aber, auch euch zu schreiben, damit ihr seht die Dankbarkeit der Stadt.

(Dokument III)

Es gefiel dem Volk der Patarer: Da Junia Theodora, eine Römerin von denen, die wohnen in Korinth, eine Frau von denen, die sich in höchste Wertschätzung gebracht haben, le-
bend auf tugendhafte Weise und lykerfreundlich seiend und eingesetzt habend ihren eigenen Lebensunterhalt
25 auf die Dankbarkeit aller Lykier hin, vieles und den meisten von un-
seren Bürgern als Wohltat gewährt hat, und (da sie), indem sie den Großmut ihrer eigenen
Seele unter Beweis stellt, aus Wohlwollen nicht aufhört, indem sie sowohl als Gastgeberin sich
selbst für alle Lykier bereithält als auch (sie) im Hause aufnimmt, und (da sie) ganz besonders
nicht aufhört, indem sie unseren Bürgern darüber hinaus mitteilt die gegenüber allen (praktizierten) Gunst-
30 erweise – weswegen auch die meisten von unseren Bürgern, indem sie auftraten vor der Versammlung, Zeugnis abgelegt haben für sie, es sich folglich zu ziemen (scheint), dass auch unser Volk,
indem es dankbar ist, sowohl Junia lobt als auch ihr bezeugt,
welche Annahme und Wohlgesonnenheit sie vorfindet bei unserem Vaterland[9], und dass es sie ermuntert,
noch dazu zu vermehren das Wohlwollen gegenüber dem Volk, wissend, dass auch unser Volk
35 in keinerlei Hinsicht nachlässt mit dem Wohlwollen ihr gegenüber und der Gunst- bezeugung, alles aber
tut, was ihr zukommt in Hinblick auf Verdienst und Ruhm – weswegen, zum guten Glück, es gefallen hat, sie zu loben für alles, was oben geschrieben steht, damit aber sowohl sie selbst, Junia, als auch die Stadt der Korinther kennen lerne das aus unserer Stadt auf sie (zielende) Wohlwollen und den für sie geschehenen Volksbeschluss, der Sekretär des Rates von diesem
40 Volksbeschluss die Abschrift, versiegelt mit dem öffentlichen Siegel, sende an das Volk der Korinther.

---

[9] R. A. Kearsley schlägt sinngemäß vor: „welche Aufnahme und Wohlgesonnenheit sie an den Tag legt gegenüber unserem Vaterland", mit Junia als aktiv Handelnder, wie auch sonst, aber dann stört das παρά, und der Sache nach kann auch die Reaktion des Volkes aus Z. 35 bereits vorweggenommen sein.

Kol. II

(Dokument IV)

Der Bund und die Magistrate der Lykier an Magistrate, Rat, Volk der Korinther
zum Gruß!
Von dem geschehenen, leutseligen Volksbeschluss und der Bekränzung mit gol-
denem Kranz und der Aufstellung eines Bildes zur Vergöttlichung nach dem
Dahinschei-
45 den für Junia Theodora, welche bei euch wohnt, haben wir euch übersandt die Abschrift, nachdem wir sie gesiegelt haben mit dem öffentlichen Siegel, damit ihr dies
wisst.
Es gefiel dem Bund der Lykier: Da Junia Theodora, wohnend in Korinth,
eine Frau, gut und tüchtig und wohlgesonnen dem Volk der Lykier, unaufhörlich
un-
ter Beweis gestellt hat den Eifer für das Volk und Freigebigkeit sowohl für all die,
50 die als Privatleute gereist sind, als auch für die Gesandten, die losgeschickt wurden
sowohl von dem Volk als auch einzeln je nach Stadt, indem sie mitfühlend sich
verhielt, Ge-
fallen fand bei allen, weil sie mit dazu verhalf, dass die Führenden äußerst wohl-
geneigt
uns gegenüber wurden, indem sie gefällig wurde diesen auf jegliche Art, und ihren Nachfolger, Sextus Julius, einen Römer, einen Mann, gut seiend [...][10]
55 mit überschießendem Wohlwollen be[stärkt], indem er mit Eifer für unser Volk
nach-
ahmt das oben (beschriebene) Wohlwollen Junias uns gegenüber, welchem zum
selben Zeit-
punkt geschickt wird der Beschluss vom Volk der Lykier für Junia Theodora,
ferner aber auch viele der unsrigen als Vertriebene empfangen hat auf großar-
tige Weise und durch das Testament, das sie aufgesetzt hat, bewiesen hat ihr eigenes
Wohlwollen,
60 es sich folglich geziemt, dass auch unser Bund für die (Dinge), die sie, bei ihnen
verhar[rend ..., gut]
tut, ihr wiederzugeben Zeugnisse und Gunsterweise, gefiel es dem Bund der Lykier,
aufzunehmen und zu loben [für alles], was oben geschrieben steht, Juni-
a Theodora, eine Römerin, wohnend in Korinth, und ihr einen Kranz, einen goldenen, zu senden und fünf Minen von Krokus, [welche sie aufbewahren soll im
Haus, damit sie sie be-]
65 reit hat, wenn sie zu den Göttern gelangt, und [sie zu beschenken mit einem Porträt,
gemalt]
auf Gold, und aufzuschreiben die folgende Inschrift: [„Der Bund der Lykier und die
Magistrate]
[ehren] Junia Theodora, eine Römerin, wohnend in Korinth, [mit einem Kranz]
und einem Porträtbild, gemalt auf Goldgrund, als eine Frau, gut und tüchtig und
[wohlwollend]
unaufhörlich gegenüber dem Volk, wegen der zärtlichen Liebe und ..."

---

[10] Die Lakunen des Textes können in der Übersetzung nur sehr ungenau markiert werden.
Die vorgeschlagenen Ergänzungen stammen aus der Fachliteratur.

(Dokument V)

70 Im vierzigsten Jahr, unter der Priesterschaft des Dionysophanes, des [Sohnes des ...,
     gefiel es]
     dem Rat und dem Volk von Telmessos, von den Prytanen [...]
     Vorschlag: Da Junia Theodora, eine Römerin, eine Frau, sich befindend [in höch-
     stem Wohlwollen]
     sowohl des Bundes der Lykier als auch unserer Stadt, zahlreiche [... Wohlta-]
     ten vollendet hat sowohl für den Bund als auch für unser Vaterland [...]
75 der Stadt, die, welche verreisen von den Lykiern und von [unseren Bürgern ... emp-]
     fängt in ihrem eigenen Haus, indem sie ihnen alles gewährt [....,]
     indem sie unter Beweis stellt den Beistand für die Angekommenen [...]
     eigenen Ruhmlieben und Dienstfertigkeiten ...[... geziemend]
     es aber sich verhält, dass auch unsere Stadt wiedergibt [ihr das verdiente Zeug-]
80 nis, zum guten Glück, gefiel es dem Volk von Telmessos, [anzunehmen und]
     zu loben für alles, was oben geschrieben steht, Junia Theodora, [die zuvor]
     Genannte, und sie zu ermuntern, indem sie bei ihrer Ein[stellung] bleibt,
     immer Ursache von irgendetwas Gutem zu werden für uns alle, wissend, dass [auch
     die Stadt,]
     unsere, indem sie dankbar ist, ihr wiederum wiedergibt die zustehenden
85 Zeugnisse.

III. Paraphrasierende Beschreibung

1. Dokument I: Ein Dekret des lykischen Bundes

Das Koinon der Lyker, ein Zusammenschluss der Städte der kleinasiatischen
Landschaft Lykien[11], erlässt ein Dekret, das die Ehrung von Junia Theodora
zum Inhalt hat. Sie wohnt in Korinth, und unter ihren vielen guten Eigenschaften wird ihr Wohlwollen gegenüber den Lykiern hervorgehoben (das mit Ge-
schäftsverbindungen oder mit einer ursprünglichen Herkunft aus Lykien bzw.
mit beidem zusammenhängen könnte). In Z. 13 wird sie als „Römerin" bezeichnet, in Z. 17, im Brief aus Myra, als „Mitbürgerin" der Korinther. Das steht
in einer gewissen Spannung zueinander. Entweder war sie – wie andere *cives
Romani consistentes* und *negotiatores* in den Städten der Provinzen – gebürtige
Römerin und hielt sich in Korinth nur auf[12], wofür auch ihr römischer Vorname
Junia und der ihres Vater Lucius (Z. 16f.) sprechen, oder sie hatte als geborene
Griechin (vgl. ihren griechischen zweiten Namen Theodora) und jetzige Bürgerin Korinths auch das römische Bürgerrecht erwerben können und lässt sich
voller Stolz bevorzugt als Römerin ehrenhalber anreden[13].

---

[11] Vgl. J. DEININGER, Die Provinziallandtage der römischen Kaiserzeit von Augustus bis
zum Ende des dritten Jahrhunderts n. Chr. (Vestigia 6), München 1965, bes. 71f.

[12] So D. I. PALLAS / S. CHARITONIDIS / J. VENENCIE, Inscriptions (s. Anm. 2) 503f.

[13] So R. A. KEARSLEY, Women (s. Anm. 3) 125f.

Ihre Sympathie gegenüber den Lykiern dokumentiert sich in finanzieller Freigebigkeit und in politischer Einflussnahme. Bei den Führenden in Z. 5f. (ἡγούμενοι), die in Z. 52f. (als ἡγεμόνας) wiederkehren, handelt es sich um römische Politiker und Magistrate, um Prokonsuln vielleicht und Verwaltungsbeamte, die ihren Weg in die östlichen Provinzen oft über Korinth nahmen und zu deren Kreisen Junia Zugang hatte. Bei ihnen konnte sie für die Lykier, die teils Probleme mit der römischen Verwaltung bis hin zu ihrer Exilierung bekommen hatten[14], einiges erreichen, was dankbar konstatiert wird. Ihre Großzügigkeit schlägt sich auch in ihrem Testament (διαθήκη in Z. 7 und Z. 59) nieder, das vielleicht Landbesitz, den sie in Lykien hatte, den Lykiern überlässt. Die Lykier revanchieren sich durch den Ehrenbeschluss. Das „Annehmen" in Z. 9f. bedeutet wohl soviel wie ihr Verhalten offiziell gutheißen und approbieren (eine andere Möglichkeit wäre eine „Aufnahme" im Sinne einer assoziierten Mitgliedschaft). Das Übersenden eines goldenen Kranzes geschieht jetzt schon, zusammen mit dem schriftlich festgehaltenen Lob, aber im Blick auf den Zeitpunkt, da sie „zu den Göttern gelangt", also sterben wird. Dann kann der Kranz ihre Statue bekränzen, auf deren Basis die in den Schlusszeilen dieses Textstücks (Z. 12 – 14) zitierte Ehreninschrift Platz finden wird.

Der Beauftragte der Lykier (φροντιστής in Z. 11f., was dem lateinischen *procurator* entspricht), der in diesen und anderen Angelegenheiten vermutlich des Öfteren zwischen Lykien und Korinth unterwegs ist und zu Junia Theodora in einer besonderen, wahrscheinlich verwandtschaftlichen, aber letztlich nur schwer zu bestimmenden Beziehung steht, trägt den römischen Namen „Sextus Julius" (leider fehlt das Cognomen). Er wird uns in Dokument IV erneut begegnen. Seine Hervorhebung als Mittelsmann bestätigt eine Vermutung, zu der man auch schon aufgrund der herausgehobenen, isolierten Position, die diese und die folgenden Dokumente der Junia Theodora zubilligen, gelangen wird: Junia war unverheiratet, vielleicht verwitwet[15].

2. Dokument II: Ein Brief aus Myra

Das Dokument II hat, wie das klassische Präskript in Z. 15 signalisiert, die Form eines Briefes[16], den die Einwohner von Myra, einer lykischen Küsten- und Hafenstadt (vgl. Apg 27,5: εἰς Μύρα τῆς Λυκίας), an die städtischen Beamten (ἄρχουσι) in Korinth richten. Dem Schreiben geht einiges an Geschehnissen voraus; diese Vorgeschichte wird in den Anfangszeilen rekapituliert: Bür-

---

[14] S.o. Anm. 4f.

[15] Vgl. L. ROBERT, Recherches (s. Anm. 3) 329: „célibataire ou plutôt veuve, qui possédait une grande fortune".

[16] Zum Präskript und zur diplomatischen Korrespondenz, wie sie hier vorliegt, vgl. H. J. KLAUCK, Die antike Briefliteratur und das Neue Testament (UTB 2022), Paderborn 1998, bes. 36f.73.

ger aus Myra sind nach Korinth und Umgebung gereist. Ihrer hat sich Junia eifrig angenommen, was von den Neuankömmlingen dankbar registriert wurde. Bei ihrer Rückkehr nach Myra berichten sie begeistert davon, was in der Bürgerversammlung geschehen sein wird (vgl. Z. 30f.).

Eine Reaktion der Stadt Myra scheint an der Zeit zu sein. Sie besteht wieder in der Approbierung des Verhaltens der Junia und in der Versicherung höchster Wertschätzung für sie. Aber das allein genügt nicht; es bedarf noch einer öffentlichen Dokumentation, und die geschieht durch den Brief an die Mandatsträger in Junias Wohnort. Mit dem Lob für Junia verbindet er eine weitere Intention, die in den Schlussworten zum Vorschein kommt: Die Menschen in Myra wissen, was sich gehört. Wohltätern gegenüber erweisen sie sich in Form von Ehrungen als dankbar (vgl. τὴν τῆς πόλεως εὐχαριστίαν in Z. 21; εὐχαριστία auch in Z. 25; εὐχάριστος in Z. 32 und 84). Es lohnt sich also, ein Wohltäter Myras zu sein.

3. Dokument III: Ein Dekret aus Patara

Auch die Stadt Patara liegt wie Myra und Telmessos (Dokument V) an der lykischen Mittelmeerküste. Das Dekret ihres Demos zeichnet sich, darin dem Dokument IV vergleichbar, durch ein besonders kompliziertes Satzgefüge aus, das in Z. 22 mit einer Reihe von Kausalsätzen beginnt, um erst in Z. 36 mit der eingeschalteten Interjektion „Zum guten Glück!" (τύχῃ ἀγαθῇ) und mit der Wiederholung der Eingangswendung „es gefiel" (ἔδοξε) im Perfekt (δέδοχθαι) in einen Hauptsatz einzumünden. In freier Form lässt sich der Inhalt der Zeilen 22 bis 36 so wiedergeben:

Die Römerin Junia Theodora, wohnhaft in Korinth, gehört zu jenen Frauen, die sich höchste Wertschätzung zu verschaffen wissen. Sie lebt tugendhaft und, worauf es besonders ankommt, „lykerfreundlich"[17]. Sie greift auf ihr eigenes Vermögen[18] zurück, um sich die Dankbarkeit aller Lykier zu erwerben. Sie hat vielen von unseren Mitbürgern bereits Wohltaten erwiesen, was für ihren inneren Großmut und ihr andauerndes Wohlwollen spricht. Ohne Unterlass bewährt sie sich als Gastgeberin für alle ankommenden Lykier, die sie in ihr Haus aufnimmt. Dieser Gunsterweise, die sie allen Lykiern gegenüber praktiziert, dürfen sich stets in besonderer Weise die Bürger unserer Stadt Patara erfreuen. Deswegen haben sich zahlreiche Mitbürger nach ihrer Rückkehr in der Volksversammlung (ἐκκλησία) zu Wort gemeldet und Junia Theodora ein glänzendes Zeugnis ausgestellt. Folglich sollte auch unsere Stadt sich dankbar zeigen. Wir spenden Junia öffentliches Lob und versichern ihr, dass ihr Name in unserer Heimat nur mit Herzlichkeit und Sympathie genannt wird. Möge sie das dazu ermuntern, ihre Hilfeleistungen für unser Volk noch zu intensivieren, denn sie weiß ja, dass wir im Gegenzug unsere innigen Gefühle für sie und die Zeichen unseres Dankes nicht im Geringsten vermindern werden,

---

[17] Mit einer schönen Wortbildung: φιλολύκιος.
[18] βίος, der "Lebensunterhalt", wie in Mk 12,44 und 1 Joh 3,17.

sondern im Gegenteil alles tun werden, was ihre Verdienste in ruhmvollem Licht erscheinen lässt.

Jetzt kann sich ab Z. 36 der eigentliche Beschluss einer Belobigung der Junia anschließen. Wieder wird darauf Wert gelegt, dass dieses Zeichen der Dankbarkeit auch „ankommt". Nicht nur Junia, auch die Stadt, in der sie lebt, soll davon erfahren. Zu diesem Zweck stellt der Stadtschreiber vom Original des Beschlusses, das für das städtische Archiv bestimmt ist, eine Abschrift her, die, mit dem Stadtsiegel von Myra versiegelt, an den Demos von Korinth gesandt wird. Der Beschluss wird im Griechischen als ψήφισμα bzeichnet, wo ψῆφος, der Stimmstein, noch mitklingt.

Geradezu verräterisch wirkt Z. 32f., weil dort offen eingestanden wird, wozu die Aktionen letztlich dienen. Junia soll dazu bewogen werden, in ihrem finanziellen Engagement keinesfalls nachzulassen, sondern es eher noch zu steigern, das alles um eines letztlich immateriellen, aber in der „honour and shame culture" der Antike sehr wichtigen Wertes willen: der öffentlichen Ehre[19]. Nicht zufällig wird im 5. Dokument in Z. 78 die φιλοδοξία Junias, ihre Liebe zu und ihr Streben nach Ruhm und Ehre, lobend hervorgehoben[20].

4. Dokument IV: Ein Brief der Lykier

In Briefform ergreifen der Bund und die Magistrate der Lykier das Wort und übermitteln den Magistraten, der Boule und dem Demos der Korinther in versiegelter Abschrift einen Volksbeschluss. Wichtige inhaltliche Punkte referieren vorweg schon die Zeilen 43 bis 45. Demnach werden Vorkehrungen getroffen, die der *Apotheose*, der Vergöttlichung Junias (Z. 44: ἀποθέωσις), ausgedrückt durch Kranz und Bild, nach ihrem Tod (umschrieben mit ἀπαλλαγή) dienen – ein Zeichen dafür, dass es zu dieser Zeit nicht mehr allzu schwierig war, in den Genuss einer postmortalen Heroisierung zu gelangen.

Das Dekret selbst (ab Z. 47) enthält viel inzwischen Bekanntes und manche neuen Details. Greifen wir aus der Begründung für die Ehrung Z. 49 – 59 heraus:

Allen Privatleuten aus unserer Mitte, die sich auf Reisen befanden, und den Gesandten, die vom Volk oder von einzelnen Städten los geschickt wurden, ist Junia mit Sympathie begegnet, was wir beifällig konstatieren. Sie hat es auch verstanden, uns die Gunst politisch einflussreicher Männer zu verschaffen, denen sie sich auf andere Weise als nützlich

---

[19] Damit soll nicht einer derzeit modischen Überbewertung dieses – zweifellos vorhandenen – Koordinatensystems das Wort geredet werdet; vgl. als willkommenen „Ordnungsruf" F. G. Downing, „Honor" among Exegetes, in: CBQ 61 (1999) 53–73; eine akzeptable Darstellung und Anwendung findet sich bei G. Guttenberger Ortwein, Status und Statusverzicht im Neuen Testament und seiner Umwelt (NTOA 39), Freiburg (Schweiz)/Göttingen 1999.

[20] Vgl. auch φιλοτειμία in Z. 4; dazu M. Wörrle, Vom tugendsamen Jüngling (s. Anm. 8) 248: „Die auf diese δόξα zielende φιλοδοξία ist mit φιλοτειμία so gut wie synonym".

erwies. Ihr (designierter) Nachfolger ist Sextus Julius, ein trefflicher Römer, der sich an Junias übergroßem Wohlwollen und ihrer eifrigen Fürsorge für unser Volk ein Beispiel genommen hat. Er wandelt in den Spuren Junias und tut genau das, was wir oben von ihr berichtet haben. An ihn werden wir zu selben Stunde den Ehrenbeschluss des lykischen Volkes für Junia Theodora übersenden. Erwähnt werden muss ferner, dass Junia Theodora Exilierte aus unseren Reihen aufs großzügigste aufnahm. Ihre freundliche Gesinnung hat sie zuletzt durch das Testament, das sie aufsetzte, glänzend bestätigt.

Die Reisenden in Z. 50f. werden in zwei bzw. drei Gruppen aufgeteilt: Zunächst gibt es die Privatleute (ἰδιώταις) einerseits und die offiziellen Gesandtschaften (πρέσβεσιν ... ἀποστελλομένοις) andererseits; letztere sind noch einmal untergliedert in Gesandtschaften des ganzen (lykischen) Volkes und in Gesandtschaften einzelner Städte, wie z.B. Myra, Patara und Telmessos.

Einen hohen Stellenwert hat offenbar die Einführung des Sextus Julius als „Nachfolger" (διάδοχον) der Junia in Z. 54–57. Die Ehrungen für Junia, von denen man auch ihm Mitteilung macht, sind hier letztlich zu verstehen als ein verstecktes Werben um seine Person. Er soll in jeder Hinsicht in die Fußstapfen Junias, mit deren baldigem Ableben sichtlich gerechnet wird, treten und sich als ebenbürtiger, wenn nicht gar überlegener Wohltäter der Lyker bewähren.

In der Aufzählung der Ehrungen in Z. 63–66 blickt der Euphemismus „wenn sie zu den Göttern gelangt" erneut auf Junias Tod voraus, und zum goldenen Kranz und dem Porträt (auf Goldgrund, wie wir jetzt erfahren!) treten noch fünf Minen (ca. 3 kg) Safran hinzu, eine größere Menge eines kostbaren Gewürzes also, das aus der Krokuspflanze gewonnen wurde und anscheinend eine Rolle im Totenkult spielte (nach römischer Sitte wurden wohlriechende Gewürze auf dem Scheiterhaufen mit verbrannt)[21].

Das meiste davon kehrt noch einmal im Entwurf für eine künftige Inschrift in Z. 66–69 wieder. Aus diesem Ineinander von Originaldekret, versiegelter Abschrift, rahmendem Brief mit vorwegnehmendem Referat des Dekretinhalts und Zitation der künftigen Inschrift bei gleich bleibenden Sachaussagen resultiert eine sehr komplexe literarische Schichtung und Spiegelung, wie man sie in einer Inschrift zunächst gar nicht vermutet. Wie von selbst entspinnt sich aus den nüchternen Angaben ein ganzer Roman, der im Hintergrund abläuft.

5. Dokument V: Ein Dekret aus Telmessos

Das leider stark beschädigte Dokument V aus Telmessos, der nördlichst gelegenen der drei genannten lykischen Städte, setzt mit einer Datumsangabe anhand des eponymen Priestertums eines Dionysosheiligtums (?) ein. Doch bringt sie uns in der absoluten Chronologie nicht weiter, da der Priester mit dem spre-

---

[21] Ausführlich dazu L. ROBERT, Décret (s. Anm. 3) 332–342; von ferne fühlt man sich an die ἀρώματα in Mk 16,1 erinnert.

chenden Namen Dionysophanes ebenso wenig aus anderen Quellen bekannt ist wie Junia Theodora oder Sextus Julius.

Die Prytanen (Ratsherrn, Vorsteher) der Stadt unterbreiten der Versammlung einen Vorschlag, der in Z. 72–79 vorgestellt wird. Von Junia heißt es diesmal betont, dass sie reisende Lykier „in ihrem eigenen Haus" (Z. 76: τῇ ἰδίᾳ οἰκίᾳ) aufnimmt, und ihre Rolle wird als eine Art Patronat beschrieben (Z. 77: προστασία, zwar ein genuin griechisches Wort, das aber zunehmend zur Wiedergabe der lateinischen Wortfamilie um *patronus* benutzt wird). Die Ausübung dieses „Patronats" könnte z.B. so geschehen sein, wie Z. 5f. und Z. 52f. andeuten: indem Junia für die Lykier die „Außenvertretung" gegenüber den römischen Autoritäten übernahm.

Wegen der Kürze des Textes tritt die „Aufmunterung" (mit dem Verb παρακαλεῖν im Griechischen, wie schon Z. 33), Junia möge doch bei ihrer Einstellung bleiben und die Rolle als Wohltäterin weiter spielen (Z. 82f.), als das eigentliche Ziel des Unternehmens um so deutlicher hervor. Die Akzentverlagerung im 4. Dekret, wo dieses Bestreben auf Sextus Julius mehr noch als auf Junia zielte, könnte ein Indiz dafür sein, dass das 4. Dokument etwas später anzusetzen ist als der Beschluss aus Telmessos.

IV. Kontaktstellen zum Neuen Testament

1. Korinth: Geschichte und Sozialstruktur

Bekanntlich wurde die Stadt Korinth nach weit reichender Zerstörung 146 v. Chr. erst von Julius Cäsar 44 v. Chr. als römische Kolonie neu gegründet. Für den daraus resultierenden starken römischen Einfluss liefert unsere Inschrift einen weiteren Beleg, einmal schon durch die lateinischen Namen der Junia, ihres Vaters Lucius (Z. 16f.) und ihres Nachfolgers Sextus Julius, sodann durch die Qualifizierung der Junia als „Römerin, wohnhaft in Korinth" und durch die Beschreibung ihres Kontakts zu führenden römischen Beamten[22].

Bemerkenswert sind im Blick auf die paulinische Missionstätigkeit auch die engen Beziehungen zwischen Korinth und kleinasiatischen Städten, die in der Inschrift zutage treten. Eine rege Reisetätigkeit hat sich, freiwillig und (im Fall der Exilierung) unfreiwillig, entsponnen. Gesandtschaften sind unterwegs, Dokumente und Briefe werden ausgetauscht. Eine besondere Rolle spielt dabei das Wohnhaus der Junia (vgl. Z. 28 und 76), das sie gastfreundlich für die lykischen Ankömmlinge öffnet und das wir uns entsprechend geräumig vorzustellen haben. Auch die christlichen Missionare waren bei ihren Unternehmungen

---

[22] Vgl. L. Robert, Décret (s. Anm. 3) 340: „Nous apercevons ici un aspect de la vie particulière de Corinthe, colonie romaine parmi les cités grecques"; generell J. Wiseman, Corinth and Rome I: 228 B.C. – A.D. 267, in: ANRW II/7.1 (1979) 439–548.

auf gastfreundliche Häuser angewiesen, nicht zuletzt in Korinth (vgl. Apg 18,3.7), was zur Entstehung einer Hausgemeinde führen konnte[23].

Das Verhalten der Junia bezeichnet das Dekret aus Patara als „Wohltat" (Z. 26: ἐπ᾽ εὐεργεσίαν; in Z. 73f. ergänzt), das Dekret aus Telmessos als „Beistand" (Z. 77: προστασίαν, was, wie schon erwähnt, dem lateinischen *patronatus* entspricht). Damit sind zwei grundlegende Formen der sozialen Beziehung in der antiken Welt angesprochen, die Verwandtschaften aufweisen und zunehmend auch konvergieren, aber nicht einfach identifiziert werden dürfen[24]: der griechisch-hellenistische Euergetismus, dessen Konturen vor allem Paul Veyne nachgezeichnet hat[25], und das römische Patronatssystem[26].

Der Euergetismus beruht auf der einfachen Gleichung: Ehrung für Wohltaten, Wohltaten gegen Ehrung. Wohlhabende Bürger fühlten sich verpflichtet, einen Teil ihres Besitzes durch Finanzierung öffentlicher Aufgaben wieder der Allgemeinheit zuzuführen, sahen sich auch einem entsprechenden Erwartungsdruck ausgesetzt, der ihnen kaum eine andere Wahl ließ. Gedankt wurde durch Beschlüsse, die heute Seite um Seite der Inschriftenkorpora füllen und von denen gilt: „Die Euergetenporträts der Ehrendekrete der fortgeschrittenen hellenistischen Zeit sind Artefakte aus Rhetorik, ein Denkmaltyp mit ziemlich klischeehaften Komponenten"[27]. Angemerkt sei, dass im Neuen Testa-

---

[23] Vgl. dazu jetzt die gründliche, zusammenfassende Untersuchung von R. W. GEHRING, Hausgemeinde und Mission. Die Bedeutung antiker Häuser und Hausgemeinschaften – von Jesus bis Paulus (Bibelwissenschaftliche Monographien 9), Gießen 2000. Dort findet sich auch eine Auseinandersetzung mit dem neueren Vorschlag, im Interesse einer korrekteren sozialen Lokalisierung (s.u.) das Konzept der Hausgemeinde zu erweitern um den Begriff der „tenement church" (was mit „Appartement-Gemeinde" oder „Mietwohnungs-Gemeinde" im Deutschen nur unvollkommen wiedergegeben ist), vgl. R. JEWETT, Are There Allusions to the Love Feast in Romans 13:8–10?, in: Common Life in the Early Church (FS G.F. Snyder), Harrisburg 1998, 265–278, hier bes. 267f.

[24] Eine knappe, aber gut differenzierende Beschreibung findet sich bei O. M. VAN NIJF, The Civic World of Professional Associations in the Roman East (Dutch Monographs on Ancient History and Archaeology 17), Amsterdam 1997, 75–111.

[25] P. VEYNE, Brot und Spiele. Gesellschaftliche Macht und politische Herrschaft in der Antike (Le pain et le cirque. Sociologie d'un pluralism politique, Paris 1976, dt. von K. Laermann / H. R. Brittnacher) (Theorie und Gesellschaft 11), Frankfurt a. M. 1988; auch als dtv-WR 4639, München 1994.

[26] Vgl. nur R. P. SALLER, Personal Patronage under the Early Empire, Cambridge 1982; A. WALLACE-HADRILL (Hrsg.), Patronage in Ancient Society (Leicester-Nottingham Studies in Ancient Society 1), London/New York 1989 (vgl. die Rez. von J. NICOLS, in: Gn. 64 [1992] 129–135); wertvoll auch H. BENNER, Die Politik des P. Clodius Pulcher. Untersuchungen zur Denaturierung des Clientelwesens (Hist.E 50), Stuttgart 1987.

[27] M. WÖRRLE, Vom tugendsamen Jüngling (s. Anm. 8) 241; was Wörrle in seinem ebenso instruktiven wie amüsanten Beitrag weiter schreibt, lässt sich auch auf die Inschrift zu Ehren der Junia Theodora übertragen: „Die Choreographie dieses Sprachballetts erfordert einen gut geschulten Verfasser und einen mit den Komponenten und Junkturen wohl vertrauten, das Schema mit der Leichtigkeit des Selbstverständlichen wiedererkennenden und die originelle Nuance goutierenden Leser"; vgl. auch 242: „Das Bürgerbild der Ehrendekrete ... differenziert bei den Darstellungsmitteln auch kaum zwischen Männern und den insgesamt doch nur selten zum Gegenstand dieser Dokumente gewordenen Frauen."

ment auch Lukas z.B. den Euergetismus kennt und eher kritisch beleuchtet (Lk 22,25)[28].

Beim römischen Patronat steht die Beziehung zwischen Patron und Klient im Mittelpunkt, die individuell, aber auch kollektiv angelegt sein kann. Sie ist durch soziale Asymmetrie charakterisiert, ferner durch zeitliche Dauer und durch gegenseitige Leistungen. Der Patron gewährt z.B. finanzielle Vorteile, Schutz und Rechtsbeistand, der Klient unterstützt ihn umgekehrt bei seinen Unternehmungen. Das Patronatssystem ist in sich hierarchisch geschichtet, insofern ein Patron selbst wieder Klient eines ihm überlegenen Amtsinhabers sein kann. Eine Schlüsselrolle nimmt deshalb der sogenannte „power broker" ein, der Vermittler, der Zugang zum System in seinen Verästelungen und zu einflussreichen Persönlichkeiten verschaffen kann. Soziale Außenbeziehungen und Binnenbeziehungen urchristlicher Gemeinden können, wie mit dem Euergetismus, so auch mit dem Patronatssystem verglichen werden; strukturelle Gemeinsamkeiten und individuelle Abweichungen sind dabei mit gleicher Aufmerksamkeit zu konstatieren[29].

Es ist leicht zu erkennen, dass Junia Theodora Elemente aus beiden Modellen realisiert. Aus den Ehrendekreten ist speziell im Blick auf sie noch festzuhalten, dass gerade die Aufnahme und Bewirtung von Gesandtschaften im eigenen Haus rühmend hervorgehoben wird, weil es auch eine Entlastungsfunktion für die Polis insgesamt zur Folge hat[30]. Deutlich zeichnet sich hier auch eine Öffnung des Oikos auf die Polis hin oder eine Hineinnahme der Polis in den Oikos ab, was übrigens auch eine konvergierende Linie zum Patronat hin markiert, das man als Erweiterung der Familienbeziehungen interpretieren kann. Dass Junia Theodora den Lykiern Zugang zu römischen Führungskräften und deren geneigtem Ohr vermittelt, lässt sie als „power broker" erscheinen.

---

[28] Zur neutestamentlichen Rezeption vgl. vor allem das meinem Eindruck nach erstaunlich wenig beachtete Buch von F. W. DANKER, Benefactor: Epigraphic Study of a Graeco-Roman and New Testament Semantic Field, St. Louis 1982; ferner S. C. MOTT, The Power of Giving and Receiving: Recoprocity in Hellenistic Benevolence, in: G. F. HAWTHORNE (Hrsg.), Current Issues in Biblical and Patristic Interpretation, Grand Rapids 1975, 60–72; B. M. WINTER, Seek the Welfare of the City: Christians as Benefactors and Citizens (First Century Christians in the Graeco-Roman World Series), Grand Rapids/Carlisle 1994. Zum Judentum vgl. T. RAJAK, Benefactors in the Greco-Jewish Diaspora, in: Geschichte – Tradition – Reflexion (FS M. Hengel), Bd. I: Judentum, Tübingen 1996, 305–319.

[29] Einen Versuch zu Korinth legt vor J. K. CHOW, Patronage and Power: A Study of Social Networks in Corinth (JSNT.S 75), Sheffield 1992. Ausgereifter ist L. BORMANN, Philippi. Stadt und Christengemeinde zur Zeit des Paulus (NT.S 78), Leiden 1995, bes. 171–224, der die Gemeinde von Philippi als „emanzipierte Klientel" des Paulus bestimmt und ausführlich Senecas Schrift *De beneficiis* heranzieht. Vgl. jetzt vor allem S. JOUBERT, Paul as Benefactor. Reciprocity, Strategy and Theological Reflection in Paul's Collection (WUNT II/124), Tübingen 2000.

[30] Beispiele bei M. WÖRRLE, Vom tugendsamen Jüngling (s. Anm. 8) 245.

Hervorgehoben zu werden verdient nicht zuletzt, dass uns mit Junia Theodora im Korinth zur Zeit des Paulus eine unabhängige, einflussreiche und politisch aktive Frau entgegen tritt. Die Basis für ihre Tätigkeit bilden allerdings ein hoher Sozialstatus und beträchtlicher Reichtum. Die weiblichen Mitglieder der christlichen Gemeinde Korinths, bekannte (Priska) wie unbekannte, wird man kaum derart hoch in der sozialen Pyramide ansiedeln können[31], so dass Parallelen nur in sehr begrenztem Umfang auszumachen sind. Immerhin können wir diesen Faden im nächsten Punkt aufnehmen und weiterspinnen.

2. Kenchreai: *Phoebe als* προστάτις

Zu den bekannten Frauen im Umkreis Korinths gehört Phoebe, die in Kenchreai, dem entfernteren der beiden Häfen Korinths, zu Hause ist. Paulus bezeichnet sie in Röm 16,1f. als διάκονος der dortigen Gemeinde und sagt von ihr, sie sei für ihn und viele andere zu einer προστάτις geworden. Die korrekte Wiedergabe beider Termini wird sehr kontrovers diskutiert[32], was daran liegt, dass die Herausbildung von festen Rollen, Funktionen und „Ämtern" in den jungen Gemeinden gerade erst in Gang gekommen ist und man dafür vorgegebene Termini teils profaner Herkunft adaptiert, die ihrerseits eine semantische Spannbreite mitbringen. Einigkeit ist eher in der negativen Abgrenzung zu erzielen: Es setzt sich die Einsicht durch, dass die beliebte Übersetzung mit „Beistand", „Hilfe" für προστάτις wohl nicht ausreicht.

Die Erwähnung einer προστασία der Junia Theodora in Z. 77 der Inschrift zwingt uns förmlich dazu, sie zum Vergleich heranzuziehen. Der Analogieschluss würde erleichtert, wenn wir genau wüssten, was bei ihr mit der προστασία gemeint ist, aber das ist leider nicht der Fall, und der schlechte Erhaltungszustand der betreffenden Zeilen erleichtert unsere Aufgabe nicht. Es wurde vorgeschlagen, die προστασία der Junia auf die zuvor in Z. 75f. angesprochene gastfreundliche Aufnahme reisender Lykier ins eigene Haus einzuschränken[33]. Dagegen spricht, dass diese Konnotation eingestandenermaßen lexikalisch sonst nicht belegt ist. Außerdem wird die Funktion einer solchen Doppelung der Aussage nicht klar, und angesichts der starken Betonung des Römertums der Junia sollte etwas von der Parallelwelt des Patronatssystems in προστασία enthalten sein. Oben wurden bereits die Bemühungen der Junia um politische Vermittlung als möglicher Inhalt ihrer προστασία herausgestellt, und es wurde

---

[31] In der Unterschicht verortet mehr oder weniger alle Gemeindemitglieder jetzt wieder J. J. MEGGITT, Paul (s. Anm. 6); vgl. meine Rez. in BZ NF 43 (1999) 285–287.
[32] Vgl. neben den Kommentaren bes. M. ZAPELLA, A proposito di Febe προστάτις (Rm 16,2), in: RivBib 37 (1989) 167–171, der bereits auf den Fall der Junia Theodora aufmerksam macht, und M. ERNST, Die Funktionen der Phöbe (Röm 16,1f) in der Gemeinde von Kenchreai, in: Protokolle zur Bibel 1 (1992) 135–147, der diesen Hinweis aufnimmt und weiteres sprachgeschichtliches Material bietet.
[33] M. ZAPELLA, A proposito 170; M. ERNST, Funktionen 143.

ihre dazu passende Rolle als „broker" festgehalten[34]. Das Eintreten für Fremde, für Nicht-Bürger, in rechtlichen Angelegenheiten nach außen hin[35] wäre eine Aufgabe, die Phoebe auch für Paulus (Röm 16,2: „ist sie doch selbst für viele und *auch für mich* zur προστάτις geworden") hätte ausüben können, denn Paulus war in Kenchreai nichts anderes als ein durchreisender Fremder aus Kleinasien (vgl. Apg 18,18). Die andere Titulierung als διάκονος bringt dann – ohne dass ihr Inhalt damit schon erschöpfend beschrieben wäre – die besondere christliche Perspektive ein: Selbst eine solche Position, die im profanen Bereich auf sozialer Überlegenheit beruht, ist in der christlichen Gemeinde nicht einmal ein gleichwertiger, sondern nur ein untergeordneter Dienst.

3. Gaius: das öffentliche Zeugnis

Erstaunlich oft bringt die Inschrift das Wortfeld des Zeugnisses ins Spiel: μαρτυρία kommt in Z. 9, 31, 61 und 85 vor, μαρτυρέω in Z. 16 und 32. Das Zeugnis wird vor der ἐκκλησία abgelegt (Z. 30f.), und es bezeugt die Wohltaten der Junia, in deren Genuss die Lykier kommen. Eine ganz ähnliche Konstellation treffen wir im dritten Johannesbrief an[36]: Christliche Brüder aus der Gemeinde des Briefautors, des Presbyters (V. 1), begeben sich auf eine missionarische Wanderung (V. 7). Sie finden gastfreundliche Aufnahme (V. 5 und V. 8) bei Gaius, dem Adressaten des Schreibens (V. 1). Sie kehren zurück, und vor versammelter Gemeinde bezeugen sie die Liebestaten, die Gaius ihnen hat angedeihen lassen (V. 6: οἳ ἐμαρτύρησάν σου τῇ ἀγάπῃ ἐνώπιον ἐκκλησίας). In V. 12 schließlich wird dem Demetrius, den Gaius anscheinend als Nächsten ins Haus einlassen soll, ein dreifaches Zeugnis ausgestellt, doch lässt sich dieses Zeugnis innerhalb der Konventionen des christlich rezipierten Empfehlungsbriefs verorten[37], was auf das Zeugnis für Gaius so nicht zutrifft.

In seiner innovativen Studie zum dritten Johannesbrief hat Martin Leutzsch „Die Einrichtung der Martyria und ihre Bedeutung im frühen Christentum" in einem eigenen Kapitel[38] gewürdigt. Ihm gelingt der Nachweis, dass die Marty-

---

[34] Auch bei den Iobakchen in Athen (vgl. SIG³ 1109) könnte der προστάτης in Z. 13 für die Repräsentation des Vereins nach außen hin verantwortlich sein (und würde dann aus diesem Grund als Einziger aus der Ämtertrias in Z. 12f. im weiteren Verlauf der Inschrift, die sich auf die Binnenbeziehungen konzentriert, nicht mehr vorkommen), vgl. G. SCHEUERMANN, Gemeinde im Umbruch. Eine sozialgeschichtliche Studie zum Matthäusevangelium (FzB 77), Würzburg 1996, 41 (mit Angaben aus der Spezialliteratur).

[35] In diese Richtung optiert auch M. ERNST, Funktionen (s. Anm. 32) 145 („Konsulin").

[36] Zum folgenden neben den Kommentaren bes. M. LEUTZSCH, Die Bewährung der Wahrheit. Der dritte Johannesbrief als Dokument urchristlichen Alltags (Bochumer Altertumswissenschaftliches Colloquium 16), Trier 1994, der verschiedentlich auf Junia Theodora eingeht: 32, 35–37, 39 ü.ö.

[37] Vgl. M. LEUTZSCH, Bewährung 18–30.48f.

[38] A.a.O. 31–58, mit ausführlichen Anmerkungen (132–155) und mit dem Anhang 2 (189–194), der über 80 Ehreninschriften mit μαρτυρ- auflistet.

ria im Sinne eines ehrenden und lobenden Zeugnisses, das einer Einzelperson – wie z.B. Junia Theodora – für besondere Verdienste um das Wohl anderer ausgestellt wird, ihren primären Ort in den antiken Ehrendekreten und -inschriften hat und von dort auf dem Umweg über das Judentum, das bereits Modifikationen anbrachte, ins frühe Christentum einging. Sie ist ein Phänomen der Öffentlichkeit (und kommt deshalb in den Vereinsinschriften vergleichsweise selten vor). Den gemeinsamen Horizont, der die Übertragung erleichterte, bildet hier wie dort die ἐκκλησία, die Bürgerversammlung der Polis einerseits, die Zusammenkunft der christlichen Männer und Frauen (!) eines Ortes andererseits, als Träger der Ehrung.

Mit dem dritten Johannesbrief haben wir Korinth zwar verlassen, sind aber vermutlich nur bis Ephesus und Umgebung gelangt und haben uns somit lediglich jenen Gegenden Kleinasiens genähert, aus denen Junia Theodora in Korinth ihre Ehrungen zuteil wurden.

Literaturnachtrag:

Auf Junia Theodora gehen kurz auch ein:

R. VAN BREMEN, The Limits of Participation: Women and Civic Life in the Greek East in the Hellenistic and Roman Periods (Dutch Monographs on Ancient History and Archaeology 15), Amsterdam 1996, 164f.198.

D. HENNING, Die Beherbergung von ‚Staatsgästen‘ in der hellenistischen Polis, in: Chiron 27 (1997) 355–358, hier 357 (mit Lit.).

K. MANTAS, Independent Women in the Roman East: Widows, Benefactresses, Patronesses, Office-Holders, in: Eirene 33 (1997) 81–95, hier 89–91.

VI. Herrscherkritik und Kaiserkult

10. Des Kaisers schöne Stimme

Herrscherkritik in Apg 12,20–23

I. Einleitung

Macht, Religion und manchmal auch die Liebe (bzw., um genauer zu sein, die Sexualität) gehen im antiken Herrscher- und Kaiserkult eine eigenartige Verbindung ein. Dafür sei einleitend nur ein Standardbeispiel zitiert, der Fall des Demetrios Poliorketes, des „Städtebelagerers", Sohn von Antigonos I. Monophthalmos (dem „Einäugigen"). Für einen seiner Besuche in der Stadt Athen, die er 307 v. Chr. von makedonischer Besatzung befreit hatte, schuf ein unbekannter Dichter ein Kultlied, in dem es von Demetrios unter anderem heißt: „O Sohn des mächtigen Gottes Poseidon und der Aphrodite, sei gegrüßt. Die anderen Götter wohnen so weit entfernt ... Dich aber sehen wir gegenwärtig, nicht hölzern, nicht steinern, sondern leibhaftig."[1] Zu dem göttlichen Elternpaar, das man ihm ehrenhalber beilegt, gehört nicht zufällig Aphrodite: Plutarch berichtet mehrfach von seinen Liebesabenteuern und, als Höhepunkt der Sittenlosigkeit, von den Ausschweifungen, die er im Athener Parthenon-Tempel beging[2]. Alkiphron wiederum, der Verfasser von Genrebildern in brieflicher Form, nimmt diese Gelegenheit wahr, um auch einen Brief der Hetäre Lamia an Demetrios zu fingieren, in dem er die Verflechtung von Sexualität und politisch-militärischer Macht überdeutlich demonstriert[3].

Sollte ein so verbreitetes gesellschaftliches Phänomen, wie es der Herrscher- und Kaiserkult war, nicht auch im Neuen Testament wenigstens einige Spuren hinterlassen haben? Die Frage ist bekanntlich umstritten, und zwar für die ver-

---

[1] FGH 76 (Duris von Samos) F 13, aus Athenaios, Deipnosophistai 253D-F; vgl. C. FRIEDRICH / T. NOTHERS, Athenaios: Das Gelehrtenmahl. Buch I–VI (BGL 48), Stuttgart 1998, 492f.; dazu M. MARCOVICH, Hermocles' Ithyphallus for Demetrius, in: DERS., Studies in Graeco-Roman Religions and Gnosticism (SGRR 4), Leiden 1988, 8–19.

[2] Vgl. nur Plutarch, Demetrios 14 u. 24.

[3] Alkiphron, Epistulae IV 16,1–9; Text und Übers. bei W. PLANKL (Hrsg.), Alkiphron: Hetärenbriefe (TuscBü), München ⁴1942, 52–59; vgl. allgemein G. ANDERSON, Alciphron's Miniatures, in: ANRW II/34.3 (1997) 2188–2206.

schiedenen Schriftencorpora in unterschiedlichem Maß[4]. Um nur einige Schwerpunkte der Diskussion hervorzuheben: Für die Johannesoffenbarung wird eine implizite Auseinandersetzung mit dem römischen Kaiserkult mehrheitlich zugestanden, aber auch hier gibt es abweichende Voten[5]. Zu der rätselhaften Zwischenbemerkung „wie es ja (tatsächlich) viele Götter und viele Herren gibt" in 1 Kor 8,5 führt Helmut Merklein zutreffend aus: „Sachlich gehört zu den ‚Göttern und Herren' jedenfalls alles, was religiös verehrt wird, also auch der Kaiser, wenngleich man den Ausdruck nicht darauf engführen darf."[6] Sehr bedenkenswerte, wenn auch subtile Querverbindungen wurden ferner für den Epheserbrief herausgearbeitet[7].

Mit dieser Durchmusterung des Gesamtgebietes könnten wir fortfahren[8], setzen wir aber stattdessen bei einer Stelle an, wo das Vorliegen von direkter Kritik am Herrscherkult (und, so die hier vertretene These, indirekt auch am Kaiserkult) schwerlich bestritten werden kann, nämlich bei Apg 12,20–23[9]. Kritisiert wird auf der Erzählebene wegen blasphemischer Anmaßung König Herodes Agrippa I., tatsächlich aber dürfte diese Kritik innerhalb der Kommu-

---

[4] Nur wenige werden insgesamt so zuversichtlich urteilen wie A. BRENT, The Imperial Cult and the Development of Church Order: Concepts and Images of Authority in Paganism and Early Christianity before the Age of Cyprian (VigChr.S 45), Leiden 1999; vgl. dazu meine Rez. in: ThLZ 126 (2001) 61–63.

[5] Bestritten wird dieser Bezug z.B. von D. E. AUNE, Revelation (WBC 52A, B, C), Dallas, Tex. 1997–1998, passim; bei aller Bewunderung für die stupende Gelehrsamkeit, die dieses monumentale dreibändige Werk ermöglicht hat, lassen sich an die Konzeption doch auch kritische Rückfragen richten, vgl. die scharfsinnige Besprechung von M. E. BORING, in: Interpr. 54 (2000) 312–316, sowie als neueren Gegenentwurf P. A. HARLAND, Honouring the Emperor or Assailing the Beast: Participation in Civic Life Among Associations (Jewish, Christian and Other) in Asia Minor and the Apocalypse of John, in: JSNT 77 (2000) 99–121.

[6] H. MERKLEIN, Der erste Brief an die Korinther. Kapitel 5,1 - 11,1 (ÖTBK 7/2), Gütersloh/ Würzburg 2000, 186.

[7] Vgl. E. FAUST, Pax Christi et Pax Caesaris. Religionsgeschichtliche, traditionsgeschichtliche und sozialgeschichtliche Studien zum Epheserbrief (NTOA 24), Freiburg (Schweiz)/Göttingen 1993.

[8] Vgl. z.B. noch A. Y. COLLINS, The Worship of Jesus and the Imperial Cult, in: C. C. NEWMAN U.A. (Hrsg.), The Jewish Roots of Christological Monotheism (JSJ.S 63), Leiden 1999, 234–257; T. H. KIM, The Anarthrous υἱὸς θεοῦ in Mark 15,39 and the Roman Imperial Cult, in: Bib. 79 (1998) 221–241; K. P. DONFRIED, The Imperial Cults of Thessalonica and Political Conflict in 1 Thessalonians, in: R. A. HORSLEY (Hrsg.), Paul and Empire. Religion and Power in Roman Imperial Society, Harrisburg, PA 1997, 215–223 (und weitere Beiträge in diesem Band). Ein konsequenter Versuch, die Theologie des Markusevangeliums insgesamt als Gegenentwurf zum Kaiserkult zu interpretieren, findet sich jetzt bei C. A. EVANS, Mark 8:27–16:20 (WBC 34B), Nashville 2001, lxxx-xciii.

[9] Die entscheidenden Argumente und Materialien finden sich bereits in der wenig beachteten Arbeit von S. LÖSCH, Deitas Jesu und Antike Apotheose. Ein Beitrag zur Exegese und Religionsgeschichte, Rottenburg 1933, der freilich nicht die richtigen Schlussfolgerungen zieht; vgl. ferner B. WILDHABER, Paganisme populaire et prédication apostolique. D'après l'exégèse de quelques séquences des Actes (MoBi), Genf 1987, 69–73; die Kommentare zur Apg, die im Folgenden vorausgesetzt sind, äußern sich in der Regel sehr zurückhaltend.

nikation zwischen dem (impliziten und realen) Autor und seinen Adressaten gleichzeitig auf Kaiser Nero zielen. Diese Vermutung wurde schon in anderem Zusammenhang vorgetragen[10], sie soll hier weiter entfaltet und mit zusätzlichen Belegen aus den Quellen und aus der Sekundärliteratur versehen werden.

II. Die Episode in der Apostelgeschichte

In Apg 12,1 betritt innerhalb des lukanischen Erzählwerks Herodes Agrippa I. zum ersten Mal die Bühne des Geschehens. Mit vollem römischen Namen hieß er wahrscheinlich Marcus Iulius Agrippa[11], letzteres nach M. Vipsanius Agrippa, dem Schwiegersohn des Kaisers Augustus, der seit 15 v. Chr. eine enge Freundschaft mit Herodes dem Großen unterhielt. (Herodes) Agrippa I. wurde nämlich 10 v. Chr. geboren, als Sohn von Aristobulos und Berenike. Er war somit ein Enkel Herodes' des Großen und ein Neffe des Herodes Antipas. In Rom aufgezogen, konnte er enge Bande zu Caligula und Claudius knüpfen. Beide Kaiser versorgten ihn ab 37 n. Chr. mit immer neuen Territorien, so dass er schließlich von 41 bis zu seinem Tod 44 n. Chr. (oder schon 43 n. Chr.)[12] über ein Gebiet herrschte, das in seiner Ausdehnung dem Reich Herodes' des Großen entsprach.

Nicht ohne Absicht und gegen die tatsächliche Sprachregelung bezeichnet Lukas diesen König in Apg 12 konsequent nur als „Herodes" und nicht als „Agrippa" (im Unterschied zu seinem Sohn Agrippa II., den Lukas ab Apg 25,13 immer „Agrippa" nennt). Sein erstes Auftreten hat für die christlichen Gruppen in Jerusalem nämlich schwerwiegende Folgen: Er lässt Jakobus, den Zebedäussohn aus dem Zwölferkreis, der in Apg 12,2 als „Bruder des Johannes" eingeführt wird, mit dem Schwert enthaupten und Petrus zwecks späterer

---

[10] Vgl. H. J. KLAUCK, Magie und Heidentum in der Apostelgeschichte des Lukas (SBS 167), Stuttgart 1996, 51–57, bzw. (mit weiterer Lit.) DERS., Magic and Paganism in Early Christianity. The World of the Acts of the Apostles. Translated by Brian McNeil, Edinburgh 2000, 38–44; zwischen der deutschen und der englischen Ausgabe erschien O. W. ALLEN, The Death of Herod. The Narrative and Theological Function of Retribution in Luke-Acts (SBL.DS 158), Atlanta, GA 1997; vgl. jetzt auch C. W. STENSCHKE, Luke's Portrait of Gentiles Prior to Their Coming to Faith (WUNT II/108), Tübingen 1999, hier bes. 71–74.

[11] Vgl. D. R. SCHWARTZ, Agrippa I: The Last King of Judaea (TSAJ 23), Tübingen 1990, 39f.; diese Monographie ist zur Quellenlage und zu den historischen Gegebenheiten durchgehend heranzuziehen; vgl. zusätzlich auch N. KOKKINOS, The Herodian Dynasty. Origins, Role in Society and Eclipse (JSPE.S 30), Sheffield 1998, 271–304. Einen neuen Quellentext hat möglicherweise erschlossen N. G. COHEN, Agrippa I and *De specialibus legibus* IV 151–159, in: Studia Philonica Annual 2 (1990) 72–85.

[12] Diskussion der verschiedenen Datierungen bei D. R. SCHWARTZ, ebd. 108–111 u. 203–207, der für 43 n. Chr. optiert. Kritik daran bei N. KOKINNOS, ebd. 378–380.

Verurteilung ins Gefängnis werfen (Apg 12,3f.)[13]. Sein Verhalten erinnert an das eines anderen Träger des Namens Herodes, den die Leser aus dem Lukas-evangelium kennen: Es geht um den Onkel, Herodes Antipas, der ganz ähnlich schon für die Enthauptung Johannes' des Täufers verantwortlich zeichnete (vgl. Lk 3,19f.; 9,9) und Jesus in böser Absicht zu ergreifen suchte (vgl. Lk 13,31; auch 23,7–12). Wenn man die Parallele weiter ausspinnt, würde Jakobus in die Rolle des Täufers und Petrus sogar in die Rolle Jesu hinein geraten, wofür man sich auch auf den in Apg 12,3 angedeuteten zeitlichen Rahmen des Paschafests berufen könnte[14]. Jedenfalls dient die von Lukas hergestellte Namensähnlich-keit der Typisierung und Parallelisierung der Charaktere[15].

Das lange Mittelstück von Apg 12 wird von der wunderbaren Rettung des Petrus aus dem Gefängnis ausgefüllt. Aber nach Art einer Ringkomposition kehrt der Abschluss wieder zum Verfolger, zu Herodes Agrippa, zurück (vgl. aber auch seine Erwähnung in der kleinen wörtlichen Rede des Petrus in 12,11). In 12,19 reagiert er auf die Flucht des Petrus und, mehr noch, auf die vergebliche Suche nach ihm: Er lässt die zuständigen Wachsoldaten abführen, vermutlich zur Exekution. Dann begibt er sich nach Caesarea am Meer, der „Kaiserstadt", wo die letzte Szene Apg 12,20–23 spielt. Sie enthält die für un-sere Zwecke wichtigste Angabe.

Zunächst referiert Lukas die Ausgangslage, die für uns nicht ganz klar zu fassen ist. Über den königlichen Kammerherrn Blastos erreichen es die Be-wohner von Tyros[16] und Sidon, über die der König erzürnt war, bei ihm vorge-lassen zu werden. In einer Art Audienzszene begibt er sich, mit seinen königli-chem Gewand bekleidet, auf das Podium und hält eine Rede. Das Volk jubelt ihm zu: „Stimme eines Gottes und nicht eines Menschen" (V. 22: θεοῦ φωνὴ καὶ οὐκ ἀνθρώπου). Daraufhin streckt ein Engel ihn nieder (V. 23: ἐπάταξεν) – es ist vermutlich derselbe „Engel des Herrn", der zuvor Petrus in die Seite stieß (V. 7: πατάξας) und ihn aus dem Gefängnis befreite[17]. Der Grund für dieses harte Eingreifen ist darin zu suchen, dass der König offenkundig nicht energisch ge-

---

[13] Über die möglichen Hintergründe informiert G. Theissen, Die Verfolgung unter Agrip-pa I. und die Autoritätsstruktur der Jerusalemer Gemeinde. Eine Untersuchung zu Act 12,1–4 und Mk 10,35–45, in: U. Mell / U. B. Müller (Hrsg.), Das Urchristentum in seiner literari-schen Geschichte (FS J. Becker) (BZNW 100), Berlin 1999, 263–289.

[14] Das führt näher aus S. R. Garrett, Exodus from Bondage: Luke 9:31 and Acts 12:1–24, in: CBQ 52 (1990) 656–680, hier 670–677, freilich nicht ohne Übertreibungen; zu apodiktisch dennoch J. Jervell, Die Apostelgeschichte (KEK 3), Göttingen 1998, 332: „Lukas will kaum das Geschick des Petrus mit dem Jesu parallelisieren".

[15] Vgl. D. R. Schwartz, Agrippa I (s. Anm. 11) 120.

[16] Das Vorkommen dieser Stadt ist für M. M. Strom, An Old Testament Background to Acts 12,20–23, in: NTS 32 (1986) 289–292, ein Grund, die Orakel gegen Tyros in Ez 27–28 zum Vergleich heranzuziehen; immerhin kann man auch dort von Herrschaftskritik und Protest gegen Machtmissbrauch sprechen.

[17] So G. Theissen, Verfolgung (s. Anm. 13) 265 mit Anm. 3.

nug oder gar überhaupt nicht gegen diesen Zuruf protestierte und damit „Gott nicht die (ihm allein gebührende) Ehre gab". Rasch tut er, „von Würmern zerfressen" (V. 23: σκωληκόβρωτος)[18], seinen letzten Atemzug.

Die Aussage dieser Ringkomposition – mit dem „Engel des Herrn" als zusätzlicher Verbindung zwischen Mittelstück und Schlussstück – liegt auf der Hand: Der jähe und schreckliche Tod des Königs ist jetzt Strafe nicht nur für seine Anmaßung, sondern auch für die Hinrichtung des Jakobus und die geplante Tötung des Petrus[19].

Aber nicht dieser Beobachtung gilt hier unser Interesse, sondern der Erwähnung von Agrippas „göttergleicher Stimme". Halten wir dazu noch fest, dass sie innerhalb der Erzählung mit einem Sinnüberschuss versehen ist. Der König hält eine Volksrede (V. 21: ἐδημηγόρει, vgl. das korrespondierende δῆμος in V. 22), die in der Antike zum deliberativen Redegenus (auch symbuleutisch oder δημογορική genannt) gezählt wurde. Er mag in Rom in jungen Jahren als künftiger Politiker eine rhetorische Ausbildung genossen haben und ein guter Redner gewesen sein[20], und er mag in der Rede königliche Wohltaten in Aussicht gestellt haben, um sich als echter εὐεργέτης zu erweisen. Das Volk, das Lukas in V. 22 δῆμος und nicht λαός nennt, um es als nichtjüdische Menge zu kennzeichnen, reagiert dennoch in übertriebener Weise, wenn es auf eine „normale" Rede hin schon in den Zuruf „Stimme eines Gottes und nicht eines Menschen" ausbricht. Sollte darin nicht noch etwas mehr stecken?

III. Die Parallele bei Josephus

Dieses Detail gewinnt zusätzliches Profil, wenn wir die Parallele bei Flavius Josephus zum Vergleich heranziehen. Die wichtigste Quelle für unser historisches Wissen über Agrippa I. stellen einige Passagen in den *Antiquitates* dar. Über Agrippas Lebensende berichtet Josephus dort im 8. Kapitel des 19. Buches (Ant 19,338–353, hier bes. 343–350). Nach Caesarea begibt Agrippa sich bei Josephus aus Anlass eines mehrtägigen Festes zu Ehren des Kaisers. Am zweiten Tag der Schauspiele kommt er frühmorgens ins Theater, bekleidet mit einem prachtvollen Gewand, in das Silberfäden eingewebt sind. Als diese von den Strahlen der Morgensonne getroffen werden, verbreiten sie blendenden

---

[18] Zu dieser gesuchten Vokabel mit ihrer agrarischen Herkunft und ihrer metaphorischen Verwendungsweise vgl. bes. C. Spicq, Theological Lexicon of the New Testament. Bd. 3, Peabody, MA 1994, 266f.

[19] Gegen J. Jervell, Apg (s. Anm. 14) 337: „Er stirbt also nicht, weil die Gemeinde verfolgte."

[20] Vgl. S. Lösch, Deitas Jesu (s. Anm. 9) 17: „Als redegewandten Mann hatte sich zudem Agrippa schon in seiner Dankesrede ausgewiesen, die er anlässlich der ihm gewordenen Verleihung des βασιλεύς-Titels vor dem Senat, und zwar mit Erlaubnis des Claudius in griechischer Sprache, hatte halten dürfen (Dio Cass. LX 8)."

Glanz. Ob hier an die Imitation eines Sonnengottes gedacht ist[21]? Jedenfalls
bezeichnen den König daraufhin seine Schmeichler, vermutlich sein Hofpersonal, mit lauten Zurufen als einen Gott (nur in dem Zusammenhang kommt bei
Josephus hier φωνή vor, in § 345: φωνὰς ἀνεβόων, und in 347: κατεψευσμένας
φωνάς). In wörtlicher Rede fahren sie sodann fort: „Sei uns gnädig! Auch wenn
wir dich bisher als Menschen geachtet haben, bekennen wir jedoch von nun an,
dass du sterblichem Wesen überlegen bist". Das lässt sich der König ohne Widerrede gefallen. Sogleich tritt als Bote des Unglücks (346: ἄγγελον κακῶν)
nicht ein Engel, sondern ein Uhu in Erscheinung, der vorher als Glücksbote
fungiert hatte (vgl. Ant 18,201). Der König geht in sich und gibt seinen Begleitern zu verstehen, vielleicht mit leiser Ironie: „Ich, euer Gott, muss schon mein
Leben lassen". Nach fünf Tagen voller Schmerzen stirbt er. Josephus kommt
dafür ohne Wurmfraß aus, aber den hatte er bereits beim Tode Herodes' des
Großen verwendet (Ant 17,169), und beide, Josephus und Lukas, folgen damit
nur einem Gestaltungsschema, das in der jüdischen Literatur bereits in der
Schilderung des Lebensende des Antiochos IV. Epiphanes in 2 Makk 9,1–28
einen frühen Höhepunkt gefunden hatte[22].

Blicken wir von hier aus noch einmal auf Lukas zurück. Der Kern des Geschehens, die blasphemische Akklamation und der darauf folgende Tod, stimmt
mit dem Bericht bei Josephus überein. Der „festgesetzte Tag" in Apg 12,21 gewinnt bei Josephus durch das Kaiserfest deutlich mehr Profil. Ähnliches gilt für
das „königliche Gewand", das Lukas in V. 21 mehr beiläufig erwähnt, dabei
aber möglicherweise an Lk 23,11 denkt, wo Herodes Antipas Jesus zum Spott
ein prächtiges Gewand (vielleicht sein eigenes?) anlegen lässt. Aber die Episode bei Lukas weist trotz ihrer Kürze einige Besonderheiten auf. Wenn wir vom
Wurmfraß (s.o.) absehen, gehören dazu die Delegation aus Tyros und Sidon,
der Kammerherr Blastos und eben die göttergleiche Stimme als Inhalt des lästerlichen Zurufs, denn den φωναί der Schmeichler bei Josephus (s.o.) entspricht bei Lukas ὁ δὲ δῆμος ἐπεφώνει in V. 22, nicht aber das Θεοῦ φωνή des
Zurufs im gleichen Vers. Dieser Befund spricht eher gegen die These, Lukas
benutze die Version bei Josephus als Vorlage[23]. Woher sollten in dem Fall die
Eigenheiten bei Lukas stammen, denen man nur zum Teil eine bestimmte In-

---

[21] Das fragt sich auch S. Lösch, Deitas Jesu (s. Anm. 9) 14f.; die Nähe zu Nero, der sich
gerne nach dem Vorbild des Sonnengottes Apollo stilisierte (s.u.), würde dadurch sogar noch
gesteigert.

[22] Vgl. den Paragraphen über „Das Ende des Gottlosen: Variationen eines Themas" bei H.
J. Klauck, Judas – ein Jünger des Herrn (QD 111), Freiburg i. Br. 1987, 116–121, und die
materialreiche Übersicht zu „Death of Tyrant Type-Scenes" bei O. W. Allen, The Death of
Herod (s. Anm. 10) 29–74; jetzt auch J.D. Gauger, „Der Tod des Verfolgers": Überlegungen
zur Historizität eines Topos, in: JStJ 33 (2002) 42–64, bes. 51–56.

[23] So S. Mason, Josephus and the New Testament, Peabody, MA 1992, bes. 98f. und 185–
229; dt. Ausgabe: Ders., Flavius Josephus und das Neue Testament (UTB 2130), Tübingen
2000, bes. 165f. und 270–326.

tention beilegen kann? Mehr für sich hat nach wie vor die Annahme, dass Lukas einer eigenen Überlieferung folgt, die ihrerseits mit der von Josephus benutzten verwandt sein kann.

Wie diese Überlieferung den Blasphemievorwurf erhärtete, wissen wir nicht mehr genau. Für sich betrachtet, wirkt das sonnengleiche Gewand bei Josephus etwas plausibler als die göttergleiche Stimme bei Lukas. Sie erweist sich als eine lukanische Besonderheit, die unter Umständen sogar erst von ihm eingefügt wurde. Um die Stoßrichtung dieses auffälligen Interesses an der Stimme zu erkennen, müssen wir ein wenig ausholen.

IV. Neros *vox caelestis*

Es gab in der Antike unseres Wissens nur einen Herrscher, dessen obsessive Beschäftigung mit der eigenen Stimme allgemein bekannt war, und das ist Kaiser Nero. Stellen wir dazu die wichtigsten Belege zusammen, und beginnen wir dabei mit den Zeitgenossen.

1. Seneca

Überraschend früh schon, nämlich 54 n. Chr. – Nero ist damals siebzehn Jahre alt –, äußert sich jemand, der es wissen muss, der Prinzenerzieher selbst. In seiner Satire *Apocolocyntosis* („Verkürbissung" bzw. „Veräppelung")[24] rächt sich Seneca nicht nur an dem verstorbenen Kaiser Claudius, den er dem Gespött preisgibt, sondern er baut auch ein Loblied auf das Goldene Zeitalter ein, das nun mit dem neuen Herrscher Nero anbrechen soll (in 4,1). Die Parzen spinnen Neros goldenen Lebensfaden, und während sie arbeiten, greift ihr Bruder Apollo in die Saiten seiner Leier und unterhält sie mit seinem Gesang. In direkter Rede (ab V. 20) sagt er, Nero sei „mir ähnlich an Aussehen, ähnlich an Schönheit, in der Kunst des Gesangs und *im Klang der Stimme* mir ebenbürtig" (V. 23: *nec cantu nec voce minor*). Und er, der Sonnengott, vergleicht Nero mit der aufgehenden Sonne, die für den Erdkreis einen neuen Tag heraufführt (V. 28f.).

Der Kernbestand der Motive, die wichtig werden sollten, liegt im Grund hier schon vor: die Parallelisierung mit Apollo, dem göttlichen Sänger und Leierspieler, dem „Anführer der Musen", die zugleich ein politisches Programm ent-

---

[24] Vgl. G. BINDER (Hrsg.), Seneca: Apokolokyntosis (TuscBü), Zürich 1999; A. BAUER (Hrsg.), L. Annaeus Seneca: Apocolocyntosis / Die Verkürbissung des Kaisers Claudius (Reclams Universal-Bibliothek 7676), Stuttgart 1981. Zur Erklärung vor allem C. SCHUBERT, Studien zum Nerobild in der lateinischen Dichtung der Antike (Beiträge zur Altertumskunde 116), Stuttgart-Leipzig 1998, 15–33.

hält, da Apollo der erklärte Vorzugsgott von Kaiser Augustus war[25]; der Vergleich mit der Sonne und ihren Strahlen, der teils über den Sonnengott Phoebus Apollo zustande kommt und auch in der darstellenden Kunst seine Wirkung entfalten wird[26]; die herrliche Stimme, die im Verein mit der Schönheit
von Gesicht und Gestalt und der Gesangeskunst den jungen Princeps auszeich-
net und ihn gleichfalls Apollo annähert. Erstaunen kann höchstens das frühe
Datum dieser Ausführungen. Sie erklären sich nur dadurch, dass hier (a) jemand spricht, der die Schritte des Prinzen in den letzten Jahren überwacht hat,
und dass (b) Neros künstlerische Ambitionen, mit denen er erst später an die
Öffentlichkeit trat, bereits in seinen Jugendjahren voll ausgeprägt waren[27].

2. Lucan

Etliche Jahre später, aber noch zu Lebzeiten Neros, der ihn zum Selbstmord
zwingen wird, integriert Senecas Neffe Lucan, der 60 n. Chr. bereits nicht erhal-
tene *Laudes Neronis* vorgelegt hatte[28], ein Enkomion auf Nero in sein düsteres
Bürgerkriegepos *Pharsalia*[29]. In einer fast hymnisch gestalteten Passage gleich
zu Beginn seines Werks (in 1,33 – 66) blickt Lucan auf die postmortale Divinisierung des Kaisers voraus und führt für diesen Zeitpunkt den Vergleich mit
Apollo und der Sonne durch (V. 48f.). Vor allem erklärt er gegen Ende des
Enkomions hin, er brauche weder den delphischen Gott noch Dionysos als In-
spirator, sein Musaget sei der quasi-göttliche Kaiser (V. 63: *sed mihi iam numen*), der ihn zum Dichtertum begeistere: *Tu satis ad vires Romana in carmina
dandas* (V. 66). Insgesamt hat Lucan „das zentrale Motive (sic) seiner neuen
Panegyrik, die Sphärenharmonie, in *De bello civile* auf den Herrscher Nero
übertragen"[30].

---

[25] Vgl. C. Schubert, Studien (s. Anm. 24) 26: „Apoll, einst Hausgott des ersten Kaisers, wird
als besonderer Schutzpatron Neros in Anspruch genommen".
[26] Vgl. M. Bergmann, Die Strahlen der Herrscher: Theomorphes Herrscherbild und politische Symbolik im Hellenismus und in der römischen Kaiserzeit, Mainz 1998, 133–230.
[27] In diesem Sinn auch C. Schubert, Studien (s. Anm. 24) 31: „Wer diese Qualität bereits
unmittelbar nach der Regierungsübernahme an Nero rühmen konnte, ... musste intime Kenntnis von den Anlagen und Neigungen des jungen Prinzeps besitzen ... So erweist dieser eigen-
willige Einzelzug im Porträt Neros einerseits, dass schon der Siebzehnjährige in sich den großen Künstler sah und solches Lob gern hörte, und deutet andererseits, bedürfte es noch der
Beweise, auf den intimsten Kenner des Prinzeps, seinen Erzieher als Verfasser der Satire hin."
Zu Nero als Schauspieler und den Folgen für das öffentliche Klima vgl. S. Bartsch, Actors in
the Audience: Theatricality and Doublespeak from Nero to Hadrian, Cambridge, MA 1994,
hier 1–62.
[28] Zu ihrer Rekonstruktion s. C. Schubert, Studien (s. Anm. 24) 250–253.
[29] Vgl. G. Luck (Hrsg.), Lukan: Der Bürgerkrieg (SQAW 34), Berlin 1989; dazu als bemerkenswerte Gesamtdeutung nur S. Bartsch, Ideology in Cold Blood. A Reading of Lucan's
Civil War, Cambridge, MA 1997.
[30] C. Schubert, Studien (s. Anm. 24) 421.

3. Carmina Einsidlensia

In einem mittelalterlichen Codex in der Bibliothek des Klosters Einsiedeln sind zwei anonyme bukolische Gedichte aufbewahrt[31], die aus neronischer Zeit stammen und unverhohlen Herrscherpanegyrik betreiben. Allerdings ist bei ihrer Verwendung Vorsicht am Platz. Zumindest für das Erste der beiden Gedichte wurde wahrscheinlich gemacht, dass sich in dem überzogenen Lob subversive Elemente verbergen; es versteht sich wahrscheinlich als feine Parodie von Lucans Loblied auf Nero[32].

Die Stimme der Himmlischen, in V. 34 erwähnt (*caelestes ulli si sunt, hac voce loquuntur*, „Wenn es denn Himmlische gibt, nicht anders klingt ihre Stimme"), könnte sich auf Apollo beziehen oder vielleicht eher auf Nero, der wieder mit seinem Schutzgott zusammen gesehen wird. Für uns ist die Schlussszene in V. 42–49 mit Neros Dichterweihe und Dichterkrönung von besonderem Gewicht. Kein geringerer als Homer tritt auf, mit vollem Bart und weißem Haar. Als Nero die Ohren des blinden Dichterfürsten mit göttlichen Lauten füllt (V. 45: *ergo ut divinis implevit vocibus aures*), übergibt dieser die Attribute seines Dichtertums, Kopfbinde und Schleier, an den Kaiser. Daneben steht Vergil und zerreißt beschämt die Blätter mit seiner *Aeneis*. Der Kaiser als größter Dichter aller Zeiten – der Verdacht auf eine Satire liegt, auch wenn man sich vor Anachronismen zu hüten hat, doch sehr nahe.

4. Tacitus

Gehen wir von den Zeitgenossen zu den römischen Historikern über, die im Rückblick berichten[33]. Bei Tacitus werden wir in den *Annalen* gleich mehrfach fündig[34]. In XIV 15,5 wirbt Nero – nach Errichtung einer Hausbühne für seine ersten Auftritte – aus dem Ritterstand *Augustiani* als Begleiter an, deren Aufgabe vor allem darin besteht, „die schöne Gestalt des Princeps *und seine Stimme* mit Götternamen" zu belegen.

---

[31] Text und Übers. bei J. W. Duff / A. M. Duff (Hrsg.), Minor Latin Poets. Bd. 1 (LCL 284), Cambridge, MA/London 1934, Repr. 1982, 317–335; D. Korzeniewski, Hirtengedichte aus neronischer Zeit. Titus Calpurnius Siculus und die Einsiedler Gedichte (TzF 1), Darmstadt 1971.

[32] Vgl. neben Korzeniewski auch C. Schubert, Studien (s. Anm. 24) 135–158; anders, aber m.E. nicht wirklich überzeugend B. Merfeld, Panegyrik – Paränese – Parodie? Die Einsiedler Gedichte und Herrscherlob in neronischer Zeit (Bochumer Altertumswissenschaftliches Colloquium 39), Trier 1999, 112–138.

[33] Eine Übersicht über die wichtigsten Quellen bietet K. Heinz, Das Bild Kaiser Neros bei Seneca, Tacitus, Sueton und Cassius Dio: Historisch-philologische Synopsis, Diss. phil., Bern 1948; vgl. allgemein noch W. Jakob-Sonnabend, Untersuchungen zum Nerobild der Spätantike (AWTS 18), Hildesheim 1990; J. Elsner / J. Masters (Hrsg.), Reflections of Nero: Culture, History, and Representation, Chapel Hill, N.C. 1994.

[34] Zitiert nach E. Heller (Hrsg.), Tacitus: Annalen (TuscBü), München ²1992.

Im Jahr 64 steigert sich XV 30,1–3 zufolge Neros Begierde nach öffentlichen Auftritten. Palast und Park seien auf Dauer zu schwach besucht und unzureichend für seine mächtige Stimme (*tantae vocis angustos spernebat*). Also geht er ins Theater nach Neapel, um von dort der Spiele halber nach Griechenland überzusetzen.

Nach dem Brand Roms verbreitet sich das Gerücht, der Kaiser habe angesichts der brennenden Stadt die Hausbühne betreten und den Untergang Trojas – mit Worten aus seiner eigenen epischen Dichtung *Troica* – besungen (XV 39,3). Dem Verdacht, er habe selbst befohlen, die Stadt anzuzünden, antwortet er mit der Verfolgung der Christen als der Hauptschuldigen (XV 44,2–5; hier wird eine Kontaktstelle zwischen der kaiserlichen Obsession und der ersten größeren Christenverfolgung sichtbar!).

Als Thrasea Paetus beseitigt werden soll, der es gewagt hatte, in seinem Geburtsort die Hauptrolle in einer Tragödie zu singen[35], lautet ein Vorwurf gegen ihn, er habe niemals „für das Wohl des Princeps oder seine göttliche Stimme (*caelesti voce*) geopfert" (XVI 22,1).

5. Sueton

Eine wahre Fundgrube stellt für unsere Zwecke die Nerovita Suetons dar[36]. Unbarmherzig und mit seltener Offenheit konstatiert er, dass trotz allen professionellen Trainings[37] die Stimme des Kaisers „schwach und rau" blieb (20,1: *exiguae vocis et fuscae*), was ihn aber von öffentlichen Auftritten als Schauspieler und Sänger nicht abhielt. Für den nötigen Beifall sorgten eingeübte Claqueure (20,3). Der Erfolg war, dass ihn „alle Welt bestürmte, seine göttliche Stimme (*caelestem vocem*) hören zu lassen" (21,1) – ein unbedachter Wunsch: Bei Neros Auftritten bestand Anwesenheitspflicht, was einige dermaßen zur Verzweiflung brachte, dass sie sich „tot stellten und als Leichen abtransportie-

---

[35] Vgl. S. LÖSCH, Deitas Jesu (s. Anm. 9) 20: „er, der früher in seiner Heimatstadt Padua im Chor der Tragödie hervorragend mitgewirkt hatte, wäre berufen gewesen, als Fachkenner gesanglicher Leistungen auch über die Sangeskunst des Kaisers ein Urteil abzugeben", was er unterließ.

[36] Vgl. die Ausgaben und Übersetzungen von M. GIEBEL (Hrsg.), C. Suetonius Tranquillus: Nero (Reclams Universal-Bibliothek 6692), Stuttgart 1978; W. KIERDORF (Hrsg.), Sueton: Leben des Claudius und des Nero (UTB 1715), Paderborn 1992; O. WITTSTOCK (Hrsg.), Sueton: Kaiserbiographien (SQAW 39), Berlin 1993; H. MARTINET (Hrsg.), C. Suetonius Tranquillus: Die Kaiserviten / Berühmte Männer (TuscBü), Zürich 1997; ferner K. R. BRADLEY, Suetonius' Life of Nero: An Historical Commentary (CollLat 157), Brüssel 1978.

[37] Dazu auch Plinius d.Ä., Hist Nat 34,166: „Nero, weil es den Göttern so gefiel, ein Kaiser, legte sich eine Bleiplatte auf die Brust und machte, seine Gesänge darunter hervorbrüllend, auf diese Weise eine Methode zur Stärkung der Stimme bekannt"; Übers. nach R. KÖNIG / K. BAYER (Hrsg.), C. Plinius Secundus d. Ä.: Naturkunde. Buch 34: Metallurgie (TuscBü), München 1989, 115.

ren ließen" (23,2). Appelle an seine Soldaten fasste Nero schriftlich ab, um seine Stimme zu schonen (25,3).

Den Claudiussohn Britannicus vergiftete Nero auch deshalb, weil dessen Stimme „von Natur aus wohlklingender war als seine eigene" (33,2). Die Gesangsszene über den Untergang Trojas, vorgetragen beim Brande Roms, fehlt auch bei Sueton nicht (38,2). Als Vindex in Gallien gegen Nero rebelliert, fühlt der sich am meisten dadurch getroffen, dass Vindex ihn als „miserablen Kitharasänger" bezeichnete (41,1). Zwei seiner Aussprüche sind in der Fassung, in der Sueton sie überliefert, unsterblich geworden: „Die Kunst ernährt überall ihren Mann" (40,2) und „Welch ein Künstler geht mit mir zugrunde" (49,1).

Das Volk hatte sich über den Sänger auf dem Kaiserthron seine eigene Meinung gebildet. Als es mit seiner Herrschaft sichtlich zuende geht, erscheinen in der Stadt Graffiti mit dem Wortlaut: „Selbst die Hähne (*galli*, auch als ‚Gallier' zu deuten) hat er mit seinem Singen aufgeweckt" (45,2). Die früheren Loblieder des Volkes auf des Kaisers schöne Stimme klingen allerdings auch noch nach, so z.B. in der Lobrede des jüngeren Plinius auf Trajan: „... und so lautstark, wie es (das Volk) einst die Darstellungs- und *Gesangskunst* eines anderen pries, lobt es jetzt an diesem Princeps seine Frömmigkeit, seine Uneigennützigkeit und seine Milde" (2,6)[38].

6. Dio Cassius

Auch Dio Cassius, der späte, griechisch schreibende Historiker Roms, kennt noch die einschlägigen Anekdoten, die allerdings nur in einer (weithin zuverlässigen) Epitome der entsprechenden Bücher erhalten sind[39]. Manches läuft mit dem bisher schon Gesagten parallel, z.B. das Singen beim Brand Roms (LXII 18,1), der Tod des Thrasea, der dem Gesang des Kaisers nicht zuhören und seiner göttlichen Stimme (τῇ ἱερᾷ αὐτοῦ φωνῇ) nicht opfern wollte (LXII 26,3), der rebellische Vindex, der sich über die Schauspielerei Neros lustig macht (LXIII 22,5), und anderes mehr bis hin zu den letzten Worten „Was für ein Künstler geht mit mir zugrunde" (LXIII 29,2). Auch bei Dio Cassius erfahren wir, Neros Stimme sei tatsächlich nur schwach und dumpf gewesen, aber für den Beifall sorgten sowieso 5000 Soldaten (LXI 20,2f.). Halten wir im Blick auf Lukas auch fest, dass sich dieser Beifall teils in Form von Akklamationen äußerte. Bei seiner Rückkehr von der erfolgreichen Tournee durch Griechenland steigern sie sich zu folgender hymnischen Preisung (LXIII 20,5):

---

[38] Bei W. KÜHN (Hrsg.), Plinius der Jüngere: Panegyrikus (TzF 51), Darmstadt 1985, 16f.; vgl. zur Gesamttendenz dieser Rede, die halten zu müssen den Redner in eine schwierige Lage brachte, S. BARTSCH, Actors in the Audience (s. Anm. 27) 148–187.

[39] Vgl. E. CARY (Hrsg.), Dio's Roman History. Bd. VIII (LCL 176), Cambridge, MA/London 1925, Repr. 1982.

„Heil, olympischer Sieger! Heil, pythischer Sieger!
Augustus! Augustus!
Für Nero, unseren Herkules! Für Nero, unseren Apollo!
Der einzige Sieger der großen Tour!
Der einzige von Zeitbeginn (ἀπ’ αἰῶνος)!
Augustus! Augustus!
Göttliche Stimme (ἱερὰ φωνή)!
Selig (μακάριοι) die, die dich hören!“

7. Dion von Prusa

Von den griechischen Autoren des späten 1. und frühen 2. Jahrhunderts n. Chr.
greifen wir Dion und Plutarch heraus. Dion von Prusa mit dem Beinamen
Chrysostomos, „Goldmund“[40], handelt in seiner 66. Rede von der Ruhmsucht.
Bei der Aufzählung von rhetorischen Exempla nennt er neben dem Haus des
Pelops, das den Stoff für die Orestie der griechischen Tragödie geliefert hat,
„ein anderes Haus, das *wegen einer Zunge untergegangen* ist“, und „noch ein
drittes, das in Gefahr ist unterzugehen“. Damit wird er auf Nero und Domitian
anspielen. Dass die Zunge zum Anlass von Neros Fall wurde, kann mit einem
Zitat aus Dions dritter Königsrede beleuchtet werden: „Der eine, von Sanges-
lust gepackt, winselte und heulte fortgesetzt in Theatern; statt an seine Pflich-
ten als König zu denken, begnügte er sich damit, die Könige der Vorzeit auf der
Bühne darzustellen. Ein anderer wurde zum begeisterten Flötenspieler.“[41]
Auch den Alexandrinern hält er in einer großen Mahn- und Beratungsrede
Nero mit „seinem allzu großen Kunsteifer und seiner Begeisterung für die
Musik“ als negatives Exempel vor Augen (Or 32,60), und den Bewohnern von
Rhodos gegenüber kritisiert er Neros Teilnahme an Spielen in Griechenland
(Or 31,110). Indirekt dürfte Nero mit angesprochen sein in der Or 6 „Diogenes
oder über die Gewaltherrschaft“, wo Dion das Dilemma jedes Tyrannen angesichts der öffentlichen Meinung auf den Punkt bringt: „Über ein Lob aber freut
er sich nicht, denn er hält es für unmöglich, dass man bei klarem Verstand so
etwas sagt“ (58). Dions Interesse an Nero (vgl. noch Or 31,148; 21,10; 47,14f.) ist
für einen Redner und Stoiker aus Kleinasien, der in etwa der Zeit wirkt, in der
wir auch die Entstehung des lukanischen Doppelwerks anzusetzen haben, bemerkenswert.

---

[40] Zu Person und Werk vgl. H. J. KLAUCK / B. BÄBLER, Dion von Prusa: Olympische Rede
oder Über die erste Erkenntnis Gottes (TzF. SAPERE 2), Darmstadt 2000, 7–43 (mit Lit.).

[41] Or 3,134 (Übers. nach W. ELLIGER, Dion Chrysostomos: Sämtliche Reden [BAW], Zürich-Stuttgart 1967); mit dem Flötenspieler ist Ptolemaios XII. Auletes gemeint.

8. Plutarch von Chaironeia

Bleiben wir in diesem Zeitraum und bei den Griechen. Den großen eschatologischen Schlussmythos in seiner theologisch bedeutsamen Schrift *Über die späte Vergeltung durch die Gottheit* lässt Plutarch von Chaironeia[42] in einer burlesken Szene ausklingen: An einem jenseitigen Ort wird Neros Seele bereits zur Wiedergeburt als Schlange vorbereitet, was für einen Muttermörder besonders passend erscheinen musste (da dem Volksglauben nach junge Schlangen sich bei der Geburt durch den Leib der Mutter hindurchfressen und diese töten). Aber eine Stimme aus dem Himmel interveniert: Nero hat der von den Göttern am meisten geliebten Nation, der griechischen, in einem theatralischen Akt die Freiheit wieder geschenkt[43]. Deshalb soll er begnadigt werden. Er kommt als zahmes Tier wieder zur Welt, das an Sümpfen und Seen lebt – als singender Frosch! Sehr viel weiter kann man den Spott kaum treiben.

9. Flavius Philostratos

Ein Nachspiel bleibt noch zu vermelden: In der Lebensbeschreibung des Apollonius von Tyana, die Flavius Philostratos Anfang des 3. Jahrhundert n. Chr. verfasste[44], begegnet der Titelheld in Rom einem Nero-Imitator, der von Nero stammende Lieder vorträgt und Apollonius und seine Gefährten, die es nicht für der Mühe wert halten, ihm zuzuhören, eine Anklage wegen „Majestätsbeleidigung und Missachtung der göttlichen Stimme (τῆς θείας φωνῆς)" androht (Vit Ap 4,36). An späterer Stelle hält Apollonius eine förmliche längere Strafpredigt gegen den Kaiser, der zum Bänkelsänger wurde, und erwähnt abschätzig das Vergehen, kein Opfer dargebracht zu haben für seine Stimme (5,7).

Flavius Philostratos (oder ein anderer der drei bis vier Philostrate) ist auch der Verfasser eines Dialogs mit dem Titel „Nero", der unter Lukians Werken mitläuft[45]. Das Hauptthema bildet zwar das Projekt der Durchstechung des Isthmus von Korinth, aber einer der beiden Gesprächspartner, der von Nero

---

[42] Zu ihm sei der Hinweis erlaubt auf H. J. KLAUCK, Plutarch von Chaironeia: Moralphilosophische Schriften (Reclams Universal-Bibliothek 2976), Stuttgart 1997, 241–256; zum Folgenden s. Plutarch, Ser Num Vind 32 (567F), bei K. ZIEGLER (Hrsg.), Plutarch: Über Gott und Vorsehung, Dämonen und Wahrsagung (BAW), Zürich 1952, 212f.

[43] Das geschah 67 n. Chr. in Korinth. Zum politischen Effekt vgl. M. P. CHARLESWORTH, Nero: Some Aspects, in: JRS 40 (1950) 69–76, hier 73: „It may have been politically futile, but it was first rate theatre, and the Greeks never forgot it." Zum positiveren Nerobild der Griechen s. D. W. BALL, A Gentler Kind of Beast. Nero's Image in the Greek World, Ph.D. diss., Cincinnati, OH 1993; J. BISHOP, Nero: The Man and the Legend, London 1964, 167–193; W. JAKOB-SONNABEND, Untersuchungen (s. Anm. 33) 153–178.

[44] Zitiert nach V. MUMPRECHT (Hrsg.), Philostratos: Das Leben des Apollonios von Tyana (TuscBü), München 1983.

[45] Zu finden in M. D. MACLEOD (Hrsg.), Lucian. Bd. VIII (LCL 432), Cambridge, MA/London 1967, 505–521.

aus Rom vertriebene Philosoph Musonius Rufus, geht ausführlich auch auf Neros Stimme ein (§ 6f.) und lässt ihr mehr Gerechtigkeit angedeihen: Sie war nicht besonders gut, aber auch nicht sonderlich schlecht, sondern eher normal, solange sie nicht überfordert wurde. Die Selbstüberschätzung des Princeps illustriert Musonius durch die Anekdote, Nero habe „sogar die Öffnung der pythischen Höhle, aus welcher der Gott zu Delphi seine Orakel empor haucht, mit Gewalt verstopfen wollen" (10)[46]. Hier tritt Nero in direkte Konkurrenz zu Apollo – auch das eine Form des Vergleichens.

10. Ergebnis

Schon unser kursorischer Streifzug dürfte verdeutlicht haben, dass sich über das Thema von Neros schöner Stimme leicht eine Monographie schreiben ließe[47]. Zu Hause ist es zunächst vor allem in den Gattungen der Panegyrik und der Akklamation. Im Anschluss daran gewinnt es auch satirische und parodistische Züge. Übernommen wird es sodann in die Geschichtsschreibung und in die Mahnrede. Die schöne Stimme geht außerdem eine enge Verbindung mit zwei in sich zusammenhängenden mythischen Motiven ein, dem Vergleich Neros mit dem Dichtergott Apollo und seiner Stilisierung als aufgehende Sonne. Letztlich zielt das auf seine Divinisierung hin, die zu Lebzeiten verschiedentlich angesprochen wurde[48], aber postmortal dann doch nicht zustande kam, jedenfalls nicht auf breiter Front.

Von der zeitlichen Verteilung der Belege her sieht es so aus, dass die Anfänge sogar bis in die Jugendzeit Kaiser Neros zurückreichen. Auch die parodistische Verwendung des Motivs setzt vermutlich schon zu seinen Lebzeiten ein. Dass es in den Jahrzehnten um den Wechsel vom 1. zum 2. Jahrhundert über einen hohen Bekanntheitsgrad verfügte, zeigen Sueton und Tacitus für den lateinischen und Dion und Plutarch für den griechischen Bereich. Die Ausläufer lassen sich bis ins 3. Jahrhundert verfolgen, wahrscheinlich auch darüber hinaus, aber das spielt für uns kaum noch eine Rolle.

---

[46] Übersetzung nach C. M. WIELAND, Lucian von Samosata: Sämtliche Werke, Bd. 3, Teil 6, Leipzig 1788–1789, Repr. Darmstadt 1971, 233–244.

[47] Vgl. z.B. noch Juvenal 8,224–227 (mit *cantus* und *vox*).

[48] In der vierten Ekloge des Calpurnius Siculus, eines ungefähren Zeitgenossen der *Carmina Einsidlensia*, nennt einer der beiden Sprecher, der wohl nicht das Autor-Ich verkörpert, Nero einen Gott (V. 142–144): *tu quoque mutata seu Iuppiter ipse figura, Caesar, ades seu quis superum sub imagine falsa mortalique lates (es enim deus)*, bei J. W. DUFF /A. M. DUFF, Minor Latin Poets (s.o. Anm. 31) 256, bzw. in Übers. „Kaiser, ob du nun Jupiter bist mit verwandeltem Aussehn oder ein anderer Gott unter täuschendem Bild eines Menschen, unerkannt: Gott bist du sicher", bei D. KORZENIEWSKI, Hirtengedichte (s. Anm. 31) 47; vgl. zu Neros Divinisierung noch zu Lebzeiten M. CLAUSS, Kaiser und Gott: Herrscherkult im römischen Reich, Stuttgart-Leipzig 1999, 98–111 (sehr materialreich, aber in der Wertung, wie ich finde, teils zu undifferenziert).

Das bedeutet aber: Einem halbwegs gebildeten und aufgeschlossenen Zeit-genossen in der Zeit zwischen 70 und 100 n. Chr. dürfte Neros Stolz auf seine Stimme als sein hervorstechendes Charaktermerkmal, um nicht zu sagen als seine Marotte geläufig gewesen sein. Dass darüber auch gespottet wurde – be-vorzugt nach des Kaisers Tod, nur vorsichtig zu seinen Lebzeiten, aus nahe lie-genden Gründen –, wird ihm gleichfalls nicht verborgen geblieben sein. Da sich gleichzeitig der Kaiserkult als „institutionelle Metapher"[49] allgemeiner Ver-breitung erfreute, lag aber auch die Vorstellung einer Divinisierung nicht des Kaisers allein, sondern auch seiner Stimme nahe, und sei es nur in spielerischer oder satirischer Weise.

V. Herrscherkritik in der Apostelgeschichte

Die Möglichkeit, dass auch Lukas sich in kritischer Absicht an diesem Spiel beteiligt und dass seine Leser ihn sehr wohl verstanden haben, ist nach dem Gesagten nicht von der Hand zu weisen, bedarf aber noch der Absicherung in verschiedener Hinsicht. Warum konnte, warum wollte Lukas nicht deutlicher werden? Zum einen ist der Zwang zu bedenken, den ihm seine historiographi-sche Linienführung auferlegt: Wir bewegen uns mit Apg 12 in den 40er Jahren, nicht in der Zeit Neros, der selbst in der Apostelgeschichte gar nicht auftritt. Sodann dürfte es nie klug gewesen sein, einen römischen Kaiser direkt zu kriti-sieren, dazu noch aus der Position einer marginalisierten, beargwöhnten Min-derheit. Das würde noch an Brisanz gewinnen, wenn Lukas, wie teils vermutet wird, noch zu Lebzeiten Neros, in den 60er Jahren, sein zweites Buch schrieb. Doch bleibt dieses Argument auch bei der plausibleren Datierung nach 80 n.Chr. in Geltung: Kritik an Nero konnte zur Zeit Domitians (81 – 96 n.Chr.) als versteckte Kritik am regierenden Herrscher aufgefasst werden (Juvenal be-zeichnet Domitian, wiederum aus sicherem zeitlichen Abstand heraus, nämlich nach 100 n.Chr., als „kahlköpfigen Nero"[50]).

Die Rhetorik kennt für solche verdeckten Anspielungen eine eigene Ge-dankenfigur, verwandt mit der Ironie, aber doch von ihr zu unterscheiden, die im Griechischen σχῆμα und im Lateinischen entsprechend *schema* heißt. De-metrius bemerkt in seinem Traktat „Über den Stil" dazu: „Aber wenn wir einen Tyrannen anreden oder eine andere gewalttätige Person und etwas Schmähli-ches sagen wollen, müssen wir uns notwendigerweise der Anspielung bedienen (σχήματος λόγου)", und eine Beispielliste lässt er in die Worte einmünden: „Das habe ich gesagt, um den Charakter der Machthaber möglichst klar zum Vor-

---

[49] Näheres dazu bei H. J. KLAUCK, Die religiöse Umwelt des Urchristentums. Bd. II: Herr-scher- und Kaiserkult, Philosophie, Gnosis (KStTh IX/2), Stuttgart 1996, 71–73.

[50] Sat 4,38; vgl. S. BARTSCH, Actors in the Audience (s. Anm. 27) 93 mit 245 Anm. 66.

schein treten zu lassen und um zu zeigen, dass man hier vor allem jene vorsichtige Redeweise verwenden muss, die wir Anspielung (ἐσχηματισμένος) nennen."[51] Ganz ähnlich lauten Definition und Gebrauchsanweisung bei Quintilian: Das *schema* ist eine gerade derzeit viel verwendete Figur, „bei der wir in einer Art von Argwohn das verstanden wissen wollen, was wir nicht sagen, nicht gerade das Gegenteil wie bei der Ironie, sondern etwas Verstecktes, dem Spürsinn des Hörers zum Suchen Überlassenes". Wir wenden sie vor allem an „wenn es zu unsicher ist, offen zu reden"[52].

Man kann immer noch fragen, ob nicht das eigentlich schon zu viel wäre für die politische Apologetik, die man nicht ganz zu Unrecht bei Lukas zu verspüren meint. Wie geht beides zusammen, das Bemühen, die Christen in den Augen der römischen Behörden als harmlos und kooperationsbereit erscheinen zu lassen, einerseits[53] und die Kritik am römischen Klientelkönig und am römischen Kaiser andererseits? Aber diese politische Apologetik des Lukas, wie immer es um sie steht, hat ihre Grenzen, und diese werden hier gleich in doppelter Weise verletzt. Die eine Grenze ist da gegeben, wo staatliche Instanzen sich unberechtigter Übergriffe schuldig machen, die andere betrifft das Verwischen des Abstands zwischen Gott und Mensch.

Eine Grenzüberschreitung der erstgenannten Art prangert Lukas schon in Apg 4,27 im Gebetsstil an: „Verbündet haben sich in dieser Stadt gegen deinen heiligen Knecht Jesus, den du gesalbt hast, Herodes (Antipas) und Pontius Pilatus mit den Heiden und den Stämmen Israels." Das Werk seines Onkels Herodes Antipas hat (Herodes) Agrippa I. fortgesetzt, wenn er Jakobus aus dem Zwölferkreis hinrichten lässt und mit Petrus Ähnliches vorhat. Hier reiht sich schließlich Nero nahtlos ein, der als der erste Christenverfolger großen Stils in die Geschichte des frühen Christentums einging. Falls Lukas davon ausgeht, dass die neronische Christenverfolgung seine Helden Petrus und Paulus oder auch nur einen der beiden das Leben kostete, ergibt sich eine fast schon zwingende Verbindung. Nero hätte dann nämlich zu Ende geführt, was Agrippa I. noch nicht ganz gelungen war.

Was innerhalb eines polytheistischen Weltbildes eine ständige Versuchung darstellt, nämlich die Grenzen zwischen Gottheit und Mensch aufzuheben, hat

---

[51] Demetrius, De elocutione 289.293, bei D. C. Innes (Hrsg.), Demetrius: On Style, in: LCL 199, Cambridge, MA/London 1995, 309–525, hier 514–517.

[52] Quintilian, Inst Orat IX 2,65f., bei H. Rahn (Hrsg.), Marcus Fabius Quintilianus: Ausbildung des Redners (TzF 3), Bd. 2, Darmstadt 1975, 298f.; vgl. zu beiden S. Bartsch, Actors in the Audience (s. Anm. 27) 67 u. 93–96; F. M. Ahl, The Art of Safe Criticism in Greece and Rome, in: AJP 105 (1984) 174–208.

[53] Vgl. P. W. Walaskay, „And so we came to Rome". The Political Perspective of St. Luke (MSSNTS 49), Cambridge 1983, der die gängige These allerdings auf den Kopf stellt und meint, Lukas verteidige das Imperium gegen innerchristliche Kritik an seiner Machtausübung.

Lukas in Apg 14,5 – 20 in eine dramatische Episode gekleidet[54]: Mit aller Kraft müssen sich Barnabas und Paulus dagegen wehren, als Götter in Menschengestalt angesehen und kultisch verehrt zu werden. Zuvor schon hatte Petrus dem Kornelius, der sich vor ihm niederwarf, bedeutet: „Steh auf! Auch ich bin nur ein Mensch" (Apg 10,25f.). Man wundert sich fast, dass die Einwohner der Insel Malta ungestraft davon kommen, als sie von Paulus annehmen, „er sei ein Gott" (Apg 28,6), auch wenn es sich bei ihnen um „Barbaren" handelt. Vielleicht hält der Erzähler ihnen ihre ungewöhnliche Menschenfreundlichkeit (28,2: φιλανθρωπία) zugute, die sie den schiffsbrüchigen Reisenden erweisen.

Auch das Konzept der Stimme ordnet sich hier ein. Als Petrus am Pfingsttag seine Stimme (Apg 2,14: φωνήν) erhebt, kommt es nicht zu einer Verwechslung, sondern die Menge weiß, dass die geisterfüllten Zeugen, inspiriert von der laut klingenden Himmelsstimme (vgl. φωνή in 2,6 mit ἦχος in 2,2), Gottes große Taten verkünden (2,11) und dass Bekehrung und Taufe die richtige Reaktion darauf sind (2,41).

Im antiken Herrscher- und Kaiserkult gehen Macht und Religion eine nur schwer zu entflechtende Personalunion ein, die zur Divinisierung selbst einzelner Attribute des Herrschers führen konnte (über die „Liebe" bzw. die Sexualität, oft deviante Sexualität, ließe sich in dem Zusammenhang zu Nero auch noch manches sagen, vielleicht auch zu Agrippa I., aber das war hier nicht mehr unser Thema). Dass es sich bei den entsprechenden Akklamationen „nur" um massive Schmeichelei handele, lässt sich im Einzelfall zwar kaum bestreiten, ändert aber nichts an dem grundsätzlichen Problem, denn eine Grenzüberschreitung liegt, von biblischem Standpunkt aus betrachtet, auch dann vor. Die Unterscheidung von Gott und Mensch erweist sich somit nicht nur als theologisch notwendig, sie ermöglicht auch die Kritik an einer Praxis, die Religion für politische Zwecke instrumentalisiert, meist mit nachteiligen sozialen Folgen. Ob diese Kritik im Verlauf der Geschichte der christlichen Kirchen von ihnen immer deutlich genug formuliert worden ist und ob sie der zugrunde liegenden Versuchung nicht selbst mehr als einmal erlegen sind, steht auf einem anderen Blatt. Eine Aufgabe für die theologische Reflexion ist damit jedenfalls gestellt.

---

[54] Dazu und zum Folgenden S. C. Lin, Wundertaten und Mission. Dramatische Episoden in Apg 13–14 (EHS.T 623), Frankfurt a. M. 1998, bes. 288–297; zur Lystra-Episode vgl. jetzt auch die umfangreiche Untersuchung von D. P. Bechard, Paul Outside the Walls: A Study of Luke's Socio-geographical Universalism in Acts 14:8–20 (AnBib 143), Rom 2000.

11. Do They Never Come Back?

Nero Redivivus and the Apocalypse of John[1]

I. The Birth of a Legend

1. A Neglected Testimony: Dio Chrysostom, Oration 21

Dio Chrysostom, the famous orator in the first century of the Common Era, deals rather extensively with Nero and his love affairs in one of his speeches, which is entitled "On Beauty" (*Or.* 21) and really is more a dialog than an oration. One passage especially is often quoted,[2] but rarely analyzed. At the end of paragraph nine, Dio alludes to Nero's death and adds that we still do not know for certain what really happened.[3] Then he continues:

> For so far as the rest of his subjects were concerned, there was nothing to prevent his continuing to be emperor for all time, seeing that even now everybody wishes he were still alive. And the great majority do believe that he is, although in a certain sense he has died not once but often along with those who had been firmly convinced that he was still alive. (*Or.* 21.10 [Cohoon, LCL])

The speech is dated by Jones to 88 C.E. or later.[4] Keeping this probable date in mind, there are at least five pieces of information to be drawn from this passage

---

[1] Guest lecture at the Divinity School of the University of Chicago in October 2000; thanks are due to Dr. Brian McNeil, Munich, for correcting my English.

[2] See G. E. F. Chilver, *A Historical Commentary on Tacitus' 'Histories' I and II* (Oxford: Clarendon Press, 1979), 42; Miriam T. Griffin, *Nero: The End of a Dynasty* (London: B. T. Batsford, 1984), 215; Waltraud Jakob-Sonnabend, *Untersuchungen zum Nerobild der Spätantike* (AWTS 18; Hildesheim: Olms-Weidmann, 1990), 147–48; John M. Lawrence, "Nero redivivus," *Fides et Historia* 11.1 (1978): 54–66, 61; Richard Bauckham, "Nero and The Beast," *The Climax of Prophecy. Studies on the Book of Revelation* (Edinburgh: T&T Clark, 1993), 384–452, 414 (in an otherwise very helpful and learned article); especially curious is Larry Kreitzer, "Hadrian and the Nero *Redivivus* Myth," *ZNW* 79 (1988): 92–115, 96–7: "Finally, mention must be made of both the Ascension of Isaiah 4.1–2 and Dio Chrysostom, Orat. 21:10, since both of these Christian writers [!] apply the Nero *redivivus* myth to the prevailing expectations of an anti-Christ via association with the mythical figure of Belial."

[3] *Or.* 21.9: οὐδέπω γὰρ καὶ νῦν τοῦτό γε δῆλόν ἐστιν.

[4] C. P. Jones, *The Roman World of Dio Chrysostom* (Cambridge, MA: Harvard University

and its framing. The first item is: There were uncertainties about Nero's death. He died in January 68 at the age of thirty-one, presumably by suicide with the help of his private secretary, but without many further witnesses. Though Suetonius clearly states that Nero's remains (*reliquias*, i.e. his ashes) were brought to the family tomb by his two nurses and his mistress,[5] another opinion prevailed, namely that his body had not been found.

Secondly, Nero's downfall obviously came as a surprise to many, not least to himself. His reign seemed well founded and stable, and he still was a young and rather healthy man. Dio indicates this by telling us, with obvious exaggeration, that Nero could have continued to be emperor for all time (τὸν ἅπαντα χρόνον). It is an open question whether this means that mythic conceptions were already invading the historical description. At any rate, in an acclamation quoted by Cassius Dio, we even hear that Nero was ἀπ' αἰῶνος, "from the beginning of time," too.[6]

In the third place, we have to ask: why, as Dio relates, does everybody wish Nero were still alive? Or, to put it more precisely, why does Dio at least seem to wish it? This is easily explained if the dating of the dialog "On Beauty" to 88 or a few years later holds true: Dio compares Nero favorably with Domitian, who had exiled him from Rome and whom he utterly dislikes. Both are emperors, both are tyrants in his eyes, but the second is even worse than the first. Dio pairs the two also in his Oration 66, where he speaks of one house "ruined because of a tongue," thereby alluding to Nero's pretensions as a singer,[7] and of another house which is now "in great danger" (*Or.* 66,6), probably a wishful prediction of Domitian's assassination.[8]

Then we hear, fourthly, that many people do believe that Nero is still alive, which does not seem impossible if we consider his age. He would have been in

---

Press, 1978), 135; this is preferable to the other position which dates the speech to the days of Trajan, cf. the discussion in Jones, ibid. 50.

[5] Suetonius, *Nero* 50.

[6] Cassius Dio 62.20.5.

[7] For Nero as a musician and actor see also *Or.* 3.134; 32.60. In *Or.* 31.110 Nero's participation in games in Greece is criticized. In *Or.* 31.148 Dio mentions the fact that Nero brought statues from Greek places like Delphi, Olympia and Athens to Rome, and in *Or.* 47.14–15 he alludes to Nero's *domus aurea*. On Nero as actor, see the very sophisticated approach of Shadi Bartsch, *Actors in the Audience: Theatricality and Doublespeak from Nero to Hadrian* (Cambridge, MA: Harvard University Press, 1994).

[8] This is the thesis of Hans von Arnim, *Leben und Werke des Dio von Prusa. Mit einer Einleitung: Sophistik, Rhetorik, Philosophie in ihrem Kampf um die Jugendbildung* (Berlin: Weidmann, 1898), 277, which is defended by John L. Moles, "Dio Chrysostom: exile, Tarsus, Nero and Domitian," *Liverpool Classical Monthly* 8 (1983): 130–34, against the criticism of A. R. R. Sheppard, "A Dissident in Tarsus? (Dio Chrysostom, Or. 66)," *Liverpool Classical Monthly* 7 (1982): 149–50. A more extensive discussion of Dio and Domitian is found in Wolfgang Pöhlmann, "Die heidnische, jüdische und christliche Opposition gegen Domitian: Studien zur Neutestamentlichen Zeitgeschichte" (Diss. theol., The University of Erlangen-Nürnberg, 1966), 150–85.

his early fifties when Dio produced his speech. We can expand on this a bit with the help of the Roman historians.[9] If we follow Suetonius, astrologers had predicted to Nero his downfall, but they had also "promised him the rule of the East, when he was cast off, a few expressly naming the sovereignty of Jerusalem,"[10] and after his death there were those too who for a long time behaved "as if he were still alive and would shortly return and deal destruction to his enemies."[11] Tacitus writes in his *Histories*: "The reports with regard to Nero's death had been varied, and therefore many people imagined and believed that he was alive."[12]

There still remains as our fifth and last item Dio's final remark, which looks enigmatic: "... in a certain sense Nero has died not once but often along with those who had been firmly convinced that he was still alive." This is often understood as a reference to the false Neros we know from other sources.[13] These impostors usually were captured and killed after a while by Roman authorities, and their followers lost their leader and sometimes also their lives. Tacitus and Cassius Dio locate the first false Nero in 69, little more than a year after Nero's death.[14] Suetonius recalls another pretender who was in high favor with the Parthians twenty years later.[15] That brings us to 88, the very year perhaps when Dio Chrysostom was producing his dialog *On Beauty*. Tacitus promises to tell the "fortunes and attempts of other pretenders as we proceed,"[16] but unfortunately these portions of his work are lost. With some additional knowledge and a bit of rhetorical exaggeration Dio Chrysostom could have said that false Neros have died "not once but often" and that their followers are dead now too, but I am not quite sure if that is the correct reading of the difficult passage. Another possibility would be: Dio wanted to say that the expectation of Nero's

---

[9] For our three most important sources, cf. the synoptic comparison in Kurt Heinz, "Das Bild Kaiser Neros bei Seneca, Tacitus, Sueton und Cassius Dio: Historisch-philologische Synopsis" (Diss. phil., The University of Bern, 1948).

[10] *Nero* 40.2 (J. C. Rolfe, LCL); cf. the "messianic prophecy" in *Vesp.* 4.5.

[11] *Nero* 57.1.

[12] *Hist.* 2.8.1 (C. H. Moore, LCL).

[13] See, e.g., Jones, *Roman World*, 135; von Arnim, *Leben und Werke*, 284; Paolo Desideri, *Dione di Prusa: Un Intelletuale Greco nell'Impero Romano* (BCC 135; Florenz: D'Anna, 1978), 190–92.

[14] Tacitus, *Hist.* 2.8–9; Cassius Dio 64.9.3; he seems to know of a second one named Terentius Maximus in 79, cf. 66.19.3; see Fergus Millar, *A Study of Cassius Dio* (Oxford: Clarendon, 1964), 218–19.

[15] *Nero* 57.2; it is not quite clear if Tacitus, *Hist.* 1.2.1, speaks of the same person or if he means a third one; on this vexed question, see K. R. Bradley, *Suetonius' Life of Nero: An Historical Commentary* (CollLat 157; Brussels: Revue d'Etudes Latines, 1978), 294–95, and the extended study by Christopher J. Tuplin, "The False Neros of the First Century A.D." in *Studies in Latin Literature and Roman History V* (ed. Carl De Roux; CollLat 206; Brussels: Revue d'Etudes Latines, 1989), 364–404.

[16] *Hist.* 2.8.1.

return got frustrated all too often, and each time some hope among the people died away.

Nevertheless, the phenomenon of the false Neros, who claimed to be him and acted accordingly, did exist. It is strangely similar to the false Christs and false prophets in Mark 13:21–22, who say: "'Look, here is Christ' or 'Look, he is there'." And it is not unknown in modern days either. As David Aune in his thorough new commentary on Revelation aptly remarks: "Even in late twentieth-century America, Elvis Presley has been sighted by hundreds of people."[17]

To sum up: Dio Chrysostom is a very valuable, since independent, witness for the origin and early development of the Nero legend. The Roman historians we usually start with in all probability wrote later than he, and the basic pattern is already there, though we only can identify the single traits if we have already an idea of the whole picture.

2. Additional Details

Some details nevertheless are still missing, and we will supply them mainly from the historians. We may wonder: Why should anybody miss Nero at all and bother about his come-back? Partial answers are to be found e.g. in Suetonius, who on the one hand refers to public rejoicing and the putting on of liberty-caps at Nero's death, but on the other hand also mentions those who for a long time decorated Nero's tomb with flowers and clad his statues with the *toga praetexta*.[18] Tacitus still knows about mixed reactions: Especially "the lowest classes," he says, "addicted to the circus and theatre" – two forms of diversion Nero's name stood for – "were cast down and grasped at every rumor."[19] Later Otho tries to win over the Roman people by celebrating Nero's memory; people and soldiers for some days therefore address him as "Nero Otho."[20] Vitellius erects altars and makes sacrifices to the shades of Nero.[21]

Besides this, Nero had a much better press in Greece because he had declared the liberty and autonomy of the Greek cities. The Greeks were very favor-

---

[17] David E. Aune, *Revelation* (3 vols.; WBC 52A-C; Dallas: Word Books, and Nashville: Thomas Nelson, 1997–98), 2:740.

[18] *Nero* 57.1.

[19] *Hist.* 1.4.3; cf. *Ann.* 14.14.2; 16.4.4; the friendly reaction to and memory of Nero is discussed in John Bishop, *Nero: The Man and the Legend* (London: Robert Hale, 1964), 167–193; Jakob-Sonnabend, *Untersuchungen*, 153–178.

[20] Tacitus, *Hist.* 1.78.2; cf. Suetonius, *Otho* 7: "When … he was hailed by the common herd as Nero, he made no sign of dissent; on the contrary, according to some writers, he even made use of that surname in his commissions and his first letters to some of the governors of the provinces."

[21] Tacitus, *Hist.* 2.95.1.

ably impressed, though nothing really changed.[22] Through his foreign policy he
had made friends in the east, especially with the Parthians.[23] He is reported to
have considered a flight to the Parthians[24] and to have prepared a flight to
Alexandria in Egypt.[25] A Parthian king intervenes in Rome asking for respect
for Nero's memory.[26] That Nero would return from the East with Parthian
troops to destroy Rome is a standard feature of his legend.[27] We remember the
strange prophecy granting Nero the sovereignty of Jerusalem,[28] and we should
not forget that Nero during his lifetime already received divine honors, especially in the east.[29] But acclamations in Rome were very telling too, if Cassius Dio
quotes them correctly: "Hail, Olympian Victor! … Hail to Nero, our Hercules!
Hail to Nero, our Apollo! The only Victor of the Grand Tour, the only one from
the beginning of time! … O, Divine Voice! Blessed (μακάριοι) are they that
hear thee."[30]

Again it is not only the historians who add valuable information, but also
the poets. Two poets from Neronian times seem to reflect the acclamations we
have just quoted. Calpurnius Siculus in his fourth eclogue addresses Nero as
Jupiter and God (vv. 142–44: "You too, Caesar, if you are Jupiter himself on
earth in disguise, or one other of the powers above concealed under an assu-
med mortal semblance – for you are really a god"), and the anonymous of the
Einsiedeln Eclogues compares Nero to the sun god Phoebus and to Apollo
(1.21–37).[31] But we have to be careful in using these testimonies, since newer
studies tend to detect irony, parody, and subversive elements in the exaggera-

---

[22] M. P. Charlesworth, "Nero: Some Aspects," *JRS* 40 (1950): 69–76, 73: "It may have been
politically futile, but it was first rate theatre, and the Greeks never forgot it." Cf. the irony in
Plutarch, *Sera* 567F: Nero's soul was prepared for rebirth in a viper, fitting for a murderer of
the own mother (see n. 40), but a heavenly voice commands to transfer it to a singing frog,
because to the nation which "was noblest and most beloved by the gods he had granted free-
dom," and see David William Ball, "A Gentler Kind of Beast. Nero's Image in the Greek
World" (Ph.D. diss., The University of Cincinnati, 1993), esp. 189–234 on "Nero Redux."

[23] See Jakob-Sonnabend, *Untersuchungen*, 84–103; Matthäus Heil, *Die orientalische Au-
ßenpolitik des Kaisers Nero* (Quellen und Forschungen zur antiken Welt 26; München: tuduv,
1997), who does not think that Nero's policy in the East really was a success.

[24] Suetonius, *Nero* 47.2.

[25] Cassius Dio 63.27.2; Plutarch, *Galb.* 2.1.

[26] Suetonius, *Nero* 57.2.

[27] Cf. Tacitus, *Hist.* 1.2.1; Suetonius, *Nero* 57.2; Cassius Dio 66.19.3, *Sib. Or.* 4.123; 5.147–49
(see below).

[28] Suetonius, *Nero* 40.2.

[29] That this is true also for the West, is the thesis of the new book by Manfred Clauss, *Kaiser
und Gott: Herrscherkult im römischen Reich* (Stuttgart-Leipzig: B. G. Teubner, 1999), on Nero
see esp. 98–111.

[30] Cassius Dio 62.20.5; "divine voice" also in Tacitus, *Ann.* 16.22.1.

[31] Both texts can be found in *Minor Latin Poets, vol. 1*, ed. J. Wight Duff and Arnold M.
Duff (LCL 284; Cambridge, MA: Harvard University Press, and London: William Heinemann,
1934, Repr. 1982), 256–57, 326–29.

ted praise.[32] To approach another disputed emperor, whom we have already met in Dio Chrysostom: Juvenal in his fourth *Satire*, which ends with the murder of Domitian,[33] in v. 38 refers to Domitian as "Nero": "Rome was enslaved to a baldheaded Nero."[34] Nero was not baldheaded, but Domitian was, and he seems to have been very touchy about it. Maybe Martial, too, uses "Nero" as an epithet for Domitian.[35] "Nero" has become not an individual pseudonym but a topical name, suitable for any tyrant.[36]

The most prominent features of the Nero legend so far are: Nero is still alive, Nero will return from the East with troops, there are impostors who pretend to be Nero, and Nero's name can be given to other persons too. This is not yet the evolved myth we mean when speaking of *Nero redivivus*. We see already some mythical colors here and there, but nowhere does Nero return from the dead or from the underworld. But it is exactly that transformation of the legend we need, if we are to apply the Nero-tradition to Revelation. Is the missing link to be found elsewhere?

II. The Missing Link: the Sibylline Oracles?

One answer is that we have to look to the Sibylline Oracles for this link. The earliest strata of the extant collection of Sibylline Oracles are products of hellenistic Judaism adapting a well known form of pagan prophecy for its own

---

[32] For the first Einsiedeln Eclogue, see Christoph Schubert, *Studien zum Nerobild in der lateinischen Dichtung der Antike* (Beiträge zur Altertumskunde 116; Stuttgart-Leipzig: B. G. Teubner, 1998), 135–58; the opposite position is defended by Beate Merfeld, *Panegyrik – Paränese – Parodie? Die Einsiedler Gedichte und Herrscherlob in neronischer Zeit* (Bochumer altertumswissenschaftliche Colloquien 39; Trier: Wissenschaftlicher Verlag, 1999); it seems to me a telling fact that this discussion is necessary at all. A similar example is Statius, who usually is thought of as an uncritical adulator of Domitian in his poems, but cf. Margit Benker, "Achill und Domitian: Herrscherkritik in der 'Achilleis' des Statius" (Diss. phil., The University of Erlangen-Nürnberg, 1987).

[33] Cf. Cassius Dio 67.14.4: Domitian fears that he will meet Nero's fate.

[34] "Nero" is used again in V. 137, but here also the "historical Nero" could be meant, see Schubert, *Studien*, 339–40; on Juvenal's fourth Satire, see Carl De Roux, "Domitian, the Kingfish and the Prodigies: a Reading of Juvenal's Fourth Satire," in *Studies in Latin Literature and Roman History, vol. 3*, ed. C. De Roux (CollLat 180; Brussels: Revue d'Études Latines, 1983), 283–98; idem, "De la calvitié de Domitien à la chevelure d'Alexandre: propositions sur Juvénal, *Sat.* IV,37–38," in *Neroniana, vol. 4: Alejandro Magno, modelo de los emperadores romanos*, ed. J. M. Croisille (CollLat 209; Brussels: Revue d'Études Latines, 1990), 277–88.

[35] This depends on the sense we give to "Nero" in Martial, *Epigr.* 11.33.1, 2–3 (Schubert, *Studien*, 302–3, argues for the "historical Nero"); cf. Pliny the Younger, *Pan.* 53.4, who (presumably falsely) claims that Domitian regarded criticism leveled against Nero as a personal insult, because he knew how much he resembled Nero.

[36] Schubert, *Studien*, 441.

needs.[37] They can be dated to the three hundred years between 150 B.C.E. and 150 C.E. The oldest material is found in Book Three, where Rome is incidentally called "manyheaded" (v. 176, referring to its status as republic with the senate as governing body, cf. Rev 13:1),[38] but we always have to reckon with the possibility of interpolated passages.

1. Books Three and Four

In the main corpus of Book Three (we shall return later to the opening passage), we find already an invective against Rome personified as "virgin, often drunken with your weddings with many suitors, as a slave you will be wed" (vv. 356–58). With Isa 14:13–16 in mind, the unknown author continues: "your mistress[39] ... will cast you from heaven to earth, but from earth will again raise you to heaven" (vv. 359–60). But more interesting for us is Book Four from the late first century C.E., where the Nero legend is clearly present in vv. 119–24:

> Then a great king will flee from Italy like a runaway slave
> unseen and unheard over the channel of the Euphrates,
> when he dares to incur a maternal curse for repulsive murder ...
> When he runs away, beyond the Parthian land,
> many will bloody the ground for the throne of Rome.

In vv. 137–39 his come-back is announced: "and the fugitive of Rome will also come, brandishing a great spear ..." Nero's attack on Rome and the empire is envisaged by the Jewish tradition as a punitive action against Vespasian and Titus who have destroyed Jerusalem and the temple.

---

[37] Cf. John J. Collins, *The Sibylline Oracles of Egyptian Judaism* (SBLDS 13; Missoula: Scholars Press, 1974), esp. 80–87; idem, "The Development of the Sybilline Tradition," *ANRW* 20.1:421–59; Herbert W. Parke, *Sibyls and Sibylline Prophecy in Classical Antiquity* (ed. B. C. McGing; 2nd [paperback] ed., London-New York: Routledge, 1992); complete bibliography until 1997 in Andreas Lehnardt, *Bibliographie zu den Jüdischen Schriften aus hellenistisch-römischer Zeit* (JSHRZ 6.2; Gütersloh: Gütersloher Verlagshaus, 1999), 453–460; cf. now, too, the more skeptical voice of Jan Willem van Henten, "'Nero Redivivus' Demolished: The Coherence of the Nero Traditions in the Sibylline Oracles," *JSPE* 21 (2000): 3–17.

[38] Translations are taken from John J. Collins, "Sibylline Oracles", in *The Old Testament Pseudepigrapha*, ed. James H. Charlesworth (2 vols., Garden City: Doubleday, 1983–85), 1:317–472; cf. also Jörg-Dieter Gauger, *Sibyllinische Weissagungen. Griechisch-deutsch* (Sammlung Tusculum; Düsseldorf-Zürich: Artemis & Winkler, 1998) (very valuable, with ample quotations from other relevant sources); Helmut Merkel, *Sibyllinen* (JSHRZ 5.8; Gütersloh: Gütersloher Verlagshaus, 1998).

[39] Possibly Cleopatra, who represents Egypt and Asia and is identified with the goddess Isis, cf. Collins, *Sibylline Oracles*, 69–70; idem, *OTP* 1:370.

2. Books Five and Eight

Most important for our understanding of the Nero myth however is Book Five, the final redaction of which is still of Jewish provenance and can be dated tentatively in the time of Hadrian, that is between 117 and 130, before the Jewish revolt of 132. The introduction to Book Five in vv. 1–51 consists of a review of history from Alexander the Great to Hadrian. The section dealing with Nero reads (28–34):

> One who has fifty as an initial will be commander (N = 50),
> a *terrible snake* (δεινὸς ὄφις),[40] breathing out grievous war, who one day
> will lay hands on his own family and slay them …,
> athlete, charioteer, murderer, one who dares ten thousand things.
> He will also cut the mountain between two seas and defile it with gore.
> But even when he disappears he will be destructive. Then he will return
> declaring himself equal to God. But he (God) will prove that he (Nero) is not.

The following four oracles all contain a section on the return of Nero as eschatological adversary (93–110, 136–54, 214–27, 361–85). We detect a new addition to the list of Nero's crimes which is already present in the introduction in v. 32. "He will cut the mountain between two seas" refers to Nero's plan to dig a canal through the isthmus at Corinth (cf. v. 139: he "will cut the ridge of the isthmus," and v. 218: "who formerly cut out the rock with ductile bronze;" cf. 8.155). Why does this project, which was already begun by Julius Caesar and Caligula and finds a friendly echo in some of the Greco-Roman sources,[41] rouse the special anger of our Jewish author(s)? We know from Josephus that Vespasian in 67 selected 6,000 Jewish prisoners, the strongest he found, and sent them as forced labor convicts to Greece to work on the canal (*B.J.* 3.539–40). That answers our question.[42]

The main message of the four Nero oracles in Book Five is that in the endtime, Nero will return from the East with many troops. He will destroy the city of Rome and then try to conquer the rest of the world. But God will send his Messiah, and Nero will meet his final defeat. Some details are of special interest: Nero is still identified by his murder of his mother (5.145, 363; cf. 8.71) and by his vocal and theatrical skills (5.141–42). People say of him that "Zeus himself begot him and lady Hera" (5.140). Nero himself is charged with the destruction of Jerusalem and the temple (5.150: "He seized the divinely built Temple and burned the citizens"). This is not quite so unhistorical as it first looks. The Jewish war was begun in 66 during Nero's government, and his gene-

---

[40] This attribute may have been given to Nero because of his murder of his mother, because snakes are said to eat through the body of their mothers during birth and kill them, see n. 22 on Plutarch, *Sera* 567F.

[41] See e.g. Suetonius, *Jul.* 44.3; *Cal.* 21; *Nero* 19.2 (Nero takes part in the opening ceremony of the new campaign and himself makes the first ceremonial dig with the spade).

[42] Cf. Jakob-Sonnabend, *Untersuchungen*, 143–44.

rals and troops started the attack which finally led to the defeat of the Jewish side. "Babylon" is used as a cover name for Rome in the Nero oracles (5.143). In 5.220 we hear that nevertheless it was God who gave the strength to Nero to perform these things (which is similar to the ἐδόθη, "it was given to him," in Rev 13:5, 7, 15). Nero returns from the ends of the earth (5.363), and in one instance he seems to come from on high, through the air (5.217: μετέωρον), which recalls the coming of the Son of Man on the clouds of heaven in Dan 7:13.[43] In 5.561 we hear: "He will immediately seize the one (i.e. Rome) because of whom he himself perished." Here ὤλετο in the Greek might point to a violent death, but need not; Nero's downfall and flight could also be regarded as his "perishing."[44] In another rather difficult passage (5.228–37) Nero is addressed, but an invective against Rome follows, and in vv. 386–396 Nero's crimes are transferred to Rome: "Matricides, desist from boldness and evil daring …" The emperor and the empire are more or less identified and become interchangeable, as in the Latin mottos "rex pro regno" and "qualis rex, talis grex."[45]

The Nero material is partly repeated in Book Eight (8.68–71, 139–150, 151–59), which has a complicated tradition-history. The opening lines 1–193 are basically of Jewish origin and can be dated around 175 C.E.[46] Nero is called a "purple dragon" in v. 88 and a "great beast" in v. 157, and at the end "he will pass over to Hades" (159).

To be sure, we have not yet found the fully developed *Nero redivivus* myth. Nero is not said to return from the dead, to be "revived," and it is not even directly postulated that he underwent a translation like Elijah. But on the other hand, if these Jewish writers in 120 or 130 still speak of Nero's return, we have to consider that Nero would have been in his early eighties or nineties by then. This is even more acutely problematic in Book Eight with its Jewish part stemming from 175. And we do have some mythological elements, such as his coming from the air from the ends of the world and the descriptions as dragon and beast. We can understand at least why Lactantius, who made extensive use of the Sibylline Oracles, draws the following conclusion from his source: from the uncertainties around Nero's death "with some people the impression arose that Nero was taken away from the earth and at present time continued to live, according to the prophecy of the Sibyl, until he, the fleeing matricide, would come back from the ends of the earth."[47]

---

[43] See Merkel, *Sibyllinen*, 1125.

[44] See Adela Yarbro Collins, *The Combat Myth in the Book of Revelation* (HDR 9; Missoula: Scholars Press, 1976), 180–81; more open for the inclusion of death is Bauckham, "Nero," 421–22.

[45] Merkel, *Sibyllinen*, 1125, 1131, following Pöhlmann, " Opposition," 336–37.

[46] Collins, "Development," 446–47, followed by Gauger, *Weissagungen*, 457–58.

[47] Lactantius, *Mort.* 2.8.

3. A Disputed Passage

We are now ready to return to a much-disputed passage in Book Three.[48] Most scholars agree that the introductory verses 1–96 do not belong to Book Three, but once formed the end of a now-lost second Book. Part of this passage is the announcement of the coming of Beliar in vv. 63–74:

> Then Beliar will come from the *Sebastēnoi*
> and he will raise up the height of mountains, he will raise up the sea ...,
> and he will raise up the dead, and perform many signs ...
> He will, indeed, lead men astray, and he will lead astray
> many faithful, chosen Hebrews ...

Beliar, an alias for Satan, is painted as an eschatological adversary of Israel and the Messiah, but who are the *Sebastēnoi*? One answer is: The old city Samaria was renamed *Sebastē* (Augusta) in 25 B.C.E. The text says that the adversary, the anti-Messiah, will come from Samaria.[49] The parallels adduced to this Jewish expectation are weak, nearly non existent. To think of Simon Magus in Acts 8 would make this passage a Christian interpolation, but this is otherwise an unnecessary option in the explanation of this material.

A second possibility remains: "From the *Sebastēnoi*" means "from the Augusti." An offspring of the family of Augustus will act as Beliar. That could easily be Nero, which means that the text was written around 70 to 80 C.E.[50] In a Jewish source, the association with Beliar would give more mythic color to his portrait. In support of this, appeal is usually made to the *Ascension of Isaiah*:

> And after it has been brought to completion, Beliar will descend, the great angel, the king of this world, which he has ruled ever since it existed. He will descend from his firmament in the form of a man, a king of iniquity, a murderer of his mother ... and will persecute the plant which the twelve apostles of the Beloved will have planted ... This angel, Beliar, will come in the form of that king ...[51]

This not only *sounds* Christian; it belongs to the Christian parts of this book. It may nevertheless come from the end of the first century C.E. It does not seem to have been written under the influence of Revelation, so we have at least an independent Christian adaptation of the Nero legend from the Jewish tradition,

---

[48] See the discussion in Collins, *OTP* 1:360; Gauger, *Weissagungen*, 490–91; Merkel, *Sibyllinen*, 1060.

[49] This solution is defended by Valentin Nikiprowetzky, *La Troisième Sibylle* (EtJ 9; Paris: Mouton, 1970), 140–43; on v. 1–96 as original part of Book Three cf. ibid., 217–225.

[50] This is the position of *inter alios*, Yarbro Collins, *Combat Myth*, 181–82; Gregory C. Jenks, *The Origin and Early Development of the Antichrist Myth* (BZNW 59; Berlin-New York: de Gruyter, 1991), 257–59; Lambertus J. Lietaert Peerbolte, *The Antecedents of Antichrist: A Traditio-Historical Study of the Earliest Christian Views on Eschatological Opponents* (JSJ. Suppl. 49; Leiden: E. J. Brill, 1996), 337–38.

[51] *Mart. Ascen. Isa.* 4.2–4; the translation follows M. A. Knibb, *OTP* 2:161; see the discussion in Lietaert Peerbolte, *Antecedents*, 194–205.

and the mythical expansion on the material is quite understandable. Some details already pointed in that direction.

To conclude: have we found the missing link between the Nero legend of Greco-Roman literature and Revelation we were looking for? Yes and no. The link is not so strong as some authors would have us believe. The most evolved conception is only found in one passage of uncertain origin and meaning in Book Three and in Christian writings. The rest is impressive in quantity, but remains rather vague in content. We do have a weak link. We now know that the Nero legend survived in Jewish circles, was used there with polemical intentions and was embellished in several ways, some of the newer features bordering on the realm of myth. This may have been a decisive influence on the way in which the writer of Revelation creatively received and rewrote the Nero narrative.

III. *Nero Redivivus* in the Apocalypse of John?

Most commentators on Revelation accept the *Nero redivivus* myth as an interpretative frame for a cluster of verses in Rev 13 and 17.[52] But there has always been protest against this interpretation too,[53] and there are now a growing number of dissenting voices,[54] which for different reasons want to exclude *Nero redivivus* from the exegesis of Revelation. Therefore a fresh presentation of the evidence, showing how features of the Nero tradition may have been adapted by the author of Revelation for his own purposes, may not seem out of place.

---

[52] To name a few: Aune, *Revelation*, 2:736–740; John Sweet, *Revelation* (TPINTC; London: SCM, 1990), 23–24, 208; Heinz Giesen, *Die Offenbarung des Johannes* (RNT; Regensburg: Friedrich Pustet, 1997), 387–89; Ulrich B. Müller, *Die Offenbarung des Johannes* (ÖTK 19; 2nd ed., Gütersloh: Gütersloher Verlagshaus, 1995), 297–300; see too Josef Ernst, *Die eschatologischen Gegenspieler in den Schriften des Neuen Testaments* (BU 3; Regensburg: Friedrich Pustet, 1967), 146–48, 156–57; Martin Bodinger, "Le mythe de Néron de l'Apocalypse de saint Jean au Talmud de Babylone," *RHR* 206 (1989): 21–40, 30–33; Lietaert Peerbolte, *Antecedents*, 145–58, 162.

[53] See e.g. Robert H. Mounce, *The Book of Revelation* (NIC; 2nd ed., Grand Rapids: Eerdmans, 1998), 247–48; Ernst Lohmeyer, *Die Offenbarung des Johannes* (HNT 16; 3rd ed., Tübingen: Mohr Siebeck, 1970), 143–47 (the review of the first edition of Lohmeyer's commentary by Rudolf Bultmann, *ThLZ* 52 [1927]: 505–512, esp. 510–11, contains perceptive criticism); Paul S. Minear, "The Wounded Beast," *JBL* 72 (1953): 93–101.

[54] Cf. Mathias Rissi, *Die Hure Babylon und die Verführung der Heiligen. Eine Studie zur Apokalypse des Johannes* (BWANT 136; Stuttgart: Kohlhammer, 1995), 33, 59 (but contrast 61–71!); Harald Ulland, *Die Vision als Radikalisierung der Wirklichkeit in der Apokalypse des Johannes. Das Verhältnis der sieben Sendschreiben zu Apokalypse 12–13* (TANZ 21; Tübingen: A. Francke, 1997), 233–53; Ulrike Riemer, *Das Tier auf dem Kaiserthron? Eine Untersuchung zur Offenbarung des Johannes als historischer Quelle* (Beiträge zur Altertumskunde 114; Stuttgart-Leipzig: B. G. Teubner, 1998), 72–74; James L. Resseguie, *Revelation Unsealed. A Narrative Critical Approach to John's Apocalypse* (Biblical Interpretation Series 32; Leiden: E. J. Brill, 1998), 124–27.

1. The Beast from the Sea (ch. 13)

Already in Rev 11:7 we meet "the beast that comes up from the bottomless pit." Here it conquers and kills the two witnesses so that their dead bodies lie in the street of the great city for three and a half days. For the identification of this beast, which is mentioned in 11:17 for the very first time, we have to wait until we reach ch. 13. In Rev 13:1 the seer sees a beast rising up out of the sea, which is the mirror image of the dragon from chapter 12, having likewise seven heads and ten horns. In v. 3, the seer continues: "And I saw one of his heads as if it were wounded to death; and his deadly wound was healed: and all the world wondered after the beast." Later the beast which comes from the land causes those who dwell on the earth "to worship the first beast, whose deadly wound was healed" (13:12) and tells them to "make an image of the beast that had been wounded by the sword and yet lived" (13:14). If we understand the beast from the sea as a personification of the Roman empire and its power, it is quite reasonable to take the heads as its emperors (and the "blasphemous name[s]," written on the heads [cf. 17:3] as epithets for the emperors with religious significance, like *augustus, divus, divi filius,* ἐπιφανὴς θεός, σωτὴρ καὶ εὐεργέτης, *dominus ac deus*).[55] Then the deadly wounded head fits Nero especially well, since he committed suicide by driving a dagger through his throat.[56]

The healing of the wounded head describes the fact that Nero is still believed to be alive and to return soon, but it describes it in a special way not found in the other sources. The reason for this is easily recognized: "as if wounded to death" (or better: "as slain") recalls the description of the lamb in 5:6 by "standing as slaughtered."[57] "Lamb" is perhaps the most important name for Jesus Christ in Revelation,[58] and "slaughtered" refers to his crucifixion. The symbol is taken from the paschal lamb that was killed by a cut in the neck, and in the case of Jesus that still shows, quite analogous by the way to the Johannine Jesus

---

[55] See Dominique Cuss, *Imperial Cult and Honorary Terms in the New Testament* (Paradosis 23; Fribourg: University Press, 1974), esp. 50–87; as far as the much-disputed address of Domitian as *dominus ac deus* is concerned, there is nearly no trace to be found in the inscriptions, which are a more reliable witness to official language than the poets and writers, cf. Alain Martin, *La titulature épigraphique de Domitien* (BKP 181; Frankfurt a. M.: Athenäum, 1987), 194–96; on the epithets on coins as "a highly accurate window into Imperial policy" (639) see Ernest P. Janzen, "The Jesus of the Apocalypse Wears the Emperor's Clothes," *SBL.SPS* 33 (1994): 637–61.

[56] Suetonius, *Nero* 49.3: "ferrum iugulo aegit iuvante Epaphrodito a libellis."

[57] For ὡς, "as," in both cases see Gregory K. Beale, *The Book of Revelation* (NIGTC; Grand Rapids: Eerdmans, 1999), 689: it "is part of John's visionary style in introducing something that he has seen …; it is John's attempt to give an approximate description in earthly terms of what he has seen in a heavenly vision."

[58] For this powerful symbol, see now Thomas B. Slater, *Christ and Community. A Socio-Historical Study of the Christology of Revelation* (JSNT.SS 178; Sheffield: JSOT Press, 1999), 162–208.

who after his resurrection still bears the marks of the nails and the wound in his side (John 20:27). The verb "it lived" (ἔζησεν) in the third description of the wounded beast in v. 14 alludes to the opening of the letter to Smyrna: "These are the words of the first and the last, who was dead and came to life" (ἔζησεν, Rev 2:8). This implicit comparison leads to the transformation of the Nero legend. Maybe we should even think of an inverted resurrection of Nero from the dead, but perhaps we had better wait and see if the text will give us some clearer signals.

In v. 3 one of the *heads* is wounded, presumably at the neck, whereas v. 12 and v. 14 say that the *beast* was wounded by the sword and was healed and lived,[59] and the image of the *beast* is worshipped in v. 15. But that is no objection to our reading, because emperor and empire form a kind of symbiosis: "rex pro regno" (see above). This is an important argument, so let us illustrate it with an example from Seneca. In *De clementia* he tells his pupil Nero (!): "You are the soul of the empire, the empire is your body."[60]

At the end of chapter 13, in v. 18, we are invited to calculate the name of the beast, which is the name of a human being, from the enigmatic number "six hundred and sixty six." I do not intend to participate in the endless guesswork provoked by that number or to add any new proposal. The most plausible solution which finds many adherents today was already proposed in the early 19th century[61] and taken up in 1883 by Friedrich Engels, the companion of Karl Marx. In an essay on Revelation[62] he explained the number 666 by *gematria*: letters can be read as numerals, and "Nero Caesar,"written in Hebrew as "Neron K(ai)sar," with the "nun" (with a value of 50 in Hebrew) of the Greek form in the first part of the name and without an additional "jod" (with a value of 10) for "ai" in the second part. Engels could not yet know that this defective writing would later be discovered in a Jewish document from the time of Nero, found in Wadi Murraba'at. To put it graphically will perhaps explain more than many words:

---

[59] In fact, already the healing "of its (αὐτοῦ) mortal wound" in v. 3b refers not to "one of its *heads*," since head (κεφαλή) is a femininum in Greek and requires αὐτῆς, but to the *beast*.

[60] Seneca, *Clem.* 1.5.1: "animus rei publica tu es, illa corpus tuum;" cf. 2.2.1.

[61] Cf. Wilhelm Bousset, *Die Offenbarung Johannis* (KEK 16; 6th ed.; Göttingen: Vandehoeck & Ruprecht, 1906, repr. 1966), 105–6, who names C. F. A. Fritzsche (1831), F. Benary (1836), F. Hitzig (1837), E. Reuß (1837).

[62] Friedrich Engels, "Das Buch der Offenbarung" (1883), in Karl Marx and Friedrich Engels, *Werke, vol. 21* (Berlin: Dietz, 1962), 9–15, esp. 14; cf. Kuno Füssel, *Im Zeichen des Monstrums. Zur Staatskritik der Johannesapokalypse* (Theologie aktuell 5; Fribourg: Edition Exodus, 1986), 51–52.

	Neron			*K(ai)sar*			
n	*r*	*w*	*n*	*q*	*s*	*r*	
50	200	6	50	100	60	200	= 666

DJD II Nr. 18, Z. 1 (55/56 n. Chr.)[63] : לנרון קסר

Only in passing, we note that with the Latin form *Nero*, written in Hebrew but without the final "nun," the whole expression is equivalent to 616, which is given as a variant in the apparatus to our text. And we can only mention other solutions[64] which are not necessarily excluded when opting for *gematria*, for example a reading as a purely symbolic figure: three times seven minus one, or as the triangular number of 36, which again is the triangular number of 8 (see the eighth head in Rev 17:11; and "Jesus," written in Greek, gives the number 888).[65]

If we look very closely at our text in Rev 13:18, we are asked to calculate – with understanding – "the number of the beast" (in Greek θηρίον, genitive of θηρίου), "for it is the number of a person." So far we have got the number of a person, Nero. What about the number of the beast? It may be by mere accident, but if we write θηρίον in Hebrew letters, we get the number 666 again, and if we omit the final "nun" to imitate the Greek genitive, we have the variant reading 616:[66]

t	*r*	*i*	*o*	*[n]*		(תריון) (θηρίον)	
400	200	10	6	[50]	=	666	[616]

One reason for this speaking in riddles is related to the status of apocalyptic writings as underground literature: The criticism is carefully veiled, and the veil should not too easily be pierced by outsiders. Otherwise things might get dangerous for author and reader alike.

2. The Woman and the Beast (ch. 17:1–8)

We come now to chapter 17. There Rome is represented in three ways: by the woman on the beast who is called "Babylon the great" (Babylon already being a household name for Rome in Jewish apocalyptic circles),[67] by the scarlet

---

[63] See Pierre Benoit, J. T. Milik, and Roland de Vaux, *Les grottes de Murabba'at* (DJD II; Oxford: Clarendon Press, 1961), no. 18.

[64] Bauckham, "Nero," 384–407, has a good presentation.

[65] The triangular number is favored e.g. by Ulland, *Vision*, 299–314.

[66] Noticed by Bauckham, "Nero," 387.

[67] A very perceptive and well informed analysis of Rev 17 and 18, using inter alia rhetorical categories, is given by Barbara R. Rossing, *The Choice between Two Cities: Whore, Bride, and Empire in the Apocalypse* (HTS 48; Harrisburg: Trinity Press International, 1999), esp. 61–133; see my review in *BZ* NF 45 (2001) 150–51.

beast with the seven heads and the ten horns which is identical with the beast
from the sea in ch. 13, and by the seven heads which again have a double
function: they are the seven mountains – a clear allusion to Rome, the city on
the seven hills – ,[68] and they also are seven kings, i.e. seven Roman emperors.

With the woman, who is by the way very attractive and therefore dangerous
for our author too (he is "greatly amazed" in v. 6 and is reproached by the angel
in v. 7), we may associate the Dea Roma, a representation of Rome in the form
of a statue of a goddess, venerated in temples in Asia minor either on its own or
together with the statue of the emperor.[69] But we are mainly interested in the
beast and its heads here. And we must recall one lesson from ch. 13: the beast
and the heads, the empire and the emperors, are interchangeable. The symbo-
lism, and the message connected to it, work both ways. In v. 8 the angel tries to
solve for the seer the riddle surrounding the beast in two steps (Rev 17:8
NRSV):

v. 8a	v. 8b
The beast that you saw	And the inhabitants of the earth,
	whose names have not been written
	in the book of life
	from the foundation of the world
	will be amazed when they see the beast,
was,	because *it was*
and is not,	*and is not*
and is about to ascend	*and is to come* (παρέσται).
from the bottomless pit	
and go to destruction.	

The description of the temporal status of the beast at the end of the verse, that
it was (past), is not (present) and will come (παρέσται, future tense),[70] is remini-

---

[68] The references to Rome as *Septimontium* (Varro, *Ling. lat.* 5.41; Dionysius of Halicar-
nassus, *Ant. Rom.* 4.13.2–3; Virgil, *Aen.* 6.783; Horace, *Saec.* 7; Propertius 3.111.57: "High on
the hills, the seven, the city which rules the world;" Ovid, *Trist.* 1.5.69–70; 3.7.51–52; Martial,
Epigr. 4.64.11–12; Statius, *Silv.* 4.1.6–6: "Rome shall even more proudly touch heaven with its
seven hills;" referring to a consulship of Domitian), are conveniently collected in Georg Strek-
ker and Udo Schnelle, *Neuer Wettstein: Texte zum Neuen Testament aus Griechentum und Hellenismus, vol. 2: Texte zur Briefliteratur und zur Johannesapokalypse* (Berlin-New York: de
Gruyter, 1996), 1601–4.

[69] Cf. Ronald John Mellor, ΘΕΑ ΡΩΜΗ: *The Worship of the Goddess Roma in the Greek
World* (Hyp. 42; Göttingen: Vandenhoeck & Ruprecht, 1975); idem, "The Goddess Roma,"
ANRW 17.2:950–1030; Carla Fayer, *Il culto della Dea Roma: Origine e diffusione nell'Impero*
(Collana di saggi e ricerche 9; Pescara: Ed. Trimestre, 1972).

[70] The language resembles somewhat a certain type of Greco-Roman epitaphs, though the
order of the three steps is different there: "I was not, I was, I am not (or: I will not be)," see
(with references) Hans-Josef Klauck, *The Religious Context of Early Christianity: A Guide to
Graeco-Roman Religions* (transl. B. McNeil; Studies of the New Testament and Its World;
Edinburgh: T&T Clark, 2000), 80; Aune, *Revelation*, 940.

scent of the formula "who is and who was and who is to come," attributed to the Lord God the Almighty in Rev. 1:4, 8 etc.,[71] but it is a very defective parallel. Whereas the original formula relating to God covers past, present and future and speaks of eternity, the beast certainly has a time when it does not exist, on earth, as a living being. This can be deduced from the first half of v. 8, which presents fuller information. The beast was and is not (this is stated in the second half too), but then we hear about its future coming: it will ascend from the abyss, the netherworld, where it obviously stays and waits for the time being. In mythic language the abyss can be equated with the sea from ch. 13 and its chaotic forces. But the ascending from the pit relates only to the near future. The final destiny of the beast looks gloomy: after its come-back from the pit, it will go to utter destruction.

This again looks strangely familiar, though somewhat distorted. We remember what the seer heard in his opening vision: "I am the first and the last, and the living one. I was dead, and see, I am alive forever and ever; I have the keys of Death and of Hades" (Rev 1:17–18). This is said by the risen Christ, who was crucified and died, but lives now with God. The way of the beast gives an inverted mirror image of the way of Christ. We may conclude: the beast died and went not to God, but to the place of the dead, to the pit. It is revived again and returns to earth, as Christ will return at his parousia (παρέσται, said of the beast at the end of v. 8, may be an allusion to Christ's parousia), but in the end the lake of fire awaits it (Rev 19:20; cf. 20:10).

If we take the beast to be Rome, represented by an emperor, we find several pointers to the Nero legend in the text. Nero was emperor for a time, now he is not, but he is awaited and will return for the final battle. But one distinctive transformation took place: only now is it clearly stated that Nero was dead and will come up, reanimated, from the abyss. There is an obvious reason for this: Nero is paralleled with Christ, but in an inverted way, as Christ's opponent and antagonist. This is the Christian reception of the Nero legend, and only now may we speak in a strict sense of *Nero redivivus*. The term "antichrist" should be avoided here, since it does not occur in the text at all.[72]

3. The Seven Kings and the Beast (17:9–18)

The angel continues his interpretation of the mysterious vision, indicating from the start that even the proposed solution will still look enigmatic:

9 This calls for a mind that has wisdom: the seven heads are seven mountains on which the woman is seated; also, they are seven kings,   10 of whom five have fallen, one is living, and the other has not yet come; and when he comes, he must remain only a little

[71] Cf. Sean M. MacDonough, *YHWH at Patmos: Rev. 1:4 in Its Hellenistic and Early Jewish Setting* (WUNT 2.107; Tübingen: Mohr Siebeck, 1999).
[72] As Lietaert Peerbolte, *Antecedents*, 152, correctly reminds us.

while.   11 As for the beast that was and is not, it is an eighth but it belongs to the seven,
and it goes to destruction. (Rev 17:9–11 NRSV)

To begin with the kings, who in reality are emperors, five "have fallen", i.e. they
are dead and have perhaps all died a violent death in the imagination of our
author. The sixth one is living at present; the Book of Revelation claims to have
been written during his reign. Then a seventh emperor comes, but only for a
short period of time. This is puzzling. We know two emperors in the first century
C.E. who only reigned for the short time of two years: Titus (79–81) and Nerva
(96–98). Is it prophetic insight come true, when our author, writing either in the
days of Vespasian or Domitian, knew about the short reign of the successor? Is
it pure coincidence? Or is it perhaps a *vaticinium ex eventu*? That means that
our author knew either about Titus or about Nerva, and he is writing not during
the reign of the sixth king, but during the reign of the eighth.

Eight as a cardinal number is used in v. 11 for the beast from v. 8 that was and
is not and goes to destruction. If we now compare the three instances where the
beast is described:

v. 8a	v. 8b	v. 11
The beast that you saw	As for the beast	
was,	because *it was*	that *was*
and is not,	*and is not*	*and is not,*
		it is an eighth
		but it belongs to the seven,
and is about to ascend	*and is to come.*	
from the bottomless pit		
and go to destruction.		*and it goes to destruction.*

we see that from v. 11 we get the additional information that the beast, which is
also a head, belongs to the seven kings too. It comes from their number. This
only makes sense if beast and king can be at least partly equated. The next step
would be to take a list of the Roman emperors in the first century C.E. and try
to fit in the data from Rev 17. It is not sufficient to say that the author never
intended us to do so,[73] and a purely symbolic reading of this passage is no longer convincing once ch. 13 has been interpreted by recourse to historical references.[74] Why, then, did the author of Revelation frame these verses with so
many hermeneutical hints, even more than in 13:18? He not only employs the
vision and interpretation scheme from apocalyptic literature, he also introduces an *angelus interpres*,[75] uses the word μυστήριον and calls explicitly for attention in v. 9, as he did in 13:9.

---

[73] As Bauckham, "Nero," 406, says; cf. too Resseguie, *Revelation*, 139.

[74] This is an inconsistency in Aune, *Revelation*, 3:946–49.

[75] Cf. Hansgünter Reichelt, *Angelus interpres-Texte in der Johannes-Apokalypse: Strukturen, Aussagen und Hintergründe* (EHS.T 507; Frankfurt a.M.: Peter Lang, 1994).

Of course, more than a well directed guess is not possible. There are so many uncertainties: where should we begin to count? With Julius Caesar, with Augustus, Tiberius or Caligula? What are we supposed to do with Galba, Otho and Vitellius from 68/69? I suggest[76] that we start with Augustus, count through Tiberius, Caligula, Claudius, get Nero as fifth, skip Galba, Otho and Vitellius, have Vespasian as sixth, Titus as the seventh one with the short reign, and end with Domitian as the eighth, which concurs with the traditional dating of Revelation to 95 C.E.[77] A list may give visual help to clarify the argument:

1. Augustus	† 14 C.E.	founded the Julian dynasty
2. Tiberius	14 – 37	
3. Caligula	37 – 41	
4. Claudius	41 – 54	
5. Nero	54 – 68	is expected to return
[Galba, Otho, Vitellius]		are usually given in the list of the emperors, but only reigned for a few months each and may therefore be ignored.
6. Vespasian	69 – 79	during his reign Revelation claims to have been written
7. Titus	79 – 81	stayed only for a short while
8. Domitian	81 – 96	is actually the reigning emperor, in whose person Nero comes back

That means that the author uses an old device of apocalyptic writing, the recapitulation of history in the future mode or the predating of certain events by *vaticinium ex eventu*, though he applies this device, which may cover centuries, only to a short period. He gives the impression of writing under Vespasian and announcing the coming of the seventh and finally the eighth emperor, whereas in reality he works under Domitian, more likely at the end of his reign than at the beginning. It follows that, for him, Domitian – as the eighth who is one of the seven – is *Nero redivivus.* As a figure of thought this is not so astonishing: John the Baptist and Jesus of Nazareth were seen as the returning Elijah (although Elijah was translated and did not die), and Herod Antipas shared the popular belief that in Jesus "John the Baptist has been raised from the dead, and for this reason these powers are at work in him" (Mark 6:14–16).

---

[76] See for this model e.g. Giesen, *Offenbarung*, 379–83; Heinz Giesen, "Das Römische Reich im Spiegel der Johannes-Apokalypse," *ANRW* 26.3:2501–614; repr. in *Studien zur Johannesapokalypse* (SBAB 29; Stuttgart: Katholisches Bibelwerk, 2000), 100–213, esp. 170–75, 198–206.

[77] Irenaeus, *Haer.* 5.30.3; the other option would not be a Neronic date, but a Trajanic one, since Nerva (96–98) too was an emperor with a short reign.

For this interpretation to be correct, it is not necessary that the historical Domitian was a bloodthirsty tyrant and a persecutor of the Christians – and in fact he was not, as we know now.[78] But he reigned and represented the Roman power. It is enough that our author as proponent of a minority position encountered local repression and resistance in Asia Minor, and that he felt Christian identity in the local communities endangered by too much readiness to collaborate with a state which displayed, no doubt, an impressive and attractive force. This social experience he counters with the weapon of the underprivileged, i.e. the equally powerful apocalyptic imagination, by constructing an alternative mythic world out of the debris of the existing one.

In v. 12, the ten horns are explained in a way that makes us think of client kings of the Romans like the Herods whom we know from the New Testament.[79] They form an alliance with the eighth beast, and together in v. 16 they turn against the woman: "And the ten horns that you saw, they and the beast will hate the whore; they will make her desolate and naked; they will devour her flesh and burn her up with fire." This seems illogical: how can the beast, which is Rome represented by an emperor, turn against the woman, who is Rome in the likeness of the Dea Roma? Does Rome turn against Rome? Why not? We might think of civil wars, for example, or fights for succession (cf. Mark

---

[78] For a well-founded revision of the earlier picture, see especially Leonard L. Thompson, *The Book of Revelation: Apocalypse and Empire* (New York-Oxford: Oxford University Press, 1990); against this view, cf. Allen Brent, *The Imperial Cult and the Development of Church Order: Concepts and Images of Authority in Paganism and Early Christianity before the Age of Cyprian* (VigChr. Suppl. 45; Leiden: E. J. Brill, 1999), 164–209, but see my review in *ThLZ* 126 (2001) 61–63. This insight – no persecution under Domitian – is therefore not so new as Riemer (*Das Tier auf dem Kaiserthron?*) would make us believe. When she writes (168): *"Eine Christenverfolgung unter Domitian ist auch weiterhin ohne Beleg.* Domitian ist *nicht* das Tier in der Offenbarung" ("There is still no evidence of a persecution of Christians under Domitian. *Domitian* is not the beast in Revelation"; italics hers), I have to object that the second sentence does not in the least follow from the first one. Riemer, who is a classical historian, unfortunately does not correctly present the contemporary exegetical discussion. Cf. too Christiana Urner, "Kaiser Domitian im Urteil antiker literarischer Quellen und moderner Forschung" (Diss. phil., The University of Augsburg, 1993), who does not deal with the persecution of Christians at all, but see her conclusions: "Das Domitianbild unterliegt einem Wandel. Aus dem grausamen, habgierigen Tyrannen, dem haltlosen Lüstling und feigen Versager im Kriege wurde inzwischen ein strenger, konsequenter, auf Provokationen hart reagierender Herrscher, ein gerechter, umsichtiger Staatsmann, ein sittenstrenger Verfechter altrömischer Werte und fähiger Feldherr mit Augenmaß für Realitäten" (321; "The image of Domitian is undergoing a change. Instead of the cruel, greedy tyrant, the unrestrained voluptuary and cowardly fugitive from warfare, there now emerges a stern and consistent ruler, who responds severely to provocations but is an upright and prudent statesman, a morally exacting champion of old Roman values, and a capable general with a sure eye for the hard realities of the battlefield"). Still more information is to be found in: "Les années Domitien," in *Pallas: Revue d'Etudes Antiques* 40 (1994): 1–448.

[79] Cf. David Braund, *Rome and the Friendly King: The character of the Client Kingship* (London: Croom Helm, 1984), on the Herods, esp. 75–85, 108–12, 139–43.

3:24–25). But it is even more simple if we think of the Nero legend again. As already indicated above, a standard feature is that Nero will finally return with his Parthian and Persian allies and will destroy the city of Rome and will try to rule again over the whole empire. So for a last time *Nero redivivus* gives more color and more sense to the narrative.

IV. The Model: Daniel

One argument against this reading of the text, perhaps the most important one, is that it turns powerful images into dry political allegory and therefore fails to do justice to the mythical language. But this criticism should then be leveled also against the great model our author found in the Hebrew Bible, the Book of Daniel. The all-pervasive influence of Daniel on Revelation is well known;[80] only Ezekiel is comparable.[81] The description of the first beast in Rev 13:1–2 is a mosaic of the portraits of the four beasts in Dan 7, and the second beast in Rev 13:11 has features of the ram in Dan 8.[82] But it is not only a question of borrowing images and symbols or literary devices like vision and interpretation or figures like the *angelus interpres* and Michael; it also concerns the technique of mythic representation of history itself. Of course Daniel in ch. 7 works with older mythical materials reflected already in Nebuchadnezzar's dream of the four kingdoms in Dan 2:31–45. But the author gives it a specific twist so as to reflect now the religious-political history of his own days. The fourth beast in 7:7, explained as a kingdom in 7:23, clearly refers to Syria, and the little horn coming up among the ten horns in 7:8 and destroying three of them, means Antiochus IV Epiphanes, who is said to have killed three other rivals for the Syrian throne. The explanation says of him:

He shall speak words against the Most High, shall wear out the holy ones of the Most High, and shall attempt to change the sacred seasons and the law; and they shall be given into his power for a time, two times, and half a time. (Dan 7:25 NRSV; for the period of time cf. Rev 12:14)

---

[80] See G.K. Beale, *The Use of Daniel in Jewish Apocalyptic Literature and in the Revelation of St. John* (Lanham: University Press of America, 1994).

[81] Cf. Jean-Pierre Ruiz, *Ezekiel in the Apocalypse: The Transformation of Prophetic Language in Revelation 16,17–19,10* (EHS.T 376; Frankfurt a.M.: Peter Lang, 1989); on Isaiah, who is important too, see Jan Fekkes, *Isaiah and Prophetic Tradition in the Book of Revelation: Visionary Antecedents and Their Development* (JSNTS.SS 93; Sheffield: JSOT Press, 1994).

[82] On the passages in Daniel alluded to, see especially the important commentary by John J. Collins, *Daniel: A Commentary on the Book of Daniel* (Hermeneia; Minneapolis: Fortress Press, 1993); on a smaller scale, Dieter Bauer, *Das Buch Daniel* (NSKAT 22; Stuttgart: Katholisches Bibelwerk, 1996) is also very instructive.

The historical correctness of this statement can be checked with the help of 1 and 2 Maccabees. A similar fusion of historical and mythical language is present in the narrative of the little horn in Dan 8:9–12. The point of reference of the Danielic fourth kingdom is transferred from Seleucidian Syria to Rome already in Jewish apocalyptic literature. The fifth vision in 4 Ezra with the eagle, taken from the Roman military standards as a fitting symbol for Rome, is not only a witness to this, but even reflects the hermeneutical process taking place:

> The eagle which you saw coming up from the sea is the fourth kingdom which appeared in a vision to our brother Daniel. But it was not explained to him as I now explain it to you. (4 Ezra 12,11–12)[83]

This tells the reader who knows Daniel that Daniel's fourth kingdom will get a new referent now. The pesher-exegesis in Qumran works along similar lines.

Two items of the description of the beast from the sea in Rev 13:1–3 are missing in Dan 7: the blasphemous names and the wounded head which was healed. In both cases we have allusions to the Roman emperors, and that is not by pure coincidence. These are the devices the author of Revelation uses to give a new point of reference to the Danielic pattern. That he combines Daniel's four beasts so as to form one new monster again shows his creative reworking of the material. The danger coming from this one and only beast looks all the more pressing.

Admittedly, as the visionary narrative in Dan 10–11 continues, the mythical disguise wears thinner and thinner, so that we increasingly find the pictorial language of mere political allegory. Again, it is perhaps no coincidence that the author of Revelation concentrated more on Dan 7 and 8 and less on Dan 9–12. His language is not pictorial, but mytho-poetic (to use Elizabeth Schüssler-Fiorenza's term).[84] He creates a new world-view for his audience, but this is not a *creatio ex nihilo* (few works even of genius really are). Instead he artistically fuses mythical narrative, biblical tradition, political history and Christian beginnings into an integrated whole. The Nero legend is but one strand of this composition. I do not wish to overvalue it; but without the Nero tradition something is missing too. It helps to correlate the overarching story to the social experience and future expectation of author and audience, it elucidates the ways of composition of Revelation and it locates one spot where the role of the implied reader is inscribed into the text.

Do they never come back? Nero had a rather unusual career after his death, but this is of course not the kind of come-back one might be looking for. The

---

[83] Transl. by Bruce M. Metzger, *OTP* 1:550.

[84] See Elizabeth Schüssler-Fiorenza, *Revelation: Vision of a Just World* (Proclamation Commentary; rev. ed., Minneapolis: Augsburg Fortress, 1991).

use of the Nero legend in the interpretation of Revelation 13 and 17 does not need a come-back. In my opinion, it still faces a healthy future.

Additional Literature:

Two important and excellent monographs on our general topic appeared when the manuscript of this article was already completed:
Paul B. Duff, *Who Rides the Beast? Prophetic Rivalry and the Rhetoric of Crisis in the Churches of the Apocalypse* (Oxford-New York: Oxford University Press, 2001).
Steven J. Friesen, *Imperial Cults and the Apocalypse of John: Reading Revelation in the Ruins* (Oxford-New York: Oxford University Press, 2001).

12. Das göttliche Kind

Variationen eines Themas

I. Heidnische Weihnachtsprophetie?

„Die Endzeit ist gekommen, die Geburt eines göttlichen Kindes steht bevor. Es ist dazu berufen nach Tilgung der alten Sündenschuld die Menschheit zu erneuern, für die ein Zeitalter des Friedens und der Gerechtigkeit anbricht. Darob herrscht in der ganzen Welt, im Himmel wie auf Erden, Freude" – in seinem Buch „Die Geburt des Kindes", das zu einem klassischen Werk religionsgeschichtlicher Forschung geworden ist, fasst Eduard Norden mit diesen Worten einen bestimmten Text zusammen und stellt anschließend die Frage, auf welches Ereignis der unbefangene Leser diese Beschreibung wohl beziehen würde[1]. Dass die meisten Befragten in unserem Kulturkreis antworten würden: hier geht es um das Weihnachtsfest, liegt auf der Hand. Tatsächlich handelt es sich aber um ein Summarium von Vergils vierter Ekloge: „kein Wort ist in jenen Sätzen enthalten, das nicht in ihr stünde, kein Gedanke, der um der These willen gefärbt wäre"[2]. Auch noch in jüngeren philologischen Arbeiten wird dieses viel umrätselte Gedicht mit fast hymnischen Interpretationen versehen, die den Theologen aufhorchen lassen:

„Heilserwartung und Friedensverheißung umweben schimmernd, Sehnsucht und Ahnung weckend, dieses Lied ... Wer seine Verwirklichung allzu wörtlich im Alltag der Erde, auch im Alltag des Augustusreiches, sucht, der darf sich nicht wundern, wenn er voller Enttäuschung mit leerem Herzen zurückkehrt. Das Reich des Dichters der Ekloge und der Aeneis ist ein Reich der Verheißung, das nicht von dieser Welt ist, dessen

---

[1] E. NORDEN, Die Geburt des Kindes. Geschichte einer religiösen Idee (1924), Repr. Darmstadt 1958, 3; zwei weitere Klassiker auf diesem Gebiet sind H. LIETZMANN, Der Weltheiland (1909), in: DERS., Kleine Schriften I: Studien zur spätantiken Religionsgeschichte (TU 67), Berlin 1958, 25–62, und M. DIBELIUS, Jungfrauensohn und Krippenkind. Untersuchungen zur Geburtsgeschichte Jesu im Lukas-Evangelium (1932), in: DERS., Botschaft und Geschichte. Gesammelte Aufsätze I: Zur Evangelienforschung, Tübingen 1953, 1–78.

[2] E. NORDEN, ebd.

[3] So J. U. M. GÖTTE, Vergil: Landleben (TuscBü), München ⁵1987, 365.

Herabkunft vom Himmel aber stets für alle Menschen guten Willens ein Ziel bleibt, aufs innigste zu wünschen."[3]

Nüchterner Betrachtung werden diese anrührenden Gedanken nicht ganz standhalten, aber eine Aufgabe ist uns damit gestellt: Wie sind solche Präludien weihnachtlicher Themen in der nichtchristlichen und nichtjüdischen Welt überhaupt einzuschätzen? Gibt es noch mehr Motive in den Kindheitsgeschichten bei Matthäus (Mt 1–2) und bei Lukas (Lk 1–2)[4], die sich bis in diesen „Außenbereich" hinein verfolgen lassen? Was hat das möglicherweise zu bedeuten für die Entstehung dieser Texte und, fast ebenso wichtig, für ihrer Rezeption bei den Lesern der ersten christlichen Generationen? Hier handelt es sich letztlich um ein Phänomen, bei dem Anknüpfung und Widerspruch – Widerspruch auch von fremder Seite, wie noch zu zeigen sein wird – ineinander greifen. Dem wollen wir in mehreren Schritten nachgehen, und wir beginnen dabei mit Vergils Meisterwerk.

1. Das Meisterstück: Vergils vierte Ekloge

Eine „Ekloge" ist ein „ausgewähltes" Einzelgedicht aus einer Sammlung, die als ganze auch den Namen *Bucolica*, d.h. Gedichte aus dem Hirten- und Bauernmilieu, trägt. Das Vorbild für Vergils *Bucolica* mit zehn Einzelstücken, die zwischen 42 und 39 v. Chr. entstanden sind, waren die Idyllen des Theokrit aus Sizilien. Allerdings brachte Vergil als neues Element zeitgeschichtliche und politische Themen mit ein. Den Zeithintergrund für die vierte Ekloge aus dem Jahr 40 v. Chr. bilden die Wirren jahrzehntelangen Bürgerkriegs, die sich langsam, aber noch nicht für alle erkennbar, dem Ende zuneigen. Der Widmungsträger des Gedichts, Asinius Pollio, auf dessen Vermittlung bei den Triumvirn hin Vergil die Konfiszierung seines Landguts erspart blieb und der den Friedensschluss zwischen Antonius und Octavian zustande brachte, trat in diesem Jahr sein Konsulat an. Wo man den *puer*, den hoffnungsvollen „Knaben", der im Text die Hauptrolle spielt, überhaupt zu identifizieren sucht, hat man deshalb seit der Antike an einen Sohn dieses Pollio gedacht, der 39 v. Chr. zur Welt kam. Daneben wird mehrfach ein Sohn Octavians, des späteren Kaisers Augustus, als angezielte Größe genannt oder auch Octavian selbst, der allerdings bereits 63 v. Chr. geboren wurde.

Die Deutung auf Octavian erscheint trotz der Zeitdifferenz möglich, wenn man das Gedicht zur Hauptsache als *vaticinium ex eventu*, als Prophetie im

---

[4] Fast alles Wissenswerte zu den neutestamentlichen Kindheitserzählungen findet sich bei R. E. Brown, The Birth of the Messiah. A Commentary on the Infancy Narratives in the Gospels of Matthew and Luke (The Anchor Bible Reference Library), New York u.a. ²1993; vgl. außerdem jetzt auch E. D. Freed, The Stories of Jesus' Birth. A Critical Introduction (The Biblical Seminar 72), Sheffield 2001, sowie (mit einigen provozierenden Thesen) R. A. Horsley, The Liberation of Christmas. The Infancy Narrative in Social Context, New York 1989.

Nachhinein versteht. Es stellt sich auf einen fiktiven Standpunkt in der Vergangenheit, hier auf den des Geburtsjahrs des Octavian, und rekapituliert von da aus in futurischer Form die Ereignisse, die sich in der Gegenwart von Autor und Leser teils schon erfüllt haben, teils gerade in Erfüllung gehen[5]. An einigen Stellen kommt es indes zu einer Überlagerung der Zeitebenen. Versuchen wir, von dieser Voraussetzung aus das Gedicht in aller Kürze durchzugehen[6].

Es beginnt mit einem Anruf an die sizilischen Musen, was als Verneigung vor Theokrit aus Syrakus, dem Erfinder der Gattung, zu verstehen ist:

> 1 Musen Siziliens, auf, von Größerem lasset uns singen!
>   Denn nicht jeden erfreut ein niedriger Strauch Tamarisken.
>   Wäldern zwar gelte das Lied, doch des Konsuls seien sie würdig.

Mit dem niedrigen Gebüsch sind schlichte Hirtengedichte gemeint. Die größeren, erhabeneren Wälder stehen für Vergils eigenen Versuch, der dem Status des Widmungsträgers, des Konsuls Pollio, angemessener sein wird (zu „Wälder" als Buchtitel vgl. z.B. Herders „Kritische Wälder").

Der nächste Absatz beginnt mit einer Erwähnung der Sibylle, der heidnischen Prophetin aus Cumae in Oberitalien, und ihrer Botschaft, die das Ende dieser Weltzeit und die Rückkehr des Goldenen Zeitalters, des Reichs des Saturn, zum Inhalt hat:

> Was die Sibylle verkündet, ist da: der Weltalter Grenze,
> 5 und der gewaltige Lauf der Zeiten gebiert sich von neuem.
>   Schon kehrt die Jungfrau zurück, kehrt wieder das Reich des Saturn,
>   nun wird neu ein Spross entsandt aus himmlischen Höhen.
>   Sei der Geburt nur des Knaben, mit dem die eiserne Weltzeit
>   gleich sich endet und rings in der Welt eine goldene aufsteigt,
> 10 sei nur, Lucina, du reine, ihm hold; schon herrscht dein Bruder Apollo.

Die Jungfrau in V. 6 ist Dike, die Göttin der Gerechtigkeit, die aus dieser eisernen Weltzeit entflohen war (zugleich auch eine bestimmte Sternenkonstellation, die den Namen *virgo* trägt). Bei Lucina, die zur Hilfe gerufen wird, handelt es sich um die römische Göttin der Geburt, hier parallelisiert mit Diana oder Artemis, der Schwester des Sonnengottes Apollo, den Octavian schon früh zu

---

[5] Dieser Erklärungsansatz, der mir bislang als der plausibelste erscheint, wird entwickelt bei G. Binder, Lied der Parzen zur Geburt Octavians. Vergils vierte Ekloge, in: Gym. 90 (1983) 102–122, und aufgenommen von B. Merfeld, Panegyrik – Paränese – Parodie? Die Einsiedler Gedichte und Herrscherlob in neronischer Zeit (Bochumer Altertumswissenschaftliches Colloquium 39), Trier 1999, 22–48. Vgl. ferner A. Kropp, Die vierte Ekloge und der Archetyp von der Geburt des Kindes, in: Der Altsprachliche Unterricht 41 (1998) Heft 6, 65–82.
[6] Die Übersetzung orientiert sich zur Hauptsache an derjenigen von Erika Simon, bei H. Hommel, Vergils „messianisches" Gedicht, in: Ders., Sebasmata. Studien zur antiken Religionsgeschichte und zum frühen Christentum. Bd. 1 (WUNT 31), Tübingen 1983, 267–333, hier 323f.; weitere Übersetzungen (Götte, Norden, Lietzmann, Binder) wurden verglichen und teils berücksichtigt.

seinem besonderen Schutzgott gewählt hatte. Gebunden wird die Ankunft des
ersehnten Goldenen Zeitalters an die Geburt eines Knaben, der in göttlichem
Auftrag, als „Spross aus Himmelshöhen", handeln wird.

Zu denen, die bei der Herbeiführung der neuen Zeit mitwirken, gehört auch
Pollio, in dessen Konsulat die Verbrechen und das Grauen der Bürgerkriege
nach und nach enden werden. Wir bewegen uns damit trotz der Futurform in
der Gegenwart des Autors, in der Octavian, inzwischen zum Heros befördert,
die Regierung übernehmen wird. Bei der Gelegenheit erinnert der Dichter ihn
in V. 17 nicht nur an die Taten der Väter, genauer wohl an die seines Adoptivva-
ters Julius Caesar, sondern möchte seinen Adressaten auch festlegen auf dessen Programm und auf die *clementia*, die dieser gegenüber seinen Feinden erwiesen hat:

> Ja, mit dir, dem Konsul, wird dies herrliche Reich beginnen,
> Pollio, und es beginnen den Lauf die gewaltigen Monde.
> Unter dir werden alle die Spuren unsrer Verbrechen
> gelöscht, und erlöst sind von unendlichem Grauen die Lande.
> 15 Jener Knabe wird göttliches Leben erhalten und schauen,
> wie unter Götter Heroen sich mischen, er selber ein Heros;
> und er regiert den durch Tatkraft der Väter befriedeten Erdkreis.

Mit V. 18 beginnt, wie allerdings erst aus V. 47 sichtbar wird, ein Lied, das, wiederum in der Vergangenheit, die Parzen bei der Geburt des Knaben gesungen
haben, während sie seinen Lebensfaden spinnen. Schon dem Kind, das noch in
seiner hölzernen Wiege liegt (V. 23), huldigt die Natur, indem sie spontan kost-
bare, üppige Pflanzen hervorbringt, für Milchreichtum sorgt, Frieden in der
Tierwelt herstellt und Schadensträger entfernt. Das Goldene Zeitalter wird
hier und in den folgenden Absätzen mit „paradiesischen", eben typisch bukolischen Farben ausgemalt:

> „Aber es streut dir, o Kind, als Erstlingsgabe von selber
> wucherndes Efeugerank mit Narde weithin die Erde,
> 20 Wasserrosen dir auch, dem lächelnden, zwischen Akanthus.
> Ohne Hirtengeleit tragen heim ihre strotzenden Euter die Ziegen,
> und die Rinder fürchten sich nicht vor gewaltigen Löwen.
> Selbst das Holz deiner Wiege lässt sprießen dir schmeichelnde Blüten.
> Sterben muss dann die Schlange und das tückische Giftkraut vergehn;
> 25 weit und breit wird wachsen Assyriens kostbarer Balsam.

In V. 26 ist der Knabe bereits herangewachsen. Er liest in den Epen von den
Heldentaten vergangener Zeiten und den Leistungen, durch die sein Vater
(vermutlich Octavians Adoptivvater Julius Caesar) sich auszeichnete. Die wunderbare Fruchtbarkeit der Natur bleibt erhalten, weicht aber ab V. 31 dem sogenannten Heroenpassus, der der Forschung viel Mühe bereitet hat, tauchen doch
hier wieder, in mythisches Gewand gekleidet (V. 34–36), Kriege am Horizont
auf, die ins Goldene Zeitalter nun wirklich nicht zu passen scheinen:

> Doch sobald du vermagst, vom Ruhm der Helden zu lesen
> und den Taten des Vaters, und begreifst, was Tugend bedeutet,
> weich dann wogt allmählich das Feld mit goldenen Ähren,
> rötlich reifend erglüht in wilden Dornen die Traube,
> 30 und aus knorrigen Eichen wird träufeln wie Tau dir der Honig.
> Doch einige Spuren vergangenen Frevels bleiben zurück.
> Drum müssen Schiffe noch einmal die Fluten des Meeres befahren,
> Mauern die Städte umgürten und Furchen die Erde verwunden.
> Wieder wird Tiphys erstehen, um wieder zu steuern die Argo,
> 35 die auserlesene Helden trägt; neue Kriege entflammen,
> und noch einmal gen Troja muss ziehen der große Achilles.

Die Passage in V. 31–36 versteht man leichter, wenn man von der Annahme eines *vaticinium ex eventu* ausgeht. Dann sind hier tatsächlich die Bürgerkriege angesprochen, in die Octavian schon als junger Mann verwickelt war und wo er mit rücksichtsloser Härte agierte. In Einklang mit dem bukolischen Rahmen und auch der propagandistischen und paränetischen Absicht des Dichters werden diese Ereignisse aber nur sehr zurückhaltend als notwendige Begleiterscheinung präsentiert, gleichsam als Geburtswehen der neuen Zeit, die mit der Geburt des Knabe (63 v. Chr.) zwar schon begonnen hat, aber erst jetzt (40 v. Chr.) ihrer Vollendung entgegen sieht.

In V. 37 hat der Knabe das Erwachsenenalter erreicht, und der Anbruch des Goldenen Zeitalters steht nun für alle unmittelbar bevor. Handel und Ackerbau werden nicht mehr notwendig sein, die Erde bringt ihre Früchte ganz von selbst hervor, und die Schafe sind so freundlich, gleich rote und goldene Wolle zu tragen, was ein späteres Färben überflüssig macht:

> Dann, wenn schon zum Mann dich gestählt dein kräftiges Alter,
> weicht vom Meere der Seemann zurück; die hölzernen Schiffe
> tauschen nicht Waren mehr aus, denn allen trägt alles die Erde.
> 40 Nicht wird Hacken der Boden, nicht Sicheln der Weinberg ertragen,
> und es löst vom Joch die Stiere der kräftige Pflüger.
> Nicht mehr lernt nun trügerisch bunt sich färben die Wolle,
> nein, schon auf den Wiesen verändert von selbst der Widder
> lieblich in glühenden Purpur sein Vlies und in goldenen Safran.
> 45 Scharlach kleidet nun ganz von selbst die weidenden Lämmer.

Erst in V. 46f. geschieht die Entschlüsselung, die das Vorstehende als Lied der Parzen – die ihrerseits nur die Weisung des *stabile fatorum numen*, des unabänderlichen Ratschlusses des Schicksals ausführen – beim Spinnen des Lebensfadens ausweist:

> Solche Zeiten, ihr Spindeln, bringt eilig heran!" Dieses sprachen
> einmütig im beständigen Walten des Schicksals die Parzen.

Ab V. 48 richtet der Dichter selbst das Wort an den inzwischen erwachsenen Knaben und fordert ihn auf, sein politisches Amt zu übernehmen, damit die verheißene neue Zeit, die von allen Menschen voll Freude erwartet wird, endlich Wirklichkeit werden kann:

> O tritt an – es ist Zeit – den hohen Lauf deiner Ehren,
> teurer Sprosse der Götter, des mächtigen Jupiter Nachwuchs!
> 50 Siehe, es wankt und schwankt des Weltengebäudes Gewölbe,
> Länder und Meere, unendlich gedehnt, und die Tiefen des Himmels.
> Sieh, wie alles voll Freude erwartet das kommende Weltjahr.

Es schließt sich ein Wunsch an, der in der Forschung schon verschiedentlich mit dem Lied des greisen Simeon in Lk 2,29–32 verglichen wurde. Der Dichter bittet darum, dieses Goldene Zeitalter noch miterleben zur dürfen, um es in einem neuen Werk zu würdigen. Von diesem noch zu schreibenden Opus behauptet er sodann voll Stolz, dass er damit aus einem Wettstreit mit den mythischen Sängern Orpheus und Linus und mit dem Hirtengott Pan (Bukolik!) als Sieger hervorgehen würde:

> O, mir dauere dann noch zuletzt so lange das Leben,
> und mir bleibe noch Atem genug, deine Taten zu rühmen:
> 55 Nicht wird besiegen im Lied mich der Thrakier Orpheus, noch Linus,
> steht auch dem einen die Mutter, dem andern der Vater zur Seite,
> Kalliope dem Orpheus, dem Linus der schöne Apollo.
> Pan sogar, wenn er streitet mit mir vor Arkadiens Richterstuhl,
> Pan sogar gibt geschlagen sich wohl nach Arkadiens Urteil.

In den letzten vier Versen bleibt die neue Sprecherperspektive erhalten, aber zeitlich wird wieder zurückgeblendet: Der Dichter spricht das soeben geborene Kind an und fordert es auf, seine Mutter anzulächeln[7]. Da normalerweise die Fähigkeit zum Lächeln erst ab dem vierzigsten Lebenstag angesetzt wurde, soll das sofortige Lächeln die besondere Qualität dieses Kindes unterstreichen, wohl auch sein Einverständnis in die ihm zugedachte Aufgabe zum Ausdruck bringen, was wiederum die Voraussetzung bildet für seine Annäherung an die Götterwelt:

> 60 Auf denn, Knabe, du kleiner, erkenne mit Lachen die Mutter!
> Lange Beschwerde doch brachten der Monate zehn[8] deiner Mutter.
> Auf denn, Knabe, du kleiner: Wer nicht anlachte die Mutter,
> den würdigt kein Gott seines Tischs, keine Göttin des Lagers.

Die unverhohlene Tendenz zur Divinisierung Octavians zu einem so frühen Zeitpunkt mag erstaunen, liegt aber offenkundig in den – nicht zuletzt durch

---

[7] Ein Beispiel für eine Überinterpretation liefert hier H. Hommel (s. die vorige Anm.) 298: „Da ist mit wenigen sicheren Strichen in der Verbindung menschlich schlichter und überirdisch wunderbarer Züge etwas wie ein frühes Madonnenbild hingestellt, das den Betrachter ganz in seinen Bann zieht und mit dem nachwirkenden Eindruck einer auf himmlischem Goldgrund sich abhebenden echten Natürlichkeit entläßt."

[8] Hier werden die Monate der Schwangerschaft als Mondmonate zu 27 oder 28 Tagen gezählt, wie in Weish 7,2 und 4 Makk 16,7.

Julius Caesar angestoßenen – Denkmöglichkeiten der Zeit. Später wird Vergil auch in seinem Hauptwerk, der *Aeneis*, von Augustus sagen (6,791–794)[9]:

> Der aber hier ist der Held, der oft und oft dir verheißen,
> Caesar Augustus, der Spross des Göttlichen. Goldene Weltzeit
> bringt er wieder für Latiums Flur, wo einstens Saturnus
> herrschte ...

Wenn man nur einige Motive und Konzepte aus der Ekloge abstrahiert, ergibt sich ein erstaunliches Bild: das Ende der Zeit, die Wiederkehr paradiesischer Zustände, die Jungfrau, der Spross vom Himmel, die Geburt des Knaben, das Kind in der Wiege, der Friede, die Freude der Menschen, die angedeutete Vergöttlichung, der prophetische Duktus und, nicht zu vergessen, das Hirtenmilieu. Man kann verstehen, dass christliche Theologen und Dichter von Laktanz bis Dante der Versuchung erlegen sind und Vergils vierte Ekloge als heidnische Prophetie auf Jesus Christus und seine Geburt hin gedeutet haben[10].

Bei näherem Hinsehen stellt sich manches um einiges differenzierter dar. So ist die Jungfrau bei Vergil, um nur das hervorzuheben, keineswegs die Mutter des Knaben, sondern vielmehr als allegorische Personifikation der Gerechtigkeit aufzufassen. Dass ein menschlicher Vater fehlen würde, wird nirgends direkt gesagt (und sollte deswegen auch nicht in das Gedicht hinein projiziert werden). Ein Teil der Aussagen, die – wie der endzeitliche Tierfrieden – einen Wiedererkennungseffekt hervorrufen, berührt sich mit biblischer Prophetie und jüdischer Apokalyptik. Dafür könnte es sogar eine traditionsgeschichtliche Erklärung geben, die über die römische Sibyllistik als Form apokalyptischer Prophetie und die jüdisch gefärbten *Sibyllinischen Orakel* verläuft[11]. Vergessen wir auch nicht, dass Pollio um diese Zeit Freundschaft mit Herodes dem Großen schloss. Für Lukas, bei dem man am ehesten Verwandtschaften entdecken könnte, wäre aber auch zu fragen, wieso ihn, der mehr als hundert Jahre später schreibt, Vergil mit seinen zeitgeschichtlichen Anspielungen noch interessieren sollte. Doch könnte hier das folgende Textbeispiel einen Schritt weiter helfen.

2. Der Nachahmer: Calpurnius Siculus

Zu Beginn von Neros Regierungszeit, ca. 55 n. Chr., verfasst Calpurnius Siculus sieben Hirtengedichte (*eclogae*)[12]. Zeitgeschichtliche Themen verarbeitet er in

---

[9] Übersetzung nach J. Götte, Vergil: Aeneis (TuscBü), München [7]1988.
[10] Vgl. S. Benko, Virgil's Fourth Eclogue in Christian Interpretation, in: ANRW II/31.1 (1980) 646–705.
[11] Zahlreiche Nachweise, über deren Stichhaltigkeit wir hier nicht zu urteilen brauchen, bei G. Erdmann, Die Vorgeschichten des Lukas- und Matthäus-Evangeliums und Vergils vierte Ekloge (FRLANT 47), Göttingen 1932, 82–97.
[12] Text und Übersetzung bei D. Korzeniewski, Hirtengedichte aus neronischer Zeit. Titus Calpurnius Siculus und die Einsiedler Gedichte (TzF 1), Darmstadt 1971; zur Erklärung vor

der Ekloge Nr. 1, wo er sich am engsten an Vergils vierte Ekloge anlehnt, in Nr. 4 und in Nr. 7. In der ersten Ekloge entdecken zwei Hirten eine Weissagung, die der Gott Faunus soeben in eine Baumrinde geschnitzt hat. Sie kündet vom Anbruch des Goldenen Zeitalters, das ein junger Mann aus dem Geschlecht der Julier heraufführen wird. Damit ist Nero angesprochen, der soeben sein Amt antritt. Der Ruf „Freuet euch" ertönt (V. 37), der Krieg ist gebannt (V. 52), die Göttin des Friedens erscheint (V. 54), Recht und Gesetz kehren zurück (V. 72f.), alle Völker im Süden, Norden, Osten und Westen sollen an der Freude teilhaben (V. 74f.), und das Ganze wird beglaubigt durch das Erscheinen eines Kometen (V. 76–79):

> Seht ihr, wie hell in der zwanzigsten Nacht schon der Himmel erstrahlet
> und ein Komet in sanftem Licht uns leuchtend sich zeiget?
> Seht, wie der Stern so klar und ohne Wunde erglänzet!

Die vierte Ekloge ist ein dialogisch gestaltetes Preislied auf diese glückliche Zeit und ihren Garanten, wollen diese Verse doch „den Gott selbst besingen, der die Völker und Städte regiert und den Frieden der Römer" (V. 7f.). Noch deutlicher wird eine Passage gegen Schluss hin (V. 141–144):

> Kaiser, ob du nun Jupiter bist mit verwandeltem Aussehn
> oder ein anderer Gott unter täuschendem Bild eines Menschen, unerkannt:
> Gott bist du sicher; ich bitte dich, lenke den Erdkreis.

Klarer noch als bei Vergil wird bei Calpurnius die gattungstypische Welt der Hirten evoziert, die auch bei Lukas in Lk 2,8–20 eine wichtige Rolle spielt[13]. Hinzu kommt, dass die Motive, die bei Vergil mit Octavian Augustus verbunden sind, nun reaktiviert und auf Nero übertragen werden. Dadurch gewinnen sie ganz neue Aktualität. Zeitlich rücken wir damit sehr viel näher an Lukas heran, der um 80 n. Chr. sein Evangelium verfasst haben wird. Es ist nicht auszuschließen, dass er dieser Bukolik und Panegyrik bewusst seinen eigenen Entwurf entgegensetzen wollte, einen Entwurf, der das Kind in der Krippe in einer herrscherlichen Rolle sieht und in ihm die Erwartungen der Menschheit ihre Antwort finden lässt. Das würde noch an Wahrscheinlichkeit gewinnen, wenn sich nachweisen ließe, dass Lukas auch an anderer Stelle in seinem Doppel-

---

allem C. Schubert, Studien zum Nerobild in der lateinischen Dichtung der Antike (Beiträge zur Altertumskunde 116), Stuttgart-Leipzig 1998, und B. Schröder, *Carmina non quae nemorale resultent*. Ein Kommentar zur 4. Ekloge des Calpurnius (Studien zur klassischen Philologie 61), Frankfurt a. M. 1991.

[13] Unter anderem auf Calpurnius Siculus greift denn auch zurück M. Wolter, Die Hirten in der Weihnachtsgeschichte (Lk 2,8–20), in: Religionsgeschichte des Neuen Testaments (FS K. Berger), Tübingen 2000, 501–517; zu Lk 1–2 vgl. durchgehend noch W. Radl, Der Ursprung Jesu. Traditionsgeschichtliche Untersuchungen zu Lukas 1–2 (Herders Biblische Studien 7), Freiburg i. Br. 1996.

werk indirekt auf Nero Bezug nimmt[14]. Zumindest steht es einem Leser, der sich in beiden Bereichen auskennt, frei, solche Beziehungen herzustellen.

II. Der „Geburtstag des Gottes": Die Inschrift von Priene

Auf Nero kommen wir noch zurück, wenden uns zunächst aber wieder Augustus zu und beschäftigen uns diesmal nicht mit einem Dichtwerk, sondern mit einem offiziellen Dokument, das Ergebnisse der Tagespolitik festhält.

1. Der größte Wohltäter aller Zeiten

Ende des 19. Jahrhunderts wurde bei Ausgrabungen in Priene größere Stücke einer Inschrift aus dem Jahre 9 v. Chr. gefunden, deren Inhalt auch durch kleinere Fragmente aus vier anderen Städten Kleinasiens bekannt ist[15]. Welche Bedeutung man diesem Fund seinerzeit beimaß, lässt sich daran ablesen, dass die beiden damaligen Koryphäen der Alten Geschichte und der Altphilologie, Theodor Mommsen und Ulrich von Wilamowitz-Moellendorf (Mommsens Schwiegersohn), gemeinsam die Erstedition vornahmen[16].

Der Anlass für diese Inschrift war eher banaler Natur: Im Römischen Reich sollte der Kalender vereinheitlicht werden. Dazu war es notwendig, den Jahresbeginn, zu dem die Beamten jeweils ihren Dienst antraten, in Kleinasien vom 21. September (makedonischer Kalender) auf den 23. September (römischer Kalender) zu verlegen. Der 23. September war aber gleichzeitig der Geburtstag von Kaiser Augustus. Das wird nun zum Anlass genommen, diese Umstellung als göttliche Fügung zu interpretieren. Vor allem das Dekret der Provinzialversammlung, die sich den Vorschlag des Prokonsuls zu Eigen macht, greift zu den höchsten Tönen (Z. 32–41):

---

[14] Vgl. dazu H. J. KLAUCK, Des Kaisers schöne Stimme. Herrscherkritik in Apg 12,20–23, in: M. GIELEN / J. KÜGLER (Hrsg.), Liebe – Macht – Religion. Interdisziplinäre Studien zu Grunddimensionen menschlicher Existenz (Gedenkschrift für H. Merklein), Stuttgart 2002 [s. in diesem Bd. die Nr. 10].

[15] Der Text in OGIS 458; besser bei U. LAFFI, Le iscrizioni relative all'introduzione nel 9 a. C. del nuovo calendario della provincia d'Asia, in: SCO 16 (1967) 5–98, und bei R. K. SHERK, Roman Documents from the Greek East. Senatus Consulta and Epistulae to the Age of Augustus, Baltimore 1969, 328–337; Übersetzung (und Besprechung) bei C. ETTL, Der „Anfang der … Evangelien". Die Kalenderinschrift von Priene und ihre Relevanz für die Geschichte des Begriffs εὐαγγέλιον, in: S. H. BRANDENBURGER / T. HIEKE (Hrsg.), Wenn drei das gleiche sagen – Studien zu den ersten drei Evangelien (Theologie 14), Münster 1998, 121–151; „Gemeinsamkeiten" mit und „deutliche Unterschiede" zu Lukas stellt heraus F. JUNG, ΣΩΤΗΡ. Studien zur Rezeption eines hellenistischen Ehrentitels im Neuen Testament (NTA NF 39), Münster 2002, 274–279.

[16] Die Einführung des asianischen Kalenders, in: MDAI.A 24 (1899) 275–293.

Da die Vorsehung, die unser Leben in göttlicher Weise ordnet, ehrgeizigen Eifer an den Tag legte und unser Leben mit dem Vollkommensten ausstattete, indem sie Augustus hervorbrachte, den sie zum Wohl der Menschheit mit Tugend erfüllte und dadurch uns und unseren Nachkommen einen Retter (σωτῆρα) schickte, der den Krieg beendet und alles neu ordnet;

da der Kaiser durch sein Erscheinen die Hoffnungen all derer übertraf, die vor ihm schon gute Nachrichten (εὐαγγελία) vorweggenommen hatten, denn er überbot nicht nur die vor ihm aufgetretenen Wohltäter (εὐεργέτας), sondern beließ auch den künftigen keinerlei Aussicht auf Steigerung;

da für die Welt der Geburtstag des Gottes den Anfang der durch ihn veranlassten guten Nachrichten (εὐαγγελίων) darstellte;

deshalb, so können wir dieses komplizierte Satzgefüge zu Ende bringen, beschließt die Versammlung, Augustus dadurch zu ehren, dass fortan „die Geburt des Kaisers den Beginn der Zeitrechnung des menschlichen Lebens darstellt" (Z. 48f.), dass also mit anderen Worten das Kalenderjahr ab sofort an seinem Geburtstag beginnt.

Die Inschrift deutet auch an, womit sich Augustus diese Ehrung verdient hat. Der Grund war, mit zwei Worten, die *pax Romana*, der einigermaßen stabile Friede, als dessen Stifter man Augustus ansah. Auch wenn dieser Friede manche Schattenseiten hatte und nicht zuletzt seinen Preis, etwa in der Form der Präsenz des römischen Militärs und einer drückenden Steuerlast, so änderte das nichts an der Dankbarkeit, die viele Menschen empfanden und auf Augustus projizierten. Das gilt selbst dann, wenn man den formelhaften Charakter der Sprache des Kaiserkults in Rechnung stellt und entsprechende Abstriche vornimmt.

Dass wir damit keinen Einzelfall vor uns haben, sollen noch Reste einer Inschrift aus Halikarnass zeigen, die heute im Britischen Museum in London aufbewahrt werden[17]:

... da die ewige und unsterbliche Natur des Alls das größte Gut aus überschäumender Freundlichkeit den Menschen schenkte, indem sie Caesar Augustus hervorbrachte, ... den einheimischen Zeus und Retter des Menschengeschlechtes, dessen Wünsche in allem die Vorsehung nicht nur erfüllt, sondern übertraf; denn Land und Meer leben in Frieden, Städte glänzen in gesetzlicher Ordnung, Eintracht und Überfluss ...

2. Ein Gegenentwurf

Evangelien (im Plural), Anfang der frohen Botschaften, Retter, Wohltäter, Geburtstag des Gottes – wenn wir diese großen Worte wiederum aus dem Text isolieren, klingen sie seltsam vertraut. „Es geschah in jenen Tagen, da erging ein Befehl von Kaiser Augustus, den ganzen Erdkreis in Steuerlisten einzutra-

---

[17] Bei H. Freis, Historische Inschriften zur römischen Kaiserzeit von Augustus bis Konstantin (TzF 49), Darmstadt 1984, 17.

gen ..." (Lk 2,1) – vielleicht hören wir den Beginn des Weihnachtsevangeliums
vor diesem Hintergrund mit etwas anderen Ohren, und wir kommen damit
wohl auch den Intentionen seines Erzählers näher, wir vernehmen die feinen
Ober- und Untertöne mit, die Lukas in seine meisterhaften Darstellung hinein
komponiert hat. Die Historiker haben mit der zeitlichen Angabe ihre Probleme, da eine reichsweite Steuerschätzung unter Augustus für diesen Zeitpunkt
nicht belegt ist; wohl gab es lokal begrenzte Unternehmungen ähnlicher Art[18].
Letzteres genügt Lukas, weil ihm nichts an penibler Detailgenauigkeit in den
historischen Angaben liegt. Maßgeblich kommt es ihm vielmehr auf den Kontrast zwischen dem Herrn der römischen Welt und dem Kind in der Krippe an.
Der Kaiser selbst wird aktiv und setzt alle Bewohner des Reiches in Bewegung,
aber zu einem sehr unbeliebten Zweck: die Kosten für seine Wohltaten fordert
er in der Form von hohen Abgaben wieder zurück. Man darf sich im Sinn des
Erzählers vorstellen, wie ein allgemeines Seufzen und Stöhnen im Reich aus-
brach. Erreicht wird dadurch, dass ein Mann aus einfachen Verhältnissen, aber
von edler Abstammung, und seine schwangere Frau nach Bethlehem gelangen,
in die Stadt des Königs David. Ohne es zu wollen, sorgt Augustus eigenhändig
dafür, dass Jesus, sein, wir verspüren es schon, überlegener Konkurrent, in der
symbolträchtigen, „richtigen" Stadt geboren wird. Zugleich deutet die Mobili-
sierung des ganzen Reiches um dieses einen Ereignisses willen die überragen-
de Würde des Kindes an, das zur Welt kommt.

Einmal dafür sensibilisiert, können wir die ganze Weihnachtserzählung als
Gegenentwurf zur Augustuspropaganda lesen. Die Engel verkünden den Hirten auf dem Feld eine „große Freude, die dem ganzen Volk zuteil werden soll"
(Lk 2,10), eine echte Freudenbotschaft also, ein Evangelium für alle Menschen.
Ihr Inhalt: In der Stadt Davids ist der wahre Retter geboren, der messianische
König, der Herr. Ein großes himmlisches Heer gibt Gott die Ehre, die ihm allein zusteht, und verkündet Frieden auf Erden für alle Menschen seines Wohlgefallens. Zuvor schon hatte der Engel Gabriel Maria angekündigt, ihr Kind
werde „Sohn Gottes genannt werden". Gott werde „ihm den Thron seines Vaters David geben", und er werde „über das Haus Jakob herrschen in Ewigkeit"
(Lk 1,32f.). Auf der Folie der römischen Kaiser- und Reichsideologie betrachtet, sind dies höchst subversive und gefährliche Gedanken, die das einlösen,
was Maria im Magnificat besingt: Gott „stürzt die Mächtigen vom Thron und
erhöht die Niedrigen" (Lk 1,52).

---

[18] Vgl. zuletzt B. W. R. PEARSON, The Lucan Censuses, Revisited, in: CBQ 61 (1999) 262–
282; M. D. SMITH, Of Jesus and Quirinius, in: CBQ 62 (2000) 278–293.

III. Kindheitsgeschichten

Große Ereignisse werfen ihre Schatten voraus, und große Persönlichkeiten werden frühzeitig daran erkannt, dass ihre Empfängnis, ihre Geburt und ihre ersten Lebensjahre von wunderbaren Ereignissen begleitet werden. Die Entwicklung verlief zwar in der Gegenrichtung: Erst nachdem sich jemand als herausragende Persönlichkeit erwiesen hatte, fanden die wunderbaren Züge Eingang in die Beschreibung seines Ursprungs. Aber für den späteren Betrachter stehen sie jetzt am Beginn und lassen künftige Größe erahnen. Das sei an einigen Beispielen aufgezeigt[19].

1. Alexander der Große

In seiner Lebensbeschreibung Alexanders des Großen[20], die es darauf abstellt, „die kennzeichnenden seelischen Züge zu erfassen und daraus das Lebensbild zu zeichnen" (1), weiß Plutarch von Chaironeia manches auch über die Geburt des künftigen Welteroberers zu berichten. Alexanders Vater Philipp hatte ein Auge bei der Belagerung einer Stadt verloren, aber die Legende kennt eine andere Version (3):

Es wird auch erzählt, Philipp habe sein eines Auge verloren, das er an den Türspalt gelegt habe, als er beobachtete, wie der Gott in Gestalt einer Schlange bei seiner Frau lag. Wie Eratosthenes berichtet, gab Olympias ihrem Sohn das Geleit beim Auszug in den Krieg und verriet ihm dabei unter vier Augen das Geheimnis seiner Geburt. Dabei ermahnte sie ihn, er solle sich einer solchen Abkunft würdig erweisen. Andere berichten dagegen, Olympias habe sich gegen derartige Gerüchte verwahrt und gesagt: „Wird Alexander denn nicht aufhören, mich bei Hera in ein schlechtes Licht zu setzen?"

Der Protest der Olympias verrät, dass in der erzählten Welt Zeus selbst der Gott war, der mit der Mutter Alexanders verkehrte, und dass Hera, seine Gattin, allen Grund zur Eifersucht hatte.

Am Tag, als Alexander geboren wurde, brannte in Ephesus der Artemistempel nieder. Magier (aus Persien, s.u.), die sich in Ephesus aufhielten, interpretierten dieses Unglück als Vorzeichen für großes Unheil, das Asien aufgrund der Ereignisse dieses Tages bevorstünde (Parallelüberlieferung bei Cicero, De divinatione 1,47: „als der Tag anbrach, schrieen die Magier, Asiens Tod und Verderben sei in der vergangenen Nacht auf die Welt gekommen"), und

---

[19] Vgl. dazu C. PELLING, Childhood and Personality in Greek Biography, in: DERS. (Hrsg.), Characterization and Individuality in Greek Literature, Oxford 1990, 213–244; D. ZELLER, Geburtsankündigung und Geburtsverkündigung, in: K. BERGER u.a., Studien und Texte zur Formgeschichte (TANZ 7), Tübingen 1992, 59–134.

[20] Vgl. M. GIEBEL, Plutarch: Alexander / Caesar (Reclams Universal-Bibliothek 2495), Stuttgart 1980; K. ZIEGLER / W. WUHRMANN, Plutarch: Alexander und Caesar. Große Herrscher der Antike, Zürich ³1986.

Alexanders Vater erhält zugleich mit der Nachricht über die Geburt zwei Sie-
gesmeldungen.

Schon als Heranwachsender zeichnet Alexander sich durch diplomatisches
Geschick aus (5):

Einmal waren in Abwesenheit Philipps Gesandte vom Perserkönig gekommen. Alexander empfing sie, unterhielt sich mit ihnen und schlug sie ganz in seinen Bann durch sein
freundliches Wesen und seine Art zu fragen. Er stellte nämlich keine Fragen, wie sie
seinem kindlichen Alter entsprachen, oder über unbedeutende Dinge, sondern er fragte
nach der Länge der Straßen und der Art der Verkehrswege ins Landesinnere sowie nach
dem Großkönig selber, nach dessen Tapferkeit im Kriege, und wie groß die Wehrkraft
und die militärische Macht der Perser seien. Darüber staunten sie so sehr, dass ihnen die
vielgerühmte Tatkraft Philipps ein Nichts zu sein schien gegenüber der Energie dieses
Knaben und seinem Drang nach großen Taten.

Ihre besondere Pointe erhält diese Episode natürlich dadurch, dass Alexander
als Knabe schon seinen künftigen Feldzug gegen das Perserreich vorbereitet,
wenn er sich angelegentlich nach Straßenführung, Nachschubswegen, Truppen-
stärke und Kampfmoral des Gegners erkundigt. Ein Vergleich mit Lk 2,42–51,
der Perikope mit dem zwölfjährigen Jesus im Tempel, drängt sich in mancher
Hinsicht förmlich auf, auch wenn insgesamt sicher die Unterschiede überwiegen.

2. Kaiser Augustus

Auch diesmal darf Augustus nicht fehlen. Hier werden wir bei Sueton, dem
Verfasser der Kaiserviten, fündig[21]. Er trägt gegen Ende erst nach, was sich dem
Vernehmen nach – Sueton drückt sich sehr vorsichtig aus – schon am Anfang
ereignete, um schließlich doch noch einzuflechten, woran man schon im Um-
feld der Geburt des Augustus „seine künftige Größe und sein fortwährendes
Glück erhoffen und erkennen konnte" (94,1). Dazu gehört auch der folgende
Bericht, den Sueton aus zweiter Hand weitergibt (94,4):

In den „Untersuchungen über Gott und göttliche Dinge" des Asklepiades aus Mendes
lese ich: Als Atia (Octavians Mutter) um Mitternacht zu einem feierlichen Gottesdienst
des Apollo gekommen war und man ihre Sänfte im Tempel abgestellt hatte, sei sie, während die übrigen Frauen bereits schliefen, auch eingenickt. Plötzlich sei eine Schlange zu
ihr gekrochen, wenig später habe diese sie wieder verlassen; aufgewacht habe sie sich
gereinigt, wie wenn sie mit ihrem Mann zusammen gewesen wäre. Und im gleichen Moment habe sich auf ihrem Körper ein Mal gezeigt, so ungefähr vom Aussehen einer
Schlange, die man aufgemalt hat, und das habe sich niemals mehr entfernen lassen, so

---

    [21] Vgl. D. Schmitz, C. Suetonius Tranquillus: Augustus (Reclam Universal-Bibliothek
6693), Stuttgart 1988; ferner die zweisprachigen Ausgaben: O. Wittstock, Sueton: Kaiserbiographien (SQAW 39), Berlin 1993; H. Martinet, C. Suetonius Tranquillus: Die Kaiserviten /
Berühmte Männer (TuscBü), Zürich 1997.

dass sie seitdem nie mehr in öffentliche Bäder gegangen sei. Augustus sei im zehnten Monat danach geboren worden und deswegen für einen Sohn des Apollo gehalten worden. Bevor sie niederkam, träumte Atia, das, was sie in sich trug, werde zu den Sternen getragen und breite sich über Himmel und Erde in ihrer ganzen Ausdehnung aus. Und auch der Vater Octavius träumte, aus Atias Schoß komme das strahlende Licht der Sonne hervor.

Die Assoziation mit der Sonne (und dem Sonnengott) Apollo haftet Augustus nicht nur weiterhin an, sie wird auch schon von dem kleinen Kind der Legende zufolge ganz bewusst gepflegt (94,6):

Als er noch ein ganz kleines Kind war, hatte ihn – das kann man bei C. Drusus nachlesen – seine Amme abends an einem Ort im Parterre in seine Wiege gelegt. Am nächsten Morgen aber war er nicht mehr da. Man hat lange nach ihm gesucht und ihn schließlich im höchsten Zimmer eines Turmes gefunden, wo er der aufgehenden Sonne zugewandt lag.

3. Platon

Nicht nur berühmte Herrschergestalten wurden mit Geburtslegenden bedacht, sondern auch bedeutende Philosophen, z.B. Platon. In den Gastmahlgesprächen Plutarchs kommt bei einer Gelegenheit eine Tischgemeinschaft zusammen, um an zwei aufeinander folgenden Tagen die Geburtstage von Sokrates und Platon zu feiern. Aus diesem Anlass führt einer der Teilnehmer aus (Gastmahlgespräche VIII 1,2 [717D/E])[22]:

Florus meinte: „... Es wird deshalb, denke ich, niemand behaupten wollen, diejenigen, die Apollon die Zeugung Platons zuschreiben, würden Schmach über den Gott bringen. Er hat ihn doch selbst durch Sokrates ... zum Arzt für uns ausgebildet, und zwar zum Arzt für schlimmere Leiden und Krankheiten (als die rein körperlichen)." Zugleich rief er auch in Erinnerung, was man von Platons Vater Ariston sagt: Er habe im Schlaf eine Vision gesehen und eine Stimme vernommen, die ihm verbot, mit seiner Frau zu verkehren oder sie auch nur zu berühren, zehn Monate lang.

Dieser Gedanke bereitet den anderen einige Schwierigkeiten, weil Zeugen und Gezeugtwerden doch dem unvergänglichen Wesen der Gottheit widerspreche. Es müsste denn sein, dass „der Gott nicht durch physischen Verkehr wie ein Mensch, sondern auf anderen Wegen, durch andere Formen von Kontaktaufnahme und Berührung das sterbliche Wesen verändert und mit göttlichem Samen erfüllt" (718A). Eine denkerische Hilfe bietet ein Theologumenon aus der ägyptischen Mythologie und Götterlehre (718A/B):

---

[22] Übersetzung bei H. J. KLAUCK, Plutarch: Moralphilosophische Schriften (Reclams Universal-Bibliothek 2976), Stuttgart 1997, 181–184; vgl. auch F. FRAZIER / J. SIRINELLI, Plutarque: Œuvre morales IX/3, Propos de table livres VII–IX (CUFr), Paris 1996.

Abschließend sagte er: „Das war auch nicht meine Fabel, sondern die Ägypter lehren, dass der Apisstier so gezeugt wird, durch Berührung des Mondes, und überhaupt tolerieren sie die Vorstellung vom Verkehr eines männlichen Gottes mit einer sterblichen Frau. Sie glauben allerdings nicht, dass auch umgekehrt ein sterblicher Mann bei einer weiblichen Gottheit für den Beginn von Schwangerschaft und Geburt sorgen könne. Das liegt daran, dass sie die Substanz der Götter aus Luft und Windhauch (πνεύμασιν), aus einer gewissen Wärme und aus Feuchtigkeit bestehen lassen."

Plutarch, der sich auch nach Ausweis seiner großen Abhandlung „Über Isis und Osiris" intensiver mit ägyptischem Denken beschäftigt hat, gibt hier wohl die ägyptische Anschauung wieder, dass der Pharao gezeugt werde durch den Verkehr eines Gottes mit einer sterblichen Frau (nicht notwendigerweise einer Jungfrau), und er untermauert diese Möglichkeit mit naturphilosophischen Überlegungen. Dabei erwähnt er auch das „Pneuma", das hier aber nicht „Geist", sondern „Windhauch" bedeutet.

Bestimmte Berührungen mit Aussagen über die jungfräuliche Empfängnis Jesu und überhaupt über die Begleitumstände seiner Geburt sind nicht völlig von der Hand zu weisen. Bei Matthäus stammt das, was Maria im Leibe trägt, vom heiligem Geist (Mt 1,18.20: ἐκ πνεύματος ἁγίου), und bei Lukas verkündet ihr der Engel, heiliger Geist (πνεῦμα ἅγιον) werde über sie kommen (Lk 1,35). Man wird aber auch tief greifende Differenzen nicht übersehen. In den hellenistisch-römischen Beispielen liegt die Vorstellung von einem geschlechtlichen Verkehr der Gottheit mit der menschlichen Frau wenn überhaupt, dann nur knapp unter der Textoberfläche. Die Schlange, die bevorzugt in Erscheinung tritt, gilt in der Tiefenpsychologie nicht umsonst als ein phallisches Symbol. Von einer solchen Vorstellung fehlt in den neutestamentlichen Erzählungen jede Spur. Es ist der Schöpfergott der Bibel, der hier durch sein Wort und seinen Geist machtvoll und kreativ wirkt.

4. Die Gefährdung des Kindes

Ein Element aus Suetons Augustusbiographie haben wir bisher übergangen. Kurz vor Octavians Geburt ereignete sich in Rom ein Wunderzeichen, das folgendermaßen interpretiert wurde: Die Natur drohe, dem römischen Volk einen König hervorzubringen. Der Senat beschloss daraufhin, kein Junge, der in diesem Jahr auf die Welt komme, dürfe großgezogen werden; diese männlichen Säuglinge sollten also, auch wenn das im Text nicht so deutlich zu lesen steht, umgebracht werden. Doch haben die Senatoren selbst diesen Beschluss unterlaufen: „Diejenigen, deren Frauen schwanger waren, hätten dafür gesorgt, das der Senatsbeschluss nicht in Kraft trete; denn jeder bezog ja die Hoffnung auf einen solchen Sohn auf sich" (Sueton, Divus Augustus 94,3).

Damit sind wir auf einen erzählerischen Topos gestoßen, der in der Erzählforschung unter Überschriften wie „Das verfolgte und gerettete Königskind" gehandelt wird und sich weitester Verbreitung erfreut[23]. Um in unserem Umfeld zu bleiben: In Rom beseitigt ein früher Nachkomme des Äneas die männliche Nachkommenschaft seines Bruders (Livius I 3,11) und setzt nachgeborene Zwillinge, die nach Angabe der Mutter den Kriegsgott Mars zum Vater haben, im Fluss aus (I 4,1–6), doch sie werden von einer Wölfin gerettet (I 4,6). Es handelt sich bei ihnen, der Leser weiß es schon, um niemand anderes als Romulus und Remus. Dem späteren Perserkönig Kyros stellt der eigene Großvater nach; Kyros wird aber vom Hirten, der das Kind aussetzen soll, in Sicherheit gebracht (Herodot 1,108–113)[24]. Dass Nero, durch einen Kometen beunruhigt, auf Anraten seines Astrologen vornehme Römer opfert und deren Kinder beseitigt (Sueton, Nero 36,1f.), darf erwähnt werden, auch wenn sich die Konstellation hier etwas verschiebt.

In der Kindheitsgeschichte bei Matthäus entspricht dem der berüchtigte Kindermord, den Herodes der Große aus Angst vor dem „neugeborenen König der Juden" (Mt 2,2) in Bethlehem und Umgebung durchführen lässt (Mt 2,16–18). Zwar dürfte der judenchristliche Erzähler des Evangeliums vor allem die Gefährdung und Rettung des Mose aus dem Buch Exodus und aus der jüdischen Mose-Legende als Vorbild vor Augen haben, aber auch diese Überlieferung steht ja bereits in Interaktion mit dem verbreiteten Erzähltyp, und nicht alles bei Matthäus erklärt sich von dort aus.

Insbesondere ist zu bedenken, dass Herodes der Große als der Hauptschuldige im Volk als römischer Klientelkönig angesehen wurde und man ihm deshalb Verhaltensweisen zutraute, die man sonst nur von heidnischen Herrschern kannte. Wo Herodes seine Herrschaft gefährdet sah, fielen selbst seine eigenen Söhne seiner despotischen Grausamkeit zum Opfer, wenn auch als Erwachsene und nicht als Kinder. Das Schreckensszenario in Mt 2,16–18 gewinnt dadurch eine gewisse erzählerische Plausibilität. Augustus selbst soll ein doppelbödiges Wortspiel geprägt haben, das in diese Richtung zielt: Bei Herodes dem Großen, so sein Ausspruch, sei es besser, Schwein (ὗς) als Sohn (υἱός) zu sein[25]. Die Gemeinheit dieses Diktums beruht nicht nur auf der Assonanz von ὗς und υἱός, sondern auch auf der Überlegung, dass Herodes als jüdischer König

---

[23] Vgl. das Faltblatt bei U. Luz, Das Evangelium nach Matthäus. 1. Teilband: Mt 1–7 (EKK I/1), Zürich / Neukirchen-Vluyn ⁵2002, vor S. 127, sowie die materialreiche Untersuchung von G. Binder, Die Aussetzung des Königskindes Kyros und Romulus (BKP 10), Meisenheim am Glan 1964.

[24] Zum (unrühmlichen) Agieren von Magiern in diesem Erzählzyklus vgl. R. D. Aus, The Magi at the Birth of Cyrus, and the Magi at Jesus' Birth in Matt 2:1–12, in: Ders., Barabbas and Esther and Other Studies in the Judaic Illumination of Earliest Christianity (South Florida Studies in the History of Judaism 54), Atlanta 1992, 95–111.

[25] Bei Macrobius, Saturnalia II 4,11; der Textbeleg ist spät, gilt aber als zuverlässig, trotz der Kontamination mit Mt 2,16, die der nichtchristliche Berichterstatter vornimmt, vgl. M. Stern, Greek and Latin Authors on Jews and Judaism. Bd. 2: From Tacitus to Simplicius (Publications of the Israel Academy of Sciences and Humanities), Jerusalem 1980, 665f.

streng genommen kein Schweinefleisch hätte essen dürfen, Schweine bei ihm also eine bessere Überlebenschance haben sollten als Söhne[26].

IV. Fremde Gäste

Von der Vorgeschichte in den ersten beiden Kapiteln des Lukasevangeliums, die uns bislang hauptsächlich als neutestamentlicher Bezugspunkt diente, sind wir mit dem Kindermord in Bethlehem zu der Vorgeschichte bei Matthäus gelangt (Mt 1–2)[27]. Matthäus konstruiert seine Kindheitserzählung um fünf Zitate aus dem Alten Testament, genauer aus den Propheten, herum. Das beginnt mit Jes 7,14: „Siehe, die Jungfrau wird schwanger sein und einen Sohn gebären, und man wird ihm den Namen ‚Immanuel' geben" in Mt 1,23, führt über Mich 5,1: „Und du, Bethlehem im Lande Juda, bist keineswegs die kleinste unter den Fürstenstädten Judas, denn aus dir wird ein Führer hervorgehen, der mein Volk weiden wird" in Mt 2,6 und Hos 11,1: „Aus Ägypten habe ich meinen Sohn gerufen" in Mt 2,15 zu der Klage über die ermordeten Kinder in Mt 2,18, die aus Jer 31,35 genommen ist: „Eine Stimme wurde in Rama vernommen, lautes Weinen und Klagen: Rahel weint um ihre Kinder und wollte sich nicht trösten lassen, denn sie waren dahin", und endet schließlich mit dem kaum zu identifizierenden, aber durch die Einleitung „was durch die Propheten gesagt wurde" als solches gekennzeichnete Zitat „Er wird Nazoräer genannt werden" in Mt 2,23. In welchem Maße dieser Erzähler sich der Bibel Israels (und der Geschichte Israels) verpflichtet fühlt, liegt auf der Hand.

Dennoch öffnet sich auch sein Entwurf an einer Stelle überraschend weit auf die nichtjüdische Welt hin, nämlich dort, wo „Magier (μάγοι im Griechischen) aus dem Osten" auftreten und nach dem Kind suchen (Mt 2,1–12). Die überreiche Nachgeschichte gerade dieser Perikope, die uns bis heute den Dreikönigstag beschert hat, ist bekannt, aber nicht unser Thema[28]. Wir wollen unsere Aufmerksamkeit vielmehr den Magiern selbst und dem Stern, der sie leitet, zuwenden und außerdem noch eine besondere Form der Offenbarungsmitteilung in diesen beiden Kapiteln besprechen. Vorausgeschickt sei, dass man gerade angesichts der Bibelkenntnis des Matthäus für die Magier zunächst an Jes 60,6 („Die Sabäer werden kommen und Gold und Weihrauch bringen") und Ps 72,10 („Die Könige von Tarschisch und von den Inseln müssen Geschenke ge-

---

[26] Vgl. auch den Spott bei Juvenal, Satiren 6,160, der Judäa als das Land beschreibt, wo „althergebrachte Milde den Schweinen das Altern gestattet".

[27] Zu Mt 1–2 vgl. neben den Kommentaren und R. E. Brown, Birth (s. Anm. 4), vor allem noch M. Mayordomo-Marín, Den Anfang hören. Leserorientierte Evangelienexegese am Beispiel Matthäus 1–2 (FRLANT 180), Göttingen 1998.

[28] Vgl. beispielhalber nur P. Paciorek, L'adoration des mages (*Mt* 2,1–12) dans la tradition patristique et au moyen âge jusqu'au XIIe siècle, in: Augustiniana 50 (2000) 85–140.

ben, die Könige von Saba und Scheba kommen mit Gaben") denken wird und
für den Stern an das Orakel des Bileam in Num 24,17 („Ein Stern geht auf aus
Jakob, ein Szepter erhebt sich aus Israel"). Die folgenden Beobachtungen verstehen sich daher nicht als Alternativen, sondern als zusätzliche Bereicherung.

1. Die „Magier aus dem Osten"

„Magier" kennt die Antike in verschiedenen Spielarten. Das Wort selbst hat
die griechische Sprache als Lehnwort aus dem Persischen übernommen, wo es
hoch angesehene, gelehrte und weise Angehörige einer Priesterkaste bezeichnete, aus deren Mitte, wie Philo schreibt, sogar die persischen Könige hervor-
gingen (De specialibus legibus 3,100)[29]:

Die echte Magie nun, eine Wissenschaft des Schauens, welche die Werke der Natur durch
deutlichere Vorstellungen erhellt und der Verehrung und Wertschätzung würdig ist, betreiben nicht nur Privatleute, sondern auch Könige, auch die größten unter ihnen, und
insbesondere die Perserkönige derart, dass, wie man erzählt, keiner bei ihnen zur Kö-
nigswürde gelangen kann, der nicht zuvor mit den Magiern vertrauten Verkehr gepflo-
gen hat.

Daneben kann das Wort im neutralen Sinn Astrologen, Traumdeuter, Wahrsa-
ger, Heiler und Wundertäter bezeichnen, hat aber mehrheitlich die negative
Konnotation von Scharlatan, Betrüger, Gaukler oder Bauernfänger an sich gezogen (vgl. die Fortsetzung des Zitats aus Philo: „Eine Entstellung dieser Kunst
aber, eine Afterkunst, richtig ausgedrückt, ist die Magie, wie sie Bettelpfaffen,
Possenreißer und die schlechtesten Weibsbilder und Sklaven betreiben ...").
Schon die Herkunft aus dem Osten (genauer: „aus den Gegenden des Sonnen-
aufgangs") bei Matthäus stellt aber klar, dass wir bei ihm an weise Männer zu
denken haben[30], die auf alten Illustrationen deshalb oft mit persischen Mützen
dargestellt werden.

Dafür, dass persische Magier mit ihrem König einen anderen Herrscher besuchen, gibt es im ersten Jahrhundert ein Beispiel, das die Ausleger, die sich
mit Mt 2 beschäftigen, selten übergehen[31]. Im Jahre 66 n. Chr. besuchte der Ar-
menierkönig Tiridates, ein Bruder des Partherkönigs, aus dem Osten kommend mit großem Gefolge Kaiser Nero. In einem förmlichen Triumphzug
durchquerte er Kleinasien und Italien. Bei Nero angelangt, „kniete er vor ihm
nieder, nannte ihn seinen Herrn (δεσπότην) und verehrte ihn (προσκυνή-

---

[29] Übersetzung von I. HEINEMANN, in: L. COHN U.A. (Hrsg.), Philo von Alexandrien: Die
Werke in deutscher Übersetzung. Bd. 2, Berlin ²1962, 214.
[30] Anders, aber kaum überzeugend M. A. POWELL, The Magi as Wise Man: Re-examining a
Basic Supposition, in: NTS 46 (2000) 1–20.
[31] Maßgebend dafür wurde A. DIETERICH, Die Weisen aus dem Morgenlande, in: ZNW 3
(1902) 1–14.

σας)“[32]. Bei der Heimfahrt nahm König Tiridates nicht den Weg, auf dem er gekommen war, sondern schlug eine andere Route ein[33]. Was fast zu erwarten war, wird von Plinius dem Älteren ausdrücklich festgehalten: Tiridates hatte Magier mit sich gebracht, die Nero „sogar in die magischen Mahlzeiten einweihten" (*magicis etiam cenis eum initiaverat*)[34], was immer das heißen mag, und Tiridates selbst wird bei Plinius als „Magier" bezeichnet (30,16).

Diese Begebenheit scheint die Phantasie der Menschen sehr beansprucht zu haben. Ihre Einwirkung auf die Darstellung in Mt 2,1–12 ist deshalb nicht völlig auszuschließen. Als Minimum wird man zugestehen, dass christliche Leser die beiden Vorgänge sehr wohl miteinander kontrastieren und vergleichen konnten. Sie werden den Schluss gezogen haben, dass Jesus Christus in seiner königlichen Würde dem Kaiser um nichts nachsteht, ja ihn sogar überragt, da die Expedition aus dem Osten nach ihm schon im Kindesalter suchte.

2. Der aufgehende Stern

Auslöser der Reise der Magier ist, dass sie einen aufgehenden Stern beobachten, der in ihrer Interpretation auf die Geburt einer großen Persönlichkeit hindeutet. Der Stern führt sie dann bis zum Haus in Bethlehem, und dadurch, dass er dort innehält, identifiziert er für sie das gesuchte Kind. Schon rein sprachlich handelt es sich bei diesem Stern nicht um eine Konjunktion, eine Konstellation oder ein bestimmtes Sternbild, und auch ein Komet scheidet aus[35]. Ausgangspunkt muss vielmehr die verbreitete Überzeugung sein, dass jeder Mensch seinen eigenen Stern hat und dass dieser Stern bei bedeutenden Menschen umso höhere Strahlkraft besitzt. Unfreiwillig dokumentiert das Plinius der Ältere, wenn er schreibt[36]:

Die Gestirne ... sind nicht, wie die große Menge meint, den Einzelnen unter uns zugeteilt, die hellen den Reichen, die kleineren den Armen und die dunklen den Schwachen, und sie sind nicht mit einer dem Schicksal eines jeden entsprechenden Leuchtkraft den Sterblichen zugewiesen; sie erheben sich auch nicht mit einem jeweils zugeordneten Menschen, und ihr Fall deutet nicht an, dass jemand sterbe. Eine so enge Gemeinschaft mit dem Himmel haben wir nicht, dass entsprechend unserem Schicksal auch der Glanz der Sterne dort oben vergänglich wäre.

---

[32] Cassius Dio LXIII 2,2; bei E. CARY, Dio's Roman History. Bd. VIII (LCL 176), Cambridge, MA/London 1982, 140f.; die ganze Begebenheit umfasst Kap. 1–7 im 63. Buch bei Cassius Dio; eine Kurzfassung bei Sueton, Nero 13.

[33] Cassius Dio LXIII 7,1.

[34] Plinius d. Ä., Naturalis historia 30,17; bei R. KÖNIG / J. HOPP, C. Plinius Secundus d. Ä.: Naturkunde. Buch 29/30 (TuscBü), München 1991, S. 126f.

[35] Das wurde bereits schlüssig nachgewiesen von F. BOLL, Der Stern der Weisen, in: ZNW 18 (1918) 40–48.

[36] Plinius d.Ä., Naturalis historiae 2,28f.; bei G. WINKLER / R. KÖNIG, C. Plinius Secundus d. Ä.: Naturkunde. Buch 2 (TuscBü), München ²1997, 30–33.

Wir brauchen nur all die Dinge, die der Skeptiker Plinius negiert, in positive Aussagen umzuformulieren, und wir haben eine griffige Beschreibung dieses Sternenglaubens vor uns. Hinzu kommen noch Überlieferungen, die um das *sidus Iulium*, den Stern Caesars, kreisen. Schon Äneas, der Ahnherr der Julier, soll vom Venusstern von Troja nach Rom geführt worden sein. Bei den Leichenfeiern nach Caesars Tod erschien ein heller Stern, der sieben Tage lang strahlte[37]. Vom Volk wurde er gedeutet als Beleg für die Aufnahme Caesars in den Sternenhimmel und für seine Divinisierung, aber auch als Glück verheißendes Vorzeichen für die Regentschaft seines Adoptivsohns Octavian. Dass ihre Regierungszeit „unter einem guten Stern" stand und von den Sternen geschützt und begleitet wurde, war fortan die Überzeugung der Kaiser aus dem julischen Hause, und das wurde von ihnen auch propagandistisch umgesetzt, z.B. im Massenmedium der Antike, in Münzprägungen[38].

Die Darstellung der römischen Kaiser mit einem Stern über dem Haupt überschneidet sich mit einer zweiten Traditionslinie: Auch die Dioskuren, das göttliche Brüderpaar Castor und Pollux, die als Nothelfer im Seesturm und Retter (σωτῆρες) in allen Lebenslagen galten, wurden mit je einem Stern abgebildet. Das machten sich vor den Römern schon Alexander der Große und die Diadochenkönige zu Eigen. Auch Herodes der Große benutzt den Stern auf Münzen, die er in Samaria prägen ließ, und veranschaulicht so seine Bindungen an die griechische und römische Welt.

Stellt man das Motiv des Sterns in diese weiten Horizonte hinein, kann man folgern: „Dieses wunderbare Fixiertwerden eines wandernden Sterns über einem Kind identifiziert dieses Kind dann noch deutlicher als von Gott auserwählten König ... Welche Art (Anti-)König dieses Kind dann allerdings sein wird, weist das Mattäusevangelium insgesamt auf, bis hin zum Kreuzestitel ,König der Juden' (27,37)"[39].

3. Träume als Medium

Zu den „fremden Gästen" bei Matthäus dürfen wir neben den Magiern und dem Stern auch noch die Träume rechnen[40]. Fünfmal erreicht die Weisung Gottes ihre Adressaten im Traum; viermal ergeht sie im Traum an Josef (in Mt 1,20; 2,13.19f.22) und einmal an die Magier (in Mt 2,12). Dreimal wird ein Engel als

---

[37] Vgl. Plinius d.Ä., Naturalis historiae 2,93f.; Sueton, Iulius Caesar 88; Ovid, Metamorphosen 15,840–851; vgl. S. WEINSTOCK, Divus Julius, Oxford 1971, 370–384 (und Abbildungen).

[38] Hierzu und zum Folgenden M. KÜCHLER, „Wir haben seinen Stern gesehen ..." (Mt 2,2), in: BiKi 44 (1989) 179–186; aufgenommen als Möglichkeit bei H. FRANKEMÖLLE, Matthäus. Kommentar 1, Düsseldorf 1994, 167f.

[39] M. KÜCHLER, ebd. 186.

[40] Vgl. zum Folgenden R. K. GNUSE, Dream Genre in the Matthean Infancy Narratives, in: NT 32 (1990) 97–120; M. FRENSCHKOWSKI, Traum und Traumdeutung im Matthäusevangelium, in: JAC 41 (1998) 5–47; die Matthäuskommentare enthalten dazu durchweg wenig.

Übermittler eigens genannt (in Mt 1,20; 2,13.19), was auch an den beiden ver-
bleibenden Stellen vorauszusetzen sein dürfte. Bei Matthäus korrespondiert
mit diesen Träumen am Anfang der (Alp-)Traum der Frau des Pilatus gegen
Ende hin (in Mt 27,19).

Damit steht Matthäus innerhalb des Neuen Testaments verhältnismäßig ein-
sam da. Auch wenn neuerdings teils das Gegenteil behauptet wird, gibt es im
Neuen Testament sonst kaum echte Traumberichte (in Lk 1,11–22 liegt kein
Traum vor, sondern eine Wachvision, ebenso in Lk 2,8–15, und die Traumge-
sichte der Apostelgeschichte gehören in eine eigene Kategorie[41]). Man kann
das kaum anders interpretieren denn als bewusste Zurückhaltung gegenüber
dem Traum als Offenbarungsträger. Im Alten Testament und im Judentum
sieht das schon anders aus, und in der hellenistisch-römischen Antike diente
der Traum als Offenbarungsmedium schlechthin[42].

Die Öffnung auf die Welt des Traumes hin treibt Matthäus allerdings nicht
besonders weit voran. Er konstruiert nämlich nur mit Hilfe weniger Bausteine,
die stereotyp wiederkehren, knappe Traumberichte der einfachsten Art. Es
handelt sich dabei um sogenannte „theorematische" Träume oder klare Wei-
sungsträume, die keiner Deutung mehr bedürfen, sondern für den Adressaten
unmittelbar verständlich sind und von ihm nur noch befolgt werden müssen.
Besonders deutlich erkennt man das an den Ausführungsformeln in Mt 1,24;
2,13.21, wo das Wort des Engels direkt in Handlung umgesetzt wird. Um das an
einem Beispiel aufzuzeigen:

Mt 2,13: „Steh auf, nimm das Kind und seine Mutter und fliehe nach Ägypten,
Mt 2,14: Er stand auf, nahm das Kind und seine Mutter des nachts und zog weg nach
            Ägypten,

        und bleibe dort, bis ich es dir sage."
        und er war dort bis zum Ende des Herodes.

Im Alten Testament hat diese Traumform Vorbilder in Gen 20,3–7 (Abraham)
und in Gen 28,12–16 (Jakob), während Josef, der berühmteste Träumer und
(neben Daniel) Traumdeuter des Alten Testaments, in Gen 37,5–11 mit zwei
symbolischen Träumen aufwartet und den allegorischen Träumen von Mundschenk, Hofbäcker und Pharao in Gen 40–41 ausgesuchte allegorische Deutungen zu geben versteht. Dennoch dürfte die Namensähnlichkeit des Vaters
Jesu mit dem traumkundigen Patriarchen Israels ein Grund dafür gewesen
sein, dass Matthäus ihn seine Weisungen im Traum entgegennehmen lässt.

---

[41] Dazu B. HEININGER, Paulus als Visionär. Eine religionsgeschichtliche Studie (Herders
Biblische Studien 9), Freiburg i.Br. 1996, bes. 267–297.
[42] Eine stupende Aufbereitung des Materials zu diesem Thema findet sich jetzt bei G. WE-
BER, Kaiser, Träume und Visionen in Prinzipat und Spätantike (Historia Einzelschriften 143),
Stuttgart 2000.

VI. Widerspruch von Außen

1. Ein früher Kritiker

Für die Selbsterkenntnis ist es manchmal hilfreich, wenn man die Außenperspektive einnimmt und versuchsweise mit den Augen eines neutralen, fremden Beobachters auf die eigene Person oder die eigene Gruppe blickt[43]. Für die neutestamentlichen Kindheitsgeschichten können wir dieses Experiment sogar partiell durchführen, denn bei ihnen setzte schon Celsus (oder Kelsos) ein, ein neuplatonischer Philosoph, der zwischen 177 und 180 n. Chr. seinen *Alethēs logos* (etwa: „Wahres Wort") verfasste. In diesem Werk unterzog er das Christentum, ausgehend vom Neuen Testament, einer in seinen Augen vernichtenden Kritik. Wir kennen seine Abhandlung überhaupt nur, weil sich Origenes noch Jahrzehnte später (wahrscheinlich 245/46) verpflichtet fühlte, eine ausführliche Widerlegung „Gegen Celsus" zu schreiben, in der er seinen Kontrahenten öfter wörtlich zitiert[44].

Was Celsus in den Kindheitserzählungen der Evangelien vorfand, hält er weitgehend für Fiktion oder, schlimmer noch, Lüge. Als Erstes polemisiert er gegen die jungfräuliche Empfängnis Jesu (1,28). Tatsächlich stamme Jesus „von einer einheimischen armen Handarbeiterin" (1,28), die „von dem Zimmermann, mit dem sie verlobt war, verstoßen worden sei, weil sie des Ehebruchs überführt worden war und Jesus von einem Soldaten namens Panthera empfangen habe" (1,32). Dieser römische Soldat Panthera, der auch in jüdischen Quellen begegnet, verdankt seinen Namen wohl einer Verballhornung des griechischen Wortes παρθένος, „Jungfrau". Die Lehre von der Jungfrauengeburt dürfte also das Frühere gewesen sein, und die Erfindung des Panthera bereits eine Reaktion darauf. Von Jesus selbst führt Celsus – bzw. der „Jude", den er in den ersten zwei Büchern zu seinem Sprachrohr macht – weiter aus:

Dieser habe aus Armut sich nach Ägypten als Tagelöhner verdingt und dort sich an einigen Zauberkräften versucht, auf die die Ägypter so stolz sind. Er sei dann zurückgekehrt und habe sich viel auf diese Kräfte eingebildet und sich ihretwegen öffentlich als Gott erklärt (1,28; wiederholt in 1,38).

Die Flucht nach Ägypten (vgl. auch 1,66) gerät hier in ein eigentümliches Licht, und es wird zugleich eine wenig freundliche Interpretation des Wunderwirkens

---

[43] Vgl. zum Folgenden die Werke von G. RINALDI, Biblia gentium. Primo contributo per un indice delle citazioni, dei riferimenti e delle allusioni alla Bibbia negli autori pagani, Greci e Latini, di età imperiale, Rom 1989; G. RINALDI, La Bibbia dei pagani (Collana La Bibbia nella storia 19/20), Bologna 1998; J. G. COOK, The Interpretation of the New Testament in Greco-Roman Paganism (Studien und Texte zu Antike und Christentum 3), Tübingen 2000; dazu meine Sammelbesprechung in: BZ NF 45 (2001) 151–153.

[44] Übersetzung bei P. KOETSCHAU, Des Origenes acht Bücher gegen Celsus. I. Teil: Buch I-IV (BKV), München 1926; II. Teil: Buch V–VIII (BKV), München 1927.

Jesu geboten: Er arbeite mit Tricks, die er in Ägypten, der Heimat aller Magie, gelernt habe. Den Stern, der bei der Geburt Jesu aufgeht, lässt Celsus aus, was Origenes ihm zum Vorwurf macht (1,34). Von dem Besuch der „Weisen aus dem Osten" weiß Celsus aber, doch bezeichnet er die Magier als „Chaldäer", was auch soviel wie „Sternkundige" bedeutet. Über die Identität der Magier war er sich offenbar nicht im Klaren, und die Erzählung scheint er wieder schlicht für eine Erfindung Jesu gehalten zu haben, der sich damit größer machen wollte, als er war.

Besonderen Anstoß nimmt Origenes an einer Invektive gegen Maria, die Celsus mit der Frage beginnt: „Ob nun die Mutter Jesu schön war, und Gott sich wegen seiner Schönheit mit ihr verband, obwohl er seiner Natur nach keinen sterblichen Körper lieben konnte?" (1,39), um sie verneinend zu beantworten. Wir erkennen hier aber deutlich, wie Celsus sich die jungfräuliche Empfängnis vorgestellt hat: als geschlechtlichen Verkehr einer Gottheit mit einer Menschenfrau, und dies hielt er – anders als die Ägypter bei Plutarch (s.o.) – für nicht akzeptabel. Auch der Divinisierung von Menschen stand Celsus eher skeptisch gegenüber (vgl. die Zwischenbemerkung: „Wir schenken ihnen [diesen alten Sagen] keinen Glauben" in 1,67; vgl. auch 3,22), aber hier wäre er aber eher zu einem Kompromiss bereit gewesen, so dass man sagen kann: „It is apparent that Celsus was more comfortable with the idea of a hero becoming a god ... than with the idea of God coming to earth"[45].

2. Gegensätzliche Denkbewegungen

Damit aber sind wir auf zwei gegensätzliche Denkfiguren gestoßen, die erklären helfen, warum die Kindheitsgeschichten in Mt 1–2 und Lk 1–2 einerseits eine Reihe von Motiven enthalten, die sich auch für die nichtjüdische und nichtchristliche Umwelt belegen lassen und dort akzeptabel erscheinen mussten, warum sie aber andererseits von einem Kritiker wie Celsus nicht nur nicht akzeptiert, sondern direkt mit Hohn und Spott überhäuft werden. Den inneren, theologischen Grund dafür können wir in zwei kurzen Sätzen einfangen, die sich ganz ähnlich anhören, aber sehr unterschiedliche Bewegungen signalisieren. Der eine Satz lautet: Der Mensch wird Gott, der andere: Gott wird Mensch.

(1) Der Mensch wird Gott – hier geht die Bewegung vom Menschen aus. Das ist der Vorgang, den wir bei Augustus und seinen Nachfolgern angetroffen haben und der sich unendlich oft wiederholt, im Kleinen bei jedem neuen Star (was letztlich „Stern" bedeutet) und bei jeder „Diva" (was ja nichts anderes heißt als „die Göttliche"). Das Erfreuliche, Erfolgreiche, Gelingende, Heilvolle, das glücklicherweise auch zu unserem Erfahrungsbereich gehört, wird dabei

---

[45] J. G. Cook, Interpretation (s. Anm. 39) 63.

isoliert und empor stilisiert, mit Erwartungen und Hoffnungen überhäuft. Dabei setzen wir aber nicht nur das Gute absolut, sondern unweigerlich auch alles Unvollkommene und Böse, das menschlichem Wesen anhaftet. Religiös verbrämte Tyrannei, Unterdrückung, Korruption, Scharlatanerie, Auswüchse des Starkults zählen zu den betrüblichen Folgen. Hier, wenn irgendwo, gilt die religionskritische Projektionsthese von Ludwig Feuerbach, die besagt, dass die Menschen sich ihren Gott selbst schaffen nach ihrem eigenen Ebenbild.

(2) Gott wird Mensch – diesmal setzt die Bewegung bei Gott ein, ganz oben oder auch ganz unten, unterhalb dessen, was Menschen von sich aus göttlich nennen würden. Hier geschieht das Einmalige, Unerwartete, Überraschende. In freier Zuwendung hat Gott sich ganz mit einem konkreten Menschenkind identifiziert, mit Jesus von Nazareth. Er ist hinein getaucht in unser Leben, in unseren Alltag. Er hat die kleinen Leute und die Erniedrigten wahrgenommen in ihrer Mühsal und Not. Das menschliche Leben, auch das schutzlose und das misslingende, gewinnt eine neue Würde, weil Gott es annimmt. Weil es den Sohn Gottes gibt, dürfen wir uns alle Kinder Gottes nennen und ihn unseren Bruder.

Anders als erwartet, nur ein Kind, und ein anderes Kind, als es in den Mythen erwartet wird, weniger heroisch, weniger heldenhaft – nähern wir uns diesem Sachverhalt zum Schluss noch einmal auf anderem, gleichfalls biblisch vermitteltem Weg. Die Weihnachtsbotschaft sagt uns nicht: Werdet wie Gott! Seid wie Gott! Dieser Einflüsterung zu folgen, war bekanntlich schon im Paradies ein Fehler. Die Weihnachtsbotschaft ruft uns vielmehr auf zu wahrem Menschsein, und auf diesem Weg, so verspricht sie uns, können wir an Gottes Menschenfreundlichkeit Anteil haben. Es gilt also der Satz: Mach' es wie Gott, werde Mensch!

VII. Geteilte Briefe?
(aus anderer Sicht)

13. Compilation of Letters in Cicero's Correspondence

I. Defining the task[1]

Scholars in the twentieth century have divided most of the authentic Pauline letters into two or more independent parts, arguing that these were combined to form one canonical letter only at the stage of a post-Pauline redaction. This has been postulated in the case of 1 Thessalonians,[2] the Corinthian correspondence,[3] Philippians[4] and Romans,[5] Philemon obviously being much too short

---

[1] This theme takes up a line of investigation into ancient letters and their relation to New Testament epistolary literature, for which our most esteemed and now rightly honored colleague set the path, cf. Abraham J. Malherbe, *The Cynic Epistles. A Study Edition* (SBLSBS 12; Atlanta, GA: Scholars Press, 1977); idem, *Ancient Epistolary Theorists* (SBLSBS 19; Atlanta, GA: Scholars Press, 1988), esp. 20–27 (on Cicero). For Cicero, cf. too Hans-Josef Klauck, *Die antike Briefliteratur und das Neue Testament: Ein Lehr- und Arbeitsbuch* (UTB 2022; Paderborn: Ferdinand Schöningh, 1998), 126–33, with further literature (in the following notes I take the opportunity to add some new titles on ancient epistolography which have not yet been given in my book). Special thanks are due to Dr. Brian McNeil, Munich, for correcting my English, and to John T. Fitzgerald for editing the manuscript.

[2] Walter Schmithals, "The Historical Situation of the Thessalonian Epistles," *Paul and the Gnostics* (Nashville: Abingdon, 1972), 123–218; Christoph Demke, "Theologie und Literarkritik im 1. Thessalonicherbrief. Ein Diskussionsbeitrag," *Festschrift für Ernst Fuchs*, ed. Gerhard Ebeling and others (Tübingen: J. C. B. Mohr, 1973), 103–24; Rudolf Pesch, *Die Entdeckung des ältesten Paulus-Briefes* (Herder-Bücherei 1167; Freiburg i. Br.: Herder, 1984); Earl J. Richard, *First and Second Thessalonians* (SacPag 11; Collegeville, MN: The Liturgical Press, 1995), 29–32.

[3] Walter Schmithals, *Die Briefe des Paulus in ihrer ursprünglichen Form* (Zürich: Theologischer Verlag, 1984), 19–85; Rudolf Pesch, *Paulus ringt um die Lebensform der Kirche. Vier Briefe an die Gemeinde Gottes in Korinth* (Herder-Bücherei 1291; Freiburg i. Br.: Herder, 1986); Gerhard Sellin, "Hauptprobleme des Ersten Korintherbriefes," *ANRW* II/25,4 (1987): 2940–3044, 2965–68; Gerhard Dautzenberg, "Der zweite Korintherbrief als Briefsammlung," *ANRW* II/25,4 (1987): 3045–3066.

[4] See the overview of David E. Garland, "The Composition and Unity of Philippians. Some Neglected Literary Factors," *NovT* 27 (1985): 141–73 and e.g. Günther Bornkamm, "Der Philipperbrief als paulinische Briefsammlung," *Geschichte und Glaube. Zweiter Teil. Gesammelte Aufsätze Band IV* (BevT 53; München: Christian Kaiser Verlag, 1971), 195–205; Joachim Gnilka, *Der Philipperbrief* (HTKNT 10,3; 3rd ed., Freiburg i. Br.: Herder, 1980), 6–18.

[5] Junji Kinoshita, "Romans – Two Writings Combined: A New Interpretation of the Body of Romans," *NovT* 7 (1964): 258–77; Walter Schmithals, *Der Römerbrief. Ein Kommentar* (Gütersloh: Gerd Mohn, 1988).

for partition theories and Galatians (somewhat surprisingly) being spared.[6] At the turn of the century, the pendulum seems to have swung around. The integrity of the letters is defended by most, and the adherents of partition theories find themselves a minority, except perhaps as regards 2 Corinthians. It is, nevertheless, rather astonishing that the question of the technical possibilities and difficulties of the compilation of several letters into one has seldom been posed;[7] the search for comparable processes or for analogies in non-biblical epistolary literature from antiquity seems to have been completely neglected. It is of course true that the result of such an investigation, whether positive or negative, decides nothing in the exegetical discussion, but at least it makes possible a somewhat more precise evaluation of the plausibility or implausibility of partition theories.

One reason for this neglect may be the difficulty of identifying material suitable for comparison. It is obvious that we cannot use single letters for this task. The papyrus letters, to which New Testament exegesis since Deissmann's days[8] has rightly paid so much attention, will not assist us here. What we need are letter collections. The process of collecting individual letters into one corpus is the natural place where compilations of letters could have been made. Unfortunately, we do not possess many letter collections from hellenistic and early imperial times, even if many more certainly once existed. For example, a collection of letters of Aristotle, alluded to by Demetrius, *De elocutione* 223 ("Artemon, the editor of Aristotle's *Letters*, says ..."), is lost. Of the thirteen letters ascribed to Plato, most are spurious; only the sixth, the seventh (with important biographical information) and the eighth may be authentic, but this is not undisputed.[9] Epicurus and the Epicureans would make an excellent case. We know that frequent letter writing was one of their means of propagating their teaching and holding the school together, but the three lengthy protreptic letters of Epi-

---

[6] No partition theories are discussed or listed in the exhaustive new commentaries of Richard N. Longenecker, *Galatians* (WBC 41; Dallas, Tex.: Word Books, 1990); J. Louis Martyn, *Galatians. A New Translation with Introduction and Commentary* (AB 33A; New York: Doubleday, 1997). But there is of course the thesis of J. C. O'Neill, *The Recovery of Paul's Letter to the Galatians* (London: SPCK, 1972), whose arguing for massive interpolations is akin to a partition theory.

[7] This is now very ably done in an article by Alistair Stewart-Sykes, "Ancient Editors and Copyists and Modern Partition Theories: The Case of the Corinthian Correspondence," *JSNT* 61 (1996): 53–64; he thinks that it is possible for the redactor and the scribe to handle two or three roles at the same time, but not more, and that therefore "simple" partitions of a letter into two earlier writings remain a possibility, whereas more complicated theories, which run up e.g. to nine letter fragments for the Corinthian Correspondence, face serious difficulties.

[8] See now Hans-Josef Klauck, "Art. Deißmann, (Gustav) Adolf," *RGG*[4] 2 (1999): 623.

[9] See Norman Gulley, "The Authenticity of the Platonic Epistles," *Pseudepigrapha I: Pseudopythagorica – Lettres de Platon – Littérature pseudépigraphique juive*, ed. Kurt von Fritz (Entretiens sur l'antiquité classique 18; Vandœuvre-Genève: Fondation Hardt, 1972), 103–30; Victoria Wohl, "Plato avant la lettre: Authenticity in Plato's Epistles," *Ramus* 27 (1998): 60–93.

curus, which are given in Diogenes Laertius 10.35–135 (the authenticity of the second one, *To Pythocles* [10.84–116], being doubted), do not constitute a real collection, and the Epicurean letters collected in the Herculaneum papyri[10] and in the inscription of Oinonanda[11] are in a much too fragmentary state to yield convincing results. The Pythagorean,[12] Socratic,[13] Cynic[14] and similar[15] letters are transmitted in collections, but there we have the problem that they are not only very short in most cases, but, more importantly, that they are fictitious from the outset. This makes them very interesting for New Testament exegesis as examples of pseudepigraphic letter writing and of the technique of *ethopoiia* or *prosopopoiia*, but not suitable for the elucidation of partition theories. Seneca himself made the edition of his *Epistulae morales ad Lucilium* – if these texts were intended as real letters at all. More probably, he consciously chose the letter form only to give a more dialogical frame to his philosophical and ethical reasoning.[16] The case is similar with Pliny the Younger, who for the first nine books of his letters – the tenth, containing his official correspondence with the Emperor Trajan, was added later – reworked letters he actually had written and added others, which he specially composed for his collection of "Kunstbriefe."[17] With Alciphron and his four books of mimetic letters[18] we not only reach the realm of pure literature, but also the late second or early third century.

---

[10] Anna Angeli, "La scuola epicurea di Lampsaco nel PHerc. 176," *Cronache Ercolanesi* 18 (1988): 27–51; eadem, "Frammenti di lettere di Epicuro nei papiri d'Ercolano," *Cronache Ercolanesi* 23 (1993): 11–27.

[11] Martin F. Smith, *The Philosophical Inscription of Diogenes of Oinoanda* (Titulae Asiae minoris. Ergänzungsbände 20; Wien: Österreichische Akademie der Wissenschaften, 1996), Fr. 62–96.

[12] Alfons Städele, *Die Briefe des Pythagoras und der Pythagoräer* (Beiträge zur klassischen Philologie 115; Meisenheim am Glan: Hain, 1980).

[13] Josef-Friedrich Borkowski, *Socratis quae feruntur epistolae: Edition, Übersetzung, Kommentar* (Beiträge zur Altertumskunde 94; Leipzig: B. G. Teubner, 1997).

[14] Besides Malherbe, *Cynic Epistles*, see now Eike Müseler, *Die Kynikerbriefe. 1. Die Überlieferung; 2. Kritische Ausgabe mit deutscher Übersetzung* (Studien zur Geschichte und Kultur des Altertums. Neue Folge 1,6–7; Paderborn: F. Schöningh, 1994), who follows a more restricted definition of "cynic" and only deals with the letters of Diogenes and Crates, whereas Malherbe includes those of Heraclitus, Anacharsis and Socrates and the Socratics too.

[15] See e.g. Wesley D. Smith, *Hippocrates: Pseudepigraphic Writings. Letters, Embassy, Speech from the Altar, Decree* (Studies in Ancient Medicine 2; Leiden: E. J. Brill, 1990).

[16] See now, *inter alia*, Beat Schönegg, *Senecas* epistulae morales *als philosophisches Kunstwerk* (Europäische Hochschulschriften XX/578; Bern-New York: P. Lang, 1999); Hildegard Cancik-Lindemaier, "Seneca's Collection of Epistles: A Medium of Philosophical Communication," *Ancient and Modern Perspectives on the Bible and Culture: Essays in Honor of Hans Dieter Betz*, ed. Adela Yarbro Collins (Atlanta, GA: Scholars Press, 1999), 88–109.

[17] Matthias Ludolph, *Epistolographie und Selbstdarstellung: Untersuchungen zu den 'Paradebriefen' Plinius des Jüngeren* (Classica Monacensia 17; Tübingen: Gunter Narr, 1997).

[18] Cf. B. P. Reardon, *Courants littéraires grecs des IIe et IIIe siècles après J.-C.* (Annales littéraires de l'université de Nantes 3; Paris: Les Belles Lettres, 1971), 180–85.

Who is left? Only the one author who is the most important letter writer of Greco-Roman antiquity, who unintentionally gave a decisive stimulus to the collection and publication of private letters, and whose extensive literary production time and again proves to be most fruitful for comparison with the New Testament writings: Marcus Tullius Cicero.

II. Cicero's correspondence and its collection: introductory remarks

Some introductory remarks are necessary.[19] Cicero's correspondence consists mainly of private letters, not intended for publication at all, though some open letters are included (e.g. *Ad fam.* 1.9; *Ad Quint. fratr.* 1.1), and in his later years Cicero tentatively played with the idea of having some of his letters edited by his secretary Tiro (cf. *Ad Att.* 16.5.5). In any case, Tiro remains the decisive person, if we follow what amounts to a scholarly consensus. Immediately after the death of his master, out of piety and loyalty, he began not only writing his biography, but also editing his letters, where he presumably found useful information for the biography too. For this task he could use copies which had been made from outgoing letters and kept in Cicero's or Tiro's archive. Where items were missing or copies had not been made, he asked the addressees for the original, or got it back from them even without asking. From the archive again he added a number of letters not authored by Cicero but addressed to him. Those were collected in the *volumina* or *libri epistularum acceptarum*, Cicero's own letters in the *volumina* or *libri epistularum missarum*.[20]

Tiro first produced collections, each in several books, with letters to a single person, to Caesar, to Pompey, to Octavian, to Cato, to Cicero's son Marcus, to name just a few. Only a fraction of these collections has survived: the *Epistulae ad Quintum fratrem* in three books and the *Epistulae ad M. Brutum*. The epistles to and by Brutus are now in two books, but these contain only the letters of the ninth and last book of the original collection,[21] and the order has to be

---

[19] See Karl Büchner, "M. Tullius Cicero, Briefe," *PW* A 7 (1948): 1192–1235; Hermann Peter, *Der Brief in der römischen Literatur. Literargeschichtliche Untersuchungen und Zusammenfassungen* (1901, repr. Hildesheim: G. Olms, 1965), 29–100.

[20] On these two categories, cf. Paolo Cugusi, "L'epistolografia. Modelli e tipologie di comunicazione," *Lo spazio letterario di Roma antica, vol: II: La circolazione del testo* (Rome: Salerno Editrice, 1989), 379–419, 381; for conservation of official and private correspondence see ibid., 413–17, with an instructive bibliography. For another modern overview, see Michaela Zelzer, "Die Briefliteratur," *Neues Handbuch der Literaturwissenschaft, vol. IV: Spätantike* (Wiesbaden: AULA-Verlag, 1997), 321–53; compare too Catherine Salles, "L'épistolographie hellénistique et romaine," *Paul de Tarse. Congrès de l'ACFEB (Strasbourg, 1995)*, ed. Jacques Schlosser (LD 165; Paris: du Cerf, 1996), 79–87, for Cicero esp. 86–88.

[21] Shown by Ludwig Gurlitt, "Der Archetypus der Brutusbriefe," *Jahrbücher für classische Philologie* 31 (1885): 561–76.

changed: First comes *Ad Brut.* 2.1–5, then *Ad Brut.* 1.1–18. Another collection in sixteen books, which was given the name *Ad familiares*, "To his Friends", in medieval times, was made by Tiro to save the rest of Cicero's vast correspondence that did not fit into the individual collections. Book 13 of *Ad familiares* consists entirely of letters of recommendation, and the last book fittingly assembles letters addressed to Tiro.

The case looks different with the letters to T. Pomponius Atticus, Cicero's best friend, who often received a letter a day, sometimes even more than that. Copies were not made, nor were Atticus' answers preserved. But Atticus kept Cicero's letters in his personal archive. If Shackleton Bailey is right, he had many of them, but not all, copied in eleven papyrus rolls.[22] Their publication took place only a hundred years later, between 55–60 C.E., at the time of Nero, which saw a renewed interest in the period of the Civil War and the beginning of the principate. Then the "loose" letters may have been combined with those in the eleven rolls to form one collection in sixteen books.

The manuscript status of Cicero's letters is a rather poor one, because they obviously were not read very much in the medieval age (Petrarch rediscovered them for modern times[23]). *Ad familiares* is represented completely only in one manuscript (M = Mediceus 49.9) from the 9th or 10th century, but there are later manuscripts from the 12th to 15th centuries which contain portions of either books 1 to 8 or books 9 to 16. The most important witness for *Ad Atticum*, which contains also *Ad Quintum fratrem* and *Ad M. Brutum* 1.1–18[24] and represents a family of its own (M = Mediceus 49.18, not identical with M = Mediceus 49.9 above), comes from the late 14th century. Together with eight or nine manuscripts of the second family, equally late and not always complete, it goes back to a single archetype which is lost. That makes it very difficult, if not impossible, to trace anything like a tradition history of the letter collections.

Unfortunately, working with Cicero's letters is not easy for other reasons too. Nearly each edition introduces its own numbering and divides letters, as we will see in one instance, into several parts, sometimes located at different places.

---

[22] D. R. Shackleton Bailey, *Cicero: Letters to Atticus, vol. I* (LCL 7; Cambridge, Ma.: Harvard University Press, 1999), 2, a summing up of idem, *Cicero's Letters to Atticus, vol. I* (Cambridge Classical Texts and Commentaries 3; Cambridge: Cambridge University Press, 1965), 69–73, and based on his reading and understanding of Cornelius Nepos, *De viris illustribus* 25.16.3: "XI volumina epistularum," with XI, which is given in the manuscripts, instead of Aldus' conjecture XVI, taken up in modern editions.

[23] Cf. Peter L. Schmidt, "Die Rezeption des römischen Freundschaftsbriefes (Cicero – Plinius) im frühen Humanismus (Petrarca – Coluccio Salutati)," in *Der Brief im Zeitalter der Renaissance*, ed. Franz Josef Worstbrock (Mitteilung der Komission für Humanismusforschung 9; Weinheim: Acta humaniora, 1983), 25–59.

[24] *Ad Brut.* 2.1–5 has a very special history. The letters are known today only from the edition of Cratander, Basel 1538. The "old codex" which he used seems to have been lost. Only book 2 is dealt with by Wilhelm Sternkopf, "Die Blattversetzung in den Brutusbriefen," *Hermes* 46 (1911): 355–75.

Additional addressees and dates are introduced in the headings, more than once without any indication that these are missing in the manuscripts. The editors and translators often try to establish a chronological order of the letters against the manuscript order. In some cases they are not content with reordering the letters within one of the collections, but extend this procedure to the letter corpus as a whole. Then we may find under running numbers two letters from *Ad familiares,* followed by one from *Ad Brutum* and another one from *Ad Atticum.*[25] That makes excellent reading if your interests are primarily historical, but it is a real burden if you want to apply critical and analytical tools.

III. Letter partitions in Cicero: an overview

We continue with some simple statistical observations. I have checked two authoritative modern editions of Cicero's letters, the one by W.S. Watt in the Oxford series[26] and the other by D.R. Shackleton Bailey in the Teubner series.[27] These have the advantage of sticking more closely to the order of the letters in the manuscripts than most other editions (in Shackleton Bailey's case more closely than he himself does in his numerous other volumes on Cicero's letters) and of following the numbering of the so called *Vulgata,* though letters are divided into a, b, etc. Sometimes these divisions are based on the testimony of a subgroup of the manuscripts (we shall return to this point); more often they reflect the decisions of early editors or modern critics.

---

[25] See for example the last two volumes of the French edition: Jean Beaujeu, *Cicéron: Correspondance, tome X* (Collection des Universités de France; Paris: Les Belles Lettres, 1991), and *tome XI* (1996); *Ad Brut.* 1.3.1–3 is given there as number 866 in X, 241–2, *Ad Brut.* 1.3.4 as number 868 in XI, 37–8 and *Ad Brut.* 1.2.1–3 as number 896 in XI, 75–6, interspersed with letters from *Ad familiares* and *Ad Atticum.* The still indispensable older edition by Robert Yelverton Tyrell and Louis Claude Purser, *The Correspondence of M. Tullius Cicero, Arranged according to Its Chronological Order, vol. I-VI* (2nd ed. [vol. I 3rd ed.], 1904–1932, repr. Hildesheim: G. Olms, 1969), with its massive commentary follows the same policy.

[26] W. S. Watt, *M. Tulli Ciceronis Epistulae, vol. I: Epistulae ad familiares* (Scriptorum classicorum Bibliotheca Oxoniensis; Oxford: Clarendon Press, 1982); idem, *M. Tulli Ciceronis Epistulae, vol. II: Epistulae ad Atticum, pars prior, libri I-VIII* (Scriptorum classicorum Bibliotheca Oxoniensis; Oxford: Clarendon Press, 1965); *pars posterior, libri IX-XVI* (1988); idem, *M. Tulli Ciceronis Epistulae, vol. III: Epistulae ad Quintum fratrem, Fragmenta epistularum* (Scriptorum classicorum Bibliotheca Oxoniensis; Oxford: Clarendon Press, 1958).

[27] D. R. Shackleton Bailey, *M. Tulli Ciceronis Epistulae ad Quintum fratrem, Epistulae ad M. Brutum* (Bibliotheca scriptorum Graecorum et Romanorum Teubneriana; Stuttgart: B.G. Teubner, 1988); idem, *M. Tulli Ciceronis Epistulae ad familares* (Bibliotheca scriptorum Graecorum et Romanorum Teubneriana; Stuttgart: B.G. Teubner, 1988); idem, *M. Tulli Ciceronis Epistulae ad Atticum, vol. I-II* (Bibliotheca scriptorum Graecorum et Romanorum Teubneriana; Stuttgart: B.G. Teubner, 1987–8).

1. Ad Quintum fratrem

2.4 (= 2.4.1–2) // 2.5 (2.4.3–7); this division affects the whole numbering which
   is doubled in this second book.

3.7(9) is counted as a single letter in some of the manuscripts and in the editions, but combined in others with 3.6(8) to form one letter.

3.5 (= 3.5 + 3.6 + 3.7); here we have a rare case: three letters separated in the
   tradition are combined to form one single new letter in the editions.[28]

2. Ad familiares

1.5a (4 §§)	//	1.5b (2 §§)		
5.10a (3 §§)	//	5.10b (1 §)	//	5.10c (1 §)[29]
6.10a (3 §§)	//	10b (3 §§)		
10.21 (6 §§)	//	10.21a (1 §)		
10.24 (2 §§)	//	10.24a (1 §)		
10.34 (2 §§)	//	10.34a (2 §§)		
11.6 (1 §)	//	11.6a (2 §§)		
11.13 (4 §§)	//	11.13a (2 §§)	//	11.13b[30]
12.15a (§ 1–6)	//	12.15b (§ 7)[31]		
12.22 (2 §§)	//	12.22a (2 §§)		
12.24 (2 §§)	//	12.24a (1 §)		
12.25 (5 §§)	//	12.25a (2 §§)		
13.6 (5 §§)	//	6a (1 §)		
13.28 (3 §§)	//	28a (2 §§)		

3. Ad Brutum

1.2 (3 §§)	//	1.2a (3 §§)
1.3 (3 §§)	//	1.3a (1 §)
1.4 (3 §§)	//	1.4a (4§§)

---

[28] Another example is *Ad Att.* 13.35 + 13.36, which is numbered as 334 in Shackleton Bailey.

[29] Shackleton Bailey counts § 3 of Watt 5.10a as a third letter.

[30] Of 11.13b only the first two words *Parmenses miserrimos* ... are given (from the index of
manuscript M) to indicate the beginning of a lost letter.

[31] Not in Watt or Shackleton Bailey, but in Tyrell and Purser, *Correspondence, vol. VI*, 226–
36, 251–2; § 7 is a typical postscript which can be dealt with in different ways, see below.

4. Ad Atticum

4.4 (1 §)   //   4.4a (2 §§)
4.8 (2 §§)   //   4.8a (4 §§)

7.13 (5 §§)   //   7.13a (3 §§)

8.9a (3 §§)   //   8.9b (2 §§)

9.2 (1 §)   //   9.2a (3 §§)
9.13 (7 §§)   //   9.13a (1 §)
9.15 (5 §§)   //   9.15a (1 §)

10.1 (3 §§)   //   10.1a (1 §)
10.3 (1 §)   //   10.3a (2 §§)
10.12 (4 §§)   //   10.12a (4 §§)

11.4 (1 §)   //   11.4a (1 §)
11.17 (1 §)   //   11.17a (3 §§)

12.5 (1 §)   //   13.5a (1 §)   //   13.5b (1 §)   //   13.5c (1 §)[32]
12.6 (2 §§)   //   12.6a (2 §§)
12.18 (4 §§)   //   12.18a (2 §§)
12.31.1–2   //   12.31.3 + 12.32
12.34 + 12.35.1   //   12.35.2
12.37 (3 §§)   //   12.37a (1 §)
12.38 (2 §§)   //   12.38 (2 §§)
12.42.1–3a   //   12.42.3b + 12.43
12.44 + 12.45.1   //   12.45.2–3
12.46 + 12.47.1   //   12.47.3 + 12.48.1a   //   12.48.1b + 12.49

13.2 (1 §)   //   13.2a (1 §)   //   13.2b (1 §)
13.6 (3 §§)   //   13.6a (1 §)
13.7 (1 §)   //   13.7a (1 §)
13.13 + 13.14.1   //   13.14.2 + 13.15
13.21 (3 §§)   //   13.21a (4 §§)
13.24 + 13.25.1a //   13.25.1b–3
13.28 + 13.29.1   //   13.29.23 + 13.30.1   //   13.30.2–3
13.33 (3 §§)   //   13.33a (2 §§)
13.37 (3 §§)   //   13.37a (1 §)
13.47 (1 §)   //   13.47a (2 §§)

14.14 + 14.15.1   //   14.15.2–4

---

[32] These four letters are numbered in Shackleton Bailey as 242, 307, 316, 241, in Kasten as 12.5, 13.12, 13.20, 12.3.

15,1 (5 §§)	//	15.1a (2 §§)			
15.4 (4 §§)	//	15.4a (1 §)			
15.13 (4 §§)	//	15.13a (3 §§)			
15.16 (1 §)	//	15.16a (1 §)			
16.13 (2 §§)	//	16.13a (1 §)	//	16.13b (2 §)	

That makes some fifty to sixty cases – on 864 letters in all – where editors feel compelled to divide letters, an extreme instance certainly being *Ad Att. 12.5*, where a not very long letter of four paragraphs is divided into as many independent letters. And so far we have assembled only part of the evidence. There are instances where partitions of letters are not reflected in the numbering at all, because they were already introduced against the manuscripts by the very first editions. That is the case, if we concentrate on the letters to Atticus, in *Ad Att.* 1.2, 1.3, 1.7, 1.9, 1.10, 1.12, 4.2, 4.10, 4,18, 7.9, 7.17, 9.4, 9.6, 9.13, 10.5, 10.7, 13.12, 13.29–34, 13.38, 13.42, 13.45, 13.46, 13.48, 13.52, 14.13, 14.15, 14.17. With few exceptions the letters in book 15 and in book 16 form a running text in the manuscripts: Most of the identification of individual letters had therefore to be done by editors.

There is still another side to it. We have already said that the splitting of letter numbers may be based on the manuscripts where one group does divide and the other group keeps the letters together. If the early editions followed that subgroup which divides, the fact that there is an other group which combines does not show in the numbering at all. If you are lucky, you may find the information in the critical apparatus (more often in Shackleton Bailey than in Watt). No effort has been made here to collect and present this evidence too, but one may compare *Ad Att.* 1.14, 3.27, 4.2, 4.19, 7.9, 7.18, 7.26, 9.3, 9.11, 9.12, 9.16, 9.18, 9.19, 10.6, 10.9, 10.11–18, 14.7, 14.8, 14.9, 14.10, 14.19, 14.20, 14.21, 14.22, with the notes in Shackleton Bailey's Teubner edition.

It is clear (and what has just been said confirms it) that the tradition history of Cicero's letters is the real reason for this state of affairs, but it is not clear at which stage of this process compilations were made. They may have been produced by scribes through the centuries or they may result from mechanical accidents like the damage and loss of pages or the displacement of pages in a codex. But the possibility remains that at least in a few instances we have to go back to the moment when the collections were produced, or even to the archives, though we can no longer prove this. And another question is how compilations can be detected and reversed by later readers.

To deal more thoroughly with these questions would mean writing the monograph on this subject which is so badly needed. Here we can only discuss some examples, not only of compilations and their reversal, but also of other topics linked to this and of interest for New Testament exegesis.

IV. Examples

1. From the letters to his friends[33]

a) The example

We must be clear from the outset that the first letter which we shall discuss in more detail, *Ad fam.* 8.6.1–5, is not a conflation.[34] It is taken from book 8 of *Ad familiares*, which contains seventeen letters sent to Cicero in 51/50 BCE by Marcus Caelius Rufus, aged thirty-five to thirty-seven at that time and very eager to promote his political career, which had already led him to the position of a curule aedile. Cicero is serving as proconsul in Cilicia in Asia minor during this period, and he needs Caelius as a correspondent to inform him about the political development in the capital in the crucial time of the Civil War.

The main theme of letter 6 from February 50 B.C.E. is the case of Appius Claudius Pulcher, Cicero's predecessor as proconsul in Cilicia. Through the marriage of one of his daughters to Gnaeus Pompeius, he was related to Pompey, the father of Gnaeus (cf. the allusion to this fact in § 3). Appius is now being prosecuted, perhaps because of mismanagement in his province, by P. Cornelius Dolabella. There is a subtle undercurrent to the whole letter, which we grasp only if we know that secret negotiations are on their way to win Dolabella, who has just divorced his wife (cf. end of § 1), as a third husband for Cicero's daughter Tullia. Dolabella's prosecution of Appius, to whom Cicero in 52–50 B.C.E. addresses the letters in *Ad fam.* 3.1–13, therefore brings Cicero into a rather precarious situation.

Having dealt with Appius and Dolabella, Caelius adds some afterthoughts in § 3 and 4 about the incompetent consuls of that year, about his own doings as aedile, about the hapless Bibulus, proconsul in Syria, who had lost his first cohort, centurions and tribune included, in a local skirmish (with ironic understatement, Caelius speaks of his *cohorticulae*),[35] and about "our Curio, whose tribuneship is frozen (*Curioni nostro tribunitas conglaciat*)." This Scribonius

---

[33] For editions and translations in addition to Watt and Shackleton Bailey, see Helmut Kasten, *Marcus Tullius Cicero: An seine Freunde* (Tusculum Bücherei; 4th ed., München-Zürich: Artemis, 1989); W. Glynn Williams, *Cicero, vol. XXV-XXVII: The Letters to His Friends*, vol. I-III (LCL 205; Cambridge, MA: Harvard University Press, 1927, repr. 1979); (LCL 216; 1929, repr. 1983); (LCL 230; 1926, repr. 1979); D.R. Shackleton Bailey, *Cicero: Epistulae ad familiares, vol. I-II* (Cambridge Classical Texts and Commentaries 16–17; Cambridge: Cambridge University Press, 1977).

[34] From the perspective of literary criticism, this letter is treated by G. O. Hutchinson, *Cicero's Correspondence: a Literary Study* (Oxford: Clarendon Press, 1998), 141–48; for the whole book, see Alberto Cavarzere, *Marco Celio Rufo, Lettere (Cic. fam. l. VIII)* (Testi classici 6; Brescia: Paideia Ed., 1983), esp. 120–25 (text and translation of 8.6), 277–98 (commentary).

[35] Cf. Hutchinson, *Cicero's Correspondence*, 145: "... his failure is ironically presented as a laudable, if slight, success in the circumstances. Even without the Parthians he achieved some small loss."

Curio (cf. *Ad fam.* 2,1–7), an intimate friend of Caelius and quite similar to him in age, character and ambition, was still considered a member of the party of Pompey and the optimates.

But the letter does not end here. In § 5 we find repetitions and contradictions, which could be used to build up a partition theory: Caelius returns to Appius and his process, to Dolabella and the secret marriage plans, to the Greek panthers, which form a running gag in this correspondence,[36] and to Curio: "If I wrote you above that Curio was very cold – now he is warm enough (*iam calet*)! He is even pulled to pieces in a most fervent way. Because he didn't succeed in matters of intercalation,[37] he simply went over to the popular side and starts to argue publicly for Caesar …"[38]

There is a simple explanation for this surprising feature. Caelius continues: "This he had not yet done when I wrote the first part of this letter (*dum priorem partem epistulae scripsi*)." Curio's change of fronts took place between § 1–4 and § 5, in other words, § 5 is a postscript, written some days later,[39] and we might even suspect that, whereas the letter was dictated as usual, the postscript was written in Caelius' own hand. This finds a brilliant confirmation in Cicero's answering letter, which is preserved in *Ad fam.* 2.13: we hear in § 3: *extrema pagella pupugit me tuo chirographo* ..., "The last page in your own handwriting gave me a pang! What do you say? Curio is defending Caesar now!?" Exegetes of 2 Corinthians will recall Lietzmann's "one sleepless night" as the explanation of the change of tone between 2 Cor 1–9 and 2 Cor 10–13,[40] or of the less well known proposal of Bahr that we should see 2 Cor 10–13 as an extended postscript in Paul's own hand.[41]

---

[36] Cf. *Ad fam.* 13.2.2, 13.4.5, 13.8.10, 13.9.3; Greek panthers are panthers from Asia minor as opposed to African panthers which Curio had presented for the games he gave when becoming popular tribune. Caelius urged Cicero to get him these panthers for his own games he had to organize for his aedileship, because he wanted to be able to rival and overcome Curio, but Cicero did not react.

[37] As one of the pontiffs, Curio tried to intercalate a month after February 50 B.C.E., which would have given him a longer term of office.

[38] Actually Caesar had bribed him by paying his huge debts. In his epic on the Civil War, Lucan, *Pharsalia* 4.819–20, saw the defection of Curio as decisive in tilting the scales against Pompey and the Senate.

[39] Cf. Shackleton Bailey, *Epistulae ad familiares, vol. I* (1977) 414: "The postscript (§5) may have been added a day or two later."

[40] Hans Lietzmann, *An die Korinther I/II* (HNT 9; 5th ed., Tübingen: J. C. B. Mohr, 1969), 139: "Mir genügt z.B. die Annahme einer schlaflos durchwachten Nacht zwischen c. 9 und c. 10 zur Erklärung." On similar lines for 1 Cor Martinus C. De Boer, "The Composition of 1 Corinthians," *NTS* 40 (1994): 229–45, who postulates a break in time and the incoming of new information between the writing of 1 Cor 1–4 and 1 Cor 5–16.

[41] Gordon J. Bahr, "Paul and Letter Writing in the First Century," *CBQ* 28 (1966): 465–77, 467.

b) Further issues

The postscript and the writing of a letter over a longer period deserve some further remarks. First the postscript, which prompts a methodological reflection of some importance. In *Ad Att.* 9.14 from March 49 BCE, Cicero says in § 3: "This letter had already been written (*scripta epistula*) when I received before daybreak a letter from Lepta in Capua ...," and the content of Lepta's letter is briefly alluded to. Here we have a real postscript, added to the already finished letter and dispatched together with it as one writing. We may call that an author-composed letter. The next letter, *Ad Att.* 9.15, gives a slightly different picture. There we are told in § 6: "After I had dispatched my letter on March 25, the boys I had sent with Matius and Trebatius brought me a letter running like this ..." Cicero then quotes the letter co-authored by Gaius Matius, a faithful supporter of Caesar, and Gaius Trebatius Testa, a friend of Cicero, and at the end adds again: *Epistula conscripta nuntiatum est nobis*, "When this letter was finished, we got the news," with a brief piece of information about Caesar's movements following. Strictly speaking, these are two letters, 9.15.1–5 already having been on its way when 9.15.6 was composed. 9.15.6 again has a real postscript of its own. The distinction between these two instances may be fine, but it does exist, and has consequences. In 9.15.1–6 a conflation of two separate letters has been made, maybe by later scribes, maybe by the first-century C.E editor, maybe even already in the archives of Atticus. The reasons for this conflation are understandable, but a compilation it remains.[42] Examples could be multiplied.

A fine case for the composing of a letter over a longer period – longer than "one sleepless night" – combined with the answering of several letters, is represented by the extended letter from September 54 B.C.E. in *Ad Quint. fratr.* 3.1.1–25. In § 8 Cicero writes: *Venio nunc ad tuas litteras*, "I come now to your letters" (which reminds us a little bit of Περὶ δὲ ὧν ἐγράψατε in 1 Cor 7:1). He deals with the longer letter of Quintus in § 9–10, with the shorter letter in § 11 (*Rescripsi epistulae maximae. Audi nunc de minuscula*, "I have answered your very long letter; hear now about the very short one"); then he goes on with a third one, which he had received together with the first two, in § 12 and with a fourth one, which came in at another day, in § 13. § 14 reacts to "a very old letter, but late in its delivery," and after an interlude we hear in § 17: "I was just folding this letter, when today, September 20, letter-carriers from you and Caesar arrived, twenty-six days after their departure." That makes a continuation necessary, and it is given in § 17–18 as an autograph: *Cum scripsissem haec infima, quae sunt mea manu*, "After I had written the last lines in my own hand, your son Cicero came in and had dinner with us" (§ 19, beginning). Young Cicero, the

---

[42] Shackelton Bailey in his translations therefore counts 9.14.1–3 as no. 182, but 9.15.1–5 as no. 183 and 9.15.6 as no. 184.

nephew, brings another letter from his father Quintus that is discussed during
the meal, but Cicero dictates this story to Tiro during dinner, so that Quintus
should not be too astonished about the different handwriting: *Hoc inter cenam
Tironi dictavi, ne mirere alia manu esse* (§ 19, end). So far the letter had been
composed in Cicero's country estate near Arpinum, the home-town of the Cice-
rones in Latium. In § 21 we are back in Rome again, and the curious features of
this letter are explicitly reflected on: "This letter I had in my hands many days,
because of the delay of the letter-carriers. Therefore many themes crept in at
different times, and now e.g. the following too ..." (§ 23). Three more paragraphs
with allusions to still more other letters are added, before this "letter on letters"
comes to a close. This is a composite letter, no doubt, but composed by the
author himself.

2. From the letters to Marcus Brutus[43]

a) Situation

The extant letters of the original book 9 of the correspondence between Cicero
and Brutus (one letter, 1.17, is addressed by Brutus to Atticus) were all exchanged in the few months of March to July 43 B.C.E., and we must keep in
mind the following scenario, if we are to understand the items we will discuss:
Marcus Brutus stayed with his troops in Greece. The camp (e.g. 1.6.4: *ex castris*)
and Dyrrhachium (1.2.2), today's Durazzo, the port just opposite Brindisi, where the *Via Egnatia* began, are mentioned as the places where he stays. In upper
Italy, Marcus Antonius besieged the city of Mutina (Modena), where Decimus
Brutus, another member of the *gens Brutii*, commanded the troops of the senate party. The consuls Hirtius and Pansa came from Rome with their army, Octavian brought in his private legions, Decimus Brutus made a sortie, and together
on April 21 they overcame Marcus Antonius and forced him to retreat with his
troops to Gallia. But the price for this victory was high: both consuls died, and
Octavian did not pursue and crash Marcus Antonius, whom he secretly may
already have considered a potential ally. In Rome, Cicero is the head of the

[43] For editions and translations in addition to Watt and Shackleton Bailey, see Helmut
Kasten, *Marcus Tullius Cicero: An den Bruder Quintus, An Brutus, Über die Bewerbung* (Tusculum Bücherei; 2nd ed., München: Heimeran, 1976); Marion Giebel, *M. Tullius Cicero: Briefwechsel mit M. Brutus* (Reclam-Universalbibliothek 7745; Stuttgart: Reclam, 1982); M. Cary,
in: W. Glynn Williams, M. Cary, and Mary Henderson, *Cicero, vol. XXVIII: The Letters to His
Brother Quintus, The Letters to Brutus, Handbook of Electioneering, Letter to Octavian* (LCL
462; Cambridge, MA: Harvard University Press, 1972), 613–717; D. R. Shackleton Bailey, *Cicero: Epistulae ad Quintum fratrem et M. Brutum* (Cambridge Classical Texts and Commentaries 22; Cambridge: Cambridge University Press, 1980). See, too, Ulrike Blank-Sangmeister,
Marcus Tullius Cicero: Epistulae ad Quintum fratrem (Reclam-Universalbibliothek 7095;
Stuttgart: Reclam, 1993).

opposition to Marcus Antonius and his two brothers (and he will very soon have to pay for this with his life).

b) Dislocation?

Numbering is becoming more and more complicated now. Near the beginning, often counted as no. 6, we find a letter from April 17 without an opening, in which Cicero confirms his utter dislike of the Antonii. The traditional numbering of this text is given as *Ad Brut.*1.2.(3)4 – 6 (§ 3 only consisting of one sentence). What about § 1 – 2 and the beginning of § 3? Much later, often counted as no. 14, there is a letter dating from May 20, with an opening that is familiar by now: "My letter had already been written and sealed, when your letter full of new information arrived." This letter suddenly breaks off at the end of § 3. Here we find the beginning of our text, since the traditional numbering of this piece is *Ad Brut.* 1.2.1 – 3. The reason for dislocating 1.2 in such a way, the first half of the text now forming the later letter and the second half the earlier one,[44] is the movements of Brutus and Dolabella, which are reflected in the text and can be retraced. Why the later joining of the two pieces? In this instance displacement of pages or loss of a page may be the solution,[45] but we should not overlook the fact that a voice has been raised in support of the unity of *Ad Brut.* 1.2.1 – 6.[46]

c) Conflation

But displacement or loss is no valid explanation (although this has been proposed) in the case of *Ad Brut.* 1.3.1–3 // 1.3.4 and 1.4.1–3a // 1.4.3b–6. In § 1–3 of 1.3 from April 21 (date reconstructed) Cicero, referring to a slightly earlier successful battle at Forum Gallorum, rejoices: "Our case looks much better now ... The consuls (i.e. Hirtius and Pansa) truly showed their character ... But the boy Caesar (i.e. Octavian) proved marvelously well endowed ..." (§ 1). He cannot yet have heard that both consuls had died in the next battle. This information did not reach Rome earlier than April 25. In addition Cicero tries to convince Brutus in this letter (1.3.1–3) that the Antonii should be declared public enemies of Rome by the Senate. That indeed did happen, but later, on April 26.

For § 4 of 1.3 April 27 is given as a date at the end (*v. Kal. Maias*). The first sentence reads: "We have lost two consuls, both loyal men," i.e. Hirtius, who died on the battle field, and Pansa, who died of his wounds. Cicero continues:

---

[44] We may feel compelled to compare the "letter of reconciliation'" in 2 Cor 1–9 and the earlier "letter of tears" in 2 Cor 10–13 (if Hausrath was right).

[45] Proposed by Tyrell and Purser, *Correspondence, vol. VI*, 133–4; see now M. M. Willcock, *Cicero: The Letters of January to April 43BC* (Warminster: Aris & Phillips Ltd., 1995), 128: "Probably one page of the archetype was omitted, perhaps helped by the similarity of the subject matter at this point ..."

[46] By Edmund Ruete, *Die Correspondenz Ciceros in den Jahren 44 und 43* (Diss. phil. Straßburg; Marburg: N. Elwert, 1883), 81–84.

"The remaining troops of the enemy are pursued by (Decimus) Brutus and Caesar (Octavian)," but that is only a vain hope. And Cicero adds on a note of triumph that Marcus Antonius and all his followers have been declared public enemies by the Senate and that this is true also of the captives taken by Marcus Brutus, among them Gaius Antonius, a brother of Marcus Antonius. It is obvious that some days must have passed between 1.3.1–3 and 1.4, hence the dividing of the letter into two. What about a composition over several days and a postscript? That should reflect more clearly in the text, as it usually does. Here we have not the slightest indication of this process. So it is better to reckon with two individual letters and their later conflation, more probably at a very early than at a late date.[47]

d) Interpolation?

One scholar has proposed a different solution for 1.3.[48] Only the first half of § 4, from *Consules duos, bonos quidem…* to *…Brutus persequitur et Caesar,* has to be classified as a fragment of another Ciceronian letter that was interpolated into the earlier document consisting of § 1–3 and the second half of § 4. This thesis did not find a following,[49] and rightly so. Schmidt took note of the different statements regarding the consuls, but not of the development of the public enemy issue. But nevertheless, structurally his proposal looks like a miniature model of more complex partition theories in New Testament exegesis, see e.g. the "apology" at 2 Cor 2:14–6:13 sandwiched between two halves of the "letter of reconciliation" in 2 Cor 1:2–2:13 and 7:2–16.

e) A second run

The two letters of Cicero in *Ad Brut.* 1.3 are answered by Brutus in 1.4, presumably by two letters, 1.4.1–3a and 1.4.3b–6. In the letter from May 7 (date reconstructed) in § 1–3a, Brutus expresses his delight at the success of his namesake Decimus Brutus and the consuls, and he is not willing to see the Antonii as public enemies as long as the Senate has not spoken. He cannot yet know about the death of the consuls, and his lack of information is confirmed by his hesitation about the status of Marcus Antonius and his partisans. Letters between Rome and Dyrrhachium will have taken nine to twelve days to be

---

[47] Cf. the analogous case in *Ad fam.* 12.25.1–5: Pansa is still acting, and 12.25.6: Hirtius and Pansa are dead.
[48] Otto Eduard Schmidt, "Zur Kritik und Erklärung der Briefe Ciceros an M. Brutus," *Jahrbücher für classische Philologie* 30 (1884): 617–44, 624; idem, "Beiträge zur Kritik der Briefe Ciceros an M. Brutus und zur Geschichte des Mutinensischen Krieges," *Jahrbücher für classische Philologie* 36 (1890): 109–38, 112–15.
[49] See the critique in Tyrell and Purser, *Correspondence, vol. VI*, 142, who opt for a postscript.

delivered, sometimes even more. Thus there is nothing improbable in the fact that Brutus still shows himself uninformed.

Things are different in the second part, firmly dated on May 15 (§ 6, at the end: *Idibus Maiis, ex castris*). We only have to hear the beginning, to notice the changing of gesture: "Now, Cicero, now we must act, or our rejoicing about the defeat of Antonius will prove delusive ..." (§ 1). Nor is it by chance that these two conflated letters, one by Cicero, one by Brutus, which run parallel, form a pair in the tradition. That looks like editorial work.

f) Forgeries

Plutarch already knows of a letter that was probably forged in the name of Brutus.[50] There was a time in the 18th and 19th centuries when the genuineness of Cicero's whole correspondence with Brutus was called into question, but this position is no longer upheld. One of its main opponents was Ludwig Gurlitt,[51] who convincingly demonstrated the authenticity of the corpus, but with some exceptions. Two letters, 1.16 from Brutus to Cicero and 1.17 from Brutus to Atticus,[52] are considered inauthentic by him and other modern critics, and their doubts seem well founded.[53] The addition of two inauthentic letters to a corpus of authentic correspondence is already an interesting feature in itself, one that does not look so strange to New Testament critics.

The whole collection *Ad Brutum* once closed with 1.18 as the last letter of the ninth book, written by Cicero to Brutus on July 27, 43 B.C.E. Why were the two inauthentic letters 1.16 and 1.17 interpolated exactly at this place, before 1.18, when they might have been simply added at the end? Gurlitt in his earlier publication thought that this was made on purpose by the forger, who inserted his products near the end of the collection, but wanted to have it framed by authentic letters so that his intervention could not so easily be detected afterwards.[54] Later, Gurlitt changed his position. He no longer spoke of the malice of a forger, but argued that pages had been displaced at the end of the manuscript.[55] This recourse to mechanical devices like dislocations, mutilations or loss

---

[50] Plutarch, *Brutus* 53.6–7. A letter by Brutus to Cicero is referred to in *Brutus* 22.4.

[51] Ludwig Gurlitt, "Die Briefe Cicero's an M. Brutus. In Bezug auf ihre Echtheit geprüft," *Philol* Sup 4 (1884): 551–630; see too idem, "Handschriftliches und Textkritisches zu Ciceros epistulae ad M. Brutum," *Philol* 55 (1896): 318–40.

[52] Letters (plural) of Brutus to Atticus are indeed mentioned in Plutarch, *Cicero* 45.2.

[53] Cf. Gurlitt, "Die Briefe Cicero's an M. Brutus," 614–28; Peter, *Der Brief*, 95, and now especially Shackelton Bailey, *Epistulae ad Quintum fratrem et M. Brutum* (1980), 10–14; the authenticity is defended e.g. by Ruete, *Die Correspondenz Ciceros*, 97–9; Büchner, "Briefe," 1199.

[54] Gurlitt, "Die Briefe Cicero's an M. Brutus," 627: "Der echte brief I. 18 ist den gefälschten nachgesetzt worden, damit er den betrug verbergen sollte."

[55] Ludwig Gurlitt, "Nochmals der Archetypus der Brutusbriefe," *Jahrbücher für classische Philologie* 38 (1892): 410–16, 412–13.

of pages was especially popular in the 19th century. I feel that there was more wisdom in Gurlitt's earlier intuition.

While defending the genuineness of most of the correspondence, Gurlitt had his doubts about 1.15.1–13 too. But here he develops a more intricate solution. He maintains that this text is made up of two authentic but independent letters of Cicero in § 1–2 and § 12–13, between which an inauthentic middle piece was inserted in § 3–11. This would make a compilation of letters plus interpolation plus forgery. But Schmidt energetically defended the unity and authenticity of 1.15,[56] which left an impression on Gurlitt too.

3. From the letters to Atticus[57]

a) The example

We come to the letters to Atticus and single out only one example for more detailed treatment.[58] It is a compilation again, where the later letter and the earlier letter have changed places, the second half 8.9.3–4 being from February 25, 49 BCE, and the first half 8.9.1–2(3a) from March 29 or 30 of the same year. For the earlier letter the date is given by chance in the text, in § 4: *sed cum haec scribebam v Kal., Pompeius iam Brindisium venisse poterat*, "When I write this today, on the 25th, Pompey might already have reached Brindisi." The date of the later letter is deduced from allusions in the text. In Shackleton Bailey they have got the numbers 160 (for 8.9.3–4) and 188 (for 8.9.1–2) respectively.

We are in the time of the Civil War again. In the earlier letter, the ending in § 4 is noteworthy. After having discussed Pompey's movements, Cicero adds: *sed hoc* τέρας *horribili vigilantia, celeritate, diligentia est. Plane quid futurum sit nescio*, "But this monster is terribly awake, fast and careful; I simply do not know what will happen." With the term τέρας, drawn from portents in mythology, he means Gaius Julius Caesar. This brings us to another trait of Cicero's letter writing: he likes to intersperse his texts with terms, quotations, proverbs and sentences given in Greek, most often so in the letters to Atticus, who lived in Athens from 86–65 BCE and was enthusiastic about Greece and Greek. Thus Cicero displays the superior culture common to his addressees and himself, and he does so with irony and urbanity.[59]

---

[56] Schmidt, "Beiträge zur Kritik," 117–138.

[57] For editions and translations in addition to Watt and Shackleton Bailey, see Helmut Kasten, *Marcus Tullius Cicero: Atticus-Briefe* (Tusculum Bücherei; 4th ed., München-Zürich: Artemis, 1990); D. R. Shackleton Bailey, *Cicero's Letters to Atticus, vol. I-VII* (Cambridge Classical Texts and Commentaries 3–9; Cambridge: Cambridge University Press, 1965–70), idem, *Cicero: Letters to Atticus, vol. I-IV* (LCL 7, 8, 97, 491; Cambridge, MA: Harvard University Press, 1999).

[58] Cf. Shackleton Bailey, *Cicero's Letters to Atticus, vol. I* (1968), 394–5.

[59] For the use of Greek in the letters, cf. Michael von Albrecht, "Art. M.T. Cicero, Sprache und Stil II A 3 in den Briefen," *PWSup* 13 (1973): 1271–86, 1274–75; Hutchinson, *Cicero's Correspondence*, 13–16.

More instructive for us is the later letter in 8.9.1–2(3a).[60] In § 3a (one sentence only) Cicero expresses his hope to be in his villa near Arpinum very soon, *pr. Kal.*, which means the end of the month, but which month? Here we must consider the beginning of the letter, where Cicero says: "You write that my letter has been published. I feel not sorry at all to hear that, indeed I have myself made a number of people taking copies of it." Atticus obviously wanted to inform Cicero that a letter of his had been broadcast in Rome by the addressee, and he may have commented on the rather unfavorable reception this letter found. Cicero does not feel disturbed by this, because he wanted his letter to be circulated and had himself worked to that purpose.[61] In § 2 he asks: "Why should I not wish that my letter is openly recited *in contione*?," i.e. in a gathering of the people of Rome (which makes this slightly reminiscent of the reading out of one of Paul's letters in the ἐκκλησία), and Cicero compares his procedure with that of Pompey, who had a letter to the same person posted up in public.

We know the contents of this "open letter." It is addressed, as we feel already, to Julius Caesar and dates from March 19 or 20. A certain time must have elapsed since then: Caesar, who was on his way from Brindisi to Rome, must have received it and sent it on to Rome where it was disseminated; Atticus must have heard of it, and his own letter with his comments must have reached Cicero in the meantime. That is why the ending of the month can mean only the end of March, and that still seems rather quick, if we take into account what must have happened in the meantime. This in turn is not compatible with the dating of 8.9.3–4, hence the partition.

b) Enclosed copies

One question remains: Where do we know this "open letter" from? Do we possess it? Yes, because Cicero has enclosed a copy of it in a letter he wrote to Atticus on March 20. This he announces in 9.11.4 with the words: "I send you a copy of my letter to Caesar. I think that it will bring some good," and then the letter to Caesar follows. These enclosed copies are indicated by capitals in the modern editions; in our case it is 9.11A(.§ 1–3), or in Shackleton Bailey 178A.

---

[60] See Shackleton Bailey, *Cicero's Letters to Atticus, vol. I* (1968), 394–95 again and Tyrell and Purser, *Correspondence, vol. IV*, 90–92.

[61] We must bear this in mind, when confronted with the often-quoted other examples where Cicero shows aversion against the publication of private letters, like *Ad fam.* 15.21.4 (but this passage is not so clear) or esp. *Phil.* 2.7. There Cicero heavily criticizes Marcus Antonius for having publicly recited a letter allegedly sent by Cicero, which should never be done with letters among friends (!). But here we have to take into account the rhetorical situation of the Second Philippic, which might by the way never have been held, but only have circulated as a pamphlet among Cicero's friends, see Manfred Fuhrmann, *Marcus Tullius Cicero: Die politischen Reden, vol. III* (Tusculum Bücherei; München-Zürich: Artemis, 1993), 626–27.

Other instances from *Ad Atticum* (this trait is missing in the other collections) are:

8.11 with 11A, B, C, D
8.12 with 12A, B, C, D
8.15 with 15A

9.6 with 6A
9.7 with 7A, B, C
9.13 with 13A

10.8 with 8A, B
10.9 with 9A

14.13 with 13A, B
14.17 with 17A

16.16 with 16A, B, C, D, E, F

Sometimes copies of letters by Cicero himself, otherwise not preserved, are added (see his letters to Pompey 8.11B and 8.11D, his letter to Marcus Antonius 14.13B, and several letters from his pen in 16.16A-F). On other occasions matters get even more involved: Oppius and Balbus (9.7A) and Balbus again (9.7B) write letters to Cicero, and Balbus includes the copy of a letter by Caesar to Oppius and Cornelius (9.7C), and we know that only because Cicero transmits copies of the two letters (of Balbus and Oppius and of Balbus alone) and a copy of the copy (of Caesar's letter) to Atticus as an addendum to 9.7. In 9.13A the numbering does not preserve the information that we have not one, but two affixed letters again, a copy and a copy of a copy, namely another letter of Balbus to Cicero, in the middle of which Balbus inserted the copy of a short letter of Caesar. Trying to entangle such "letter compositions" nearly takes one's breath away.

There is nothing in the New Testament similar to this way of assembling letters – unless perhaps we try to discover how the letter to Colossae and the letter to Laodicea were exchanged between the two communities, so that they could be read in each assembly (cf. Col 4:16).

A tour de force of a special kind is *Ad Att.* 9.10.4–10 from March 18, 49 BCE, where Cicero wants to prove that Atticus had consistently advised him to stay in Italy. For that reason he tells Atticus at the opening of § 4: *evolvi volumen epistularum tuarum*, "I have unrolled the roll with your letters," and then in a real staccato he confronts Atticus with passages from, if I have correctly counted, thirteen of his letters. That shows that he has a grip on his material, that he collected Atticus' letters and that he had at least some of them or parts of them transcribed in a roll at this earliest possible stage (a species of a *volumen epistularum acceptarum*, see above).

V. Results

Reading Cicero's correspondence is a pleasure of its own, for which no excuse is needed, and much can be learnt from it for dealing with New Testament letters in general terms.[62] But we set out to find some elucidation for controversial partition theories in New Testament exegesis, so we are bound to gather some results. We may be sure of this: it no longer suffices to assert (as is sometimes done) that there are no analogies in ancient epistolary literature, so that partition theories are invalidated a priori. At the very least, such a statement needs very careful qualification.

On the other hand, of course, our comparison does not necessarily prove that partition theories are correct. Each case has to be evaluated on its own merits. A problem with Cicero's correspondence is its tangled and complicated tradition history and the small manuscript basis with which we have to work. Compilations of letters did no doubt occur, and to quite a large extent, but we simply cannot be sure when and how they were made. It may have been done by medieval scribes, or it may have happened by accident; but such a development would not be so interesting for us, because compilations of letters of Paul must have been made, if at all, for the first edition of the Corpus Paulinum or even earlier, when letters were stored in the archive of a community (at Ephesus? at Corinth? in the house of the business people Prisca and Aquila?). But the other option, viz. that letters of Cicero where combined very early, by Tiro or by Atticus or by an editor in the first century CE, who joined the loose letters with the eleven rolls produced by Atticus, cannot be excluded a priori, and that is enough for us to open up possibilities.

Two points in particular strike me in Cicero: first, the composition of a letter over several days or an even longer period, and second, the fine line that exists between affixing a postscript to a letter which is finished but not yet sent off, and writing a new letter as reaction to incoming new information when the earlier letter already is on its way. The content may be the same, but the procedure is different. If afterwards we have one single letter in each case, then one is an authorial composition and the other a redactor's compilation. To be sure, 2 Cor 10–13 is much too long for an authorial postscript; but on the other hand, Romans wasn't written in a day. Maybe we should reflect more carefully on the significance of the fact that it took Paul some time to dictate a letter, and on the traces this might have left in the finished product. The composition of longer

---

[62] Cf. the résumé in the excellent monograph by Hutchinson, *Cicero's Correspondence*, 199: "Some impression has also perhaps been given of the extraordinary range of the collection, and some glimpse, at least, of the numerous avenues of interest that they offer for exploration. ... On a hedonistic note, a liking for letters, once acquired, opens up an immense and irreplaceable source of literary pleasure. Worse still, the eloquence, vitality, and attractiveness of late Republican letters can absorb even the more or less dutiful at the busiest times, and actually detain them (by deplorable irony) from the demands of more utilitarian correspondence."

letters might then be seen more as an evolving process, and not so much as the result of an instantaneous decision.

Compilations found in Cicero's correspondence usually seem to follow rather simple rules: letters were added, one after the other, so that prescripts and sometimes endings too were lost. Now and then letters changed place, the earlier one being found as the second part and vice versa. More complicated theories that postulate interpolations of fragments into letters are unsatisfactory, and have not won agreement. This we can take as warning not to look for too complicated models in our dealing with letter partition in the New Testament.

Today, conflated letters in the corpus Ciceronianum are separated again by editors. What are their criteria? Inherent reasons and traces in the texts, that is true, but in the case of Cicero's correspondence we have some hard evidence too. The dates given at the end of quite a few letters help a lot, and we are able to correlate these dates and the content of the letters with our knowledge of late republican Roman history, which we get from other sources too, not only from the letters. We look in vain for help of this kind in New Testament exegesis, but we do nevertheless have tiny pieces of hard evidence. I think of the mention of an earlier letter in 1 Cor 5:9 and of a tearful letter in 2 Cor 2:4. Since the identification of either the earlier letter or the tearful letter or of both with 1 Corinthians seems a desperate solution, we can at least be certain that two more letters existed and that we are not looking for a phantom.

To sum up: The comparison of exegetical theories concerning New Testament letters with the evolution of the collections of Cicero's correspondence strengthens a position which might be arrived at by other ways too. Partition theories are not a priori implausible, but they should be kept rather simple, serial addition being more probable than interpolation of fragments. Additional hard evidence should be looked for, and that is missing in the case of 1 Thessalonians, Philippians and Romans. We have some clues for the Corinthian correspondence, but there it is inadvisable to search for other letters than the four of which we know: earlier letter, answering letter, tearful letter, reconciliatory letter (by the way, What happened to the questioning letter of the Corinthians [1 Cor 7:1]? Did Paul or did Prisca and Aquila at Ephesus keep a *volumen epistolarum acceptarum*?). And *ceterum censo*: There is still much additional insight for dealing with New Testament epistolary literature from a more thorough study of Cicero's correspondence.

VIII. Exegese und Kirche

14. Streit um die Rechtfertigung:

Paulus, Jakobus und Martin Luther

I. Zur Fragestellung[1]

Dem Römerbrief, seinem theologischen Testament, gibt Paulus in 1,17 das Thema vor, das er im weiteren Verlauf entfalten will. Dieser Themasatz lautet: „Im Evangelium wird die Gerechtigkeit Gottes offenbart aus Glauben auf Glauben hin, wie es in der Schrift heißt: ‚Der aus Glauben Gerechte wird leben'" (letzteres ein Zitat aus dem Propheten Habakuk). Ein erster Durchgang, der diese These argumentativ untermauern will, mündet in Röm 3,28 in die Zusammenfassung ein: „Denn wir sind der Überzeugung, dass der Mensch gerecht wird durch Glauben (‚allein durch Glauben', möchte man fast hinzusetzen), unabhängig von Werken des Gesetzes."

Werfen wir von hier aus einen Seitenblick auf eine andere, vermutlich nicht so bekannte Schrift des Neuen Testaments, den Jakobusbrief. Dort vernehmen wir in 2,24 nämlich: „Ihr seht, dass der Mensch aufgrund seiner Werke gerecht wird, nicht durch den Glauben allein." Das hört sich ungefähr so an wie das genaue Gegenteil von dem, was Paulus gesagt hat, zumal pikanterweise ausgerechnet hier und nur hier die Exklusivpartikel „allein" dabeisteht, die wir bei Paulus fast schon vermisst haben, die bei Jakobus aber gerade negiert wird: „*nicht* durch Glauben allein".

Martin Luther hat den Römerbrief bekanntlich über alles geliebt, während er den Jakobusbrief am liebsten aus dem Neuen Testament verbannt hätte. Wir ahnen schon, warum. Vom Römerbrief sagt Luther (in der Vorrede in seiner

---

[1] Über die gegenwärtige exegetische und ökumenisch-theologische Situation vor allem im deutschen Sprachraum, die auch im Hintergrund der folgenden Ausführungen steht, orientieren die Beiträge in: T. Söding (Hrsg.), Worum geht es in der Rechtfertigungslehre? Das biblische Fundament der „Gemeinsamen Erklärung" von Katholischer Kirche und Lutherischem Weltbund (QD 180), Freiburg i. Br. 1999, die in den folgenden Anmerkungen einzeln berücksichtigt sind. Zur Diskussion im Vorfeld vgl. besonders das Beiheft 10 zur ZThK von 1998: Zur Rechtfertigungslehre (mit acht Beiträgen) und B. J. Hilberath / W. Pannenberg (Hrsg.), Zur Zukunft der Ökumene. Die „Gemeinsame Erklärung zur Rechtfertigungslehre", Regensburg 1999 (gleichfalls mit acht Beiträgen).

Übersetzung des Neuen Testaments): „Diese Epistel ist das rechte Hauptstück des neuen Testaments und das allerlauterste Evangelium, welche wohl würdig und wert ist, dass sie ein Christenmensch nicht allein von Wort zu Wort auswendig wisse, sondern täglich damit umgehe als mit täglichem Brot der Seelen"[2]. Für den Jakobusbrief genüge die Erinnerung an Luthers Diktum von der „strohernen Epistel", welche „Christum nicht treibet"[3].

Dass wir hier vor einem gewissen Dilemma stehen, liegt auf der Hand. Auch wenn wir Luthers Optionen nicht unbedingt teilen, möchten wir doch selbst gerne wissen, wie sich der Gegensatz zwischen Paulus und Jakobus erklärt und was für Folgen das für die Lehre von der Rechtfertigung hat. Wir bleiben dazu in einem ersten Schritt noch bei Martin Luther stehen und sehen uns die biographische, existentielle Verankerung seiner Rechtfertigungslehre genauer an, ehe wir uns dann dem Römerbrief – etwas länger – und dem Jakobusbrief – erheblich kürzer – gesondert zuwenden und nach Umrissen einer Lösung für unser Dilemma suchen.

II. Ein biographischer Exkurs: Martin Luther

1. Das Turmerlebnis

Martin Luther hat seine Rechtfertigungslehre im Ringen mit dem Themasatz des Römerbriefs entwickelt, um nicht zu sagen entdeckt. Als 62-jähriger schildert er 1545 im Rückblick, was ihm um 1515, 30 Jahre früher, widerfuhr, als er sich in seiner Studierstube im Turm des Augustinerklosters in Erfurt mit dem Römerbrief herumschlug. Wir sprechen wegen des Ortes von seinem „Turmerlebnis", das er selbst folgendermaßen beschreibt[4]:

Ein gewiss wunderbares Verlangen hatte mich ergriffen gehabt, Paulus im Römerbrief zu verstehen. Dem hatte bis dahin kein Mangel an ernstem Wollen im Wege gestanden, sondern ein einziges Wort im ersten Kapitel, nämlich: „Die Gerechtigkeit Gottes wird im Evangelium geoffenbart." Mich hatte nämlich ein Hass gefasst gegen dieses Wort „Gerechtigkeit Gottes", weil ich – nach Brauch und Gewohnheit aller Theologen – unterwie-

---

[2] D. Martin Luther, Die gantze Heilige Schrifft Deudsch, Wittenberg 1545, Neusatz München 1972, 2254 (in der Orthographie leicht modernisiert).

[3] Vgl. ebd. 2454f.; weitere Einzelnachweise und Sachdiskussion bei F. Mussner, Der Jakobusbrief (HThK XIII/1), Freiburg i. Br. ³1975, 42–47.

[4] Martin Luther, Vorrede zum ersten Bande der Gesamtausgaben seiner lateinischen Schriften (1545), WA 54, 185,14 - 186,16; vgl. zu diesem Zitat (in der Orthographie leicht modernisiert) die Darbietung des Textes und die Besprechung bei E. Jüngel, Das Evangelium von der Rechtfertigung des Gottlosen als Zentrum des christlichen Glaubens. Eine theologische Studie in ökumenischer Absicht, Tübingen 1998, 58–63.

sen worden war, es philosophisch zu verstehen als die formale oder aktive Gerechtigkeit, wonach Gott gerecht ist und die Sünder und Ungerechten straft.

Ich aber fühlte mich, obwohl ich als Mönch ein untadeliges Leben führte, vor Gott als Sünder mit einem ganz ruhelosen Gewissen und konnte nicht darauf vertrauen, Gott durch meine Genugtuung versöhnt zu haben. Deshalb liebte ich nicht, nein ich hasste vielmehr den gerechten und die Sünder strafenden Gott. So zürnte ich Gott, wenn nicht in geheimer Lästerung, so doch wenigstens mit gewaltigem Murren und sagte: Nicht genug damit, dass die elenden Sünder und auf Grund der Erbsünde ewig Verlorenen nach dem Gesetz des Alten Bundes mit Unheil jeder Art bedrückt werden, nein, Gott will auch noch durch das Evangelium Qual auf Qual häufen, indem er auch durch die frohe Botschaft uns seine Gerechtigkeit und seinen Zorn drohend entgegenhält. So raste ich wütenden und verstörten Gewissens und schlug mich rücksichtslos mit jener Paulusstelle herum, von dem glühenden Verlangen erfüllt zu wissen, was Paulus wolle.

Bis nach tage- und nächtelangem Nachsinnen sich Gott meiner erbarmte und ich auf den inneren Zusammenhang der beiden Stellen aufmerksam wurde: „Die Gerechtigkeit Gottes wird im Evangelium offenbar", wie geschrieben steht: „Der Gerechte lebt aus dem Glauben." Da fing ich an, die Gerechtigkeit Gottes zu verstehen als die, durch die der Gerechte dank des Geschenkes Gottes lebt, und zwar aus dem Glauben, dass die Gerechtigkeit Gottes, die durch das Evangelium offenbart wird, im passiven Sinn zu verstehen ist: dass Gott in seiner Barmherzigkeit uns durch den Glauben rechtfertigt. Hier fühlte ich mich geradezu wie neugeboren und als wäre ich durch die geöffneten Pforten ins Paradies eingetreten. Da zeigte mir die ganze Heilige Schrift sofort ein anderes Gesicht. Ich ging dann die Heilige Schrift durch, wie ich sie im Gedächtnis hatte, und fand in anderen Wendungen den entsprechenden Sinn: so ist das „Werk Gottes" dasjenige, was Gott in uns wirkt, die „Stärke Gottes" das, wodurch er uns stark macht, die „Weisheit Gottes" die, durch die er uns weise macht; so ist auch die „Kraft Gottes", das „Heil Gottes", die „Ehre Gottes" aufzufassen.

So groß vorher mein Hass war, mit dem ich dem Wort „Gerechtigkeit Gottes" begegnet war, so groß war jetzt die Liebe, mit der ich es als allersüßestes Wort rühmte. So ist mir diese Paulusstelle wahrhaft zu einer Pforte des Paradieses geworden.

So weit dieser Bericht. Natürlich ist hier vieles im Nachhinein zu einer Art Bekehrungserlebnis stilisiert worden. Tatsächlich dürfte es sich weniger um einen sekundenschnellen, gleichsam visionären Durchbruch zu neuer Erkenntnis gehandelt haben, sondern eher um das Ergebnis eines ständigen, zähen exegetischen Bemühens. Wir erkennen auch, von welcher Vorstellung von Gerechtigkeit Gottes Martin Luther ausging: In der Tradition der Theologie des späten Mittelalters verstand er sie rein forensisch und formal, das heißt als Aussage über das Wirken Gottes in der Rolle des unbestechlichen Richters, der die Taten der Menschen überprüft und selten Lohn, viel öfter die verdiente Strafe zuteilt, die „gerechte" Strafe, wie wir nicht zufällig sagen. Den Ansprüchen dieses gerechten Gottes konnte der Mensch kaum genügen, selbst nicht durch ein asketisches Leben als Mönch im Kloster. Hier stoßen wir auf bestimmte problematische Züge der spätmittelalterlichen Bußfrömmigkeit, die bei Martin Luther zum Beispiel dazu führten, dass er wöchentlich und teils noch öfter beichtete. Man kann sich vorstellen, unter welchem Druck er stand und welches Gefühl von Befreiung seine neue Entdeckung bei ihm ausgelöst hat.

Fragen müssen wir allerdings, ob das, was er herausgefunden hat, sprachlich überhaupt stimmt, und hier wird die Antwort doch wohl „Nein" lauten müssen. Für den Ausdruck „Gerechtigkeit Gottes" liegt es zunächst einfach näher, ihn so zu verstehen, dass damit die Gerechtigkeit als Eigenschaft Gottes angesprochen wird[5]. Gott ist gerecht, er ist der Gerechte schlechthin, er will deshalb, dass es auch in der Welt, unter den Menschen, gerecht zugeht, und er legt diese Maßstäbe zugrunde, wenn er als gerechter Richter Recht spricht. Das alles hätte man nicht bestreiten sollen, auch wenn es in der Exegese, neuerdings auch überkonfessionell, teils bis heute geschieht[6].

Der Weg zu einer möglichen Vermittlung mit dem, was Luther will, sieht anders aus. Luther hätte statt der formalen, philosophischen Gerechtigkeitskonzeption der Scholastik den biblischen Gehalt des Begriffs zugrunde legen sollen. Im Alten Testament besagt Gerechtigkeit Gottes nämlich so viel wie seine Treue, seine Bundestreue[7]. Gott erweist sich als gerecht nicht primär als strafender Richter, sondern als derjenige, der dem Bundesvolk Israel die zugesicherte Treue hält und der deshalb Recht schafft in seinem Volk und für sein Volk, der jedenfalls im Interesse der Menschen handelt. Gerechtigkeit, so können wir festhalten, ist ein relationaler Begriff, ein Beziehungsbegriff, der zwei Partner zusammenschließt, Gott und Mensch. Auf diesem Wege werden dann auch die Menschen als Nutznießer von Gottes Gerechtigkeit mit einbezogen, ohne dass wir, wie in Luthers Lesart, Gerechtigkeit als Gottes Eigenschaft einfach ausklammern müssen.

Noch etwas anders ordnet sich dann besser ein, nämlich das Gesetz, das jüdische Gesetz, die Tora, die Gott in seiner Gerechtigkeit als gerechte Lebensordnung erlassen hat. Seiner Intention nach will dieses Gesetz nicht drückende Last sein, durch die sich Menschen notwendig überfordert fühlen, ganz im Gegenteil: Das Wort der Weisung will eine Hilfe sein, es will den Menschen den rechten Weg zeigen und ihnen ein Geländer an die Hand geben, an das sie sich halten können, wenn es auf schmalen Stegen über die Abgründe des Lebens geht.

---

[5] Vgl. nur die entschiedene Aussage von F. HAHN, Gerechtigkeit Gottes und Rechtfertigung des Menschen nach dem Zeugnis des Neuen Testaments, in: EvTh 59 (1999) 335–346, hier 341f.: „Es kann keine Frage sein, daß es sich bei δικαιοσύνη θεοῦ um einen Genitivus subjectivus handelt (so mit Recht Käsemann), daß es also um Gottes eigene Gerechtigkeit geht ...".

[6] Die klassische lutherische Position verteidigt zum Beispiel mit weit ausholender Begründung (in seinem im übrigen vorzüglichen Kommentar) D. MOO, The Epistle to the Romans (NIC), Grand Rapids, MI 1996, 70–75.

[7] Basisinformationen dazu mit Literaturverweisen bei F. L. HOSSFELD, Gedanken zum alttestamentlichen Vorfeld paulinischer Rechtfertigungslehre, in: T. SÖDING (Hrsg.), Worum geht es in der Rechtfertigungslehre (s. Anm. 1) 13–26; ferner C. LEVIN, Altes Testament und Rechtfertigung, in: ZThK 96 (1999) 161–176.

2. Eine „Gegenstimme"

Nicht nur die Auslegung des Leitbegriffs „Gerechtigkeit Gottes" durch Luther also ist problematisch, wenn auch verständlich, sondern auch seine Wertung des jüdischen Gesetzes. Er hat es implizit gleichgesetzt mit der spätmittelalterlichen katholischen Leistungsfrömmigkeit, unter der er selbst gelitten hatte und gegen die er kämpfte. Dieser Kampf bleibt respektabel. Leider aber hat sich in seinem Gefolge das bis heute unausrottbare Klischee von der legalistischen jüdischen Gesetzlichkeit entwickelt, unter der die Menschen stöhnten und von der wir Christen Gott sei Dank befreit seien. Das trifft nicht den eigentlichen Sinn des Gesetzes, es trifft nicht einmal das, was Paulus darüber denkt. Ich kann mir nicht versagen, auch dazu eine Stimme zu zitieren, diesmal aus dem 20. Jahrhundert. Gegen die Verzeichnung jüdischen Selbstverständnisses durch den großen protestantischen Kirchenhistoriker Adolf von Harnack formulierte der jüdische Oberrabbiner Leo Baeck in seinem Buch „Das Wesen des Judentums" 1906 die folgenden bemerkenswerten Sätze[8]:

In der Polemik gegen das Judentum, besonders in späteren Zeiten, die ihres Glaubens unsicher geworden waren und darum mühsam in der Geschichte das Eigene, das Neue ihres Glaubens suchten, ist das (d.h. das wahre Wesen des Gesetzes) oft verkannt oder auch vergessen worden. Das Judentum sollte herabgezogen werden, indem man es als Gesetzesreligion hinstellte, und darin sollte jene Eigenschaft des Starren und Äußerlichen liegen ...

Hierauf beruht auch der Vorwurf von der „Last des Gesetzes". Eine solche Bürde ist im Judentum wohl äußerst selten empfunden worden, unvergleichlich weniger jedenfalls, als in manchen christlichen Bekenntnissen die Last ihres eigenen Gesetzes, des Dogmas. Die Geschichte des Judentums legt vielmehr gerade davon Zeugnis ab, wie alle diese Satzungen ein Element der Lebensfreude waren ...

Nur immer die das nicht besaßen noch kannten, die Außenstehenden, haben so viel von der „Last des Gesetzes" gesprochen. Die jüdische Frömmigkeit hat allezeit dieses Frohe gehabt, so sehr sie auch stets den Gedanken des Gebotes und des Dienstes betonte ...

Nicht zufällig gibt es im Judentum bis heute einen Festtag mit dem Namen „Freude am Gesetz". In diesen beiden Punkten, Gerechtigkeitsbegriff und Gesetzesverständnis, hatten sich also beide Parteien, Martin Luther und seine Gegner, vom biblischen Befund teils erheblich entfernt[9]. In einem anderen

---

[8] L. BAECK, Das Wesen des Judentums [1906], Darmstadt ⁷1966, 296f.; zur Kontroverse zwischen Baeck und Harnack als Hintergrund für diese Äußerung vgl. U. RIESKE-BRAUN, Vom Wesen des Christentums und seiner Geschichte. Eine Erinnerung an Adolf Harnacks Vorlesung (1899/1900), in: ThLZ 125 (2000) 471–488, hier 485.

[9] Anzeichen einer Neubesinnung sind in der Exegese glücklicherweise schon seit längerem zu konstatieren, vgl. den Abschnitt über „Neubewertung des Judentums" bei K. W. NIEBUHR, Die paulinische Rechtfertigungslehre in der gegenwärtigen exegetischen Diskussion, in: T. SÖDING (Hrsg.), Worum geht es in der Rechtfertigungslehre (s. Anm. 1) 106–130, hier 114–123.

Punkt ist Luther in der Tat sehr viel näher bei der Bibel geblieben, und das betrifft das Verständnis dessen, was eigentlich „Glaube" heißt. Wenn Luther vom „Glauben" spricht, auch in unserem längeren Zitat, dann meint er eine existentielle Bewegung, die den ganzen Menschen ergreift, ein Grundvertrauen, das sich bedingungslos einlässt auf das Handeln Gottes, und das ist biblisch. Wählen wir als Beispiel nur einen Satz, den Paulus in Röm 4 ständig zitiert und auf den wir noch zurückkommen werden: „Abraham glaubte Gott, und das wurde ihm zur Gerechtigkeit angerechnet" (Gen 15,6). Es heißt nicht: Abraham glaubte an Gott, sondern der Sinn ist: Abraham vertraute auf Gott und auf die Verheißungen Gottes, wider alle Vernunft und alle Wahrscheinlichkeit. Auf der Seite der Gegner Luthers hat man den Glauben mehr formal und inhaltsbezogen verstanden, als das Für-Wahr-Halten von bestimmten Glaubenssätzen und auch als innere Zustimmung zu dem, was sie vorgeben und aussagen. Von diesem mehr intellektuellen Glauben könnte man in der Tat nicht sagen, dass er rechtfertigt[10]. Letzteres geht nur, wenn man von einem existentiellen, umfassenden Glaubensbegriff ausgeht.

Wir sehen, wie immer wieder die Voraussetzungen, die der Ausleger mitbringt, das Verständnis des Textes prägen und wie daraus Missverständnisse und Kontroversen resultieren. Eine völlig voraussetzungslose Exegese dürfte auch nicht möglich sein. Wir können nur eines tun, nämlich versuchen, uns immer wieder um ein möglichst genaues Hinhören auf das Wort der Schrift zu bemühen, dabei unsere eigenen Verstehensbedingungen kritisch mitzureflektieren und die Einseitigkeiten der Vergangenheit aufzuarbeiten. Die nächsten Schritte sollen daher dem Hören dienen, am Beispiel unserer beiden eingangs schon angesprochenen neutestamentlichen Autoren Paulus und Jakobus.

III. Rechtfertigung (allein) aus Glauben: Paulus

1. Das Thema

Für Paulus bleiben wir als Erstes beim Themasatz des Römerbriefs, der in seiner vollen Form Röm 1,16–17 umfasst und lautet:

---

[10] Vgl. O. H. Pesch, Kernpunkte der Kontroverse. Die antireformatorischen Lehrentscheidungen des Konzils von Trient (1545–1563) – und ihre Folgen, in: B. J. Hilberath / W. Pannenberg (Hrsg.), Zur Zukunft der Ökumene (s. Anm. 1) 24–57, hier 37f.: „Die Väter (sc. des Trienter Konzils) denken mit der mittelalterlichen Tradition beim Wort ,Glaube' an einen Akt des Verstandes: an die Zustimmung zum geoffenbarten Wort Gottes einerseits und zur ,objektiven' Lehre der Kirche anderseits, niedergelegt in Bekenntnis und Lehrverkündigung. ... Zugleich ist klar, daß ein *so*, als bloßer Verstandesakt, verstandener Glaube nicht ,allein' vor Gott gerecht macht, und das sieht auch Luther so, wenn er immer wieder betont, daß ein bloßes Für-Wahr-Halten von Heilstatsachen mit dem Verstand nur ein ,historischer', nicht der rechtfertigende Glaube sei."

16 Denn ich schäme mich des Evangeliums nicht: Es ist eine Kraft Gottes, die jeden rettet, der glaubt, zuerst den Juden, aber ebenso den Griechen. 17 Denn im Evangelium wird die Gerechtigkeit Gottes offenbart aus Glauben auf Glauben hin, wie es in der Schrift heißt: „Der aus Glauben Gerechte wird leben".

Dazu einige Beobachtungen[11]: Das „sich nicht schämen" bedeutet so viel wie sich zu etwas bekennen, über alle Widerstände und Anfeindungen hinweg an etwas festhalten. Mit Evangelium meint Paulus nicht unsere vier Evangelien mit Erzählungen über Jesus. Er versteht unter Evangelium noch die mündliche Verkündigung, die Gottes Handeln in Leben, Tod und Auferstehung Jesu Christi zum Inhalt hat. Auch das hat wiederum Martin Luther sehr plastisch ausgedrückt: „Evangelium aber heißet nichts anderes, denn eine Predigt und ein Geschrei von der Gnad und Barmherzigkeit Gottes, durch den Herren Christum mit seinem Tod verdienet und erworben. Und ist eigentlich nicht das, was in Büchern steht und in Buchstaben erfasset wird, sondern mehr eine mündliche Predigt und lebendiges Wort und eine Stimm, die da in die ganze Welt erschallet"[12].

Den Inhalt des Evangeliums umschreibt Paulus in einem ersten Schritt als, so das griechische Wort, δύναμις Gottes, das heißt als seine schöpferische Kraft, als seine Dynamik, die sich in der Erschaffung der Welt gleichermaßen zeigt wie in der Auferweckung Jesu von den Toten und die als wirksames Wort, das alles neu macht, auch uns erreicht. Beim Menschen zielt diese Dynamik auf seine Rettung ab, und Rettung bedeutet Bewährung im Endgericht, endgültiges Heil. Diese Zusage wird zum einen individualisiert: Sie gilt dem Glaubenden, sie erfasst diejenigen, die sich ganz und gar eingelassen haben auf das Wort der Verkündigung und es verinnerlicht haben. Zugleich aber wird eine Universalisierung vorgenommen: Die Zusage ist nicht nur an Juden, sondern auch an Griechen, an Heiden adressiert, wobei die heilsgeschichtliche Vorrangstellung der Juden respektiert wird: zuerst den Juden, dann und ebenso auch den Griechen bzw. Heiden.

Eine vermittelnde Größe fehlt noch, und die trägt V. 17 nach, durch die Wiederholung des Begriffs „Evangelium" und die Aussage, dass in ihm, dem Evangelium, Gottes Gerechtigkeit offenbart worden sei. Das will sagen: Dass sich

---

[11] Vgl. zum Folgenden durchgehend die Kommentare zum Römerbrief von U. Wilckens, Der Brief an die Römer. 1. Teilband: Röm 1–5 (EKK VI/1), Zürich / Neukirchen-Vluyn ³1997; 2. Teilband: Röm 6–11 (EKK VI/2), Zürich / Neukirchen-Vluyn ³1993; D. Zeller, Der Brief an die Römer (RNT), Regensburg 1985; M. Theobald, Römerbrief. Kapitel 1–11 (SKK.NT VI/1), Stuttgart 1992; K. Haacker, Der Brief des Paulus an die Römer (ThHK 6), Leipzig 1999; J. G. Dunn, Romans (WBC 38A/B), Waco, TX 1988; D. Moo, Romans (s. Anm. 6), sowie als neuere Diskussionsbeiträge (mit weiterer Lit.) K. Kertelge, Paulus zur Rechtfertigung allein aus Glauben, in: T. Söding (Hrsg.), Worum geht es in der Rechtfertigungslehre (s. Anm. 1) 64–75; M. Karrer, Rechtfertigung bei Paulus. Eine Reflexion angesichts der aktuellen Diskussion, in: KuD 46 (2000) 126–155.

[12] Martin Luther, Epistel Sancti Petri gepredigt und ausgelegt (1523), WA 12, 259,8–10 (in der Orthographie leicht modernisiert).

Gottes Dynamik so auswirkt, als Rettung und nicht etwa als Vernichtung, hängt mit einem besonderen Aspekt seiner Gerechtigkeit zusammen, den wir erst dem Evangelium entnehmen können, der uns, anders gesagt, erst durch den Weg Jesu von Nazareth, durch seine Hingabe an die Menschen bis zur letzten Konsequenz, so richtig klar wurde. Gottes Gerechtigkeit, das besagt so viel wie seine Treue, seine Gnade, seine Barmherzigkeit, seine Sorge für den Menschen, die sich in Jesus bewahrheitet. Dann schließt sich im Text eine Steigerungsformel an: „aus Glauben auf Glauben hin", die wir so auflösen können: Der Mensch antwortet auf diese Selbsterschließung und Selbstzuwendung Gottes mit einem anfänglichen Glauben, der immer neue Steigerung und Vertiefung erlaubt. Der Glaube realisiert sich prozesshaft im Selbstvollzug des Menschen und wächst mit ihm auf Vollendung hin.

2. Das Schriftzitat

Diesem Glauben schließlich wird noch die Verheißung mit auf den Weg gegeben: „Der aus Glauben Gerechte wird leben" oder „Der Gerechte wird aufgrund seines Glaubens leben", beides wäre möglich, wobei „leben" wohl eine doppelte Nuance enthält: gegenwärtiges Leben als Christ im Alltag der Welt und künftiges Leben in der Vollendung. Dass der Mensch jetzt gerecht genannt werden kann, hängt daran, dass ihn im Wort des Evangeliums Gottes Gerechtigkeit erreicht hat und ihm als Glaubendem zugesprochen wird. Das nennen wir mit einem Wort, das direkt hier gar nicht steht, Rechtfertigung. Im Endergebnis läuft das dann auf das hinaus, was Luther schon in den Ausdruck „Gerechtigkeit Gottes" hineinpacken wollte.

Diesen Schluss-Satz charakterisiert Paulus durch die Einführung „wie die Schrift sagt" als Zitat aus seiner Bibel, unserem Alten Testament. Wenn wir es in seinem ursprünglichen Kontext nachlesen, erleben wir eine Überraschung. Habakuk, einer von den zwölf kleinen Propheten, blickt voraus auf die festgesetzte Stunde, in der Gottes Offenbarung neu ergeht, und er hält fest, was dann mit Gerechten und Ungerechten geschieht (Hab 2,3f. nach dem hebräischen Text):

3 Denn noch ist der Offenbarung ihre Frist gesetzt, doch sie drängt zum Ende und trügt nicht. Wenn sie verzieht, so harre darauf! Denn sie kommt gewiss und bleibt nicht aus.   4 Siehe, der Ungerechte, seine Seele verschmachtet in ihm. Der Gerechte aber wird kraft *seiner* (eigenen) *Treue* am Leben bleiben.

Warum Überraschung? Dass hier von Treue statt von Glaube die Rede ist, wäre noch nicht so folgenreich, aber diese Treue, die der Gerechte an den Tag legt, bezieht sich, wie aus dem hier nicht mitzitierten Kontext noch klarer hervorgeht, auf das Gesetz, und der Satz besagt folglich: Wer unbeirrbar am Gesetz fest hält, alle seine Weisungen befolgt und sich so als gerecht und fromm erweist, dem ist irdisches und künftiges Wohlergehen zugesagt. Bei Habakuk hängt die Rechtfertigung des Menschen also durchaus daran, ob er das Gesetz hält oder nicht. Paulus klammert das Gesetz einfach aus und setzt an die Stelle der Gesetzestreue den Glauben an das Evangelium.

Man kann als Erstes fragen, wieso Paulus sich diese Freiheit im Umgang mit der Schrift überhaupt nehmen darf. Aber das war im Judentum seiner Zeit nicht so ungewöhnlich. Die griechische Übersetzung des Alten Testaments zum Beispiel liest diese Stelle so: „Der Gerechte wird Kraft *meiner* (Gottes) *Treue* am Leben bleiben"[13]. Das klingt im Wortlaut anders, steht in der Sache aber nahe bei Paulus, weil es jetzt Gott ist, der dem Menschen seine Treue bewahrt und ihm seine Gerechtigkeit erweist. Die Rezeption des Habakukzitats in Qumran hingegen verstärkt eher noch die eigene Treue dessen, der das Gesetz in der – das kommt als neues Moment hinzu – Auslegung durch den „Lehrer der Gerechtigkeit" hält: „... *doch ein Gerechter lebt durch seine Treue.* Seine Deutung geht auf alle die Täter der Tora im Hause Juda, welche Gott erretten wird aus dem Haus des Gerichts wegen ihres Bemühens und wegen ihrer Treue zum Anweiser der Gerechtigkeit" (1QpHab 7,17 - 8,3).

3. Das Gesetz als Heilsweg

Dass bei Habakuk und in Qumran das Gesetz durchaus als Weg zum Heil angesehen wird, darf man nicht zu rasch als Leistungsfrömmigkeit desavouieren. Es verhält sich auch hier nicht so, als ob sich der Mensch sein Heil selbst verdienen könne, vielmehr wird das Gesetz korrekt als gnädige Gabe Gottes verstanden, die eine hilfreiche Orientierung vorgeben will. Der Mensch lässt sich auf diese Möglichkeit der Lebensgestaltung ein. Das ist als prinzipielle Ausrichtung der Existenz gemeint. Einzelne Verstöße gegen das Gesetz kommen vor, aber dafür stehen Sühnemittel zur Verfügung, wie die Sühnopfer im Tempelkult oder der jährliche große Versöhnungstag.

Das ist im Übrigen auch die Theologie, mit der Paulus groß geworden ist, aus der heraus er lebte[14]. Darauf bezogen sagt er in Phil 3,6: „Ich war untadelig in der Gerechtigkeit, wie sie das Gesetz vorschreibt". Diese Position vertritt er jetzt nicht mehr. Das wird durch die Uminterpretation von Hab 2,4 nur angedeutet. Eindeutig zu fassen bekommen wir den Positionswechsel in der anderen, schon zitierten Stelle Röm 3,28: „Denn wir sind der Überzeugung, dass der Mensch gerecht wird durch Glauben, ohne Werke des Gesetzes" (*wir* sind der Überzeugung, dies nur in Klammern: das ist nicht nur auf Paulus selbst zu beziehen; man erkennt daran vielmehr, dass solche Kernsätze auch von anderen

[13] Vgl. D. A. Koch, Der Text von Hab 2,4b in der Septuaginta und im Neuen Testament, in: ZNW 76 (1985) 68–85; R. Penna, Il giusto e la fede. Abacuc 2,4b e le sue antiche riletture giudaiche e cristiane, in: La parola di Dio cresceva (At 12,24). Scritti in onore di Carlo Maria Martini nel suo 70° compleanno (RivBib.S 33), Bologna 1998, 359–380.
[14] Vgl. K. W. Niebuhr, Heidenapostel aus Israel. Die jüdische Identität des Paulus nach ihrer Darstellung in seinen Briefen (WUNT 62), Tübingen 1992.

geteilt und mitformuliert worden sind; das geschah wahrscheinlich in Kreisen von Missionaren und Verkündern des Evangeliums, zu denen auch Paulus gehörte, und zwar in der Gemeinde von Antiochien in Syrien[15]).

Warum aber diese Sinnesänderung bei Paulus und anderen? Damit berühren wir einen ganz neuralgischen Punkt. Eine einflussreiche exegetische Richtung, die mit dem Namen von Rudolf Bultmann verbunden ist[16], sieht das folgendermaßen: Diese Theologen der ersten Stunde hätten erkannt: Das Gesetz konnte niemals ein Heilsweg sein, weil der Mensch das Gesetz immer und überall dazu missbraucht, sich gegen Gott abzusichern. Der Mensch meint, sich durch Gesetzeswerke und Frömmigkeitsleistungen sein Heil verdienen, ja es förmlich erzwingen zu können. Er richtet das Gesetz als Schutzwall zwischen sich und Gott auf und ist nicht mehr frei dafür, Gottes Wort und Gottes Willen zu vernehmen. Das Gesetz zu halten wird so förmlich zu einer Ursünde des Menschen. Man nennt das die These vom legalistischen Missbrauch des Gesetzes.

Mir missfällt an dieser Position vor allem, dass sie jüdischem Selbstverständnis und jüdischer Gesetzestreue Unrecht tut, denn dieser Vorwurf müsste ja konsequenterweise in erster Linie für das damalige und das heutige Judentum gelten. Außerdem ist die exegetische Basis für diese These eher schwach. Die zwei Stellen, die man zur Begründung heranzieht, weil Paulus dort von der „eigenen Gerechtigkeit" spricht, die er selbst gesucht oder die Israel aufgerichtet habe (Phil 3,9; Röm 10,3), sind anders zu verstehen. Sie setzen den Fall, dass man das Gesetz gegen Christus ausspielt und meint, wegen des Gesetzes Widerstand gegen die Christusbotschaft leisten zu sollen, wie es anfangs auch Paulus getan hat. Das betrifft also eine konkrete, jetzt neu eingetretene Situation. Es ist nicht als prinzipielle Aussage über ein Strukturmoment des Gesetzes überhaupt gemeint.

Es bleibt nur die andere, oben schon angedeutete Lösung, die inzwischen auch von namhaften protestantischen Exegeten vertreten wird[17]: Paulus teilte

---

[15] Sehr erhellend ist dazu der Beitrag von M. THEOBALD, Der Kanon von der Rechtfertigung (Gal 2,16; Röm 3,28) – Eigentum des Paulus oder Gemeingut der Kirche?, in: T. SÖDING (Hrsg.), Worum geht es in der Rechtfertigungslehre (s. Anm. 1) 131–192; jetzt auch in: M. THEOBALD, Studien zum Römerbrief (WUNT 136), Tübingen 2001, 164–225, der eine Anregung von J. BECKER, Paulus. Der Apostel der Völker, Tübingen 1989, 101.303f., aufnimmt und weiterführt.

[16] Pointiert zum Ausdruck gebracht bei R. BULTMANN, Theologie des Neuen Testaments (UTB 620), Tübingen [7]1977, 239f.: „Der sündige Wahn, aus der geschaffenen Welt zu leben, kann sich in unreflektiertem Leichtsinn (so zumal bei den Heiden) wie in reflektierter Betriebsamkeit (so zumal bei den Juden) zeigen, im Ignorieren oder im Übertreten der sittlichen Forderungen wie im gespannten Eifer, sie zu erfüllen. ... Vor allem aber gehört zum Verhalten κατὰ σάρκα auch die eifrige Erfüllung des Gesetzes, sofern der Mensch dadurch aus eigener Kraft die Gerechtigkeit vor Gott zu erringen meint" (Sperrung im Original).

[17] Vgl. schon (mit impliziter Kritik an der nomistischen These) A. SCHLATTER, Gottes Gerechtigkeit. Ein Kommentar zum Römerbrief (1935), Stuttgart [5]1975, 130: „Den Übertreter des Gesetzes hieß Paulus schuldig, nicht seinen Täter ... Aber diese Not entsteht nicht dadurch,

mit der jüdischen Theologie die Meinung, dass das Gesetz einen Heilsweg darstellt, war aber anders als seine jüdischen Zeitgenossen zu der Überzeugung
gelangt, dass die Menschen prinzipiell unfähig sind, das Gesetz zu erfüllen. Tatsächlich wurde dieser Heilsweg also nicht beschritten. Alle Menschen stehen
vor Gott als Sünder da, und das Gesetz hat gegen seine eigentlich Intention
faktisch nur noch die Aufgabe, die Menschen als Sünder zu entlarven. Auch das
sagt Paulus eigentlich deutlich genug im Römerbrief, in 3,19–20, als Resultat
einer langen Gedankenkette, die in 1,18 nach unserem Themasatz einsetzt (wir
nehmen zu V. 19–20 noch einige weitere Verse hinzu, die das Ganze erneut in
den Blick rücken; dabei wird uns auch langsam deutlich, wie das gleiche
Sprachmaterial in immer neuen Variationen auftaucht)[18]:

19 Wir wissen aber: Was das Gesetz sagt, sagt es denen, die unter dem Gesetz leben,
damit jeder Mund verstummt und die ganze Welt vor Gott schuldig wird. 20 Denn durch
Werke des Gesetzes wird niemand vor ihm gerecht werden; durch das Gesetz kommt es
vielmehr zur Erkenntnis der Sünde.

    21 Jetzt aber ist unabhängig vom Gesetz die Gerechtigkeit Gottes offenbart worden,
bezeugt vom Gesetz und von den Propheten: 22 die Gerechtigkeit Gottes aus dem
Glauben an Jesus Christus, offenbart für alle, die glauben. Denn es gibt keinen
Unterschied: 23 Alle haben gesündigt und die Herrlichkeit Gottes verloren.
24 Ohne es verdient zu haben, werden sie gerecht, dank seiner Gnade, durch die Erlösung in Christus Jesus.

Dabei ist es noch wichtig zu sehen, dass Paulus hier kein empirisches Urteil
fällt, sondern ein theologisches. Damit will ich sagen: Auch wenn es in der Welt
sehr viel Sünde und Unheil gibt, ist das nicht die eigentliche Basis für die gene-
relle Aussage, denn niemand, auch Paulus nicht, könnte das in allen Einzelfäl-
len überprüfen. Paulus denkt vielmehr vom Christusereignis her. Wenn ein so
weitreichendes neues Eingreifen Gottes notwendig war, dann muss die Lage in
der Tat verzweifelt gewesen sein, dann können die alten Heilsmittel nicht mehr
ausgereicht haben. Hinzu kommt ein biographisches Moment: Auch ihn selbst
als frommen Juden, der meinte, alle Auflagen des Gesetzes treu zu erfüllen, hat
diese Haltung letztlich zur Sünde, zum Widerstand gegen Gottes Willen, geführt, weil er glaubte, um des Gesetzes willen die Anhänger Jesu Christi verfolgen zu müssen, mit einem besonderen Eifer sogar, den ja längst nicht alle jüdischen Zeitgenossen an den Tag legten. Im Gegenteil, es waren relativ wenige
Übereifrige, darunter eben auch Paulus. Auch ihn selbst hat das Gesetz so der

---

daß der Mensch vollbringt, was das Gesetz gebietet, sondern dadurch, daß er es nicht vollbringt ... Daß die Werke des Gesetzes Werke eines Sünders seien, das hat er (Paulus) gesagt,
nicht aber, daß sie Sünden seien"; dann vor allem U. WILCKENS, Röm I (s. Anm. 11) 174–178.
   [18] Vgl. zur ganzen Stelle D. A. CAMPBELL, The Rhetoric of Righteousness in Romans 3.21–
26 (JSNT.SS 65), Sheffield 1992; Z. I. HERMAN, Giustificazione e perdono in Romani 3,21–26,
in: Anton. 60 (1985) 240–278; G. PULCINELLI, „È stata manifestata la giustizia di Dio".
L'interpretazione di Rm 3,21–22 e la sua funzione nel contesto, in: Lat. 64 (1998) 7–47.

Sünde überführt (Röm 3,20: „durch das Gesetz kommt es zur Erkenntnis der Sünde").

Noch ein letzter Punkt ist in dem Zusammenhang anzusprechen, den man oft übersieht: Auch für getaufte Christen ist es selbstverständlich nicht verboten, das jüdische Gesetz zu halten[19]. Sie brauchen es nicht, und es ist für sie auch nicht heilsnotwendig, aber sie dürfen es. Das mag heutzutage als ziemlich überflüssige Bemerkung wirken, war es aber zur Zeit des Paulus überhaupt nicht. Es gab anfangs mehr Christen, die aus dem Judentum kamen, als solche aus dem Heidentum. Genauer noch: Die Christen verstanden sich als jüdische Sondergruppe und wurden von Außenstehenden auch so angesehen. Dass Judenchristen wie Jakobus in Jerusalem sich weiter strikt an das Gesetz hielten und auch andere Judenchristen dazu verpflichteten, daran hat Paulus nicht gerüttelt und auch nicht rütteln wollen. Ihm ging es nur darum, nicht das ganze Gesetz für die Menschen aus den Völkern, für die Heiden, die Christen werden wollten, verpflichtend zu machen. Diese in Vergessenheit geratene Beobachtung erinnert uns auch daran, dass es seit dem 3. Jahrhundert kein Judenchristentum mehr gibt, sicher nicht zum Vorteil der Kirchen.

4. Offene Fragen

Es liegt auf der Hand, dass auch nach dem bisher Gesagten viele Fragen offen bleiben. Nur weniges davon können wir noch ansprechen.

Die Rechtfertigung hängt, sagten wir, am Glauben, und das wiederum wird besiegelt in der Taufe, durch Taufakt und Glaubensbekenntnis, so Paulus in Röm 6. Wie aber geht es weiter im Leben des getauften Christen? Kann er jetzt beruhigt die Hände in den Schoß legen und sich gerettet fühlen, was mit anderen Worten einer absoluten Heilsgewissheit entspräche? Stellt die Sünde für ihn keine Bedrohung mehr dar? Das wäre nicht die Meinung des Paulus. Im Römerbrief zum Beispiel gibt er in Kapitel 12–15 seinen getauften Adressaten eine ganze Liste von teils sehr konkreten ethischen Weisungen mit auf den Weg; darunter befinden sich auch Vorschriften des Dekalogs, der Zehn Gebote, die also weiterhin in Geltung bleiben. Besonders schön sagt es Paulus in einem anderen Brief, wo er die christlichen Grundhaltungen und Werke unter das Vorzeichen stellt: das alles ist „Glaube, der durch die Liebe seine Wirkkraft (Energie) entfaltet" (Gal 5,6). Und was die Sünde angeht, soll Martin Luther mit Bezug auf Röm 6 das drastische Wort geprägt haben: „Gewiss wird in der Taufe der alte Adam ersäuft, aber das Biest kann schwimmen."

Die Reformatoren haben das christliche Leben nach der Taufe nicht aus dem Auge verloren, sondern haben es unter das Stichwort der „Heiligung" ge-

---

[19] Dass es sogar partiell geboten sei, meint K. FINSTERBUSCH, Die Thora als Lebensweisung für Heidenchristen. Studien zur Bedeutung der Thora für die paulinische Ethik (StUNT 20), Göttingen 1996.

stellt. Sie, die Heiligung, gilt es im neu geschenkten Leben als gläubiger Christ mehr und mehr zu realisieren. Bei Paulus steht das im Hintergrund, wenn er in den Briefeingängen seine Adressaten als Heilige anredet (z.B. in Röm 1,7: „... an alle, die in Rom sind, Geliebte Gottes, berufene Heilige"). Der Gerechtfertigte ist auch noch nicht endgültig gerettet, sondern kann seinen Gnadenstand durch eigenes Verschulden wieder verlieren. Darüber entscheidet letztlich Gott im Gericht. Auch dazu gibt es bei Paulus einige recht deutliche Stellen, die man nicht unterschlagen sollte, z.B. Röm 2,16: „... an dem Tag, an dem Gott richtet das Verborgene des Menschen gemäß meinem Evangelium durch Jesus Christus" oder Röm 14,10: „Denn alle werden wir hintreten zum Richterstuhl Gottes" oder noch prägnanter, weil auch die Taten, die Werke des Menschen mit einbezogen werden, 2 Kor 5,10: „Denn wir alle müssen vor den Richterstuhl Christi treten, damit jeder das empfange, was er im irdischen Leben getan hat, sei es Gutes, sei es Schlechtes." Wir dürfen allerdings die feste Hoffnung haben, das unsere bereits geschehene Rechtfertigung dann für uns positiv zu Buche schlägt.

Rechtfertigung, Heiligung, Rettung – diese drei Größen kann man zumindest logisch voneinander abheben und in eine zeitliche Abfolge bringen, auch wenn man sie dann wieder zusammen einbinden wird in einen übergreifenden Prozess, der jetzt aber nicht mehr individualistisch und punktuell enggeführt wird auf den einen Akt der Rechtfertigung hin, sondern der eine dynamische Interpretation erlaubt: Der gerechtfertigte Mensch wird in eine neue Geschichte mit Gott und mit den anderen Glaubenden hineingestellt, in eine Geschichte, die auf die endgültige Gemeinschaft mit Gott zuläuft.

Auch Paulus hat im Übrigen schon die Gefahr gesehen, die mit einer zu punktuell verstandenen Rechtfertigung verbunden sein kann, bzw. er musste sich bereits mit Vorwürfen auseinandersetzen, die ihm diesbezüglich gemacht worden sind. Das gibt er in Röm 3,8 zu erkennen: „Gilt am Ende das, womit man uns verleumdet und was einige uns in den Mund legen: ‚Lasst uns Böses tun, damit Gutes entsteht?' Diese Leute werden mit Recht verurteilt" (wir könnten am Ende, durchaus im Anschluss an das griechische Original, auch übersetzen: die, die so etwas behaupten, soll doch gleich der Teufel holen!). Der Vorwurf lautet also, wenn wir ihn etwas aufschlüsseln: Gott erweist nach Paulus seine Barmherzigkeit, das ist das Gute, dem Menschen in dessen Rolle als Sünder, der das Böse tut. Also könnte man umgekehrt folgern, dass es jetzt kräftig zu sündigen gelte, damit Gott Gelegenheit hat, seine Gerechtigkeit im Akt der Vergebung zu beweisen, und das lasse sich beliebig oft wiederholen. Eine solche liberalistische Verzerrung der Rechtfertigungslehre, die jeder christlichen Ethik den Boden unter den Füßen entzieht, weist Paulus emphatisch zurück als Missverständnis dessen, was er will. Aber dass damit noch nicht alle Probleme gelöst sind, genau das sehen wir am Beispiel des Jakobusbriefs, zu dem wir nun endlich kommen.

IV. Rechtfertigung (auch) durch Werke: Jakobus

Nur eine knappe Vorbemerkung zu diesem Schreiben[20]: Der Verfasser des Jakobusbriefes will durch die Namensangabe im Briefeingang wohl den Eindruck erwecken, dass er identisch ist mit dem Herrenbruder dieses Namens, mit dem gesetzestreuen Haupt der christlichen Gemeinde in Jerusalem. Wir kennen diesen Jakobus zum Beispiel aus dem Bericht über das Apostelkonzil in Apg 15, wo er das Wort ergreift. Tatsächlich wird es sich um einen unbekannten Verfasser handeln, der sich diesen Namen ausborgt und um 80 n. Chr. schreibt. Aber das ist in der Forschung umstritten und für unsere Zwecke auch nicht so wichtig.

Eine Passage aus dem Brief, nämlich Jak 2,14–24, brauchen wir zunächst eigentlich nur aufmerksam zu lesen, dann werden wir schlagartig die Relevanz, um nicht zu sagen die Brisanz erkennen, die sie auf dem Hintergrund des bisher Gesagten enthält[21]:

14 Meine Brüder, was nützt es, wenn einer sagt, er habe Glauben, aber es fehlen die Werke? Kann etwa der Glaube ihn retten?   15 Wenn ein Bruder oder eine Schwester ohne Kleidung ist und ohne das tägliche Brot   16 und einer von euch zu ihnen sagt: Geht in Frieden, wärmt und sättigt euch!, ihr gebt ihnen aber nicht, was sie zum Leben brauchen – was nützt das?   17 So ist auch der Glaube für sich allein tot, wenn er nicht Werke vorzuweisen hat.

18 Nun könnte einer sagen: Ist das denn noch Glaube? – Ich (antworte): Ich kann Werke vorweisen. Zeig du mir deinen Glauben ohne die Werke, und ich zeige dir meinen Glauben aus den Werken.   19 Du glaubst: Es gibt nur den einen Gott. Damit hast du Recht; das glauben auch die Dämonen, und sie zittern. 20 Willst du also einsehen, du unvernünftiger Mensch, dass der Glaube ohne Werke nutzlos ist?

21 Wurde unser Vater Abraham nicht aufgrund seiner Werke als gerecht anerkannt? Denn er hat seinen Sohn Isaak als Opfer auf den Altar gelegt.   22 Du siehst, dass bei ihm der Glaube und die Werke zusammenwirkten und dass erst durch die Werke der Glaube vollendet wurde.   23 So hat sich das Wort der Schrift erfüllt: Abraham glaubte Gott, und das wurde ihm als Gerechtigkeit angerechnet, und er wurde Freund Gottes genannt.

24 Ihr seht, dass der Mensch aufgrund seiner Werke gerecht wird, nicht durch den Glauben allein.

---

[20] Vgl. zu den Einleitungsfragen den sehr instruktiven Literaturbericht von F. HAHN / P. MÜLLER, Der Jakobusbrief, in: ThR 63 (1998) 1–73, hier besonders 36–41 und 59–64; siehe ferner auch M. KONRADT, Theologie in der „strohernen Epistel". Ein Literaturbericht zu neueren Ansätzen in der Exegese des Jakobusbriefes, in: Verkündigung und Forschung 44 (1999) 54–78; T. C. PENNER, The Epistle of James in Current Research, in: Currents in Research: Biblical Studies 7 (1999) 257–308. Ein Vergleich bei R. PENNA, La giustificazione in Paolo e in Giacomo, in: RivBib 30 (1982) 337–362.

[21] Zur Auslegung verweise ich vor allem auf die Kommentare von M. DIBELIUS, Der Brief des Jakobus (KEK 15), Göttingen ⁶1984; F. MUSSNER, Jak (s. Anm. 3); H. FRANKEMÖLLE, Der Brief des Jakobus. Kapitel 2–5 (ÖTBK XVIII/2), Gütersloh / Würzburg 1994; R. P. MARTIN, James (WBC 48), Waco, TX 1988; L. T. JOHNSON, The Letter of James (AnchB 37A), New York u.a. 1995.

Eine besondere Ironie dieses Stückes besteht nicht nur in der Negation des bekannten „sola fide", „allein durch Glaube", in V. 24: „nicht durch den Glauben allein", sondern auch in der Verarbeitung des Beispiels Abrahams in V. 21–23, denn dieses Beispiel verwendet auch Paulus ausgiebig in Röm 4, nur im entgegengesetzten Sinn. Beide, Jakobus und Paulus, stützen sich auf die Verheißung Gottes an Abraham in Gen 15,5, Abrahams Nachkommen sollten zahlreich sein wie die Sterne am Himmel, und auf die anschließende Feststellung in 15,6: „Abram (wie er damals noch hieß) glaubte dem Herrn, und der Herr rechnete es ihm als Gerechtigkeit an"[22]. Paulus wertet dies als Beispiel für bedingungslosen Glauben. Jakobus zieht die Forderung Gottes an Abraham aus Gen 22, den einzigen Sohn Isaak zu opfern, der allein bisher Träger dieser Verheißung zahlreicher Nachkommenschaft war, mit heran und argumentiert so: Mit seiner Bereitschaft dazu hat Abraham ein frommes Werk vollbracht, er hat ein Gebot Gottes befolgen wollen, und das erst besiegelte seinen Glauben.

Hier liegt offenbar ein etwas anderer Glaubensbegriff zugrunde als bei Paulus, und das wird auch durch den zweiten Abschnitt, die Verse 18–20, bestätigt, aber fangen wir vorne an. Zunächst fällt auf, dass in V. 14 vom Glauben gesagt wird: kann er allein den Menschen *retten?* Später kommt auch die Gerechtigkeit vor, aber Ausgangspunkt ist die Rettung, und das wiederum bedeutet die endzeitliche Rettung im Gericht, nicht mehr die anfängliche Aufnahme in die Glaubensgemeinschaft durch Vergebung der Sünden und Gerechtmachen des Menschen aus Anlass der Taufe. Für das Endgericht hatte auch Paulus, wie erinnerlich, die Werke als Kriterium mit vorgesehen. Was Jakobus dann in V. 15 und 16 als Werke definiert, sind selbstverständliche Taten der Nächstenliebe: einem Hungernden muss man zu essen geben und dürftig Bekleidete mit ordentlicher Kleidung versorgen; man kann sie nicht mit bloßen Worten abspeisen, das wäre zynisch und nicht im Sinne des Gebotes der Nächstenliebe. Merken wir dazu noch an, dass der Jakobusbrief überhaupt zahlreiche Anklänge an die Jesustradition und hier wieder besonders an Jesusworte aus der Bergpredigt aufweist[23]. Im Übrigen ist festzuhalten, dass Jakobus nirgends mehr von „Werken des Gesetzes" spricht, auch im nächsten Abschnitt nicht. Die Frontstellung hat sich offenkundig gewandelt. Es geht nicht mehr darum, ob man die Gebote des jüdischen Gesetzes alle einzuhalten hat oder nicht, sondern mehr

---

[22] Inwieweit die jeweilige Rezeption dem Grundtext nahe kommt, können wir hier nicht weiter entfalten, vgl. dazu A. BEHRENS, Gen 15,6 und das Vorverständnis des Paulus, in: ZAW 109 (1997) 327–341; M. OEMING, Ist Genesis 15,6 ein Beleg für die Anrechnung des Glaubens zur Gerechtigkeit?, in: ZAW 95 (1983) 182–197; DERS., Der Glaube Abrahams. Zur Rezeptionsgeschichte von Gen 15,6 in der Zeit des zweiten Tempels, in: ZAW 110 (1998) 16–33.

[23] Vgl. W. POPKES, Adressaten, Situation und Form des Jakobusbriefes (SBS 125/126), Stuttgart 1986, 156–176; P. J. HARTIN, James and the Q Sayings of Jesus (JSNT.SS 47), Sheffield 1991. Auf Jak 2,1–13 beschränkt sich W. H. WACHOB, The Voice of Jesus in the Social Rhetoric of James (MSSNTS 106), Cambridge 2000.

um die Realisierung ethischer Grundhaltungen innerhalb und außerhalb der christlichen Gemeinde, um die Nächstenliebe zum Beispiel.

V. 18 verrät, dass auch Jakobus sich kritischen Rückfragen ausgesetzt sah. Wird in seiner Konzeption der Glaube nicht auf „bloße" Nächstenliebe reduziert? Verkümmert er nicht zu sozialem Aktivismus? Aber Jakobus insistiert in dem etwas schwierig zu deutenden fiktiven Dialog[24] von V. 18 auf den Werken, und er kann das tun, weil er den Glaubensbegriff, den er auf der Seite seiner Gegner voraussetzt, mehr inhaltlich denn existentiell versteht, nicht als Grundvertrauen, sondern als Zustimmung zu Satzwahrheiten. Das illustriert er nämlich in V. 19 mit einem schockierenden Beispiel: „Es gibt nur einen Gott", das ist ein solcher Glaubenssatz, aus der Bibel gut bekannt. Das wird auch von den dämonischen Mächten, deren Existenz Jakobus im Rahmen seines Weltbildes problemlos annimmt, nicht geleugnet, aber kann man das eigentlich Glauben nennen? Wenn, dann nur in einem ganz inhaltsleeren, formalen Sinn, der im Fall der Dämonen zu Furcht und Zittern vor diesem überlegenen Gott führt, nicht zu Anbetung und Gehorsam und Dankbarkeit, was die richtigen Reaktionen wären. Damit ist dann auch der Boden bereitet für die weiteren Ausführungen in V. 20 bis 24, die wir bereits angesprochen haben. Halten wir zu dem Resümee in V. 24 noch fest, dass es dort zwar heißt: der Mensch wird nicht durch Glauben allein gerechtfertigt. Aber es steht nicht da: der Mensch wird gerechtfertigt allein durch Werke. Das heißt: Glaube und Werke müssen zusammenwirken. Für Werke könnten wir in dem Vers auch Glaubenswerke einsetzen. Rechtfertigen kann ein Glaube, der sich in Werken bewährt.

Fassen wir die Erkenntnisse zum Jakobusbrief zusammen: Zielpunkt der Aussage ist die Rettung im Endgericht, nicht die anfängliche Bekehrung zum christlichen Glauben. Das jüdische Gesetz stellt anscheinend kein Problem mehr da, mit Werken sind Taten der Nächstenliebe, wie Jesus sie selbst gefordert hat, gemeint. Der Glaube, den Jakobus als allein nicht ausreichend ansieht, wurde von ihm vorwiegend formal gefasst, als Zustimmung zu bestimmten Satzwahrheiten. Darauf baut die Gesamtthese auf, dass eine christliche Grundhaltung, die im Endgericht Bestand haben soll, eine Bewährung des Glaubens in Taten der Liebe unbedingt erfordert. Als Parallele drängt sich die Bergpredigt förmlich auf: „Nicht jeder, der zu mir sagt: Herr! Herr!, wird in das Himmelreich kommen, sondern nur, wer den Willen meines Vaters im Himmel tut" (Mt 7,21)[25].

---

[24] Zum hier vertretenen Verständnis vgl. H. FRANKEMÖLLE, Jak (s. Anm. 21) 438–441; F. HAHN / P. MÜLLER, Der Jakobusbrief (s. Anm. 20) 39f.

[25] H. D. BETZ, The Sermon on the Mount. A Commentary on the Sermon on the Mount, including the Sermon on the Plain (Matthew 5:3–7:27 and Luke 6:20–49) (Hermeneia), Minneapolis 1995, 546–556, setzt die Stelle Mt 7,21–23 in – teils polemischen – Bezug zu Paulus und Jakobus.

Wenn wir das Ganze so auseinander falten, dann besteht kein echter bzw. kein unversöhnlicher Gegensatz zwischen Jakobus und Paulus, ohne dass wir jetzt andererseits in die Gefahr einer vorschnellen Harmonisierung verfallen wollen. Akzentverschiebungen und Spannungen sind zweifellos auszumachen. Vor allem müssen wir wohl davon ausgehen, dass Jakobus sich mit dem paulinischen Grundsatz bereits kritisch auseinandersetzen will[26]. Er zitiert ihn in V. 24, indem er ihn negiert. Wir brauchen die beiden Sätze ja nur nebeneinander zu halten, um das zu sehen: „Der Mensch wird gerecht (allein) durch Glauben, ohne Werke des Gesetzes", so Paulus, „Der Mensch wird gerecht aufgrund seiner Werke, nicht durch den Glauben allein", so Jakobus.

Auf irgend eine Weise muss Jakobus also mit diesem paulinischen Satz von der Rechtfertigung aus Glauben in Kontakt gekommen sein. Eine Möglichkeit wäre, dass er Paulus direkt kannte und den Römerbrief zum Beispiel oder den Galaterbrief vor Augen hatte. Völlig auszuschließen ist das nicht, auch wenn es in der Forschung meist abgelehnt wird. Wir sagten außerdem, der Satz stamme gar nicht von Paulus allein, sondern sei unter seiner Mitwirkung in der antiochenischen Gemeinde entwickelt worden; auch daher könnte Jakobus ihn haben, sozusagen an Paulus vorbei. Am plausibelsten aber erscheint in der Tat die Annahme, dass Jakobus sich bereits mit nachpaulinischen Entwicklungen oder besser Fehlentwicklungen konfrontiert sieht. Der Satz: Rechtfertigung geschieht allein aus Glauben, ohne Werke des Gesetzes, wurde in der Zwischenzeit bereits von seiner Ursprungssituation abgelöst und dadurch radikalisiert. Die Werke überhaupt, auch alle christlichen Werke, wurden für zweitrangig und unwichtig erklärt. Auf die konkrete Lebensgestaltung komme es gar nicht mehr an. Man könne, das wäre die letzte Konsequenz, unbesorgt sündigen, Gott werde vergeben, denn, wie Heinrich Heine später spöttisch sagen sollte: „Pardonner, c'est son métier", „Vergeben ist sein Beruf". Wir nähern uns letztlich jenem Vorwurf, der schon gegen Paulus erhoben wurde und gegen den er sich in Röm 3,8 so energisch zu Wehr setzt, nämlich dass seine Lehre auf den Satz hinauslaufe: „Lasst uns Böses tun, damit Gutes entsteht", d.h. lasst uns sündigen, damit Gott vergeben kann. Verbunden war mit dieser Position die Vernachlässigung sozialer Verantwortung, die in die Kategorie der belächelten Werke gehört. Wenn man das sieht, kann man auch Jakobus die Sympathie nicht ganz versagen, selbst als glühender Anhänger des Paulus nicht.

---

[26] Vgl. M. Hengel, Der Jakobusbrief als antipaulinische Polemik, in: Tradition and Interpretation in the New Testament (FS E. E. Ellis), Grand Rapids/Tübingen 1987, 248–278; anders, aber kaum überzeugend M. Konradt, Christliche Existenz nach dem Jakobusbrief. Eine Studie zu seiner soteriologischen und ethischen Konzeption (StUNT 22), Göttingen 1998, 241–246.

V. Schlusswort

Nach diesen langen Ausführungen nur noch ein kurzes Schlusswort. Martin
Luther, Paulus, Jakobus – in dieser Reihenfolge haben wir drei Theologen behandelt, zwei aus der Ursprungszeit und einen aus einer Wendezeit. Es ist erneut deutlich geworden, dass Luther und mit ihm die Reformation nahe bei
Paulus stehen, auch wenn die veränderte Zeitsituation zu manchen Akzentver-
lagerungen in der Rezeption des paulinischen Gedankengutes geführt hat. Wir
verspüren auch schon, ohne dass wir das noch des Langen und Breiten ausführen könnten oder müssten, dass man die Position des Jakobus eher mit der katholischen Tradition zusammensehen kann, was etwa den Glaubensbegriff, die
Betonung christlicher Werke und deren Stellenwert beim Endgericht angeht.

Wir haben vor wenigen Jahren, genau gesagt am 31. Oktober 1999, in der für
die Reformation so wichtigen Stadt Augsburg die Unterzeichnung der gemeinsamen Erklärung zur Rechtfertigungslehre durch die Kirchen des Lutheri-
schen Weltbundes und die Katholische Kirche miterlebt. Darin wird ein grund-
legender Konsens in der Rechtfertigungslehre festgestellt, bei weiterhin not-
wendigem Diskussionsbedarf in Einzelfragen. Es heißt dort in § 15[27]:
„Gemeinsam bekennen wir: Allein aus Gnade im Glauben an die Heilstat Christi, nicht aufgrund unseres Verdienstes, werden wir von Gott angenommen und
empfangen den Heiligen Geist, der unsere Herzen erneuert und uns befähigt
und aufruft zu guten Werken" (eine recht offene, aber gerade dadurch mit dem
biblischen Befund und seiner unterschiedlichen Rezeption kompatible Formulierung; immerhin stellte, was oft übersehen wird, auch schon das Trienter Konzil gegen Extremisten im eigenen, katholischen Lager fest: „Wer sagt, der
Mensch könne durch seine Werke, die durch die Kräfte der menschlichen Natur oder vermittels des Gesetzes getan werden, ohne die göttliche Gnade durch
Jesus Christus vor Gott gerechtfertigt werden, der sei ausgeschlossen"[28]). In der
nachgeschobenen „Gemeinsamen offiziellen Feststellung", die bestimmte Irritationen mildern sollte, steht dazu noch zu lesen: „Die beiden Dialogpartner

---

[27] Der deutsche Text unter anderem bei: J. Brosseder / U. Kühn / H. G. Link, Überwindung der Kirchenspaltung. Konsequenzen aus der Gemeinsamen Erklärung zur Rechtfertigungslehre, Neukirchen-Vluyn 1999, 32–42, hier 36. Zur Diskussion insbesondere aus exegetischer Sicht vgl. nur U. Wilckens, Die „Gemeinsame Erklärung zur Rechtfertigungslehre"
(GE) und ihre biblische Grundlage, in: T. Söding (Hrsg.), Worum geht es in der Rechtfertigungslehre (s. Anm. 1) 27–63; H. Hübner, Die paulinische Rechtfertigungstheologie als öku-
menisch-hermeneutisches Problem, ebd. 76–105, und T. Söding, Kriterium der Wahrheit?
Zum theologischen Stellenwert der paulinischen Rechtfertigungslehre, ebd. 193–246, sowie
M. Theobald, Rechtfertigung und Ekklesiologie nach Paulus. Anmerkungen zur „Gemeinsa-
men Erklärung zur Rechtfertigungslehre", in: ZThK 95 (1998) 103–117; jetzt auch in: Ders.,
Studien zum Römerbrief (WUNT 136), Tübingen 2001, 226–240.

[28] DS 1551, als Can. 1: „Si quis dixerit, hominem suis operibus, quae vel per humanae natu-
rae vires, vel per Legis doctrinam fiant, absque divina per Christum Iesum gratia posse iustifi-
cari coram Deo: anathema sit."

verpflichten sich, das Studium der biblischen Grundlagen der Lehre von der Rechtfertigung fortzuführen und zu vertiefen"[29].

Das alles weiter zu entfalten würde eine eigene Studie erfordern, und das wäre auch nicht mehr mein Fachgebiet. Aber es ist ebenso wichtig wie tröstlich, zu sehen, dass der Grund für verschiedene Sichtweisen und verschiedene Zugangswege zu der einen Sache schon im Neuen Testament gelegt ist, in der Gründungsurkunde unseres Glaubens. Versöhnte Einheit in Vielfalt wird insofern immer nur möglich sein, wenn wir uns, wie in der Gemeinsamen Erklärung geschehen, zurückbeziehen auf das vielfältige Zeugnis des Neuen Testaments, das immer neue Überraschungen für uns bereithält und uns zu immer neuen Entdeckungen einlädt.

---

[29] A.a.O. (s. Anm. 27) 43.

15. Die katholische neutestamentliche Exegese zwischen Vatikanum I und Vatikanum II

I. Zur Einstimmung: Ein Schriftwort und seine Folgen

Vom Exegeten erwartet man, dass er mit der Bibel beginnt. Als Einstieg in unser Thema sollen uns daher zwei Verse aus dem Schlussabschnitt des zweiten Petrusbriefs[1] dienen (2 Petr 3,15f.):

So hat auch unser geliebter Bruder Paulus gemäß der ihm gegebenen Weisheit euch geschrieben, wie er es in allen seinen Briefen tut, in denen er von diesen Dingen spricht. Darunter ist manches freilich schwer zu verstehen, und prompt verdrehen es die Unwissenden und Ungefestigten, was sie auch mit den übrigen Schriften tun, zu ihrem Verderben.

Derselbe anonyme bzw., genauer gesagt, pseudepigraphe Autor[2] hatte zuvor schon mit Bezug auf die Heilige Schrift Israels festgehalten: „Das sollt ihr als Erstes erkennen, dass jede Prophetie der Schrift nicht Sache eigenwilliger Auslegung ist" (2 Petr 1,20). Beide Stellen sind in ihrem ursprünglichen Kontext zwar nicht unbedingt so restriktiv und autoritär gemeint, wie sie für unsere Ohren wahrscheinlich klingen[3]. Aber es ist andererseits sicher kein Zufall, dass

---

[1] Zu den Einleitungsfragen (siehe unten) und zur kontroversen Erklärung der beiden im Folgenden angesprochenen Stellen vgl. die neueren Kommentare: R. J. Bauckham, Jude, 2 Peter (WBC 50), Waco, TX 1983; H. Paulsen, Der zweite Petrusbrief und der Judasbrief (KEK XII/2), Göttingen 1992; A. Vögtle, Der Judasbrief / Der 2. Petrusbrief (EKK 22), Solothurn u.a./Neukirchen-Vluyn 1994; J. H. Neyrey, 2 Peter, Jude (AncB 37C), New York 1993; daneben noch: T. Fornberg, An Early Church in a Pluralistic Society: A Study of 2 Peter (CB.NT 9), Lund 1977; R. J. Bauckham, 2 Peter: An Account of Research, in: ANRW II/25.5 (1988) 3713–3752.

[2] Zu dieser nicht immer hinreichend bedachten Unterscheidung vgl. M. Wolter, Die anonymen Schriften des Neuen Testaments. Annäherungsversuche an ein literarisches Phänomen, in: ZNW 79 (1988) 1–16; A. D. Baum, Literarische Echtheit als Kanonkriterium in der alten Kirche, in: ZNW 88 (1997) 97–110; H. J. Klauck, Die antike Briefliteratur und das Neue Testament. Ein Lehr- und Arbeitsbuch (UTB 2022), Paderborn 1998, 301–314.

[3] So betrifft 2 Petr 1,20, um damit zu beginnen, wahrscheinlich gar nicht die Auslegung der alttestamentlichen Schriftprophetie in der Gegenwart des Briefautors, sondern ihren zurückliegenden, doppelten Ursprung in der Abfolge von (a) gottgeschenkter Vision und (b) deren

sie in dem jüngsten Schriftstück des Neuen Testaments stehen, das nicht vor 100 n. Chr. angesetzt werden kann, möglicherweise sogar noch zwei bis drei Jahrzehnte später zu datieren ist. Die Tradition hat sich inzwischen verfestigt und bedarf der Absicherung, und für ihre Gültigkeit bürgt der Name des Apostelfürsten.

Späteren Amtsträgern mussten diese Worte vorkommen, als seien sie ihnen aus der Seele gesprochen. Dafür gibt es auch Beispiele. So veröffentlichte Papst Gregor XVI. 1844 seine Enzyklika *Inter praecipuas machinationes,* die sich gegen die wichtigsten der sogenannten „Machenschaften" protestantischer Bibelgesellschaften richtete[4]. Er zitiert aus dem zweiten Petrusbrief – einem Werk „Petri Apostolorum principis"! – und führt dazu aus, das sei seit den Anfängen des Christentums der Trick der Häretiker gewesen: den Wortlaut der Schrift zu verfälschen und ihn durch Auslegung zu verdrehen. Es stecke daher tiefe Weisheit in der bisherigen katholischen Praxis, Laien die eigenständige Lektüre von Bibelausgaben in der Volkssprache gar nicht oder nur mit erheblichen Kautelen zu gestatten, denn sie drohe letztlich die Lehrautorität der Kirche zu unterminieren.

Damit aber haben wir uns unserem eigentlichen Thema schon genähert, zeitlich und der Sache nach. Wir blicken von unserem heutigen Standpunkt aus auf ca. 150 Jahre zurück, mit den beiden Vatikanischen Konzilien als den großen Markierungspunkten und mit offiziellen und offiziösen römischen Verlautbarungen zum Bibelverständnis als phasenversetzten Vorspielen, Zwischenspielen und Nachspielen. Unter diesen nichtkonziliaren Dokumenten sind drei Texte hervorzuheben, die im Abstand von je 50 Jahren aufeinander folgten[5]:

---

gleichfalls inspirierter Entschlüsselung, so dass im Kontext, d.h. verbunden mit V. 21, zu paraphrasieren wäre: Keine Prophetie der Schrift beruht auf einer eigenmächtigen „Übersetzung" des Geschauten durch den Propheten, weil Prophetie in allen ihren Teilen nie aus rein menschlichem Impuls entspringt, sondern vom heiligen Geist inspirierte Menschen sie empfangen und im Auftrag Gottes auch aussprechen. Die Apostrophierung des Paulus als „geliebter Bruder" in 3,15 ist wohl nicht ironisch gemeint, sondern blickt respektvoll auf Petrus (Brieffiktion!) und Paulus als Gründerheroen der Vergangenheit zurück, und der Briefautor möchte gerne beide als einmütige Zeugen für seine eigene Position gewinnen. Der polemische Ausfall in 3,16 hat die innerchristlichen theologischen Gegner des Verfassers im Visier, die aus den in der Tat nicht immer kohärent wirkenden Ausführungen zur Eschatologie und zur Gesetzesfrage in den (bzw. in einigen; wie die Paulusbriefsammlung des Verfassers und seiner Gegner aussah, ist nicht ganz zu sichern) Paulusbriefen ihre eigenen Schlüsse zogen. Generell ist die rhetorische Einfärbung solcher Attacken zu berücksichtigen, siehe dazu, auch als Beispiel für eine neue Forschungsrichtung in der Exegese der neutestamentlichen Briefliteratur: D. F. Watson, Invention, Arrangement, and Style. Rhetorical Criticism of Jude and 2 Peter (SBL.DS 104), Atlanta, GA 1988.

[4] Vgl. Enchiridion Biblicum. Documenti della Chiesa sulla Sacra Scrittura. Edizione bilingue (Collana »Strumenti«), Bologna 1993, ²1994 [in Folgenden: EnchB], hier Nr. 33, ab § 74b, S. 103–121. Danach wird zur Hauptsache zitiert. Daneben wird von Fall zu Fall verwiesen auf: DH, hier DH 2771f.

[5] Zu ihnen vgl. besonders: P. Laghi / M. Gilbert / A. Vanhoye, Chiesa e Sacra Scrittura. Un secolo di magistero ecclesiastico e studi biblici (SubBi 17), Rom 1994, darin wiederum vor

Die Enzyklika *Providentissimus Deus* („Der überaus vorsorgliche Gott"; 1893) von Leo XIII., die Enzyklika *Divino afflante Spiritu* („Unter dem Anhauch des göttlichen Geistes"; 1943) von Pius XII. und die Verlautbarung der Päpstlichen Bibelkommission über *Die Interpretation der Bibel in der Kirche* (1993)[6].

Die Konflikte, die in diesen Texten teils implizit angesprochen und nur selten wirklich ausgetragen werden, haben es nicht so sehr mit bestimmten exegetischen Methoden zu tun, nicht einmal allein mit Fragen der Historizität der biblischen Erzählungen und der Verfasserschaft der Bücher der Bibel, und selbst die anfangs mit Vorliebe traktierten Themen der Inspiration und der Irrtumslosigkeit der Schrift verweisen im Grunde auf etwas Tieferes. Neue Wege des Bibelverständnisses werden immer wieder als fundamentale Gefährdung der Lehrautorität der Kirche in Glaubens- und Sittenfragen empfunden, und dies vom Standpunkt der Zensoren aus nicht einmal ganz zu Unrecht. Das Problem liegt nur darin, ob gewisse Formen der Ausübung dieser Autorität ihrerseits überhaupt im Recht sind und ob sie es denn verdienen, verteidigt zu werden, dazu noch mit fraglichen Mitteln. Die Inhaber der Lehrautorität werden das naturgemäß anders empfinden als diejenigen, die sich von ihr bevormundet fühlen.

Aus dieser bewegten und streckenweise durchaus schmerzlichen Geschichte können wir nur einige Etappen herausgreifen und exemplarisch besprechen. Wir beschränken uns in der Durchführung (II.) auf vier Stationen und behandeln in ihrer zeitlichen Reihenfolge, unter Berücksichtigung des jeweiligen Kontexts, d.h. auch der Vor- und Nachgeschichte, 1. *Providentissimus Deus*, 2. einen nur wenig späteren Einzelentscheid von exemplarischer Bedeutung, 3. *Divino afflante Spiritu* und 4. die Offenbarungskonstitution des Zweiten Vatikanums *Dei verbum*. In einer Art überdimensioniertem Exkurs (unter III. „Echos") wenden wir uns wenigstens mit einer Einzelfallstudie – mehr war in diesem Rahmen nicht möglich – Auswirkungen und Reaktionen in der deutschsprachigen katholischen Exegese des Neuen Testaments zu, ehe wir mit einem Ausblick (IV.) den Anschluss an die Gegenwart suchen.

---

allem: M. GILBERT, Cinquant'anni di magistero romano sull'ermeneutica biblica. Leone XIII (1893) – Pio XII (1943) (11–33); A. VANHOYE, Dopo la Divino afflante Spiritu. Progressi e problemi dell'esegesi cattolica (35–51).

⁶ Der französische Originaltext mit italienischer Übersetzung jetzt in EnchB Nr. 122, § 1259–1560, S. 1182–1361; deutsche Übersetzung als VApS 115 und in: Die Interpretation der Bibel in der Kirche. Das Dokument der Päpstlichen Bibelkommission vom 24.4.1993, mit einer kommentierenden Einführung von Lothar Ruppert und einer Würdigung durch Hans-Josef Klauck (SBS 161), Stuttgart 1995, 91–161; vgl. dazu: J. A. FITZMYER, The Biblical Commission's Document „The Interpretation of the Bible in the Church". Text and Commentary (SubBi 18), Rom 1995; H. J. KLAUCK, Alle Jubeljahre. Zum neuen Dokument der Päpstlichen Bibelkommission, in: BZ NF 39 (1995) 1–27 [s. in diesem Bd. die Nr. 16].

II. Durchführung: Vier Stationen

1. Die Enzyklika Providentissimus Deus (1893)

Das Erste Vatikanum berief sich 1870 in der dogmatischen Konstitution *Dei Filius* auf die Bestimmungen des Trienter Konzils über die Schriftauslegung, mit deren Hilfe „unbelehrbare Geister" *(petulantia ingenia)* in Zaum gehalten werden sollten, und dekretierte, dass es allein der heiligen Mutter Kirche zukomme, „über den wahren Sinn und die Auslegung der heiligen Schriften zu urteilen"[7].

Zustimmend zitiert diesen Satz Leo XIII. 1893 in der ersten Enzyklika, die ausschließlich dem Studium der Bibel gewidmet ist und die mit den Worten *Providentissmus Deus* beginnt[8]. Im Grunde bleibt sie der Abwehr und der Verteidigung verhaftet. So wird z.B. beklagt, dass Vertreter einer sogenannten „freien Forschung" *(scientia libera)* ihre vermeintlichen Einsichten sogar dem ungelehrten Volk *(indoctorum vulgus)* und den Heranwachsenden in den Schulen *(adolescentium scholas)* ungehindert nahe bringen dürfen (§ 101). Dem katholischen „Privatgelehrten" *(privato doctori)* – „privat" wohl deshalb, weil er nicht im Auftrag des Lehramts spricht – obliegt es, die Richtigkeit einmal getroffener kirchlicher Entscheidungen über den Sinn von Schriftstellen vor dem gläubigen Volk und der gelehrten Welt zu bestätigen und Gegner möglichst brillant zu widerlegen[9]. Zur gesammelten Tradition und dem übereinstimmenden Zeugnis der Kirchenväter, das maßgebende Norm bleibt (§ 111), kann katholische Exegese per definitionem nicht in Widerspruch geraten.

Die vorwärts weisenden Elemente in dieser Enzyklika, die neuerdings verschiedentlich herausgestellt wurden[10], nehmen sich demgegenüber eher bescheiden aus. Das Studium der orientalischen Sprachen wird eingeschärft und die Beherrschung der äußeren Kritik, d.h. der Auswertung der geschichtlichen Zeugnisse (§ 118f.), verlangt, die „innere Kritik" jedoch, zu der z.B. die Literarkritik zählt, als zu subjektiv zurückgewiesen. Bei der Besprechung der Unvereinbarkeit von biblischem und naturwissenschaftlichem Weltbild wird zögernd die Möglichkeit eingeräumt, dass die biblischen Autoren sich metaphorischer Redeweisen *(quodam translationis modo)* und der Alltagssprache ihrer Zeit

---

[7] EnchB § 18 / DH 3001: … sancta mater Ecclesia, cuius est iudicare de vero sensu et interpretatione Scripturarum sanctarum.

[8] EnchB Nr. 31, § 81–134, S. 132–193; besagtes Zitat dort in § 108; siehe DH 3280–3294 (Auszüge).

[9] EnchB § 109: in locis vero iam definitis potest privatus doctor aeque prodesse, si eos vel enucleatius apud fidelium plebem et ingeniosius apud doctos edisserat, vel insignius evincat ab adversariis.

[10] Z.B. von M. GILBERT, Cinquant'anni (s. Anm. 5) 13–22; vgl. auch die Aussagen von Johannes Paul II. bei seiner Ansprache aus Anlass der Hundert- bzw. Fünfzigjahrfeier der beiden Bibelenzykliken und der Überreichung des Dokuments *Die Interpretation der Bibel in der Kirche*, in: VApS 115, 1–20, hier 10, bzw. EnchB § 1243.

bedienten, um verstanden zu werden, ja, Gott selbst drücke sich so aus, damit das Gesagte die menschliche Fassungskraft nicht übersteige (§ 121). Auch Abschreibefehler bei der Textüberlieferung werden zugestanden (§ 124). Andere Irrtümer kann es nicht geben, da Gott sich nicht irren kann (§ 124), und er ist durch den Heiligen Geist der Verfasser der Schrift, denn der menschlichen Autoren hat er sich nur als Schreibwerkzeuge bedient (§ 125: *tamquam instrumenta ad scribendum*)[11].

Auf Leo XIII. geht auch die Gründung der Päpstlichen Bibelkommission zurück, die er im letzten Jahr seines Pontifikats vornahm, mit dem apostolischen Schreiben *Vigilantiae* vom 30. Oktober 1902[12] – man beachte das Eingangsstichwort, das sich unmittelbar auf die besondere „Wachsamkeit" des Papstes bezieht, nach den ersten Erfahrungen mit der neuen Einrichtung von den Betroffenen aber zum Programmwort eines Überwachungsapparats umgemünzt wurde. Darin rekurriert Leo XIII. erneut auf den oben schon zitierten Satz des Ersten Vatikanums (in § 141). Anders als heute bestand die Kommission zu Beginn aus römischen Kardinälen, denen bekannte Fachexegeten als Konsultatoren zur Seite stehen sollten (§ 145). Für ihre Entscheide wird absoluter Gehorsam erwartet (§ 147: cum absoluto numeris omnibus obsequio respondeant).

Doch ehe sie ihre Arbeit aufnahm, hatte eine andere römische Institution noch Gelegenheit, mit einem Bescheid zu einer exegetischen Detailfrage hervorzutreten. Die Sachlage selbst verdiente eigentlich nicht mehr als die Fußnote, mit der sie in den heutigen Bibelausgaben meist bedacht wird[13]. Dennoch lohnt es sich, diesen Vorgang nachzuzeichnen, weil er ein Lehrstück für den folgenreichen Streit um Authentizität und Autorität des biblischen Textes darstellt und weil die hier praktizierte Vorgehensweise die Arbeit auch der Päpstlichen Bibelkommission für die ersten Jahrzehnte charakterisieren wird.

---

[11] Zu Vorgeschichte und Frontstellung dieser Formulierung siehe: R. B. Robinson, Roman Catholic Exegesis since *Divino Afflante Spiritu*. Hermeneutical Implications (SBL.DS 111), Atlanta, GA 1988, 11f.

[12] EnchB Nr. 40, § 137–148, S. 202–213; wenig später, nämlich 1904, erhielt die Bibelkommission von Pius X. das Recht, akademische Grade zu verleihen, siehe den apostolischen Brief *Scripturae sanctae* in: EnchB Nr. 41, § 149–157, S. 214–219.

[13] In der Einheitsübersetzung (Gesamtausgabe, Stuttgart 1980) heißt es z.B. auf S. 1369 in einer Fußnote zu 1 Joh 5,7f. lapidar: „Hier ist bei vielen Textzeugen das sog. Comma Johanneum eingefügt, das nicht zum ursprünglichen Text gehört"; dass es in „vielen Textzeugen" stehe, ist nicht einmal richtig (siehe unten), es sei denn, man zählt die Vulgatahandschriften einzeln, was in der Textkritik durchaus unüblich ist.

2. Der Streit um das Comma Johanneum (1897)

a) Der strittige Kasus und seine Behandlung

1897 sah sich die Kongregation für die Inquisition genötigt, die Authentizität des sogenannten *Comma Johanneum,* was soviel heißt wie „das johanneische Satzstück", zu verteidigen. Zur Erklärung müssen wir ein wenig ausholen[14].

Der Text von 1 Joh 5,7 lautet nach dem einhelligen Wortlaut der griechischen Textzeugen und aller alten Übersetzungen mit Ausnahme der lateinischen: „Denn drei sind es, die Zeugnis geben, der Geist und das Wasser und das Blut, und diese drei sind auf das eine hin(geordnet)". Nur in den Altlateinern und in wenigen sehr jungen, offensichtlich von der lateinischen Version beeinflussten griechischen Handschriften[15] trifft man eine Erweiterung an, die im Wesentlichen folgende Form hat (es gibt noch Varianten hinsichtlich des Wortlauts und der Reihenfolge, von denen wir hier absehen können):

> Denn drei sind es, die Zeugnis geben
> [im Himmel:
> der Vater, der Logos und der heilige Geist,
> und diese drei sind eins.
> Und drei sind es,
> die Zeugnis geben auf Erden]:
> der Geist und das Wasser und das Blut,
> und diese drei sind eins.

Das sieht nach einem klaren trinitarischen Bekenntnis aus, dem klarsten überhaupt im Neuen Testament, auf das man entsprechend ungern verzichten würde[16], aber schon hier ist Vorsicht angebracht, denn die Auslegung fällt gar nicht so leicht: Was ist mit dem Gegensatz von Himmel und Erde überhaupt gemeint? Und wie ist das Verhältnis der drei genannten Größen genauer zu bestimmen, inwiefern sind sie „eins"? Entscheidend jedoch ist die sehr schwache äußere Bezeugung. Wann und wie diese Lesart aufkam, lässt sich nicht einmal mit letzter Sicherheit sagen: wahrscheinlich entstand sie im 3. Jahrhundert

---

[14] Ausführlich zum folgenden: H. J. KLAUCK, Der erste Johannesbrief (EKK XIII/1), Zürich/Neukirchen-Vluyn 1991, 291–311, mit zahlreichen Literaturangaben; kurz auch: DERS., Comma Joanneum, in: LThK³ 2 (1994) 1272; als neueren Kommentar vgl. daneben: W. VOGLER, Die Briefe des Johannes (ThHK 17), Leipzig 1993, 165f.

[15] Zum Textbefund siehe vor allem: W. THIELE, Epistulae Catholicae (VL 26,1), Freiburg i. Br. 1956–1969, 239–406, hier 363–365; DERS., Beobachtungen zum Comma Iohanneum (I Joh 5,7f.), in: ZNW 50 (1959) 61–73.

[16] Vgl. W. KOELLING, Die Echtheit von I. Joh. 5,7, Breslau 1893, 5: „I. Joh. 5,7 ist das majestätische biblische Compendium für die kirchliche Trinitätslehre"; Kritik daran äußerte schon Martin Luther (Vorlesung über den I. Johannisbrief. 1527; hrsg. von G. Koffmane, in: WA 20, 592–807), der zunächst bemerkt, die Worte seien „durch den Eifer der alten Theologen gegen die Arianer ungeschickt eingefügt" worden, und dann fortfährt: „Ich könnte mich leicht darüber lustig machen, dass es keine ungeeignetere Beweisstelle für die Trinität gibt" (780f.).

n. Chr. in Nordafrika als Randglosse, die wenig später in den Text eindrang (in der Ostkirche spielt sie folglich keine Rolle, auch im gesamten Mittelalter nicht[17]). Einer ihrer Hauptvertreter war der spanische Theologe und Bischof Priscillian, der 385/86 n. Chr. wegen Häresieverdacht verurteilt und hingerichtet wurde, zum Entsetzen auch breiter rechtgläubiger Kreise. Er dürfte die Einheit modalistisch verstanden haben, als strikte Identität der einen Person Gottes in ihren drei Erscheinungsformen, was einer gewissen bitteren Ironie nicht entbehrt.

Erst über die jüngere Vulgataüberlieferung geriet das *Comma Johanneum* in die Übersetzungen des lateinischen Mittelalters und in die Textausgaben der frühen Neuzeit hinein, so auch in den *Textus receptus,* und wurde deshalb – nur im Westen! – fortan teils verbissen verteidigt. Warum sich auch Erasmus entschloss, das *Comma Johanneum* trotz aller Bedenken von der dritten Ausgabe seiner Edition des Neuen Testaments (1522) an in den Text aufzunehmen, bleibt ein Stück weit ein Rätsel[18]. Dass es zeitweilig fast nur die antitrinitarisch eingestellten Socinianer waren, die sich gegen seine Echtheit aussprachen[19], gehört sicher nicht zu den Ruhmesblättern der Kritik. Aus einem ungewohnten Blickwinkel beleuchtet die damit verbundene Autoritätsfrage eine Stelle aus der Satire „Einwände gegen die Abschaffung des Christentums" von Jonathan Swift[20]:

Deshalb sehen die Freidenker das Christentum auch als ein Gebäude an, in dem alle Teile so aufeinander ruhen, dass der ganze Bau zusammenstürzen muss, wenn man auch nur einen einzigen Nagel herauszieht. Dem hat kürzlich ein Mann glücklich Ausdruck gegeben: er hörte, dass ein Text, den man gemeinhin zum Beweis der Dreieinigkeit anführte, in einem alten Manuskript ganz anders lautete. Er begriff den Wink sofort und kam durch eine Kette von Folgerungen rasch zu dem logischen Schluss: „Aber wenn dem so ist, wie Sie sagen, so kann ich in aller Ruhe weiterhuren, saufen und dem Pastor Trotz bieten."

Um die Rettung dieses einen Nagels bemühte sich 1897, noch unter Leo XIII. und mit dessen Billigung, die Kongregation für die Inquisition in einem Dekret[21], das zunächst die Frage stellt: „Ob mit Sicherheit geleugnet oder auch nur

---

[17] Vgl. A. BⅬᴜᴅᴀᴜ, Das Comma Ioanneum bei den Griechen, in: BZ 13 (1915) 26–50.130–162.222–243.

[18] Einige Antworten gibt: H. J. ᴅᴇ Jᴏɴɢᴇ, Erasmus and the Comma Johanneum, in: EThL 56 (1980) 381–389.

[19] Vgl. Fᴀᴜsᴛᴜs Sᴏᴄɪɴᴜs (i.e. Fausto Sozzini, 1537–1604), Commentarius in epistolam Iohannis apostoli primam, Raków 1614, 425f.; A. BⅬᴜᴅᴀᴜ, Das Comma Ioanneum (I Io 5,7) in den Schriften der Antitrinitarier und Socinianer des 16. und 17. Jahrhunderts, in: BZ 2 (1904) 275–300.

[20] J. Swɪғᴛ, Einwände gegen die Abschaffung des Christentums, in: Dᴇʀs., Die menschliche Komödie. Schriften, Fragmente, Aphorismen. Hrsg. von M. Freund (KTA 171), Stuttgart 1957, 136–150, hier 149.

[21] EnchB Nr. 38, § 135.

in Zweifel gezogen werden kann die Authentizität des Textes des heiligen Johannes, im ersten Brief, Kap. 5, Vers 7 …?" Die Antwort lautet, ohne weitere Begründung: „Nach sorgfältigster Erwägung aller Gesichtspunkte und Einholung des Votums der Konsultoren haben die verantwortlichen Kardinäle entschieden, dass zu antworten sei: Nein!"

Das war selbst für die damalige Zeit etwas zu viel, und Beschwichtigungsversuche setzten bald ein. Sie gipfelten allerdings erst 1927 in einer Deklaration der jetzt in „Heiliges Offizium" umbenannten Kongregation mit folgendem Wortlaut[22]:

Dieses Dekret wurde erlassen, um den Übermut einzelner Privatgelehrter zu zügeln, die sich das Recht anmaßten, die Authentizität des *Comma Johanneum* entweder gänzlich zu verwerfen oder ernsthaft in Zweifel zu ziehen. Es hatte aber in keiner Weise die Absicht, katholische Autoren daran zu hindern, das Problem genauer zu erforschen und nach sorgfältiger Überprüfung der Argumente für und wider dem Urteil gegen die Ursprünglichkeit zuzuneigen, allerdings mit jener Mäßigung und Zurückhaltung, die die Gewichtigkeit der Materie erfordert, und unter der Voraussetzung, dass sie sich dem Urteil der Kirche zu unterwerfen bereit sind. Ihr allein hat Jesus Christus die Aufgabe übertragen, die Heiligen Schriften nicht allein auszulegen, sondern auch treu zu behüten.

b) Analoge Entscheidungen der Bibelkommission

Als letztes offizielles Wort in der ganzen Angelegenheit kann diese gewundene Auskunft schwerlich befriedigen, aber die ursprüngliche Antwort und das zaghafte Dementi liegen in Tonlage und Ausrichtung auf einer Linie mit den Responsa der Päpstlichen Bibelkommission, deren Autorität Pius X. 1907 in seinem Motu Proprio *Praestantia Scripturae* („Die Vortrefflichkeit der Schrift") nachdrücklich unterstrichen hatte[23], in den ersten zwei bis drei Jahrzehnten ihres Bestehens. Mit knappem Ja oder Nein werden selbstgestellte Fragen beantwortet, die es z.B. mit der Abfassung des vierten Evangeliums durch den Apostel Johannes zu tun haben[24], mit dem Apostel Matthäus als Autor des ersten Evangeliums und dessen Priorität[25], mit der synoptischen Zweiquellentheorie, die zurückgewiesen wird[26], mit der paulinischen Urheberschaft der Pastoralbriefe[27] und sogar, was man kaum zu glauben vermag, weil es schon Origenes besser wusste, mit der Herleitung des Hebräerbriefes vom Apostel Paulus[28].

---

[22] EnchB Nr. 38, § 136; vgl. DH 3681f.

[23] EnchB Nr. 51, § 268–279, S. 272–279; siehe DH 3503; es heißt dort u.a., dass die Entscheidungen im Gewissen binden und dass schwere Schuld auf sich lädt, wer ihnen widerspricht (§ 271).

[24] EnchB Nr. 48, § 187–189 (1907); siehe DH 3398–3400.

[25] EnchB Nr. 61, § 383–389 (1911); siehe DH 3561–3567.

[26] EnchB Nr. 63, § 399f. (1912); siehe DH 3577f.

[27] EnchB Nr. 66, § 407–410 (1913); siehe DH 3587f.

[28] EnchB Nr. 67, § 411–413 (1914); siehe DH 3591–3593.

Diese Bescheide[29], beginnend mit dem zum *Comma Johanneum,* sind nicht etwa nur von unserer heutigen Sicht aus, sondern auch schon in Relation zum Erkenntnisstand ihrer eigenen Zeit als oppressiv und obsolet bis an die Grenze der Absurdität zu beurteilen, und was ihren Effekt angeht, kommt man schwerlich an dem Urteil von Joseph A. Fitzmyer vorbei: „Als Erfolg dieser Dekrete überschattete eine dunkle Wolke von reaktionärem Konservativismus in der ersten Hälfte unseres Jahrhunderts fast die ganze katholische Bibelwissenschaft"[30]. Sie zu entschuldigen mit der pastoralen Sorge um die Gemütslage der einfachen Gläubigen, die auf die neueren Erkenntnisse nicht vorbereitet waren, oder mit der allgemein schwierigen Lage von Kirche und Theologie in der damaligen, rationalistisch gestimmten Zeit[31], gerät in gefährliche Nähe des Grundsatzes, dass der Zweck die Mittel heilige. Erschwerend kommt hinzu, dass die Dekrete nie förmlich aufgehoben oder korrigiert wurden. Halbherzige Relativierungen waren das Äußerste, zu dem man sich durchringen konnte[32]. Das sollte sich selbst nach *Divino afflante Spiritu* noch hemmend auswirken[33].

c) Weitere antimodernistische Maßnahmen

Erwähnen wir nur im Vorübergehen das Dekret *Lamentabili* („Mit höchst beklagenswertem Ergebnis folgt unser Zeitalter ...") von 1907, das eigentlich durchgehend fast nur Sätze einer „falschen", weil historisch denkenden Exe-

---

[29] Vgl. zum Neuen Testament – um von den Dekreten zum Alten Testament, z.B. zu Gen 1 – 3, zur mosaischen Urheberschaft des Pentateuch, zu Jesaja und zu den Psalmen zu schweigen – auch noch: EnchB § 390–398 / DH 3568–3576; EnchB § 401–406 / DH 3581–3586; EnchB § 414–416.

[30] J. A. FITZMYER, Die historische Wahrheit der Evangelien. Die „Instructio de historica Evangeliorum veritate" der Päpstlichen Bibelkommission vom 21.4.1964: Einführung, Kommentar, Text, Übersetzung und Bibliographie (SBS 1), Stuttgart 1965, 11.

[31] Siehe z.B. M. GILBERT, Cinquant'anni (s. Anm. 5) 24.

[32] Vgl. die in Rezensionen zu EnchB[2] (1954) untergebrachten, gleich lautenden Bemerkungen des Sekretärs der Bibelkommission Athanasius Miller, in: BenM 31 (1955) 49f., und ihres Subsekretärs Arduin Kleinhans, in: Anton. 30 (1955) 63–65, die in etwa besagen (vgl. dazu A. WIKENHAUSER / J. SCHMID, Einleitung in das Neue Testament, Freiburg i. Br. [6]1973, 10f.): Die Dekrete dienten der Abwehr einer damals herrschenden, maßlosen rationalistischen Kritik. Unter Vorbehalt des Letztentscheids der kirchlichen Lehrautorität dürfen jene Ansichten darin, die nicht Wahrheiten des Glaubens und der Sitten berühren, sei es mittelbar oder unmittelbar, weiterhin diskutiert werden. – Nehmen wir zugunsten ihrer Urheber an, dass diese Reaktion der Hilflosigkeit entspringt; andernfalls müsste man sie nämlich geradezu zynisch nennen. Entschieden zu wohlwollend und unkritisch reagierten darauf, wahrscheinlich aus ihrer Zeit heraus: J. DUPONT, Apropos du nouvel Enchiridion Biblicum, in: RB 62 (1955) 414–419; E. F. SIEGMAN, The Decrees of the Pontificial Biblical Commission: A Recent Clarification, in: CBQ 18 (1956) 23–29.

[33] Vgl. den Antwortbrief der Päpstlichen Bibelkommission vom Januar 1948 an Kardinal Emmanuel Celestin Suhard in Paris, der eine „politische" Anfrage bezüglich des Umgangs mit Gen 1–11 gestellt hatte, EnchB Nr. 89, § 577–581, S. 614–621, und DH 3862–3864; erst dadurch wurde die Freiheit zum Publizieren anders lautender Thesen geschaffen.

gese verurteilt[34], und die gegen die neuere Exegese gerichteten Implikationen der Antimodernistenenzyklika *Pascendi dominici gregis* („Beim Weiden der Herde des Herrn ...") von Pius X.[35] aus demselben Jahr 1907, das es offenkundig in sich hatte (siehe schon oben zu *Praestantia Scripturae)*. Festhalten müssen wir allerdings, ehe wir uns teils erfreulicheren Entwicklungen zuwenden können, einen Absatz aus dem Antimodernisteneid von 1910, der die Exegese unmittelbar tangierte und bis 1967 in Kraft blieb[36]:

> Ich verwerfe ebenso diejenige Methode, die heilige Schrift zu beurteilen und auszulegen, die sich unter Hintanstellung der Überlieferung der Kirche, der Analogie des Glaubens und der Normen des Apostolischen Stuhles den Erdichtungen der Rationalisten anschließt und – nicht weniger frech als leichtfertig – die Textkritik als einzige und höchste Regel *(criticen textus velut unicam supremamque regulam)* anerkennt.

Ob den Urhebern ganz klar war, was man in der Exegese genauer unter Textkritik versteht und warum sich katholische Exegeten teils in die als unverfänglicher geltende Textkritik, insbesondere auf die Erforschung der altlateinischen Überlieferung und der von den Kirchenvätern benutzten Textformen, zurückzogen? Zweifel daran scheinen angebracht.

An der Enzyklika *Spiritus paraclitus* schließlich, die Benedikt XV. aus Anlass der 1500-jährigen Wiederkehr des Todestags des heiligen Hieronymus am 15. September 1920 herausbrachte[37], ist trotz ihrer Länge eigentlich nur das terminologische Schwanken in der Inspirationslehre zwischen einer echten Ar-

---

[34] EnchB Nr 49, § 190–256, S. 244–259; auch DH 3401–3466.

[35] Die einschlägigen Passagen in EnchB Nr. 50, § 257–267, S. 260–271; vgl. DH 3475–3500. – Dazu findet sich an unerwarteter Stelle, nämlich bei Ludwig Thoma, 1908 eine drastische, aber nicht rundweg von der Hand zu weisende Bewertung, die lautet: „Die Freiheit der katholischen Fakultät war zu keiner Zeit furchterregend; ihre Professoren waren als Priester abhängig von Bischof und Papst. Wenn der einzelne gegen die Lehre auftreten wollte, fand die Kirche immer Mittel zur Korrektur. Dennoch konnten die Gelehrten so tun, als kämen sie auf Grund eigener Forschungen zu Ergebnissen, die ihnen wie allen Gläubigen aufgezwungen waren. Der eine und andere machte kleine Zugeständnisse an positive Errungenschaften der Zeit, um den Schein des Wissenschaftlichen zu retten. Gegen das harmlose Spiel hat sich der Papst in seiner wütenden Enzyklika gewandt. Er verdammt die wissenschaftliche Beschönigung und fordert blinden Gehorsam. Dogmen werden nicht erst mundgerecht gemacht; sie werden einfach geglaubt. Die Schöngeistigen haben aufzuhören; alle Unmöglichkeiten müssen nackt und roh vorgetragen werden, und tausend Spione haben darüber zu wachen, daß die ewigen Wahrheiten nicht länger in erträglichen Saucen serviert werden", so L. Thoma, Im Kirchenstaate Bayern, in: März. Eine Wochenschrift 2 (1908) I 390–395, hier 392; vgl. N. Göttler, Frömmigkeit und Kirchenkritik im Werk Ludwig Thomas, in: MThZ 48 (1997) 123–138, hier 127f.

[36] EnchB Nr. 59, § 343, S. 322f.; DH 3546; vgl. dazu und zu den beiden zuvor erwähnten Verlautbarungen von Pius X.: O. Weiss, Der Modernismus in Deutschland. Ein Beitrag zur Theologiegeschichte, Regensburg 1995, 14–27.

[37] EnchB Nr. 73, § 440–495, S. 416–495; vgl. DH 3650–3654; zu seinem Nachfolger sei nur verwiesen auf: A. Bea, Pius PP. XI quantopere de studiis biblicis meruerit, in: Bib. 20 (1939) 121–130.

beitsgemeinschaft von Gott und Mensch und der herkömmlichen, rein instrumentalen Sicht bemerkenswert: „Diese Arbeitsgemeinschaft *(communitatem laboris)* Gottes mit dem Menschen, um ein und dasselbe Werk zu vollenden, erläutert Hieronymus durch den Vergleich mit einem Handwerker, der sich bei der Herstellung einer Sache eines Werkzeugs bzw. Instruments *(organo seu instrumenta)* bedient …" (§ 448)[38].

3. Die Enzyklika Divino afflante Spiritu (1943)

a) Entwicklungen und Kontroversen im Vorfeld

Zur Ehrenrettung der Päpstlichen Bibelkommission ist zu sagen, dass sie zu einem späteren Zeitpunkt und wohl auch infolge veränderter personeller Zusammensetzung anders reagieren konnte. Wir nähern uns damit dem Vorfeld von *Divino afflante Spiritu,* und hier wäre eigentlich zunächst über das zu berichten, was sich in der katholischen neutestamentlichen Exegese dieser schwierigen Jahre zwischen 1900 und 1940 tatsächlich vollzog. Die besagten Stellungnahmen der Bibelkommission kann man nämlich auch als Indizien dafür lesen, dass die inkriminierten Ideen in der katholischen Exegese Fuß fassten und selbst durch die Anwendung von Zwangsmitteln nicht auf Dauer zu stoppen waren.

Wir könnten diese Entwicklung auch personalisiert anhand von zwei Antipoden nachzeichnen, beide Protagonisten der historischen Methode innerhalb der Exegese, beide französische Priester, der eine aus dem Weltklerus, der andere aus dem Dominikanerorden, die aber ansonsten einen sehr unterschiedlichen Weg genommen haben. Ich denke an Alfred Loisy, der schon 1893 seines Lehramts enthoben und 1908 exkommuniziert wurde[39], und an Marie-Joseph Lagrange OP, der 1890 die Ecole biblique in Jerusalem gründete[40]. Loisy hat sich, so viel wird man sagen dürfen, schließlich auch innerlich von der Kirche getrennt und um kirchliche Belange nicht weiter gekümmert. Lagrange steu-

---

[38] Vgl. W. KIRCHSCHLÄGER, Bibelverständnis im Umbruch. in: M. RIES / W. KIRCHSCHLÄGER (Hrsg.), Glauben und Denken nach Vatikanum II. Kurt Koch zur Bischofswahl, Zürich 1996, 41–64, hier 43: „Erstmals kommen in seiner Darlegung die menschlichen Verfasserinnnen und Verfasser der biblischen Schriften in den Blick; das Vorstellungsmodell einer ‚Arbeitsgemeinschaft' scheint richtungsweisend zu sein, wird jedoch umgehend in ein (im wahrsten Sinne des Wortes) instrumentales Konzept der menschlichen Beteiligung an der Entstehung der Bibel zurückgeführt."

[39] Erhellend zu seiner Person ist der Bericht von zwei Weggefährten: A. HOUTIN / F. SARTIAUX, Alfred Loisy: Sa vie – son œuvre. Manuscrit annoté et publié avec une Bibliographie LOISY et un Index Bio-Bibliographique par Emile Poulat, Paris 1960; aus der Literatur vgl. nur D. HOFFMANN-AXTHELM, Loisys „L'Evangile et l'Eglise". Besichtigung eines zeitgenössischen Schlachtfeldes, in: ZThK 65 (1968) 291–328; O. WEISS, Modernismus (s. Anm. 36) 79–86.

[40] Vgl. J. MURPHY-O'CONNOR, The Ecole Biblique and the New Testament: A Century of Scholarship (1890–1990) (NTOA 13), Freiburg (Schweiz)/Göttingen 1990, 6–28.

erte einen vorsichtigen, aber dennoch entschiedenen Kurs, der ihn in einige Schwierigkeiten brachte, ohne dass dadurch der von ihm maßgeblich mitgetragenen Fortschritt der katholischen Exegese aufzuhalten gewesen wäre[41]. Auch das 1909 von Pius X. mit dem apostolischen Brief *Vinea electa* („Der auserwählte Weinstock", gemeint ist die Schrift)[42] gegründete Päpstliche Bibelinstitut konnte sich unter seinem neuen Rektor Augustin Bea[43] (seit 1930) von seiner anfänglich rein apologetischen Haltung etwas freimachen.

Eben gegen diese in Maßen kritische, für historische Fragestellungen aufgeschlossene katholische Exegese um 1940 wurde Protest von ganz anderer Seite angemeldet. Im Frühsommer 1941 erhielten Papst Pius XII., die römischen Kardinäle, die Diözesanbischöfe Italiens und die Generaloberen der Orden eine anonyme Schrift mit 48 Seiten Umfang zugestellt, die den Titel trug: „Un gravissimo pericolo per la Chiesa e per le anime. Il sistema critico-scientifico nello studio e nell'interpretazione della Sacra Scrittura, le sue deviazioni funeste e le sue aberrazioni". Verfasser war, wie man inzwischen weiß, der italienische Priester Dolindo Ruotolo, und sein Angriff richtete sich gegen die wissenschaftliche Exegese, die wieder durch eine geistliche Schriftbetrachtung ersetzt werden sollte. Gegen das anonyme Opus verwahrte sich diesmal die Päpstliche Bibelkommission in einem Brief an die Bischöfe Italiens[44], und zwar sehr energisch und mit ausdrücklicher Billigung des Papstes. Unter anderem wurde der vom Anonymus unter Berufung auf das Tridentinum behauptete unbedingte Vorrang der Vulgata zurückgewiesen. Die kommende Enzyklika, auch wenn sie noch mit keiner Silbe erwähnt wird, wirft offensichtlich ihre Schatten voraus, denn auch dort wird zu lesen sein, dass das Trienter Konzil keineswegs die Überlegenheit des Urtextes über jede, auch die beste Übersetzung mindern wollte (§ 549).

b) Der Beitrag des päpstlichen Schreibens

Im Rückblick gelesen, wirkt *Divino afflante Spiritu* eher blass, fast übervorsichtig, jedenfalls alles andere als revolutionär[45], aber an dem gemessen, was vorausliegt, bedeutet die Enzyklika sicher einen Fortschritt[46]. Entscheidend ist wohl die Aussage, es sei nach dem zu suchen, „was sprachliche Formen und

---

[41] Ihm schreibt R. B. Robinson, Roman Catholic Exegesis (s. Anm. 11) 19–23, denn auch das größte Verdienst für das Zustandekommen von *Divino afflante Spiritu* zu.

[42] EnchB Nr. 55, § 282–323, S. 290–305.

[43] Zu seiner Person und zu seinem Wirken, oft im Hintergrund, vgl. die von Sympathie getragene Darstellung von N. Lohfink, Augustin Bea und die moderne Bibelwissenschaft, in: Ders., Studien zur biblischen Theologie (SBAB 16), Stuttgart 1993, 49–63.

[44] EnchB Nr. 82, § 522–533, S. 530–539; vgl. DH 3792–3796.

[45] Vgl. die Bewertung bei R. B. Robinson, Roman Catholic Exegesis (s. Anm. 11) 25: „The nature of those issues made Divino Afflante Spiritu a very narrow document, despite the revolutionary impact it had on the direction of Catholic exegesis."

[46] Der Text u.a. in EnchB Nr. 85, § 538–569, S. 542–601; Auszüge auch in DH 3825–3831.

literarische Gattungen *(dicendi forma seu litterarum genus),* vom Hagiographen angewandt, zur wahren und genuinen Interpretation beitragen"[47], denn dadurch wird die Formgeschichte, bisher als protestantische Erfindung bekämpft, prinzipiell ins Recht gesetzt. Allerdings war das wohl primär auf die Schöpfungserzählungen der Genesis u.ä. gemünzt, denn zuvor hatten wir schon einiges über die alten Orientalen gehört, die nicht „dieselben Formen und Redeweisen wie wir heute" gebrauchen (§ 558)[48], und das Ziel bleibt letztlich apologetisch, soll es doch auf diesem Weg gelingen, Vorwürfe abzuwehren, „die heiligen Autoren seien von der geschichtlichen Wahrheit abgeirrt oder hätten die Dinge zu ungenau wiedergegeben", wo es sich doch um nichts anderes handelt als um die „üblichen, den Alten eigenen Redeweisen" (§ 560).

Persönlich war den katholischen Exegeten sicher sehr geholfen, wenn ihre zahlreichen Kritiker zu hören bekamen: Diese „tüchtigen Arbeiter im Weinberg des Herrn", d.h. die Bibelwissenschaftler, seien „mit höchster Liebe zu beurteilen", und „alle übrigen Söhne der Kirche", d.h. alle Nicht-Exegeten, „sollten jenem nicht sehr klugen Eifer abhold sein, dass man meint, alles, was neu ist, müsse eben deswegen angegriffen und in Verdacht gezogen werden" (§ 564). Wichtig war auch die Bemerkung, es gebe in der gesamten Schrift nur sehr wenige Stellen, deren Sinn im Blick auf Glaube und Sitte von der Kirche überhaupt autoritativ festgelegt worden sei, und mit dem einmütigen Urteil der Kirchenväter sehe es nicht anders aus (§ 565). Sehr vieles bleibt also auch bei Anlegen enger Maßstäbe der freien Forschung überlassen.

Um es im Bilde zu sagen: Eine Tür, die bislang fest barrikadiert war, aber doch unter den berechtigten Attacken bedenklich zu ächzen begann, wurde durch *Divino afflante Spiritu* etwas mehr als einen Spalt breit, vielleicht zu einem Viertel geöffnet. Man kann es den katholischen Exegeten nicht verdenken, wenn sie die Tür bald ganz aufstießen und eine Schleuse daraus machten. Das vollzog sich nicht widerstandsfrei, aber doch mit enormer Dynamik in den knapp zwei Jahrzehnten, die bis zum Beginn des Zweiten Vatikanums noch vergehen sollten. Beträchtliche Spuren des Kampfes, der um das Bibelverständnis nach wie vor geführt wurde und zu führen war, sind in der Vorgeschichte und auch im Text des Konzilsdokuments *Dei verbum* noch auszumachen.

---

[47]   EnchB § 560; ausgerechnet dieser Satz fehlt in DH 3830.

[48]   Aufschlussreich ist auch die Formulierung in § 559 / DH 3830: „Daß sich nichtsdestoweniger auch bei den heiligen Schriftstellern, wie auch bei den übrigen alten (Autoren), gewisse Darlegungs- und Erzählweisen, gewisse vor allem für die semitischen Sprachen (!) charakteristische Eigenheiten, die *Annäherungen* genannt werden (im lateinischen *approximationes,* auch dort hervorgehoben), und gewisse übertreibende (hyperbolische) Redeweisen, ja bisweilen sogar Widersprüche finden, mit deren Hilfe Sachverhalte dem Geist fester eingeprägt werden sollen, verwundert sicherlich niemanden, der ein richtiges Verständnis von der biblischen Inspiration hat."

4. Das Ringen um Dei verbum (1965) auf dem Zweiten Vatikanum

a) Aus der unmittelbaren Vorgeschichte

Unmittelbar vor der Konzilseröffnung ließ das Heilige Offizium mit Zustimmung der Päpstlichen Bibelkommission 1961 ein knappes Monitum ergehen, von nicht mehr als einer Seite Länge, „Über die wirkliche, historische und objektive Wahrheit der Heiligen Schrift"[49], das bei aller Anerkennung des Aufblühens der Bibelwissenschaft zu größter Zurückhaltung mahnte, insbesondere bei Urteilen über Worte und Werke Jesu Christi, um die Gewissen der Gläubigen nicht zu verwirren. Die Allgemeinheit und Kürze dieses Dokuments kann nicht darüber hinwegtäuschen, dass sich hier ein Rückschritt anbahnte. Es passt nämlich dazu, dass wenige Monate später zwei Professoren des Päpstlichen Bibelinstituts, Stanislas Lyonnet und Max Zerwick, Lehrverbot erteilt wurde, wohl infolge eines etwas früher, nämlich 1960, in der Zeitschrift der Lateran-Universität erschienenen, ebenso langen wie polemischen Artikels des römischen Theologen Antonino Romeo, der sich bei seiner Attacke gegen die historisch-kritische Methode noch auf die restriktiveren Passagen von *Divino afflante Spiritu* berief[50]. Kardinal Ernesto Ruffini aus Palermo ging in seiner heftigen Kritik an der Exegese, die er 1961 im „L'Osservatore Romano" veröffentlichte, sogar so weit, selbst die Enzyklika *Divino afflante Spiritu* in ihrem methodologischen Teil nicht auszusparen[51].

Als Antwort auf diese und weitere Vorkommnisse ist die schon während des Konzils, aber noch vor *Dei verbum* und wohl auch im Blick darauf erarbeitete Instruktion der noch nicht reformierten Päpstlichen Bibelkommission[52] von 1964 zu verstehen, die den Titel trägt: „Über die historische Wahrheit der Evangelien"[53]. Teils wertet man sie als endgültige Anerkennung der historisch-kriti-

---

[49] De germana veritate historica et obiectiva s. Scripturae, EnchB Nr. 94, § 634, S. 672f.

[50] A. Romeo, L'Enciclica „Divino afflante Spiritu" e le „Opiniones novae", in: Div. 4 (1960) 387–456; gegen Ende erscheint ein vielsagendes Bild: „Tutto un incessante lavorio di termiti agitantisi nell'ombra, a Roma e in tutte le parti del mondo, costringe ad intuire la presenza attiva di un piano completo di aggiramento e di sgretolamento delle dottrine di cui si fonna e si alimenta la fede cattolica. Sempre più numerosi indizi, da varie parti, attestano il graduale svolgersi di un'ampia progressiva manovra, diretta da abilissimi capi, apparentemente piissimi, tendente a togliere di mezzo il Cristianesimo finora insegnato e vissuto per 19 secoli …" (454); vgl. dazu aus dem unmittelbaren zeitlichen Umfeld den sehr instruktiven Artikel von J. A. Fitzmyer, A Recent Roman Scriptural Controversy, in: TS 22 (1961) 426–444.

[51] Es handelt sich um: E. Ruffini, Generi litterari e ipotesi di lavoro nei recenti studi biblíche, in: OR 101 vom 24. August 1961, 1. Zitiert nach W. Kirchschläger, Bibelverständnis (s. Anm. 38) 46f.; dort auch weitere Informationen (z.B. die, dass der Artikel an die Regenten aller italienischen Priesterseminare versandt wurde).

[52] Zu ihrer Neuordnung durch Paul VI. siehe sein Motu Proprio *Sedula cura* („Die emsige Sorge") vom Juni 1971, in: EnchB Nr. 104, § 722–739, S. 760–767.

[53] Mit den Anfangsworten *Sancta mater Ecclesia*, siehe EnchB Nr. 97, § 644–659, S. 682–697; vgl. J. A. Fitzmyer, Wahrheit (s. Anm. 30).

schen Methode in der Exegese kirchlicherseits, und in der Tat wird in der Verlängerung von *Divino afflante Spiritu* darin festgestellt, es sei den Exegeten erlaubt, „die gesunden Elemente zu prüfen, die in der sogenannten ‚formgeschichtlichen Methode' stecken, um sich ihrer nach Gebühr für ein umfassenderes Verständnis der Evangelien zu bedienen" (§ 647; also ausdrücklich auch, wie schon § 646 sagte, für das Neue Testament, und nicht nur, wie man *Divino afflante Spiritu* entnehmen könnte, für das Alte Testament). Ferner werden drei Stadien innerhalb der Jesusüberlieferung unterschieden: (a) im Leben des irdischen Jesus selbst, (b) in der nachösterlichen Gemeindetradition und (c) in der evangeliaren, literarischen Endgestalt (§ 648–653), was von der formgeschichtlichen Kategorie des „Sitzes im Leben" inspiriert zu sein scheint, wie sie z.B. von Joachim Jeremias in seinem Gleichnisbuch angewandt wurde[54].

Andererseits werden auch Warnsignale eingebaut, wenn es von der genannten Methode heißt, sie sei „häufig schon mit unannehmbaren philosophischen und theologischen Prinzipien vermischt", und es würden sich einige ihrer Vertreter „aus rein rationalistischen Vorurteilen" weigern, „die Existenz einer übernatürlichen Ordnung und das Eingreifen eines persönlichen Gottes" und anderes mehr anzuerkennen (§ 647). Es kann von daher nicht verwundern, dass man die Instruktion auch schon als Einspruch des Lehramtes gegen die historisch-kritische Methode interpretiert hat[55], was aber die Intention gleichfalls nicht treffen dürfte. Insgesamt ist wohl wieder Joseph A. Fitzmyer im Recht, wenn er festhält: „Im Endeffekt gibt sie vielen neuen Tendenzen der Bibelwissenschaft ihre offizielle Sanktion"[56], auch durch das, was sie bewusst *nicht* sagt.

b) Zum Werdegang und zur Bewertung des Texts

Wir sind damit bei der letzten Station unserer Reise angelangt, der Dogmatischen Konstitution über die göttliche Offenbarung *Dei verbum* des Zweiten Vatikanums vom 18. November 1965[57]. Die Genese dieses besonders umstritte-

---

[54]   J. JEREMIAS, Die Gleichnisse Jesu, Göttingen ⁸1970 u.ö., hier z.B. 19.

[55]   So H. J. SCHULZ, Die apostolische Herkunft der Evangelien (QD 145), Freiburg i. Br. 1993, 97–109; vgl. dazu die ablehnende Besprechung von H. J. KLAUCK, in: BZ NF 38 (1994) 131–134.

[56]   Wahrheit (s. Anm. 30) 30.

[57]   Text u.a. EnchB Nr. 100, § 669–709, S. 708–741; DH 4201–4235; mit Kommentar in LThK² 13 (1967) 497–583; vgl. auch: O. SEMMELROTH / M. ZERWICK, Vaticanum II über das Wort Gottes. Die Konstitution „Dei Verbum": Einführung und Kommentar, Text und Übersetzung (SBS 16), Stuttgart 1966. Aus der Sekundärliteratur seien genannt: J. GNILKA, Die biblische Exegese im Lichte des Dekretes über die göttliche Offenbarung (Dei verbum), in: MThZ 36 (1985) 5–19; N. LOHFINK, Der weiße Fleck in *Dei Verbum*, Artikel 12, in: TThZ 101 (1992) 20–35; auch in: DERS., Studien (s. Anm. 43) 78–96; J. KREMER, Umkämpftes Ja zur Bibelwissenschaft. Überlegungen zu einem Grundanliegen der Konzilskonstitution über die Offenbarung, in: StZ 210 (1993) 75–94; sowie vor allem: O. H. PESCH, Das Zweite Vatikanische Konzil. Vorgeschichte - Verlauf - Ergebnisse - Nachgeschichte (1962–1965), Würzburg 1993, 271–290.

nen Textes ist inzwischen schon mehrfach nachgezeichnet worden[58]. In der Vorbereitungskommission verstanden es intransigente Gruppen, die schon hinter den Vorfällen von 1961 standen, noch einmal ihre Kräfte zu bündeln und einen Entwurf vorzulegen, der mit Absicht hinter *Divino afflante Spiritu* zurückfiel und mit den Worten von Joseph Ratzinger „im wesentlichen auf eine Kanonisierung der römischen Schultheologie hinauslief"[59]. Der Tradition wurde gegenüber der Schrift eine größere inhaltliche Ausdehnung zugebilligt, Irrtumslosigkeit und Inspiration der Schrift wurden sehr eng gefasst und die Historizität der Evangelien in einer Weise unterstrichen, die jede neuere exegetische Sicht der Entwicklung der Jesusüberlieferung ausschloss.

Glücklicherweise stellte sich bald heraus, dass dieser Text nur eine Minderheit der Konzilsväter hinter sich haben würde. Bei seiner Vorstellung in der 19. Generalkongregation am 14. November 1962 sprach Kardinal Lienart von Lille den berühmt gewordenen Satz: „Hoc schema mihi non placet." In einem zähen weiteren Ringen waren aber auch von den Vertretern der fortschrittlicheren Mehrheit zahlreiche Kompromisse zu schließen (und persönliche Wünsche von Paul VI. zu respektieren), ehe am 18. November 1965 eine Annahme der Endfassung mit nur 6 Gegenstimmen bei 2.344 Ja-Stimmen möglich wurde. Als Folge davon haftet der Konstitution auch an zentralen Stellen wie der Bestimmung des Verhältnisses von Schrift und Tradition oder Schrift und Lehramt eine Uneindeutigkeit an, die unterschiedliche Auslegungen zulässt[60].

Für die unmittelbare exegetische Arbeit ist DV 12 (im 3. Kap.) am wichtigsten[61]. Dort wird dem Schriftausleger die Aufgabe gestellt, „sorgfältig zu erforschen, was die Hagiographen wirklich zu sagen beabsichtigten und was Gott mit ihren Worten kundtun wollte". Dazu aber ist es notwendig, „neben anderem auf die *literarischen Gattungen* [Hervorhebung im Original] zu achten", weil die Wahrheit in historischen, prophetischen, poetischen oder sonstigen Textsorten verschieden ausgedrückt wird, was anders als in *Divino afflante Spiritu* nicht mehr mit einer Einschränkung verbunden erscheint. Auch die Situation des biblischen Autors, „die vorgegebenen, umweltbedingten Denk-, Sprach- und Erzählformen" bis hin zu dem, was „damals im menschlichen Alltagsverkehr üblich" war, findet Beachtung. Gefordert wird aber auch eine „Berücksichtigung der lebendigen Überlieferung der Gesamtkirche und der Analogie des Glaubens", denn: „Alles, was die Art der Schrifterklärung betrifft, unter-

---

[58] Besonders ausführlich bei: L. Pacomio, Dei verbum. Genesi della costituzione sulla divina rivelazione. Schemi annotati in Sinossi, Rom 1971.

[59] In: LThK² 13 (1967) 500.

[60] Vgl. O. H. Pesch, Das Zweite Vatikanische Konzil (s. Anm. 57) 283: „Im Klartext: die endgültigen Formulierungen ... sind in allen neuralgischen Punkten dehnbare Formulierungen, die beide Seiten je zu ihren Gunsten auslegen können – und in der Folgezeit auch auslegten."

[61] Vgl. die vier unterschiedlichen Fassungen dieses Artikels, die L. Pacomio, Dei verbum (s. Anm. 58) 94–99, synoptisch nebeneinander stellt.

steht letztlich dem Urteil der Kirche, deren gottgegebener Auftrag und Dienst es ist, das Wort Gottes zu bewahren und auszulegen" (mit Verweis auf Vatikanum I). Auch ohne die Vorentwürfe zu kennen, würde ein Exeget schon aufgrund der textinternen Indizien dazu neigen, hier verschiedene Hände auszumachen und verschiedene, nicht völlig kompatible Aussageziele zu erkennen.

Den Evangelien ist ein eigener Paragraph im 5. Kapitel gewidmet (DV 19), der gleichfalls einen Mittelweg einzuschlagen versucht. Es wurden darin ganze Sätze aus der Instruktion der Bibelkommission „Über die historische Wahrheit der Evangelien" aufgenommen. So werden auch hier drei Stadien in der Überlieferung der Jesusstoffe auseinander gehalten, und es wird zugestanden, dass die Evangelisten auswählten, zusammenfassten und manches „im Hinblick auf die Lage in den Kirchen verdeutlichten". Als Kompromissformel aufgrund von Interventionen des Papstes ist die einleitende Bemerkung entstanden, die Kirche würde für alle vier Evangelien „deren Geschichtlichkeit ohne Bedenken bejahen".

Welcher Eindruck bleibt von der Offenbarungskonstitution im Ganzen zurück? Sehr weit geht in ihrer kritischen Beurteilung Otto Hermann Pesch, der meint, die Konstitution habe eigentlich nur das Verdienst, die wesentlichen Fragen offen gelassen und nicht im Sinne der konservativen Minderheit festgeschrieben zu haben[62]. Das ist vielleicht etwas zu pessimistisch geurteilt, denn es bleibt doch als hoch zu veranschlagendes Faktum, da sich Grundsätze der historischen Kritik relativ klar in einem Konzilsdokument wiederfinden. Allerdings besteht auch kein Grund, in die Euphorie zu verfallen, die *Dei verbum* mancherorten entgegengebracht wurde. Dafür ist zu viel Ungeklärtes und Widersprüchliches stehen geblieben.

III. Echos: Ausgewählte deutsche Stimmen

Bislang war von der deutschsprachigen katholischen Exegese so gut wie gar nicht die Rede, und das ist auch kein Zufall, sondern dafür gibt es mehrere Gründe: Erstens brauchen wir den oben erstellten großen Rahmen, ohne den sich der Weg der deutschen Exegese nicht richtig nachzeichnen lässt. Zweitens fehlen, sobald man sich kleinräumigeren Fragestellungen zuwendet, für das 20. Jahrhundert nahezu alle Vorarbeiten in unserem Bereich, und dieses Manko kann in einem Einzelbeitrag nicht wettgemacht werden. Drittens kamen die wesentlichen Impulse anfangs nicht aus der deutschen katholischen Theologie, erst recht nicht aus der italienischen unter Einschluss der an römischen Institu-

---

[62] O. H. Pesch, Das Zweite Vatikanische Konzil (s. Anm. 57) 273: „Was denn auch herausgekommen ist und was fast das Beste ist, was nach Lage der Dinge herauskommen konnte, das ist, daß alles offen bleibt – die Diskussion also *weitergehen* kann. Das genau nämlich wollten die Kräfte der Minderheit … verhindern."

ten angesiedelten deutschsprachigen Theologen, sondern aus der französischen (dazu weiter unten noch ein wenig mehr).

Um dennoch nicht gänzlich im Schweigen zu verharren, wählen wir einen sehr beschränkten, aber in bescheidenem Maße dennoch exemplarischen Zugang. Wir schauen uns, konzentriert auf das Neue Testament, eine Fachzeitschrift näher an, die für sich in Anspruch nehmen darf, *das* Organ der deutschen katholischen Exegese beider Testamente im 20. Jahrhundert zu sein, die *Biblische Zeitschrift.*

1. Die „Biblische Zeitschrift", erste Folge (1903–1939)

Begründet wurde die *Biblische Zeitschrift* 1903 von den beiden jungen Münchener Professoren Johannes Göttsberger als Herausgeber für das Alte Testament und Joseph Sickenberger (* 1872, zur Zeit der Gründung der Zeitschrift a.o. Professor für Patrologie in München; 1905 o. Professor für Patrologie in Würzburg; 1906 Neutestamentler in Breslau; ab 1924 Neutestamentler in München, † 1945)[63] als Herausgeber für das Neue Testament, und sie erschien anfangs im Herder Verlag (Freiburg i. Br.).

a) Der erste Band (1903)

Dem ersten Band, dem wir besonderes Augenmerk schenken wollen, gab Antonius von Henle, Bischof von Passau, selbst von Hause aus Exeget, ein Geleitwort mit auf den Weg[64], in dem er unter anderem schreibt:

Die heutige Exegese verlangt von ihren Vertretern die Akribie eines Philologen, die besonnene Gewissenhaftigkeit eines Historikers und die spekulative Kraft eines Dogmatikers. Nur in der Vereinigung dieser außerordentlichen Gaben besteht die wissenschaftliche Exegese, und in ihrem engsten Anschlusse an die sententia communis der Väter und an das, was man das sentire cum ecclesia nennt, letzteres aber ohne engherzigen Anflug, die katholische Exegese (3).

Eine „bedingungslose Autorität" der Väter weist er im Anschluss daran aber ausdrücklich zurück. Eine allgemeine Situationsbeschreibung steuert sodann Paul Schanz (Tübingen) bei[65]. Er bezieht sich auf das Erste Vatikanum und referiert *Providentissimus Deus,* konstatiert einen erheblichen Vorsprung, allerdings auch – in maßvollem Ton – Gefahren der protestantischen Exegese, auf deren Werke „der katholische Exeget ... vielfach angewiesen ist" (21), und

[63] Vgl. J. MICHL, Zum Gedächtnis an Joseph Sickenberger, in: BiKi 5 (1950) 29–32; ein knapper Hinweis auf ihn („aufgeschlossener Exeget", gehört „zum weiteren Umfeld der kirchlichen Reform") auch bei O. WEISS, Modernismus (s. Anm. 36) 252 mit Anm. 27.
[64] Zur Einführung, in: BZ 1 (1903) 1–5; die Zahlen in Klammern oben im Text beziehen sich im Folgenden immer auf den jeweils besprochenen Band.
[65] Die Grundsätze, Richtungen und Probleme der Exegese im 19. Jahrhundert, in: BZ 1 (1903) 6–31.

spricht sich dafür aus, „die heiligen Schriften aus der Zeit ihrer Entstehung und den Anschauungen ihrer Verfasser zu erklären" (13).

In der Themenwahl der anderen Beiträge im ersten Band fällt die Konzentrierung auf Textüberlieferung und Väterexegese auf[66], darunter immerhin ein mehr referierender, aber nicht unkritischer Artikel von Augustinus Bludau (damals Professor in Münster, ab 1908/09 Bischof von Ermland, gest. 1930[67]), zum *Comma Johanneum*[68]. Als Quelle für die Forschungsgeschichte sind noch interessanter die „Mitteilungen und Nachrichten" in jedem Heft, die auch personelle Veränderungen innerhalb der protestantischen Exegese und im Ausland sorgfältig registrieren, die Rezensionen und vor allem die ausführlichen bibliographischen Berichte, die jeder der beiden Herausgeber für sein Gebiet selbst verantwortete. Aus diesen Rubriken einige Streiflichter:

Die kürzlich erfolgte, anfangs offenbar geheim gehaltene Errichtung der Bibelkommission bewegt die Gemüter (111.224.335f.). Die „question biblique", d.h. der Streit um Einleitungsfragen allgemeiner und spezieller Art, gilt als eine vorwiegend innerfranzösische Angelegenheit (111.306–308)[69]. Loisys Werk *L'Évangile et l'Église* von 1902 erfährt in diesem Zusammenhang eine entschiedene Zurückweisung (207f.: „geht aber selbst viel zu weit in apokalyptisch-eschatologischer Verflüchtigung der Lehre Jesu ..., weshalb das Buch auch kirchlicher Zensurierung anheimfiel"), doch kommen seine *Études évangeliques* an späterer Stelle (424) erheblich besser weg.

Über nichtkatholische, meist protestantische Neuerscheinungen wird ansonsten ausführlich und im Allgemeinen sehr objektiv berichtet, auch wenn man dabei mehr den Schulterschluss mit der konservativen bis gemäßigt kriti-

---

[66] M. FAULHABER, Die Katenenhandschriften der spanischen Bibliotheken, in: BZ 1 (1903) 151–159.246–255.351–371; C. WEYMAN, Textkritische Bemerkungen zum Apokalypsekommentar des Apringius, ebd. 175–181; J. SICKENBERGER, Über griechische Evangelienkommentare, ebd. 182–193; Sickenberger hatte selbst mit auslegungsgeschichtlichen Arbeiten die wissenschaftliche Arena betreten, mit einer Dissertation zu den Lukashomilien des Titus von Bostra (TU 21,1; Leipzig 1901) und einer Habilitationsschrift zur Lukaskatene des Niketas von Herakleia (TU 22,4; Leipzig 1902), was ihn auch für die anfänglichen Professuren in Patrologie qualifizierte.

[67] Zu seiner Person siehe: M. MEINERTZ, Augustinus Bludau, in: Westfälische Lebensbilder, Münster 1931, 180–196.

[68] Das Comma Ioanneum (1 Io 5,7) im 16. Jahrhundert, in: BZ 1 (1903) 280–302.378–407. Im Literaturbericht im 2. Bd. (1904) spricht sich der Herausgeber direkt gegen die Echtheit des *Comma Johanneum* aus (413: „Den auch hier wieder unternommenen Versuch ..., das Comma Johanneum als Bestandteil des griechischen Textes zu verteidigen, halte ich für einen vergeblichen"), was er in BZ 3 (1905) 440 aus Anlass von K. KÜNSTLE, Das Comma Ioanneum. Auf seine Herkunft untersucht, Freiburg i.Br. 1905, noch bekräftigt: „Eine eigentümliche Fügung des Schicksals! Das durch die bekannte Kongregationsentscheidung vom 13. Januar 1897 als authentisch erklärte Comma Ioanneum verdankt einem Häretiker, nämlich Priscillian, seine Existenz ..."; ferner BZ 4 (1906) 200; 5 (1907) 435, etc. (ein „Dauerbrenner").

[69] Vgl. auch die auf Ausgleich bedachte Darstellung von J. GÖTTSBERGER, „Autour de la question biblique", in: BZ 3 (1905) 225–250; dazu auch ebd. 80f.

schen protestantischen Exegese (vgl. z.B. 79 zu Theodor Zahn oder 217 zu Paul Feine) gegen die Vertreter von als zu rationalistisch und radikal empfundenen Positionen (vgl. 420 zu Heinrich Weinel) sucht. Ein „Hardliner" aus dem katholischen Lager, Leopold Fonck SJ (Innsbruck), wird aus Anlass seines Buches über *Die Parabeln des Herrn* wegen seines Umgangs mit dem großen protestantischen Antipoden Adolf Jülicher sogar mit leiser Kritik bedacht[70], was nicht unbemerkt blieb (vgl. die „Reaktion zur Reaktion" 424f.), und mariologische Übertreibungen auf katholischer Seite werden moniert (419). Was den Herausgeber sichtlich schmerzt, ist die Tatsache, dass protestantische Exegeten die Veröffentlichungen ihrer katholischen Kollegen gar nicht erst zur Kenntnis nehmen (vgl. 200.204.216.220)[71].

Was immer man im Einzelnen einwenden mag, Berührungsängste und Engstirnigkeit kann man der Haltung, die sich in diesem frühen Band abzeichnet, nicht zum Vorwurf machen. In manchen Sachfragen wagt sie sich bereits weiter vor, als es die etwas späteren Dekrete der Bibelkommission zulassen werden.

b) Die Folgezeit (1904–1914)

Das ändert sich allerdings in einer Hinsicht im zweiten Band (1904), wo die neu sich formierende religionsgeschichtliche Schule innerhalb der neutestamentlichen Exegese aus Anlass der Programmschrift Hermann Gunkels[72] mit Ablehnung bedacht wird[73], jedoch nicht ohne die Einschränkung: „Der offenbarungsgläubige Theologe braucht sich durchaus nicht ängstlich den Ergebnissen der Religionsvergleichung zu verschließen" (66). Im selben Band wird ein weiterer Hauptvertreter dieser Richtung, Wilhelm Bousset, mit drei Titeln vorgestellt und im Wesentlichen gelobt (403–406; vgl. nur die Bemerkung zur Erstauflage

---

[70] BZ 1 (1903) 211: „Die manchmal sehr auf den Ton der Ironie gestimmte Polemik gegen Jülicher durchzieht das ganze Werk. Eine etwas rasche Arbeitsweise offenbart sich mehr in Kleinigkeiten"; zu Jülichers Buch *Die Gleichnisreden Jesu* und zu seiner Person vgl. H. J. KLAUCK, Adolf Jülicher. Leben, Werk und Wirkung, in: DERS., Alte Welt und neuer Glaube. Beiträge zur Religionsgeschichte, Forschungsgeschichte und Theologie des Neuen Testaments (NTOA 29), Freiburg (Schweiz) / Göttingen 1994, 181–211; U. MELL (Hrsg.), Die Gleichnisreden Jesu 1899 - 1999. Beiträge zum Dialog mit Adolf Jülicher (BZNW 103), Berlin 1999.

[71] Siehe auch die Klage von V. WEBER, Rez. Philipp Bachmann, Der erste Brief des Paulus an die Korinther (KNT 7), Leipzig 1905, in: BZ 3 (1905) 412–414, hier 412: „Um so mehr bedaure ich, daß die katholische Literatur unberücksichtigt blieb"; ein *cantus firmus*, siehe BZ 5 (1907) 418: „… ist die katholische Literatur vollständig unberücksichtigt geblieben". Dankbar wird hingegen notiert, dass die Literaturnotizen der BZ im protestantischen *Theologischen Jahresbericht* lobend erwähnt und ausgewertet werden, siehe z.B. BZ 3 (1905) 193; 8 (1910) 399.

[72] H. GUNKEL, Zum religionsgeschichtlichen Verständnis des Neuen Testaments (FRLANT I), Göttingen 1903; vgl. dazu H. J. KLAUCK, Die religiöse Umwelt des Urchristentums, I: Stadt- und Hausreligion, Mysterienkulte, Volksglaube (KStTh 9,1), Stuttgart 1995, 20–23.126–128.

[73] Von J. SICKENBERGER, Neutestamentliche Prinzipienfragen, in: BZ 2 (1904) 56–66.

von Boussets *Die Religion des Judentums im neutestamentlichen Zeitalter* auf
S. 405: „wird ... so unentbehrlich sein wie Schürers großes Werk"[74]). Die Kontroversen um Loisy werden in ihrem Für und Wider weiterhin verfolgt
(212f.427–430[75]), aber auch die verdeckte (430) und offene Auseinandersetzung mit Leopold Fonck, der von der BZ klarere Worte gegen die Modernisie-
rer fordert, setzt sich fort[76].

Aus den folgenden Bänden, die komplett durchgesehen wurden, können wir
nur sehr selektiv einiges herausgreifen. Bemerkenswert bleibt der hohe Infor-
mationsgehalt der Sektion „Bibliographische Notizen", die zwar manchmal
auch wertet, aber ebenso oft Thesen, die dem Berichterstatter höchst problematisch erscheinen mussten, nur referierend wiedergibt. Eigenartige Frontver-

---

[74] Ausdrücklich begrüßt wird auch die verbesserte 2. Auflage von 1906 in: BZ 5 (1907)
199f.; siehe auch ebd. 222 zu Boussets Apk-Kommentar.

[75] Neben diesen Seiten, auf denen viel Sekundärliteratur zum „Fall Loisy" (427) referiert
wird, vgl. besonders die Rezension von J. SICKENBERGER zu A. Loisy, Evangelium und Kirche.
Autorisierte Übersetzung nach der zweiten, vermehrten, bisher unveröffentlichten Ausgabe
des Originals von Joh. Grière-Becker, München 1904, in: BZ 2 (1904) 191–194, die man trotz
ihres ablehnenden Tenors, gemessen an der sonstigen, teils wütenden Polemik, als gemäßigt
kritisch einstufen kann. Sickenberger findet bei Loisy auch „ganz hervorragende Partien"
(192) und äußert den Wunsch, dass „die weiteren Forschungen des zweifellos hochbegabten
französischen Exegeten in gemäßigte Bahnen gelenkt werden" mögen (194). Sehr deutlich
konstatiert er Loisys Abhängigkeit von „der neueren protestantischen Literatur" (192) in
Deutschland und setzt hinzu: „Indes nicht daraus soll dem Verfasser ein Vorwurf gemacht
werden – wenn diese Ideen wahr sind, so ist es gleichgültig, woher sie stammen –, sondern
daraus, daß er dieselben so vertrauensselig und unbesehen übernommen hat" (ebd.; siehe
auch 194: „Vom exegetischen, und zwar vom rein wissenschaftlichen Standpunkte aus ist zu
bedauern, daß sich L. so willenlos der Methode der modernen protestantischen Kritik über-
lasssen hat. Er scheint von den Vorzügen derselben, ihren groß angelegten, geistreichen programmatischen Ideen, die schon auf viele eindrucksvoll gewirkt haben, bestochen worden zu
sein und hat dann die tiefgehenden Fehler dieser Kritik, Vernachlässigung des einzelnen, Willkür und Subjektivität bei Beurteilung von Echtheitsfragen und ähnliches, mit in den Kauf
genommen").

[76] Vgl. J. GÖTTSBERGER, In eigener Sache, in: BZ 2 (1904) 222–224, besonders 224: „Im
übrigen sei gerne zugestanden – und das ‚Bedauern' des P(ater) F(onck) [in einer Kritik am
ersten Band der BZ in der ZKTh 28 (1904) 213–215] scheint einen andern triftigen Grund
nicht zu haben –, daß es mir nicht mehr gelingen will, gegenüber den Regungen der Kritik in
katholischen Exegetenkreisen mich in antikritischer Sicherheit zu wiegen und auftauchende
kritische Bedenken einfach durch Hinweis auf die zu befürchtende Gefährdung traditioneller
Prinzipien zu beschwören. Dieses mein Empfinden dürfte auch der herrschenden Meinung
der deutschen Exegetenwelt besser entsprechen. Auch ist der Allgemeinheit mehr gedient,
wenn nicht durch eine exklusive Berichterstattung einer faktisch bestehenden und sich jedenfalls im Rechte glaubenden exegetischen Richtung Luft und Licht auf kirchlichem Boden versagt wird. ... Vielmehr will es mich bedünken, als ob die hochangesehene Z(eitschrift für)
k(atholische) Th(eologie) ... ihre objektive orientierende Stellung in den biblisch-exegeti-
schen Fragen mehr einer einseitigen Verfechtung exklusiver Richtung geopfert hätte, und als
ob sie wirklich stationär geblieben wäre ..."; vgl. auch Göttsbergers ausführliche und kritische
Auseinandersetzung mit dem Buch von L. FONCK, Der Kampf um die Wahrheit der Hl. Schrift
seit 25 Jahren. Beiträge zur Geschichte und Kritik der modernen Exegese, Innsbruck 1905, in:
BZ 4 (1906) 194–199.

läufe zeichnen sich zwischen den Zeilen ab. In Frankreich beschimpft man von konservativer Seite die Bibelkritik eines Loisy, aber auch eines Lagrange als „germanolatrie", als Verbeugung vor der deutschen protestantischen Exegese[77], während das andere Lager erste Schritte begrüßt, „in die im allgemeinen sehr konservativen (katholischen) Exegetenkreise Deutschlands die fortschrittlichen Ideen Frankreichs einzuführen"[78]. Über Persönlichkeiten vom Zuschnitt eines Loisy oder eines Lagrange verfügte die deutschsprachige Exegese in der Tat nicht, und die deutsche protestantische Theologie scheint mehr Fernwirkung als Nahwirkung entfaltet zu haben; vielleicht war vor Ort der Zwang zur Abgrenzung zu stark.

Einen Hinweis auf die energische Bestreitung der Echtheit des Turiner Grabtuchs durch einen katholischen Autor kann man in der BZ schon 1905 antreffen (421). Ein ständiger exegetischer Streitpunkt ist die einjährige oder mehrjährige Dauer der öffentlichen Wirksamkeit Jesu[79]. Bewegungen innerhalb der Päpstlichen Bibelkommission und ihre Verlautbarungen werden aufmerksam registriert[80], mehr eigentlich nicht. Dass das Dekret *Lamentabili* zur Hauptsache die Exegese betrifft, wird deutlich gesehen, aber nur indirekt, in der Brechung durch seine Diskussion in der Literatur, reflektiert[81]. Sehr positiv ist meines Erachtens zu vermerken, dass die große Bedeutung von Adolf Deißmanns Werk *Licht vom Osten* gleich beim Erscheinen der Erstauflage 1908 erkannt und gewürdigt wird[82]; weder die kultur- und religionsvergleichende Ausrichtung noch die protestantische Konfession des Verfassers hindern daran.

---

[77] Vgl. die Notiz in BZ 3 (1905) 301.

[78] Ebd. 302.

[79] Dazu sei nur summarisch verwiesen auf: BZ 1 (1903) 55–63.160–174; 2 (1904) 67–77. 373–376; 3 (1905) 177–179.263–268; 4 (1906) 38–60.152–163.398–407.428 f.; 5 (1907) 207; 8 (1910) 203.377–386; 9 (1911) 429; 10 (1912) 201; 12 (1914) 158–167; 14 (1917) 119–139.179f.236–249; 15 (1921) 166f.; im Verlauf dieser Auseinandersetzung entwickelt sich der Tübinger Neutestamentler Johannes E. Belser († 1916) mit seinen eigenwilligen, zur Hauptsache aber eher konservativen Thesen zum „Lieblingsgegner" der BZ; vgl. das abschließende Urteil über die „fast tragisch wirkenden letzten Worte B.s" in BZ 14 (1917) 348; ein anderer ständiger Widerpart auf katholischer Seite ist Valentin Weber, Würzburg, mit seiner obsessiv vertretenen Spielart der südgalatischen Hypothese, siehe nur (summierend): BZ 15 (1921) 180f.; 16 (1924) 294.303; wenig schmeichelhafte Bemerkungen zu Belser und Weber finden sich bei: O. WEISS, Modernismus (s. Anm. 36) 350.449f.

[80] So z.B. in: BZ 2 (1904) 336; 3 (1905) 335f.443; 4 (1906) 445f.; 5 (1907) 437f., u.ö.

[81] Vgl. BZ 5 (1907) 438–440 (Text); 6 (1908) 68.111f.286f. (wichtig). Ein zu unrecht kaum bekanntes erstes Opfer der päpstlichen Verlautbarungen jener Jahre, den von Loisy beeinflussten katholischen Priester und Alttestamentler Thaddäus Hyazinth Engert (1875–1945) aus Würzburg, den 1908 die – unter Berufung auf die Enzyklika *Pascendi* ergangene – bischöfliche Exkommunikation traf und der 1911 protestantischer Pfarrer wurde, würdigen O. WEISS, Modernismus (s. Anm. 36) 292–314; K. HAUSBERGER, Thaddäus Engert (1875–1945). Leben und Streben eines deutschen „Modernisten" (Quellen und Studien zur neueren Kirchengeschichte 1), Regensburg 1997.

[82] In: BZ 6 (1908) 411f.; vgl. zu Deißmann: TRE 8 (1981) 406–408 (E. PLÜMACHER).

Auch zur Erstausgabe von Richard Reitzensteins *Die hellenistischen Mysteri-enreligionen,* einem Hauptwerk der religionsgeschichtlichen Auslegung des Neuen Testaments, heißt es mehr zustimmend als ablehnend: „Wenn R. nun auch manche Verbindungslinien zu stark gezeichnet hat und die Originalität Pauli nicht genügend hervortreten ließ, wird doch jeder die hochinteressanten Parallelen mit großem Danke studieren und würdigen"[83]. Dem französischen Apologeten und Feind jeglicher Bibelkritik Alphonse J. Delattre bescheinigt die BZ hingegen, er habe „seine Feder so in Gift und Galle getaucht, daß für sachliche Auseinandersetzung kein Raum bleibt"[84].

In sichtliche Verlegenheiten bringt den Herausgeber Joseph Sickenberger, der die Markuspriorität vertritt, das Dekret der Bibelkommission von 1911 über bzw. gegen die Zweiquellentheorie (EnchB § 383–389). Er bezieht umge-hend Stellung und behilft sich mit der seines Erachtens auch nach dem Dekret noch möglichen Unterscheidung der griechischen Fassung des Matthäusevan-geliums von einem hebräischen oder aramäischen Original, das mehr der soge-nannten Logienquelle geähnelt haben könnte[85]. Protestantische Autoren ka-men bislang, wenn ich richtig sehe, in der BZ nicht zu Wort. Eine kurze Notiz von Eberhard Nestle im selben Jahrgang darf somit als Novum gelten[86].

Im nächsten Jahrgang wird kommentarlos vermerkt, dass römischerseits die Benutzung mehrerer Schriften von Lagrange und eines von Fritz Tillmann (da-mals Privatdozent für neutestamentliche Exegese in Bonn, der später zur *harmloseren* Moraltheologie wechselte) herausgegebenen Handbuchs[87] in Priesterseminaren verboten wurde[88].

Die Aufsätze wirken in diesem ersten Jahrzehnt inhaltlich und thematisch nur selten sonderlich profiliert; sie sind oft kurz und stammen von unbekann-ten oder (auch in der Folgezeit) wenig bekannten Autoren. Die bibliographi-

---

[83]   In: BZ 8 (1910) 410; dazu auch 10 (1912) 415; ganz ähnlich BZ 11 (1913) 192 zu E. Nor-den, Agnostos Theos. Untersuchungen zur Formengeschichte religiöser Rede, Leipzig 1912: „Der Exeget ... wird mit reichem Gewinn die geradezu erdrückende Fülle der Beobachtun-gen N.s studieren."

[84]   7 (1909) 61.

[85]   Vgl. J. Sickenberger. Das neue Dekret der Bibelkommission über das Mt-Evangelium und die sog. Zweiquellentheorie, in: BZ 9 (1911) 391–396; Reflexe in 10 (1912) 206.208.427f.; 11 (1913) 185.207; siehe auch die Klage über Angriffe aus dem eigenen Lager (gegen Petrus Dausch gerichtet) in BZ 12 (1914) 422f.; die Akzeptierung von Q durch Sickenberger zeichnet sich in BZ 14 (1917) 171 ab.

[86]   E. Nestle, Eine Frage nach der besten Vulgatakonkordanz, ebd. 229 (im Inhaltsver-zeichnis erscheint der Name auf S. VI falsch als N. Nestle).

[87]   Es handelt sich um die erste Lieferung (1912) von *Die Heilige Schrift des Neuen Testa-ments übersetzt und gemeinverständlich erklärt;* Mitarbeiter waren neben Tillmann noch Fried-rich Wilhelm Maier, Max Meinertz, Ignaz Rohr, Joseph Sickenberger, Alphons Steinmann und Wilhelm Vrede, also die Mehrzahl der teils jüngeren und aufgeschlosseneren Kräfte, und Kar-dinal Georg Kopp hatte einen Geleitbrief beigesteuert, vgl. BZ 10 (1912) 195.

[88]   Ebd. 442; zu den Folgen (Auflösung des Gesamtunternehmens in Einzelwerke) BZ 11 (1913) 211f.; siehe auch ebd. 223 (Nachfrage des Erzbischofs von Siena nach den Gründen).

schen Notizen fallen dafür immer umfangreicher aus, und mit leisem Stolz wird 1914, in einem Band, der Boussets *Kyrios Christos* ebenso bespricht wie *Das Urchristentum I* von Johannes Weiß, festgestellt, „daß der Literaturbericht der BZ ... unentbehrlich ist, wenn man nicht moderne Fragestellungen von nicht geringem Gewicht übersehen will"[89]. Man gewinnt geradezu den Eindruck, dass sich unabhängigere Geister bewusst hinter diese Referate zurückzogen.

c) Das Ringen um den Fortbestand (1915 – 1929)

Vom 13. Jahrgang 1915 an macht sich die Kriegssituation bemerkbar. Der Band ist weniger umfangreich als die früheren. Warum ein Referat über Aufsätze in Zeitschriften aus dem Ausland fehlt, muss begründet werden (356), und selbst in der BZ wird über die Kriegsschuldfrage gestritten (257). Der 14. Jahrgang erscheint erst 1917. Danach werden die Lücken noch größer. Der 15. Jahrgang liegt erst 1921 abgeschlossen vor, der 16. 1924, der 17. 1926 und der 18. als Letzter in dieser Besetzung 1929. Unverkennbar kämpft die Zeitschrift, bedingt wohl durch die wirtschaftlichen Folgen des Krieges, nicht etwa aufgrund von innerkirchlichen Schwierigkeiten, um ihr Überleben[90].

Unverdrossen werden dennoch die literarischen Berichte fortgeführt, auch wenn sich der frühere Anspruch auf annähernde Vollständigkeit nicht mehr aufrecht erhalten lässt[91]. Aber Werke, die wir heute als Klassiker der Formgeschichte einschätzen, nämlich *Die Formgeschichte des Evangeliums* von Martin Dibelius und *Der Rahmen der Geschichte Jesu* von Karl Ludwig Schmidt, werden bei ihrem Erscheinen 1919 zur Kenntnis genommen. Manches findet Zustimmung, ein Dissenspunkt bleiben die Maßstäbe für ein Urteil über Geschichtlichkeit und Ungeschichtlichkeit des Berichteten[92]. Das tritt noch deutlicher zutage, wo es um den Dritten in diesem Bunde geht, um Rudolf Bultmann und sein Buch *Die Geschichte der synoptischen Tradition* (1. Aufl. 1921)[93]. Dass Theodor Zahns zweibändiger Kommentar zur Apostelgeschichte (1919/21) mehr Beifall findet als der mit 963 Seiten ebenso massive von Alfred Loisy

---

[89] BZ 12 (1914) 59; die besagten Kurzrezensionen ebd. 187.189; vgl. die Fortsetzung der Diskussion zu *Kyrios Christos* in: BZ 13 (1915) 167.360f.; zu Bd. II des Werkes von Johannes Weiß siehe: BZ 15 (1921) 156.

[90] Vgl. BZ 16 (1924) 1: der „Kampf der BZ um Sein und Nichtsein" und die Sicherung ihres Bestands „nach drohendem Untergang".

[91] Ebd. 217; und dies, obwohl in Bd. 16 z.B. 197 von 318 Seiten der Sekundärliteratur gewidmet sind.

[92] BZ 15 (1921) 362f.

[93] Vgl. BZ 16 (1924) 268: „Das Buch gehört zu den radikalsten und, vom Glaubensstandpunkt aus betrachtet, destruktivsten Darstellungen der ältesten evangelischen Überlieferung ... Aber trotzdem wird auch der anders Urteilende im einzelnen viel feine und scharfsinnige Beobachtungen der B.schen Kritik entnehmen und dem Verf. namentlich für viele Beurteilungen und Zusammenstellungen formaler Eigentümlichkeiten der Syn dankbar sein"; zur 2. Auflage (1931) siehe: BZ 22 (1934) 395f.

(1920)[94], verwundert nicht, sondern bestätigt früher schon Gesagtes („Schulterschluss" mit der konservativen protestantischen Exegese gegen die radikale Kritik).

Dass 1926 Dr. Joseph Frings, Pfarrer in Köln-Braunsfeld, einen neutestamentlichen Aufsatz beisteuert[95], darf notiert werden, da dieser Autor zwar nicht als Exeget, aber anderweitig noch sehr bekannt werden sollte. Am über hundertseitigen Literaturbericht zum Neuen Testament (308–413) im 18. Band (1929) arbeiten Dr. Joseph Freundorfer und Dr. Josef Schmid mit. Insbesondere Letzterer sollte noch Bedeutendes für den Fortschritt der katholischen neutestamentlichen Exegese leisten; u.a. hat er mit seiner Habilitationsschrift von 1930 wesentlich zur Akzeptanz der Zweiquellentheorie im katholischen Bereich beigetragen[96]. Dem Band 18 der BZ selbst ist nicht zu entnehmen, dass ein Einschnitt bevorsteht, es wird im Gegenteil die Hoffnung auf eine bessere Zukunft laut (86 Anm. 1).

d) Der versuchte Neubeginn (1931–1939)

Mit dem 19. Jahrgang 1931 fand ein – laut Vorwort zu dem neuen Band – einvernehmlicher Wechsel statt: Die Herausgeberschaft ging an die Schülergeneration über: an Bernhard Walde (Professor an der phil.-theol. Hochschule in Dillingen, 1937 Ordinarius in Breslau, † 1938) für das Alte Testament und Joseph Freundorfer (ein Schüler Sickenbergers, Professor an der phil.-theol. Hochschule in Passau) für das Neue Testament, und der Verlag Ferdinand Schöningh in Paderborn übernahm die verlegerische Betreuung. Aus dem Vorwort geht auch hervor, dass die letzten Bände ebenso wie der vorliegende nur mit Hilfe eines Zuschusses der Notgemeinschaft der Deutschen Wissenschaft erscheinen konnten. Dass er gewährt wurde, spricht für das wissenschaftliche Renommee der Zeitschrift. Die Literaturberichte sind so exzellent wie eh und je, nur füllen sie diesmal ca. 310 von 415 Seiten, was sich nicht nur durch den Zwang, mehrere Jahre zu berücksichtigen, erklärt. Für thematische Beiträge bleibt kaum noch Raum. Eine zeitweilig sinnvolle Konzeption ist hier an eine Grenze gestoßen, die nach anderen Lösungen verlangt, z.B. nach der Abtrennung einer reinen Bibliographie von einer Zeitschrift mit Artikeln und Rezensionen, ein Weg, wie ihn die römische Zeitschrift *Biblica* durch die Herausnahme des *Elenchus bibliographicus biblicus* einschlug.

Für wenige Jahre gelingt die Rückkehr zu einem jährlichen Rhythmus. Der Jahrgang 20 von 1932 ist als Festschrift für Joseph Sickenberger zum 60. Geburtstag gedacht und enthält – beinahe müsste man sagen: ausnahmsweise –

---

[94] Ebd. 296.

[95] Zu I Petr 3,19 und 4,6, in: BZ 17 (1926) 75–88.

[96] J. Schmid, Matthäus und Lukas. Eine Untersuchung des Verhältnisses ihrer Evangelien (BSt[F] 23,2–4), Freiburg i.Br. 1930.

einige inhaltsreichere Aufsätze von bereits profilierten Autoren[97]. Im Band 21 (1933) wird die Gründung der Katholischen Bibelbewegung, des heutigen Katholischen Bibelwerks, mit Sitz in Stuttgart erwähnt (418). Band 22 (1934) trägt den Wunsch nach, die Bibelbewegung möge „in engster Beziehung mit der Fachwissenschaft bleiben" (322). Eine Momentaufnahme aus diesem, noch termingerecht erschienenen Jahrgang: Das umfangreiche Buch von Otto Roller zum paulinischen Briefformular[98], das die Echtheit aller Paulusbriefe, notfalls über die Sekretärshypothese, sichern will, wird nicht etwa begrüßt, sondern – in der Sache völlig zu Recht – als mehr oder weniger misslungen bezeichnet[99].

Danach reißen wieder Lücken ein. Der 23. Jahrgang umfasst die Jahre 1935/ 36, und der 24. Jahrgang kann erst 1938/39 abgeschlossen werden. Er markiert vorerst auch das Ende des Versuchs, die hochverdiente Zeitschrift doch noch zu retten.

2. „Biblica", ein Ausschnitt (1940–1945)

Dass fast zwei Jahrzehnte bis zur Wiederbegründung der BZ vergehen, ist zu bedauern, gerade auch unter forschungsgeschichtlichem Aspekt. Der deutschsprachigen katholischen Exegese beider Testamente, insbesondere innerhalb der Universitätstheologie, fehlt fortan ein vergleichbares Forum. In protestantischen Periodica pflegten katholische Gelehrte (noch) nicht regelmäßig zu publizieren, was vermutlich beiden Seiten entgegenkam. Die allgemeinen theologischen Zeitschriften boten keinen wirklichen Ersatz. Echte katholische Pendants sind im Ausland lokalisiert: das *Catholic Biblical Quarterly* der Catholic Biblical Association in den USA (seit 1939!), die *Revue Biblique* der französischen Dominikaner von der École biblique in Jerusalem (seit 1892) und die Zeitschrift *Biblica* des Päpstlichen Bibelinstituts in Rom (seit 1920). Davon enthält nur *Biblica* einen höheren Anteil von deutschsprachigen Beiträgen, zum Teil aus der Feder von Jesuiten, die am Bibelinstitut oder anderen Einrichtungen des Ordens dozierten. Heben wir, um die durch den Ausfall der BZ entstehende Lücke zu überbrücken, so gut es geht, zunächst für die Jahre 1940–1945 einiges aus den Heften der *Biblica* heraus.

---

[97] M. MEINERTZ, Die Krankensalbung Jak. 5,14f. (23–36); J. SCHMID, Der gegenwärtige Stand der Mandäerfrage (121–138.247–258); A. WIKENHAUSER, Die Liebeswerke in dem Gerichtsgemälde Mt 25,31–46 (366–377); E. PETERSON, Ἀγάπη (378–382); P. war 1930 zur katholischen Kirche konvertiert; vgl. zu ihm B. NICHTWEISS, Erik Peterson. Neue Sicht auf Leben und Werk, Freiburg i. Br. 1992.

[98] O. ROLLER, Das Formular der Paulinischen Briefe. Ein Beitrag zur Lehre vom antiken Briefe (BWANT 58), Stuttgart 1933, XXXI und 657 Seiten.

[99] BZ 22 (1934) 185: „Bei aller Achtung vor dem Riesenfleiß des Verfassers bleibt das Buch eine Enttäuschung", manches wirkt „fast naiv", und die „584 Anmerkungen" hätten „(nach Harnacks Rezept) zum Teil die Feuerbestattung verdient" (gezeichnet mit „Sch." für Josef Schmid).

Unter den deutschsprachigen Aufsätzen überwiegen in Bib. 22 (1941) z.B. Arbeiten zur Textkritik, Textüberlieferung und Auslegungsgeschichte[100]. Dass dies kein Zufall ist, sondern als symptomatisch gelten darf, ließe sich an den anderen Bänden aus unserem Zeitraum leicht zeigen[101]. Selbstverständlich soll damit nichts gesagt werden gegen die oft vorzügliche Arbeit, die hier geleistet wird[102]. Aber es zeigt sich doch auch, dass man anderen Fragestellungen aus dem Wege geht.

Zwei Namen aus der BZ begegnen uns sofort wieder: Dem Kommentar von Joseph Sickenberger zur Johannesoffenbarung (Bonn 1940) wird eine nicht sonderlich freundliche Rezension zuteil[103], während Urban Holzmeister SJ die Synoptikerkommentare von Josef Schmid, im *Regensburger Neuen Testament* erschienen, recht lobend bespricht[104]. Derselbe Autor überlegt in einem Aufsatz aber auch, ob die Sonnenverfinsterung beim Tode Jesu durch gewaltige Ausbrüche eines Vulkans, durch Sandstürme von großer Heftigkeit oder ungewöhnlich dichte Wolken verursacht worden sein könnte[105]. Dazu passt die Be-

---

[100] Im einzelnen: J. REUSS, Der Exeget Ammonius und die Fragmente seines Matthäus- und Johannes-Kommentars (13–20); A. DOLD, Neue Teile der ältesten Vulgata-Evangelienhandschrift aus dem 5. Jahrhundert (105–146); B. BISCHOFF, Zur Rekonstruktion des Sangallensis (Σ) und der Vorlage seiner Marginalien (147–158); H. RAHNER, Flumina de ventre Christi. Die patristische Auslegung von Joh 7,37.38 (269–302.367–403).

[101] Vgl. nur A. M. LANDGRAF, Der Paulinenkommentar des Hervaeus von Bourg-Dieu, in: Bib. 21 (1940) 113–132; B. FISCHER OSB, Der Bibeltext in den pseudo-augustinischen „Solutiones diversarum quaestionum ab haereticis obiectarum" im Codex Paris B.N. Lat. 12217, in: Bib. 23 (1942) 139–164.241–267.

[102] Und auch die Typographie feiert in dem Zusammenhang selbst in schwierigen Kriegsjahren Triumphe. So enthält der Bd. 25 (1944) nicht nur punktierte hebräische und griechische Textstücke in großer Zahl, es werden daneben auch koptische (106–142 u.ö.), syrische (210–231 u.ö.) und kirchenslawische (240) Lettern verwendet, und Bib. 26 (1945) 147–149 fügt noch russische hinzu.

[103] Durch A. M. VITTI SJ, in: Bib. 22 (1941) 77–80; es gehört zwar, streng genommen, nicht ganz hierher, aber nicht ohne leichte, positiv gestimmte Überraschung nimmt man einen Aufsatz vom selben Autor zur paulinischen Rhetorik zur Keuntnis: A. M. VITTI, L'Eloquenza di S. Paolo nelle sue Lettere, in: Bib. 21 (1940) 413–425; die Überraschung rührt daher, dass die Beachtung rhetorischer Techniken in den Paulusbriefen als eine Neu- oder Wiederentdekkung der letzten zwei bis drei Jahrzehnte gilt und unter den wenigen Vorgängern, nach denen man Ausschau hält und die man ständig zitiert, der Name Vitti mir bislang noch nicht begegnet ist.

[104] In Bib. 21 (1940) 212–215 (zu Mk); 22 (1941) 442–447 (zu Lk).

[105] U. HOLZMEISTER, Die Finsternis beim Tode Jesu, in: Bib. 22 (1941) 404–411; dass er sich dabei auf eine gleichnamige Notiz von S. KILLERMANN, in: ThGl 33 (1941) 165f., bezieht, macht die Sache nicht besser; welche Art von historisierender Exegese er auch noch ein Jahrzehnt später vertrat, geht schlagend aus U. HOLZMEISTER, „Jesus lebte mit den wilden Tieren." Mk 1,13, in: Vom Wort des Lebens (Festschrift M.Meinertz) (NTA.E 1), Münster 1951, 85–92, hervor, wo er sich mit der Erzählung von der Versuchung Jesu in der markinischen Kurzfassung beschäftigt: „So wird auch der Heiland mit dem Herannahen des Abends sich in eine der vielen natürlichen Höhlen zurückgezogen haben, an denen die Wüste so reich ist, um aber dann zu sehen, daß schon ein Wüstentier hier seinen Sitz aufgeschlagen hat. Da mochten Ihm etwa die schönen Augen einer Gazelle entgegenleuchten, freundlich, aber betroffen" (86); „Es

urteilung der Zeitläufe, die Holzmeister in einer Würdigung von Père Lagrange zum Ausdruck bringt: diesem habe „der nicht zu unterschätzende Vorteil" geholfen, „dass er die prinzipielle Überwindung des Modernismus durch Pius X. noch um drei Jahrzehnte überleben und in einer gereinigten Atmosphäre arbeiten durfte"[106].

Im Übrigen gewinnen wir wieder engeren Anschluss an die übergreifenden Entwicklungen. Die Indizierung eines Buches von „Dain Cohenel" zum Schriftverständnis wird angezeigt[107]. Hinter diesem Pseudonym verbarg sich der italienische Priester Dolindo Ruotolo, von dessen oben schon erwähntem Pamphlet und der Reaktion der Bibelkommission darauf in einer folgenden Nummer gleichfalls berichtet wird[108]. Sofort nach Erscheinen von *Divino afflante Spiritu* bringt die Zeitschrift eine erste Würdigung, die Augustinus Bea als Rektor des Instituts selbst in lateinischer Sprache verfasst hat[109].

3. „Bibel und Kirche", das erste Jahrzehnt (1946–1956)

Mit 1946 setzt die Bandzählung von *Bibel und Kirche,* der Zeitschrift des Katholischen Bibelwerks in Stuttgart, ein. Voraus gingen Mitteilungsblätter in loser Folge, deren Publikation aufgrund von Maßnahmen der Nationalsozialisten 1942 eingestellt werden musste. Letztere untersagten es auch, den Namen „Katholische *Bibelbewegung*" weiter zu gebrauchen, da der Terminus „Bewegung" der NSDAP und ihren Untergliederungen vorbehalten sei; so entstand die bis heute gebräuchliche Bezeichnung „Katholisches *Bibelwerk*"[110].

Bibel und Kirche mit der BZ vergleichen zu wollen, vor allem in diesen frühen Jahrgängen, wäre sicher unfair, da dieses Organ sich ganz andere Ziele setzte, nur einen bescheidenen Umfang aufweist und zumeist auf andere Mitarbeiter angewiesen war. Aber das braucht uns nicht davon abzuhalten, sie für das Jahrzehnt, das bis zum Wiedererscheinen der BZ noch vergehen sollte, als Quelle für Vorgänge in Exegese und Bibelarbeit heranzuziehen.

Gleich im ersten Heft wird die Enzyklika *Divino afflante Spiritu*, die ihre Wirkkraft auch im praktischen Bereich entfaltet, mit den Worten gerühmt[111]:

---

erhebt sich nun die Frage, ob auch der ‚König der Tiere', ‚der Herr der Wüste' der Löwe (Felis leo), damals zu den Hausgenossen des Herrn, vielleicht als sein Quartiergeber, gehörte" (90).

[106] DERS., Rez. François-Marie Braun OP, L'œuvre du Père Lagrange. Étude et bibliographie, Freiburg (Schweiz) 1943, in: Bib. 27 (1946) 287–290, hier 289.

[107] Bib. 22 (1941) 95f.

[108] Bib. 23 (1942) 106–108.

[109] A. BEA, „Divino afflante Spiritu". De recentissimis Litteris Encyclicis Pii PP. XII, in: Bib. 24 (1943) 313–322.

[110] Vgl. BiKi 1 (1946) 52.

[111] Das folgende Zitat in BiKi 1 (1946) 54; vgl. auch 3 (1948) 47 und G. MARQUARDT OFM, Anregungen für den Seelsorgsklerus aus „Divino afflante Spiritu", in: BiKi 5 (1950) 8–13.

... diese Magna Charta für die katholische Bibelarbeit, ist auch die allerhöchste Sanktion unserer Bewegung. Hätten wir den Hl. Vater um eine Empfehlung für die Form unserer Bewegung gebeten und hätte er uns huldvoll in einem Handschreiben entsprochen, es hätte unsern Bestrebungen nicht angepaßter lauten können, als der Text der feierlichen Enzyklika, in deren Schlußteil der Papst auf die Verwendung der Hl. Schrift in der Unterweisung des Volkes zu sprechen kommt.

Im Wissenschaftlichen Beirat, den sich das Katholische Bibelwerk früh gegeben hat, entsteht die Idee einer „Biblischen Umschau" mit kritischen Berichten über die exegetischen Neuerscheinungen im In- und Ausland[112]. Kompensiert werden sollte damit, ohne dass es direkt gesagt wird, der Ausfall der alten BZ, die eben dies geleistet hatte. Entstanden ist daraus die *Internationale Zeitschriftenschau für Bibelwissenschaft und Grenzgebiete,* die bis heute besteht[113].

Sehr früh begann die Zeitschrift damit, ihre Leser sachgerecht über die Qumranfunde zu informieren, in eigenen Artikeln[114] und in Notizen zu neueren Entwicklungen[115], was ihr als Verdienst anzurechnen ist. Im Literaturteil wird die Festschrift für Rudolf Bultmann zum 65. Geburtstag vorgestellt[116], doch ist das eher die Ausnahme. Wenig später greift Wilhelm Auer, Direktor des Katholischen Bibelwerks seit 1952/53, in einer Besprechung zu Alfred Wikenhausers verdienstvoller *Einleitung in das Neue Testament* (1. Aufl. 1953) zu „apokalyptischen" Tönen: „In dankenswerter Weise stützt sich der Verfasser bei der Entstehungsgeschichte streng auf die altkirchliche Überlieferung und die Entscheidungen der Bibelkommission, so dass das Buch in einer Zeit, wo so manches zu wanken scheint, als Fels der Wahrheit erscheint"[117]. Aber auch unter seiner Ägide konnte ein Beitrag zu Bultmanns Entmythologisierungsprogramm veröffentlicht werden, der vorsichtig urteilt und das gemeinsame Interesse an den existentiellen Werten des Bibelworts herausstellt[118].

Seine eigene Form hat das Periodicum, an dem viel herumexperimentiert wurde, auch nach 10 oder 12 Jahrgängen noch nicht ganz gefunden. Die Beteiligung von Hochschulexegeten scheint zu Beginn sogar größer gewesen zu sein als in späteren Jahrgängen. Auch diese Kooperation konnte noch nicht institutionalisiert werden, Vorbehalte von beiden Seiten standen wohl im Wege. Ein wirkliches Fachorgan fehlt nach wie vor, aber es sei auch nicht bezweifelt, dass sich in *Bibel und Kirche* manche positiven Ansätze für die praktische Bibelarbeit abzeichnen.

---

[112] Vgl. BiKi 6 (1951) 120.

[113] Siehe zum ersten Band von 1951/52: BiKi 7 (1952) H. 1, 38f.

[114] Vgl. F. NÖTSCHER, Jüdische Mönchsgemeinde und Ursprung des Christentums nach den jüngst am Toten Meer aufgefundenen hebräischen Handschriften, in: BiKi 7 (1952) 21–38.

[115] BiKi 8 (1953) H. 3, 25; H. 4, 19; 9 (1954) 27.98–105; 11 (1956) 49f.88–93; 12 (1957) 24.80–85.

[116] BiKi 7 (1952) H. 3, 32.

[117] BiKi 8 (1953) H. 2, 23.

[118] G. MARQUARDT OFM, Anregungen aus Bultmanns Entmythologisierungsprogramm für den katholischen Theologen, in: BiKi 12 (1957) 2–13.

4. Die „Biblische Zeitschrift", neue Folge (seit 1957)

Die Qumranfunde[119] und Bultmanns Existentialtheologie[120] sind auch Themen im ersten Band der neuen Folge der BZ, die 1957 im Schöningh Verlag, Paderborn, herauskommt, wieder mit einer Starthilfe der Deutschen Forschungsgemeinschaft (vgl. 4). Das Geleitwort (1–3) steuert diesmal Joseph Freundorfer bei, der inzwischen (1949) Bischof von Passau geworden war. Als Herausgeber fungieren Vinzenz Hamp, Alttestamentler in München, den 1977 Josef Schreiner (Würzburg) ablöst, und der Neutestamentler Rudolf Schnackenburg, der im selben Jahr 1957 von Bamberg nach Würzburg wechselte und seine Herausgebertätigkeit bis 1990 fortführen sollte[121]. In ihrem Vorwort geben sie zu verstehen, dass die geschätzten bibliographischen Notizen der alten BZ „jetzt anderweitig genügend geboten werden" (5) und der Nachdruck daher – neben Rezensionen und kleineren Beiträgen zu einzelnen Stellen – „auf größere, in den theologischen Raum vorstoßende Arbeiten gelegt werden" soll (ebd.).

Das gelingt in der Tat vom ersten Jahrgang an, der gleich mehrere beachtliche, bis heute zitierfähige Aufsätze von katholischen Neutestamentlern enthält[122]. Mit einem Schlag, so scheint es fast, betritt eine neue, selbstbewusste Generation von deutschsprachigen katholischen Exegeten jene Bühne, die sie nicht wieder zu räumen gedenkt. Die Konzentration auf katholische Autoren als Verfasser der Beiträge, die wohl auch einem Nachholbedürfnis entsprang und ihren Sinn hatte, sollte sich die ersten zwei Jahrzehnte weitgehend durchhalten. Die Rezensionen berücksichtigen durch ihre Titelauswahl von Anfang an und in zunehmendem Maße die Forschung in ihrer ganzen Breite.

Einen programmatischen Artikel „Der Weg der katholischen Exegese" legt Rudolf Schnackenburg als Herausgeber 1958 im 2. Band vor (161–176). Er geht von *Divino afflante Spiritu* aus, begründet das Recht, ja die Notwendigkeit philologischer und historischer Kritik, zeigt sich skeptisch gegenüber dem Ruf

---

[119] K. Schubert, Die Messiaslehre in den Texten von Chirbet Qumran, in: BZ NF 1 (1957) 177–197.

[120] A. Vögtle, Die Existenztheologie R. Bultmanns in katholischer Sicht, in: BZ NF 1 (1957) 136–151.

[121] Die derzeitigen Herausgeber sind Hans-Josef Klauck, Würzburg / München, jetzt Chicago, für das Neue Testament (seit 1991; abgelöst durch Martin Ebner, Münster, 2003) und Erich Zenger, Münster, für das Alte Testament (seit 1998).

[122] H. Schlier, Über Sinn und Aufgabe einer Theologie des Neuen Testamentes, in: BZ NF 1 (1957) 6–23; R. Schnackenburg, Logos-Hymnus und johanneischer Prolog, ebd. 69–109; K. H. Schelkle, Von alter und neuer Auslegung, ebd. 161–177; F. Mussner, Der historische Jesus und der Christus des Glaubens, ebd. 224–252; A. Vögtle, Messiasbekenntnis und Petrusverheißung. Zur Komposition Mt 16,13–23 Par., ebd. 252–272 und BZ NF 2 (1958) 85–103. – Zur Person von Heinrich Schlier (1900–1978), der 1953 als protestantischer Neutestamentler zur katholischen Kirche übertrat, vgl. R. von Bendemann, Heinrich Schlier. Eine kritische Analyse seiner Interpretation paulinischer Theologie (BEvTh 115), Gütersloh 1995; zu Anton Vögtle (1910–1996) siehe R. Hoppe, Anton Vögtle – Wegbereiter historischer Jesusforschung, in: S. Pauly (Hrsg.), Theologen unserer Zeit, Stuttgart 1997, 81–95.

nach einem „Sensus plenior", den „pneumatische" oder „theologische" Exegese eruieren soll[123], und setzt sich ausführlich mit Ebeling und Bultmann auseinander.

Wie sehr sich die katholische Exegese bereits integriert fühlt und tatsächlich inzwischen auch integriert ist, zeigen in den verschiedenen Heften die kontinuierlichen Berichte über internationale und interkonfessionelle Fachtagungen mit katholischer Beteiligung. Geburtstagsglückwünsche[124] und Nachrufe[125] helfen mit, bei aller Offenheit doch so etwas wie „Familienatmosphäre" innerhalb des eigenen Kreises herzustellen.

Der Identitätsbildung und Stabilisierung dienten anfangs noch mehr als heute auch die Tagungen der Arbeitsgemeinschaft der deutschsprachigen katholischen Neutestamentler, die seit 1955 in zweijährigem Rhythmus stattfinden[126] und über die in der BZ seit dem zweiten Treffen von 1957[127] an regelmäßig (mit einer Unterbrechung) berichtet wird[128]. Daraus sind auch manche Auf-

---

[123] Dazu auch J. SCHMID, Die alttestamentlichen Zitate bei Paulus und die Theorie vom sensus plenior, in: BZ NF 3 (1959) 161–173.

[124] Vgl. u.a. BZ NF 4 (1960) 1 (Heinrich Joseph Vogels zum 80. Geburtstag); 5 (1961) 1 (Max Meinertz zum 80. Geburtstag); 7 (1963) 1 (Josef Schmid zum 70. Geburtstag).

[125] Vgl. etwa BZ NF 2 (1958) 300 (Friedrich Wilhelm Maier); 5 (1961) 92f. (Alfred Wikenhauser); 7 (1963) 158 (Josef Gewiess) 161f. (Joseph Freundorfer); 10 (1966) 160 (Josef Sint) 315f. (Max Meinertz).

[126] Vgl. B. SCHWANK, Vor vierzig Jahren. Die Entwicklung der Arbeitsgemeinschaft deutschsprachiger katholischer Neutestamentler, in: BZ NF 39 (1995) 158f.; Vorsitzende der Arbeitsgemeinschaft waren, so weit sich das noch rekonstruieren lässt, Josef Schmid (1955–1965), Johannes Michl (1965–1973), Karl Kertelge (1973–1989), Hans-Josef Klauck (1989–1993), Hubert Frankemölle (1993–1997), Johannes Beutler (1997–1999) und Ulrich Busse (seit 1999); die Satzung sieht seit 1989 einen Vierjahresrhythmus vor.

[127] Zum ersten Treffen 1955 in Bad Imnau vgl. F. MUSSNER, Tagung katholischer Neutestamentler in Bad Imnau, in: TThZ 64 (1955) 185f.; darin vor allem die Bemerkung: „Schon am ersten Abend (7.3.) entstand eine lebhafte Diskussion darüber, ob die Biblische Zeitschrift wieder ins Leben gerufen werden soll. Es herrschte von vornherein ziemliche Einmütigkeit darüber, daß ein deutschsprachiges Organ der katholischen Bibelwissenschaft eine unbedingte Notwendigkeit darstellt."

[128] Vgl. R. SCHNACKENBURG, 2. Arbeitstagung der deutschen katholischen Neutestamentler (Bad Soden-Salmünster), in: BZ NF 1 (1957) 297f.; DERS., 3. Arbeitstagung der deutschen katholischen Neutestamentler (Würzburg), ebd. 3 (1959) 298–300; DERS., 4. Arbeitstagung der deutschen katholischen Neutestamentler in Beuron vom 1. bis 4. März 1961, ebd. 5 (1961) 316–318; DERS., Arbeitstagung der kath. deutschen Exegeten des Neuen Testaments in Maria Laach 18.–21. März 1963, ebd. 7 (1963) 317–319; DERS., Arbeitstagung der katholischen deutschen Exegeten des Neuen Testaments in Passau 10.–12. März 1965, ebd. 9 (1965) 315–318; J. BLANK, Tagung der deutschsprachigen katholischen Neutestamentler in Beuron vom 26.–29. September 1967, ebd. 12 (1968) 157f.; J. REUSS, Tagung der deutschsprachigen katholischen Neutestamentler in St. Pölten vom 24.–27. Februar 1969, ebd. 13 (1969) 317f.; W. BRACHT, Tagung der deutschsprachigen kath. Neutestamentler in Luzern vom 15.–18. März 1971, ebd. 16 (1972) 153–156; H. FRANKEMÖLLE, Tagung der deutschsprachigen kath. Neutestamentler in Wien vom 2.–6. April 1973, ebd. 17 (1973) 316–318; [Kein Bericht existiert offenbar für die Tagung vom 17.–21. März 1975 in München; zur Veröffentlichung des Tagungsbandes als QD 74 siehe unten in Anm. 130]; K. KERTELGE, Tagung der deutschsprachigen katholischen Neute-

schlüsse über inhaltliche Schwerpunkte und sich wandelnde Interessenlagen zu gewinnen. 1963 z.b. wurde gezielt die formgeschichtliche Methode besprochen[129], auch die geplante Einheitsübersetzung gab Diskussionsstoff ab. Zwei Jahre später bildete das Johannesevangelium den Hauptgegenstand der Tagung. Manche der erwähnten Referate kehren als Aufsätze in der BZ wieder, ehe es dann ab 1973 zu der Veröffentlichung der Beiträge in eigenen, thematisch geschlossenen Tagungsbänden in der Reihe der *Quaestiones disputatae* kam[130].

---

stamentler in Chur / Schweiz vom 29.3. bis 2.4.1977, ebd. 21 (1977) 315–317; DERS., Tagung der deutschsprachigen katholischen Neutestamentler in Salzburg vom 26. bis 30. März 1979, ebd. 24 (1980) 157–159; DERS., Tagung der deutschsprachigen kath. Neutestamentler in Würzburg vom 6.–10. April 1981, ebd. 26 (1982) 153–156; DERS., Tagung der deutschsprachigen katholischen Neutestamentler vom 21. bis 26.3.1983 in Luzern, ebd. 27 (1983) 292–295; T. SÖDING, Tagung der deutschsprachigen kath. Neutestamentler in Brixen vom 18. bis 23. März 1985, ebd. 30 (1986) 147–149; DERS., Tagung der deutschsprachigen kath. Neutestamentler in Graz vom 6. bis 11.4.1987, ebd. 32 (1988) 162–165; DERS., Tagung der deutschsprachigen kath. Neutestamentler in Luzern vom 18. bis 22. März 1991, ebd. 35 (1991) 311f.; L. WEHR, Tagung der deutschsprachigen katholischen Neutestamentler in Salzburg vom 29. März bis 2. April 1993, ebd. 37 (1993) 318–320; R. HOPPE, Tagung der deutschsprachigen katholischen Neutestamentler in Straßburg vom 3.–7. April 1995, ebd. 39 (1995) 310f.; H. J. KLAUCK, Tagung der deutschsprachigen katholischen Neutestamentler in Innsbruck vom 17.–21. März 1997, ebd. 41 (1997) 315f.; DERS., Tagung der deutschsprachigen katholischen Neutestamentler in Erfurt vom 22. bis 26. März 1999, ebd. 43 (1997) 317–319; L. WEHR, Tagung der Arbeitsgemeinschaft der deutschsprachigen katholischen Neutestamentler in Leuven vom 2. bis 6. April 2001, in: ebd. 45 (2001) 312–314.

[129] BZ NF 7 (1963) 318: „Alle anwesenden Exegeten waren sich darin einig, daß man auf die von der Eigenart unserer Evangelien geforderte formgeschichtliche und redaktionsgeschichtliche Methode nicht mehr verzichten könne, daß die Untersuchungen aber mit Besonnnenheit und kritischem Urteil gegenüber radikalen Ansichten geführt werden müßten. Schwierig sei die Situation für die fundamentaltheologische Fragestellung; aber die neuen Methoden zeigten auch viele Lichtseiten, besonders für die Erhellung der (apostolischen) Tradition und ihrer Bedeutung" (Rudolf Schnackenburg).

[130] K. KERTELGE (Hrsg.), Rückfrage nach Jesus. Zur Methodik und Bedeutung der Frage nach dem historischen Jesus (QD 63), Freiburg i. Br. 1974; DERS. (Hrsg.), Der Tod Jesu. Deutungen im Neuen Testament (QD 74), Freiburg i. Br. 1976; [Beim Treffen von 1977, wo es dem Bericht zufolge (siehe oben in Anm. 128) um das Thema „Die Synoptiker und ihre Gemeinden" ging, kam kein Tagungsband zustande; vgl. aber den daraus erwachsenen Beitrag von H. FRANKEMÖLLE, Evangelist und Gemeinde. Eine methodenkritische Besinnung (mit Beispielen aus dem Matthäusevangelium), in: Bib. 60 (1979) 153–190]; K. KERTELGE (Hrsg.), Paulus in den neutestamentlichen Spätschriften. Zur Paulusrezeption im Neuen Testament (QD 89), Freiburg i. Br. 1981; DERS. (Hrsg.), Mission im Neuen Testament (QD 93), Freiburg i.Br. 1982; DERS. (Hrsg.), Ethik im Neuen Testament (QD 102), Freiburg i. Br. 1984; DERS. (Hrsg.), Das Gesetz im Neuen Testament (QD 108), Freiburg i. Br. 1986; DERS. (Hrsg.), Der Prozeß gegen Jesus. Historische Rückfrage und theologische Deutung (QD 112), Freiburg i. Br. 1988; DERS. (Hrsg.), Metaphorik und Mythos im Neuen Testament (QD 126), Freiburg i. Br. 1990; H. J. KLAUCK (Hrsg.), Monotheismus und Christologie. Zur Gottesfrage im hellenistischen Judentum und im Urchristentum (QD 138), Freiburg i. Br. 1992; DERS. (Hrsg.), Weltgericht und Weltvollendung. Zukunftsbilder im Neuen Testament (QD 150), Freiburg i. Br. 1994; H. FRANKEMÖLLE (Hrsg.), Sünde und Erlösung im Neuen Testament (QD 161), Freiburg i. Br. 1996; DERS. (Hrsg.), Der ungekündigte Bund? Antworten des Neuen Testaments (QD 172), Frei-

Auf Rom ist der Blick längst nicht mehr so starr gerichtet wie vordem. Des 60-jährigen Jubiläums der Bibelkommission wird gedacht[131], mit dem Vermerk, dass ihre älteren Responsa „heute beim besten Willen nicht anders denn als überholt bezeichnet werden können" (153). Auf die *Instructio de historica Evangeliorum veritate* der Bibelkommission wird sofort aufmerksam gemacht[132], ehe der ganze Text in Latein abgedruckt wird[133], erstaunlicherweise ohne Einführung oder Kommentar. Das Zweite Vatikanische Konzil kommt kaum vor, zu *Dei verbum* fehlt eine unmittelbare Stellungnahme[134]. Vielleicht kann man das so interpretieren, dass das Selbstverständnis als exegetische Fachzeitschrift überwog und die durchaus respektierten kirchlichen Belange darüber zurücktraten.

IV. Zum Ausklang: „Schriftauslegung im Widerstreit"[135]

Mit dem zuletzt Gesagten sind wir wieder an dem Endpunkt angelangt, bis zu dem uns auch die Durchführung unter II führte. Es steht nicht zu erwarten, und es wäre auch gar nicht zu wünschen, dass eine so bewegte Geschichte, die sich uns auf zweifachem Zugangsweg erschlossen hat, plötzlich zum Stillstand kommt. Die Ambivalenzen, die in dem maßgeblichen Konzilstext hinsichtlich der Exegese, in *Dei verbum* nämlich, nach wie vor stecken, haben sich ausgewirkt und werden sich weiter auswirken. Die eklatanten Beispiele dafür fallen wieder einmal zeitlich fast zusammen. Das Jahr 1993 brachte uns zum einen die deutsche Übersetzung des *Katechismus der Katholischen Kirche,* über dessen hohen Anspruch in Richtung Lehrautorität kaum Zweifel möglich sind, und zum andern das neue Dokument der Päpstlichen Bibelkommission „Über die Interpretation der Bibel in der Kirche"[136], dem Johannes Paul II. bei der Überreichung hohes Lob aussprach[137], was mancherorts aber nicht daran hindert, die Verbindlichkeit dieses Textes herunterzuspielen.

---

burg i. Br. 1998; J. BEUTLER (Hrsg.), Der neue Mensch in Christus. Hellenistische Anthropologie und Ethik im Neuen Testament (QD 190), Freiburg i. Br. 2001.

[131] Von V. HAMP, in: BZ NF 7 (1963) 152f.

[132] Durch R. SCHNACKENBURG, in: BZ NF 8 (1964) 320.

[133] In BZ NF 9 (1965) 151–156.

[134] Selbst die kommentierte deutsche Ausgabe der Konstitution als SBS 16 (s. Anm. 57) wird nicht rezensiert, sondern lediglich in einem Sammelhinweis erwähnt, wenn auch mit dem Attribut „unentbehrlich"; siehe BZ NF 11 (1967) 152.

[135] Dieser Zwischentitel bezieht sich auf J. RATZINGER, Schriftauslegung im Widerstreit. Zur Frage nach Grundlagen und Weg der Exegese heute, in: DERS. (Hrsg.), Schriftauslegung im Widerstreit (QD 117), Freiburg i.Br. 1989, 15–44; vgl. dazu die Stellungnahmen von H. J. KLAUCK, in: Pastoralblatt für die Diözesen Aachen, Berlin, Essen, Hildesheim, Köln, Osnabrück 41 (1989) 156–158; H. FRANKEMÖLLE, in: BiKi 45 (1990) 200–204.

[136] Siehe oben Anm. 6.

[137] Siehe oben Anm. 10. Für die Exegese wichtig ist auch die Aussage des Papstes in seiner Ansprache vor der Päpstlichen Akademie der Wissenschaften am 31. Oktober 1992 aus Anlass

Bei einer vergleichenden Lektüre von Katechismus und Bibeldokument fragt man sich unwillkürlich: Weiß die eine Hand in Rom nicht, was die andere tut? Der Katechismus fällt streckenweise in einen historisierenden, fast hat man den Eindruck: bewusst naiven Schriftgebrauch zurück[138], der eigentlich nicht mehr möglich sein sollte, würde der Methodenpluralismus unter Vorrang der historischen Kritik, den das Bibeldokument empfiehlt, auch nur umrisshaft zur Kenntnis genommen. Anscheinend ist das alte Misstrauen doch nicht wirklich besiegt, sondern wartet nur auf neue Nahrung, und es kann sich jetzt verbünden mit einer neuen Strategie, die das Einschreiten gegen angebliche Missbräuche und Auswüchse bei der Rezeption des Zweiten Vatikanums auf ihre Fahnen schreibt.

Dass das Gleichgewicht, das zwischen Exegese und Lehramt am Ende von 150 konfliktreichen Jahren erreicht schien, bestenfalls fragil zu nennen ist und dass sich die Fronten eher wieder zu verhärten scheinen, bestätigt ausdrücklich ein Themenheft der französischen Zeitschrift *Lumiere et Vie* von 1997 über „Die dogmatische Regulierung der Exegese"[139]. In einem der Beiträge hören wir, wo Dinge lehramtlich entschieden seien, habe die Exegese nur noch die Aufgabe, herauszuarbeiten, dass die Lehrentscheidung mit dem Textbefund in Einklang stehe, sich aus ihm herleiten lasse oder ihm zumindest nicht widerspreche[140], was uns zu *Providentissimus Deus* zurückbringt. Die Abteilung „Praktische Exegese" steuert den Vorschlag bei, die Pastoralbriefe nicht nur als authentische Briefe des Paulus, sondern sogar als seine frühesten Schreiben anzusehen[141] – die alte Bibelkommission würde sich freuen.

Wir können also unsere historische Etüde leider nicht mit einem harmonischen Schlussakkord beenden, sondern behalten als Letztes eher dissonante Töne im Ohr. Aber Dissonanzen gehören zum Leben, und sie haben den einen Vorteil, dass sie immer wieder nach vorne drängen auf neue Auflösungen hin.

---

der Rehabilitation Galileo Galileis, weil er darin für den Übergang vom 19. zum 20. Jahrhundert eine mit der Zeit Galileis vergleichbare Krise diagnostiziert, die mit falschen Mitteln angegangen wurde: Es „glaubten manche, die den Glauben verteidigen wollten, man müsse ernsthaft begründete historische Schlußfolgerungen abweisen. Das war aber eine voreilige und unglückliche Entscheidung", so OR vom 13.11.1992, 9f.

[138] Vgl. nur: H. J. KLAUCK, Der Katechismus der Katholischen Kirche. Rückfragen aus exegetischer Sicht, in: E. SCHULZ (Hrsg.), Ein Katechismus für die Welt. Informationen und Anfragen (SKAB 150), Düsseldorf 1994, 71–82.

[139] LV(L) Nr. 231 = 46/1 (1997) 1–96: Lecture savante, lecture ecclesiale. La regulation dogmatique de l'exegese; darin C. DUQUOC, Un compromis précaire, énoncés dogmatiques et exégèse, 71–81, hier 79: „… combien l'équilibre entre l'exégèse et les énoncés dogmatiques était fragile."

[140] M. FEDOU, La regulation dogmatique et le travail de l'exégète; ebd. 31–45, hier 43.

[141] H. PONSOT, Position: Les pastorales seraient-elles les premières lettres de Paul?, ebd. 83–93; mit Fortsetzung in Nr. 232 = 46/2 (1997) 79–90 und Nr. 233= 46/3 (1997) 83–89.

16. Alle Jubeljahre

Zum neuen Dokument der Päpstlichen Bibelkommission

Das Jobeljahr, landläufig auch als „Jubeljahr" bekannt – nicht zuletzt in Rede-
wendungen wie „alle Jubeljahre einmal" –, ist eine gut biblische Einrichtung
(vgl. Lev 25,8–55 u.ö.): Im Rhythmus von je fünfzig Jahren fand ein genereller
Lastenausgleich statt, Boden- und Persönlichkeitsrechte wurden restituiert, is-
raelitische Sklaven erhielten ihre Freiheit zurück[1]. Dem gleichen Zeittakt
scheinen päpstliche Stellungnahmen zur Bibelwissenschaft zu unterliegen
(eventuelle weitere Analogien aufzuspüren bleibe dem exegetischen Scharf-
sinn der Leser überlassen): Im Jahr 1893 erschien die Enzyklika *Providentissimus Deus* von Leo XIII., und 1943, fünfzig Jahre später, veröffentlichte Pius
XII. sein Lehrschreiben *Divino afflante Spiritu*. Aus Anlass der Hundert- bzw.
Fünfzigjahrfeier dieser beiden Verlautbarungen[2] gab Johannes Paul II. am
Freitag, dem 23. April 1993, in der Sala Clementina des Vatikanpalastes eine
Audienz für die Kardinäle, das diplomatische Korps, die Mitglieder der Päpstli-
chen Bibelkommission und die Professoren des Päpstlichen Bibelinstituts. Bei
der Gelegenheit überreichte der Präfekt der Glaubenskongregation, Joseph
Cardinal Ratzinger, dem Papst das neue Dokument der Bibelkommission über
„Die Interpretation der Bibel in der Kirche". Die Veröffentlichung sollte erst
am 18. November 1993, dem hundertsten Jahrestag der Publikation von
Providentissimus Deus, erfolgen. Eine zuverlässige Fassung in der französischen Originalsprache brachte die römische Fachzeitschrift *Biblica* im letzten
Heft des Jahrgangs 1993 heraus[3]. Wenig später wurde eine leider nicht immer
ganz gelungene deutsche Übersetzung zugänglich[4]. Erste, durchweg sehr positi-

---

[1] Vgl. R. ALBERTZ, NBL II, 346f.

[2] Vgl. zu diesem Gesamtkontext P. LAGHI / M. GILBERT / A. VANHOYE, Chiesa e Sacra Scrittura. Un secolo di magistero ecclesiastico e studi biblici (SubBi 17), Rom 1994; es handelt sich
dabei um die Referate, die bei einer Gedenkveranstaltung am 18. November 1993 im Päpstlichen Bibelinstitut gehalten wurden.

[3] Commission Biblique Pontificale: L'interprétation de la Bible dans l'Église, in: Bib. 74
(1993) 451–528.

[4] Päpstliche Bibelkommission: Die Interpretation der Bibel in der Kirche (Reihe Vatikanische Dokumente), Città del Vaticano: Libreria Editrice Vaticana 1993, L. 8.000; ISBN 38-209-
1929-X, mit einem Blatt Corrigenda, das hier berücksichtigt wurde; die Seitenangaben im Text

ve Stellungnahmen aus der Feder von Fachvertretern liegen vor[5], andere werden folgen. Doch verlangt das Selbstverständnis der *Biblischen Zeitschrift* als langjähriges Publikationsorgan der deutschsprachigen katholischen Exegese beider Testamente nach einer eigenständigen Würdigung des Dokuments[6].

I. Der Stellenwert des Schreibens

Als Erstes wäre wohl die Frage nach dem Stellenwert des Dokuments zu erwägen, denn eines liegt auf der Hand: Anders als bei den beiden früheren Schreiben, auf die ständig Bezug genommen wird, handelt es sich diesmal nicht um eine Enzyklika. Das Dokument wird inhaltlich von der Päpstlichen Bibelkommission verantwortet. Sie ist, so Kardinal Ratzinger in seinem Geleitwort, „nach ihrer im Anschluss an das Zweite Vatikanum erfolgten Neugestaltung kein Organ des Lehramts, sondern eine Kommission aus Gelehrten, die in ihrer zugleich wissenschaftlichen und kirchlichen Verantwortung als gläubige Exegeten zu wesentlichen Problemen der Schriftauslegung Stellung nehmen und sich dabei vom Vertrauen des Lehramts getragen wissen" (28 [24]). In einem Interview mit der italienischen Zeitschrift *Il Regno* (Heft 4/ 1994) ging Kardinal Ratzinger wenig später direkt auf die Frage ein: warum „nur" ein Dokument und keine Enzyklika? Er wies darauf hin[7], dass der Papst die Aussagen der Kommission „durch sein Wort bestätigt" habe. Überhaupt handele es sich dabei um ein interessantes, zukunftsweisendes Modell: Theologen bereiten auf Grund ihrer Fachkompetenz die Stellungnahme vor, der Papst bestätigt „in einer sorgfältig vorbereiteten Ansprache die grundlegend-

---

beziehen sich auf diese Ausgabe; kleinere Korrekturen wurden stillschweigend vorgenommen. Erst während der Drucklegung wurde die von L. Ruppert und A. Schenker revidierte Übersetzung, publiziert als VApS 115 (Bonn 1994), zugänglich; darauf wird mit Seitenangaben in eckigen Klammern verwiesen. Auf weitere Umstellungen in der Paginierung wurde, um die Verwirrung nicht noch mehr zu steigern, bewusst verzichtet, auch wenn sich der deutsche Text auch findet in: Die Interpretation der Bibel in der Kirche. Das Dokument der Päpstlichen Bibelkommission vom 23.4.1993 mit einer kommentierenden Einführung von Lothar Ruppert und einer Würdigung durch Hans-Josef Klauck (SBS 161), Stuttgart 1995.

[5] Vgl. bes. J. KREMER, Die Interpretation der Bibel in der Kirche. Marginalien zum neuesten Dokument der Päpstlichen Bibelkommission, in: StZ 212 (1994) 151–166; ferner H. HAAG, Bilanz eines Jahrhunderts. Ein Lehrschreiben der Päpstlichen Bibelkommission, in: Orien. 58 (1994) 129–132; J. ASURMENDI, Cien años de exégesis católica, in: Salm. 41 (1994) 67–82; W. BEUKEN, in: Conc(D) 30 (1994) 290–292; dann vor allem J. A. FITZMYER, The Biblical Commission's Document „The interpretation of the bible in the church". Text and Commentary (SubBi 18), Rom 1995.

[6] Ich danke Franz Mußner dafür, dass er mich mit Nachdruck auf diese Notwendigkeit hingewiesen hat.

[7] Die folgenden Zitate sind der deutschen Übersetzung des Interviews in: 30 Tage in Kirche und Welt 4 (1994) Heft 4, 66–74, entnommen.

sten Punkte und nimmt damit das Wesentliche dieses Textes in das Lehramt der Kirche auf"[8].

Dem kann man eigentlich nur beipflichten, und mit Kardinal Ratzinger wird man den modellhaften Charakter dieses Vorgehens auch für andere Bereiche der Theologie energisch unterstreichen. So etwas wie ein dialogisches Zusammenspiel kommt ansatzweise in den Blick, und zwar in einer auch nach außen hin sichtbaren Form. Es wäre deshalb töricht, nach einer Enzyklika zu rufen, um den Verpflichtungscharakter des Textes zu steigern, auch wenn zu erwarten steht, dass traditionalistische Kreise an seinem generellen Duktus und an manchen Einzelaussagen Anstoß nehmen und versuchen werden, die Verbindlichkeit herunterzuspielen. Sie stellen damit aber lediglich erneut unter Beweis, dass auch sie mit kräftigen Selektionsprinzipien arbeiten und sich aus römischen Verlautbarungen nur das heraussuchen, was in ihre eigene Linie passt.

II. Papstansprache und Geleitwort

Besondere Bedeutung kommt angesichts dieser Sachlage der Ansprache des Papstes zu, die bei der Überreichung des Dokuments gehalten wurde. Sie ist in der deutschen Ausgabe mit abgedruckt (7–23 [7–20]) und war zuvor schon in der französischen Originalsprache im *Osservatore Romano* nachzulesen[9]. Zunächst konstatiert der Papst in seiner Rede einen „radikale(n) Wandel der Perspektive" (10 [9]), aber auch Verbindendes im grundsätzlichen Anliegen zwischen *Providentissimus Deus* und *Divino afflante Spiritu*. 1893 sei es in *Providentissimus Deus* darum gegangen, die Angriffe einer rationalistischen Wissenschaft, die ihren Kompetenzbereich überschritt, abzuwehren. Dennoch habe die Enzyklika der nahe liegenden Versuchung, Exegese auf eine spirituelle Erklärung der Schrift zu reduzieren, nicht nachgegeben, sondern die katholischen Exegeten auf striktes Quellenstudium festgelegt. Auch die Gründung der Päpstlichen Bibelkommission sei 1902 nach Ausweis des Apostolischen Schreibens *Vigilantiae* aus dem gleichen Geist heraus erfolgt (14 [12]). Doch werden damit, auch wenn man scharfe Selbstkritik bei einem solchen Anlass nicht unbedingt erwarten darf, die Anfangsjahre der Päpstlichen Bibelkommission und ihre Entscheidungen in den ersten zwei bis drei Jahrzehnten in ein zu wohl wollendes Licht getaucht, denn diese *Responsa* waren nicht nur im Rückblick, sondern auch schon bezogen auf die Entstehungssituation in wissenschaftlicher Hinsicht mehrheitlich sehr problematisch, ja rund-

---

[8] Ebd. 70; im weiteren (72) hebt Kardinal Ratzinger noch hervor, dass es erfreulicherweise neue Möglichkeiten gäbe, „die Einheit des Buches Gottes" wieder zu erfassen (eine Anspielung auf den „canonical approach"?) und dass die Exegese der Kirchenväter auf neuerwachtes Interesse stoße (nämlich im Rahmen der Rezeptions- und Wirkungsgeschichte).

[9] OR vom Samstag, 24.04.1993, 6f.

weg falsch. Zurückgenommen wurden sie m.W. nie offiziell, sondern mehr halbherzig und indirekt, insofern sie sich im Fortgang der Diskussion von selbst überlebten[10]. Die zögerliche Reaktion auf neuere Einsichten nur mit pastoraler Vorsicht der Kirche angesichts ideologischer Implikationen der historischen Kritik zu erklären (32 [26]), befriedigt auf Dauer sicher nicht und läuft selbst Gefahr, zu einer jeden Erkenntnisfortschritt hemmenden Ideologie zu werden.

Für diese auffällige Zurückhaltung entschädigt aber ein anderer Satz, der in Zusammenhang mit *Divino afflante Spiritu* fällt. Darin verteidige das oberste Lehramt nämlich die Exegese gegen eine „Polemik, die vor allem in Italien gegen das wissenschaftliche Studium der Bibel gerichtet war. Ein kleines anonymes Werk[11] hatte weite Verbreitung gefunden und wollte gegen das Front machen, was es als ‚sehr große Gefahr für die Kirche und die Seelen‘ bezeichnete, nämlich ‚das kritisch-wissenschaftliche System beim Studium und der Interpretation der Heiligen Schrift sowie seine schlimmen Abweichungen und Verirrungen‘" (10 [9]). Solche Vorwürfe und Denunziationen, wie sie in den ersten Jahrzehnten unseres Jahrhunderts u.a. den großen Dominikanerexegeten Marie-Joseph Lagrange trafen, sind im Umkehrschluss also als gegenstandslos entlarvt. Dass auch *Divino afflante Spiritu* im Übrigen durchaus restriktive, apologetische Passagen enthält und vielleicht nicht ganz das hergibt, was katholische Exegeten im berechtigten Ringen um die Freiheit der Forschung dem Schreiben entnommen haben[12], steht auf einem anderen Blatt und braucht hier nicht vertieft zu werden.

Noch einen Schritt weiter geht eine Aussage des Papstes in seiner Ansprache an die Päpstliche Akademie der Wissenschaften vom 31. Oktober 1992, die die Rehabilitation Galileis zum Inhalt hatte[13]. Zur Zeit Galileis hätten die Theologen die Aufgabe gehabt, angesichts neuer wissenschaftlicher Erkenntnisse ihre Kriterien für die Deutung der Bibel zu überprüfen: „Dem Großteil gelang das nicht" (Die Frage ist: Wer sind „die Theologen"? Und hätte man sie das überhaupt tun lassen?). Eine analoge Krise diagnostiziert der Papst sodann für den Übergang vom 19. zum 20. Jahrhundert, wo „der Fortschritt der historischen

---

[10] Zu einem Einzelbeispiel, dem berühmten *Comma Johanneum,* vgl. H. J. KLAUCK, Der erste Johannesbrief (EKK XXIII/1), Zürich/Neukirchen-Vluyn 1991, 310f.; s. im Übrigen die Hinweise bei A. WIKENHAUSER / J. SCHMID, Einleitung in das Neue Testament, Freiburg i. Br. ⁶1973, 9–11.

[11] Zur vermutlichen Identifizierung seines Verfassers – es war der italienische Priester Dolindo Ruotolo, der unter dem Pseudonym Dain Cohenel schrieb – vgl. J. KREMER, Umkämpftes Ja zur Bibelwissenschaft. Überlegungen zu einem Grundanliegen der Konzilskonstitution über die Offenbarung, in: StZ 211 (1993) 75–94, hier 79; M. GILBERT, Cinquant'anni di magistero romano sull'ermeneutica biblica. Leone XIII (1893) - Pio XII (1943), in: Chiesa e Sacra Scrittura (s. Anm. 2) 11–33, hier 28f.

[12] S. den „Warnschuss", den H. J. SCHULZ, Die apostolische Herkunft der Evangelien (QD 145), Freiburg i.Br. 1993, 97–109, dazu abgibt; vgl. zu diesem Buch ansonsten die scharfe Kritik von H. J. KLAUCK, in: BZ NF 38 (1994) 131–134.

[13] Franz. Orig. in OR vom 01.11.1992; hier zitiert nach der Übers. in OR vom 13.11.1992, 9f.

Wissenschaften neue Kenntnisse über die Bibel und ihr Umfeld möglich gemacht" hatte. Auf Grund des rationalistischen Kontexts dieser Ergebnisse aber
„glaubten manche, die den Glauben verteidigen wollten, man müsse ernsthaft
begründete historische Schlussfolgerungen abweisen. Das war aber eine voreilige und unglückliche Entscheidung." Viel mehr an Einsicht in Fehler der Vergangenheit kann sich eigentlich auch ein skeptischer Beobachter kaum wünschen. Wer immer diese Reden geschrieben hat, es war in beiden Fällen ein
kluger Mann (beim derzeitigen Stand der Dinge wohl kaum eine Frau), dem
Respekt gebührt.

Konzentrieren wir uns nach diesem Exkurs wieder auf die Ansprache aus
Anlass der Überreichung des neuen Bibeldokuments. Sie verankert in einem
weiteren, zweiten Paragraphen die unbefangene Anwendung wissenschaftlicher Methoden in der Exgese im Geheimnis der Menschwerdung Jesu Christi
und im Schöpfungswillen Gottes, ehe sie im dritten Abschnitt auf das Dokument selbst eingeht. Ihm attestiert sie „Offenheit des Geistes", „Gleichgewicht" und einen „maßvollen Charakter" (19f. [16f.]). So verstehe es u.a. auszu-
gleichen zwischen Diachronie und Synchronie, womit wir bereits bei den Me-
thodenfragen sind, denen insgesamt viel Raum gewidmet wird. Die Absage an
den Fundamentalismus, der nur „auf die göttlichen Aspekte" der biblischen
Offenbarung Wert legt, fällt schärfer aus als der leise Tadel, der der historisch-
kritischen Methode zuteil wird, weil sie „zuweilen" nur bei deren menschlichen
Aspekten verharrt (20 [17]). Gefordert ist, auch nach der Konzilskonstitution
Dei Verbum, die Berücksichtigung beider Größen.

Die leichten Vorbehalte gegen die historisch-kritische Methode kommen
sehr viel deutlicher im Geleitwort von Kardinal Ratzinger zum Tragen, wo ihre
positiven Möglichkeiten gegen ihre Gefährdungen aufgerechnet werden: „Sie
kann dazu führen, dass nur noch die menschliche Dimension des Wortes als
real erscheint, während der eigentliche Autor, Gott, sich dem Zugriff einer
Methode entzieht, die eben zum Verstehen der menschlichen Dinge erarbeitet
wurde" (27 [23]). Ihr Aufkommen hat „zugleich ein Ringen um ihre Tragweite
und um ihre rechte Gestaltung in Bewegung gesetzt, das noch keineswegs abgeschlossen ist" (ebd.). Erkennbar verfolgt der Kardinal damit Anliegen, die er
in seinem kontroversen Beitrag „Schriftauslegung im Widerstreit" bereits ausformuliert hatte[14]. Man wird nicht fehl gehen in der Annahme, dass auch die
mehr kritischen Töne im Dokument selbst aus dieser Richtung inspiriert sind[15].

---

[14] J. RATZINGER, Schriftauslegung im Widerstreit. Zur Frage nach Grundlagen und Weg der
Exegese heute, in: DERS. (Hrsg.), Schriftauslegung im Widerstreit (QD 117), Freiburg i. Br.
1989, 15–44; zur Auseinandersetzung vgl. H. FRANKEMÖLLE, Schriftauslegung im Widerstreit?,
in: BiKi 45 (1990) 200–204; H. J. KLAUCK, in: Pastoralblatt 41 (1989) 156–158.

[15] Den daraus resultierenden Spannungen innerhalb des Dokuments selbst kann man andere an die Seite stellen, die zwischen den früheren Aussagen Kardinal Ratzingers und dem
jetzigen Text des Bibeldokuments entstehen, vgl. z.B. Ratzinger, a.a.O. 18f.: „Heute aber treten
Formen der Auslegung in Erscheinung, die man nur noch als Symptome für den Zerfall von

III. Durchgang durch den Text

1. Der methodische Teil

Nach einer Einführung (31–35 [26–29]), die u.a. auf die Verbalisierung von Verstehensschwierigkeiten in der Schrift selbst aufmerksam macht – das Herumrätseln Daniels an Orakeln des Jeremia in Dan 9,2; die Lektüre des vierten Gottesknechtsliedes aus Deuterojesaja durch den äthiopischen Kämmerer in Apg 8,30–35; das Urteil über die Paulusbriefe in 2 Petr 3,16 –, wendet sich der erste, umfangreichste Hauptteil den exegetischen Methoden und der Perspektivik ihrer Handhabung zu (36–75 [30–36])[16].

a) Die historisch-kritische Methode

Am Anfang steht ein Abschnitt über die historisch-kritische Methode (36–43 [30–36])[17], die nicht nur als legitim, sondern sogar als unerlässlich bezeichnet und deren Anwendung ausdrücklich gefordert wird. Ein Rückblick in die Geschichte skizziert das Aufkommen der Dokumentenhypothese für den Pentateuch und der Zweiquellentheorie für die synoptischen Evangelien. Dass Hermann Gunkel, Martin Dibelius und Rudolf Bultmann als Begründer der Formgeschichte, daneben auch Martin Heidegger als Gewährsmann für Bultmanns existentiale Interpretation, auf einer einzigen Seite (38 [31f.]) mit Namen versammelt sind, und dies mit gänzlich unpolemischem, trotz gewisser Reserven gegenüber der existentialen Hermeneutik insgesamt lobendem und zustimmendem Tenor, darf für eine katholische Verlautbarung dieses Ranges immer noch als bemerkenswert gelten. Die Beschreibung der einzelnen methodischen

---

Interpretation und Hermeneutik bezeichnen kann. Materialistische oder feministische Auslegung der Bibel können im Ernst nicht beanspruchen, ein Verstehen dieses Textes und seiner Absichten zu sein ... Nur scheinbar seriöser sind tiefenpsychologische ‚Deutungen' der Schrift." Die Bibelkommission geht mit Feminismus und Psychologie erheblich freundlicher um (s.u.), setzt sich allerdings mit der materialistischen Lektüre der Bibel (zu ihr z.B. M. CLÉVENOT, So kennen wir die Bibel nicht. Anleitung zu einer materialistischen Lektüre der Bibel, München 1978) nicht eigens auseinander.

[16] Als „Autorkommentar" sozusagen vgl. die Bemerkungen zum methodischen Teil des neuen Dokuments, die der Sekretär der Bibelkommission in seinem Referat aus Anlass der oben erwähnten Gedenkveranstaltung machte: A. VANHOYE, Dopo la *Divino afflante Spiritu*. Progressi e problemi dell'esegesi cattolica, in: Chiesa e Sacra Scrittura (s. Anm. 2) 35–51, hier 49–51.

[17] Als Standardlehrbuch vgl. immer noch, erst recht, wo es um den historischen Rückblick geht, H. ZIMMERMANN, Neutestamentliche Methodenlehre. Darstellung der historisch-kritischen Methode [1967], Stuttgart [7]1982; über ihren theologischen Horizont orientiert jetzt sehr gut T. SÖDING, Geschichtlicher Text und Heilige Schrift – Fragen zur theologischen Legitimität historisch-kritischer Exegese, in: T. STERNBERG (Hrsg.), Neue Formen der Schriftauslegung (QD 140), Freiburg i. Br. 1992, 75–130, sowie zuvor schon präzise summierend und bewertend: K. MÜLLER, Art. Exegese / Bibelwissenschaft, in: NHThG I, 332–353.

Schritte erinnert den Kundigen ans exegetische Proseminar: Textkritik, linguistische und semantische Analyse, Literarkritik (mit Ermittlung der kleinsten Einheit und Eruierung möglicher Quellen), Gattungsbestimmung, Traditionsgeschichte, Redaktionskritik (40 [33f.]). Mit der Redaktionskritik ist bereits die Ebene der Synchronie und der Textpragmatik erreicht. Die Bewertung hält aber ausdrücklich fest: „Die diachrone Rekonstruktion bleibt jedoch unentbehrlich, um die historische Dynamik, die der Heiligen Schrift innewohnt, erfassen zu können und um ihre reiche Komplexität aufzuzeigen" (42 [45f.]). Einige salvatorische Klauseln sind eingebaut: Die Methode habe erst von gewissen Aprioris und „den ihr anhaftenden Voreingenommenheiten befreit" werden müssen (41 [35]), sie habe – und dies sei ohne weiteres zugestanden – auch ihre Grenzen. Trotz allen Lobes wird m.E. letztlich das hermeneutische Potential der historischen Kritik etwas heruntergespielt. Zu den großen Ironien der Geistes- und Theologiegeschichte wird man fortan rechnen, was die Einführung bereits festgestellt hatte: Zum gleichen Zeitpunkt, wo die historisch-kritische Methode auch in der katholischen Kirche endlich allgemeines Heimatrecht genießt, sieht sie sich erheblichen innerwissenschaftlichen Zweifeln aus verschiedensten Lagern ausgesetzt (32 [27]).

b) Neuere text- und literaturwissenschaftliche Methoden

In einem weiteren Schritt werden neuere, text- und literaturwissenschaftlich inspirierte Arbeitsweisen vorgestellt (43–52 [36–44]). Dabei handelt es sich näherhin um die rhetorische, die narrative und die semiotische Analyse, in dieser Reihenfolge. Ihre Besprechung geht erstaunlich weit ins Detail. Für die rhetorische Analyse[18] wird noch einmal unterschieden zwischen (a) der klassischen, griechisch-römischen Rhetorik, die ihren Niederschlag in den heute von den Exegeten wieder neu verwendeten Hand- und Lehrbüchern fand[19], (b) der semitischen oder biblischen Tradition (dahinter verbergen sich stilistische Phänomene wie Symmetrie, Parallelismus u.ä.), schließlich (c) der „Neuen Rhetorik", die sich als eine Form der Kommunikationswissenschaft versteht und den Ablauf von persuasiven Redeakten studiert.

---

[18] Einen guten Einblick in den Stand der Diskussion geben die Sammelbände von D. F. WATSON (Hrsg.), Persuasive Artistry. Studies in New Testament Rhetoric (FS G.A. Kennedy) (JSNT.S 50), Sheffield 1991; S. E. PORTER / T. H. OLBRICHT (Hrsg.), Rhetoric and the New Testament. Essays from the 1992 Heidelberg Conference (JSNT.S 90), Sheffield 1993; umfassende bibliographische Informationen bei D. F. WATSON / A. J. HAUSER, Rhetorical Criticism of the Bible. A Comprehensive Bibliography with Notes on History and Method (Biblical Interpretation Series 4), Leiden 1994.

[19] Hier rekapituliert das Dokument die drei Redegenera, die dikanische, die symbuleutische und die epideiktische Beredsamkeit (*genus iudiciale, deliberativum* und *demonstrativum*). Eine Anmerkung zur Übersetzung: Wer würde so leicht hinter „die anschauliche (in den Feiern) Rede" (44 [37, etwas verändert]) die epideiktische Rhetorik erahnen?

Die Ausführungen zur narrativen Exegese[20] knüpfen beim erzählenden Charakter vieler biblischer Texte an, der Bekenntnisbildung, Liturgie und Katechese gleichermaßen prägt und nicht zuletzt deswegen auch hermeneutisch und theologisch ernst genommen sein will. Eingeführt werden terminologische Begriffspaare wie realer Autor und impliziter Autor, realer Leser und impliziter Leser, was bereits weit in die Theoriebildung innerhalb der Erzählforschung hineinführt. Dem realen Leser auch heute noch, am Ende des 20. Jahrhunderts, die Identifikation mit dem impliziten Leser der biblischen Erzählungen zu ermöglichen, darin besteht nach Ansicht der Bibelkommission sogar „eine der wichtigsten Aufgaben der Exegese" (47 [40]). Man fragt sich bei der Gelegenheit unwillkürlich, wie eigentlich der implizierte ideale Leser des vorliegenden Bibeldokuments aussieht. Dessen reale Verfasser scheinen von ihm zu erwarten, dass er als Einzelner über ebenso viel Sachkompetenz verfügt wie sie zusammengenommen.

Es bleibt noch die semiotische Analyse[21]. Sie hat sich aus dem Strukturalismus heraus entwickelt, der seinerseits den Linguisten Ferdinand de Saussure[22] zum Ahnherrn hat (eigentlich hätte dementsprechend bei der narrativen Analyse und hier auch Vladimir Propp[23] erwähnt werden müssen). Fast nach Art einer Gebrauchsanweisung wird das Analysemodell von Algirdas Julien Greimas[24] in adaptierter Form dargestellt. Das sichtliche Interesse daran verrät die Handschrift der francophonen Mitglieder der Päpstlichen Bibelkommission, denn im deutschen und im englisch-amerikanischen Sprachraum hat der strukturalistisch-semiotische Ansatz bislang nicht so recht reüssieren können, er hat jedenfalls nicht schulbildend gewirkt. Das Dokument deutet selbst an, woran das liegen mag. Zwar wird in allen drei Fällen, also auch für die Rhetorik und für die Narrativik, der fehlende Bezug zur Geschichte angemahnt, aber am prägnantesten fällt die Kritik bei der Semiotik aus: Man muss sie zunächst von der durch die strukturalistische Philosophie vorgegebenen „Negierung des Subjekts und des außer-textlichen Bezugs" lösen; sie muss „für die Geschichte offen sein"; das Risiko ist groß, „sich mit einer formellen Erforschung des In-

---

[20] Vgl. beispielhalber M. W. G. Stibbe, John as Storyteller. Narritive Criticism and the Fourth Gospel (MSSNTS 73), Cambridge 1992 (mit Forschungsrückblick auf die narrativen Ansätze in der Evangelienexegese allgemein [5–13]).

[21] Zu Narrativik und Semiotik gleichermaßen vgl. O. Davidsen, The Narrative Jesus. A Semiotic Reading of Mark's Gospel, Aarhus 1993; dazu D. Dormeyer, in: BZ NF 38 (1994) 281–283; s. im Übrigen J. Barton, Art. Structuralism, in: The Anchor Bible Dictionary VI, 214–217 (Lit.).

[22] F. de Saussure, Grundfragen der allgemeinen Sprachwissenschaft (Cours de linguistique générale [1916], Paris ²1922, dt. von H. Lommel [1931]), Berlin ²1967.

[23] V. Propp, Morphologie des Märchens (Morfologija skazki, Moskau 1928, ²1969). Hrsg. von K. Eimermacher (Literatur als Kunst), München 1972.

[24] A. J. Greimas, Strukturale Semantik. Methodologische Untersuchungen (Sémantique structurale. Recherche de méthode, Paris 1966, dt. von J. Ihwe) (Wissenschaftstheorie 4), Braunschweig 1971.

halts zu begnügen und so an der Botschaft der Texte vorbeizugehen"; die Analyse darf „sich nicht in den Labyrinthen einer komplizierten Sprache" verlieren
(52 [44]). In diesen Punkten dürfen sich die Autoren des Beifalls zahlreicher
Fachkollegen sicher sein.

c) Rückbindung an die Tradition

Neben die Methoden treten in den nächsten Paragraphen die „Zugänge" (im
Französischen „approches"), die von bestimmten Gesichtspunkten aus an die
Texte heranführen (35 [29] Anm. 1). Drei davon vereinigt der hier zunächst
vorzustellende Abschnitt unter der Überschrift: „Auf die Tradition gegründete
Zugänge zur Heiligen Schrift" (52–59 [44–50]). Das Gemeinsame und zugleich Besondere an ihnen liegt nicht zuletzt darin, dass sie in den letzten Jahren und Jahrzehnten wieder steigende Aufmerksamkeit gefunden haben.

Hierher gehört an erster Stelle der „canonical criticism"[25], was im Deutschen mit „Kanonkritik" wiederzugeben, wie es auf S. 53 [44] im Klammerzu-
satz geschieht, eher Missverständnisse provoziert, geht es dabei doch nicht um
Kritik am Kanon, sondern im Gegenteil um seine Respektierung als Richt-
schnur und Regel, im Sinn des griechischen Grundworts. Die Texte werden in
ihrer Endgestalt ausgelegt, im Rahmen der autoritativen Schriftensammlung,
in der sie stehen, oder im Kontext jenes dynamischen Prozesses, der zu ihrer
Kanonisierung führte. Trotz erkennbarer und verständlicher Sympathie (54
[46]: „Die Glaubensgemeinschaft ist unzweifelhaft der angemessene Kontext
für die Interpretation der kanonischen Texte") artikulieren sich in der Bewertung auch erhebliche Bedenken: Der Vorgang der Kanonisierung ist so leicht
nicht zu erfassen und hermeneutisch auszuwerten, und beim Alten Testament
bestehen hinsichtlich des Kanons erhebliche Randunschärfen.

Was als nächster Punkt folgt, zählt in der allgemeinen Methodendiskussion
noch keinesfalls zu den Selbstverständlichkeiten: Die Bibelkommission wür-
digt expressis verbis die jüdische Auslegungstradition als eigenständigen,
hilfreichen Zugangsweg. Jüdische Schriftinterpretation[26] beginnt bereits mit
den antiken Übersetzungen, der griechischen Septuaginta und den aramäischen Targumim. Die zwischentestamentliche Literatur des Judentums stellt
unverzichtbares Vergleichs- und Quellenmaterial bereit. Techniken jüdischer
Exegese kann man mit Nutzen auch an den rabbinischen Midraschim studie-

---

[25] Zur Information, auch über die im Bibeldokument genannten maßgeblichen Arbeiten
von B. S. Childs und J. A. Sanders, vgl. G. T. SHEPPARD, Art. Canonical Criticism, in: The Anchor
Bible Dictionary I, 861–866; ferner JBTh 3 (1988) 1–294: Zum Problem des biblischen Kanons; R. W. WALL / E. E. LEMCIO, The New Testament as Canon. A Reader in Canonical Criticism (JSNT.S 76), Sheffield 1992.

[26] S. zur Einführung M. J. MULDER / H. SYSLING (Hrsg.), Mikra: Text, Translation, Reading
and Interpretation of the Hebrew Bible in Ancient Judaism and Early Christianity (CRI II/1),
Assen/Philadelphia 1988.

ren. Ob es wirklich unumgänglich war, am Schluss dieser schönen Ausführungen doch wieder die radikale Verschiedenheit zu unterstreichen, die aus dem christologischen Blick auf die Schrift in der christlichen Exegese resultiert, wage ich etwas zu bezweifeln.

Die letzten anderthalb Seiten des Paragraphen gehen auf die Rezeptions- und Wirkungsgeschichte ein[27], die zu einer unerwarteten Wiederentdeckung der altkirchlichen und mittelalterlichen Schriftauslegung durch die moderne Exegese geführt hat und die sich auch ökumenisch als fruchtbar erweist, was man den Bänden des *Evangelisch-Katholischen Kommentars zum Neuen Testament* mit ihren wirkungsgeschichtlichen Abschnitten entnehmen kann. Als Beispiele für Schrifttexte mit besonders sensibler Wirkungsgeschichte zitiert das Dokument das Hohelied und die Perikope vom reichen Jüngling Mt 19,16–26 par. Aber auch die Kehrseite der Medaille bleibt nicht verdeckt: Es hat auch Rezeptionsweisen gegeben, die unselige Auswirkungen mit sich brachten, weil sie z.B. „zum Antisemitismus oder zu anderen Rassendiskriminierungen oder etwa zu millenaristischen Illusionen führten" (59 [49]). So sehr einerseits das Auslegungskontinuum, in dem wir stehen, zu respektieren ist, so wenig darf andererseits die Geschichte der Auslegung, die auch das Versagen vor den Texten kennt, als einziger Interpretationsansatz privilegiert werden.

d) Berücksichtigung der Humanwissenschaften

Die nächste etwas ungleiche Trias hat es mit den Humanwissenschaften und mit den Herausforderungen, die sie für die Exegese bereithalten, zu tun. Am einfachsten lässt sich die Brücke zur Soziologie schlagen, die im Bibeldokument von der Sozialgeschichte nicht hinreichend abgehoben wird. Es besteht Konsens darüber, dass der „Sitz im Leben" als zentrale Kategorie der Formgeschichte seit Hermann Gunkel immer schon eine soziologische Komponente enthielt. In Frageform werden mögliche Gegenstände sozologischer Forschung aufgezählt. Das hört sich für das Alte Testament z.B. so an: „Reicht das ethnologische Modell einer akephalen segmentären Gesellschaft als Ausgangsbasis für die Beschreibung der vorstaatlichen Epoche Israels aus?" (60 [51]). Entsprechend für das Neue Testament: „Welcher Wert ist der Theorie einer Charismatikergruppe, die ohne festen Wohnsitz, ohne Familie und ohne Habe umhergezogen ist, beizumessen, um die vorösterliche Lebensform Jesu und seiner Jünger zu erklären?" (ebd.). Unschwer erkennt man den urchristlichen Wanderradikalismus wieder. Das Verdienst, ihn – nach Vorarbeiten anderer – wie-

---

[27] Hier stand anscheinend der deutsche Terminus Pate, wenn man im Französischen in der Zwischenüberschrift liest: „l'histoire des effets du texte"; zur kritischen Reflexion des Begriffs vgl. H. Frankemölle, Evangelium und Wirkungsgeschichte. Das Problem der Vermittlung von Methodik und Hermeneutik in neueren Auslegungen zum Matthäusevangelium, in: Salz der Erde – Licht der Welt (FS A. Vögtle), Stuttgart 1991, 31–89.

derentdeckt zu haben, kommt Gerd Theißen zu[28]. Als Schwierigkeit wird
zutreffend festgehalten, dass Soziologie an sich auf empirisches Datenmaterial
angewiesen ist und wir über solches für die biblische Umwelt nicht wirklich
verfügen. Die Durchführung einer Fragebogenaktion unter korinthischen
Christen und Christinnen zur Zeit des Paulus würde zwar manche unserer
exegetischen Probleme mit seiner korinthischen Korrespondenz lösen, aber
das bleibt leider nur ein schöner Traum.

Eigens abgehoben wird von der Soziologie der eng verwandte Zugang über
die kulturelle Anthropologie. Die Differenz bestehe, so der Text, darin, dass die
kulturelle Anthropologie nicht nur an Wirtschaft und Gesellschaft interessiert
sei, sondern auch „an einer Vielzahl anderer Aspekte, die sich in Sprache,
Kunst, Religion widerspiegeln, aber auch in Kleidung, Schmuck, Festen, Tän-
zen, Mythen, Legenden und allem, was zur Ethnologie gehört" (62 [52]).

Was hier angesprochen wird, erkennt man besser, sobald man auf inzwischen vertraute Begriffspaare[29] stößt: Ehre und Unehre („honour and shame"),
Patron und Klient etc., oder wenn man im gleichen Absatz dem Typ des antiken
mediterranen Menschen mit seinem von dem unsrigen angeblich so völlig
verschiedenen Wertesystem begegnet. Verhandelt werden neuere Ansätze vor
allem in den USA[30], die von der sozialen Anthropologie der englischen Anthropologin Mary Douglas[31] herkommen und sich selbst gerne den Ehrentitel „social scientific criticism"[32] beilegen. Ihr Widerhall im deutschen Sprachraum war
bislang außerordentlich gering[33], aber das kann sich ändern, auch wenn die
Gründe für die bisherige Zurückhaltung verständlich sind, werden bei diesem
Modell doch u.a. ziemlich unbesehen anthropologische und soziologische Untersuchungen an neuzeitlichen Kulturen in die Antike zurückprojiziert[34]. Das

[28] Vgl. nur G. THEISSEN, Soziologie der Jesusbewegung. Ein Beitrag zur Entstehungsgeschichte des Urchristentums (TEH 194), München ⁴1985, und die weiterführende Bestandsaufnahme bei T. SCHMELLER, Brechungen. Urchristliche Wandercharismatiker im Prisma
soziologisch orientierter Exegese (SBS 136), Stuttgart 1989.
[29] Die deutsche Übersetzung gibt hier „binôme institutionnels" überwörtlich und wenig
glücklich mit „institutionelle Binome" (62 [53]) wieder.
[30] S. bes. B. J. MALINA, The New Testament World: Insights from Cultural Anthropology,
Atlanta 1981; Louisville ²1993.
[31] Vgl. u.a. M. T. DOUGLAS, Purity and Danger: An Analysis of Concepts of Pollution and
Taboo, London 1966 (auch dt. als: Reinheit und Gefährdung. Eine Studie zu Vorstellungen von
Verunreinigung und Tabu, übers. von B. Luchesi [stw 712], Frankfurt a.M. 1988); DIES., Implicit
Meanings: Essays in Anthropology, London 1975, Repr. 1979.
[32] Vgl. jetzt J. H. ELLIOTT, What Is Social-Scientific Criticism? (Guides to Biblical Scholar-
ship. New Testament Series), Minneapolis 1993.
[33] Immerhin wurde das Buch aus Anm. 30 inzwischen ins Deutsche übertragen: B. J. MALI-
NA, Die Welt des Neuen Testaments. Kulturanthropologische Einsichten, dt. von G. Guder / W.
Stegemann, Stuttgart 1993.
[34] Treffende Kritik wird auch geübt von S. R. GARRETT, Art. Sociology of Early Christianity,
in: The Anchor Bible Dictionary VI, 89–99, hier 96f.; J. T. SANDERS, Schismatics, Sectarians,
Dissidents, Deviants: The First One Hundred Years of Jewish-Christian Relations, London

Bibeldokument zeigt sich damit ganz auf der Höhe der Zeit, selbst dort, wo der kritische Betrachter vom Nutzen dieser Zeitströmungen noch nicht ganz überzeugt ist. Im übrigen macht sich an dieser Stelle störend eine auch andernorts anzutreffende Tendenz bemerkbar, sich in änigmatischen Andeutungen zu ergehen, anstatt Ross und Reiter klar beim Namen zu nennen. Selbst gute Kenner des internationalen Forschungsgeschehens werden ihre Mühe haben, alles zu entschlüsseln, was die Verfasser, die ja aus ganz unterschiedlichen Ländern stammen, in das Dokument hineingepackt haben.

Es liegt auf der Hand, dass neben Soziologie und kultureller Anthropologie keinesfalls psychologische und psychodynamische Ansätze fehlen dürfen. Der einleitende Satz: „Psychologie und Theologie haben den gemeinsamen Dialog nie abgebrochen" (63 [53]) klingt sehr kühn. Der Name von Eugen Drewermann fällt im Folgenden nicht. Darüber, inwieweit seine Person und sein Werk bei der Abfassung des Textes anvisiert waren, kann man nur spekulieren[35]. Zugestanden wird der psychodynamischen Sicht, dass man dank ihrer Hilfe Bibeltexte leichter mit Lebenserfahrungen und Verhaltensmustern verbinden kann, dass sie zusätzliche, anders nicht erreichbare Realitätsebenen erschließt und dass sie vor allem ein neues Verständnis für die Symbol- und Bildersprache der Bibel ermöglicht hat. Vor Grenzüberschreitungen wird gewarnt, ebenso sicher zu Recht auch vor dem Fehler, von nur einer psychoanalytischen oder tiefenpsychologischen Exegese zu sprechen, während es in Wirklichkeit eine Vielzahl konkurrierender psychologischer Schulrichtungen gibt[36].

e) Kontextuelle Schriftauslegung

Verhältnismäßig breiten Raum gewährt der nächste Paragraph den kontextuellen Zugängen zur Heiligen Schrift – kontextuell deswegen, weil sie entscheidend geprägt sind von der konkreten Situation, in der die Auslegung geschieht. Wir werden nicht lange darüber im Unklaren gelassen, worauf das abzielt: auf die Befreiungstheologie und auf die feministische Theologie. Sehr knapp, aber auch sehr wohlwollend zeichnet das Dokument Entstehung und

---

1993, 100–113. Der bislang überzeugendste exegetische Beitrag aus dieser Richtung scheint mir zu sein: J. H. NEYREY, 2 Peter, Jude (AncB 37C), New York 1993.

[35] Aus der inzwischen uferlosen Literatur seien als Orientierungsmarken nur genannt: H. J. POTTMEYER (Hrsg.), Fragen an Eugen Drewermann. Eine Einladung zum Gespräch (SKAB 146), Düsseldorf 1992; G. LÜDEMANN, Texte und Träume. Ein Gang durch das Markusevangelium in Auseinandersetzung mit Eugen Drewermann (BenshH 71), Göttingen 1992 (dazu die Rez. von H. J. KLAUCK, in: Pastoralblatt 44 [1992] 317f.); A. A. BUCHER, Bibel-Psychologie. Psychologische Zugänge zu biblischen Texten, Stuttgart 1992; J. FREY, Eugen Drewermann und die biblische Exegese. Eine methodisch-kritische Analyse (WUNT II/71), Tübingen 1995; dazu die Rez. von H. J. KLAUCK, in: BZ NF 40 (1996) 154–156.

[36] Vgl. den streckenweise gelungenen Versuch einer Integration von Lerntheorie, kognitiver Psychologie und Psychodynamik bei G. THEISSEN, Psychologische Aspekte paulinischer Theologie (FRLANT 131), Göttingen 1983.

Zielsetzung der Befreiungstheologie und ihren Umgang mit der Bibel nach[37]: Wird eine durch Unterdrückung gekennzeichnete Realität vom Licht des biblischen Wortes erhellt, „entsteht die authentische christliche Praxis, die durch Gerechtigkeit und Liebe auf die Wandlung der Gesellschaft hinzielt. Der Glaube findet in der Schrift die Dynamik für den Kampf um integrale Befreiung" (66 [56]). Weil Gott ein Gott der Armen ist, kann auch Exegese nicht neutral bleiben, sondern muss Partei ergreifen: „Die Gemeinschaft der Armen ist der beste Adressat der Bibel als Wort der Befreiung" (67 [57]). Probleme der Vermittlung mit anderen Auffassungen von Exegese sind damit erst gestellt, nicht schon gelöst. Kritik an der befreiungstheologischen Exegese formuliert das Dokument nur sehr behutsam: „Hier und da ist sie wohl etwas voreingenommen und schenkt nicht allen Texten der Bibel ihre gleiche Aufmerksamkeit" (68 [57]), weil sie z.B. Exodustraditionen, die Johannesoffenbarung und das lukanische Doppelwerk favorisiert. Fragen werfen auch die Anwendung des marxistischen Prinzips des Klassenkampfes und die Bevorzugung einer innerweltlichen Eschatologie auf (ebd.).

Auch aus dem anschließenden Abschnitt über die feministische Exegese[38] ist das Bemühen um Aufgeschlossenheit und Lernwilligkeit herauszuspüren, und das bedeutet doch schon einiges. Feministinnen werden meiner Einschätzung nach – ich kann mich täuschen – mit den zurückhaltenden Aussagen nicht zufrieden sein, und sie werden kritisch anmerken, dass hier wieder ein reines Männergremium über Frauenfragen spricht. Im Einzelnen unterscheidet das Dokument drei Formen feministischer Bibelhermeneutik: eine radikale, die sich von der Autorität der Bibel längst verabschiedet hat, eine neo-orthodoxe, die sich der Bibel in dem Maße bedient, wie sie die prophetische Stimme der Parteinahme für die Schwachen zu Gehör bringt, und eine kritische, die mit den gängigen exegetischen Methoden gezielt die Rolle von Frauen innerhalb der Jesusbewegung und der paulinischen Gemeinden neu entdeckt und aufwertet. Die Stellungnahme dazu verläuft in den inzwischen gewohnten Bahnen: Positive Beiträge der beiden letztgenannten Richtungen finden gebührende Würdigung, Schwachpunkte werden markiert.

Streit entzündete sich innerhalb der Kommission am letzten Absatz, der mit der Feststellung beginnt: „Die feministische Exegese wirft die Machtfrage in der Kirche auf" (71 [60]), dem sofort massive Warnungen folgen: sie könne in

---

[37] Grundlegend zu Exegese und Hermeneutik in der lateinamerikanischen Theologie der Befreiung ist jetzt T. Schmeller, Das Recht der Anderen. Befreiungstheologische Lektüre des Neuen Testaments in Lateinamerika (NTA NF 27), Münster 1994.

[38] Vgl. neben dem Standardwerk von E. Schüssler-Fiorenza, In Memory of Her. A Feminist Theological Reconstruction of Christian Origins, New York 1985; auch dt. als: Zu Ihrem Gedächtnis … Eine feministisch-theologische Rekonstruktion der christlichen Ursprünge, übers. von C. Schaumberger, München/Mainz 1988, zur weiteren Information u.a.: I. R. Kitzberger, Paulus zwischen Missverständnis und (Anti-)Feminismus, in: BZ NF 38 (1994) 243–253.

dieser Problematik „nur in dem Maße nützlich sein, als sie nicht dem Übel er-
liegt, das sie selbst anklagt", und sie dürfe „ihrerseits die evangelische Lehre
über die Macht als Dienst nicht aus dem Auge verlieren" (ebd.). Von 19 Mitgliedern der Kommission haben 11 für diesen Absatz gestimmt, 4 haben sich
enthalten, und 4 waren dagegen, wie die Anm. 2 auf Verlangen der Minorität
festhält. Wie Klammerzusätze in der neuen deutschen Ausgabe (dort als
Anm. 11) verdeutlichen, ging es dabei um „die Warnung an die Adresse der
Frauen", die diese Sätze implizieren. Die Minorität „hielt eine solche Kritik
von Seiten von Männern für wenig angebracht", zu Recht, möchte man hinzu-
fügen. Dieser Dissens dokumentiert augenfällig die Sensibilität des Themas.
Dass er in einem römischen Dokument vermerkt wird, dass man also auf die
Vorspiegelung universeller Einigkeit verzichtet, verdient m.E. lobend hervorgehoben zu werden. Es wäre nur zu hoffen, dass dieses Arbeiten mit Mehr-
heitsentscheidungen und Minderheitsvoten innerkirchlich Schule macht.

f) Der Fundamentalismus

Noch innerhalb des methodischen Kapitels erfolgt als Letztes eine Auseinandersetzung mit dem fundamentalistischen Umgang mit der Schrift[39]. Die prinzipielle Absage an jede Form von Fundamentalismus lässt an Deutlichkeit nichts
zu wünschen übrig, und das wird jeden Exegeten, der sich früher oder später
Attacken aus der fundamentalistischen Ecke ausgesetzt sieht, von Herzen freu-
en, auch wenn die Beschreibung der fundamentalistischen Bewegung hinsichtlich ihrer Genese, ihrer Ziele und ihrer Verzweigungen fast schon zu undifferenziert erfolgt. Der Fundamentalismus insistiert auf einer völligen
Irrtumslosigkeit der Schrift und verlangt, dass sie „bis in alle Einzelheiten wort-
wörtlich interpretiert werden muss" (72 [61]). Sein Grundproblem besteht darin, „dass er den geschichtlichen Charakter der biblischen Offenbarung ablehnt
und daher unfähig wird, die Wahrheit der Menschwerdung selbst voll anzunehmen" (73 [62]). Er wurzelt „in einer Ideologie, die nicht biblisch ist, mögen ihre
Vertreter auch noch so sehr das Gegenteil behaupten" (ebd.). Der Fundamentalismus „verfehlt so den vom Evangelium selbst intendierten Anspruch"; man
kann ihm „eine Tendenz zu geistiger Enge nicht absprechen", er „verhindert
jeglichen Dialog ... zwischen Kultur und Glauben", rechtfertigt stattdessen aber
von Vorurteilen geprägte „politische Ideen und soziales Verhalten" wie
Rassendiskriminierung u.a. mehr (74 [63]). Dennoch ist er „gefährlich, denn er
zieht Personen an, die auf ihre Lebensprobleme biblische Antworten suchen";
ihnen gibt er „trügerische Sicherheit", erkauft um den Preis „der Selbstaufgabe

---

[39] Zur ersten Einführung in die Problematik verweise ich nur auf J. WERBICK (Hrsg.), Of-
fenbarungsanspruch und fundamentalistische Versuchung (QD 129), Freiburg i. Br. 1991; W.
BEINERT (Hrsg.), „Katholischer" Fundamentalismus. Häretische Gruppen in der Kirche?, Regensburg 1991 (mit Bibliogr.); Praktische Theologie (früher: ThPr) 29 (1994) 1–79 (= Heft 1;
div. Beiträge).

des Denkens" (75 [63]). Schließlich widerspricht der Fundamentalismus insbesondere auch katholischem Selbstverständnis, weil er sich tendenziell gegen die Tradition der Kirche wendet und sie nicht als Interpretationshilfe akzeptiert (74f. [63]). Eine derart scharfe Straf- und Gerichtspredigt prophetischen Zuschnitts wider die fundamentalistische Versuchung hätte ich, ehrlich gesagt, im Vorfeld von diesem Dokument gar nicht erwartet. Umso dankbarer werden wir uns in Zukunft darauf berufen können.

2. Der hermeneutische Teil

a) Die moderne philosophische Hermeneutik

Auf den längsten Hauptteil folgt der kürzeste (76–88 [64–74]), auf die Methodik die Hermeneutik. Auf einer Seite (76 [64]) schreitet das Dokument unter dem Zwischentitel „Philosophische Hermeneutiken" eine ganze Galerie illustrer Namen ab: Friedrich Schleiermacher, Wilhelm Dilthey, Martin Heidegger, Rudolf Bultmann, Hans Georg Gadamer und Paul Ricœur, dazu noch in einer Anmerkung Gerhard Ebeling und Ernst Fuchs. Die hermeneutische Debatte eines ganzen Jahrhunderts (ohne eigenständige katholische Beteiligung!) ist damit klar umrissen[40]. Ihre Leitbegriffe wie existentiale Interpretation, hermeneutischer Zirkel[41], Horizontverschmelzung etc. werden im weiteren diskutiert und im wesentlichen als Überwindung eines reinen historischen Positivismus auch zustimmend rezipiert, obwohl die existentiale Interpretation Bultmanns und sein Programm einer Entmythologisierung dann doch wieder in den Geruch geraten, zu jenen hermeneutischen Theorien zu gehören, die „zur Interpretation der Schrift ungeeignet sind", weil sie „die biblische Botschaft in die Enge einer besonderen Philosophie" einschließen (79 [67]). Aktuelle Trends wie Postmodernismus, Poststrukturalismus und Dekonstruktivismus[42] fehlen, was nur dann auffällt, wenn man das offensichtliche Streben nach Aktualität im methodischen Teil vergleicht, in der Sache aber keinen Schaden darstellt. Was unter diesen Etiketten derzeit als Hermeneutik gehandelt wird, wirkt noch nicht sehr vertrauenerweckend[43].

---

[40] Vgl. zur derzeitigen Bestandsaufnahme H. WEDER, Neutestamentliche Hermeneutik (ZGB), Zürich 1986; K. BERGER, Hermeneutik des Neuen Testaments, Gütersloh 1988.

[41] So muss „cercle herméneutique" übersetzt werden, und nicht, wie es auf S. 77 geschieht, mit „hermeneutischer Kreis" [richtig jetzt 65].

[42] Vgl. allgemein K. W. HEMPFER (Hrsg.), Poststrukturalismus – Dekonstruktion – Postmoderne (Text und Kontext 9), Stuttgart 1992; zur Umsetzung in die Exegese vgl. M. DAVIES, Poststructural Analysis, in: The Anchor Bible Dictionary V, 424–426; S. D. MOORE, Literary Criticism and the Gospels. The Theoretical Challenge, New Haven 1989; D. SEELEY, Deconstructing the New Testament (Biblical Interpretation Series 5), Leiden 1994.

[43] Vielversprechender dürfte ein anderer Neuansatz sein, der vom Phänomen der Intertextualität – im Bibeldokument, soweit ich sehe, nicht direkt erwähnt, wenn auch verschiedentlich umschrieben – ausgeht, vgl. S. DRAISMA (Hrsg.), Intertextuality in Biblical Writings (FS B. van Iersel), Kampen 1989.

b) Die traditionelle theologische Hermeneutik

Es hat sicher seine Berechtigung, in einem weiteren Schritt neben die moderne philosophische Hermeneutik den reichen Schatz der traditionellen theologisch-kirchlichen Hermeneutik zu stellen, was die Bibelkommission unter der Überschrift „Sinn der inspirierten Schrift" als nächstes tut. Sie zitiert (81 [68]) das berühmte mittelalterliche Distichon, das auch im *Katechismus der Katholischen Kirche* (in § 118) neu zu Ehren kommt: „Littera gesta docet, quid credas allegoria, moralis quid agas, quid speres anagogia" (zu Deutsch: „Der Buchstabe lehrt die Ereignisse; was du zu glauben hast, lehrt die Allegorese; der moralische Sinn zeigt dir, was du zu tun hast; was du erhoffen darfst, sagt dir der ‚aufstrebende' [d.h. der eschatologische] Sinn"). Über das damit verbundene Gedankensystem könnte man lange handeln, und Henri de Lubac hat es bekanntlich in vier Bänden meisterlich getan[44]. Aber das Bibeldokument lässt sich auf den vierfachen Schriftsinn gar nicht näher ein, sondern beschäftigt sich mit einer anders gelagerten dreifachen Aufteilung in den *sensus litteralis,* den *sensus spiritualis* und den *sensus plenior.*

Den Literalsinn, der auch in der mittelalterlichen Exegese die unverzichtbare Basis bildete, scheint das Dokument mehr oder weniger mit der Autorintention gleichzusetzen, doch kommt hinzu, dass es sich um inspirierte Autoren handelt. Gegen eine allzu simple, punktuelle Fixierung des Literalsinns auf eine einzige Aussageebene wird die Polysemie, die Mehrdeutigkeit von Texten, theoretisch bekannt aus der Sprachwissenschaft und praktisch aus der Lyrik, ins Feld geführt. Als neutestamentliches Beispiel für Mehrdeutigkeit auf der Ebene des Literalsinns dient die doppelbödige Sprache des Johannesevangeliums (die „Fremdprophetie" des Kajaphas in Joh 11,50 wird zur Illustration herangezogen). Ähnlich weisen im Alten Testament die Königspsalmen über ihre Entstehungssituation weit hinaus und inaugurieren eine fortlaufende Entfaltung von Sinn. Bei metaphorischen Texten eruiert der Literalsinn das metaphorische Verständnis, und bei erzählenden Texten „verlangt der wörtliche Sinn nicht unbedingt die Beteuerung (l'affirmation), die erzählten Fakten hätten in der Tat stattgefunden. Denn es kann sein, dass die Erzählung nicht der Gattung geschichtlicher Erzählungen angehört, sondern ein Produkt der erzählerischen Phantasie ist" (82 [69]). Nahezu beiläufig fällt hier ein ebenso folgenschwerer wie hilfreicher Satz, der es erlaubt, an biblische Erzählungen auch Kategorien wie Mythos, Legende und Fiktion heranzutragen und der zugleich dem fundamentalistischen Postulat einer exakten Korrespondenz zwischen er-

---

[44] H. DE LUBAC, Exégèse médiévale. Les quatre sens de l'Ecriture. Bd. I, 1.2–II, 1.2 (Theol. P 41,1.2; 42; 59), Paris 1959–1964; vgl. jetzt auch C. DOHMEN, Vom vielfachen Schriftsinn – Möglichkeiten und Grenzen neuerer Zugänge zu biblischen Texten, in: Neue Formen der Schriftauslegung (s. Anm. 19) 13–74, hier 16–27, sowie, etwas älteren Datums, H. J. KLAUCK, Theorie der Exegese bei Bonaventura, in: J. G. BOUGEROL (Hrsg.), S. Bonaventura 1274–1974. Bd. 4, Rom 1974, 71–128, hier bes. 102–104.124–128 u.ö.

zählter Welt des Textes einerseits und kontingenten historischen Ereignissen und Fakten andererseits entschieden widerspricht. Streit wird es auch weiterhin über die Beurteilung im Einzelfall geben, vor allem mit Traditionalisten, aber das lässt sich nicht vermeiden. Statt „erzählerische Phantasie" (im Französischen „une œuvre d'imagination") würden wir im Deutschen im Übrigen besser sagen „erzählerische Einbildungskraft", denn es soll trotz allem nicht der Eindruck erweckt werden, als gehörten biblische Erzählungen zum Genre der phantastischen Literatur[45].

Was bleibt dann eigentlich noch für den geistlichen Sinn, den das Mittelalter, wie erinnerlich, noch einmal auffächerte[46]? Das ist nicht so klar, und das Bibeldokument hat hier mit der Abklärung auch einige Mühe. Als Definition wird angeboten: Einen geistlichen Sinn gewinnen biblische Texte, „wenn sie unter dem Einfluss des Heiligen Geistes im Kontext des österlichen Mysteriums Christi und des daraus folgenden neuen Lebens gelesen werden" (85 [71]). Das bedeutet aber nichts anderes, und diese Folgerung wird auch tatsächlich gezogen, als dass sich im Neuen Testament wörtlicher Sinn und geistlicher Sinn decken und ein vom wörtlichen unterscheidbarer geistlicher Sinn auf die christologische *relecture* alttestamentlicher Stellen beschränkt bleibt[47]. Die Kontrollfunktion, die der Literalsinn auch dann ausübt, bewahrt den geistlichen Sinn davor, „mit subjektiven Interpretationen verwechselt zu werden, die aus Einbildungskraft oder intellektueller Spekulation stammen" (86 [72]). Die Typologie (Adam als Typos Christi, die Sintflut als Vorbild der Taufe etc.) rechnet die Bibelkommission als einen möglichen Aspekt zum geistlichen Sinn.

Nicht gut weg kommen hier rabbinische Methodik und hellenistische Allegorese, „die keinen wirklichen Wert mehr für heute" besitzen (86 [72]). Dem widerspricht im Fall der rabbinischen Methodik die zuvor geäußerte Wertschätzung von Zugängen über die jüdische Auslegungstradition und im Fall der allegorischen Exegese das später folgende Lob für den Umgang der

---

[45] Obwohl auch das für ausgewählte Texte inzwischen durchexerziert wurde, vgl. G. AICHELE / T. PIPPIN (Hrsg.), Fantasy and the Bible = Semeia 60, Atlanta, GA 1992; aber dieses Thema wird man mit mehr Aussicht auf Erfolg besser von der anderen Seite her angehen: Das Meisterwerk der Gattung „Fantasy" schlechthin, J. R. R. Tolkiens *The Lord of the Rings*, enthält eine Fülle von biblisch-christlichen Motiven; so trägt der Hauptheld Frodo Züge eines leidenden Erlösers, er hat einen treuen „Lieblingsjünger" zur Seite, der auch sein Erbe antritt, und der schroffe Dualismus von Gut und Böse, von Licht und Finsternis, erinnert an die Apokalyptik, etc.

[46] Vgl. die verwandte, wenn auch nicht völlig identische Fragestellung bei W. KASPER, Prolegomena zu einer Erneuerung der geistlichen Schriftauslegung, in: Vom Urchristentum zu Jesus (FS J. Gnilka), Freiburg i.Br. 1989, 508–526.

[47] Vgl. 85 [72]: „Entgegen einer allgemein vertretenen Meinung unterscheiden sich die beiden Sinne nicht notwendigerweise. Wenn ein biblischer Text sich direkt auf das Ostergeheimnis Christi oder auf das daraus folgende neue Leben bezieht, so ist sein wörtlicher Sinn ein geistlicher. Dies ist im Allgemeinen im Neuen Testament der Fall. Deshalb spricht die christliche Exegese von geistlichem Sinn meistens in Bezug auf das Alte Testament."

Kirchenväter mit der Schrift. Der Allegorese sollte man in Rückbindung an ihren eigenen historischen Standort mehr Gerechtigkeit widerfahren lassen. Auch sie war einmal höchst aktuell und wurde von den besten Geistern außerhalb und innerhalb des biblisch-jüdischen Traditionskreises geübt. Niemand plädiert für ihre unbesehene Repristinierung, aber eine vorsichtige positive Neubewertung der Allegorese und ihres hermeneutischen Potentials ist unverkennbar im Gange[48], auch wenn sie im Bibeldokument noch keinen adäquaten Reflex gefunden hat.

Der tiefere oder vollere Schriftsinn (*sensus plenior*) gehört nicht zum traditionellen Repertoire, sondern wurde erst in der katholischen Apologetik des frühen 20. Jahrhunderts konstruiert[49]. Er soll erklären helfen, so die Beispiele der Bibelkommission, warum das Orakel von der jungen Frau, die ein Kind empfangen wird, in Jes 7,14 auf dem Umweg über die Septuaginta-Version in Mt 1,23 zur Ansage einer jungfräulichen Empfängnis wird und wieso das Konzil von Trient Röm 5,12–21 zur Begründung für seine Erbsündenlehre heranziehen kann: Der spätere biblische Autor im Rückgriff auf einen früheren biblischen Text oder die authentische Lehrtradition der Kirche legen diesen Sinn, der dem ursprünglichen Autor nicht in seiner ganzen Fülle bewusst war, erst frei. Definiert wird der *sensus plenior* sodann „als eine andere Bezeichnung des geistlichen Sinnes in all den Fällen ..., wo sich der geistliche Sinn vom wörtlichen eines biblischen Textes unterscheidet" (88 [74]). Mir scheint, dass alle Probleme einer Zuordnung innerhalb dieses neuen Dreierschemas damit noch längst nicht gelöst sind. Man spürt die gut gemeinte Absicht und wird sich dagegen auch nicht prinzipiell sperren, wohl aber daran festhalten, dass noch erheblicher Klärungsbedarf besteht.

---

[48] Vgl. D. Dawson, Allegorical Readers and Cultural Revision in Ancient Alexandria, Berkeley 1992; F. Young, Allegory and the Ethics of Reading, in: F. Watson (Hrsg.), The Open Text: New Directions for Biblical Studies?, London 1993, 103–120; C. Jacobs, Allegorese: Rhetorik, Ästhetik, Theologie, in: Neue Formen der Schriftauslegung (s. Anm. 17) 131–163; G. Benzi, Per una riproposizione dell'esegesi figurale secondo la prospettiva di P. Beauchamp, in: RivBib 42 (1994) 129–178; U. H. J. Körtner, Schrift und Geist. Über Legitimität und Grenzen allegorischer Schriftauslegung, in: NZSTh 36 (1994) 1–17. Es sei der bescheidene Hinweis gestattet, dass sich um eine vorläufige Neubesinnung hinsichtlich der Allegorieproblematik bereits bemüht hat: H. J. Klauck, Allegorie und Allegorese in synoptischen Gleichnistexten [1978] (NTA NF 13), Münster ²1986.

[49] Vgl. J. Schildenberger, Art. Sensus plenior, in: LThK² IX, 670, mit der Lit. ebd. 492f., daraus bes. R. E. Brown, The „Sensus Plenior" of Sacred Scripture, Baltimore 1954. Zur Diskussion um den *sensus plenior* auf dem Zweiten Vatikanum (aus Anlass von *Dei Verbum* 12) vgl. A. Grillmeier, LThK² XIII, 539f.; mögliche Wege zu einer besseren methodischen Absicherung zeigt auf T. Fabini, The Literal Sense and the *Sensus Plenior* Revisited, in: Her. 61 (1991) 9–23.

412   *Alle Jubeljahre*

3. Charakteristika katholischer Schriftauslegung

Der dritte Hauptteil (89–117 [75–99]) will „Charakterische Dimensionen der katholischen Interpretation" aufzeigen. Sie bestehen nicht in der Anwendung einer bestimmten wissenschaftlichen Methode, sondern ergeben sich vielmehr daraus, dass die Exegese ihr Vorverständnis, dessen Unumgänglichkeit auch die moderne philosophische Hermeneutik aufgewiesen hat, bewusst innerhalb der lebendigen Tradition der Kirche sucht.

a) Innerbiblische Interpretationen

Schon in der biblischen Tradition selbst, und das ist Thema des ersten Paragraphen, zeichnet sich ein solches Traditions- und Interpretationskontinuum ab. Hier schlägt die Stunde jenes glücklichen Begriffs *relecture,* „Neuaneignung" oder „Wiederlesung", den wir den französischen Exegeten verdanken. Dazu bietet das Dokument eine Fülle von innerbiblischen Beispielen, von denen hier nur die Nachgeschichte der Nathansweissagung aus 2 Sam 7,12–16 herausgehoben sei[50].

Das führt uns fast notwendig zu der prinzipiellen Frage der Beziehungen zwischen Altem und Neuem Testament. Sie wird von der Bibelkommission als „zweifellos komplex" und keineswegs spannungsfrei eingestuft (94 [79]), und das bedeutet schon eine gewisse Offenheit, auch wenn ansonsten die christologische Sichtweise auch für die Lektüre des Alten Testaments herausgestellt und die Haltung Jesu zu Schrift und Gesetz als persönlich, originell und von den Schriftgelehrten seiner Zeit deutlich unterschieden bestimmt wird (92 [78]). Neutestamentler werden dabei an die neuerliche Kontroverse um das Gesetzesverständnis Jesu denken, die solche einfachen Lösungen erschwert. Alttestamentler werden ein reflektierteres Eingehen auf die Sachfrage vermissen, die in dem Vorschlag, in Zukunft doch vom „Ersten Testament" zu sprechen[51], steckt. Ein deutlicheres Wort über den Eigenwert des Alten Testaments auch für Christen wäre nicht fehl am Platz gewesen.

Richtig sind die Schlussfolgerungen, „dass die Bibel selbst zahlreiche Hinweise und Anregungen zur Kunst der Interpretation enthält"[52], ihre Auslegung „nie ohne eine schöpferische Dimension" auskommt und „notwendigerweise pluralistisch" sein wird (95f. [80]).

---

[50] J. KREMER, Interpretation (s. Anm. 5) 166 Anm. 28, mahnt an, dass auffälligerweise Beispiele für *relectures* im Neuen Testament, etwa die unterschiedliche Wiedergabe von Jesuswundern oder der Umgang mit der Paulustradition in den Deutero- und Tritopaulinen, fehlen. Vgl. im Übrigen auch das Kap. I: „Bibelauslegung innerhalb der Bibel" bei H. GRAF REVENTLOW, Epochen der Bibelauslegung. Bd. I: Vom Alten Testament bis Origenes, München 1990, 11–23.

[51] Vgl. E. ZENGER, Das Erste Testament. Die jüdische Bibel und wir Christen, Düsseldorf 1991.

[52] S. zu einem Einzelaspekt jetzt auch P. MÜLLER, „Verstehst du auch, was du liest?". Lesen und Verstehen im Neuen Testament, Darmstadt 1994.

b) Innerkirchliche Interpretation

Die innerbiblische Interpretationslinie verlängert der nächste Paragraph in die Kirchengeschichte hinein und wählt dafür die Parakletsprüche vom Geist, der an alles erinnern und in die ganze Wahrheit führen wird, in Joh 14,26 und 16,12f als Ausgangspunkt. Als erstes steht hier die Entstehung des Kanons beider Testamente zur Behandlung an[53]. Sie ist „Resultat eines langen Prozesses", in dem „viele Faktoren eine Rolle gespielt" haben (97f. [82]). Das Verhältnis von Kirche und Kanon wird sehr grundsätzlich gesehen, ebenso die Stellung der kanonisierten Schrift als *norma normans non normata*: „Indem die Kirche den Kanon der Schriften erstellte, hat sie ihre eigene Identität erkannt und definiert, sodass die Heilige Schrift fortan wie ein Spiegel ist, in dem die Kirche ihre Identität immer wieder neu überprüfen und durch die Jahrhunderte hindurch die Art ihrer Antwort verifizieren kann" (98 [83]); die Schrift erhält dadurch eine Stellung, „wodurch sie sich radikal von anderen alten Texten" (Was ist damit gemeint? Dogmatische Entscheidungen der frühen Konzilien vielleicht?) unterscheidet, denn letztere können „zwar auch Licht auf die Anfänge des Glaubens werfen", aber „doch niemals die Autorität der Schriften beanspruchen, die als kanonisch und damit als für das Verständnis des christlichen Glaubens grundlegend erachtet werden" (99 [83]).

Eine zustimmende Würdigung erfährt sodann die Exegese der Kirchenväter, von deren förmlicher Wiederentdeckung in den letzten Jahren man durchaus sprechen kann. Die allegorische Methode, die sie anwenden und die von ihrer Exegese insgesamt nur in Ausnahmefällen getrennt werden kann, kommt diesmal ein klein wenig besser weg: Sie diente dazu, Anstöße aus dem Weg zu räumen (apologetisches Motiv), sie geschieht aus pastoralen und pädagogischen Motiven heraus, und sie „geht im Allgemeinen über das Phänomen einer Adaptation an die allegorische Methode der heidnischen Autoren hinaus", was aber nichts daran ändert, dass sie „auf den modernen Menschen befremdlich" wirkt (101 [85]). Dass wir damit von einer Aufarbeitung ihrer wahren Bedeutung immer noch weit entfernt sind, wurde oben schon gesagt.

Im Anschluss an *Dei Verbum* 10 und *Lumen Gentium* 12 wird im nächsten Schritt allen Gliedern der Kirche eine Rolle bei der Interpretation der Schrift zugewiesen, an erster Stelle den Bischöfen, Priestern und Diakonen, aber daneben auch den einzelnen Gläubigen, wenn sie z.B. „im persönlichen konkreten Lebenszusammenhang beten und sich betend die Schriften aneignen" (104 [87]). Privilegierte Hörer des biblischen Wortes sind sogar die „*Leute einfacher Herkunft*" (ebd. [88], Hervorh. im Orig.; im Französischen: „gens d'humble

---

[53] Eine originelle Beleuchtung dieser Frage nicht von äußeren Daten her, sondern aus Schrifttexten selbst bieten C. Dohmen / M. Oeming, Biblischer Kanon – Warum und wozu? Eine Kanontheorie (QD 137), Freiburg i.Br. 1992; den faktischen Entwicklungsvorgang schildern die gängigen Einleitungswerke und die Spezialmonographien.

condition"), biblisch gesprochen die Armen (darf man das als weitere Konzession an die Hermeneutik der Befreiungstheologie verstehen?)[54]. Die besondere Aufgabe der Exegeten ordnet das Dokument dem Charisma des Lehrens aus 1 Kor 12,28f zu. Hier fällt dann der erstaunliche Satz: „Eine besondere Freude ist heute die wachsende Zahl von *Frauen*, die sich als Exegetinnen ausbilden. Sie bringen in die Interpretation der Schrift neue Einsichten und stellen Aspekte ins Licht, die in Vergessenheit geraten waren" (105 [89]), dem wenig später noch eine Zukunftsvision an die Seite tritt: „Es ist übrigens wünschenswert, dass die Exegese durch Männer und Frauen gelehrt wird" (109 [92]). Zur Stellung des Lehramts wird wiederum *Dei Verbum* 10 zitiert und gesagt, es sei „in letzter Instanz also Sache des Lehramtes, die Echtheit der Interpretation zu garantieren und gegebenenfalls zu sagen, dass diese oder jene besondere Interpretation mit dem authentischen Evangelium unvereinbar ist" (105f. [89]), aber es konsultiere zu diesem Zweck „die Theologen, die Exegeten und andere Experten, deren legitime Forschungsfreiheit es anerkennt und mit denen es in wechselseitiger Beziehung steht" (106 [89]). Das sind wieder gut gemeinte Kompromissformulierungen, die den vorhandenen Konfliktstoff nicht benennen und daher auch nicht entschärfen. Aber mehr lässt sich gerade auf dem Boden von *Dei Verbum* wohl nicht erreichen[55].

c) Die exegetische Aufgabe

Im dritten Paragraphen behandelt die Bibelkommission gesondert den Auftrag des Exegeten in Forschung und Lehre bis hin selbst zu den Veröffentlichungen. Bezüglich der Forschung wird man ihre Forderung unterstreichen, „dass sich eine genügend große Zahl gut ausgebildeter Personen der Forschung in den verschiedenen Gebieten der exegetischen Wissenschaft widmet", denn wer hat noch nicht erlebt, was die Bibelkommission hier anspricht, dass sich nämlich Bischöfe (eher: Generalvikare) und Ordensobere (diese erfahrungsgemäß weniger) „aus Sorge für die unmittelbaren Bedürfnisse der Seelsorge" manchmal versucht fühlen, „ihre Verantwortung für eine solide Exegese in der Kirche an die zweite Stelle zu setzen" (108 [91]: „ihre Verantwortung für diese funda-

---

[54] Vgl. auch 131 [111] (im Absatz über das Bibelapostolat): „Aber man darf sich freuen, die Bibel in den Händen der Armen, der einfachen Leute zu sehen. Ihre Auslegung und Aktualisierung wirft in geistlicher und existentieller Hinsicht ein helleres Licht auf den Text, als was eine selbstgerechte Wissenschaft zu seiner Erklärung beizutragen vermag (vgl. *Mt* 11,25)."

[55] Zu den bewusst dehnbaren, nur aus ihrer heiß umkämpften Genese wirklich verstehbaren Aussagen von *Dei Verbum* äußert sich jetzt in sehr erhellender Weise O. H. Pesch, Das Zweite Vatikanische Konzil (1962–1965). Vorgeschichte – Verlauf – Ergebnis – Nachgeschichte, Würzburg 1993, 271–290; er legt auch dar, wo der vielbeschworene „Geist des Konzils" zu suchen ist, nämlich bei der großen Mehrheit der Konzilsväter mit ihrer offeneren Haltung, und warum die kuriale Gegenpartei, auf dem Konzil in die Defensive gedrängt, dagegen polemisiert, ihn als „Ungeist" bezeichnet und sich auf die Texte beruft, die eben oft Kompromisscharakter tragen.

mentale Notwendigkeit nicht sehr ernst zu nehmen"). Bei den Publikationen
scheint es der Bibelkommission vor allem ein Anliegen zu sein, dafür zu werben, dass neben den hoch wissenschaftlichen Veröffentlichungen verstärkt
auch für die Umsetzung und Popularisierung exegetischer Erkenntnisse Sorge
getragen wird, nicht zuletzt in Presse, Radio und Fernsehen: „Die Exegeten, die
für leicht verständliche Veröffentlichungen begabt sind, leisten einen äußerst
wichtigen und fruchtbaren Beitrag für die notwendige Verbreitung der exegetischen Studien und Erkenntnisse" (110f. [93]).

d) Interdisziplinäre Aspekte

Keine sonderlich scharfen Konturen gewinnt der letzte Abschnitt dieses Teils
über die Beziehungen der Exegese zu den anderen theologischen Disziplinen,
von denen nur Dogmatik und Moraltheologie eigens angesprochen werden.
Der viel berufene Konflikt zwischen Exegese und Dogmatik wird für den
katholischen Raum auf „Momente starker Spannungen" (115 [97]) reduziert.
Der heutigen Dogmatik wird zugestanden, dass sie die Bibel nicht länger als
Steinbruch, „als ein Reservoir von *dicta probantia*" (116 [98]) ansieht. Aber
dass die Exegese selbst systematische Implikationen hat und ihre Ergebnisse
immer dann, wenn sie ihr Geschäft wirklich zu Ende führt, so formuliert, dass
systematische Konsequenzen auf der Hand liegen, und dass von da aus die Interaktion von Exegese und Systematik von beiden Seiten her neu zu bedenken
wäre, tritt nicht so recht zutage. Einer der Schlusssätze scheint dafür die Funktion der Bibel fast als eine Art „gefährlicher Erinnerung" im Sinne von J. B.
Metz zu bestimmen: Eine ihrer vornehmsten Aufgaben sei es, „die theologischen Systeme herauszufordern und die Existenz wichtiger Aspekte der göttlichen Offenbarung und der menschlichen Realität in Erinnerung zu rufen, die
in der systematischen Reflexion manchmal vergessen wurden oder als ver-
meintlich unwichtig untergingen" (117 [98f.]).

4. Schriftauslegung im kirchlichen Leben

Der letzte, wiederum sehr kurze Hauptteil (118–133 [100–113]) nimmt mit der
Überschrift „Die Interpretation der Bibel im Leben der Kirche" den Titel des
ganzen Dokuments auf. In der Durchführung wird das aufgeschlüsselt mit Hilfe der drei Stichworte Aktualisierung, Inkulturation und Gebrauch der Bibel.

a) Aktualisierung

Vieles, was zuvor schon gesagt wurde, kehrt im Abschnitt über die Aktualisierung wieder: der Sinnüberschuss biblischer Texte, den auch die hermeneutische
Philosophie zugesteht; die Aktualisierung durch *relecture* in der Bibel selbst;
die kontrollierende Funktion von Literalsinn und Tradition; ältere Aktualisie-
rungsversuche jüdischerseits in den Targumim und Midraschim mit Hilfe der

Rabbi Hillel u.a. zugeschriebenen Auslegungsregeln[56] und christlicherseits durch die Typologie und Allegorese der Kirchenväter. Atemberaubend wirkt der Katalog jener Probleme, auf die eine Aktualisierung der Bibel eingehen sollte: innerkirchlich die Ämterfrage, die Gemeinschaftsdimension, die Option für die Armen, die Befreiungstheologie, die Stellung der Frauen, innergesellschaftlich die Rechte der Person, der Schutz des menschlichen Lebens, die Bewahrung der Natur und das Streben nach Frieden (121 [102f.]). Noch interessanter ist allerdings die Grenzziehung gegenüber missglückten Beispielen für Aktualisierung u.a. bei den Sekten, den Zeugen Jehovas insbesondere. Abzulehnen seien auch alle Versuche, in Widerspruch zu den Forderungen der Gerechtigkeit und der Liebe „Apartheid, Antisemitismus, männlichen oder weiblichen Sexismus aus den biblischen Texten ableiten" zu wollen (122 [103]). Das gilt angesichts von „tragische(n) Ereignisse(n) der Vergangenheit" und im Einklang mit *Nostra Aetate* 4 vor allem für den Antisemitismus: Es „muss unbedingt verhindert werden, dass bestimmte Texte des Neuen Testamentes so aktualisiert werden, dass sie feindselige Einstellungen gegenüber den Juden wecken oder bestärken können" (ebd.).

b) Inkulturation

Auch bei der anschließenden Beschäftigung mit dem Inkulturationsparadigma begnügt sich die Bibelkommission nicht damit, an die missionstheologische Debatte unseres Jahrhunderts anzuknüpfen, sondern stellt mit Recht in den Vordergrund, dass in der Bibel selbst schon Prozesse der Inkulturation am Werk sind. Das hätte noch sehr viel weiter entfaltet werden können; aufgezählt werden immerhin die Übersetzung der hebräischen Bibel mündlich ins Aramäische und schriftlich ins Griechische – und jede Übersetzung „bringt notwendigerweise eine Änderung des kulturellen Kontextes mit sich" (123 [104]) – sowie der Übergang der palästinensisch geprägten Jesustradition in die hellenistisch-römische Mittelmeerwelt[57]. Die unaufhebbare Dialektik zwischen der Inkulturation des Evangeliums und der Evangelisierung der Kulturen (beides ändert sich in gewisser Weise, die situationsbezogene Gestalt der Botschaft und die Lebensformen der sie rezipierenden Kultur) bildet den nicht so deutlich ausgesprochenen Hintergrund für die weiteren Ausführungen zu diesem Thema.

---

[56] Von den zunächst 7, dann 13 und zuletzt 32 Middot nennt das Bibeldokument auf S. 120 [102] drei, vgl. dazu des Näheren H. L. STRACK / G. STEMBERGER, Einleitung in Talmud und Midrasch, München [7]1982, 25–40; H. GRAF REVENTLOW, Epochen (s. Anm. 50) 104–116.

[57] Warum bzw. in welchem Sinn das Dokument auf S. 123 [105] nur von „jüdisch-hellenistischer Kultur" („la culture judéo-hellénistique") spricht, ist mir nicht klar. Zur Inkulturationsdebatte kann als Einstieg jetzt dienen: K. HILPERT / K. H. OHLIG (Hrsg.), Der eine Gott in vielen Kulturen. Inkulturation und christliche Gottesvorstellung (FS G. Hasenhüttl), Zürich 1993.

c) Gebrauch der Bibel

Der Schlussparagraf handelt „Vom Gebrauch der Bibel" in der Liturgie (mit leiser Kritik an der gegenwärtigen Leseordnung, vgl. 126 [107]: „entspricht aber nur teilweise diesem Ziel" einer reicheren und mannigfaltigeren Lektüre der Schrift), in der geistlichen Schriftlesung, in Seelsorge und Ökumene. Die Übung der täglichen *Lectio divina,* immer schon im Mönchtum und im Ordensleben zu Hause, 1950 von der Bibelkommission in einer von Pius XII. abgesegneten Instruktion allen Klerikern, auch den Diözesanpriestern, nahe gelegt, wurde erstmalig (vgl. 127 [108]: „Dies ist eine Neuheit!") von *Dei Verbum* 25 allen Gläubigen anempfohlen. Die Seelsorge erscheint aufgefächert in Katechese, Predigt und Bibelapostolat (Sorge für die Verbreitung von Bibelausgaben und -übersetzungen, für Vorträge, biblische Wochen, biblische Gruppen etc.). Nicht ungern vernimmt der Exeget den Tadel an die Adresse des Predigers ohne ausreichende exegetische Schulung: „Wer in dieser Hinsicht nicht genügend vorbereitet ist, verzichtet deswegen meistens darauf, die biblischen Lesungen tiefer zu erfassen, und begnügt sich mit moralisierenden Nutzanwendungen oder spricht nur von aktuellen Fragen, ohne diese mit dem Wort Gottes zu konfrontieren" (130 [110]).

Die zahlreichen ökumenischen Streitfragen, die zumeist irgendeinen Bezug zur Interpretation von Schriftstellen haben, kann nach Meinung der Bibelkommission die Exegese allein nicht lösen, aber sie hat „einen wichtigen Beitrag zur Ökumene zu leisten", sind doch dank „der Annahme gleicher Methoden und analoger hermeneutischer Ziele ... die Exegeten der verschiedenen christlichen Konfessionen zu einer weit gehenden Übereinstimmung in der Interpretation der Schrift gekommen, wie es der Text und die Anmerkungen verschiedener ökumenischer Übersetzungen der Bibel und auch andere Veröffentlichungen zeigen" (132 [112]). Die letztere Bemerkung von den „anderen Veröffentlichungen" präzisierend, sei der Hinweis erlaubt, dass diese Gemeinsameit der Exegeten über Konfessionsgrenzen hinweg für den deutschen Sprachraum programmatisch dokumentiert wird in den beiden Reihen *Evangelisch-Katholischer Kommentar zum Neuen Testament* und *Ökumenischer Taschenbuch-Kommentar,* demnächst wohl auch in einem überkonfessionellen Kommentar zum Alten Testament, während in den großen amerikanischen Reihen *Hermeneia* und *The Anchor Bible* Konfessionszugehörigkeit und konfessionelles Profil offensichtlich schon von vornherein überhaupt keine Rolle mehr spielen.

Die dreiseitige Schlussfolgerung (134–136 [114–116]) bringt einen erneuten Seitenhieb gegen alle Fundamentalisten an und schreibt die Notwendigkeit „der Anwendung der historisch-kritischen Methode wenigstens in ihren hauptsächlichen Zügen" (135 [114]) fest, ohne ihr ein Monopol zuzugestehen. Vor „Betriebsblindheit" (136 [115]) wird gewarnt.

IV. Zur Würdigung

Damit sind wir am Ende eines längeren Durchgangs durch das recht umfangreiche Dokument angelangt, in den viel Zustimmung und gelegentliche Kritik bereits eingearbeitet wurden. Auch im Rückblick erweist sich nach meiner Einschätzung der methodische Hauptteil, verbunden mit der scharfen Absage an jede Art von Fundamentalismus und dem energischen Festhalten an der historisch-kritischen Methode, als der Wichtigste. Gerade deshalb sind dazu noch einige Rückfragen nachzutragen: Schon die klassische historisch-kritische Methode war ja weniger eine in sich geschlossene Einzelmethode als vielmehr ein ganzes Bündel von Arbeitsweisen, was ihre kurze Skizzierung im Bibeldokument durchaus erkennen lässt. Sie hat sich insofern immer als erweiterungsfähig und integrationsfähig erwiesen. Die Bibelkommission stellt die verschiedenen Methoden und Zugangsweisen mehr additiv einfach hintereinander. Eine gegenseitige Zuordnung und Verschränkung wäre sicher in einem sehr viel höheren Maße möglich gewesen und hätte der Absicht, einem pluralistischen Methodenkonzept unter Respektierung historischer Kritik zum Durchbruch zu verhelfen, noch mehr genutzt. Ein Pluralismus ohne jeden Versuch einer Integration ist zwar – ungewollt – postmodern, aber für zukunftsweisender halte ich einen integrativen Ansatz[58]. Ein bleibendes Problem stellt die Zuordnung von Synchronie und Diachronie dar, aber das sollte sich auf keinen Fall arbeitshemmend auswirken. Wenn sich prinzipielle Lösungen nicht abzeichnen, muss man das jeweilige Vorgehen je nach Zielsetzung pragmatisch festlegen.

Anmerken ließe sich schließlich noch zum methodischen Teil, dass er im Bereich der neueren Entwicklungen auch manche Lücken aufweist. Während man den Reader Response Criticism[59] noch bei der Narrativik unterbringen kann, wird das mit der Sprechakttheorie, die inzwischen auch zu exegetischen Ehren gelangte[60], nicht so leicht gehen. Die Kategorien Rhetorik, Narrativik und Semiotik reichen auch nicht aus, um jenen von Wolfgang Richter inspirierten Ansatz in der deutschsprachigen alttestamentlichen Exegese zu erfassen, der sich um eine genaue sprachliche Beschreibung der Texte mit Hilfe von Sprachwissenschaft, Linguistik, Grammatiktheorie und Literaturtheorie bemüht[61]. Was insgesamt auch etwas unterbelichtet bleibt, ist die religionsge-

---

[58] Vgl. dazu H. MERKLEIN, Integrative Bibelauslegung? Methodische und hermeneutische Aspekte, in: BiKi 44 (1989) 117–123; auch in: DERS., Studien zu Jesus und Paulus II (WUNT 105), Tübingen 1998, 114–122.

[59] Vgl. B. C. LATEGAN, Reader Response Theory, in: The Anchor Bible Dictionary V, 625–628 (Lit.).

[60] Z.B. bei D. NEUFELD, Reconceiving Texts As Speech Acts. An Analysis of I John (Biblical Interpretation Series 7), Leiden 1994.

[61] Vgl. nur T. SEIDL, Die literaturwissenschaftliche Methode in der alttestamentlichen Exegese. Erträge – Erfahrungen – Projekte, in: MThZ 40 (1989) 27–38.

schichtliche Sicht, die eine trotz aller inhärenten Problematik respektable Geschichte im Rücken hat[62] und gegenwärtig vor allem in den USA – man denke an Hans Dieter Betz und Abraham J. Malherbe und ihre Schüler – in neuer Weise gepflegt wird. Sozialgeschichte und kulturelle Anthropologie allein bieten für diesen Ausfall noch keinen adäquaten Ersatz. Aber andererseits wird man zugeben, dass ein solches Dokument nicht auf Vollständigkeit hin angelegt sein kann. Das Panorama, das es entwirft, ist breit genug und offen genug, sodass auch andere Akzentsetzungen und Optionen ihren Platz darin zu finden vermögen.

Ansonsten vermeint man bei manchen Formulierungen des Dokuments doch ihren Kompromisscharakter heraus zu spüren, und anderes hätte noch schärfer erfasst und konturiert werden können. Gelegentlich überwiegt der Appellcharakter, und dem traditions- und kirchenkritischen Biss der historischen Methode sind einige – vielleicht zu viele – Zähne gezogen worden. Aber dass man überhaupt mit diesem römischen Dokument in eine lebhafte und lohnende Diskussion über Sachfragen eintreten kann, darf in kirchenpolitischer Hinsicht für sich allein genommen bereits als unschätzbarer Vorteil gelten. Schon das wirkt befreiend, und es sollte richtungsweisend sein. Als weiteres erfreuliches Faktum kommt hinzu, dass auch in der Sache selbst ungeachtet aller kritischen Marginalien die Zustimmung bei weitem überwiegt. Den Mitgliedern der Päpstlichen Bibelkommission sei deshalb Respekt gezollt und Dank gesagt.

Eines dürfte allerdings feststehen: Die Art und Weise, wie der neue *Katechismus der Katholischen Kirche* Exegese betreibt, direkt und indirekt, lässt sich mit den Leitlinien des neuen Dokuments der Päpstlichen Bibelkommission, das fast zeitgleich mit der deutschen Übersetzung des Katechismus im Jahre 1993 promulgiert wurde, keinesfalls vereinbaren (und auch mit anderen zeitgleichen oder neueren Äußerungen nicht). Muss der Katechismus den Exegeten nach wie vor erhebliche Sorgen bereiten[63], so macht das Bibeldokument, um zu unseren Eingangsbemerkungen zurückzulenken, aus dem Erscheinungsjahr 1993 zwar noch kein reines Freudenjahr, gibt den Exegeten aber zweifellos Anlass zu verhaltenem Jubel.

---

[62] Zu ihr G. Lüdemann / M. Schröder, Die Religionsgeschichtliche Schule in Göttingen. Eine Dokumentation, Göttingen 1987.

[63] Vgl. H. J. Klauck, Der Katechismus der Katholischen Kirche. Rückfragen aus exegetischer Sicht, in: E. Schulz (Hrsg.), Ein Katechismus für die Welt. Informationen und Anfragen (SKAB 150), Düsseldorf 1994, 71–82; die voranstehenden Zeilen verstehen sich auch als Fortführung der dort 81f. gegebenen, noch sehr zögerlichen, weil den Kenntnisstand von Mai 1993 spiegelnden Vorinformationen zum Bibeldokument.

Literaturnachtrag:

Zum Bibeldokument liegt jetzt ein umfangreicher Kommentar vor:

G. GHIBERTI / F. MOSETTO (Hrsg.), L'interpretazione della Bibbia nella chiesa (Collana „Percorsi e traguardi biblici"), Leumann (Turino) 1998; 387 S.

Über neuere Entwicklungen in fast allen angesprochenen Fragekreisen informieren die – jeweils von mehreren Autorinnen und Autoren verantworteten – Artikel:

Allegorie/Allegorese, in: RGG^4 1 (1998) 303–310.

Bibel, in: RGG^4 1 (1998) 1407–1446.

Bibelkritik, in: RGG^4 1 (1998) 1474–1486.

Bibelwissenschaft, in: RGG^4 1 (1998) 1517–1538.

Canonical Approach, in: RGG^4 2 (1999) 53–55.

Exegese, in: RGG^4 2 (1999) 1777–1803.

Fundamentalismus, in: RGG^4 3 (2000) 414–425.

Hermeneutik, in: RGG^4 3 (2000) 1648–1664.

Inspiration, in: RGG^4 4 (2001) 167–175.

Literaturgeschichte/Literaturgeschichtsschreibung, in: RGG^4 5 (2002) 403–425.

Literaturwissenschaft, biblisch, in: RGG^4 5 (2002) 425–429.

Offenbarung, in: RGG^4 6 (2003) (im Druck).

Religionsgeschichtliche Schule, in: RGG^4 7 (2004) (in Vorbereitung).

Rhetorical Criticism, in: RGG^4 7 (2004) (in Vorbereitung).

Semiotik, in: RGG^4 7 (2004) (in Vorbereitung).

Sozialgeschichte, in: RGG^4 7 (2004) (in Vorbereitung).

Textkritik der Bibel, in: RGG^4 8 (2005) (in Vorbereitung).

Wirkungsgeschichte/Rezeptionsgeschichte, in: RGG^4 8 (2005) (in Vorbereitung).

Nachweis der Erstveröffentlichungen

1. Die kleinasiatischen Beichtinschriften und das Neue Testament
   H. Cancik / P. Schäfer / H. Lichtenberger (Hrsg.), Geschichte – Tradition – Reflexion (FS M. Hengel), Tübingen: Mohr Siebeck 1996, Bd. III, 63–87.

2. Heil ohne Heilung? Zur Metaphorik und Hermeneutik der Rede von Sünde und Vergebung im Neuen Testament
   H. Frankemölle (Hrsg.), Sünde und Erlösung im Neuen Testament (QD 161), Freiburg i. Br.: Herder Verlag 1996, 18–52.

3. Von Kassandra bis zur Gnosis. Im Umfeld der frühchristlichen Glossolalie
   ThQ 179 (1999) 289–312.

4. Mit Engelszungen? Vom Charisma der verständlichen Rede in 1 Kor 14
   ZThK 97 (2000) 276–299.

5. Die antiken Mysterienkulte und das Urchristentum – Anknüpfung und Widerspruch
   H. J. Klauck, Anknüpfung und Widerspruch. Das frühe Christentum in der „multireligiösen" Welt der Antike. Sonderveröffentlichung der Katholischen Akademie in Bayern, München 2002; auch in: ZMR 82 (2002) 3–25.

6. Leib Christi – Das Mahl des Herrn in der Gemeinde von Korinth
   BiKi 57 (2002) 15–21.

7. Gottesfürchtige im Magnificat?
   NTS 43 (1997) 134–139 (wiederabgedruckt mit Erlaubnis der Cambridge University Press).

8. Gemeinde und Gesellschaft im frühen Christentum – ein Leitbild für die Zukunft?
   Anton. 76 (2001) 225–246.

9. Junia Theodora und die Gemeinde von Korinth
   M. Karrer / W. Kraus / O. Merk (Hrsg.), Kirche und Volk Gottes (FS J. Roloff), Neukirchen-Vluyn: Neukirchener Verlag 2000, 42–57.

10. Des Kaisers schöne Stimme. Herrscherkritik in Apg 12,20–23
    M. Gielen / J. Kügler (Hrsg.), Macht – Religion – Liebe (Gedenkschrift für Helmut Merklein), Stuttgart: Katholisches Bibelwerk 2002.

11. **Do They Never Come Back?** *Nero Redivivus* and the Apocalypse of John

In dieser Form unveröffentlicht. Eine um einiges kürzere Fassung ist erschienen in: CBQ 63 (2001) 683–698.

12. **Das göttliche Kind. Variationen eines Themas**

H. J. KLAUCK, Anknüpfung und Widerspruch. Das frühe Christentum in der „multireligiösen" Welt der Antike. Sonderveröffentlichung der Katholischen Akademie in Bayern, München 2002.

13. **Compilation of Letters in Cicero's Correspondence**

J. T. FITZGERALD / T. H. OLBRICHT / L. M. WHITE (Hrsg.), Early Christianity and Classical Culture. Comparative Studies (FS A. J. Malherbe), Harrisburg, PA: Trinity Press International 2002 (angekündigt).

14. **Debate sobre la justificación: Pablo, Santiago y Martín Lutero**

Carthaginensia 17 (2001) 67–86; hier die Erstveröffentlichung in deutscher Sprache.

15. **Die katholische neutestamentliche Exegese zwischen Vatikanum I und Vatikanum II**

M. WEITLAUFF / P. NEUNER (Hrsg.), Für euch Bischof – mit euch Christ (FS Friedrich Kardinal Wetter), St. Ottilien: Eos-Verlag 1998, 85-119; auch in: H. WOLF (Hrsg.), Die katholisch-theologischen Disziplinen in Deutschland 1870-1962. Ihre Geschichte, ihr Zeitbezug (Programm und Wirkungsgeschichte des II. Vatikanums 3), Paderborn: Ferdinand Schöningh 1999, 39–70.

16. **Alle Jubeljahre. Zum neuen Dokument der Päpstlichen Bibelkommission**

BZ NF 39 (1995) 1-27; mit leichten Abänderungen auch in: Die Interpretation der Bibel in der Kirche. Das Dokument der Päpstlichen Bibelkommission vom 23.4.1993 mit einer kommentierenden Einführung von Lothar Ruppert und einer Würdigung durch Hans-Josef Klauck (SBS 161), Stuttgart: Katholisches Bibelwerk 1995, 62–90.

Register

1. Stellen
(in Auswahl)

2. Deuterokanonische Schriften (der Septuaginta)

3. Außerkanonisches jüdisches Schrifttum

4. Qumrantexte

7. Frühchristliches Schrifttum

8. Schrifttum von Nag Hammadi

10. Inschriften

11. Papyri

2. Namen und Sachen

3. Griechische Begriffe

444   *Register*

τύραννος 64, 69

ὑγιαίνω 86
υἱός 305
ὑπόνοια 185
ῦς 305

φιλανθρωπία 267
φιλοδοξία 240
φιλολύκιος 239[17]
φιλοτειμία 234, 240[20]

φοβέομαι 205, 207
φρήν 159[47]
φύλη 208
φωνή 125[22.23], 126[26], 149, 152[28], 254, 256,
    261–263, 267

χαρίζω 94
χειρόγραφον 92, 94
χειροτονηθείς 224

ψήφισμα 240

4. Autoren

Evans, C. A. 252

Fabbro, F. 133, 144, 152
Fabini, T. 411
Fabry, H. J. 104, 115
Färber, H. 34, 112
Faraone, C. 59, 62, 90
Farris, S. 206
Faulhaber, M. 378
Faust, E. 252
Fayer, C. 282
Fédou, M. 52, 393
Feine, P. 379
Fekkes, J. 287
Feldmeier, R. 218
Ferguson, E. 182
Ferrari, F. 15
Festugière, A. J. 137
Fiedler, P. 85
Finsterbusch, K. 352
Fischer, B. 386
Fitzgerald, J. T. 104
Fitzmyer, J. A. 208, 362, 368, 373f., 395
Flashar, H. 113
Foley, H. P. 188
Fonck, L. 379f.
Forbes, C. 127, 130, 147, 151f., 162
Fornberg, T. 360
Forsyth, N. 25
Fossum, J. E. 26
Fraenkel, E. 120f.
Francke, R. 4
Frankemölle, H. 86, 106, 114, 220, 309, 354, 356, 390–392, 398, 403
Frankfurter, D. 131f., 135
Frazier, F. 303
Frede, D. 12, 19, 38
Frede, M. 14
Fredouille, J. C. 52
Freed, E. D. 291
Freis, H. 299
Frenschkowski, M. 309
Freudenberger, R. 215
Freund, M. 366
Freundorfer, J. 384, 389f.
Frey, J. 405
Fricke, H. 3
Friedrich, C. 251

Friedrich, G. 111
Friesen, S. J. 289
Frings, J. 384
Frisch, P. 72
Fritz, K. von 318
Froidefond, C. 15
Früchtel, L. 124
Fuchs, E. 408
Füssel, K. 280
Fuhrmann, M. 334
Furley, D. J. 12f.

Gadamer, H. 408
Gager, J. G. 62, 130, 135
García Martínez, F. 29
García Teijeiro, M. 124f., 131, 149
García Valdés, M. 19
Garland, D. E. 317
Garrett, S. R. 254, 404
Gauger, J. D. 256, 274, 276f.
Gebhardt, W. 166
Gehring, R. W. 200, 225, 243
Gempf, C. 233
Gestrich, C. 111
Ghiberti, G. 420
Giebel, M. 260, 301, 329
Gielen, M. 298
Gieschen, C. A. 26
Giesen, H. 218, 229, 278, 285
Gilbert, M. 33, 361–363, 368, 394, 397
Gill, D. W. J. 233
Gladstone, R. J. 167
Gnilka, J. 42, 317, 374
Gnuse, R. K. 24, 309
Goethe, J. W. 3–7, 145–147, 157, 166f.
Götte, J. 290, 296
Götte, M. 290
Göttler, N. 369
Göttsberger, J. 377f., 380
Goodman, F. D. 122, 142, 151
Graeser, A. 15
Grässer, E. 100
Graf, F. 131, 136
Grandjean, Y. 36
Grant, R. 52
Grayston, K. 96
Green, J. B. 211
Greimas, A. J. 401

Wissenschaftliche Untersuchungen zum Neuen Testament

Alphabetische Übersicht der ersten und zweiten Reihe

Ådna, Jostein: Jesu Stellung zum Tempel. 2000. *Band II/119.*

Ådna, Jostein und *Kvalbein, Hans* (Hrsg.): The Mission of the Early Church to Jews and Gentiles. 2000. *Band 127.*

Alkier, Stefan: Wunder und Wirklichkeit in den Briefen des Apostels Paulus. 2001. *Band 134.*

Anderson, Paul N.: The Christology of the Fourth Gospel. 1996. *Band II/78.*

Appold, Mark L.: The Oneness Motif in the Fourth Gospel. 1976. *Band II/1.*

Arnold, Clinton E.: The Colossian Syncretism. 1995. *Band II/77.*

Asiedu-Peprah, Martin: Johannine Sabbath Conflicts As Juridical Controversy. 2001. *Band II/132.*

Avemarie, Friedrich: Die Tauferzählungen der Apostelgeschichte. 2002. *Band 139.*

Avemarie, Friedrich und *Hermann Lichtenberger* (Hrsg.): Auferstehung - Ressurection. 2001. *Band 135.*

Avemarie, Friedrich und *Hermann Lichtenberger* (Hrsg.): Bund und Tora. 1996. *Band 92.*

Bachmann, Michael: Sünder oder Übertreter. 1992. *Band 59.*

Back, Frances: Verwandlung durch Offenbarung bei Paulus. 2002. *Band II/153.*

Baker, William R.: Personal Speech-Ethics in the Epistle of James. 1995. *Band II/68.*

Bakke, Odd Magne: 'Concord and Peace'. 2001. *Band II/143.*

Balla, Peter: Challenges to New Testament Theology. 1997. *Band II/95.*

Bammel, Ernst: Judaica. Band I 1986. *Band 37* – Band II 1997. *Band 91.*

Bash, Anthony: Ambassadors for Christ. 1997. *Band II/92.*

Bauernfeind, Otto: Kommentar und Studien zur Apostelgeschichte. 1980. *Band 22.*

Baum, Armin Daniel: Pseudepigraphie und literarische Fälschung im frühen Christentum. 2001. *Band II/138.*

Bayer, Hans Friedrich: Jesus' Predictions of Vindication and Resurrection. 1986. *Band II/20.*

Becker, Michael: Wunder und Wundertäter im frührabbinischen Judentum. 2002. *Band II/144.*

Bell, Richard H.: Provoked to Jealousy. 1994. *Band II/63.*

– No One Seeks for God. 1998. *Band 106.*

Bennema, Cornelis: The Power of Saving Wisdom. 2002. *Band II/148.*

Bergman, Jan: siehe *Kieffer, René*

Bergmeier, Roland: Das Gesetz im Römerbrief und andere Studien zum Neuen Testament. 2000. *Band 121.*

Betz, Otto: Jesus, der Messias Israels. 1987. *Band 42.*

– Jesus, der Herr der Kirche. 1990. *Band 52.*

Beyschlag, Karlmann: Simon Magus und die christliche Gnosis. 1974. *Band 16.*

Bittner, Wolfgang J.: Jesu Zeichen im Johannesevangelium. 1987. *Band II/26.*

Bjerkelund, Carl J.: Tauta Egeneto. 1987. *Band 40.*

Blackburn, Barry Lee: Theios Anēr and the Markan Miracle Traditions. 1991. *Band II/40.*

Bock, Darrell L.: Blasphemy and Exaltation in Judaism and the Final Examination of Jesus. 1998. *Band II/106.*

Bockmuehl, Markus N.A.: Revelation and Mystery in Ancient Judaism and Pauline Christianity. 1990. *Band II/36.*

Bøe, Sverre: Gog and Magog. 2001. *Band II/135.*

Böhlig, Alexander: Gnosis und Synkretismus. Teil 1 1989. *Band 47* – Teil 2 1989. *Band 48.*

Böhm, Martina: Samarien und die Samaritai bei Lukas. 1999. *Band II/111.*

Böttrich, Christfried: Weltweisheit – Menschheitsethik – Urkult. 1992. *Band II/50.*

Bolyki, János: Jesu Tischgemeinschaften. 1997. *Band II/96.*

Brocke, Christoph vom: Thessaloniki – Stadt des Kassander und Gemeinde des Paulus. 2001. *Band II//125*

Büchli, Jörg: Der Poimandres – ein paganisiertes Evangelium. 1987. *Band II/27.*

Bühner, Jan A.: Der Gesandte und sein Weg im 4. Evangelium. 1977. *Band II/2.*

Burchard, Christoph: Untersuchungen zu Joseph und Aseneth. 1965. *Band 8.*

– Studien zur Theologie, Sprache und Umwelt des Neuen Testaments. Hrsg. von D. Sänger. 1998. *Band 107.*

Burnett, Richard: Karl Barth's Theological Exegesis. 2001. *Band II/145.*

Byrskog, Samuel: Story as History – History as Story. 2000. *Band 123.*

Cancik, Hubert (Hrsg.): Markus-Philologie. 1984. *Band 33.*

Capes, David B.: Old Testament Yaweh Texts in Paul's Christology. 1992. *Band II/47.*

Caragounis, Chrys C.: The Son of Man. 1986. *Band 38.*

– siehe *Fridrichsen, Anton.*

Carleton Paget, James: The Epistle of Barnabas. 1994. *Band II/64.*

Carson, D.A., O'Brien, Peter T. und *Mark Seifrid* (Hrsg.): Justification and Variegated Nomism: A Fresh Appraisal of Paul and Second Temple Judaism. Band 1: The Complexities of Second Temple Judaism. *Band II/140.*

Ciampa, Roy E.: The Presence and Function of Scripture in Galatians 1 and 2. 1998. *Band II/102.*

Classen, Carl Joachim: Rhetorical Criticsm of the New Testament. 2000. *Band 128.*

Crump, David: Jesus the Intercessor. 1992. *Band II/49.*

Dahl, Nils Alstrup: Studies in Ephesians. 2000. *Band 131.*

Deines, Roland: Jüdische Steingefäße und pharisäische Frömmigkeit. 1993. *Band II/52.*

– Die Pharisäer. 1997. *Band 101.*

Dettwiler, Andreas und *Jean Zumstein (Hrsg.):* Kreuzestheologie im Neuen Testament. 2002. *Band 151.*

Dietzfelbinger, Christian: Der Abschied des Kommenden. 1997. *Band 95.*

Dobbeler, Axel von: Glaube als Teilhabe. 1987. *Band II/22.*

Du Toit, David S.: Theios Anthropos. 1997. *Band II/91*

Dunn , James D.G. (Hrsg.): Jews and Christians. 1992. *Band 66.*

– Paul and the Mosaic Law. 1996. *Band 89.*

Dunn, James D.G., Hans Klein, Ulrich Luz und *Vasile Mihoc* (Hrsg.)*:* Auslegung der Bibel in orthodoxer und westlicher Perspektive. 2000. *Band 130.*

Ebertz, Michael N.: Das Charisma des Gekreuzigten. 1987. *Band 45.*

Eckstein, Hans-Joachim: Der Begriff Syneidesis bei Paulus. 1983. *Band II/10.*

– Verheißung und Gesetz. 1996. *Band 86.*

Ego, Beate: Im Himmel wie auf Erden. 1989. *Band II/34*

Ego, Beate und *Lange, Armin* sowie *Pilhofer, Peter (Hrsg.):* Gemeinde ohne Tempel – Community without Temple. 1999. *Band 118.*

Eisen, Ute E.: siehe *Paulsen, Henning.*

Ellis, E. Earle: Prophecy and Hermeneutic in Early Christianity. 1978. *Band 18.*

– The Old Testament in Early Christianity. 1991. *Band 54.*

Endo, Masanobu: Creation and Christology. 2002. *Band 149.*

Ennulat, Andreas: Die 'Minor Agreements'. 1994. *Band II/62.*

Ensor, Peter W.: Jesus and His 'Works'. 1996. *Band II/85.*

Eskola, Timo: Messiah and the Throne. 2001. *Band II/142.*

– Theodicy and Predestination in Pauline Soteriology. 1998. *Band II/100.*

Fatehi, Mehrdad: The Spirit's Relation to the Risen Lord in Paul. 2000. *Band II/128.*

Feldmeier, Reinhard: Die Krisis des Gottessohnes. 1987. *Band II/21.*

– Die Christen als Fremde. 1992. *Band 64.*

Feldmeier, Reinhard und *Ulrich Heckel* (Hrsg.): Die Heiden. 1994. *Band 70.*

Fletcher-Louis, Crispin H.T.: Luke-Acts: Angels, Christology and Soteriology. 1997. *Band II/94.*

Förster, Niclas: Marcus Magus. 1999. *Band 114.*

Forbes, Christopher Brian: Prophecy and Inspired Speech in Early Christianity and its Hellenistic Environment. 1995. *Band II/75.*

Fornberg, Tord: siehe *Fridrichsen, Anton.*

Fossum, Jarl E.: The Name of God and the Angel of the Lord. 1985. *Band 36.*

Frenschkowski, Marco: Offenbarung und Epiphanie. Band 1 1995. *Band II/79 –* Band 2 1997. *Band II/80.*

Frey, Jörg: Eugen Drewermann und die biblische Exegese. 1995. *Band II/71.*

– Die johanneische Eschatologie. Band I. 1997. *Band 96.* – Band II. 1998. *Band 110.*

– Band III. 2000. *Band 117.*

Freyne, Sean: Galilee and Gospel. 2000. *Band 125.*

Fridrichsen, Anton: Exegetical Writings. Hrsg. von C.C. Caragounis und T. Fornberg. 1994. *Band 76.*

Garlington, Don B.: 'The Obedience of Faith'. 1991. *Band II/38.*

– Faith, Obedience, and Perseverance. 1994. *Band 79.*

Garnet, Paul: Salvation and Atonement in the Qumran Scrolls. 1977. *Band II/3.*

Gese, Michael: Das Vermächtnis des Apostels. 1997. *Band II/99.*

Gräbe, Petrus J.: The Power of God in Paul's Letters. 2000. *Band II/123.*

Gräßer, Erich: Der Alte Bund im Neuen. 1985. *Band 35.*

– Forschungen zur Apostelgeschichte. 2001. *Band 137.*

Green, Joel B.: The Death of Jesus. 1988. *Band II/33.*

Gundry Volf, Judith M.: Paul and Perseverance. 1990. *Band II/37.*

Hafemann, Scott J.: Suffering and the Spirit. 1986. *Band II/19.*

– Paul, Moses, and the History of Israel. 1995. *Band 81.*

Hahn, Johannes (Hrsg.): Zerstörungen des Jerusalemer Tempels. 2002. *Band 147.*

Hannah, Darrel D.: Michael and Christ. 1999. *Band II/109.*

Hamid-Khani, Saeed: Relevation and Concealment of Christ. 2000. *Band II/120.*

Hartman, Lars: Text-Centered New Testament Studies. Hrsg. von D. Hellholm. 1997. *Band 102.*

Hartog, Paul: Polycarp and the New Testament. 2001. *Band II/134.*

Heckel, Theo K.: Der Innere Mensch. 1993. *Band II/53.*

– Vom Evangelium des Markus zum viergestaltigen Evangelium. 1999. *Band 120.*

Heckel, Ulrich: Kraft in Schwachheit. 1993. *Band II/56.*

– Der Segen im Neuen Testament. 2002. *Band 150.*

– siehe *Feldmeier, Reinhard.*

– siehe *Hengel, Martin.*

Heiligenthal, Roman: Werke als Zeichen. 1983. *Band II/9.*

Hellholm, D.: siehe *Hartman, Lars.*

Hemer, Colin J.: The Book of Acts in the Setting of Hellenistic History. 1989. *Band 49.*

Hengel, Martin: Judentum und Hellenismus. 1969, ³1988. *Band 10.*

– Die johanneische Frage. 1993. *Band 67.*

– Judaica et Hellenistica . Kleine Schriften I. 1996. *Band 90.*

– Judaica, Hellenistica et Christiana. Kleine Schriften II. 1999. *Band 109.*

– Paulus und Jakobus. Kleine Schriften III. 2002. *Band 141.*

Hengel, Martin und *Ulrich Heckel* (Hrsg.): Paulus und das antike Judentum. 1991. *Band 58.*

Hengel, Martin und *Hermut Löhr* (Hrsg.): Schriftauslegung im antiken Judentum und im Urchristentum. 1994. *Band 73.*

Hengel, Martin und *Anna Maria Schwemer:* Paulus zwischen Damaskus und Antiochien. 1998. *Band 108.*

– Der messianische Anspruch Jesu und die Anfänge der Christologie. 2001. *Band 138.*

Hengel, Martin und *Anna Maria Schwemer* (Hrsg.): Königsherrschaft Gottes und himmlischer Kult. 1991. *Band 55.*

– Die Septuaginta. 1994. *Band 72.*

Hengel, Martin; Siegfried Mittmann und *Anna Maria Schwemer* (Ed.): La Cité de Dieu / Die Stadt Gottes. 2000. *Band 129.*

Herrenbrück, Fritz: Jesus und die Zöllner. 1990. *Band II/41.*

Herzer, Jens: Paulus oder Petrus? 1998. *Band 103.*

Hoegen-Rohls, Christina: Der nachösterliche Johannes. 1996. *Band II/84.*

Hofius, Otfried: Katapausis. 1970. *Band 11.*

– Der Vorhang vor dem Thron Gottes. 1972. *Band 14.*

– Der Christushymnus Philipper 2,6-11. 1976, ²1991. *Band 17.*

– Paulusstudien. 1989, ²1994. *Band 51.*

– Neutestamentliche Studien. 2000. *Band 132.*

– Paulusstudien II. 2002. *Band 143.*

Hofius, Otfried und *Hans-Christian Kammler:* Johannesstudien. 1996. *Band 88.*

Holtz, Traugott: Geschichte und Theologie des Urchristentums. 1991. *Band 57.*

Hommel, Hildebrecht: Sebasmata. Band 1 1983. *Band 31* – Band 2 1984. *Band 32.*

Hvalvik, Reidar: The Struggle for Scripture and Covenant. 1996. *Band II/82.*

Joubert, Stephan: Paul as Benefactor. 2000. *Band II/124.*

Jungbauer, Harry: „Ehre Vater und Mutter". 2002. *Band II/146.*

Kähler, Christoph: Jesu Gleichnisse als Poesie und Therapie. 1995. *Band 78.*

Kamlah, Ehrhard: Die Form der katalogischen Paränese im Neuen Testament. 1964. *Band 7.*

Kammler, Hans-Christian: Christologie und Eschatologie. 2000. *Band 126.*

– siehe *Hofius, Otfried.*

Kelhoffer, James A.: Miracle and Mission. 1999. *Band II/112.*

Kieffer, René und *Jan Bergman (Hrsg.):* La Main de Dieu / Die Hand Gottes. 1997. *Band 94.*

Kim, Seyoon: The Origin of Paul's Gospel. 1981, ²1984. *Band II/4.*

– "The 'Son of Man'" as the Son of God. 1983. *Band 30.*

Klauck, Hans-Josef: Religion und Gesellschaft im frühen Christentum. 2003. *Band 152.*

Klein, Hans: siehe *Dunn, James D.G..*

Kleinknecht, Karl Th.: Der leidende Gerechtfertigte. 1984, ²1988. *Band II/13.*

Klinghardt, Matthias: Gesetz und Volk Gottes. 1988. *Band II/32.*

Köhler, Wolf-Dietrich: Rezeption des Matthäusevangeliums in der Zeit vor Irenäus. 1987. *Band II/24.*

Korn, Manfred: Die Geschichte Jesu in
  veränderter Zeit. 1993. *Band II/51.*
Koskenniemi, Erkki: Apollonios von Tyana in
  der neutestamentlichen Exegese. 1994.
  Band II/61.
Kraus, Thomas J.: Sprache, Stil und historischer
  Ort des zweiten Petrusbriefes. 2001.
  Band II/136.
Kraus, Wolfgang: Das Volk Gottes. 1996.
  Band 85.
– siehe *Walter, Nikolaus.*
Kreplin, Matthias: Das Selbstverständnis Jesu.
  2001. *Band II/141.*
Kuhn, Karl G.: Achtzehngebet und Vaterunser
  und der Reim. 1950. *Band 1.*
Kvalbein, Hans: siehe *Ådna, Jostein.*
Laansma, Jon: I Will Give You Rest. 1997.
  Band II/98.
Labahn, Michael: Offenbarung in Zeichen und
  Wort. 2000. *Band II/117.*
Lange, Armin: siehe *Ego, Beate.*
Lampe, Peter: Die stadtrömischen Christen in
  den ersten beiden Jahrhunderten. 1987,
  ²1989. *Band II/18.*
Landmesser, Christof: Wahrheit als Grundbe-
  griff neutestamentlicher Wissenschaft. 1999.
  Band 113.
– Jüngerberufung und Zuwendung zu Gott.
  2000. *Band 133.*
Lau, Andrew: Manifest in Flesh. 1996.
  Band II/86.
Lee, Pilchan: The New Jerusalem in the Book of
  Relevation. 2000. *Band II/129.*
Lichtenberger, Hermann: siehe *Avemarie,
  Friedrich.*
Lieu, Samuel N.C.: Manichaeism in the Later
  Roman Empire and Medieval China. ²1992.
  Band 63.
Loader, William R.G.: Jesus' Attitude Towards
  the Law. 1997. *Band II/97.*
Löhr, Gebhard: Verherrlichung Gottes durch
  Philosophie. 1997. *Band 97.*
Löhr, Hermut: siehe *Hengel, Martin.*
Löhr, Winrich Alfried: Basilides und seine
  Schule. 1995. *Band 83.*
Luomanen, Petri: Entering the Kingdom of
  Heaven. 1998. *Band II/101.*
Luz, Ulrich: siehe *Dunn, James D.G..*
Maier, Gerhard: Mensch und freier Wille.
  1971. *Band 12.*
– Die Johannesoffenbarung und die Kirche.
  1981. *Band 25.*
Markschies, Christoph: Valentinus Gnosticus?
  1992. *Band 65.*
Marshall, Peter: Enmity in Corinth: Social
  Conventions in Paul's Relations with the
  Corinthians. 1987. *Band II/23.*

Mayer, Annemarie: Sprache der Einheit im
  Epheserbrief und in der Ökumene. 2002.
  Band II/150.
McDonough, Sean M.: YHWH at Patmos:
  Rev. 1:4 in its Hellenistic and Early Jewish
  Setting. 1999. *Band II/107.*
McGlynn, Moyna: Divine Judgement and
  Divine Benevolence in the Book of Wisdom.
  2001. *Band II/139.*
Meade, David G.: Pseudonymity and Canon.
  1986. *Band 39.*
Meadors, Edward P.: Jesus the Messianic
  Herald of Salvation. 1995. *Band II/72.*
Meißner, Stefan: Die Heimholung des Ketzers.
  1996. *Band II/87.*
Mell, Ulrich: Die „anderen" Winzer. 1994.
  Band 77.
Mengel, Berthold: Studien zum Philipperbrief.
  1982. *Band II/8.*
Merkel, Helmut: Die Widersprüche zwischen
  den Evangelien. 1971. *Band 13.*
Merklein, Helmut: Studien zu Jesus und Paulus.
  Band 1 1987. *Band 43.* – Band 2 1998.
  Band 105.
Metzler, Karin: Der griechische Begriff des
  Verzeihens. 1991. *Band II/44.*
Metzner, Rainer: Die Rezeption des Matthäus-
  evangeliums im 1. Petrusbrief. 1995.
  Band II/74.
– Das Verständnis der Sünde im Johannesevan-
  gelium. 2000. *Band 122.*
Mihoc, Vasile: siehe *Dunn, James D.G..*
Mittmann, Siegfried: siehe *Hengel, Martin.*
Mittmann-Richert, Ulrike: Magnifikat und
  Benediktus. *1996. Band II/90.*
Mußner, Franz: Jesus von Nazareth im Umfeld
  Israels und der Urkirche. Hrsg. von M.
  Theobald. 1998. *Band 111.*
Niebuhr, Karl-Wilhelm: Gesetz und Paränese.
  1987. *Band II/28.*
– Heidenapostel aus Israel. 1992. *Band 62.*
Nielsen, Anders E.: "Until it is Fullfilled". 2000.
  Band II/126.
Nissen, Andreas: Gott und der Nächste im
  antiken Judentum. 1974. *Band 15.*
Noack, Christian: Gottesbewußtsein. 2000.
  Band II/116.
Noormann, Rolf: Irenäus als Paulusinterpret.
  1994. *Band II/66.*
Obermann, Andreas: Die christologische
  Erfüllung der Schrift im Johannesevangeli-
  um. 1996. *Band II/83.*
Okure, Teresa: The Johannine Approach to
  Mission. 1988. *Band II/31.*
Oropeza, B. J.: Paul and Apostasy. 2000.
  Band II/115.

Ostmeyer, Karl-Heinrich: Taufe und Typos. 2000. *Band II/118.*

Paulsen, Henning: Studien zur Literatur und Geschichte des frühen Christentums. Hrsg. von Ute E. Eisen. 1997. *Band 99.*

Pao, David W.: Acts and the Isaianic New Exodus. 2000. *Band II/130.*

Park, Eung Chun: The Mission Discourse in Matthew's Interpretation. 1995. *Band II/81.*

Park, Joseph S.: Conceptions of Afterlife in Jewish Insriptions. 2000. *Band II/121.*

Pate, C. Marvin: The Reverse of the Curse. 2000. *Band II/114.*

Philonenko, Marc (Hrsg.): Le Trône de Dieu. 1993. *Band 69.*

Pilhofer, Peter: Presbyteron Kreitton. 1990. *Band II/39.*

– Philippi. Band 1 1995. *Band 87.* – Band 2 2000. *Band 119.*

– Die frühen Christen und ihre Welt. 2002. *Band 145.*

– siehe *Ego, Beate.*

Pöhlmann, Wolfgang: Der Verlorene Sohn und das Haus. 1993. *Band 68.*

Pokorný, Petr und *Josef B. Souček:* Bibelauslegung als Theologie. 1997. *Band 100.*

Pokorný, Petr und *Jan Roskovec* (Hrsg.): Philosophical Hermeneutics and Biblical Exegesis. 2002. *Band 153.*

Porter, Stanley E.: The Paul of Acts. 1999. *Band 115.*

Prieur, Alexander: Die Verkündigung der Gottesherrschaft. 1996. *Band II/89.*

Probst, Hermann: Paulus und der Brief. 1991. *Band II/45.*

Räisänen, Heikki: Paul and the Law. 1983, ²1987. *Band 29.*

Rehkopf, Friedrich: Die lukanische Sonderquelle. 1959. *Band 5.*

Rein, Matthias: Die Heilung des Blindgeborenen (Joh 9). 1995. *Band II/73.*

Reinmuth, Eckart: Pseudo-Philo und Lukas. 1994. *Band 74.*

Reiser, Marius: Syntax und Stil des Markusevangeliums. 1984. *Band II/11.*

Richards, E. Randolph: The Secretary in the Letters of Paul. 1991. *Band II/42.*

Riesner, Rainer: Jesus als Lehrer. 1981, ³1988. *Band II/7.*

– Die Frühzeit des Apostels Paulus. 1994. *Band 71.*

Rissi, Mathias: Die Theologie des Hebräerbriefs. 1987. *Band 41.*

Röhser, Günter: Metaphorik und Personifikation der Sünde. 1987. *Band II/25.*

Roskovec, Jan: siehe *Pokorný, Petr.*

Rose, Christian: Die Wolke der Zeugen. 1994. *Band II/60.*

Rüegger, Hans-Ulrich: Verstehen, was Markus erzählt. 2002. *Band II/155.*

Rüger, Hans Peter: Die Weisheitsschrift aus der Kairoer Geniza. 1991. *Band 53.*

Sänger, Dieter: Antikes Judentum und die Mysterien. 1980. *Band II/5.*

– Die Verkündigung des Gekreuzigten und Israel. 1994. *Band 75.*

– siehe *Burchard, Christoph*

Salzmann, Jorg Christian: Lehren und Ermahnen. 1994. *Band II/59.*

Sandnes, Karl Olav: Paul – One of the Prophets? 1991. *Band II/43.*

Sato, Migaku: Q und Prophetie. 1988. *Band II/29.*

Schaper, Joachim: Eschatology in the Greek Psalter. 1995. *Band II/76.*

Schimanowski, Gottfried: Die himmlische Liturgie in der Apokalypse des Johannes. 2002. *Band II/154.*

– Weisheit und Messias. 1985. *Band II/17.*

Schlichting, Günter: Ein jüdisches Leben Jesu. 1982. *Band 24.*

Schnabel, Eckhard J.: Law and Wisdom from Ben Sira to Paul. 1985. *Band II/16.*

Schutter, William L.: Hermeneutic and Composition in I Peter. 1989. *Band II/30.*

Schwartz, Daniel R.: Studies in the Jewish Background of Christianity. 1992. *Band 60.*

Schwemer, Anna Maria: siehe *Hengel, Martin*

Schwindt, Rainer: Das Weltbild des Epheserbriefes. 2002. *Band 148.*

Scott, James M.: Adoption as Sons of God. 1992. *Band II/48.*

– Paul and the Nations. 1995. *Band 84.*

Shum, Shiu-Lun: Paul's Use of Isaiah in Romans. 2002. *Band II/156.*

Siegert, Folker: Drei hellenistisch-jüdische Predigten. Teil I 1980. *Band 20* – Teil II 1992. *Band 61.*

– Nag-Hammadi-Register. 1982. *Band 26.*

– Argumentation bei Paulus. 1985. *Band 34.*

– Philon von Alexandrien. 1988. *Band 46.*

Simon, Marcel: Le christianisme antique et son contexte religieux I/II. 1981. *Band 23.*

Snodgrass, Klyne: The Parable of the Wicked Tenants. 1983. *Band 27.*

Söding, Thomas: Das Wort vom Kreuz. 1997. *Band 93.*

– siehe *Thüsing, Wilhelm.*

Sommer, Urs: Die Passionsgeschichte des Markusevangeliums. 1993. *Band II/58.*

Souček, Josef B.: siehe *Pokorný, Petr.*

Spangenberg, Volker: Herrlichkeit des Neuen Bundes. 1993. *Band II/55.*

Spanje, T.E. van: Inconsistency in Paul? 1999.
  Band II/110.
Speyer, Wolfgang: Frühes Christentum im
  antiken Strahlungsfeld. Band I: 1989.
  Band 50.
– Band II: 1999. *Band 116.*
Stadelmann, Helge: Ben Sira als Schriftgelehr-
  ter. 1980. *Band II/6.*
Stenschke, Christoph W.: Luke's Portrait of
  Gentiles Prior to Their Coming to Faith.
  Band II/108.
Stettler, Christian: Der Kolosserhymnus. 2000.
  Band II/131.
Stettler, Hanna: Die Christologie der Pastoral-
  briefe. 1998. *Band II/105.*
Strobel, August: Die Stunde der Wahrheit. 1980.
  Band 21.
Stroumsa, Guy G.: Barbarian Philosophy. 1999.
  Band 112.
Stuckenbruck, Loren T.: Angel Veneration and
  Christology. 1995. *Band II/70.*
Stuhlmacher, Peter (Hrsg.): Das Evangelium
  und die Evangelien. 1983. *Band 28.*
– Biblische Theologie und Evangelium. 2002.
  Band 146.
Sung, Chong-Hyon: Vergebung der Sünden.
  1993. *Band II/57.*
Tajra, Harry W.: The Trial of St. Paul. 1989.
  Band II/35.
– The Martyrdom of St.Paul. 1994. *Band II/67.*
Theißen, Gerd: Studien zur Soziologie des
  Urchristentums. 1979, ³1989. *Band 19.*
Theobald, Michael: Studien zum Römerbrief.
  2001. *Band 136.*
Theobald, Michael: siehe *Mußner, Franz.*
Thornton, Claus-Jürgen: Der Zeuge des
  Zeugen. 1991. *Band 56.*
Thüsing, Wilhelm: Studien zur neutestamentli-
  chen Theologie. Hrsg. von Thomas Söding.
  1995. *Band 82.*
Thurén, Lauri: Derhethorizing Paul. 2000.
  Band 124.
Treloar, Geoffrey R.: Lightfoot the Historian.
  1998. *Band II/103.*
Tsuji, Manabu: Glaube zwischen Vollkommen-
  heit und Verweltlichung. 1997. *Band II/93*
Twelftree, Graham H.: Jesus the Exorcist. 1993.
  Band II/54.

Urban, Christina: Das Menschenbild nach dem
  Johannesevangelium. 2001. *Band II/137.*
Visotzky, Burton L.: Fathers of the World. 1995.
  Band 80.
Vollenweider, Samuel: Horizonte neutestamentli-
  cher Christologie. 2002. *Band 144.*
Vos, Johan S.: Die Kunst der Argumentation bei
  Paulus. 2002. *Band 149.*
Wagener, Ulrike: Die Ordnung des „Hauses
  Gottes". 1994. *Band II/65.*
Walker, Donald D.: Paul's Offer of Leniency
  (2 Cor 10:1). 2002. *Band II/152.*
Walter, Nikolaus: Praeparatio Evangelica. Hrsg.
  von Wolfgang Kraus und Florian Wilk.
  1997. *Band 98.*
Wander, Bernd: Gottesfürchtige und Sympathi-
  santen. 1998. *Band 104.*
Watts, Rikki: Isaiah's New Exodus and Mark.
  1997. *Band II/88.*
Wedderburn, A.J.M.: Baptism and Resurrection.
  1987. *Band 44.*
Wegner, Uwe: Der Hauptmann von Kafarnaum.
  1985. *Band II/14.*
Welck, Christian: Erzählte ‚Zeichen'. 1994.
  Band II/69.
Wiarda, Timothy: Peter in the Gospels . 2000.
  Band II/127.
Wilk, Florian: siehe *Walter, Nikolaus.*
Williams, Catrin H.: I am He. 2000.
  Band II/113.
Wilson, Walter T.: Love without Pretense. 1991.
  Band II/46.
Wisdom, Jeffrey: Blessing for the Nations and
  the Curse of the Law. 2001. *Band II/133.*
Wucherpfennig, Ansgar: Heracleon Philologus.
  2002. *Band 142.*
Yeung, Maureen: Faith in Jesus and Paul. 2002.
  Band II/147.
Zimmermann, Alfred E.: Die urchristlichen
  Lehrer. 1984, ²1988. *Band II/12.*
Zimmermann, Johannes: Messianische Texte
  aus Qumran. 1998. *Band II/104.*
Zimmermann, Ruben: Geschlechtermetaphorik
  und Geschlechterverhältnis. 2000.
  Band II/122.
Zumstein, Jean: siehe *Dettwiler, Andreas*

Einen Gesamtkatalog erhalten Sie gerne vom Verlag
Mohr Siebeck – Postfach 2040 – D–72010 Tübingen
Neueste Informationen im Internet unter www.mohr.de